비핵화

> " 비문학 공부의 **핵심**, **그림**(畵)에 있다. "

개념편

[집필진]

[검토진]
김동원 (고려대학교 생명과학부)
김단우 (단국대학교 치과대학)
김성우 (연세대학교 의과대학)
김서윤 (충남대학교 의과대학)
서범석 (가톨릭관동대학교 의과대학)
신현식 (고려대학교 경영학과)
오동규 (단국대학교 의과대학)
윤성하 (전남대학교 의과대학)
정현수 (원광대학교 의과대학)
홍승민 (우석대학교 한의과대학)

CONTENTS

PART

01

intro.
밝게 빛나기 위해,
비핵화

"수능 국어_구41생"

.

.

하나, 과외를 책으로 집에서

　인생에 있어 수능 성적이 전부는 아니라고 하지만, 그 성적에 따라 사회로 나갈 때의 출발선이 달라진다. 그렇기에, 대한민국에서 수능이 가지는 무게감은 정말 엄청나다.

　과열된 대한민국 입시 판에서, 수능 성적을 올리기 위해 고액 1:1 과외를 구하기도 한다.
하지만 과외는 괜찮은 선생님을 찾기가 매우 힘들 뿐만 아니라, 상당히 많은 비용을 필요로 한다.

　나도 수험생 시절 과외를 받았고, 현재는 과외를 하고 있다. 과외와의 인연을 예전에는 학생으로, 지금은 선생님으로 이어가고 있는 나는, '과외 하듯이 설명해주는 책'이 있으면 어떨까 하는 생각을 하곤 했다. 이제 그 생각을 [수능 국어_구41생] 의 이름을 빌려 현실화 시키려고 한다.

우리와 함께 공부하는 학생들의 미래가 밝게 빛났으면 좋겠다. 그리고, 그 과정에서 적어도 수능 국어는 발목을 잡지 않았으면 좋겠다. 밝게 빛날 너의 미래를 위해, [수능 국어_구41생]은 수능 국어 공부에 혁명을 일으킬 것이다.

구41생

대학생입니다.

저는 단국대학교 의과대학에 재학 중입니다.

나에게 너무나도 어렵기만 했던 국어

저는 국어에 있어 '타고난 재능'이 너무나도 없었습니다. 텍스트만 봐도 숨이 턱 막히고, 읽다 보면 '내가 지금 뭘 읽고 있나?' 생각이 들며 머리가 하얘지는 국어라는 과목은, 저에게 정말 재앙이었습니다. 하지만 의대를 목표로 하던 저에게 국어 점수는 반드시 필요했고, 그 텍스트를 읽을 때마다 마주하는 답답함을 깨부수고 싶은 오기도 생겼습니다. 그래서 저는 지푸라기라도 잡는 심정으로 진짜 어지간한 인강 사이트의 조금이라도 유명한 강사님들 인강은 다 들어 봤고, 유명하다는 독학서도 이것저것 찾아서 다 풀어봤습니다.

그렇게 방황하던 와중에 고3 시절 9월 평가원 모의고사에서 4등급을 맞았습니다. 의대를 목표로 하던 저에게 4등급이라는 점수는 진짜 엄청난 충격이었습니다. 분명 고등학교 들어와서 본 모든 모의고사에서 2등급 선은 유지했고, 아무리 망해도 3등급이었습니다.

하지만 그 2~3등급을 1등급으로 만들기 위해 많은 인강, 독학서 등을 잡히는 대로 공부하다가 혼란에 빠져 잘못된 방향으로 공부해버린 것입니다. 물론 9월 모의고사의 등급 자체도 충격이긴 했지만, 그때 비문학 지문을 읽을 때 정말 머리가 하얘지는, 말로 표현할 수 없는 답답함을 느꼈는데 그 답답함이 정말 싫었습니다.

9평 4등급, 그 후 수능까지 2개월 – '구사일생'의 심정으로 최후의 발악을 하다.

9평 4등급, 그 후 수능까지 2개월, 수능 전날까지 공부 시간의 90%를 국어에 투자하며 최후의 발악을 했습니다. '구사일생'의 심정이었죠. 정말 엄청난 스트레스 속에서 최대한 침착함을 유지하며 '내가 지금까지 국어를 어떻게 공부했길래 이 사단이 났을까?' 고민하고 또 고민했습니다.

그 결과, 제가 진단한 문제점은 바로 '기본기'를 지키지 못했다는 것이었습니다. 어떤 지문을 읽을 때는 A교재에서 나온 comment대로, 또 다른 어떤 지문을 읽을 때는 B강사의 tip대로, 그냥 그때그때 요령을 발하며 '땜빵 메우기'식으로 독해를 했던 것입니다. 기본기도 없이 스킬에만 매달리고 있었으니, 9평에서 그 업보가 터진 것이었죠.

따라서, 저는 어떤 지문이든 '일관적'으로 독해하는 방법을 찾으려고 노력했습니다. 그게 바로 독해의 기본기였습니다. 특히 비문학을 읽을 때 느꼈던 그 애매모호함, 답답함을 해소하기 위해 평가원 지문을 빅데이터처럼 다뤄, 일종의 패턴을 발견해 평가원이 글을 쓰는 방식, 그리고 그 글을 읽는 방식을 정형화했습니다.

그 결과, 1등급 컷이 80점대 초반일 정도로 '불수능' 이었던 2022학년도 대학수학능력시험 국어 영역에서 백분위 99에 도달하는 데 성공했습니다. 고1부터 고3까지 만년 2-3등급 ~ 시험이 쉬우면 가끔 1등급이 뽀록으로 나왔던 제가 그 2개월의 기간 동안 수능 국어에 대해 깨달은 바는 정말 크리티컬 했고, 이를 바탕으로 2023학년도에 반수를 하는데 국어 공부는 진짜 거의 하지 않고도 안정적으로 1등급을 받을 수 있었습니다.

그래서 썼습니다, 구사일생의 심정으로 '구41생'한 기록, "비핵화"

이때 깨닳은 바를 묵혀두기는 싫었습니다. 가능한 많은 학생들이 이것을 알았으면 했고, 그런 바램이 저로 하여금 이 책을 쓰게 했습니다.

> 九死一生(구사일생) : 아홉 번 죽을 뻔하다가(구사) 한 번 살아난다는 뜻(일생)이다.
> 구41생 : 구사일생의 심정으로 구평 4등급이 수능 1등급을 맞아 입시전쟁에서 생존하다.

..의대에 합격하기까지, 저는 국어에서 정말 엄청난 위기가 여러 번 있었습니다. 내신에서든, 모의고사에서든. 하지만 저는 결과적으로 구41생했습니다. 지금도 국어라는 과목에서 고비를 넘겨야 하는 학생들이 많을 것입니다. 어떤 학생은 더 완벽해지기 위해, 또 어떤 학생은 노베이스를 탈출하기 위해, 각자의 위치에서 고비를 넘기 위해 고군분투하고 있겠죠. 수능을 보기 전까지는 '구사'해도 괜찮습니다. 가장 중요한 것은 수능에서 '일생'해야 한다는 겁니다.

그리고,
그 수능 날의 '일생'을 위해서는 '독해란 무엇인가?' 바로 '독해의 기본기'가 바로 잡혀있어야 합니다.
✓ '구41생'이라는 이름으로,
✓ '엄청난 인강, 방대한 시중 교재', 컨텐츠의 대홍수 시대인 21세기 입시에서,
✓ 인강을 들으면서도, 또는 자습서를 보면서도 절대 망각하지 않아야 하는 '국어 공부의 방향성'을
  흔들리지 않게 잡을 수 있도록, 있는 힘껏 돕겠습니다

"수학 공부와 비문학 공부는 근본적인 원리가 같다."

우리가 수학 문제를 푸는 방식을 생각해 보자. 이전에 나오던 유형인지 새로운 유형인지에 상관없이 항상 공식을 포함한 보편적인 개념을 활용해 문제를 풉니다. 그리고 답도 1이면 1, 39면 39 이렇게 딱 딱 맞아 떨어진다.

이런 특성 때문에 수험생들은 보통 수학은 객관적이고 애매모호함이 없다고 느낀다. 그런데 국어에 있어서는 정반대라고 많이들 생각한다. 결론부터 말하면 비문학에 있어서는 아니다.

비문학에도 일종의 공식이 있고, 그것을 암기해 지문을 읽을 때 적용하며 문제를 푸는 것이다. 여기서 내가 '공식'이라고 한 이유는, 평가원은 항상 비문학 지문을 일관된 방향성을 가지고 쓰기 때문이다.

수학에서는 공식이 보편적인 학문적 연구에서 나왔을 뿐이고, 국어에서는 공식이 '역대 기출에 나온 비문학 지문을 쭉 봐보니 내용을 전개하는 방식이 일관적이더라' 이런 논리로 공식이 '경험에 기반해 귀납적으로 도출된 것'일 뿐이다.

차이점은 이뿐이다. 나머지는 수학을 푸는 것이나 비문학을 푸는 것이나 똑같다.

그래서 우리가 여러분께 설명할 내용의 핵심은, "그래서 수능 비문학 지문들이 어떻게 일관적인가?" 이다. 어떻게 일관적인지 알면, 그게 바로 공식의 역할을 하는 것이고, 그러면 지문을 소재에 영향받지 않고 항상 일관되게 읽을 수 있다. 따라서 국어 문제 풀이를 마치 수학 공부와 같은 방식으로 객관성, 확실성을 확보할 수 있는 것이다.

"이상적인 비문학 공부는 무엇일까요?"

비문학 공부의 이상과 현실은 분명하다.

가장 이상적인 것은, 이런 책을 활용하지 않고 스스로 기출문제를 풀면서 "평가원은 글을 이렇게 쓰고 문제를 이렇게 내는구나, 그럼 나는 글은 어떻게 읽고 문제는 이렇게 풀어야지"를 0부터 100까지 모두 스스로 느끼고 정리하는 것이다.

하지만, 수험생은 국어만 공부하는 게 아니다. 다른 과목에도 시간을 투자해야 하는 상황에서 이상적으로 공부하는 것은 가장 확실하다는 장점이 있지만, 어지간히 '재능충'이 아니라면 그 과정이 엄청나게 많은 시간을 필요로 한다는 너무나도 큰 단점이 있다. '재능충'이 아닌 수험생에게 이 단점은 장점을 상쇄하고도 남는다.

이때, 다른 사람이 나 대신 이상적으로 공부해서 정리해놓은 것을 배우고 체화하는 식으로 공부하는 방식이 '현실적 공부 방법'이다. 그래서 우리는 인강을 듣거나 독학서를 사서 공부하는 것이다. 다른 사람이 공부 시간을 줄여준다면 그것을 이용하는 것이 좋지 않을까? 우리가 쓴 책이 바로 그 역할이다.

PART

02

비핵화
사용 설명서

하나, 기본적인 태도

질문으로 글을 시작해 보겠습니다.

．

．

"수능 국어 독학서? 인강? 그거 너무 사후적이지 않아?"

; 국어 공부는 필연적으로 사후적일 수 밖에 없습니다. 아니, 사후적이어야만 합니다. 기출을 한번도 보지 않고도 수능장에서 모든 글을 빠른 시간 안에 완벽하게 독해하고 문제를 다 맞출 정도의 재능충이 아니라면, 기출을 통해 '아 이 글을 이런식으로 쓰니까 이렇게 읽었어야 이 문제들을 더 빨리, 더 정확하게 풀 수 있었겠구나'를 느끼고 정리해서 체화해야 합니다.

> 가장 좋은 비문학 수능 대비 방법은,
>
> 1. 이전에 출제된 평가원 지문들을 정형화 시키고,
> 2. 이를 바탕으로 지문을 읽는 방법을 정형화 시켜,
>
> 루틴처럼 체화시키는 것뿐입니다. 마치, 공식화 시키는 것입니다.

제가 여러분께 알려드리는 독해 방법들은, 기출로부터 사후적으로 얻어낸 것입니다. 이걸 할 수 있어야 앞으로 나오는 양산형 글들도 빠르고 정확하게 풀 수 있습니다.

하지만, 그 방법 중 여러분과 함께 기출을 보기 전에 선제적으로 알려드릴 것과, 기출을 보면서 그때그때 귀납적으로 도출해내는 것이 있을 것입니다.

"왜 이렇게 해야만 하지?"의 태도보다는, "아 이렇게 해야 내가 문제를 잘 풀 수 있겠구나, 다음부터는 의식적으로 이렇게 하도록 체화해야지." 의 태도로 읽어주세요!

[비핵화_개념편]

여기서 국어 공부 방향성을 어떻게 잡아야 하는지에 대한 글을 쭉 읽은 다음, 비문학 지문이 정확히 어떻게 일관적인지 항목별로 전부 나열해 놓을 것입니다. 이는 앞서 제가 언급한 '비문학 독해 공식'입니다.

예시 지문과 코멘트를 활용해 그 '비문학 독해 공식'과 친해지면 됩니다. "아, 이게 지문에서 이렇게 구현되어 있구나." -> "나는 이렇게 생각했었는데 이 사람은 이렇게 생각하면서 지문을 읽네"의 느낌을 받는 것에 집중합시다.

[비핵화_문제편 / 해설편]

1권에서 배운 공식을 예시 지문과 코멘트를 활용해 적응도 해보고 암기도 어느 정도 했다면, 이제 다른 여러 기출 문제를 가지고 적용해 보겠습니다.

저는 저 공식을 적용해 지문을 읽는 방법을 100을 제시할 것입니다. 이를 일단 전부 수용하고 연습하다가, 자신의 독해력이나 단기 기억력에 따라 100에서 90, 90에서 83 이렇게 점점 줄여 나가도 괜찮습니다. 원래 시작은 투머치로 해야합니다.

아, 여기서 제가 말하는 '줄이라는 것'은 비문학 기본 개념을 잊으라는 것이 아니라, 제가 저걸 지문에 어떻게 표시하면서 읽는지 설명할건데, 굳이 그렇게까지 표시할 필요가 없다고 느껴지거나 자신에게 맞는 다른 표시 방법이 있으면 그렇게 하라는 겁니다!

개념편과 문제편은 한 권으로 합쳐져 있습니다.

PART

03

비핵화의 시작,
비문학 공식

<목차>

[Chapter ZERO]

여는 이야기

여는 이야기에서는 내가 추구하는 수능 비문학 공부의 방향성을 제시하고, 이를 교재에 구현한 방식을 설명하며 공부 로드맵을 작성해볼 것이다.

Ⅰ. 컨디션?, 글의 소재?

각자 경제 지문에 약하다든지, 법 지문만 나오면 머리가 하얘진다든지 그런 약점이 있을 것이다. 또한, 평소에 잘 읽는 갈래라고 해도 평가원이 작정하고 정보를 무자비하게 때려 박거나 글을 불친절하게 써버리면 그날그날 컨디션에 따라 성적이 달라진다. 답이 안 나온다. 컨디션은 내가 어떻게 할 수 있는 영역이 아니고, 각자가 가진 배경지식도 편차가 있을 수밖에 없다. 그럼 우리는 그냥 대책없이 '수능날 컨디션이 좋기를.. 글도 내가 잘 읽는 소재로 나오기를..' 기도하면서 운에 맡길 것인가? 수능 점수가 전부는 아니라고 해도, 우리가 사회에 막 발을 디딜 때 그 시작점을 결정하는 시험이 바로 수능인데, 그런 일생일대에 중요한 시험을 운에 맡기는 것은 정말 어리석은 행동이다.

Ⅱ. 이렇게 하면 되지 않을까요? 아니요.

일단 '이렇게 하면 되지 않을까요?' 할 수 있지만 근본적인 해결책이 아닌 두 가지 사항부터 언급하겠다.

(1) "소재 별로 각각 어떻게 읽을지 플랜을 세운다?"

⇒ 이것은 반은 맞고 반은 틀린 말이다. 소재 별 독해 방법을 수립하기 전에 선행되어야 할 작업이 있다. 그 작업은 바로, 소재에 상관없이 근본적으로 평가원이 글을 쓰는 방식을 공부해야 하는 것이다. 소재는 그냥 지문을 포장하는 껍질일 뿐이다. 알멩이를 본 다음 껍질을 봐야지, 껍질부터 봐버리는 것은 정말 치명적이다. 이것은 chapter 1이 끝난 후 다시 한번 언급할 것이다.

(2) "컨디션 관리법을 찾아 수능 당일 좋은 컨디션을 만든다?"

⇒ 이것도 반은 맞고 반은 틀린 말인데..수능을 너무 안일하게 생각하면 안된다. 수능장은 전쟁터다. 총 대신 연필을 들었을 뿐이고 목숨이 걸려있지 않을 뿐이다. 군인이 위험천만한 전쟁터에 싸우러 나가면 컨디션 관리는 누가 시키지 않아도 하지 않을까? 아침 일찍 일어나는 습관을 만들고 건강을 챙기는 등 컨디션 관리는 '해결책'이 아니라 수험생의 기본적인 소양이다. 그리고 수능 날은 특히 고3 현역인 경우 엄청난 긴장감, 압박감이 몰려온다. 그리고 컨디션도 수능 날이 최상인 경우는 거의 없다. 수능장에는 컨디션이 안 좋아도 최상의 점수를 받을 수 있는 실력을 갖추고 들어가야 하는 것이다.

III. 그럼 근본적인 해결 방법이 뭔데?

가장 근본적인 해결책은 **루틴을 만드는 것**이다. 평가원이 지금까지 지문을 어떤 방식으로 써왔는지를 분석해 그로부터 '내가 구체적으로 지문에서 뭘 뽑아내야 하고, 그걸 어떻게 해야 하는지'를 **루틴화** 시키는 것이다. 또 전쟁터의 예시를 들어보겠다. 너무 극단적이긴 하지만, 그만큼 여기서 내가 하는 말이 엄청 중요하다.

군인 A와 군인 B가 있다. 군인 A는 적 탱크를 만나면 어떻게 대처해야 하는지

1. 무기 가방에서 대전차 미사일을 꺼낸다.
2. 총A, 총B, 총C 중 C에 그 미사일을 장전한다.
3. 사거리를 확보한다

.

.

이런 식으로 매뉴얼을 작성해 사전에 숙지했다.

반면, 군인 B는 그냥 막연하게 "어떻게든 공격을 퍼부으면 무찌를 수 있겠지" 생각하며 지낸다. 이런 두 명의 군인이 실제로 전쟁터에서 탱크를 만났다고 해보자, 상식적으로 누가 이길까?

군인 A가 밥을 잘 못 먹어서 컨디션이 안 좋더라도 내 생각에는 군인 A가 이길 확률이 더 높다. 실제로 전쟁터에서 탱크를 만나면 얼마나 긴장되고 무섭겠는가? 이런 상황에서 군인 B는 이성적으로 사고하기가 정말 어려워지고, 어떻게 해야 할 줄 몰라 안절부절못하고 우왕좌왕하다가 허무하게 당할 확률이 매우 높다. 반면, 군인 A는 아무리 무섭고 이성적으로 사고가 안되고 컨디션이 안 좋더라도, 어떻게 그 상황을 대처해야 하는지 알기 때문에 이길 수 있는 것이다.

이 예시에서

전쟁터	수능장
적	평가원
비문학 지문	탱크, 미사일 등등 적의 무기

이렇게만 바꾸면 확 와닿을 것이다. 전쟁터에 나가면, 적어도 내가 언제 뭘 해야 할지는 알고 들어가야 할 것 아닌가? 내가 마주할 수 있는 적 무기에는 어떤 것이 있고, 뭐 예를 들어 사람을 마주치면 어떻게 대처하고, 탱크를 마주하면 어떻게 대처하고 이런 플랜이 있어야 한다는 소리다. 내가 뭘 해야 하는지도 모르고, 막상 상황이 들이닥쳤을 때 우왕좌왕 내가 뭘 하는지도 모르고 그냥 주먹구구식으로 싸우다가 운 좋으면 이기고 아니면 지고 이런 상태로는 수능장에서 절대 좋은 점수를 받을 수 없다는 소리다.

.

세간에 '그냥 읽고 그냥 풀면 된다'는 말이 있다. 이것이 위 예시에서 나오는 군인 B와 뭐가 다를까? 정말 무책임한 태도라고 생각한다. 우리는 그냥 읽고 그냥 푸는 게 아니라, 무엇을 읽어야 하고 어떻게 읽어야 할지에 대해 파악한 후, 이에 입각해 지문을 독해하고 문제를 풀어야 한다.

다행스럽게도, 평가원이 가진 무기는 몇 가지로 한정되어 있기 때문에 그 무기에 대처할 수 있는 매뉴얼을 만들고 숙지하는 것이 가능하다.

IV. CHAPTER 로드맵

[평가원 지문의 뼈대] , [뼈대에 살덩이 붙이는 방법] 이게 뭔데?

글쓰기 과정에 대해 생각해보자. 평가원 지문은 설명하는 목적을 가진 글이다. 독자를 이해시키는 것이 목적인 것이다. 그렇다면 정보의 배치를 정말 치밀하게 해야 한다. 따라서, 일단 글을 쓰기 전에 글의 목차를 작성한다.

내가 궁극적으로 설명하고자 하는 정보가 A라면, A를 이해시키기 위해 B도 써야 하고 C도 써야 할 수 있다. 그렇게 이 글에 포함시켜야 하는 정보를 정리한 다음, 그것을 그냥 주먹구구식으로 나열하는 것이 아니라 구체적으로 어떻게 배치해야 할지 고민하여 정보의 체계를 만드는 것이다. 그렇게 만들어진 목차가 바로 **'글의 뼈대'**인 것이다.

<table>
<tr><td>

[CHAPTER 0]

여는 이야기

I. 컨디션?, 글의 소재?
II. 이렇게 하면 되지 않을까요? 아니요.
III. 그럼 근본적인 해결 방법이 뭔데?
IV. CHAPTER 로드맵

</td><td>

예시를 들어보겠습니다. 멀리 갈 필요 없습니다. 여러분이 현재 읽고 있는 CHAPTER 0의 목차만 봐도 됩니다. 여는 이야기의 목적을 달성하기 위해서는 I, II, III, IV의 정보가 필요하다고 판단했고, 이를 위 순서와 같이 배치해 정보의 체계를 만든 것입니다. 이것이 바로 '여는 이야기'의 뼈대입니다.

이렇게 뼈대를 만들고 나서, 각각의 정보에 살덩이를 붙여 구체화함으로써 '여는 이야기'가 완성됩니다. 예시를 활용하거나, III의 전쟁터 예시와 같이 비교·대조를 활용하거나 하면서 살덩이를 붙여가면, 결국 뼈대를 이루는 각각의 정보가 구체화 되어 지문이 완성되는 것입니다.

</td></tr>
</table>

Chapter 로드맵

다행스럽게도, 평가원 지문 뼈대의 생김새와 그 뼈대에 살덩이를 붙여 정보를 구체화하는 방식은 <u>몇 가지로 정형화</u> <u>되어 있다.</u> 앞서 "STEP 02. 비핵화 사용 설명서"의 '하나, 기본적인 태도' (p.12)에서 아래와 같이 언급한 적이 있다.

가장 좋은 비문학 수능 대비 방법은,

1. 이전에 출제된 평가원 지문들을 정형화 시키고,
2. 이를 바탕으로 지문을 읽는 방법을 정형화 시켜,

루틴처럼 체화시키는 것뿐입니다. 마치, 공식화 시키는 것입니다.

⇒ 여기서 "1. 이전에 출제된 평가원 지문들을 정형화 시키고"에서 말하는 "정형화"가 바로 "뼈대와 살덩이 붙이는 방법의 정형화"인 것입니다. 따라서, 우리는 Chapter 1에서 왜 평가원 독서 지문이 같은 방식으로 써질 수밖에 없는지를 논리적으로 도출해내고, 이로부터 일관적인 방식으로 서술된 글에 대응할 수 있는 일관적인 사고방식을 도출해 낼 것입니다. Chapter 2에서는 이를 총정리하고 평가원 예시 지문에 적용해볼 것입니다.

⇒ Chapter 1에서 STEP 1과 STEP 2가 어떤 관계인지도 청사진을 그리고 들어갈 필요가 있습니다. 이는 글을 쓰는 것이 하나의 건물을 짓는 것과 같다고 생각하면 이해가 쉽습니다.

STEP 1은 지문의 뼈대가 어떻게 만들어지는지, STEP 2는 그 뼈대에 살덩이를 어떻게 붙이는 지에 대해 알아보는 것입니다. 이를 그대로 일련의 건축 과정에 적용해보면, STEP 1은 건물의 외형을 짓는 설계도를 배우는 것입니다. 그리고, STEP 2는 그렇게 외형이 갖춰진 건물에서 이제 내부공사를 어떻게 진행했는지 알아보는 단계입니다. 마지막으로, 이 예시에 STEP 3까지 붙여보면, STEP 3은 그 건물을 잘 이용할 수 있는 tip이라고 이해하면 됩니다.

<u>따라서, 우리는 하나의 건물을 짓는다고 생각합시다.</u> 목표 의식을 뚜렷이 해서 '내가 지금 수능 비문학에 대해 어떤 것을 학습하고 있구나.'하는 생각을 명확히 해야 합니다. STEP 1에서 우리가 흔히 건물을 바라볼 때 외형이라고 인식하는 그 '건물 그 자체', 뼈대를 완성하고, STEP 2에서 내부공사까지 완료한 후, STEP 3에서 그 건물을 잘 이용할 수 있는 방법을 배우는 것입니다.

전력 분석을 하고 파쇄법을 마련하는 것은 제 역할입니다. 여러분은 이것을 N회독을 통해 숙지하고 자신의 것으로 체화시켜 수능이라는 전쟁터에 나가 꼭 이겨주세요!

[Chapter 1]

평가원 전력 분석 & 행동강령 수립

; "또 그 패턴...평가원은 재탕을 좋아한다."

Contents

STEP

01

[평가원 지문의 뼈대를 잡아보자]

Theme 1 ㅣ "평가원 지문에는 어떤 정보가 담겨있나?"
Theme 2 ㅣ "평가원은 이런 정보들을 글로 어떻게 표현하는가?"
Theme 3 ㅣ 행동강령 수립 – "뼈대를 잡으면서 글을 읽는 방법."

[Comment]

　건물을 짓기 시작합니다. STEP 01은 우리가 흔히 건물 외부에서 볼 수 있는 '외형', 즉 건물의 **뼈대**를 만드는 단계입니다. 건축 과정에 있어 가장 중요한 step이라고 볼 수 있습니다. 독해에서도 지문의 뼈대를 잡는 것이 무엇보다도 가장 중요합니다.

　'정보'라는 재료를 가지고 (Theme 1), 일관된 원리에 기반하여 (Theme 2) 하나의 건물을 짓는 것입니다. 이런 직관적인 이해를 바탕으로 STEP 01을 학습해 봅시다.

Theme 1. "평가원 지문에는 어떤 정보가 담겨있나?"

[개요]

우리는 <u>비문학 지문에 어떤 정보가 있고</u>, <u>그 정보를 평가원이 어떻게 글로 표현하는지</u> 알아야 한다. 그 중, Theme 1 에서는 비문학 지문에 어떤 정보가 있는지 다룬다. 비문학 지문은 정보가 한 조각 한 조각 모여 이루어진 '정보의 집합체'다. 그리고 그 정보는 '줄 글'의 형태로 우리에게 주어진다. 티끌 모아 태산이듯이, 비문학 지문은 문장들이 모여 굉장히 많은 정보를 담고 있는 것처럼 보인다. 하지만, 평가원 지문이 담고 있는 정보의 종류는 아주 단순하다.

[Contents]

- Topic 01. 핵심 정보와 보조 정보로 나눌 수 있다.
- Topic 02. 핵심 정보 – 보조 정보의 관계
- Topic 03. 정형화된 핵심 정보 패턴

<comment>

 평가원 지문에 어떤 정보가 있는지에 대한 설명을 이해하고 나면, 핵심 정보와 보조 정보가 아래 그림과 같은 관계를 가진다는 사실을 이해할 수 있을 것이다.

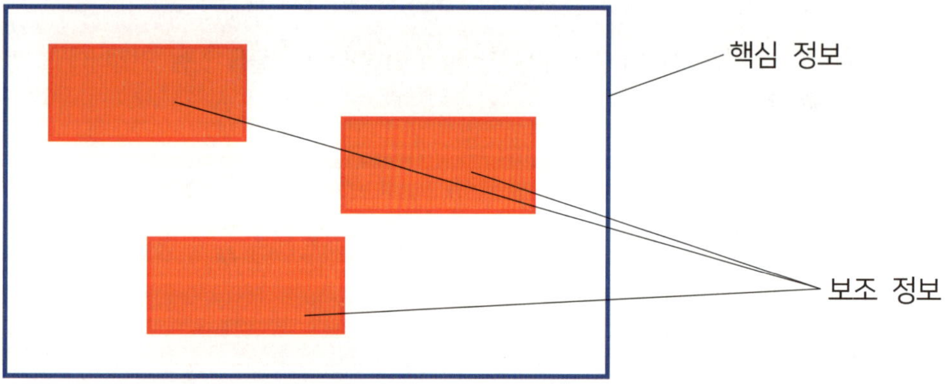

일단 지금은 '그런갑다' 하고, 차차 이해해 보도록 하자.

Topic 01. 핵심 정보와 보조 정보로 나눌 수 있다.

비문학 지문에 있는 정보는 크게 핵심 정보와 보조 정보로 나뉜다. 그럼 핵심 정보와 보조 정보가 뭘까? 구체적으로 알아보도록 하자.

예시로 설명하는 것이 가장 이해하기 쉬울 것이다.

예시

여러분이 AI에 대해 전혀 모르는 상태인 가원이에게 'AI의 문제점'에 대해 설명해야 하는 상황을 가정해 봅시다.

여러분이 바로 "AI는 첫째, 어떤 문제가 있고 둘째, 어떤 문제가 있고 셋째, 어떤 문제가 있어."라고 설명하면 가원이가 이걸 이해할 수 있을까요? 절대 알아듣지 못할 것입니다.
왜냐하면 가원이는 애초에 AI가 뭔지 모르기 때문입니다. 따라서, 여러분은 AI의 문제점에 대해 설명하기 전에 AI가 뭔지 설명해 줄 필요가 있습니다.

⇒ 위 예시에서, 여러분이 가원이에게 궁극적으로 하고 싶은 말은 "AI의 문제점"이고, '궁극적으로 전하고자 하는 정보를 이해하기 위해 반드시 알아야 할 배경지식'이 "AI란 무엇인가?"이다. 여기서 "AI의 문제점"을 핵심 정보 / "AI란 무엇인가?"를 보조 정보라고 부르도록 하겠다.

비문학 지문도 이와 같다.
평가원 지문이 키워드에 대해 궁극적으로 설명하고자 하는 정보, 그러니까 "화제"가 바로 핵심 정보이고, / 그 핵심 정보(화제)를 이해시키기 위해 기본적으로 알아야 하는 정보가 보조 정보인 것입니다.

쉽게 말해, 글쓴이가 "나는 A를 설명하려고 해, 근데 너가 A를 이해하려면 일단 B부터 알아야 해" 와 같이 생각하며 글을 쓴 것이고, 여기서 A가 핵심 정보 / B가 보조 정보라는 것이다.

*보조 정보는 '기본 정보' 로 부를 수도 있다. 이 두 용어가 혼용될 예정인데, 그래도 같은 뜻으로 이해하고 공부하면 된다.

따라서 비문학 지문은,

[어떤 키워드에 대해 궁극적으로 설명하고자 하는 바]
+
[이를 이해시키기 위해 기본적으로 알아야 하는 정보]

이렇게 긴 줄글에 **일정한 형태**로 녹아 들어가 있는 것이다.
그 **일정한 형태**가 무엇인지는 THEME 2에서 배울 것이다.

Topic 02. 핵심 정보 – 보조 정보의 관계

 핵심 정보는 보조 정보가 없이는 완벽하지 않다. 보조 정보도 자신이 속해 있는 핵심 정보가 있기에 존재하는 것이다. 둘은 서로 뗄려야 뗄 수 없는 관계다. 글에서 핵심 정보와 보조 정보는 아래 그림과 같이 퍼즐처럼 맞춰져 하나의 글을 완성한다.

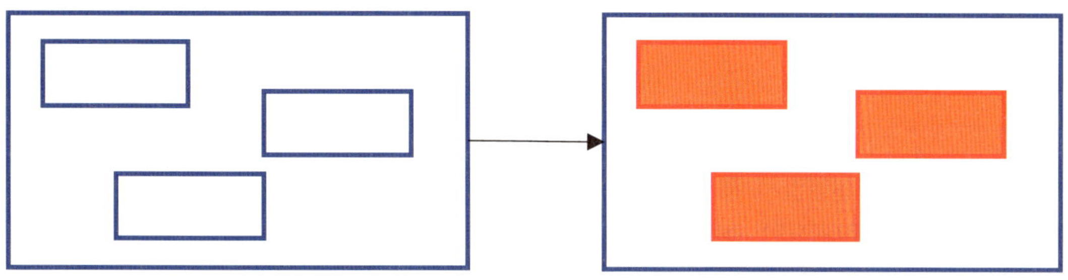

⇒ 직관적으로 핵심 정보와 보조 정보의 관계는 위의 오른쪽 그림과 같다고 보면 된다. 파란색의 핵심 정보 범주 내에, 비어 있는 곳곳에 빨간색 보조 정보가 끼워져 들어가 빈틈을 메워줌으로써 정보 덩어리가 되어 비로소 하나의 완성된 글의 재료가 되는 것이다.

⇒ 앞서 Topic 01에서 '키워드'에 대해 궁극적으로 말하고자 하는 바가 바로 핵심 정보라고 했다. 그런데 그 핵심 정보는 하나의 키워드로부터 꼭 하나만 나오는 것은 아니다. 앞에서 들었던 AI 예시로 다시 설명해보자면, AI라는 키워드를 활용해 글을 쓸 때,

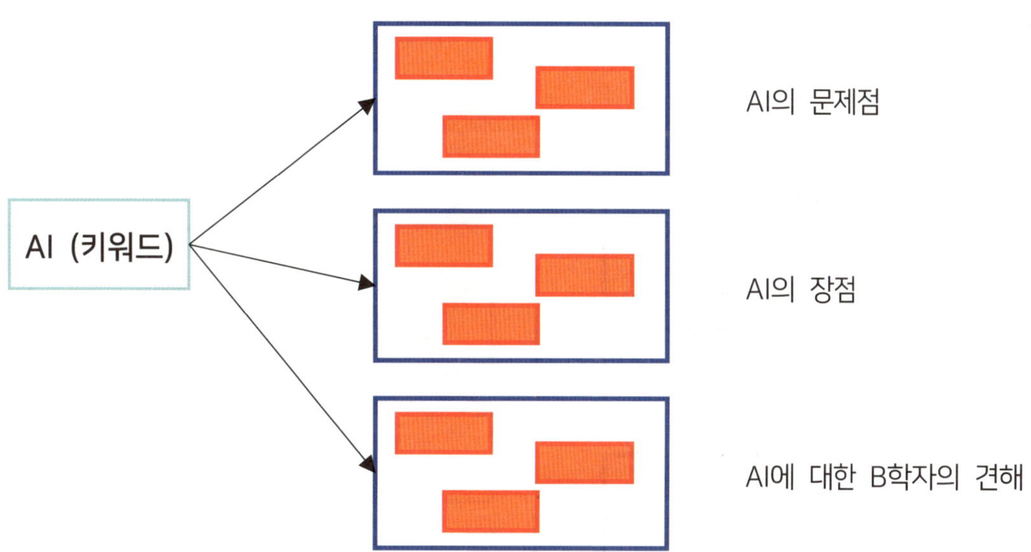

이렇게 하나의 키워드로부터 2~3개의 핵심 정보가 뻗어 나올 수도 있는 것이다.

Topic 03. 정형화된 핵심 정보 패턴

　평가원 지문은 핵심 정보의 패턴이 정해져 있다. 결국 글이 궁극적으로 말하고자 하는 바는 바로 핵심 정보에 해당하기 때문에, 평가원이 활용하는 핵심 정보의 패턴을 알고 지문에 들어가는 것이 매우 중요하다.

⇒　핵심 정보의 패턴은 총 3가지가 있다. 우리는 지문 초반부에서 이 글에서 다루고자 하는 핵심 소재가 무엇인지 <u>키워드</u>를 잡을 수 있다. 패턴은 키워드로부터 총 3가지로 뻗어나간다.

Ⅰ. 키워드에 대해 뭘 설명할지 제시되는 경우 (문제점, 질문 제외) : 평서문
Ⅱ. 키워드와 관련된 문제점(P) -> 해결책(S) : 문제 제시
Ⅲ. 키워드와 관련된 의문(Q) -> 답변(A) : 의문 제시

⇒ 지문을 읽다가 키워드를 포함한 여러 가지 문장에서 저 3가지 패턴 중 어떤 것인지를 암시하는 "화제 직결 문장"을 찾는 것이 가장 중요하다. 패턴이 확정되면 내가 이 부분을 읽으면서 무엇을 해야 하는지 계산이 서기 때문이다.

⇒ 그런데, 앞서 topic 02에서 핵심 정보는 하나의 키워드로부터 꼭 하나만 나오는 것은 아니라고 했다. 이는 "화제 직결 문장"이 한 개가 아닐 수도 있다는 말이다. 저 3가지가 한 지문에 하나씩만 꼭 사용되는 것은 아니기 때문이다. 1, 2, 3의 패턴이 하나 이상 적절히 혼용되어 하나의 글이 되는 것이다. 그림으로 표현해보면, 아래와 같이 오른쪽에 있는 보기에서 랜덤으로 출제자 마음대로 선택해 왼쪽 빈칸으로 옮겨 조합함으로써 하나의 글이 완성되는 것이다. (꼭 보기에서 3개를 조합한 글만 있는 것은 아니다. 1개일 수도, 2개일 수도, 3개일 수도 있는 것이다.)

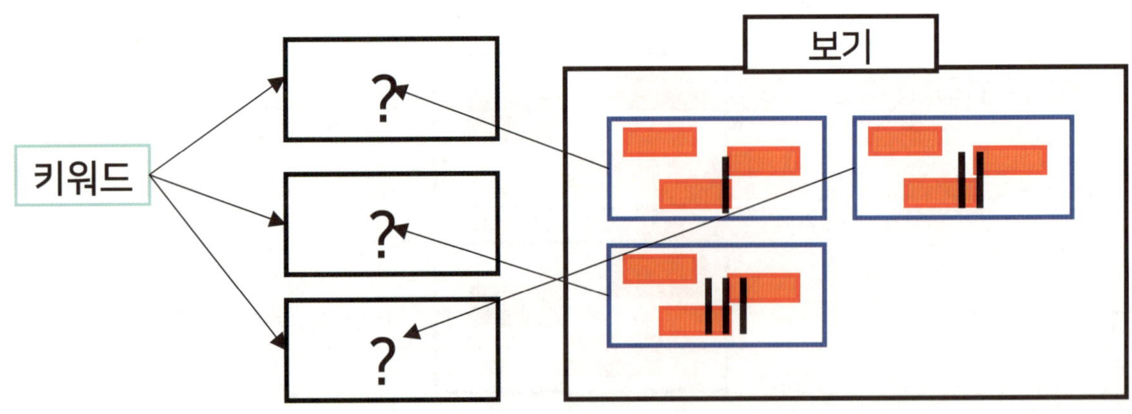

Theme 2. "평가원은 이런 정보를 글로 어떻게 표현하는가 ?"

[개요]

지금까지 THEME 1에서 '비문학 지문에는 어떤 정보가 들어있나?'에 대해 살펴봤다면, 이제부터는 '그 정보를 어떻게 글로 표현하는가?'에 대해 알아볼 것이다. 평가원이 정보를 글로 표현하는 방법은 일관적이다. 글이 길어서 정보가 엄청 많아 보이지만, 사실 몇 개의 정보 덩어리들이 유기적으로 결합되어 하나의 글이 된다. 일단 모든 사고의 시작점인 키워드에서 시작해, 그 키워드를 포함하는 문장, 그 문장들이 모여 만들어진 글까지 사고를 확장해 볼 것이다.

[Contents]

- Topic 01. 개요
- Topic 02. 글의 초반부 : 핵심 정보 (화제) 도입
- Topic 03. 초반부 이후 : 키워드를 품은 문장, 정보 덩어리를 만들다.
- Topic 04. 글의 마무리

Topic 01. 개요

본격적으로 THEME 2를 시작하기 전에 개요를 잡아놓고 들어갈 필요가 있다. Topic 1에서는 THEME 2에서 배울 내용이 무엇인지 직관적으로 이해하기 쉽게 로드맵을 그려보자.

[어떤 키워드에 대해 궁극적으로 설명하고자 하는 바]
+
[이를 이해시키기 위해 기본적으로 알아야 하는 정보]

⇒ 앞서, THEME 1에서 이런 그림을 활용해, 비문학 지문에는 위와 같은 정보가 긴 줄글에 일정한 형태로 녹아 들어가 있다고 했다. THEME 2 에서는 여기서 말하는 '일정한 형태'가 정확히 무엇인지 학습할 것이다.

Topic 02. 글의 초반부 : 핵심 정보 (화제) 도입

■ intro

먼저, 글의 도입을 어떻게 하는지부터 학습해 보겠다. 비문학 지문을 읽을 때, 우리는 무엇보다도 글의 중심 내용인 '화제'를 잡는 것이 가장 중요하다. 그 화제는 바로 우리가 THEME 1에서 배운 내용에서 '핵심 정보'에 해당한다. 하지만, 화제보다 더 앞서는 것이 바로 키워드이다.

글쓴이는 글 초반부에서 일정 수준의 빌드업을 통해 차근차근 키워드를 도입한 후, 그 키워드에 대해 글의 화제를 도입한다. 따라서, 글의 방향성을 결정하는 가장 크리티컬한 부분이 글의 초반부라고 해도 과언이 아니다. 우리는 글 초반부를 잘 읽어야 한다. 잘 읽기 위해서는 일단 글 초반부가 어떻게 구성되는지, 어디까지를 글 초반부로 봐야 하는지 알아야 한다. Topic 02에서 함께 공부해 보도록 하자.

---

[1] 핵심 정보 (글의 화제)에 대한 사고는 키워드에서부터 시작된다.

⇒ 글의 초반부는 앞서 말했듯이 화제를 도입하는 구간이다. 그런데 초반부에서 화제를 어떻게 도입하는지 알아보기 전에 **화제에 대해 정확히 사고해볼 필요**가 있다. 우리는 THEME 1에서 글의 화제를 핵심 **정보**라 지칭하기로 했다. 그리고 그 핵심 정보는 아래 표와 같이 총 3가지의 정형화된 패턴이 있다고 했다.

Ⅰ. 키워드에 대해 뭘 설명할지 제시되는 경우 (문제점, 질문 제외) : 평서문
Ⅱ. 키워드와 관련된 문제점(P) -> 해결책(S) : 문제 제시
Ⅲ. 키워드와 관련된 의문(Q) -> 답변(A) : 의문 제시

혹시 공통점이 보이는가? 바로 **키워드**다. 핵심 정보 (글의 화제)에 대한 사고는 키워드로부터 시작된다. 쉽게 말해, 글을 읽다 보면 글의 중심 소재에 해당하는 키워드가 있을 것이고 "그 키워드에 관해 무엇을 설명하고 싶은가?"가 바로 핵심 정보 (글의 화제)라는 것이다. 여기서 '키워드에 관해 설명하고 싶은 무엇'에 따라 위 3가지 패턴으로 분류되는 것이다.

[2] 핵심 정보 (글의 화제)를 도입하는 글 초반부

⇒ 글 초반부에는 이런 핵심 정보 (글의 화제)를 도입해야 한다. 이를 위해, **먼저 키워드를 도입하고, 그 키워드와 관련해서 무엇을 말할지를 제시한다.** 하지만 지문을 쓸 때 시작하자마자 바로 "이 글의 핵심 소재는 AI다." 이런 식으로 주지는 않는다. AI라는 키워드를 도입하기 위한 빌드업이 필요한 것이다.

⇒ 이해를 돕기 위해 앞서 THEME 1에서 핵심 - 보조 정보가 무엇인지에 대해 설명할 때 사용했던 예시를 다시 가져와 보겠다.

여러분이 AI에 대해 전혀 모르는 상태인 가원이에게 'AI의 문제점'에 대해 설명해야 하는 상황을 가정해 봅시다.

여러분이 바로 "AI는 첫째, 어떤 문제가 있고 둘째, 어떤 문제가 있고 셋째, 어떤 문제가 있어."라고 설명하면 가원이가 이걸 이해할 수 있을까요? 절대 알아듣지 못할 것입니다.
왜냐하면 가원이는 애초에 AI가 뭔지 모르기 때문입니다. 따라서, 여러분은 AI의 문제점에 대해 설명하기 전에 AI가 뭔지 설명해 줄 필요가 있습니다.

여기서 내가 가원이에게 말로 설명 안 하고 그걸 글로 써주면 그게 비문학 지문이 되는 것이다. 내가 가원이에게 쓴 글의 1문단은 다음과 같다. 일단 읽어보도록 하자.

당신은 이세돌 9단과 AI '알파고'의 대국을 본 경험이 있을 것이다. 세계 최고의 바둑 기사라고 불리는 이세돌 9단의 패배는 마치 AI에게 패배한 인간의 모습처럼 비춰졌고, 알파고는 엄청난 AI 붐을 일으켰다. / 실제로 현재 AI에 대한 활발한 연구가 진행되고 있고, 가전제품이나 휴대폰 등 우리 삶의 곳곳에 AI가 직접적 또는 간접적으로 들어와 있다. / AI는 우리 삶을 윤택하게 해주는 측면도 있는 반면, 미래 사회에 인간에게 큰 위험 요인이 될 수도 있다. 그렇다면 AI는 어떤 문제점이 있길래 미래에 위험 요인이 될 수 있을까?

여기서 가원이가 제 글을 보고 하는 생각은 다음과 같을 것이다. (step은 위에서 끊어놓은 부분 기준으로 나눴다.)

[step 1]

"이세돌하고 알파고 대국? 그치 봤었지. 이 글에서 말하는 것처럼 꽤 충격적이었어. 근데 뭔 얘기를 하려고 이걸로 글을 도입하는 거지?"

[step 2]

"오 이세돌이나 알파고 얘기가 아니라 AI만 끌고 내려오네 AI 얘기를 하려나? 여기까지 보니 뭔가 AI가 우리 삶에 어떻게 쓰이는지 쓸 거 같아."

[step 3]

"아니네! 이것도 그냥 AI라는 키워드를 도입하기 위해 쓴 내용이었어. 결국 이 사람이 나에게 설명하고자 하는 바는 AI의 문제점인거같아."

이 글을 비문학 지문이라고 생각해 보면, 결국 '이 글의 핵심 정보(글의 화제)가 무엇인지 파악하는 것에 집중하며 쭉 흘러가는 대로 읽다 보니, **키워드인 AI를 중심으로 정보들이 모이고**, 결국 **화제 제시 문장**인 "그렇다면 AI는 어떤 문제점이 있길래 미래에 위험 요인이 될 수 있을까?"에 도달한 것입니다.

수험생이었다면 "아! 이 지문의 첫 번째 핵심 정보는 패턴Ⅲ(키워드와 관련된 의문(Q) -> 답변(A)) 이구나." 이렇게 생각하면 되는 것입니다. 결국 키워드가 모든 사고의 시작점입니다.

[3] 총정리

빌 드 업
(키워드 도입)

[첫 번째 핵심 정보 (글의 화제)] 제시 문장

⇒ 정리하면, 위와 같은 구조로 글 초반부가 구성되는 것입니다. 빌드업 과정에서 나에게 주어지는 정보들이 몇 개의 워딩으로 모이는데, 읽어 내려가면서 그 중심 소재에 해당하는 키워드가 될 수 있는 후보가 점점 좁혀지다가

Ⅰ. 키워드에 대해 뭘 설명할지 제시되는 경우 (문제점, 질문 제외) : 평서문
Ⅱ. 키워드와 관련된 문제점(P) -> 해결책(S) : 문제 제시
Ⅲ. 키워드와 관련된 의문(Q) -> 답변(A) : 의문 제시

그 키워드에 대해 이 셋 중 하나를 제시하는 (위 예시에서 "그렇다면 AI는 어떤 문제점이 있길래 미래에 위험 요인이 될 수 있을까?" 같은) 화제 제시 문장이 주어지면, 거기까지가 글 초반부인 것입니다. 다시 한번 말하지만, 글 초반부는 문단 단위로 끊는 것이 아니라 키워드에 대한 첫 번째 화제 제시 문장이 나올 때까지입니다.

지문 초반부는 보통 이런 방향성으로 정보가 모인다.

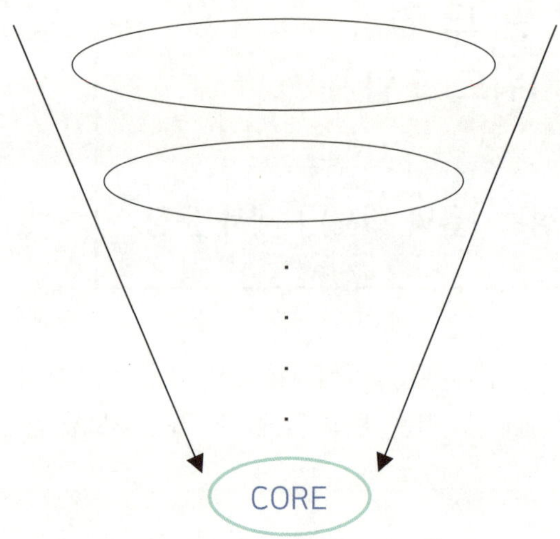

    더 큰 범주, 더 포괄적인 범주의 정보에서 시작해, 뒷 문장이 앞 문장을 구체화하고, 또 그 뒷 문장이 앞 문장을 구체화하며 점점 정보가 하나로 초점화된다. 그리고, 그렇게 초점화하는 중간중간에 용어의 개념을 주거나, 무언가를 나열하는 경우가 많다. 따라서, 우리는 문장과 문장을 유기적으로 연결하며 하나로 초점화되는 정보를 확보하는 것이 중요하다.

   이후 1문단에 대한 구체적인 독해 방법을 평가원 기출을 활용해 학습할 것이다.
그때까지는 그냥 "이런 느낌이구나!" 정도만 가지고 가도 충분하다.

Topic 03. 초반부 이후 : 키워드를 품은 문장, 정보 덩어리를 만들다.

■ intro

이제부터 초반부 이후, 그러니까 중심 소재에 해당하는 키워드에 대해 첫 번째 "핵심 정보(화제) 직결 문장"이 나온 이후부터는 글이 어떻게 구성되는지 알아보도록 합시다.

결론부터 말하자면, 비문학 지문은 정보 덩어리 몇 개가 유기적으로 결합 되어 하나의 글이 됩니다. 정보 덩어리는 앞서 p.28에서 들었던 아래 예시에서,

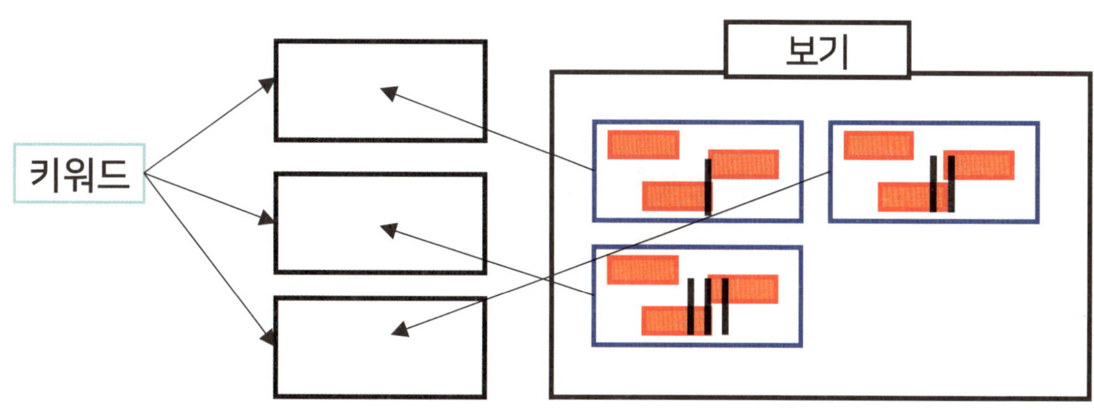

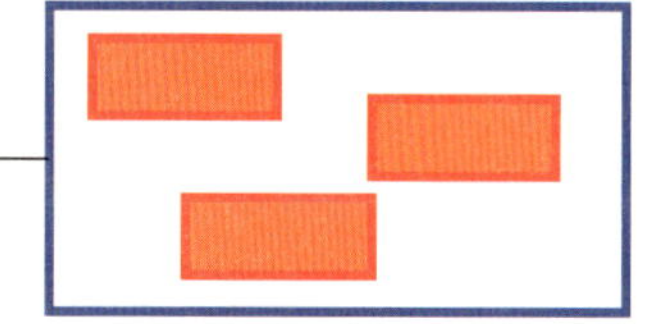

이 블록 하나하나가 바로 정보 덩어리인 것입니다. Theme 1을 잘 공부했다면, 바로 이해될 것입니다. 혹시 무슨 말인지 모르겠다면 다시 한번 복습하고 오도록 합시다.

지문 자체가 엄청 길기 때문에 정보가 엄청 많다고 생각하기 쉽지만, 사실 키워드에 대한 서술 범주가 다른 정보 덩어리 1~3개로 구성되어 있기 때문에 충분히 컨트롤 할 수 있는 수준의 정보량입니다.

Topic 03에서는, 이런 정보 덩어리가 일반적으로 어떻게 구성되는지, 그리고 그 일반적인 형태에 핵심 정보 / 보조 정보가 어떻게 끼어들어 가는지 공부해 보도록 하겠습니다.

  초반부 이후 학습에 앞서, 일단 Topic 03까지 배우고 나면 비문학 지문이 어떤 식으로 와 닿아야 하는지 이미지를 그려보도록 하겠습니다.

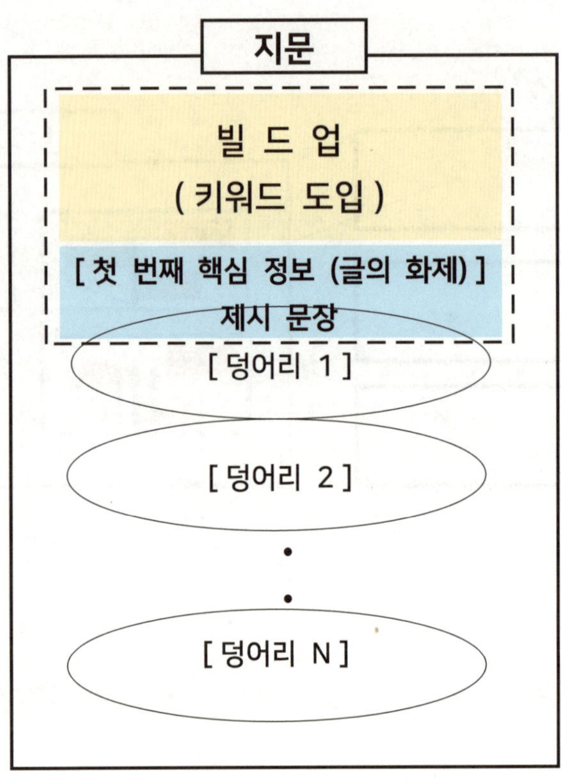

⇒ 이렇게 지문 초반부에 제시된 첫 번째 핵심 정보와 맞물려 덩어리 1이 구성되고, 그 이후로 덩어리 2, 덩어리 3, ••덩어리 N 이런식으로 덩어리 N개가 결합되는 형태로 초반부 이후 내용이 전개됩니다.

  이번 Topic에 대한 공부가 끝나면, 왼쪽에 그려진 지문 이미지가 더 잘 와 닿을 것입니다. 저 이미지를 먼저 제시한 이유는, 이미지를 머릿속에 각인시키고 이미지에 입각해 앞으로 이어질 내용을 공부하면 더 이해가 빠르기 때문입니다.

  이제 각 덩어리가 어떻게 일관적으로 구성되는지 학습해 볼 것입니다.

[2] 정보 덩어리의 구성은 일관적이다.

⇒ 초반부 이후에는 몇 개의 정보 덩어리가 결합 되는 형태로 글이 구성된다고 했다. 먼저, 각각의 덩어리가 일반적으로 어떻게 만들어지는지 알아보도록 하자. 이는 '화제 제시 문장과 구체화 문장의 관계'로 설명되는데, 먼저 이 관계에 대해 정확히 알아볼 것이다.

★ 화제 제시 문장이 뭐고 구체화 문장이 뭔가? ★

⇒ 핵심은 "화제 제시 문장은 키워드에 대해 정확히 무엇을 설명할 것인지에 대한 **정보의 범주를 잡아주는 문장**이고 (앞의 내용을 배울 때 계속 언급되었던 '핵심정보 (화제) 직결 문장'과 동의어), 구체화 문장은 **해당 범주에 대해 구체적으로 설명하는 문장**이라는 것이다."

하나의 정보 덩어리는 이렇게 생겼습니다.

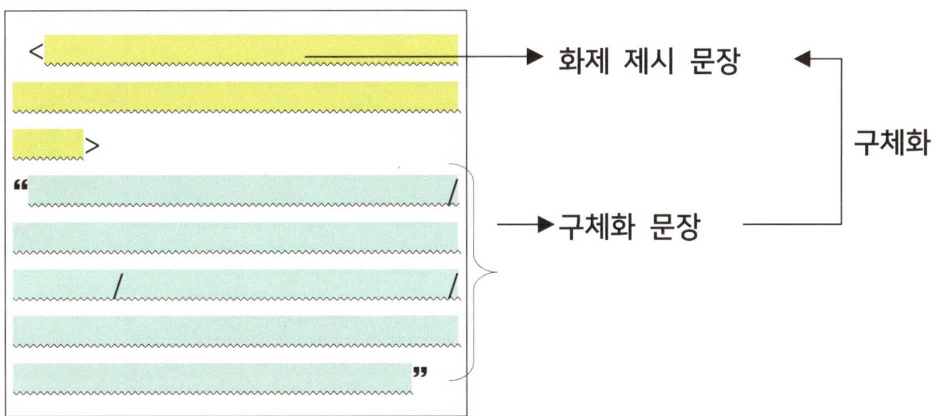

이 덩어리에서 노란색으로 형광펜 친 부분은 이 정보 덩어리의 범주를 잡아 주는 구간입니다. 쉽게 말해, **"앞으로 어떤 키워드에 대해 무엇을 설명할 것이에요!"** 라고 제시하는 문장으로 이해하면 됩니다. 그리고, 민트색으로 형광펜 친 부분은 노란색으로 형광펜 친 부분을 구체화하는 구간입니다.

정보를 대표하는 문장 + 이를 구체화하는 문장들 = 하나의 정보 덩어리

정리하면 이렇게 되는 것입니다. 각 역할의 특징을 살려, 정보의 흐름을 잡아주는 문장을 "화제 제시 문장", 이를 구체화하는 문장들을 "구체화 문장"이라고 지칭하겠습니다.

따라서, 모는 분장의 정보는 화제 제시 문장으로 묶여서 하나의 "정보 덩어리"가 됩니다. 화제 제시 문장이 질서를 정하고, 구체화 문장은 그 질서를 따르는 문장의 집합인 것입니다.

[3] 정보 덩어리에 [핵심 정보 / 보조 정보]가 들어가면?

⇒ 먼저 '정보 덩어리'라는 것에 대해서 우리가 어느 정도로 구체화해 왔는지를 살펴보자.

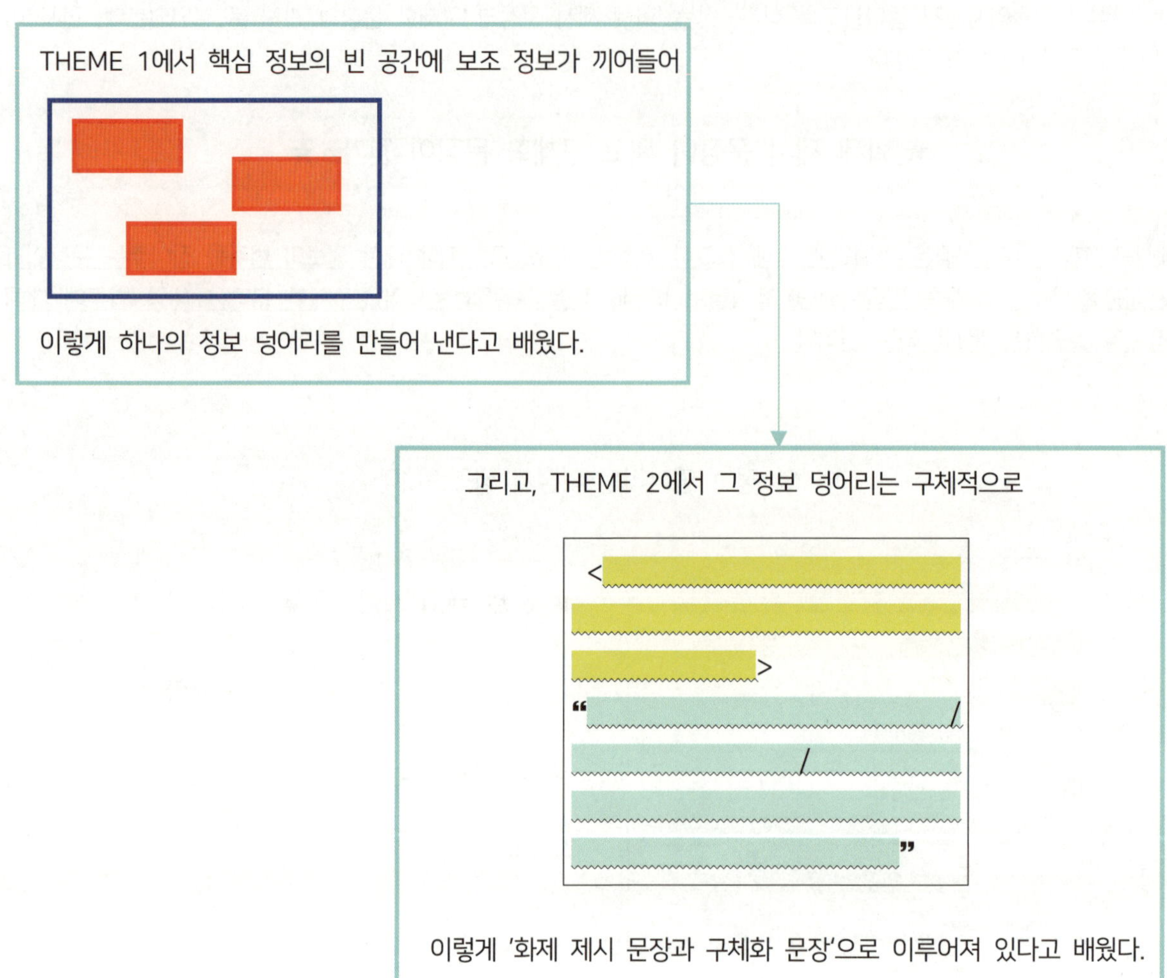

⇒ 이제, 우리가 할 작업은 이것이다.

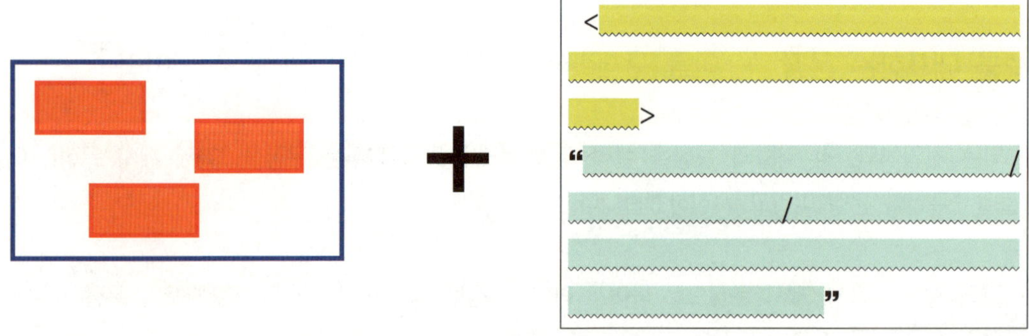

핵심 정보와 보조 정보가 덩어리에 적용되면 어떻게 되는지 알아보자.

< comment >

핵심 정보와 보조 정보가 덩어리에 적용되어 총 다섯 가지 형태가 도출된다. 하나씩 알아보도록 하자.

■ TYPE 1. 핵심 정보 덩어리 (1) : 보조 정보 제시 문장과 버무려짐

⇒ 핵심 정보에 대해 구체화하다가, 그때그때 다음 내용의 이해를 위해 용어의 개념같은 보조 정보가 그때그때 1~2문장씩 제시되는 경우이다. 이 경우, 화제 제시 문장은 키워드에 대해 앞서 설명한 메이저 정보의 4가지 패턴 중 어떤 방식으로 설명할 것인지 알려주는 내용이다. 그리고 이를 구체화하는 문장들 사이사이에 보조 정보가 끼워지는 형태가 된다.

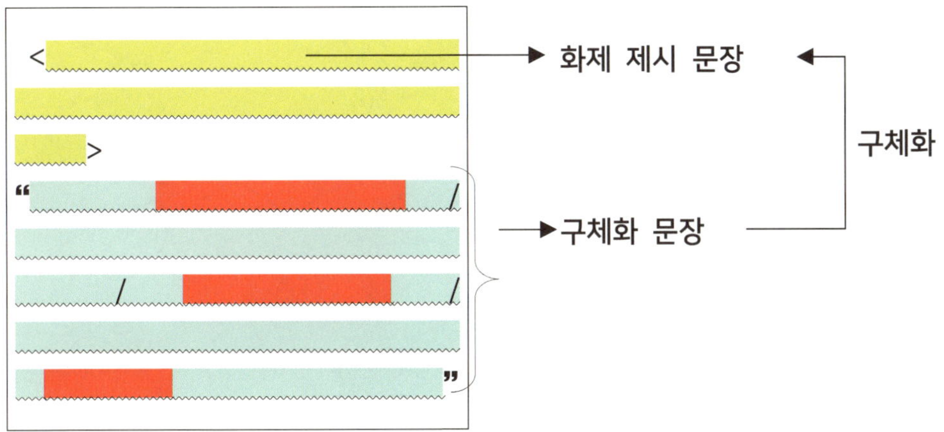

⇒ 위 그림에서 빨간색 음영 처리를 한 부분이 보조 정보라고 생각하면 된다. 저렇게 덩어리 중간중간에 다음에 이어질 핵심 정보 구체화 구간을 이해하기 위해 필요한 정보를 제시해주는 구성이 있다. 예시 지문을 살펴보자.

예시 지문 : 2206 [14~17] PCR 기술 中

PCR는 시료의 표적 DNA양도 알 수 있는 실시간 PCR라는 획기적인 개발로 이어졌다. 실시간 PCR는 전통적인 PCR와 동일하게 PCR를 실시하지만, 사이클마다 발색 반응이 일어나도록 하여 누적되는 발색을 통해 표적 DNA의 증폭을 실시간으로 확인할 수 있다. 이를 위해 실시간 PCR에서는 PCR 과정에 발색 물질이 추가로 필요한데, '이중 가닥 DNA 특이 염료' 또는 '형광 표식 탐침'이 이에 이용된다. ㉠이중 가닥 DNA 특이 염료는 이중 가닥 DNA에 결합하여 발색하는 형광 물질로, 새로 생성된 이중 가닥 표적 DNA에 결합하여 발색하므로 표적 DNA의 증폭을 알 수 있게 한다. 다만, 이중 가닥 DNA 특이 염료는 모든 이중 가닥 DNA에 결합할 수 있기 때문에 2개의 프라이머끼리 결합하여 이중 가닥의 이합체(二合體)를 형성한 경우에는 이와 결합하여 의도치 않은 발색이 일어난다.

<comment>

이전 내용에서 일반적인 PCR 기술에 대해 설명한 후, 실시간 PCR에 대한 내용으로 범주가 바뀌는 부분이다. 범주가 바뀌며 새로운 화제가

PCR는 시료의 표적 DNA양도 알 수 있는 실시간 PCR라는 획기적인 개발로 이어졌다.

를 통해 제시되고, 중간에 이중가닥 DNA 특이 염료에 대한 정보를 알아야 다음 내용을 이해할 수 있기 때문에 이에 대한 보조 정보를 제시하고 있는 것이다.

㉠이중 가닥 DNA 특이 염료는 이중 가닥 DNA에 결합하여 발색하는 형광 물질로, 새로 생성된 이중 가닥 표적 DNA에 결합하여 발색하므로 표적 DNA의 증폭을 알 수 있게 한다.

■ TYPE 2. 핵심 정보 덩어리 (2) : only 핵심 정보

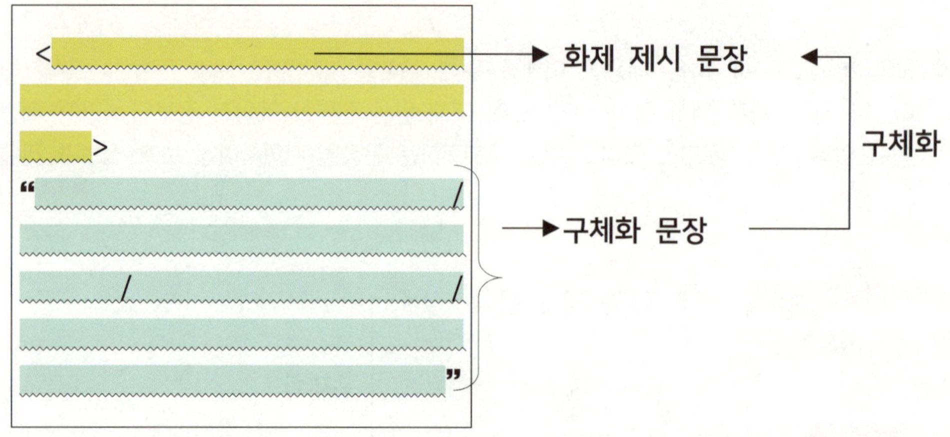

예시 지문 : 2206 [14~17] PCR 기술 中

PCR 과정은 우선 열을 가해 이중 가닥의 DNA를 2개의 단일 가닥으로 분리하는 것으로 시작한다. 이후 각각의 단일 가닥 DNA에 프라이머가 결합하면, DNA 중합 효소에 의해 복제되어 2개의 이중 가닥 DNA가 생긴다. 일정한 시간 동안 진행되는 이러한 DNA 복제 과정이 한 사이클을 이루며, 사이클마다 표적 DNA의 양은 2배씩 증가한다. 그리고 DNA의 양이 더 이상 증폭되지 않을 정도로 충분히 사이클을 수행한 후 PCR를 종료한다. 전통적인 PCR는 PCR의 최종 산물에 형광 물질을 결합시켜 발색을 통해 표적 DNA의 증폭 여부를 확인한다.

<comment>

PCR 과정은 우선 열을 가해 이중 가닥의 DNA를 2개의 단일 가닥으로 분리하는 것으로 시작한다. 이후

이 문장을 통해 앞으로 PCR 기술의 순서 과정에 대해 서술할 것임을 알 수 있고, 그 이후에는 보조 정보에 대한 서술 없이 쭉 핵심 정보 범주인 'PCR 기술의 순서 과정'에 대해서만 구체화한다.

■ TYPE 3. 핵심 정보 덩어리 (3) : N개 문단으로 이루어진 보조 정보 덩어리가 삽입되는 경우

■ TYPE 4. 보조 정보 덩어리 (1) : only 보조 정보

⇒ 보조 정보로만 이루어진 덩어리도 존재한다. 보통 핵심 정보를 이해하기 위해 필요한 정보가 볼륨이 큰 경우 핵심 정보에 대해 구체적으로 서술하기 전에 보조 정보 덩어리를 삽입한다. 이 경우에는 화제 제시 문장이 핵심 정보를 이해하기 위한 어떤 보조 정보에 대해 서술할 것인지 제시해줄 것이다.
⇒ 그리고, 당연히 마이너 보스 문장이 품고 있는 키워드는 메이저 정보를 제시하는 보스 문장이 품고 있는 키워드가 아닐 수도 있다.

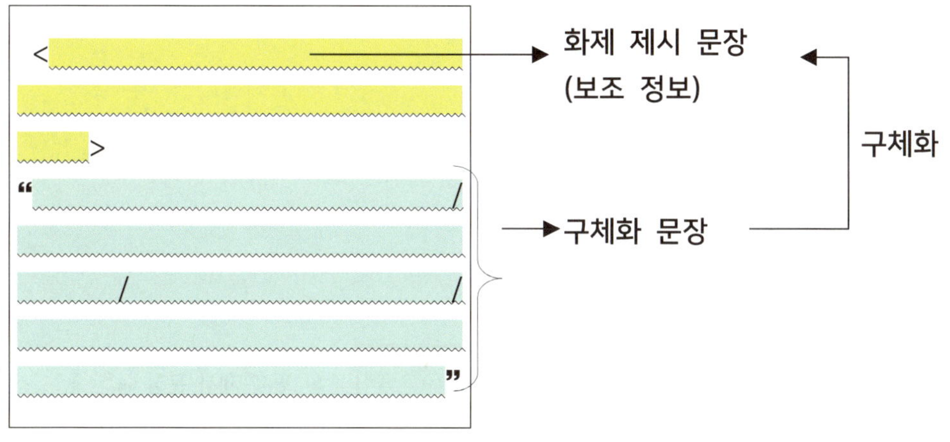

■ TYPE 5. 보조 정보 덩어리 (2) : 보조 정보의 보조 정보 존재 가능성

⇒ 앞서 핵심 정보 덩어리에 대해 설명할 때 Type 1에서 핵심 정보에 대해 구체화하는 중간중간에 보조 정보가 1~2줄 삽입되어 있는 형태를 본 적이 있다. 보조 정보 덩어리에서도 그런 부분이 있을 수 있다. 설명하고자 하는 보조 정보가 있는데, 그 보조 정보를 이해하기 위해 필요한 또 다른 '보조 정보의 보조 정보'가 있을 수 있기 때문이다.

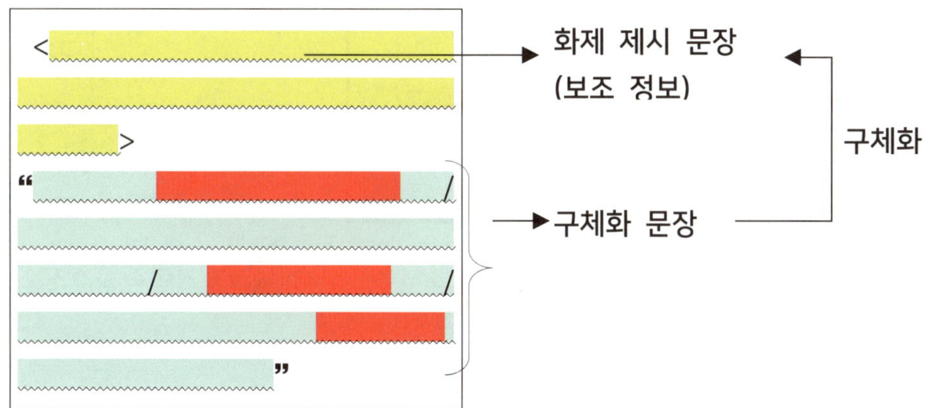

이 경우에는, 저렇게 보조 정보 덩어리의 화제 제시 문장과 구체화 문장으로 이루어진 덩어리에서,

1) 내용을 구체화하는 중간중간에 저렇게 빨간색으로 '보조 속 보조'가 필요할 때마다 1~2줄씩 삽입
2) 그냥 중간에 핵심 정보 서술을 잠깐 멈추고 보조 정보의 보조 정보가 N개 문단에 걸쳐 덩어리로 삽입

이렇게 두 가지 양상이 나올 수 있다.

여기서 기억해야 할 것은, 보조 정보는 항상 하나의 핵심 정보 덩어리 사이에 삽입되는 형태로 지문에 등장한다는 것이다. 보조 정보가 필요한 때마다 핵심 정보 구체화 문장 중간중간에 1~2문장씩 끼워져 들어가는 경우(핵심 정보 덩어리 1 - 보조 정보 제시 문장과 버무려짐)는 앞서 배웠다. 여기서는 보조 정보가 N개의 문장 내지 문단을 포함한 덩어리로 사용되는 경우에 대해 알아보자.

■ 보조 정보가 N개 문장 내지 문단을 포함한 덩어리로 사용되는 경우 : TYPE 3

앞서 설명을 보류했었던 TYPE 3 : 핵심 정보 덩어리 (3)에 대해 학습해 보자.

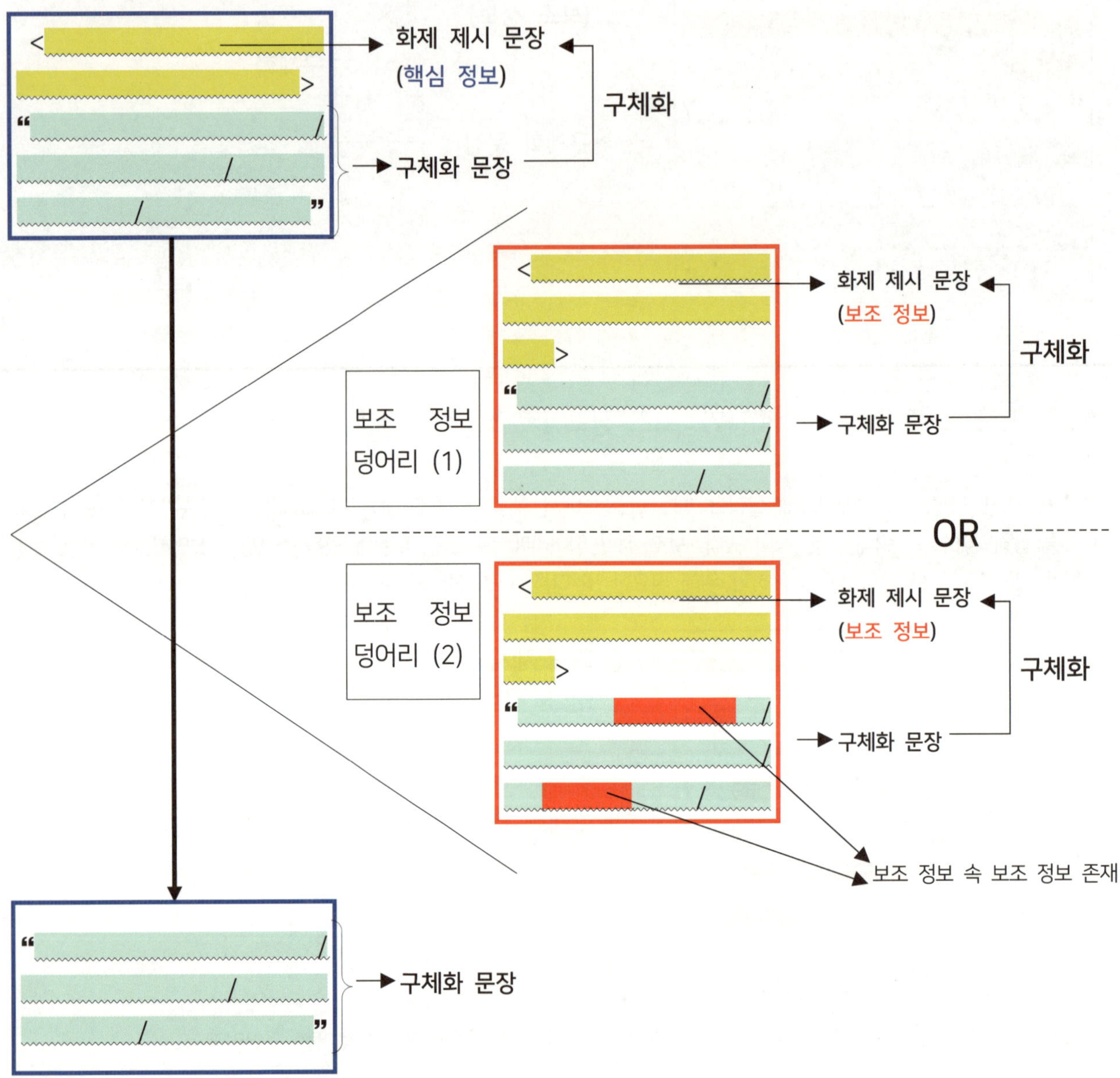

⇒ 한마디로, ['나는 이 키워드에 대해 A를 설명하려고 한다.' -> '그런데 이를 알려면 B를 알아야 한다.' or '그런데 이를 알려면 B를 알아야 한다. B에 대해 이해하기 위해 C를 알아보자. (보조 정보의 보조 정보)' -> B의 정보를 반영해 A를 마저 구체화] 이런 논리 구조가 숨어있는 것이다.

대한민국 정부가 해외에서 발행한 채권의 CDS 프리미엄은 우리가 매체에서 자주 접하는 경제 지표의 하나이다. 이 지표를 이해하기 위해서는 채권의 '신용 위험'과 '신용 파산 스와프(CDS)'의 개념을 살펴볼 필요가 있다.

채권은 정부나 기업이 자금을 조달하기 위해 발행하며 그 가격은 채권이 매매되는 채권 시장에서 결정된다. 채권의 발행자는 정해진 날에 일정한 이자와 원금을 투자자에게 지급할 것을 약속한다. 채권을 매입한 투자자는 이를 다시 매도하거나 이자를 받아 수익을 얻는다. 그런데 채권 투자에는 발행자의 지급 능력 부족 등의 사유로 이자와 원금이 지급되지 않을 가능성인 신용 위험이 수반된다. 이에 따라 각국은 채권의 신용 위험을 평가해 신용 등급으로 공시하는 신용 평가 제도를 도입하여 투자자를 보호하고 있다.

우리나라의 신용 평가 제도에서는 원화로 이자와 원금의 지급을 약속한 채권 가운데 발행자의 지급 능력이 최상급인 채권에 AAA라는 최고 신용 등급이 부여된다. 원금과 이자가 지급되지 않아 부도가 난 채권에는 D라는 최저 신용 등급이 주어진다. 그 외의 채권은 신용 위험이 커지는 순서에 따라 AA,A, BBB,BB등 점차 낮아지는 등급 범주로 평가된다. 이들 각 등급 범주 내에서도 신용 위험의 상대적인 크고 작음에 따라 각각 '-'나 '+'를 붙이거나 하여 각 범주가 세 단계의 신용 등급으로 세분되는 경우가 있다. 채권의 신용 등급은 신용 위험의 변동에 따라 조정될 수 있다. 다른 조건이 일정한 가운데 신용 위험이 커지면 채권 시장에서 해당 채권의 가격이 ⓐ 떨어진다.

CDS는 채권 투자자들이 신용 위험을 피하려는 목적으로 활용하는 파생 금융 상품이다. CDS 거래는 '보장 매입자'와 '보장 매도자' 사이에서 이루어진다. 여기서 '보장'이란 신용 위험으로부터의 보호를 뜻한다. 보장 매도자는, 보장 매입자가 보유한 채권에서 부도가 나면 이에 따른 손실을 보상하는 역할을 한다. CDS 거래를 통해 채권의 신용 위험은 보장 매입자로부터 보장 매도자로 이전된다. CDS 거래에서 신용 위험의 이전이 일어나는 대상 자산을 '기초 자산'이라 한다.

가령 은행 ㉠갑은, 기업 ㉡을이 발행한 채권을 매입하면서 그것의 신용 위험을 피하기 위해 보험 회사 ㉢병과 CDS 계약을 체결할 수 있다. 이때 기초 자산은 을이 발행한 채권이다. 보장 매도자는 기초 자산의 신용 위험을 부담하는 것에 대한 보상으로 보장 매입자로부터 일종의 보험료를 받는데, 이것의 요율이 CDS 프리미엄이다. CDS 프리미엄은~

Comment

이 지문은 초반부의 빌드업 없이 바로 핵심 정보를 던져준다.

대한민국 정부가 해외에서 발행한 채권의 CDS 프리미엄은 우리가 매체에서 자주 접하는 경제 지표의 하나이다. 이 지표를 이해하기 위해서는

그리고 나서 바로 그 핵심 정보를 이해하기 위해 알아야 할 보조 정보를 제시해주는 '보조 정보 제시 문장' 도 나온다.

채권의 '신용 위험'과 '신용 파산 스와프(CDS)'의 개념을 살펴볼 필요가 있다.

이때는 핵심 정보로 서술 범주가 돌아가기 전까지는 보조 정보 단독 서술에 집중하며 정보를 정리해주면 된다.

다음 문단에 들어가보니, '신용 위험' 이나 '신용 파산 스와프' 의 개념을 바로 서술하는 것이 아니라, 일단 채권에 대한 정보를 서술한다.

채권은 정부나 기업이 자금을 조달하기 위해 발행하며 그 가격은 채권이 매매되는 채권 시장에서 결정된다. 채권의 발행자는 정해진 날에 일정한 이자와 원금을 투자자에게 지급할 것을 약속한다. 채권을 매입한 투자자는 이를 다시 매도하거나 이자를 받아 수익을 얻는다.

이것이 바로 앞서 Type 4에서 언급했던 '보조 정보 속 보조 정보' 인 것이다. 채권에 대해 알아야 채권의 '신용 위험' 도 알 수 있는 것이다. 이후

그런데 채권 투자에는 발행자의 지급 능력 부족 등의 사유로 이자와 원금이 지급되지 않을 가능성인 신용 위험이 수반된다

신용 위험에 대한 정보도 제공되고,

CDS는 채권 투자자들이 신용 위험을 피하려는 목적으로 활용하는 파생 금융 상품이다.

이렇게 CDS에 대한 정보도 제공된 후,

보장 매도자는 기초 자산의 신용 위험을 부담하는 것에 대한 보상으로 보장 매입자로부터 일종의 보험료를 받는데, 이것의 요율이 CDS 프리미엄이다. CDS 프리미엄은~

여기서 이제 이 글의 핵심 정보인 CDS 프리미엄으로 다시 돌아간다. 결국 처음부터 끝까지 핵심 정보 덩어리로 따지면 한 덩어리인 것이다.

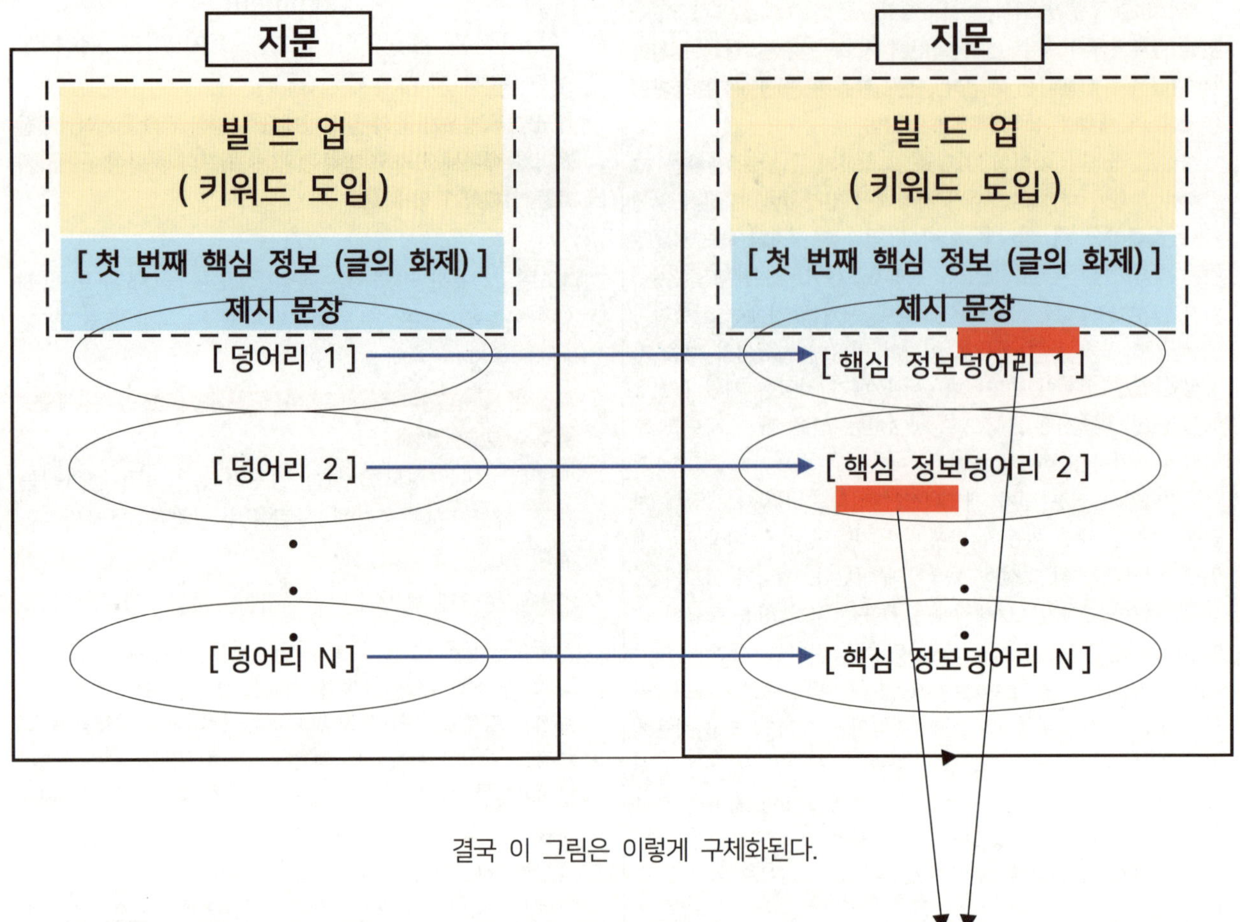

⇒ 글의 초반부, 그 이후에 붙는 N개의 핵심 정보 덩어리, 그리고 그 핵심 정보 덩어리 사이 사이에 삽입되어 있는 보조 정보 덩어리 또는 보조 정보 문장들. 이렇게 구성되는 것이다.

⇒ 보조 정보는 비록 N개 문장 내지 문단으로 비교적으로 큰 볼륨으로 삽입될 수도 있지만, 그 역시 그 보조 정보가 보충해주는 핵심 정보 덩어리 안에 귀속시켜야 한다는 뜻이다.

[4] 핵심 정보 덩어리의 시작과 끝맺음

지문 내에서 한 핵심 정보 덩어리가 시작되고 끝맺음 되는 기준에 대해 확실히 알 필요가 있습니다. 덩어리에는 '지문에서 핵심 키워드에 대해 궁극적으로 말하고자 하는바' 에 해당하는 핵심 정보 덩어리도 있을 수 있고, '궁극적으로 말하고자 하는 바를 이해하기 위해 반드시 알아야 할 기본적인 정보들'에 해당하는 보조 정보 덩어리도 있을 수 있다고 했습니다. 하지만 결국 보조 정보 덩어리는 핵심 정보 덩어리 안에 삽입되는 형태이기 때문에 중요한 것은 핵심 정보입니다. 앞서 비문학 지문에서의 핵심 정보는 아래와 같이 크게 3가지가 될 수 있다고 했습니다.

Ⅰ. 키워드에 대해 뭘 설명할지 제시되는 경우 (문제점, 질문 제외) : 평서문
Ⅱ. 키워드와 관련된 문제점(P) -> 해결책(S) : 문제 제시
Ⅲ. 키워드와 관련된 의문(Q) -> 답변(A) : 의문 제시

지문 초반에 키워드를 잡고, 그 키워드에 대해 "뭘 설명할거에요, 이런 문제점이 있어요, 이런 의문을 제시할 수 있어요, 이에 대해 어떤 견해가 있을 수 있어요"와 같은 핵심 정보의 흐름을 잡아주는 문장이 나오면, 거기서부터 덩어리가 시작되는 것이다.

그럼, 하나하나 더 구체적으로 살펴보자. 화제를 제시하는 문장을 통해 지문에 등장하는 첫 번째 핵심 정보가 위세 가지 패턴 중 어떤 것인지에 따라 접근해 보겠다.

Ⅰ. 키워드에 대해 뭘 설명할지 제시되는 경우 (문제점, 질문 제외) : 평서문

이런 문장이 첫 덩어리의 시작일 경우, 해당 범주에 대한 설명이 중단되고 키워드에 대해 새로운 Ⅰ ~ Ⅲ중 하나의 핵심 정보 흐름을 잡아주는 문장이 나오면 거기서부터 앞선 덩어리가 끝나고 새로운 덩어리가 시작되는 것으로 보면 된다.

Ⅱ. 키워드와 관련된 문제점(P) -> 해결책(S) : 문제 제시

이런 문장이 첫 덩어리의 시작일 경우, 그 문제점에 대한 해결책이 제시될 때까지가 하나의 덩어리다.

Ⅲ. 키워드와 관련된 의문(Q) -> 답변(A) : 의문 제시

이런 문장이 첫 덩어리의 시작일 경우, 그 질문에 대한 답변이 제시될 때까지가 하나의 덩어리다.

이렇게 키워드를 잡고, 그 키워드에 대한 화제인 '핵심 정보'를 잡으면, 해당 키워드에 대해 지금 읽고 있는 것과 다른 화제 제시 문장이 나오기 전까지는 계속 핵심 정보에 문장들을 붙이며 홀딩하고 읽어 내려가야 한다. 특히 2번 패턴과 3번 패턴은 문제점에 대한 해결책이 나올 때 까지, 질문에 대한 답변이 나올 때까지로 그 끝맺음이 명확하기 때문에 좀 더 수월하다.

핵심 정보가 위 세 가지 패턴 중 어떤 것이냐에 따라 조금씩 다르게 끝맺음 지어지기는 한다. 1번 패턴은 범주가 바뀜을 암시하는 다른 화제 제시 문장이 나오면 그때 반응해주고 이전 핵심 정보와 구별할 수 있어야 하고, 2번과 3번 패턴은 앞서 말한 것처럼 해결책이 나올 때, 답변이 나올 때 반응해줄 수 있으면 된다. 이렇게 함으로써 핵심 정보가 하나가 끝맺음 짓는 것이다.

여기서 우리는 의문을 하나 가지고 이제 다음 페이지로 넘어가야 한다. 우리가 보는 지문은 시각적으로 볼 때 '문단 단위'로 정보가 나누어져 있다. ==그런데, 문단이 끝난다고 하나의 정보 덩어리가 끝나는 것일까?==

[5] 정보 덩어리와 문단의 관계

■ intro

지금까지 우리는 비문학 지문을 구성하는 정보 덩어리가 어떻게 만들어지는지, 그리고 그 덩어리에 핵심 정보와 보조 정보가 어떻게 구현되는지 5가지 타입을 통해 공부했습니다. 이 덩어리들이 유기적으로 연결되어 하나의 글이 됩니다. 그런데 비문학 지문을 생각해보면, 정보가 끊어져 있는 단위는 문단입니다. 그러면 문단과 덩어리는 어떤 관계를 맺고 있을까요?

■ 덩어리와 문단은 어떤 관계인가?

⇒ **결론부터 말하자면, 덩어리가 문단보다 더 큰 개념이다. 문단 N개가 모여 정보 덩어리가 된다.**

따라서,

[case 1] 문단 2-3개가 모여 하나의 덩어리를 구성할 수도 있고,

[case 2] 문단 하나에 덩어리가 두 개 있을 수도 있고 (문단 하나에 덩어리 두 개가 걸쳐 있음),

[case 3] 문단 한 개가 그냥 덩어리 하나일 수도 있는 것이다.

그림으로 표현해보면,

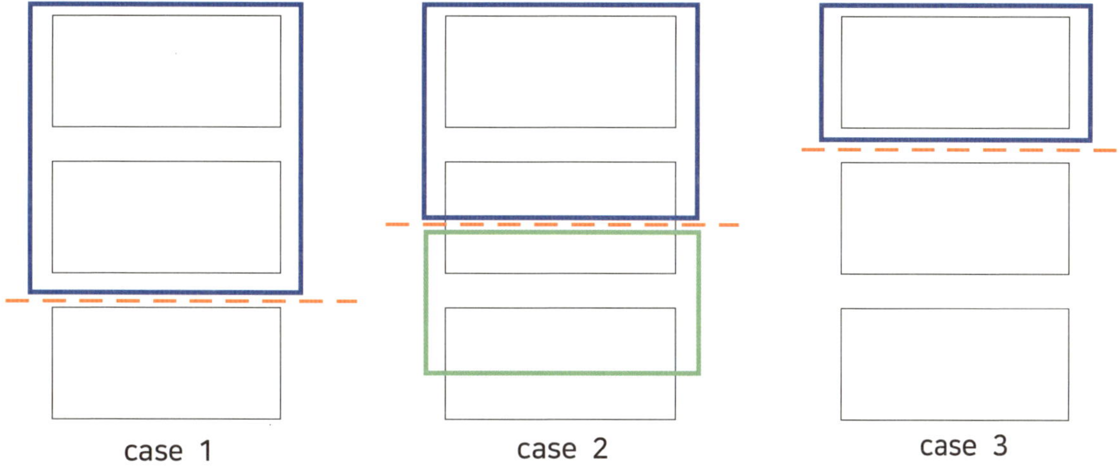

저 검정색 박스 세 개가 각각 지문에 있는 문단 세 개를 의미한다.

⇒ **그런데 글을 만들 때 문단을 나눠 놓은 것은 절대 괜히 나눠 놓은 것이 아니다.**

▶ 하나의 화제 제시 문장 하에서 만들어진 핵심 정보라고 하더라도, 이를 구체화하기 위해 **거시적인 흐름 안에서 또 세부적인 범주가 갈라질 수 있는데**, 같은 핵심 정보 흐름을 가지고 있는 한 덩어리 내에서 문단이 나눠져 있으면 그럴 가능성이 높다.

▶ 또한, 한 핵심 정보 덩어리 내에서도 보조 정보가 핵심 정보가 서술되는 사이사이에 한두 문장씩 끼는 형태가 아니리 문단의 형대로 볼륨이 큰 보조 징보 덩어리가 십입되는 경우도 있다.

⇒ 결국 우리 눈에 시각적으로 보이는 '내용상의 끊어짐'의 단위는 문단이기 때문에, 핵심 정보의 흐름을 잡아주는 문장이 나온 후 문단이 나눠지는 부분이 생길 때마다, 지금까지 읽고 있던 핵심 정보 흐름이 끝나고 새로운 핵심 정보가 시작되는지 아니면 지금까지 읽고 있던 핵심 정보 흐름의 연속인지 판단해야 하고, 후자라면 이전에 핵심 정보가 구체화 되어 왔던 과정과 새로운 문단에 나오는 내용 사이의 관계를 생각하며 차곡차곡 문단 사이의 관계를 고려해 정보를 체계 있게 누적하며 읽어 내려가야 한다. 이 부분에 대해서는 TOPIC 05에서 더 자세히 알아보자.

⇒ 한 문단에 덩어리 두 개가 겹쳐있는 경우(case 2같은 경우)에 주의하도록 하자.

■ 문단 사이의 관계 : 지문의 목차가 된다.

앞서 CHAPTER ZERO (p.20) 에서 목차가 글의 뼈대라고 한 적이 있습니다. 글을 쓰는 사람은 글을 쓰기 전에 항상 목차를 상정하고 글을 씁니다. 하나의 지문이 완성될 때까지 글쓴이는 아래와 같은 사고를 거칠 것입니다.

[STEP 1] 키워드 떠올리기
[STEP 2] 키워드를 포함한 핵심 정보 확정
[STEP 3] 그 핵심 정보를 위해 지문에 들어가야 할 정보 생성
[STEP 4] 그 정보를 짜임새 있게 체계를 만들어 목차 작성
[STEP 5] 각 목차의 요소를 대표하는 화제 제시 문장 (서술 범주 잡아주는 문장) 생성
[STEP 6] 그 화제 제시 문장 중 구체화 문장들로 살덩이 붙여서 각 목차의 요소를 덩어리화 하기, 한
         덩어리가 너무 길어질 경우 세부 범주를 기준으로 몇 개의 문단으로 쪼개기
[STEP 7] 그 정보 덩어리들을 목차에 맞춰 그대로 지문에 배치

⇒ 따라서 문단 사이의 관계를 지으며 글을 읽는 것은, 곧 지문의 목차를 짜면서 글을 읽는 것에 해당합니다. 글쓴이의 사고 과정이 '목차 생성 -> 핵심 정보 범주를 기준으로 덩어리 생성 -> 덩어리를 세부 범주를 기준으로 문단 단위로 쪼개서 배치' 이므로, 우리는 이를 역으로 접근해야 하는 것입니다. '문단 -> 핵심 정보 범주가 같은 것 끼리 덩어리 짓기 -> 머릿속에 목차 역으로 생성하며 글 정보 누적하기' 이렇게 말입니다.

그때 글 초반부에 대해 설명하면서 다음과 같은 1문단을 제시했었습니다.

> 당신은 이세돌 9단과 AI '알파고'의 대국을 본 경험이 있을 것이다. 세계 최고의 바둑 기사라고 불리는 이세돌 9단의 패배는 마치 AI에게 패배한 인간의 모습처럼 비춰졌고, 알파고는 엄청난 AI 붐을 일으켰다. / 실제로 현재 AI에 대한 활발한 연구가 진행되고 있고, 가전제품이나 휴대폰 등 우리 삶의 곳곳에 AI가 직접적 또는 간접적으로 들어와 있다. / AI는 우리 삶을 윤택하게 해주는 측면도 있는 반면, 미래 사회에 인간에게 큰 위험 요인이 될 수도 있다. 그렇다면 AI는 어떤 문제점이 있길래 미래에 위험 요인이 될 수 있을까?

⇒ 지문 초반부에는 위와 같이 알파고 등의 AI에 대해 쉽게 접할 수 있는 소재로 AI라는 글의 키워드를 도입한 다음, "AI는 어떤 문제점이 있을까?"라는 질문을 도입했었습니다.

⇒ 하지만 독자는 AI가 무엇인지 알아야 저 질문에 답하는 핵심 흐름을 이해할 수 있습니다. 따라서 AI는 무엇인지 기본 정보를 깔아주는 '보조 정보' 구간이 필요한 상황입니다.

[글의 핵심 정보]
Q (의문 제시) -> A (그에 대한 답변)

[목차]
1) "AI는 어떤 문제점이 있을까?" 의문 제시
2) AI란 무엇인가
    (2-a) AI의 정의
    (2-b) AI의 작동 원리
    (2-c) AI의 활용 양상
        (2-c-1) 의학 분야
        (2-c-2) 공학 분야
3) AI에 대한 정보 이용해 AI의 문제점 제시

⇒ 글쓴이가 이 글의 전체적인 목차를 위와 같이 정했다고 가정해 봅시다. 이를 바탕으로 쓴 글의 2문단과 3문단은 대략 아래와 같습니다.

> ① AI의 문제점에 대해 설명하기 전에, 먼저 AI에 대해 알 필요가 있다. / ② AI는 'Artificial Intelligence'의 줄임말로 인공지능을 뜻하는데, 인간의 지능이 가지는 학습, 추리, 적응, 논증 따위의 기능을 갖춘 컴퓨터 시스템을 의미한다. / ③ AI는 크게 다섯 가지 원리에 기반한다. ④ 첫째,~~~. 둘째,~~~. ......다섯째, ~~~~. /
>
> ⑤ AI는 현재 우리 삶 속에서 다양하게 활용되고 있다. ⑥ 먼저 의학 분야에서는 암 진단에 활용된다. ⑦ IBM 왓슨은 대표적인 암 진단 AI로써, ~~~~~~. ⑧ 또한 공학 분야에서도 활용도가 높다. 연구에서~~~

⇒ 여기서, 문장들은 우리에게 수평적으로 쭉 나열되듯이 주어지지만, 사실 그 문장들은 아래와 같은 관계를 갖습니다.

①
  └② ⇒ 2문단과 3문단은 'AI란 무엇인가?'라는 범주에 해당하는 '보조 정보 덩어리'로 묶입니다. **볼륨이 큰 보조 정보 덩어리가 핵심 정보 서술 중에 삽입되는 경우(TYPE 3)에 해당하는 것입니다.** 여기서 범주를 정해주는 '화제 제시 문장'이 바로 ①문장이라고 할 수 있고, 그 범주에 귀속되어 정보를 구체화해주는 문장들은 ②-⑧입니다. ①이 정하는 범주 하에서 이를 구체화해주는 문장들인 것입니다.
    └③
       └④
  └⑤
    └⑥ ⇒ 여기서 한 가지 더 얻어갈 수 있는 부분은, 문단이 바뀌더라도 정보의 범주가 바뀌지 않으면 계속 같은 덩어리로 봐야 한다는 것입니다. 문단이 기준이 아니라 '화제 제시 문장이 정하는 범주 안의 내용인지 아닌지?'가 기준입니다.
       └⑦
        └⑧

⇒ 이렇게 문단과 문단 사이의 관계는 곧 지문의 목차가 됩니다. 그냥 주먹구구식으로 나에게 주어지는 정보들을 수평적으로 받아들이면 절대 안됩니다. 나에게 주어지는 문단들이 서로 어떤 관계가 있는지 실시간으로 판단하며 '마치 머릿속에 목차를 그리듯이' 읽어 내려가야 하는 것입니다.

 비핵화 – 비문학 공부의 **핵심, 그림**에 있다.

장황하게 설명했지만, 결국 글의 목차는 정보의 상-하 범주를 의미합니다. 아래와 같은 이미지로 '목차를 짠다'의 의미를 정립하면 됩니다.

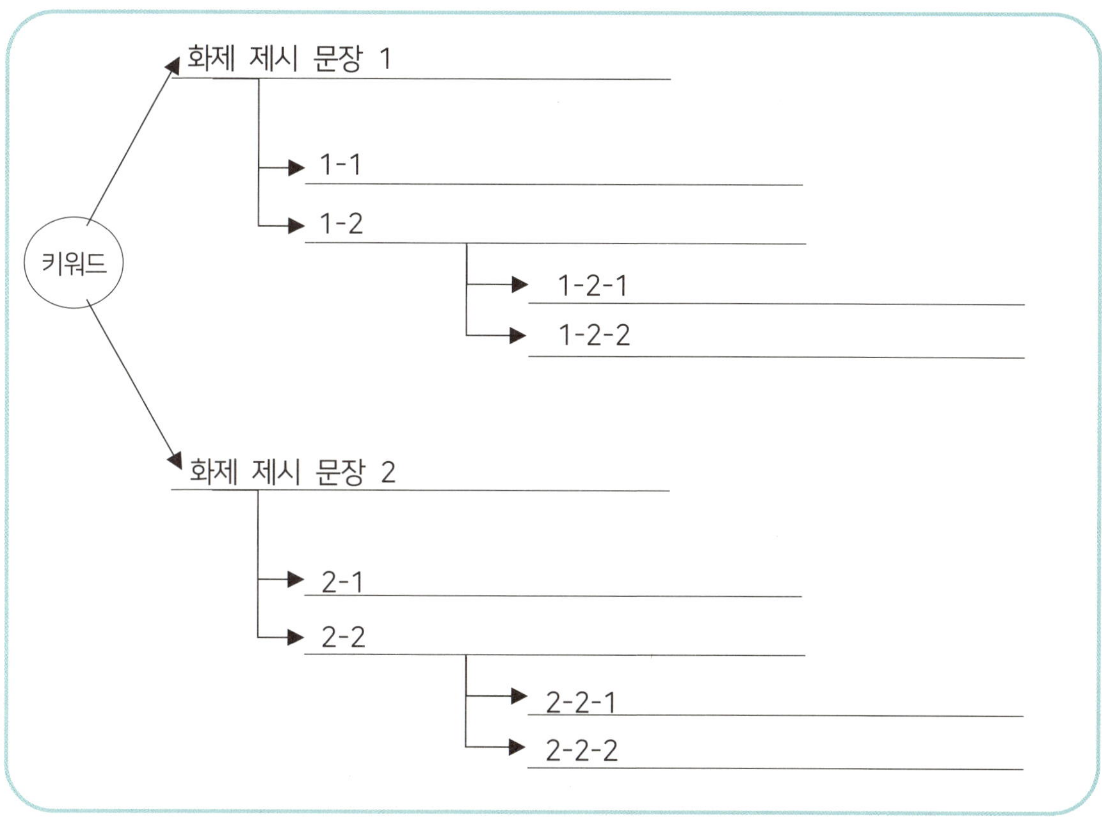

키워드에 대한 화제 제시 문장이 나오고 나서, 또 그 안에서 문단이 나뉘지면서 정보가 누적됨에 따라 저렇게 더 범위가 큰 **상위 정보**에서부터, 이로부터 파생된 **하위 정보**까지 있을 수 있습니다. 위에서 예시로 들었던 목차도 살펴보면 다 같은 모양입니다.

[목차]
1) "AI는 어떤 문제점이 있을까?" 의문 제시
2) AI란 무엇인가
   (2-a) AI의 정의
   (2-b) AI의 작동 원리
   (2-c) AI의 활용 양상
     (2-c-1) 의학 분야
     (2-c-2) 공학 분야
3) AI에 대한 정보 이용해 AI의 문제점 제시

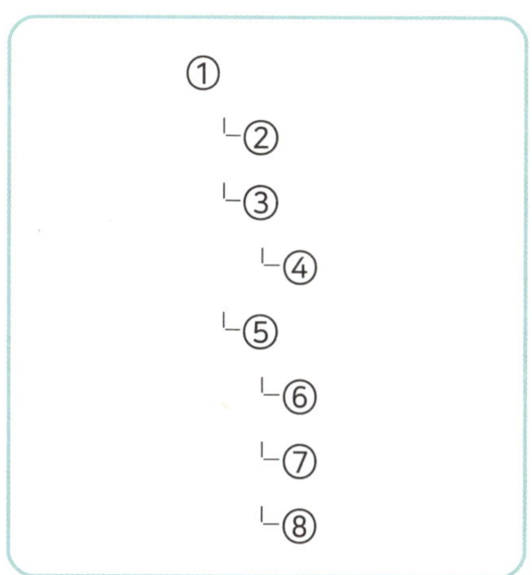

결국 이런 이미지와 같이 정보의 상위 범주 하위 범주를 고려하며 '가지치기 식으로' 처리하는 것이 목적이고, 그 목직을 딜싱하기 위해 문단 단위로 글을 끊어 읽으며 성보를 체계적으로 누적하는 것입니다.

Topic 04. 글의 마무리

■ intro

이제 글의 마무리입니다. 앞서 비문학 지문은 정형적인 형태의 덩어리가 N개 결합된 형태라고 했는데, **종종 마지막 문단 끝부분에 '의의, 글 내용 총정리, 한계' 등의 상투적인 글의 마무리 멘트를 활용하는 경우도 있습니다.** 막 설명할 내용이 많지는 않고, 그냥 예시를 보면 될 것 같습니다.

■ 예시 지문

[EX 1] 2406 4번~7번 <공포소구> 中

> 위티는 이 두 요인을 레벤달이 말한 두 가지 통제 반응과 관련지어 다음과 같은 결론을 도출하였다. 위협과 효능감의 수준이 모두 높을 때에는 위험 통제 반응이 작동하고, 위협의 수준은 높지만 효능감의 수준이 낮을 때에는 공포 통제 반응이 작동한다. 그러나 위협의 수준이 낮으면, 수용자는 그 위협이 자신에게 아무 영향을 ⓔ주지 않는다고 느껴 효능감의 수준에 관계없이 공포 소구에 대한 반응이 없게 된다. 이렇게 정리된 결론은 그간의 공포 소구 이론을 통합한 결과라는 점에서 후속 연구의 중요한 디딤돌이 되었다.

> 위티는 이 두 요인을 레벤달이 말한 두 가지 통제 반응과 관련지어 다음과 같은 결론을 도출하였다.
>
> 이 문장이 화제 제시 문장이 되어, 결론 도출에 대해 구체화 한다. 이후,
> 이렇게 정리된 결론은 그간의 공포 소구 이론을 통합한 결과라는 점에서 후속 연구의 중요한 디딤돌이 되었다.
>
> 이렇게 '의의' 를 제시하며 글을 마무리한다.

[EX 2] 2022학년도 6평 4번~9번 <새먼의 과정 이론 (가)> 中

> 과정 이론은 규범이나 마음과 같은, 물리적 세계 바깥의 측면을 해명하기 어렵다는 한계를 지닌다. 예컨대 내가 사회 규범을 어긴 것과 내가 벌을 받아야 하는 것 사이에는 인과 관계가 있지만 과정 이론은 이를 잘 다루지 못한다.

> 과정 이론은 규범이나 마음과 같은, 물리적 세계 바깥의 측면을 해명하기 어렵다는 한계를 지닌다.
>
> 과정 이론에 대한 설명이 마무리된 후, 마지막으로 과정 이론의 한계를 설명하며 글을 마무리하고 있다.

[EX 3] 2022학년도 6평 10번~13번 <범죄와 형벌> 中

> 이처럼 베카리아는 잔혹한 형벌을 반대하여 휴머니스트로, 최대 다수의 최대 행복을 말하여 공리주의자로, 자유로운 인간들 사이의 합의를 바탕으로 논의를 전개하여 사회 계약론자로 이해된다. 형법학에서도 형벌로 되갚아 준다는 응보주의를 탈피하여 장래의 범죄 발생을 방지한다는 일반 예방주의로 나아가는 토대를 ⓒ세웠다는 평가를 받는다.

> 베카리아의 견해에 대한 설명이 마무리된 후, 베카리아의 의견을 정리하면 '공리주의자, 사회 계약론자'로 이해할 수 있다고 정리하고,
> 일반 예방주의로 나아가는 토대를 ⓒ세웠다는 평가를 받는다.
>
> 이렇게 그 의견에 대한 평가까지 제시하며 마무리된다.

[개요]

이제 우리는 비문학 지문에 어떤 정보가 들어 있고 그 정보를 어떻게 서술하는지 알게 되었습니다. Theme 1을 잘 이해하셨다면, 비문학 지문이 이렇게 생겼다고 이해할 수 있을 것입니다. 물론 글이라는 정보 전달 매개의 특성상 모든 지문이 완전히 아래 구조에 들어맞는다고 할 수는 없지만, 약간의 변형만 있을 뿐이지 일반적인 지문 생성 구조는 같습니다.

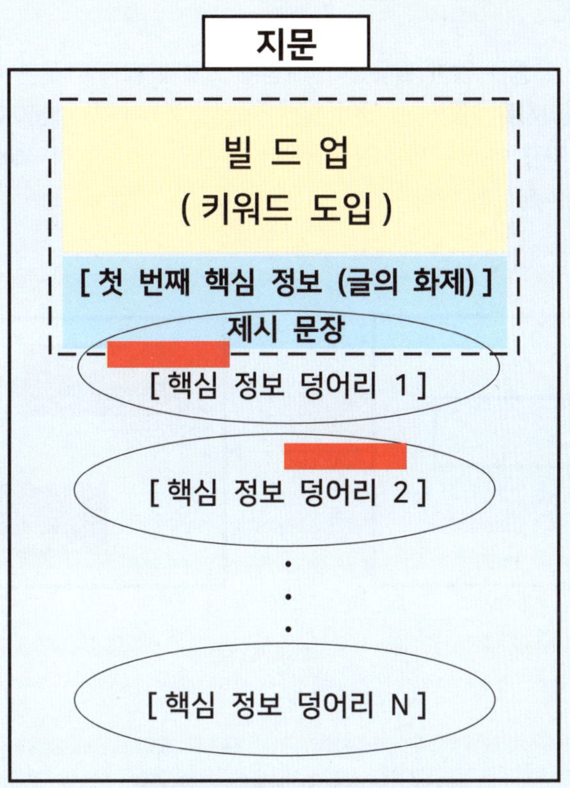

이제 이런 비문학 지문을 어떻게 읽어야 하는지 행동강령을 수립할 단계입니다.

[contents]

- Topic 01. 지금까지 학습했던 내용에 대한 복습
- Topic 02. 행동강령 로드맵 세우기
- Topic 03. 예시 지문
- Topic 04. 로드맵을 기반으로 행동강령 수립

우리가 지금까지 무엇을 배웠는지 정리해보면,

(A) 평가원 지문에 들어있는 정보는 크게 핵심 정보와 보조 정보가 있다.
(B) 정보를 서술하는 방식은 [글의 초반부 + 일정한 형태를 가진 핵심 정보 덩어리의 연결] 이다.
(C) 핵심 정보가 덩어리에 구현되는 방식은 크게 3가지가 있다.
   (ONLY 핵심, 중간에 보조 정보 덩어리 삽입, 중간에 보조 정보 문장 삽입)
(D) 문단 N개가 모여 하나의 덩어리가 된다.

　　지금까지 이론을 설명할 때, 그림을 많이 활용했다. 그림을 그렇게 활용한 것은 다 이유가 있다. 글로 기억하는 것보다, 글이 실제로 구현된 이미지를 기억하는 것이 훨씬 학습 효과가 좋기 때문이다. 따라서, 지금까지 배운 내용을 확실히 이해했다고 하려면 지금 아래에 제시되는 그림이 왜 이런 순서로 이 책에 나왔고, 각 그림은 무엇을 의미하는지 그림만 보고 연상할 수 있어야 한다.

1)

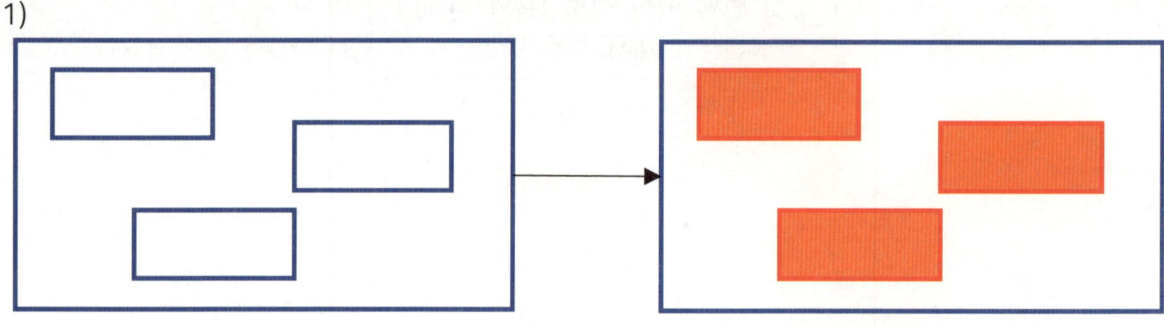

2)

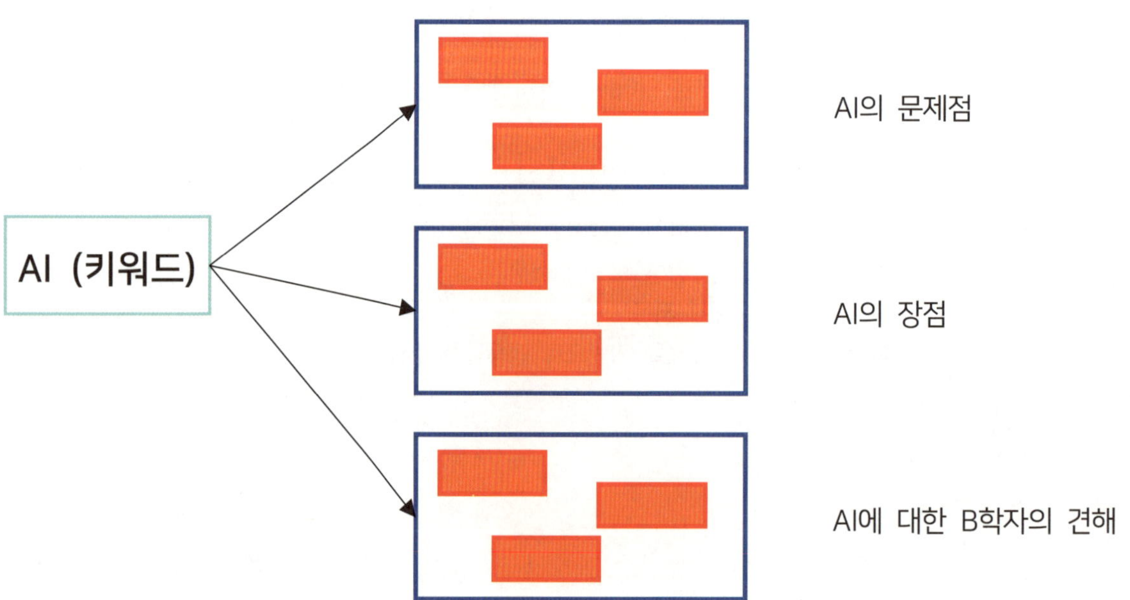

3)

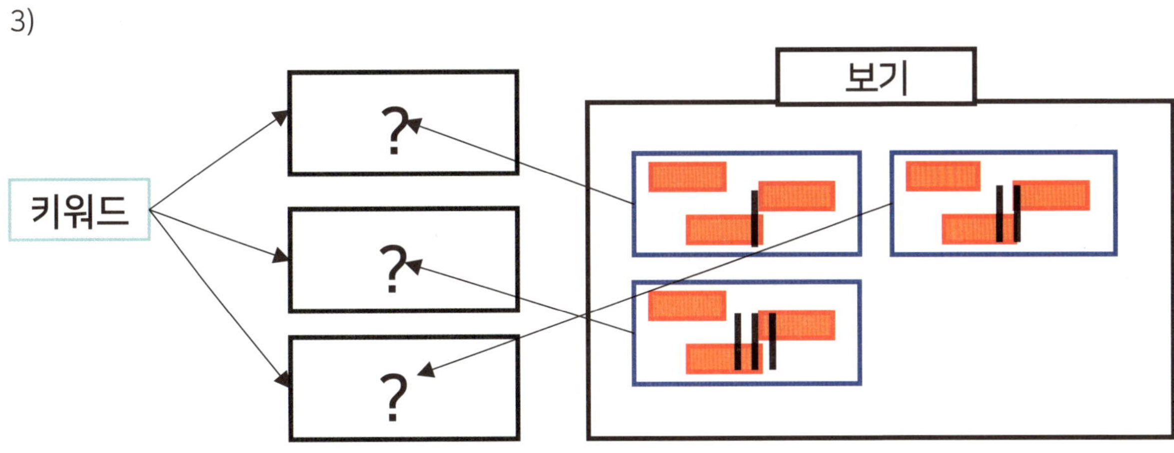

4)

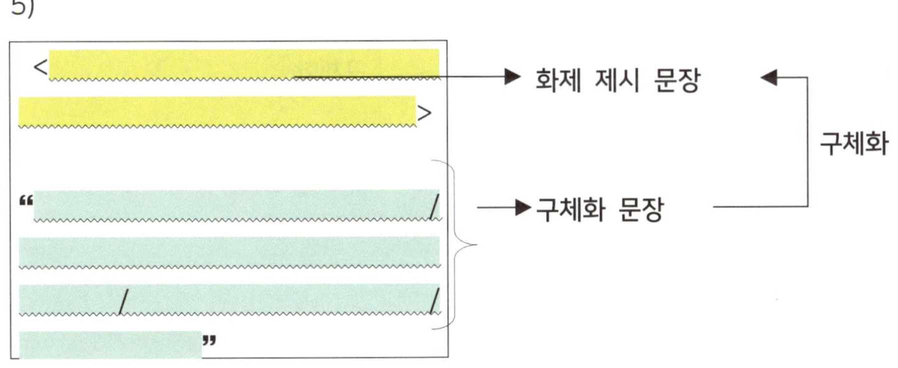

5)

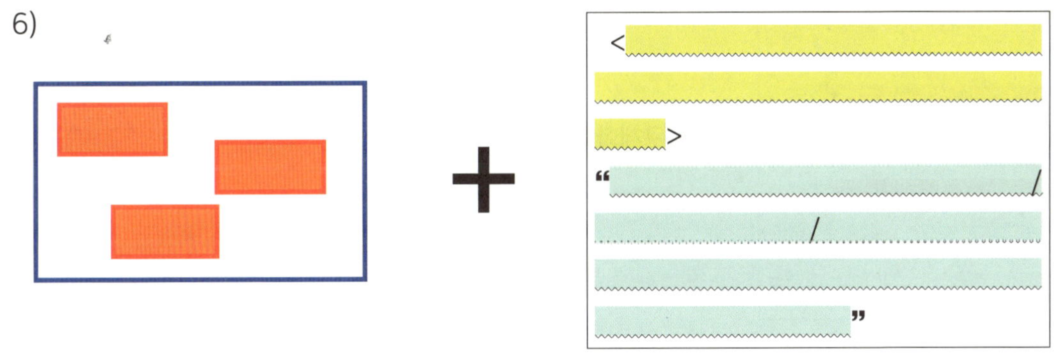

6)

7)

화제 제시 문장 (핵심 정보)
구체화
구체화 문장
화제 제시 문장 (핵심 정보)
구체화
구체화 문장
화제 제시 문장 (보조 정보)
구체화
구체화 문장
화제 제시 문장 (보조 정보)
구체화
구체화 문장

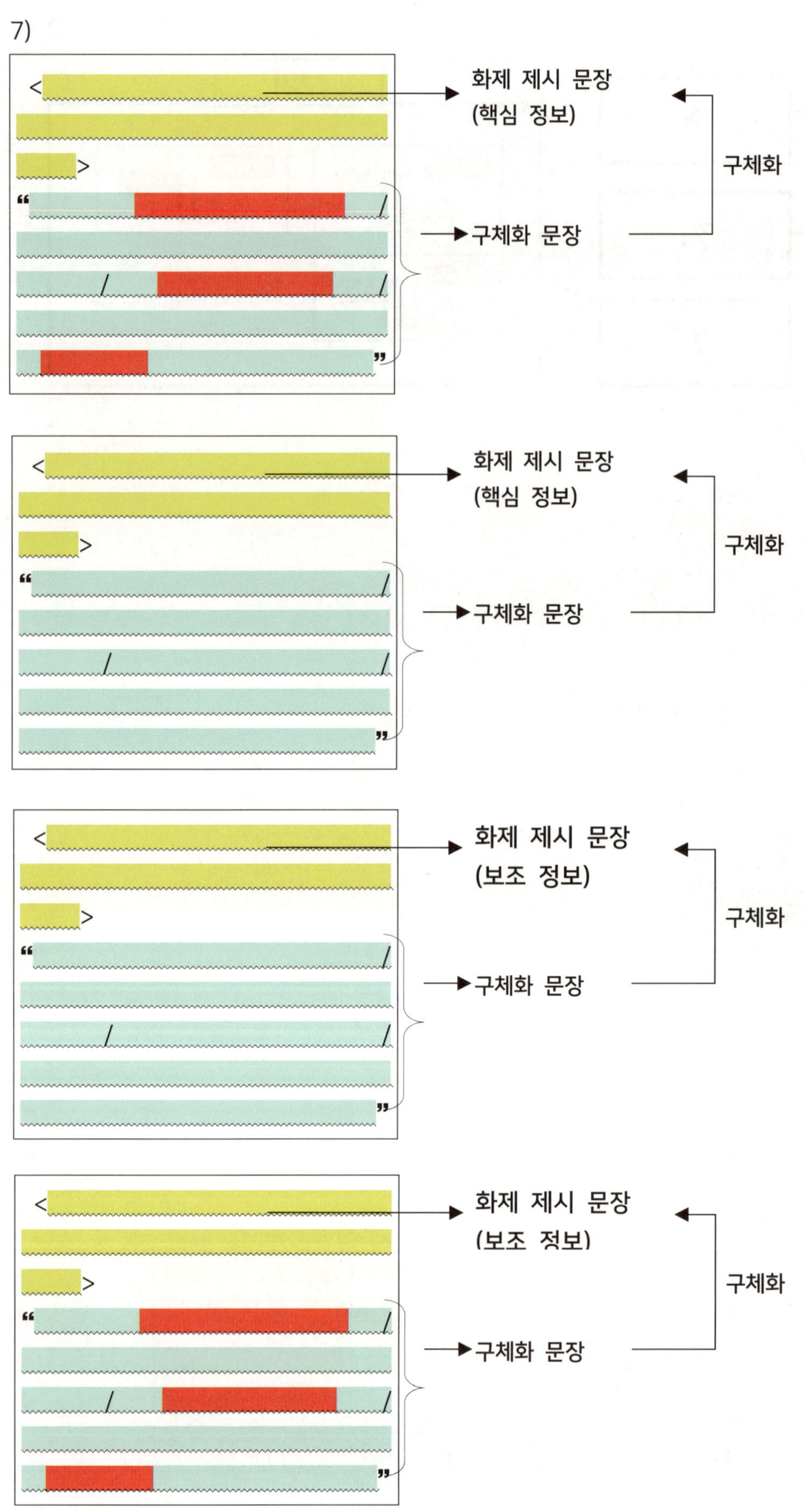

8)

화제 제시 문장
(핵심 정보)
구체화
구체화 문장
보조   정보
덩어리 (1)
화제 제시 문장
(보조 정보)
구체화
구체화 문장
OR
보조   정보
덩어리 (2)
화제 제시 문장
(보조 정보)
구체화
구체화 문장
구체화 문장

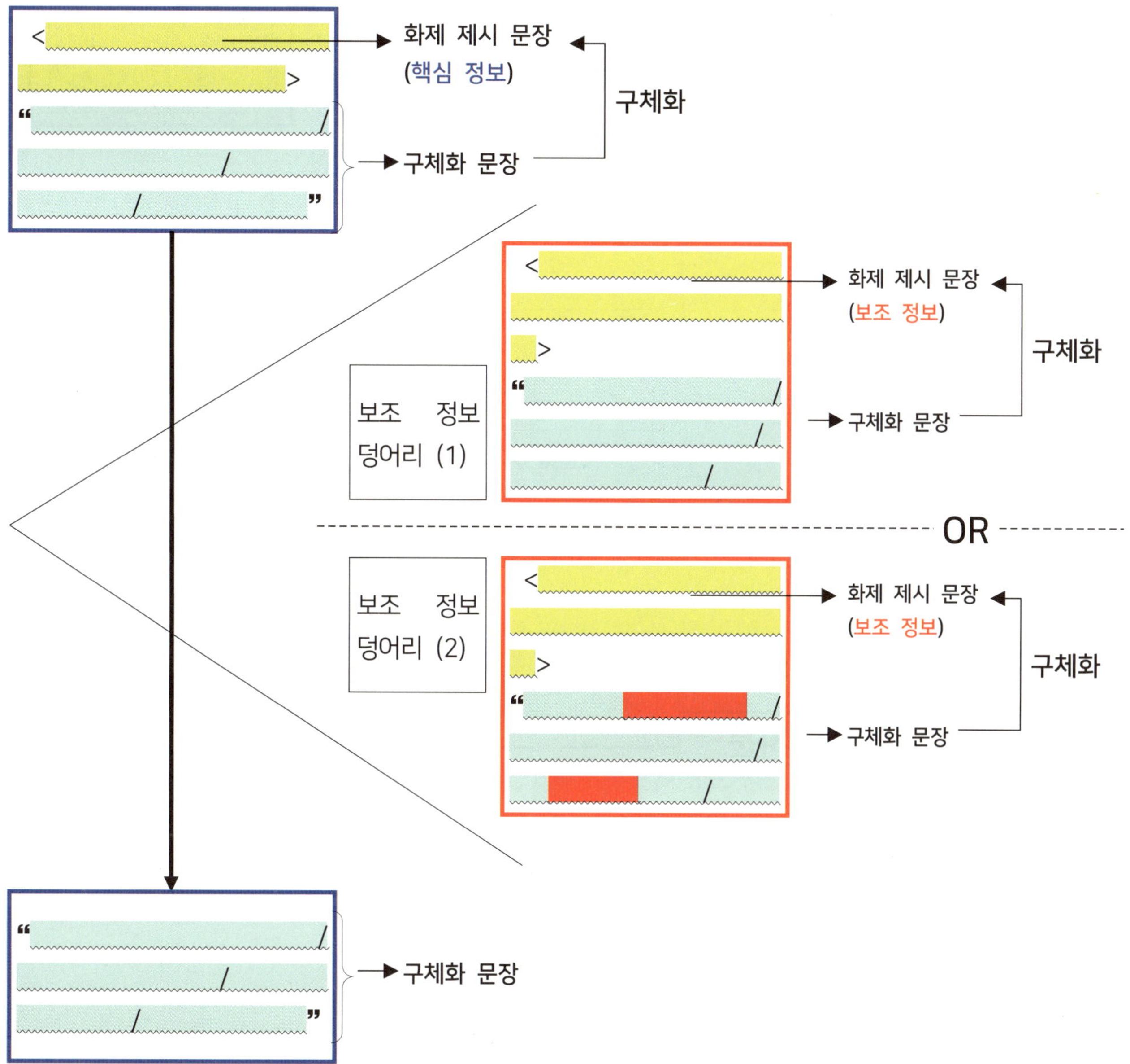

9)

case 1
case 2
case 3

10)

지문
빌 드 업
(키워드 도입)
[첫 번째 핵심 정보 (글의 화제)]
제시 문장
[핵심 정보 덩어리 1]
[핵심 정보 덩어리 2]
[핵심 정보 덩어리 N]

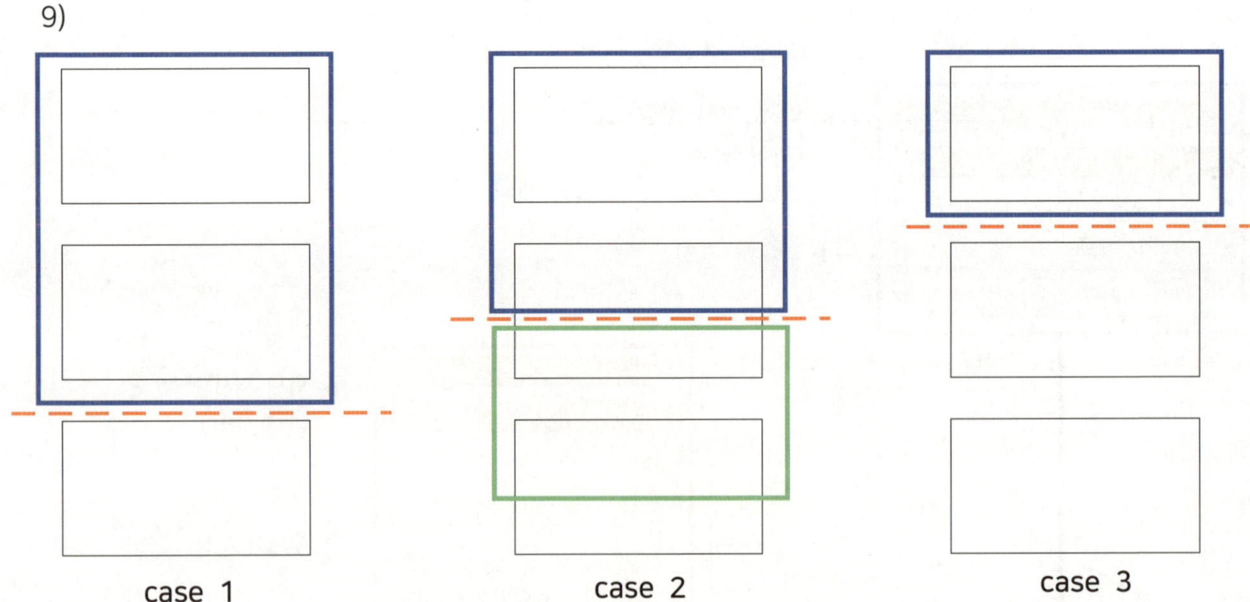

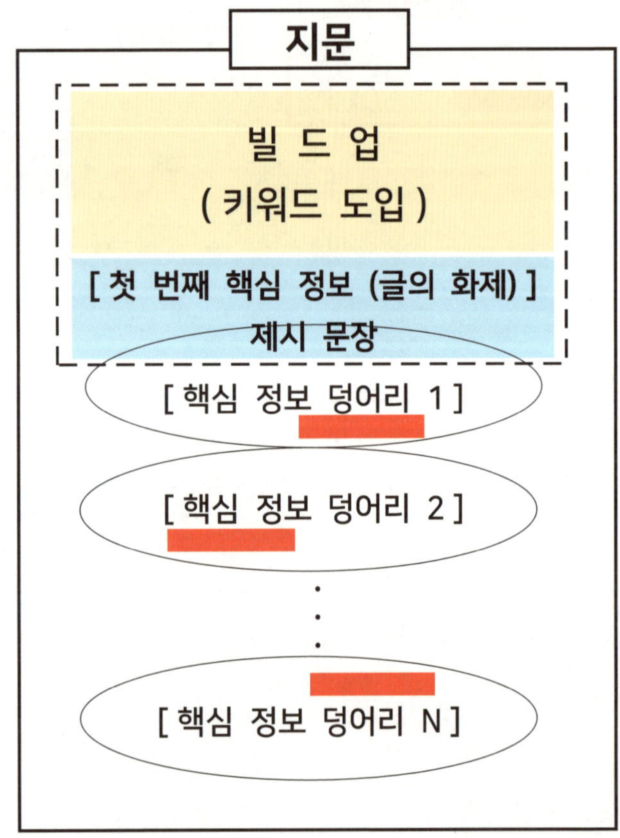

***보충_구체화에 대해**

지금까지 구체화라는 용어를 많이 사용되었다. 구체화라는 것은, "불완전한 정보에 살을 붙여 완전한 정보로 만들어주는 것"이라고 이해하면 된다. 이전에 서술한 정보로는 완전하지 않기 때문에 표현을 바꾸고 정보를 추가하는 방식으로 살덩이를 붙여 완전한 정보로 만드는 것이다.

위 그림처럼 부속품이 몇 개 빠져있어 완벽하지 않은 모형에, 블록(부속품)을 점차 점차 추가하며 완벽하게 만드는 과정을 생각하면 된다. 구체화가 무엇인지 직관적으로 이해할 수 있을 것이다.

[0] intro

앞서, 문단과 문단 사이의 관계를 파악하며 정보를 체계적으로 덩어리 지으며 누적해, 마치 목차를 짜듯이 글을 읽으라고 했습니다. 글로 장황하게 서술했기 때문에 머릿속에 정확히 정리가 안 되었을 수도 있습니다. 따라서, 한 번 짚고 넘어가겠습니다. 목차를 짜듯이 글을 읽는다는 것이 무슨 뜻인지 쉽게 이해하기 위해서는, 테트리스 게임을 떠올리면 됩니다.

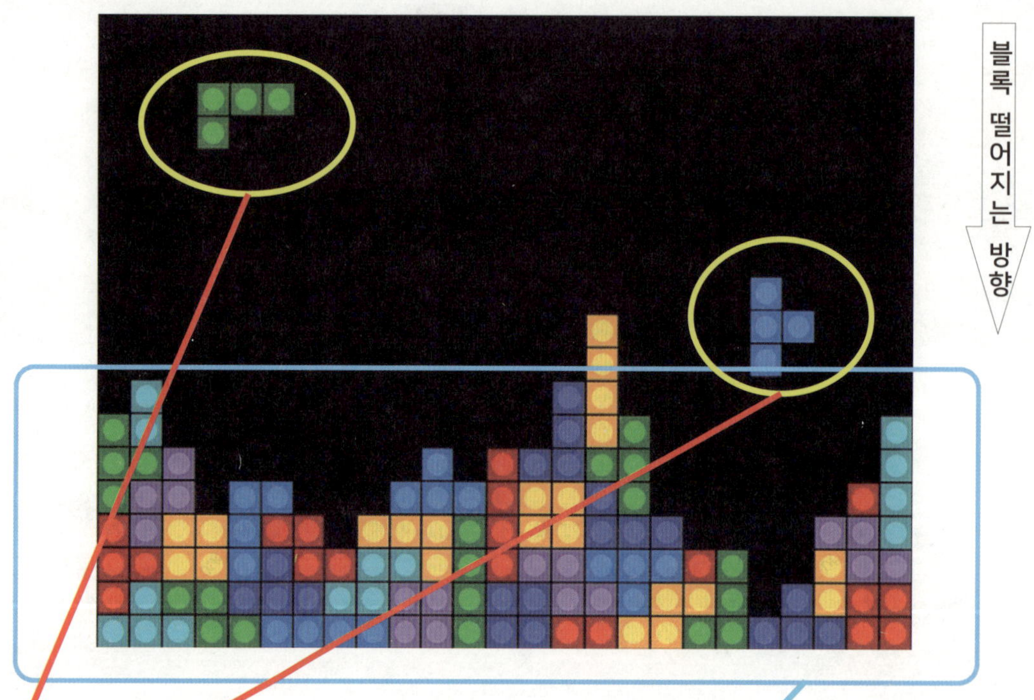

이런 이미지를 쉽게 떠올릴 수 있을 것입니다. 초반부를 지나, 글의 중반부를 읽고 있는 시점에서 학생의 사고를 잘 표현한 이미지입니다. 테트리스 게임은, 그때그때 랜덤으로 주어지는 블록을 이미 맞춰져 있는 블록들에 그 모양을 고려해 잘 끼워 맞춰야 하죠? 비문학 지문도 똑같습니다. 저렇게 랜덤으로 떨어지는 블록들이 바로 **나에게 주어지는 문단**인 것이고, 먼저 떨어져서 맞춰놨던 블록들이 **이전에 누적된 지문의 내용**인 것입니다.

⇒ 나에게 주어지는 앞으로의 문단들은 아직 본 적이 없기 때문에, 어느 정도 예측은 할 수 있어도 정확히 어떻게 생겼는지 읽기 전에는 알 수 없습니다.

⇒ 여기서 떨어지는 블록들과 이미 쌓여있는 블록들이 맞물리는 모양을 고려하지 않고 그냥 마음대로 쌓아버리면 결국 빠르게 GAME OVER 됩니다. 비문학 지문을 읽을 때도 N번째 문단과 N+1, N+2 … N+k 번째 문단 사이의 관계를 고려하지 않고 쌓으면 결국 수능에서 GAME OVER 되는 것입니다.

따라서, 우리는 실시간으로 랜덤하게 주어지는 문단들을 마치 테트리스 게임을 하듯이 '이전 문단들이 쌓여온 형태를 고려해' 쌓아야 합니다. 더 구체적으로는, 정보의 상위 범주와 하위 범주를 따지면서 가지치기 하듯이 읽어야 하는 것입니다. 그게 바로 '머릿속에 목차를 그리듯이' 읽어 내려가는 것입니다.

[1] 머릿속에 목차를 그리듯이?

■ 개요

  가장 중요한 것은 바로 '목차'다. 지금까지 여러 번 '문단 사이의 관계를 지으며 읽어라, 목차를 짜듯이 읽어라' 이런 말을 굉장히 많이 했다. 확실한 논리는 p.47 ~ 51에서 다 설명했다. 여기서는 중요한 부분만 확실히 정리하고 넘어가도록 하자. 크게 두 가지가 있다.

■ (1) 줄글 형태의 정보를 핵심 정보를 기준으로 덩어리 지으면서, 그리고 한 핵심 정보 내의 목차도.

⇒ '머릿속에 목차를 그리듯이'와 똑같은 말이라고 할 수 있다. 쭉 나열되어 있는 문단들을 그냥 수평적인 관계로 보는 것이 아니라, 정보의 체계에 맞춰 짜임새 있게 재배치해야 한다.

⇒ 결국 우리가 궁극적으로 추구해야 하는 것은, **"같은 핵심 정보를 공유하는 정보끼리 묶어주기."** 라고 할 수 있다. 그런데 정보는 우리가 시각적으로 볼 때 '문단'의 형태로 쪼개지고, 정보가 문단 단위로 쪼개진 것은 그냥 아무 이유 없이 그렇게 된 게 아니라는 것을 설명했었다. 이 때문에 그 궁극적인 목표를 달성하기 위해 '문단과 문단의 관계를 파악하는 방법'을 활용해야 하는 것이다.

⇒ 따라서, 문단들 사이의 관계를 실시간으로 계속 체크하며 **목차 (N번째 문단과 N+1, N+2, ...N+k번째 문단 사이의 관계) 를 재구성해야 한다.** 목차는, 한 핵심 정보 내에서도 세부 범주 몇 개로 나눠질 수 있다.

■ (2) 무엇이 중요한지 잊지 않기. 결국 핵심 정보가 왕이다.

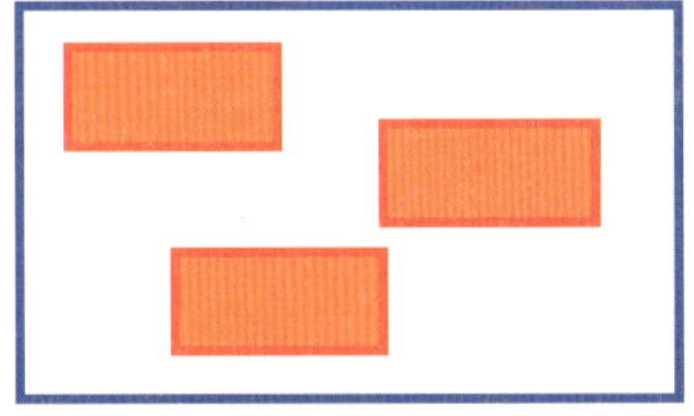

⇒ 앞서 비문학 지문에서 정보의 구성은 이런 퍼즐과 같이 글에서 궁극적으로 설명하고자 하는 화제인 "핵심 정보"와 그 핵심 정보를 이해시키기 위해 필요한 정보인 "보조 정보"가 위와 같이 결합되어 하나의 글이 된다고 했다.

⇒ 파란색 핵심 정보 판대기에 군데군데 필요한 곳에 빨간색 보조 정보 조각이 박히는 것이다. 핵심과 보조의 관계는 직관적으로 저 그림과 같다고 이해하고 기억하면 된다고 했는데, **중요한 점은 독해 중에저 빨간색 보조 정보에 매몰되면 안 된다는 것이다. 항상 이 글의 큰 판떼기는 핵심 정보라는 것을 기억하자.** (특히 보조 정보가 덩어리 형태로 삽입되어 그 볼륨이 커질 때 주의하자)

⇒ 더 식관적으로 표현하자면, 나무 한 그루 한 그루에 집중하다가도, 새로운 나무가 나에게 다가올 때 마다 숲 전체의 모양이 어떻게 생겼었는지 계속 환기해야 한다는 것이다.

　어김없이 그림으로 이해를 돕도록 하겠다. 머릿속에 목차를 그린다? 아래 그림과 같은 이미지로 기억해도 좋다.

우리는 글 초반부에 이런 사고를 거쳐 글의 첫 번째 화제를 도출해낸다.

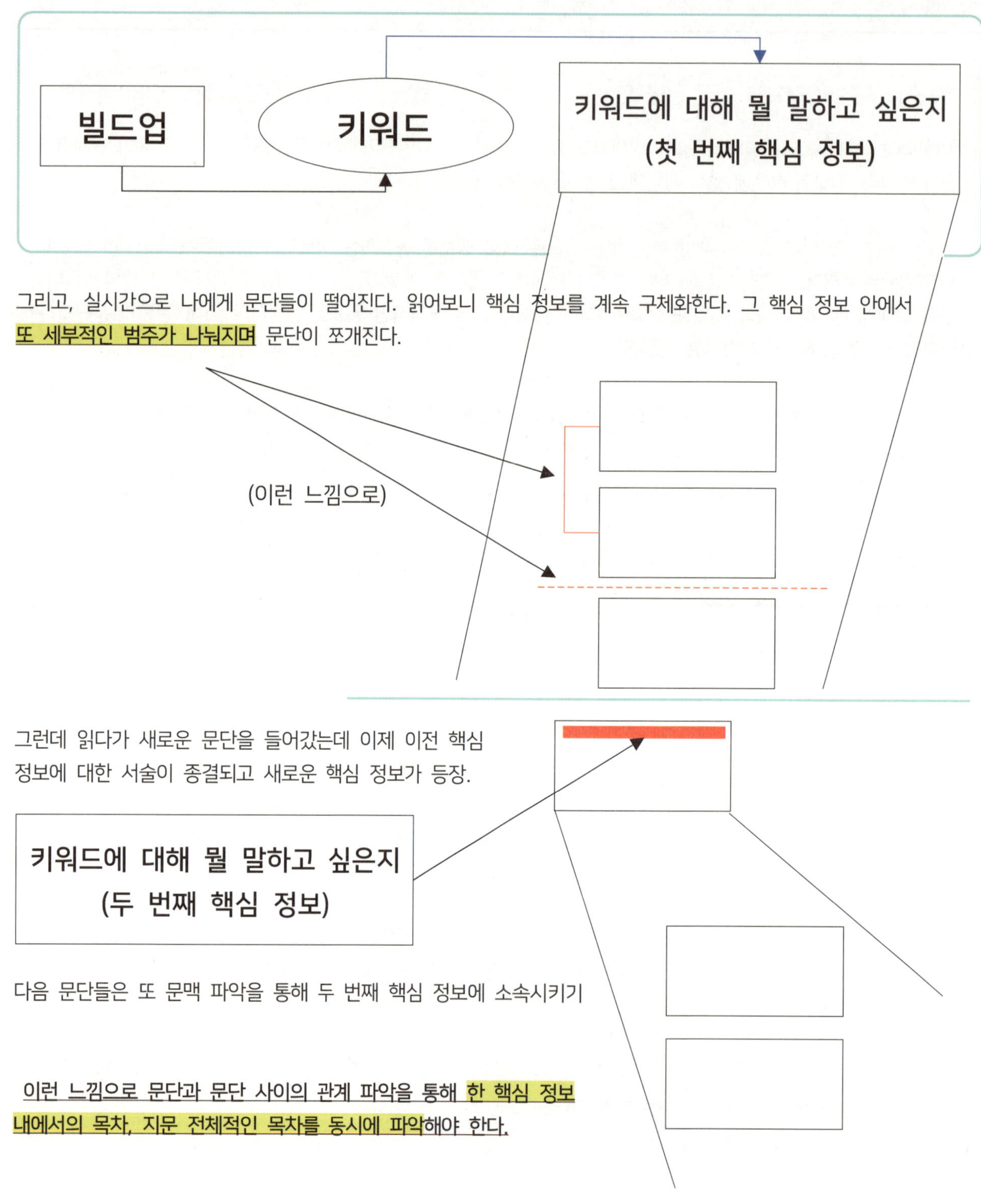

그리고, 실시간으로 나에게 문단들이 떨어진다. 읽어보니 핵심 정보를 계속 구체화한다. 그 핵심 정보 안에서 또 세부적인 범주가 나눠지며 문단이 쪼개진다.

그런데 읽다가 새로운 문단을 들어갔는데 이제 이전 핵심 정보에 대한 서술이 종결되고 새로운 핵심 정보가 등장.

다음 문단들은 또 문맥 파악을 통해 두 번째 핵심 정보에 소속시키기

이런 느낌으로 문단과 문단 사이의 관계 파악을 통해 한 핵심 정보 내에서의 목차, 지문 전체적인 목차를 동시에 파악해야 한다.

그렇게 우리는 결론적으로 머릿속에 아래와 같은 느낌으로 그림을 그릴 수 있으면 된다.

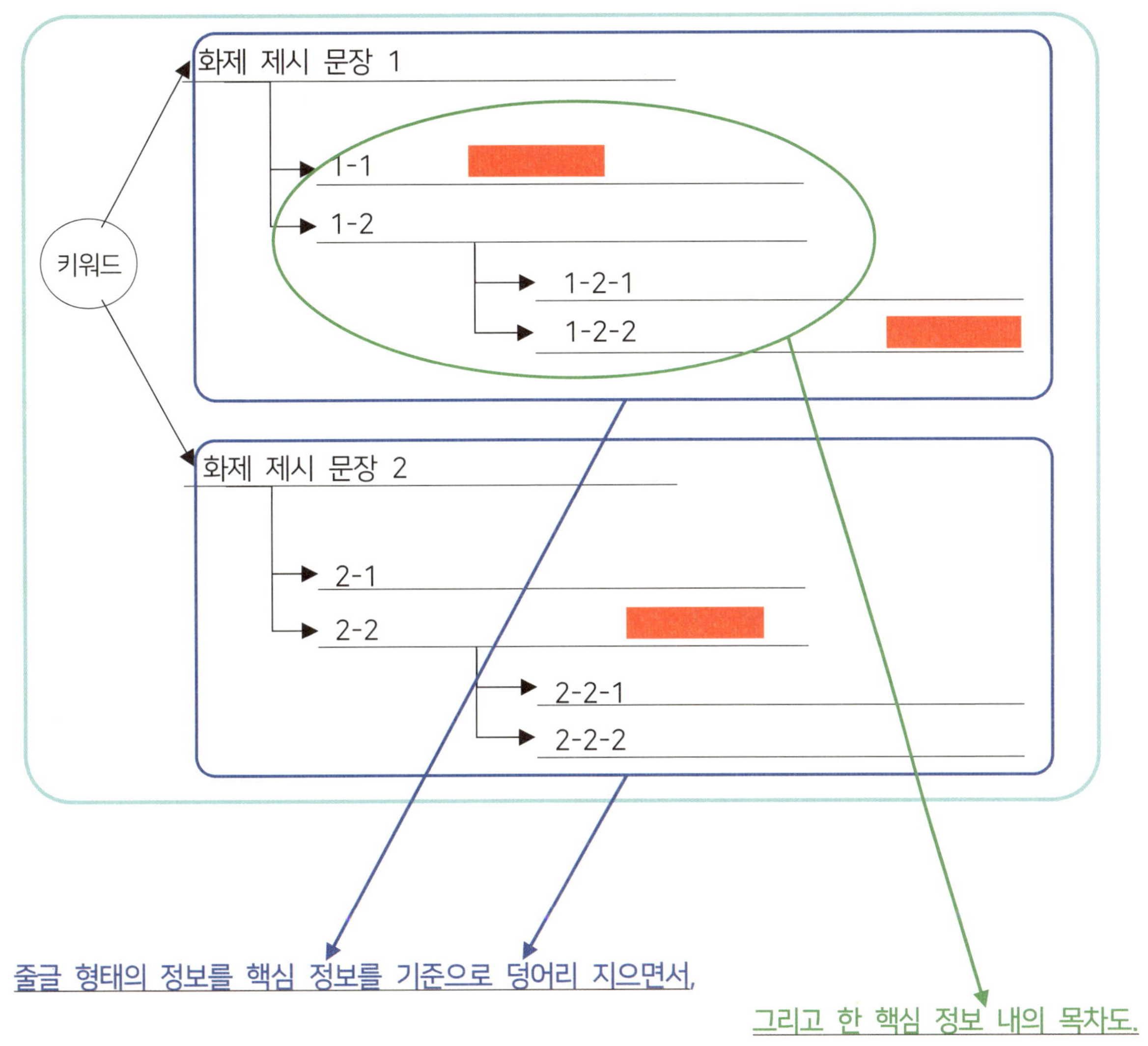

줄글 형태의 정보를 핵심 정보를 기준으로 덩어리 지으면서,

그리고 한 핵심 정보 내의 목차도.

그리고,
중간중간 삽입되는 보조 정보들.

Topic 03. 예시 지문

　　스마트폰은 다양한 위치 측정 기술을 활용하여 여러 지형 환경에서 위치를 측정한다. 위치에는 절대 위치와 상대 위치가 있다. 절대 위치는 위도, 경도 등으로 표시된 위치이고, 상대 위치는 특정한 위치를 기준으로 한 상대적인 위치이다.

　　실외에서는 주로 스마트폰 단말기에 내장된 GPS(위성항법장치)나 IMU(관성측정장치)를 사용한다. GPS는 위성으로부터 오는 신호를 이용하여 절대 위치를 측정한다. GPS는 위치 오차가 시간에 따라 누적되지 않는다. 그러나 전파 지연 등으로 접속 초기에 짧은 시간 동안이지만 큰 오차가 발생하고 실내나 터널 등에서는 GPS신호를 받기 어렵다. IMU는 내장된 센서로 가속도와 속도를 측정하여 위치 변화를 계산하고 초기 위치를 기준으로 하는 상대 위치를 구한다. 단기간 움직임에 대한 측정 성능이 뛰어나지만 센서가 측정한 값의 오차가 누적되기 때문에 시간이 지날수록 위치 오차가 커진다. 이 두 방식을 함께 사용하면 서로의 단점을 보완하여 오차를 줄일 수 있다.

　　한편 실내에서 위치 측정에 사용 가능한 방법으로는 블루투스 기반의 비콘을 활용하는 기술이 있다. 비콘은 실내에 고정 설치되어 비콘마다 정해진 식별 번호와 위치 정보가 포함된 신호를 주기적으로 보내는 기기이다. 비콘들은 동일한 세기의 신호를 사방으로 보내지만 비콘으로부터 거리가 멀어질수록, 벽과 같은 장애물이 많을수록 신호의 세기가 약해진다. 단말기가 비콘 신호의 도달 거리 내로 진입하면 단말기 안의 수신기가 이 신호를 인식한다. 이 신호를 이용하여 2차원 평면에서의 위치를 측정하는 방법으로는 다음과 같은 것들이 있다.

　　근접성 기법은 단말기가 비콘 신호를 수신하면 해당 비콘의 위치를 단말기의 위치로 정한다. 여러 비콘 신호를 수신했을 경우에는 신호가 가장 강한 비콘의 위치를 단말기의 위치로 정한다.

　　삼변측량 기법은 3개 이상의 비콘으로부터 수신된 신호 세기를 측정하여 단말기와 비콘 사이의 거리로 환산한다. 각 비콘을 중심으로 이 거리를 반지름으로 하는 원을 그리고, 그 교점을 단말기의 현재 위치로 정한다. 교점이 하나로 모이지 않는 경우에는 세 원에 공통으로 속한 영역의 중심점을 단말기의 위치로 측정한다.

　　㉠위치 지도 기법은 측정 공간을 작은 구역들로 나누어 각 구역마다 기준점을 설정하고 그 주위에 비콘들을 설치한다. 그러고 나서 비콘들이 송신하여 각 기준점에 도달하는 신호의 세기를 측정한다. 이 신호 세기와 비콘의 식별 번호, 기준점의 위치 좌표를 서버에 있는 데이터베이스에 위치 지도로 기록해 놓는다. 이 작업을 모든 기준점에서 수행한다. 특정한 위치에 도달한 단말기가 비콘 신호를 수신하면 신호 세기를 측정한 뒤 비콘의 식별 번호와 함께 서버로 전송한다. 서버는 수신된 신호 세기와 가장 가까운 신호 세기를 갖는 기준점을 데이터베이스에서 찾아 이 기준점의 위치를 단말기에 알려 준다.

< comment >

예시 지문은 2020학년도 9월 모의고사 지문입니다. 먼저 자신이 이해한 대로 정보를 체계 있게 누적하며 목차 짜듯이 읽어보고 나서 제 해설을 보시면 됩니다!

이 지문을 저는 이렇게 읽었습니다.

스마트폰은 다양한 위치 측정 기술을 활용하여 여러 지형 환경에서 위치를 측정한다. 위치에는 절대 위치와 상대 위치가 있다. 절대 위치는 위도, 경도 등으로 표시된 위치이고, 상대 위치는 특정한 위치를 기준으로 한 상대적인 위치이다.

실외에서는 주로 스마트폰 단말기에 내장된 GPS(위성항법장치)나 IMU(관성측정장치)를 사용한다. GPS는 위성으로부터 오는 신호를 이용하여 절대 위치를 측정한다. GPS는 위치 오차가 시간에 따라 누적되지 않는다. 그러나 전파 지연 등으로 접속 초기에 짧은 시간 동안이지만 큰 오차가 발생하고 실내나 터널 등에서는 GPS신호를 받기 어렵다. IMU는 내장된 센서로 가속도와 속도를 측정하여 위치 변화를 계산하고 초기 위치를 기준으로 하는 상대 위치를 구한다. 단기간 움직임에 대한 측정 성능이 뛰어나지만 센서가 측정한 값의 오차가 누적되기 때문에 시간이 지날수록 위치 오차가 커진다. 이 두 방식을 함께 사용하면 서로의 단점을 보완하여 오차를 줄일 수 있다.

한편 실내에서 위치 측정에 사용 가능한 방법으로는 블루투스 기반의 비콘을 활용하는 기술이 있다. 비콘은 실내에 고정 설치되어 비콘마다 정해진 식별 번호와 위치 정보가 포함된 신호를 주기적으로 보내는 기기이다. 비콘들은 동일한 세기의 신호를 사방으로 보내지만 비콘으로부터 거리가 멀어질수록, 벽과 같은 장애물이 많을수록 신호의 세기가 약해진다. 단말기가 비콘 신호의 도달 거리 내로 진입하면 단말기 안의 수신기가 이 신호를 인식한다. 이 신호를 이용하여 2차원 평면에서의 위치를 측정하는 방법으로는 다음과 같은 것들이 있다.

근접성 기법은 단말기가 비콘 신호를 수신하면 해당 비콘의 위치를 단말기의 위치로 정한다. 여러 비콘 신호를 수신했을 경우에는 신호가 가장 강한 비콘의 위치를 단말기의 위치로 정한다.

삼변측량 기법은 3개 이상의 비콘으로부터 수신된 신호 세기를 측정하여 단말기와 비콘 사이의 거리로 환산한다. 각 비콘을 중심으로 이 거리를 반지름으로 하는 원을 그리고, 그 교점을 단말기의 현재 위치로 정한다. 교점이 하나로 모이지 않는 경우에는 세 원에 공통으로 속한 영역의 중심점을 단말기의 위치로 측정한다.

㉠위치 지도 기법은 측정 공간을 작은 구역들로 나누어 각 구역마다 기준점을 설정하고 그 주위에 비콘들을 설치한다. 그러고 나서 비콘들이 송신하여 각 기준점에 도달하는 신호의 세기를 측정한다. 이 신호 세기와 비콘의 식별 번호, 기준점의 위치 좌표를 서버에 있는 데이터베이스에 위치 지도로 기록해 놓는다. 이 작업을 모든 기준점에서 수행한다. 특정한 위치에 도달한 단말기가 비콘 신호를 수신하면 신호 세기를 측정한 뒤 비콘의 식별 번호와 함께 서버로 전송한다. 서버는 수신된 신호 세기와 가장 가까운 신호 세기를 갖는 기준점을 데이터베이스에서 찾아 이 기준점의 위치를 단말기에 알려 준다.

<comment>

결국, 글의 핵심 정보는 하나다. 이는 바로, [스마트폰의 다양한 위치 측정 기술을 활용한 여러 지형 환경에서의 위치 측정] 이다.

⇒ 하나의 핵심 정보를 서술하는 과정에서 문단을 여러 개로 쪼갰다. 결국 같은 핵심 정보를 공유하는 문단들끼리 관계를 파악할 때는, 한 핵심 정보 내에서 세부적으로 갈라지는 범주를 파악해야 하는 것이다.

⇒ 1문단은 [화제 제시 문장 + 보조 정보]로 이루어져 있고, 2~6문단은 모두 여기에 해당하는 것이다.

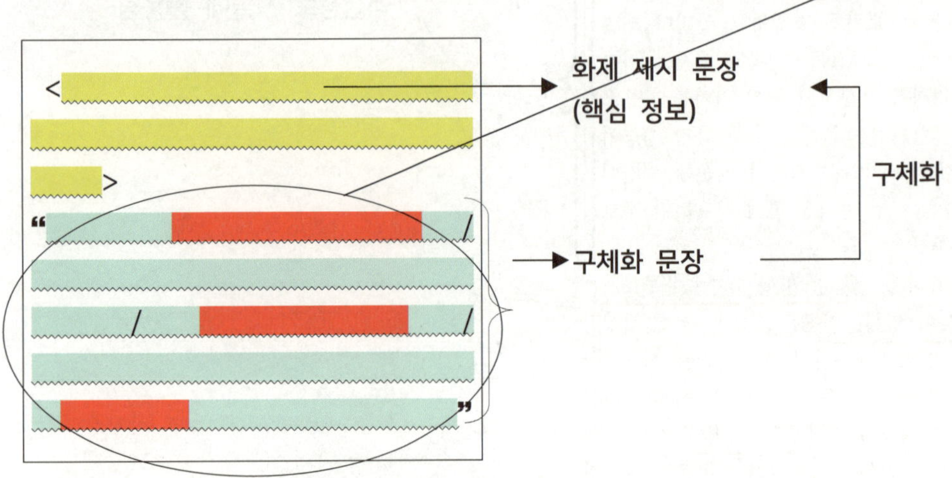

⇒ 문단 사이의 관계를 활용해 한 핵심 정보 덩어리 내에서 또 목차를 짜보면, 이렇게 된다.

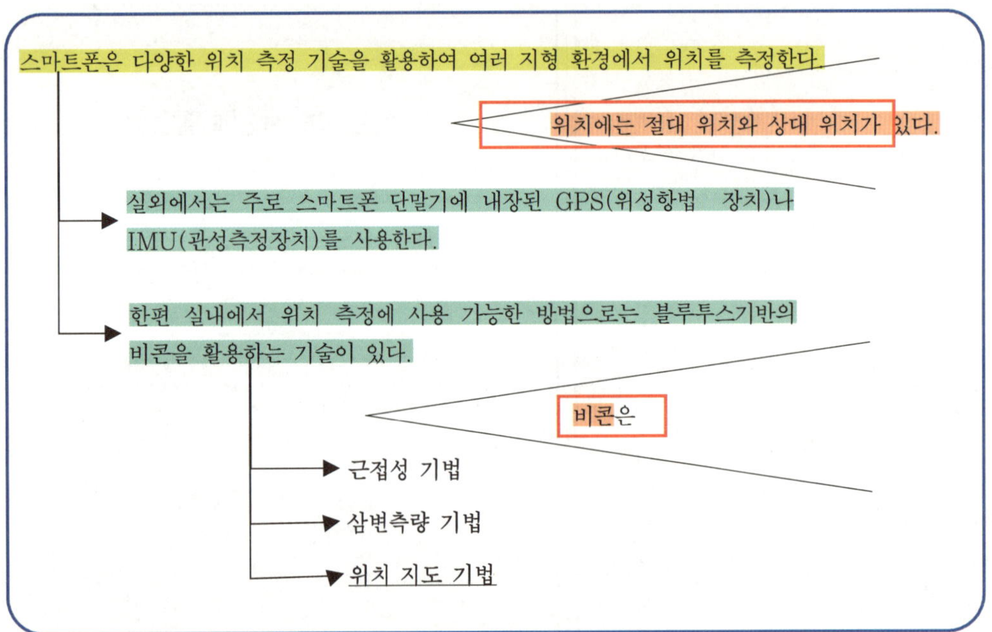

한 덩어리 내에서 문단 사이의 관계를 파악하며 체계 있게 정보를 누적하라는 것은, 정보를 위와 같이 같은 위상의 범주, 상위 범주, 하위 범주로 나누며 가지치기 하듯이 머릿속에 정리하라는 것이다.

Topic 04. 로드맵을 기반으로 행동강령 수립

■ 개요

⇒ **결국, '구분과 연결'이 중요하다고 볼 수 있다.**

1) 글의 화제가 바뀔 때 (핵심 정보가 변경될 때) 확실히 구분할 수 있어야 하고,
2) 하나의 핵심 정보 내에서 세부 범주가 또 쪼개질 때 (topic 03 예시 지문처럼) 그 안에서도 구분되는 정보는 구분하고 연결되는 정보는 연결해야 한다.
3) 한 문단 내에서는 새로운 문장이 다가올 때마다 실시간으로 이전 문장과 구분되는 정보인지 연결되서 구체화되는 정보인지 판단해야 한다.

■ 지문 초반부 (1문단 내지 2문단 초반부까지)

　글을 시작하는 곳이기 때문에 키워드를 도입하고, 그 키워드에 대해 궁극적으로 이 글에서 다루고자 하는 화제를 끌어내기 위한 빌드업을 한 후 '화제 제시 문장'이 나오는 흐름인 경우가 굉장히 많다. '미괄식' 구성 (끝에 결론 제시)이 많다.

　따라서, 초반부 독해에서는 첫 번째 화제 제시 문장이 확정될 때까지는 계속해서 모든 문장이 화제 제시 문장이 될 수 있다는 마인드로 읽어야 한다. 정보에 경중을 두지 말아야 한다는 소리다. 그렇게 한 문장 한 문장 다가올 때, 내가 지금 읽고 있는 문장은 앞 문장을 기반으로 읽어야 한다. "앞에 나온 정보를 끌고와서 구체화하는지, 아니면 아예 다른 범주의 정보가 등장하는지 계속 확인해야 한다."라고 기억하면 된다. 그 과정에서, 키워드에 대한 문제점이나 의문이 제기되면 그게 화제일 가능성이 높은데, 이 두 개가 주어지지 않는다면 키워드에 대해 뭐가 구체화될지 후보군을 선정한 후 이어지는 내용에서 실시간으로 그중에 끌고 내려와서 구체화하는 것을 판단하는 수밖에 없다.

　결국, 사고는 [키워드 -> 키워드를 포함한 문장들 -> 헥심 정보의 3가지 패턴 중 어떤 것인지 암시하는 화제 제시 문장] 이렇게 확장되는 것이다.

■ 첫 번째 핵심 정보 확정된 이후 끝까지

"내가 지금 읽고 있는 그 부분(문단)에 집중하되, / 항상 전체에 대한 생각을 곁들이며."

문장과 문장의 구분&연결　　　　　　　　문단과 문단의 구분&연결

목차를 만들면서 글을 읽는 것이 목표이고 그 목표를 달성하기 위한 방법에서는 이 한마디가 키 포인트라고 할 수 있다. 지문 초반부에서 키워드를 잡고, 그 키워드에 대한 첫 번째 핵신 정보를 제시하는 화제 제시 문장을 학보하고 나서 마주하는 첫 번째 문단을 기점으로 이야기를 시작해볼 것이다. 그런데, 그 전에 알고 가야 할 것이 있다. 추가 comment를 읽어보도록 하자.

　지금까지 THEME 03에서 설명할 때, 한 핵심 정보 덩어리 내에서도 세부적으로 정보의 범주가 갈라질 수도 있다고 했는데, 사실 이 부분도 매우 중요하다. 이전까지 핵심 정보 덩어리가 어떻게 생겼는지는 잘 알았겠지만, 이 하나의 핵심 정보 덩어리 내에서 범주가 갈라지는 것을 구체적으로 어떻게 잡아야 하는지에 대한 단독 설명이 부족했다. 한 덩어리 내에도 각 범주의 흐름을 잡아주는 '화제 제시 문장'같은 것들이 있습니다. TOPIC 03 예시 지문에서 형광펜 처리한 "실외에서는 주로 스마트폰 단말기에 내장된 GPS(위성항법　장치)나 IMU(관성측정장치)를 사용한다.", "한편 실내에서 위치 측정에 사용 가능한 방법으로는 블루투스기반의 비콘을 활용하는 기술이 있다.", 그리고 "근접성 기법은", "삼변측량 기법은", "위치 지도 기법은"이런 부분들에 대해 잘 생각해보면, 한 핵심 정보 내에서 저렇게 세부 범주를 나누며 읽을 수 있었던 것은 저런 흐름 잡아주는 문장의 도움이 매우 컸다. TOPIC 02~TOPIC 04에서 이에 해당하는 설명을 빨간 글씨 처리해두었으니 그 부분을 잘 신경 쓰며 학습하자.

보통 이렇게 한 핵심 정보 덩어리 내에서 흐름 잡아주는 문장은 그 덩어리에 소속된 각 문단의 초반부에 제시되는 경우가 굉장히 많다.

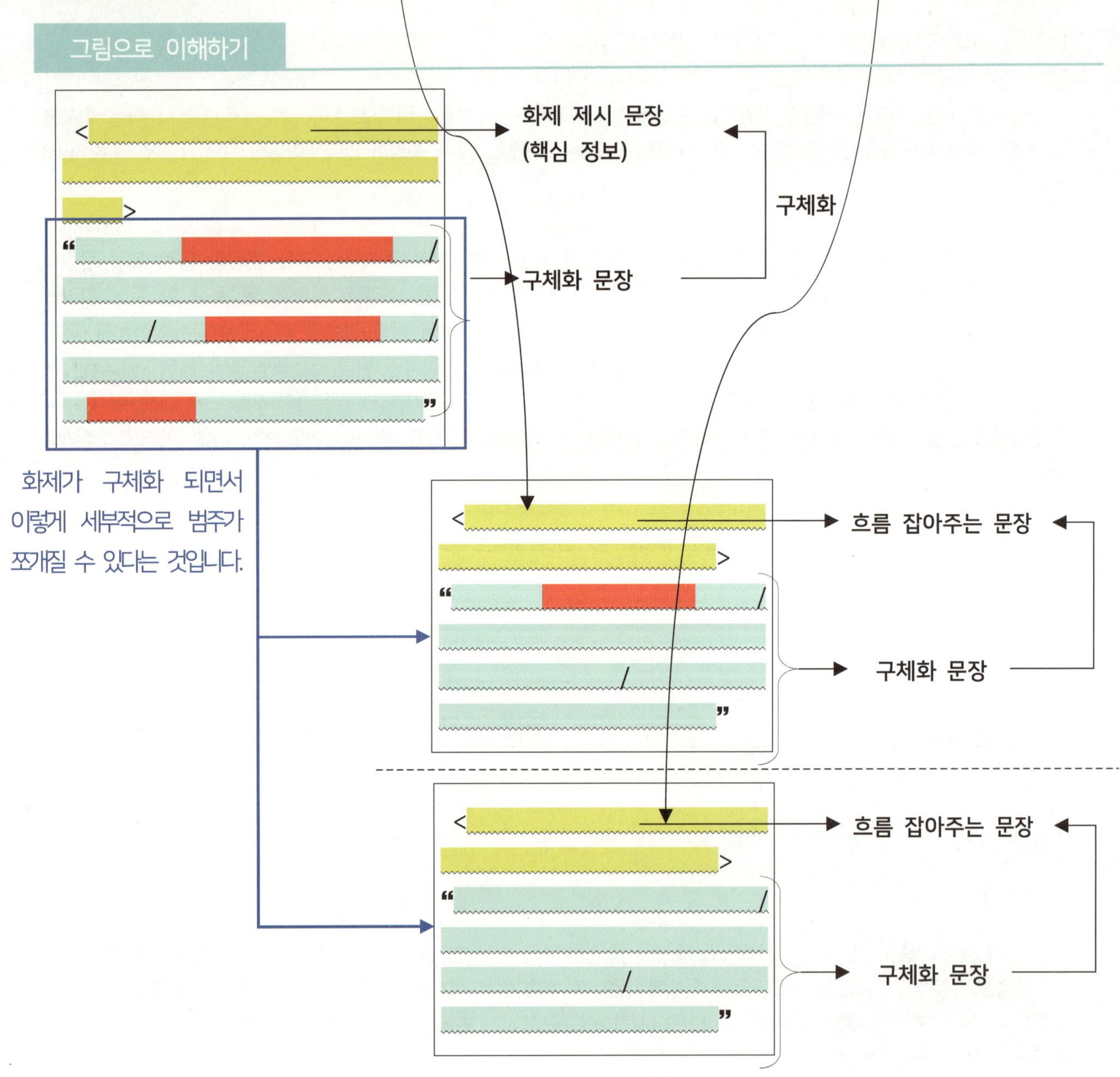

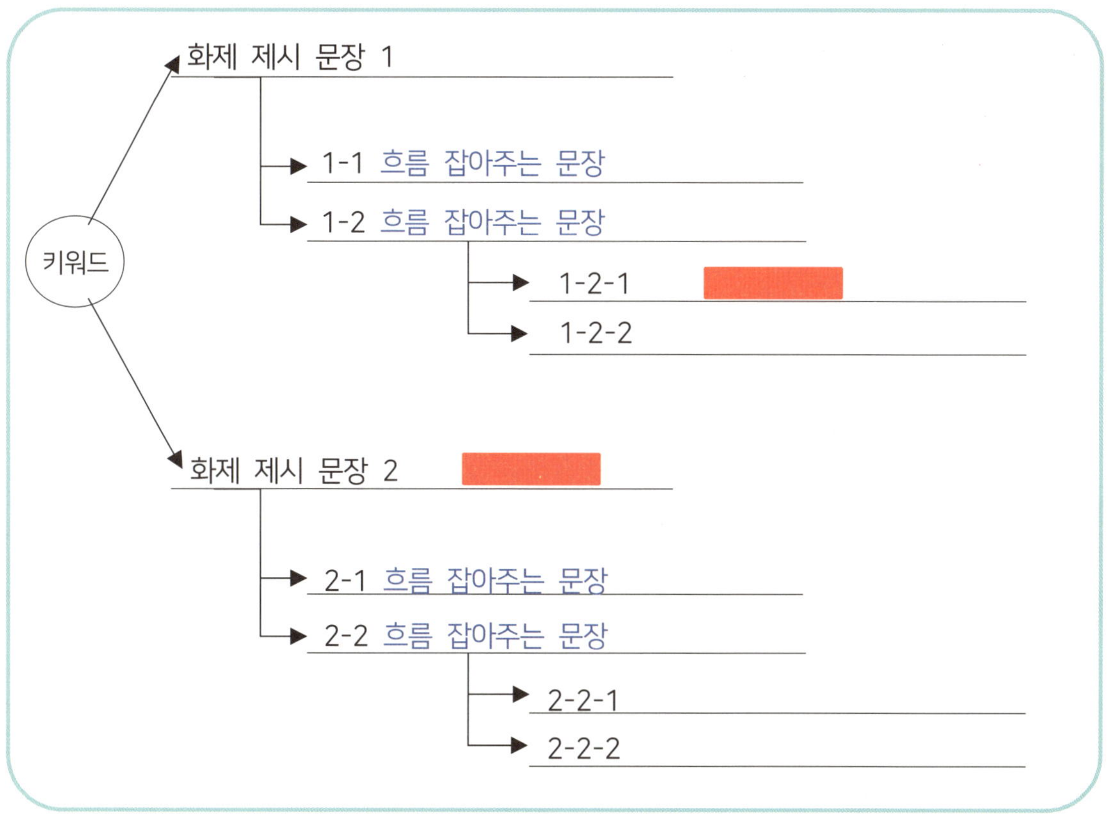

그리고, 이를 앞서 설명했던 이미지에 적용하면 위와 같이 된다. 결국 위 이미지와 같이 상-하 범주를 고려해 정보를 처리하는 것이 최종 목표이고, 그 목표를 달성하기 위한 방법이 바로 "Topic 04. 로드맵을 기반으로 행동강령 수립" 이 되는 것이다.

[한 문단 내에서는, 문장과 문장을 구분하고 연결한다 : 내가 지금 읽고 있는 그 부분에 집중하기]
앞서 이런 테트리스 게임을 언급했었다.

　　앞에서는 이 블록 하나하나를 문단에 비유했었는데, 한 문단 내에서 해야 할 생각을 묘사할 때는 저 블록 하나하나가 문장이라고 생각해버리면 된다. 문장이 나에게 다가올 때, 앞 문장과 연결되서 지진술히기니 구체화하는 니용이면 하나로 모으고, 구분되는 내용이면 새로운 범주를 만들어 그 뒤에 나오는 문장을 붙이며 체계적으로 문장을 누적시켜야 하는 것이다. 그렇게 문장과 문장을 구분하고 연결하며 그 문단에서 전달하는 정보를 범주에 따라 체계를 만들며 조직화한다.

이때, 한 문단에서

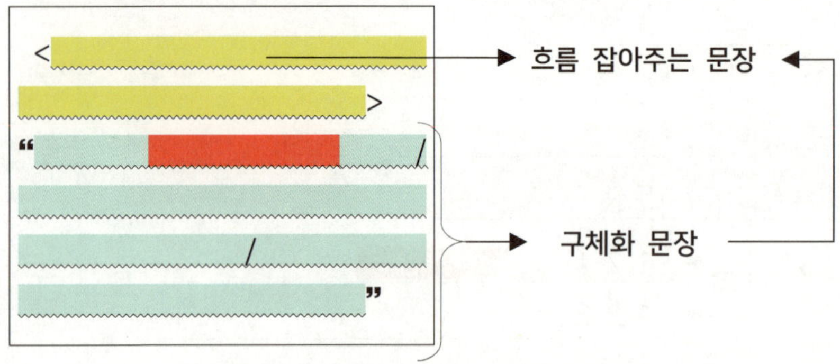

구체화 문장을 흐름 잡아주는 문장을 중심으로 모아준다.

그냥 늘 하던 데로 문장을 연결하면서 지금 이게 무슨 내용을 구체화하는 것인지 판단한다. 그러다가

A : 후반부에 흐름 잡아주는 문장 제시될 때

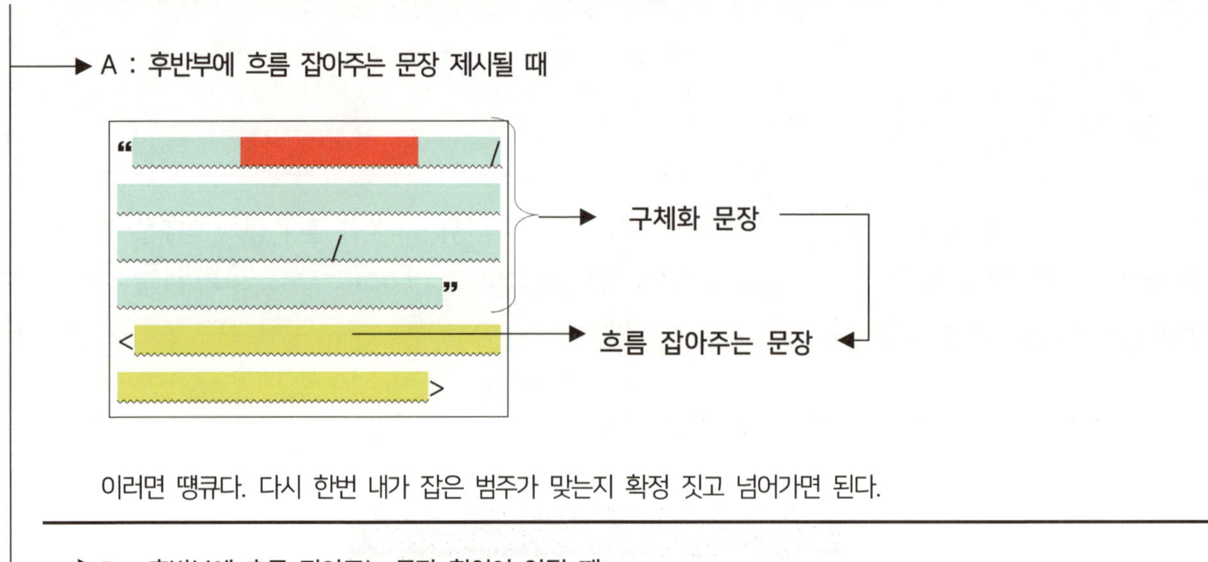

이러면 땡큐다. 다시 한번 내가 잡은 범주가 맞는지 확정 짓고 넘어가면 된다.

B : 후반부에 흐름 잡아주는 문장 확인이 안될 때

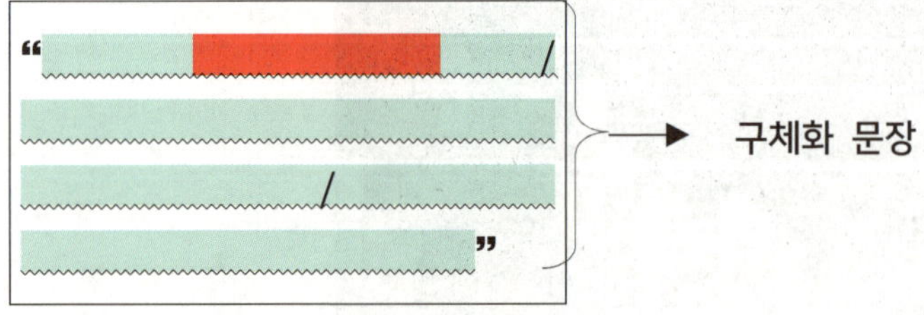

이러면 그냥 다음 문단에 내용이 이어지겠거니 하고 그냥 내가 임의로 생각한 범주를 홀딩하고 다음 문단으로 넘어가면 된다.

한마디로, "내가 지금 현재 읽고 있는 문장은 이전 문장의 내용을 바탕으로 읽어야 한다."

[항상 전체에 대한 생각을 곁들이며 : 문단과 문단을 구분&연결]

핵심 정보 제시 문장이 나온 후 첫 번째 문단이 끝나고 다음 문단으로 들어가면, 이때부터는 앞에 문단이 누적되어 있는 상태이기 때문에 고려해야 할 상황이 생긴다. 이제부터 설명하는 행동을 한 문단이 끝나고 새로운 문단을 읽기 시작할 때, 그 문단의 초반부 내용을 보면서 항상 해줘야 한다.

먼저, 이전에 진행되던 핵심 정보 흐름이 계속 유지되는지 아니면 바뀌는지 판단해야 한다. 지문 초반부에 잡은 키워드에 대한 화제가 유지되는지 바뀌는지를 확인하라는 말이다.

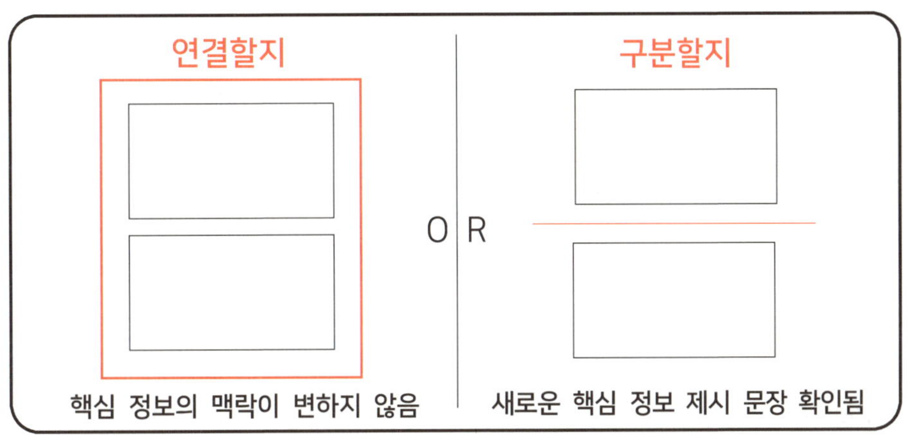

⇒ **안 바뀌면** 이전 핵심 정보에 소속시키고, 그 안에서 이전 문단과의 관계를 통해 "이 핵심 정보 내에서 지금 내가 읽은 문단이 어떤 위치인지" 잡는다. 다시 말해, 그 핵심 정보 내에서 이 새로운 정보가

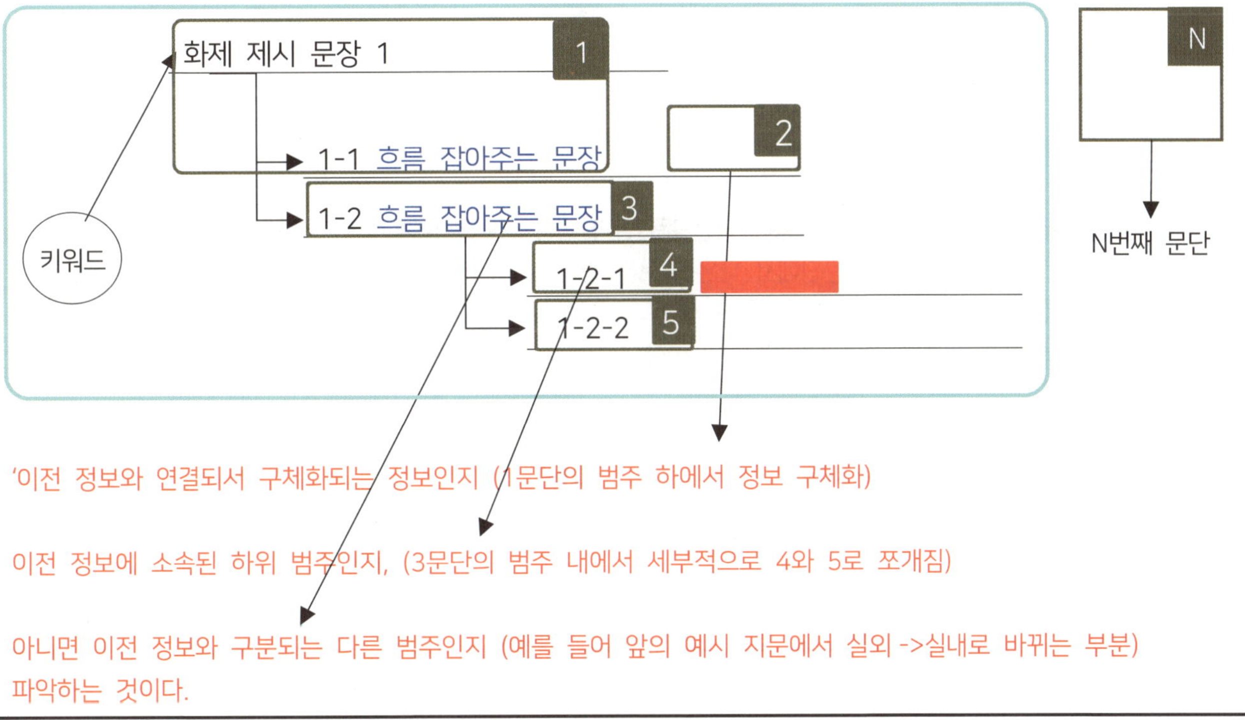

'이전 정보와 연결되서 구체화되는 정보인지 (1문단의 범주 하에서 정보 구체화)

이전 정보에 소속된 하위 범주인지, (3문단의 범주 내에서 세부적으로 4와 5로 쪼개짐)

아니면 이전 정보와 구분되는 다른 범주인지 (예를 들어 앞의 예시 지문에서 실외 ->실내로 바뀌는 부분) 파악하는 것이다.

⇒ **바뀌면** 새로운 핵심 정보의 화제 제시 문장을 잡고 이에 입각해 아래 나오는 내용을 붙이면 된다.

그리고, 이전 문단과의 관계를 통해 "이 핵심 정보 내에서 지금 내가 읽은 문단이 어떤 위치인지" 잡는다는 말은 아래와 같다. 문단과 문단을 관계지으며 정보를 누적하는 과정에서 사고를 이렇게 해줘야 한다.

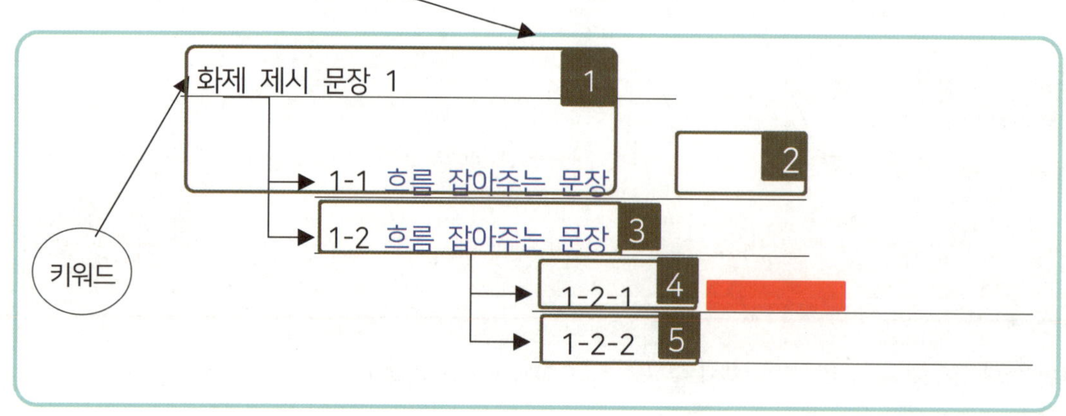

한마디로, "내가 지금 현재 읽고 있는 문단은 이전 문단의 내용을 바탕으로 읽어야 한다."
이렇게 하나의 핵심 정보가 끝나지 않을 때까지는 각 문단의 정보를 독립적으로 보면 절대 안된다. 윗 문단에서 확보한 정보를 끌고 내려와서 다음 문단에서 구체화하는 경우가 많기 때문에 정보를 위와 같은 양상으로 유기적으로 연결하며 누적해야 한다.

1문단에서 문장과 문장의 연결을 통해 J1을 도출하고, 2문단에서는 J2를 확보하는 과정에서 J1에서 필요한 정보를 끌고 와서 활용하는 방법으로 J2를 도출하고, J1과 J2를 활용해 3문단을 읽으며 J3을 도출해내는 이런 과정을 반복해야 하는 것이다.

따라서, 문단과 문단의 관계를 파악해야 한다는 말은 크게 두 가지 생각으로 구체화 된다.

1) 다음 문단에 들어가서 초반부 정보를 통해 이전 문단들과 핵심 정보를 같이 하는가 아니면 바뀌는가 체크
2) 핵심 정보를 같이 한다면, 이전 문단에서 나온 정보들 중 끌고 내려와서 구체화하는 것이 있는지 판단하며 이 페이지에서 소개한 그림과 같이 정보를 차곡차곡 쌓기 -> 이렇게 하면 자연스럽게 한 핵심 정보에 내에서 정보의 목차가 잡히며 머릿속에 아래와 같이 정리된다. 이는 예시 지문을 통해 연습하면 더 잘 이해할 수 있다.

■ 결론

부분에 집중 (문장 간 관계)

⇩

전체에 대한 생각 (문단 간 관계)

⇩

부분에 집중 (문장 간 관계)

⇩

전체에 대한 생각 (문단 간 관계)

⇩

부분에 집중 (문장 간 관계)

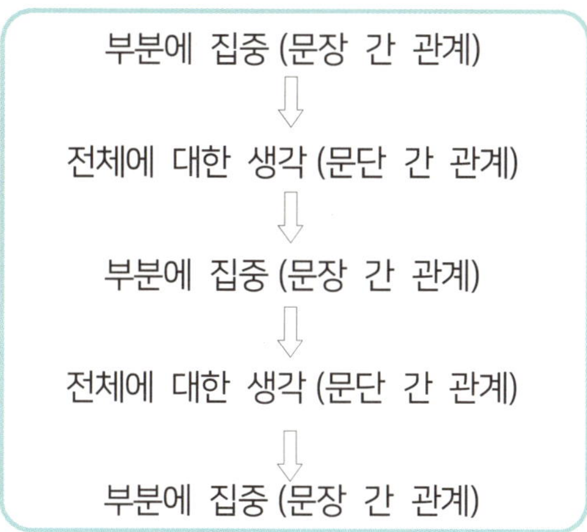

쉽게 말해, 이렇게 계속 왔다 갔다 하는 과정이 필요하다는 것이고, 그것을 "부분에 집중하되, 전체에 대한 생각을 항상 곁들이며" 이 한마디로 요약할 수 있다. 그리고, 여기서 항상 언급되는 '전체에 대한 생각'은 곧 문단과 문단의 관계를 파악하며 지문의 목차를 짜듯이 글을 읽는 것과 같은 말이다.

문장과 문장을 구분하고 연결하며 각 문단의 정보를 잘 조직화하자. 그리고 그렇게 한 문단을 다 읽고 다음 문단으로 넘어가자 마자 그 문단의 초반부 정보를 보고 핵심 정보 같은지, 앞 문단 정보 끌고 내려오는지 판단하며 지문 전체에서 이 문단이 어떤 위치인지를 확인하자. 이게 전부다. 왜 지문의 목차를 만들면서 읽기 위해 이런 행동강령이 필요한지는 아래 그림이 잘 설명해 줄 것이다. 그럼, 이제 STEP 2로 넘어가 보자.

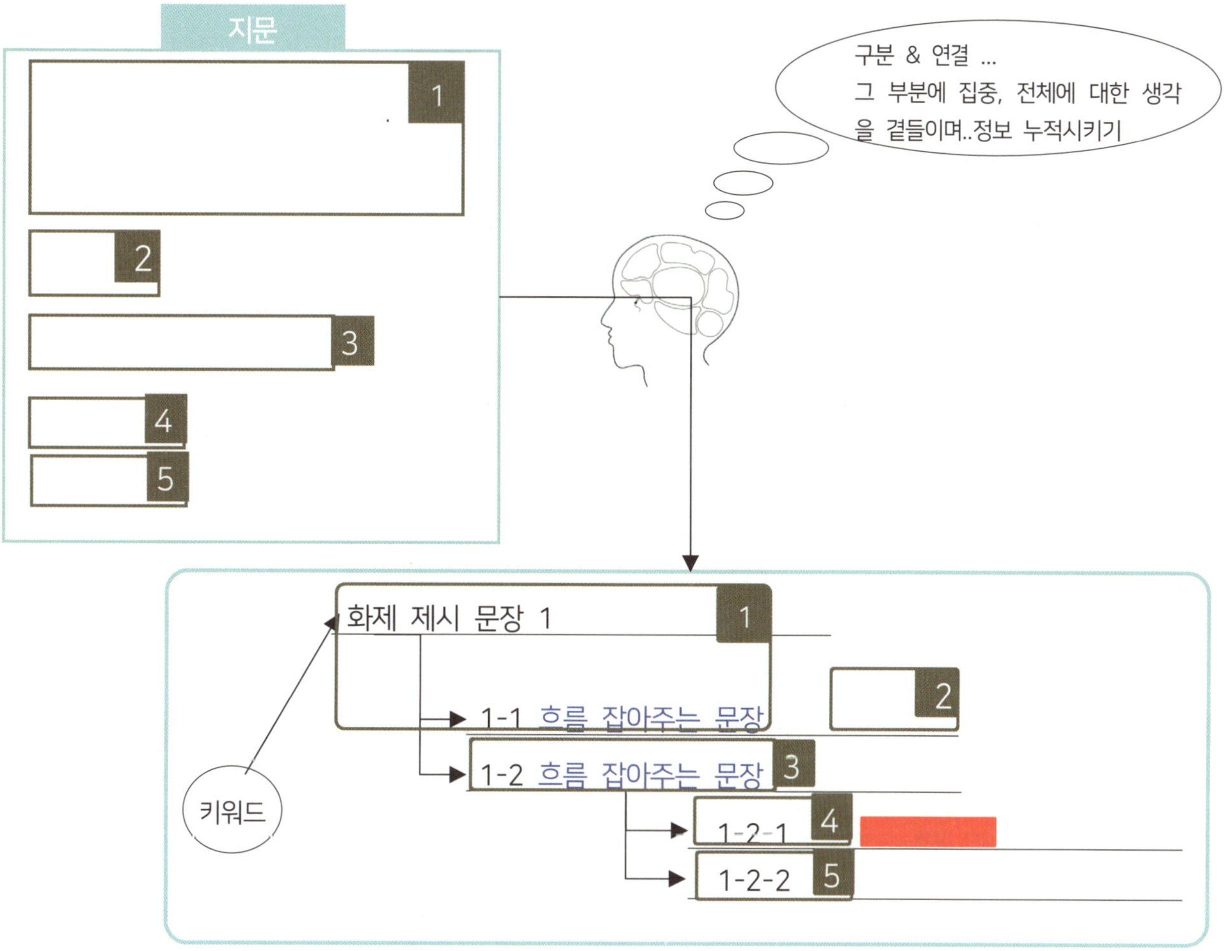

STEP

02

[평가원 지문이 지문 뼈대에 살덩이를 붙이는 방법]

Theme 4 ㅣ 평가원이 정보를 구체화하는 17가지 메커니즘 + 행동강령
Theme 5 ㅣ 반드시 확보해야 하는 특수 정보

[Comment]

STEP 01은 우리가 흔히 건물 외부에서 볼 수 있는 '외형', 즉 건물의 뼈대를 만드는 단계였습니다. '정보'라는 재료를 가지고 (Theme 1), 일관된 원리에 기반하여 (Theme 2) 하나의 건물을 지었습니다. 이제 그 외형을 갖춘 건물에 내부공사를 진행하는데 쓰인 메커니즘에 대해 공부할 알아볼 것입니다. 당연히, 내부공사 방식은 우리 마음대로 정하는 것이 아니라, 평가원이 정해둔 방식이 있고 우리는 그것을 배울 뿐입니다. 이런 직관적인 이해를 가지고 STEP 02를 학습해 봅시다.

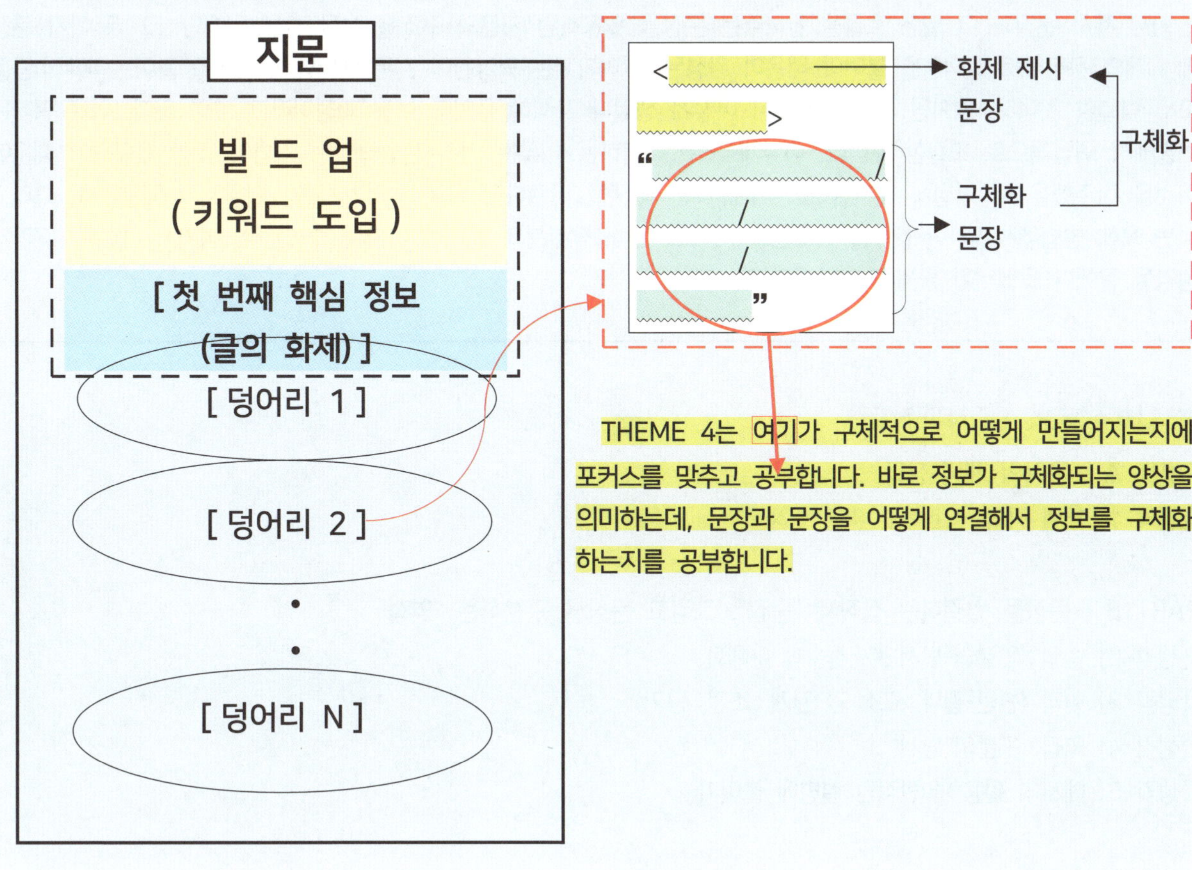

THEME 4는 여기가 구체적으로 어떻게 만들어지는지에 포커스를 맞추고 공부합니다. 바로 정보가 구체화되는 양상을 의미하는데, 문장과 문장을 어떻게 연결해서 정보를 구체화 하는지를 공부합니다.

<comment>

우리는 지금까지 평가원 지문의 뼈대를 잡는 과정을 공부했습니다. 이를 앞서 비유한 테트리스 게임 예시로 설명해 보면,

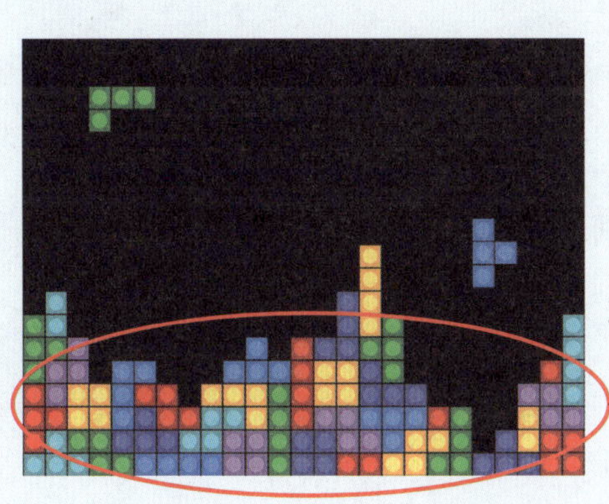

1. 저렇게 랜덤으로 떨어지는 문단들을 앞서 누적된 정보가 쌓여온 형태를 고려해 체계 있게 재구성하며 쌓아 나간다.
2. 항상 핵심 정보를 중심으로 보조 정보를 끼워 넣는 방향성으로 퍼즐을 쌓아 나가야 한다.

이렇게 두 가지로 간략하게 정리할 수 있는데, 지금까지는 이 퍼즐을 멀리서 바라보았다면, THEME 4에서는 이 퍼즐을 확대해서 자세히 들여다보는 과정이라고 생각하면 됩니다. 쉽게 말해, 퍼즐 조각을 플라스틱으로 만들었을 수도 있고 나무로 만들었을 수도 있듯이, 퍼즐을 만든 재료를 살펴보는 과정입니다.

"정보의 구체적인 서술에 활용되는 메커니즘"에 대한 내용이다.

화제 제시 문장과 그 밑에 흐름을 잡아주는 문장을 활용하면 지문의 구조를 잡을 수는 있지만, 그 두 가지 문장에 N개의 문장들로 살덩이를 붙여야 내용이 완성된다. 여기서는 평가원이 지문 뼈대에 살덩이를 붙이는 메커니즘을 모두 나열할 것이다. 평가원 지문이 정확히 어떻게 생겼나 자세히 들여다 보는 과정이라고 보면 된다. 이는 평가원 기출에서 귀납적으로 도출한 것이다. 이렇게 모두 나열하는 이유는 여기서 언급되는 기법이 항상 재탕되기 때문에 이것을 마주했을 때 어떻게 대처할 것인지에 대한 대책을 마련하면 글을 읽기가 훨씬 쉬워지기 때문이다. 그리고 이는 독해 방법에서 더 나아가 출제 포인트 이기도 하다. 대부분의 문제는 여기서 출제된다. 여기서 나열된 17가지 생각을 잘했냐 못했냐가 출제 의도인 것이다.

■ THEME 4 CONTENTS

PART A ㅣ 용어의 개념·정의

[생각 1] 개념·정의 : 박스치고 완전 이해

PART B ㅣ 문장을 연결하는 접착제 "순접", 그리고 문장을 구분하는 "역접"

[생각 2] 순접 : 연결의 단서 #재진술과 구체화

[생각 3] 인과 (원인-결과, 요소 간 관계, 조건, 근거)

[생각 4] 역접 : 구분의 단서

[생각 5] 예시의 활용 : 일반적인 설명에 붙이기

PART C ㅣ 목차 생성 도구, 지문의 뼈대에 대한 생각

[생각 6] 하위 범주로 쪼개기 : 쪼개고 각각을 구체화한다. (그런데 이제 공통서술범주에 입각한 비교·대조를 곁들인)

[생각 7] 통시적 흐름 : < > (변화되는 것과 유지되는 것을 모두 파악해야 한다.)

[생각 8] 나열 : 넘버링

[생각 9] 원칙-예외 / 일반-특수 : 짝지어서 구분

PART D ㅣ 그 외 연결과 구분에 대한 생각

[생각 10] 요소 간 관계 : 공식

[생각 11] 수식어구의 중요성 : 괄호 쳐서 수식 대상에 붙이기 (그런데 이제 문장 읽는 방법을 곁들인)

[생각 12] 순서·과정 : 넘버링

PART E ㅣ 그때그때 마주치면 해야 하는 생각

[생각 13] 포함 관계 vs 부속품 관계

[생각 14] 추상적 / 주관적 범주 : ? ⇒ !

[생각 15] 반댓값 추론 / 정보 생략 : 의식적으로 생각하고 넘어가기

[생각 16] 극단적 범주 : 동그라미

[생각 17] A가 아니다. B다 : O X

PART

A

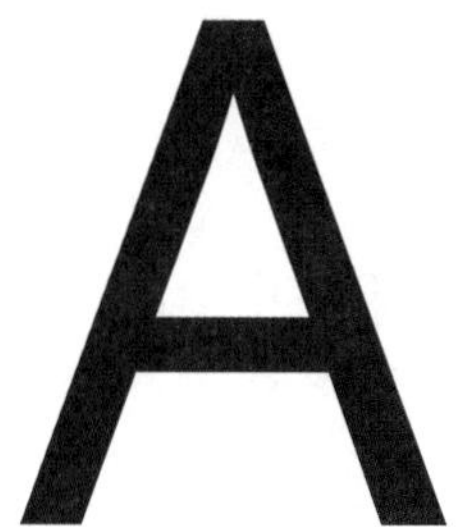

용어의 개념·정의

[생각 1] 개념, 정의

　지문에서 개념을 정의해주는 용어들은, 지문에서 궁극적으로 설명하고자 하는 바를 이해하기 위해 꼭 알아야 한다는 것을 간접적으로 시사하는 것이다. 따라서, 용어의 개념이 정의된다면 이를 반드시 2~3번 읽어서라도 완벽하게 이해 / 납득하고 넘어가야 한다. 이후, 지문에서 해당 용어가 나오면 위에서 제시된 개념을 입혀서 독해해야 매끄럽게 독해되는 경우가 많다. 앞서 핵심 정보 사이사이에 보조 정보가 끼워져 들어간다고 했는데, 그렇게 끼워져 들어가는 보조 정보가 대부분 이 용어의 개념, 정의다.

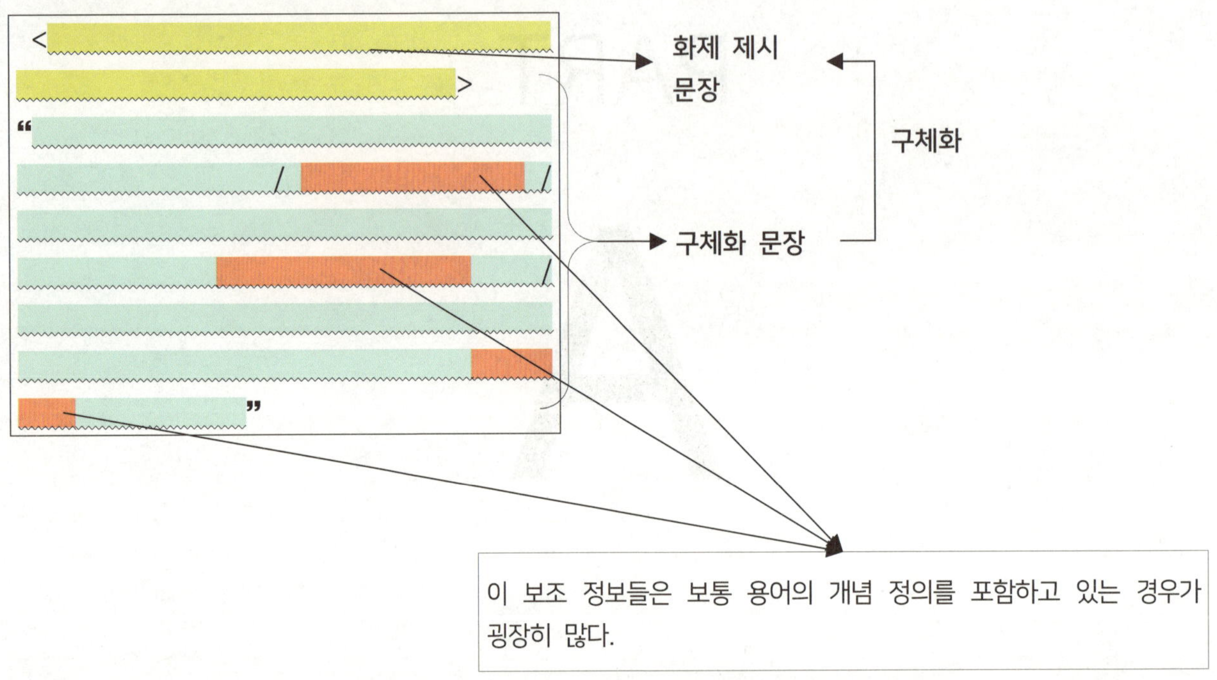

따라서, 용어의 개념이 정의되는 경우,

용어

용어에 이렇게 **박스**를 치고, 그 용어의 뜻을 설명하는 곳에는 키워드 위주로 동그라미를 치며 **최대 2~3번까지 읽으며 확실히 납득하고 넘어가도록** 하자. 그리고 아래에서 그 용어가 정의 없이 활용될 때, 위에서 **정의된 개념을 입혀서 읽어야** 문맥이 더 매끄럽게 이해가 잘 될 것이다.

**** 특히, 수식어로 정의되는 개념에 주의할 필요가 있다. ****

　종종 개념 정의를 용어 앞에 수식어로 붙여서 해주는 경우가 있는데, 이때 무심코 지나가면 독해에 치명적이다. 수식어가 나오면 개념 정의를 준 것인지 한번 쯤 체크하고 넘어가도록 하자. 특히 핵심과 세부가 버무러진 구간에서 정신없이 지나가는 경우에 이런 실수가 빈번히 일어난다. 버무러진 구간에서는 필요할 때마다 곳곳에 개념 정의를 남발하기 때문이다.

[예시]
2017학년도 수능 <콰인, 포퍼> 中

> "그들은 가설로부터 논리적으로 도출된 예측을 관찰이나 실험 등의 경험을 통해 맞는지 틀리는지 판단함으로써 그 가설을 시험하는 과학적 방법 을 제시한다."

⇒ 과학적 방법의 정의를 "그들은~시험하는" 의 수식어를 통해 제시했다.

**** 두 개 이상의 단어로 이루어진 구의 정의도 나올 수 있다. ****

　단순히 단어 하나의 개념, 정의가 아니라, '여러 단어가 모여 이루어진 명사구에 대한 정의'가 나오는 경우도 있다. 이때도 똑같이 구 전체를 박스 치고 그 의미를 정확히 이해, 이후 그 용어가 또 사용되면 위에서 정의된 개념 입혀서 읽기를 수행하면 된다. 예시를 통해 이해해 보도록 하자.

[예시1]
2018학년도 6모 22번~25번 <통화정책> 中

> 　중앙은행의 통화 정책이 의도한 효과를 얻기 위한 요건 중에는 '선제성'과 '정책 신뢰성'이 있다. 먼저 통화 정책이 선제적이라는 것 은 중앙은행이 경제 변동을 예측해 이에 미리 대처한다는 것이다.

⇒ '통화 정책이 선제적이라는 것', 이 하나의 의미 단위가 '중앙은행이 경제 변동을 예측해 이에 미리 대처하는 것' 으로 정의된다. 이후 '선제적이다'는 내용이 나오면, '중앙은행이 경제 변동을 예측해 이에 미리 대처한다'로 바꿔서 그 단어가 들어간 전체 문장의 이해도를 높이면 된다.

[예시2]
2023학년도 6모 14번~17번 <이중차분법> 中

> 　경제학에서는 증거에 근거한 정책 논의를 위해 사건의 효과를 평가해야 할 경우가 많다. 어떤 사건의 효과를 평가한다는 것 은 사건 후의 결과와 사건이 없었을 경우에 나타났을 결과를 비교하는 일이다.

⇒ '어떤 사건의 효과를 평가한다는 것', 이 하나의 의미 단위가 '사건 후의 결과와 사건이 없었을 경우에 나타났을 결과를 비교하는 일'로 정의된다. 이후 해당 의미 단위가 등장할 때 이 뜻을 입혀서 이해해야 한다.

종종 백과사전에 나올만한 사전적 정의가 아니라, 그 지문에서만 쓰이는 '창작된 용어'가 있을 수 있다. 이 역시도 일반적인 용어의 개념을 확보하는 방식과 똑같이 박스치고 2-3번 읽으며 정확히 이해하고 넘어가기, 이후 해당 용어가 등장하면 붙여 읽기를 수행하면 된다. 이는 특히 인문 지문에서 많이 등장한다. 용어를 학자 마음대로 정의하는 경우가 많기 때문이다.

[예시] 2024학년도 6평 4~7번 <공포 소구> 中

공포 소구 연구를 진척시킨 레벤달은 재니스의 연구가 인간의 감정적 측면에만 치우쳤다고 비판하며, 공포 소구의 효과는 수용자의 감정적 반응만이 아니라 인지적 반응과도 관련된다고 하였다. 그는 감정적 반응을 '공포 통제 반응', 인지적 반응을 '위험 통제 반응'이라 불렀다. 그리고 후자가 작동하면 수용자들은 공포 소구의 권고를 따르게 되지만, 전자가 작동하면 공포 소구로 인한 두려움의 감정을 통제하기 위해 오히려 공포 소구에 담긴 위험을 무시하려는 반응을 보이게 된다고 하였다.

~

~

위티는 이 두 요인을 레벤달이 말한 두 가지 통제 반응과 관련지어 다음과 같은 결론을 도출하였다. 위협과 효능감의 수준이 모두 높을 때에는 위험 통제 반응이 작동하고, 위협의 수준은 높지만 효능감의 수준이 낮을 때에는 공포 통제 반응이 작동한다. 그러나 위협의 수준이 낮으면, 수용자는 그 위협이 자신에게 아무 영향을 주지 않는다고 느껴 효능감의 수준에 관계없이 공포 소구에 대한 반응이 없게 된다. 이렇게 정리된 결론은 그간의 공포 소구 이론을 통합한 결과라는 점에서 후속 연구의 중요한 디딤돌이 되었다.

*** 특히 인문 지문에서 많이 쓰이는 "그 지문을 위한 단어 정의"**

인문 지문에서 그 지문을 위한 단어 정의가 많이 활용된다. 인문 지문에는 특정 사상가, 특정 학자, 특정 이론, 특정 학파 등이 주장하는 내용이 담기는 경우가 많은데, 그 '주장'이라는 것에는 필연적으로 '주관'이 개입된다고 할 수 있다. 이것을 개념·정의에 적용해 보면, 생각하는 사람이 임의로 자신의 주장을 펼치기 위한 단어를 정의하는 경우가 많다는 것이다. 이때, 그 단어가 다시 나오면 위에서 정의된 뜻을 입혀서 이해해야 매끄럽게 독해할 수 있다.

그는 감정적 반응을 '공포 통제 반응', 인지적 반응을 '위험 통제 반응'이라 불렀다. [정의된 개념 확보]
⇒ 여기서는, 감정적 반응과 인지적 반응을 각각 공포 통제 반응과 위험 통제 반응으로 새롭게 정의한 것이다. 따라서, 이후 해당 단어가 나오면 '감정적, 인지적 반응'의 뜻을 살려서 이해하면 된다.

전자가 작동하면 공포 소구로 인한 두려움의 감정을 통제하기 위해 오히려 공포 소구에 담긴 위험을 무시하려는 반응을 보이게 된다고 하였다. [정의된 개념 입혀서 이해]
⇒ 전자는 '공포 통제 반응'이다. 이는 감정적 반응의 의미를 가지고 있기 때문에, 전자가 작동하면 감정적 반응인 두려움이 생기고, 그 두려움을 통제하기 위해 오히려 공포 소구에 담긴 위험을 무시하려는 반응을 보인다고 이해할 수 있는 것이다.

[총정리 comment]

개념어의 정의를 준다는 것은, "핵심 정보를 이해시키려면 너가 이 단어 정도는 정확히 알고 있어야 돼."라는 의미를 담고 있는 것이다. 어떻게 보면 친절한 서술이라고 볼 수 있다. 단어의 정의를 주지 않은 채로 그 단어를 활용해 핵심 정보를 서술했는데, 만약 그 단어에 대한 배경지식이 없다면 문맥으로 그 단어의 의미를 끼워 맞춰야 하기 때문에 고난도 지문이 된다. 이는 곧, 개념어의 정의를 준다면 "반드시 그 뜻을 확실히 이해하고, 이어지는 내용에 해당 단어를 사용한 문장이 나오면 단어에 앞서 주어진 그 뜻을 입혀서 읽어야 그 문장에 대한 완벽한 이해가 가능하다는 것이다. 이제 기출 예시를 보며 이해도를 높이자.

[예시 1] 2023학년도 9평 4~9번 <아도르노의 미학 (가)> 中

아도르노는 서로 다른 가치 체계를 하나의 가치 체계로 통일시키려는 속성을 동일성으로, 하나의 가치 체계로의 환원을 거부하는 속성을 비동일성으로 규정하고, 예술은 이러한 환원을 거부하는 비동일성을 지녀야 한다고 주장한다. 그렇기 때문에 예술은 대중이 원하는 아름다운 상품이 되기를 거부하고, 그 자체로 추하고 불쾌한 것이 되어야 한다는 것이다. 그에게 있어 예술은 예술가가 직시한 세계의 본질을 감상자들에게 체험하게 해야 한다. 예술은 동일화되지 않으려는, 일정한 형식이 없는 비정형화된 모습으로 나타남으로써 현대 사회의 부조리를 체험하게 하는 매개여야 한다는 것이다.

[정의된 개념 확보]
아도르노가 개념을 정의했다. 박스치고 확실히 이해하자.
동일성 = 서로 다른 가치 체계를 하나의 가치 체계로 통일시키려는 속성
비동일성 = 하나의 가치 체계로의 환원을 거부하는 속성
머릿속으로 이렇게 생각했으면 어땠을까?

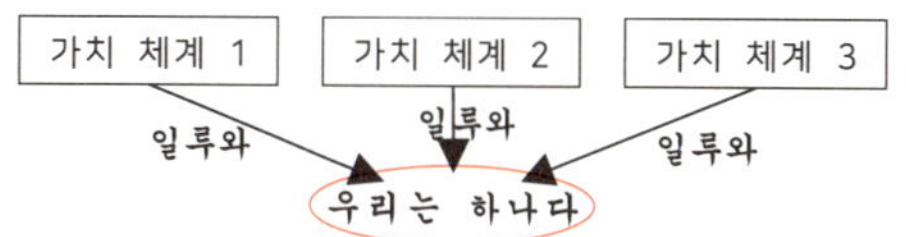

[정의된 개념 입혀서 이해]
예술은 동일화되지 않으려는

동일화하고 동일성이 말이 다른데 왜 이게 개념 입혀서 이해하는 거냐고 물어보면 나도 할 말 없다. 생각의 유연성을 가지자. 동일 '화' 는, 동일성의 의미를 살려 읽으면 서로 다른 가치 체계를 하나의 가치 체계로 통일시키는 것 정도로 이해할 수 있을 것이다. 따라서, '동일화' 에 이 뜻을 입혀서 읽으면 쉽게 이해할 수 있다.

[예시 2] 2023학년도 9평 4~9번 <아도르노의 미학 (나)> 中

하지만 세잔의 작품은 예술가의 주관적 인상을 붉은색과 회색 등의 색채와 기하학적 형태로 표현한 미메시스일 수 있다. 미메시스란 세계를 바라보는 주체의 관념을 재현하는 것, 즉 감각될 수 없는 것을 감각 가능한 것으로 구현하는 것을 의미한다. 다시 말해 세잔의 작품은 눈에 보이는 특정의 사과가 아닌 예술가의 시선에 포착된 세계의 참모습, 곧 자연의 생명력과 그에 얽힌 농부의 삶 그리고 이를 응시하는 예술가의 사유를 재현한 것이 된다.

하지만 세잔의 작품은 (예술가의 주관적 인상을 붉은색과 회색 등의 색채와 기하학적 형태로 표현한) 미메시스일 수 있다.
미메시스가 뭐지? 앞에 수식어로 묶여있는 요 부분이 정의라고 봐야겠다 일단.
미메시스란 세계를 바라보는 주체의 관념을 재현하는 것, 즉 감각될 수 없는 것을 감각 가능한 것으로 구현하는 것을 의미한다. [정의된 개념 확보]
아 뭐야 바로 정의 주네! 박스치고 밑줄긋고 확실하게 이해하고 넘어가자. 관념이라는 감각 불가능한 것을 감각 가능한 것으로 구현하는 거구나. 그러면 이 정의를 앞 문장에 붙여서 다시 이해해봐야겠네. [다시 돌아가서 정의된 개념 입혀서 이해]
세계를 바라보는 주체의 관념인 예술가의 주관적 인상을 붉은색과 회색 등의 색채와 기하학적 형태로 표현한이렇게 재현 (=감각 가능한 것으로 구현) 한 거구나!

[예시 3] 2023학년도 6평 4~9번 <육가의 사상 (가)> 中

그에게 지식의 핵심은 현실 정치에 도움을 주는 역사 지식이었다. 그는 역사를 관통하는 자연의 이치에 따라 천문·지리·인사 등 천하의 모든 일을 포괄한다는 ㉠통물(統物)과, 역사 변화 과정에 대한 통찰로서 상황에 맞는 조치를 취하고 기존 규정을 고수하지 않는다는 ㉡통변(通變)을 제시하였다. 통물과 통변이 정치의 세계에 드러나는 것이 ㉢인의(仁義)라고 파악한 그는 힘에 의한 권력 창출을 긍정하면서도 권력의 유지와 확장을 위한 왕도 정치를 제안하며 인의의 실현을 위해 유교 이념과 현실 정치의 결합을 시도하였다.

[정의된 개념 확보]
아도르노가 개념을 정의했다. 박스치고 밑줄긋고 확실히 이해하자.
역사를 관통하는 자연의 이치에 따라 천문·지리·인사 등 천하의 모든 일을 포괄한다는 ㉠통물(統物)
역사 변화 과정에 대한 통찰로서 상황에 맞는 조치를 취하고 기존 규정을 고수하지 않는다는 ㉡통변(通變)
통물과 통변이 정치의 세계에 드러나는 것이 ㉢인의(仁義)
[정의된 개념 입혀서 이해]
인의의 실현을 위해 유교 이념과 현실 정치의 결합을 시도이 문장을 읽을 때, '인의의 실현을 위해' 부분을 '통물과 통변이 정치의 세계에 드러나게 하기 위해' 로 바꿔서 이해하면 훨씬 매끄럽게 독해가 가능할 것이다.

[예시 4] 2022학년도 수능 4~9번 <해겔의 변증법> 中

헤겔은 미학도 철저히 변증법적으로 구성된 체계 안에서 다루고자 한다. 그에게서 미학의 대상인 예술은 종교, 철학과 마찬가지로 '절대정신'의 한 형태이다. 절대정신은 절대적 진리인 '이념'을 인식하는 인간 정신의 영역을 가리킨다. 예술·종교·철학은 절대적 진리를 동일한 내용으로 하며, 다만 인식 형식의 차이에 따라 구분된다. 절대정신의 세 형태에 각각 대응하는 형식은 직관·표상·사유이다. '직관'은 주어진 물질적 대상을 감각적으로 지각하는 지성이고, '표상'은 물질적 대상의 유무와 무관하게 내면에서 심상을 떠올리는 지성이며, '사유'는 대상을 개념을 통해 파악하는 순수한 논리적 지성이다. 이에 세 형태는 각각 '직관하는 절대정신', '표상하는 절대정신', '사유하는 절대정신'으로 규정된다. 헤겔에 따르면 직관의 외면성과 표상의 내면성은 사유에서 종합되고, 이에 맞춰 예술의 객관성과 종교의 주관성은 철학에서 종합된다.

형식 간의 차이로 인해 내용의 인식 수준에는 중대한 차이가 발생한다. 헤겔에게서 절대정신의 내용인 절대적 진리는 본질적으로 논리적이고 이성적인 것이다. 이러한 내용을 예술은 직관하고 종교는 표상하며 철학은 사유하기에, 이 세 형태 간에는 단계적 등급이 매겨진다. 즉 예술은 초보 단계의, 종교는 성장 단계의, 철학은 완숙 단계의 절대정신이다. 이에 따라 ⓛ 예술-종교-철학 순의 진행에서 명실상부한 절대정신은 최고의 지성에 의거하는 것, 즉 철학뿐이며, 예술이 절대정신으로 기능할 수 있는 것은 인류의 보편적 지성이 미발달된 머나먼 과거로 한정된다.

[예시5] 2018학년도 6평 16~21번 <율곡의 법제 개혁론> 1문단 中

유학은 ⊙ 수기치인(修己治人)을 통해 성인(聖人)이 되기 위한 학문으로 성학(聖學)이라고도 불린다. '수기'는 사물을 탐구하고 앎을 투철히 하고 뜻을 성실하게 하고 마음을 바르게 하여 자신을 닦는 일이며, '치인'은 집안을 바르게 하고 나라를 통치하고 세상을 평화롭게 하는 것을 의미한다. 수기치인을 통해 하늘의 도리인 천도(天道)와 합일되는 경지에 도달한 사람이 바로 '성인'이다. 이러한 유학의 이념을 적극 수용했던 율곡 이이는 수기치인의 도리를 밝힌 『성학집요』(1575)를 지어 이 땅에 유학의 이상 사회가 구현되기를 소망했다.

[정의된 개념 확보]

해겔이 개념을 정의했다. 박스치고 밑줄치고 확실히 이해하자. 이때, 그냥 예술과 '그에게서 미학의 대상인' 예술은 엄연히 그 바운더리가 다르다. 따라서, 수식어까지 전체를 박스치고 그 전체 용어의 정의로 보자.

그에게서 미학의 대상인 예술은 (종교, 철학과 마찬가지로) '절대정신'의 한 형태이다. 절대정신은 절대적 진리인 '이념'을 인식하는 인간 정신의 영역을 가리킨다.

예술은 절대정신의 한 형태라고 정의한 후, 절대정신이 뭔지도 정의해준다. 바로 직전 지문에서 한 것처럼 앞 문장에 입혀서 이해해주면 된다.

그리고 여기서 '이념'은 다른 용어의 정의 내에 슬쩍 삽입되어 있어서 무심코 넘어갈 수 있지만, 수식어의 형태로 '절대적 진리'라고 정의해주기 때문에 박스치고 확보하고 넘어가야 했다.

예술·종교·철학은 절대적 진리를 동일한 내용으로 하며, [정의된 개념 입혀서 이해]

이후, 이런 문장을 마주치면 절대적 진리라는 말을 보자마자 "어? 이거 이념의 정의인데!" 생각하며

예술·종교·철학은 이념를 동일한 내용으로 하며,

이렇게 머릿속으로 생각하고 넘어가자.

절대정신(=절대적 진리인 '이념'을 인식하는 인간 정신의 영역)의 세 형태에 각각 대응하는 형식은 직관·표상·사유이다.

여기도 이렇게 입혀서 이해하기.

이후, 절대정신의 세 '형태'인 직관, 표상, 사유의 정의 확보하고, 내려와서 이 문장을 마주한다. 여기가 중요하다.

헤겔에게서 절대정신의 내용인 절대적 진리는 본질적으로 논리적이고 이성적인 것이다.

절대적 진리(=이념)에 대해 '절대정신의 내용'이라고 한다. 앞서 정의된 용어에 대해 좀 더 풀어서 써 준 것인데, 여기서 이해를 확실히 할 수 있는 것이다. 절대정신이 절대적 진리를 인식하는 인간 정신이니까, 그 인식 대상인 절대적 진리는 '절대정신의 내용'이 되는 것이다. 이를 앞 문장에 붙여서 이해해보면,

예술, 종교, 철학은, 절대 정신의 세 형태다. 그 셋은 내용은 동일하지만, 그 내용을 인식하는 형식이 차이가 날 뿐이다.

[정의된 개념 확보]

유학이라는 용어를,

⊙ 수기치인(修己治人)을 통해 성인(聖人)이 되기 위한 학문 성학(聖學)이라고도 불린다.

이렇게 정의해준다. 용어에 박스치고 뜻에 밑줄치고 확보하자.
　+수기치인이 뭐지? 성인은 또 뭐지? 일단 뭔지 모르니까 그냥 A을 통하면 B가 될 수 있나보구나! 그런가보다. 정도의 마인드 가지면 된다. [이해가 안되면 이렇게 글자 그대로 처리만 !]

이후 수기와 치인의 뜻, 그리고 이를 통해 달성할 수 있는 '성인'이 무엇인지도 정의해주니까 저 유학의 정의에 입혀서 이해하면 된다. [정의된 개념 입혀서 이해]

그렇게 유학의 정의를 완성해보면,

수기치인을 통해 하늘의 도리인 천도와 합일되는 경지에 도달하는 사람이 되기 위한 학문이라고 이해할 수 있다.

[예시 6] 2024학년도 6평 12~17번 <기능주의를 반박하는 사고 실험> 4문단

그에 따르면 인지 과정은 주체에게 '심적 상태'가 생겨나게 하는 과정이다. 기억이나 믿음이 심적 상태의 예이다. 심적 상태는 어떤 것에도 의존함이 없이 주체에게 의미를 나타낸다. 예를 들어, 무언가를 기억하는 사람은 자기의 기억이 무엇인지 알아보기 위해 아무것에도 의존할 필요가 없다. 이와 달리 파생적 상태는 주체의 해석에 의존해서만 또는 사회적 합의에 의존해서만 의미를 나타내는 상태로 정의된다. 앞의 예에서 노트북에 저장된 정보는 전자적 신호가 나열된 상태로서 파생적 상태이다. 주체에 의해 열람된 후에도 노트북의 정보는 여전히 파생적 상태이다. 하지만 열람 후 주체에게는 기억이 생겨난다. 로랜즈에게 인지 과정은 파생적 상태가 심적 상태로 변환되는 과정이 아니라, 파생적 상태를 조작함으로써 심적 상태를 생겨나게 하는 과정이다. 심적 상태가 주체의 몸 외부로 확장되는 것이 아니라, 심적 상태를 생겨나게 하는 인지 과정이 확장되는 것이다. 이러한 ㉠확장된 인지 과정은 인지 주체의 것일 때에만, 다시 말해 환경의 변화를 탐지하고 그에 맞춰 행위를 조절하는 주체와 통합되어 있을 때에만 성립할 수 있다. 즉 로랜즈에게 주체 없는 인지란 있을 수 없다. 확장 인지 이론은 의식의 문제를 몸 안으로 한정하지 않고 바깥으로까지 넓혀 설명한다는 의의를 지닌다.

[정의된 개념 확보]

그에 따르면 인지 과정은 주체에게 '심적 상태'가 생겨나게 하는 과정이다.

그가 개념을 정의했다. 박스치고 밑줄치고 확실히 이해하자.

이때, 그냥 인지 과정과 '그에 따르면' 인지 과정은 엄연히 그 바운더리가 다르다. 따라서, 수식어까지 전체를 박스치고 그 전체 용어의 정의로 보자.

+ 심적 상태가 뭐지? 어감으로 봐서는 마음의 상태인거 같은데. 일단 뭔지 모르니까 그냥 그런게 있구나! 그런가보다 정도의 마인드 가지면 된다. 정말 필요한 정보라면 나중에 상세히 써주겠지. 실제로 그 뒤에 바로 구체적으로 설명해준다.

[이해가 안되면 이렇게 글자 그대로 처리만!]

'파생적 상태'는 주체의 해석에 의존해서만 또는 사회적 합의에 의존해서만 의미를 나타내는 상태로 정의

이후 파생적 상태의 개념에 대해서도 정의했다. 박스치고 밑줄그으면서 정확히 이해하고 넘어가기.

[정의되었던 개념의 구체화 + 정의된 개념 입혀 읽기]

로랜즈에게 인지 과정은 파생적 상태가 심적 상태로 변환되는 과정이 아니라, 파생적 상태를 조작함으로써 심적 상태를 생겨나게 하는 과정이다.

이렇게 앞서 정의되었던 개념을 더 구체적으로 정의해주는 대목이 종종 등장한다. 이때, 앞서 정의된 개념과 구체화된 개념 사이에 제시된 정보가 보조 정보로 사용되는 것이다. 여기서도 앞서 확보했던 '파생적 상태'의 개념을 정확히 이해하고 넘어갔어야 이 부분은 매끄럽게 독해할 수 있다. 앞서 제시된 개념은 여기까지만 나와있다. '파생적 상태'의 개념을 추가적으로 활용해서 구체화했다는 것을 알 수 있다.

[예시 7] 2024학년도 9평 12~17번 <신분제의 변천 과정 (가)> 3문단

18세기 이후 경제적으로 성장한 상민층에서는 '유학(幼學)' 직역*을 얻고자 하는 현상이 나타났다. 유학은 벼슬을 하지 않은 유생(儒生)을 지칭했으나, 이 시기에는 관료로 진출하지 못한 이들을 가리키는 직역 명칭으로 굳어졌다. 호적상 유학은 군역 면제라는 특권이 있어서 상민층이 원하는 직역이었다. 유학 직역의 획득은 제도적으로 양반이 되는 것을 의미하였으나 그것이 곧 온전한 양반으로 인정받는 것을 의미하는 것은 아니었다. 당시 양반 집단의 일원으로 인정받기 위해서는 ㉠유교적 의례의 준행, 문중과 족보에의 편입 등 다양한 조건이 필요했다. 이에 따라 일부 상민층은 유학 직역을 발판으로 양반 문화를 모방하면서 양반으로 인정받고자 했다.

[정의된 개념 확보]

유학은 벼슬을 하지 않은 유생(儒生)을 지칭했으나, 이 시기에는 관료로 진출하지 못한 이들을 가리키는 직역 명칭으로 굳어졌다.

유학의 정의가 제시되었다. 박스치고 밑줄그으면서 확보

여기서 주의해야 할 점은, 18세기 이후 경제적으로 성장한 상민층에게 '유학 직역'을 얻고자 하는 현상이 나타나던 시기 이전과 이후로 정의를 나눠서 서술했다는 것이다.

이때, 각각을 확보해 시기 별로 구분해놓아야 한다. 이후 지문이 서술되더가 저 시기 이전으로 돌아가면, 유학이라는 용어가 등장할 때 '벼슬을 하지 않은 유생을 지칭'을 입혀서 읽어야 하기 때문이다.

[예시 8] 2019학년도 6평 16~21번 <최한기의 인체관> 2문단

이런 가운데 18세기 실학자 이익은 주목할 만한 인물이다. 그는 『서국의(西國醫)』라는 글에서 아담 샬이 쓴 『주제군징(主制群徵)』의 일부를 채록하면서 자신의 생각을 제시하였다. 『주제군징』에는 당대 서양 의학의 대변동을 이끈 근대 해부학 및 생리학의 성과나 그에 따른 기계론적 인체관은 담기지 않았다. 대신 기독교를 효과적으로 전파하기 위해 신의 존재를 증명하려 했던 로마 시대의 생리설, 중세의 해부 지식 등이 실려 있었다. 한정된 서양 의학 지식이었지만 이익은 그 우수성을 인정하고 내용을 부분적으로 수용하였다. 뇌가 몸의 운동과 지각 활동을 주관한다는 아담 샬의 설명에 대해, 이익은 몸의 운동을 뇌가 주관한다는 것은 긍정하였지만, 지각 활동은 심장이 주관한다는 전통적인 심주지각설(心主知覺說)을 고수하였다.

[예시 9] 2023학년도 6평 14~17번 <이중차분법>

경제학에서는 증거에 근거한 정책 논의를 위해 사건의 효과를 평가해야 할 경우가 많다. 어떤 사건의 효과를 평가한다는 것은 사건 후의 결과와 사건이 없었을 경우에 나타났을 결과를 비교하는 일이다. 그런데 가상의 결과는 관측할 수 없으므로 실제로는 사건을 경험한 표본들로 구성된 시행집단의 결과와, 사건을 경험하지 않은 표본들로 구성된 비교집단의 결과를 비교하여 사건의 효과를 평가한다. 따라서 이 작업의 관건은 그 사건 외에는 결과에 차이가 날 이유가 없는 두 집단을 구성하는 일이다. 가령 어떤 사건이 임금에 미친 효과를 평가할 때, 그 사건이 없었다면 시행집단과 비교집단의 평균 임금이 같을 수밖에 없도록 두 집단을 구성하는 것이다. 이를 위해서는 두 집단에 표본이 임의로 배정되도록 사건을 설계하는 실험적 방법이 이상적이다. 그러나 사람을 표본으로 하거나 사회 문제를 다룰 때에는 이 방법을 적용할 수 없는 경우가 많다. 이중차분법은 시행집단에서 일어난 변화에서 비교집단에서 일어난 변화를 뺀 값을 사건의 효과라고 평가하는 방법이다. 이는 사건이 없었더라도 비교집단에서 일어난 변화와 같은 크기의 변화가 시행집단에서도 일어났을 것이라는 평행추세 가정에 근거해 사건의 효과를 평가한 것이다. 이 가정이 충족되면 사건 전의 상태가 평균적으로 같도록 두 집단을 구성하지 않아도 된다.

[예시 10] 2022학년도 수능 10~13번 <트리핀 딜레마> 1문단~2문단

기축 통화는 국제 거래에 결제 수단으로 통용되고 환율 결정에 기준이 되는 통화이다. 1960년 트리핀 교수는 브레턴우즈 체제에서의 기축 통화인 달러화의 구조적 모순을 지적했다. 한 국가의 재화와 서비스의 수출입 간 차이인 경상 수지는 수입이 수출을 초과하면 적자이고, 수출이 수입을 초과하면 흑자이다. 그는 "미국이 경상 수지 적자를 허용하지 않아 국제 유동성 공급이 중단되면 세계 경제는 크게 위축될 것"이라면서도 "반면 적자 상태가 지속돼 달러화가 과잉 공급되면 준비 자산으로서의 신뢰도가 저하되고 고정 환율 제도도 붕괴될 것"이라고 말했다.

이러한 트리핀 딜레마는 국제 유동성 확보와 달러화의 신뢰도 간의 문제이다. 국제 유동성이란 국제적으로 보편적인 통용력을 갖는 지불 수단을 말하는데, 금 본위 체제에서는 금이 국제 유동성의 역할을 했으며, 각 국가의 통화 가치는 정해진 양의 금의 가치에 고정되었다. 이에 따라 국가 간 통화의 교환 비율인 환율은 자동적으로 결정되었다. 이후 브레턴우즈 체제에서는 국제 유동성으로 달러화가 추가되어 '금 환 본위제'가 되었다. 1944년에 성립된 이 체제는 미국의 중앙은행에 '금 태환조항'에 따라 금 1온스와 35달러를 언제나 맞교환해 주어야 한다는 의무를 지게 했다. 다른 국가들은 달러화에 대한 자국 통화의 가치를 고정했고, 달러화로만 금을 매입할 수 있었다. 환율은 경상 수지의 구조적 불균형이 있는 예외적인 경우를 제외하면 ±1% 내에서의 변동만을 허용했다. 이에 따라 기축 통화인 달러화를 제외한 다른 통화들 간 환율인 교차 환율은 자동적으로 결정되었다.

국제 유동성을 이해해보니, 국제적으로 보편적인 통용력을 갖는 지불 수단이니까 앞으로 돌아가서 이해해보면, 이 국제 유동성이라는 말을 '달러'로 바꿔서 읽어도 되겠다. 그러면 아래와 같이 이해할 수 있겠네.
[수입≤수출]을 허용하지 않으면 달러화 공급이 중단되나보네! 그럼 당연히 [수입>수출]로 경상 수지 적자가 유지되면 지문에서 써진 것처럼 달러화 공급이 유지되다 못해 과잉 공급되는 상황도 생길 수 있구나!
아직 "근데 그 적자냐 아니냐가 달러화 공급하고 뭔 상관임?" 은 배경지식이 없다면 이해가 힘들 수 있다. 그러면 그거는 '그런가보다'를 유지하면 된다.

[정의된 개념 확보]
이에 따라 기축 통화인 달러화를 제외한 다른 통화들 간 환율인 교차 환율은 자동적으로 결정
교차 환율의 정의가 제시되었다. 박스치고 밑줄그으면서 이해해야겠다.

[정의된 개념 확보]
기축 통화는 (국제 거래에 결제 수단으로 통용[1]되고 환율 결정에 기준이 되는[2]) 통화
기축 통화의 정의가 제시되었다. 박스치고 밑줄그으면서 이해해야겠다.
기축 통화인 달러화 [정의된 개념 입혀 읽기]
이후 이렇게 용어가 사용되면 그냥 '달러화가 기축 통화구나!' 하지 말고, 달러화에 대해 '국제 거래에 결제 수단으로 통용, 환율 결정에 기준이 되는' 통화라고 생각해줘야 한다.

[정의된 개념 확보]
한 국가의 재화와 서비스의 수출입 간 차이인 경상 수지
경상 수지의 정의가 제시되었다. 박스치고 밑줄그으면서 이해해야겠네. 재화·서비스의 수출량과 수입량의 차이 정도로 이해하면 되겠다. 그리고 이어서 경상 수지 적자와 흑자가 뭔지도 알려준다. 정의를 활용해서 이해해보면,

수입>수출 ≫ 경상 수지 적자
수입<수출 ≫ 경상 수지 흑자

이 정도로 정리하고 넘어가면 되겠다.

[정의된 개념 입혀 읽기]
그는 "미국이 경상 수지 적자를 허용하지 않아 국제 유동성 공급이 중단되면 세계 경제는 크게 위축될 것"이라면서도
[경상 수지 적자를 허용하지 않는다.] 여기에 앞서 확보했던 경상 수지의 정의와 적자 흑자의 개념을 넣어서 이해해보면,
[재화와 서비스의 수입이 수출을 초과하는 것을 허용하지 않는다. ⇒ 수입≤수출]
이렇게 이해하면 될 것이다.
+여기서 이런 의문이 생길 것이다.
1. 국제 유동성이 뭐지?
2. [수입≤수출]을 허용하지 않으면 왜 그 공급이 중단된다는 거지?
일단 여기서는 이해할 수가 없다. 우리는 국제 유동성이 뭔지 모르기 때문이다. 따라서, 글자 그대로 정보를 처리만 하고 넘어가자. 그냥 아 국제 유동성이라는 게 있는데 [수입≤수출]을 허용하지 않으면 그 공급이 중단되나보네! 그런가보다.
⇒ 왜? 하지 말고 "그런가 보다" 하라는 말이다.
···이해가 안되면 이렇게 글자 그대로 처리만!

[정의된 개념 확보 + 앞에서 이해 안된 정보 후천적 이해]
국제 유동성이란 국제적으로 보편적인 통용력을 갖는 지불 수단을 말하는데, 금 본위 체제에서는 금이 국제 유동성의 역할을 했으며, 각 국가의 통화 가치는 정해진 양의 금의 가치에 고정되었다.
이렇게 앞에서 해당 단어를 사용해서 설명할 때는 그 뜻을 안 알려줘서 이해를 어렵게 하다가, 이후에 뒷북치듯이 그 단어의 뜻을 설명해주는 지문이 있다. 이때도 앞으로 다시 돌아가서 그 정의를 입혀 읽으며 '후천적 이해'를 해줘야 한다.

[예시 11] 2019학년도 9평 21~25번 <CDS 프리미엄> 1문단~3문단

대한민국 정부가 해외에서 발행한 채권의 CDS 프리미엄은 우리가 매체에서 자주 접하는 경제 지표의 하나이다. 이 지표를 이해하기 위해서는 채권의 '신용 위험'과 '신용 파산 스와프(CDS)'의 개념을 살펴볼 필요가 있다.

채권은 정부나 기업이 자금을 조달하기 위해 발행하며 그 가격은 채권이 매매되는 채권 시장에서 결정된다. 채권의 발행자는 정해진 날에 일정한 이자와 원금을 투자자에게 지급할 것을 약속한다. 채권을 매입한 투자자는 이를 다시 매도하거나 이자를 받아 수익을 얻는다. 그런데 채권 투자에는 발행자의 지급 능력 부족 등의 사유로 이자와 원금이 지급되지 않을 가능성인 신용 위험이 수반된다. 이에 따라 각국은 채권의 신용 위험을 평가해 신용 등급으로 공시하는 신용 평가 제도를 도입하여 투자자를 보호하고 있다.

우리나라의 신용 평가 제도에서는 원화로 이자와 원금의 지급을 약속한 채권 가운데 발행자의 지급 능력이 최상급인 채권에 AAA라는 최고 신용 등급이 부여된다. 원금과 이자가 지급되지 않아 부도가 난 채권에는 D라는 최저 신용 등급이 주어진다. 그 외의 채권은 신용 위험이 커지는 순서에 따라 AA,A, BBB,BB등 점차 낮아지는 등급 범주로 평가된다. 이들 각 등급 범주 내에서도 신용 위험의 상대적인 크고 작음에 따라 각각 '-'나 '+'를 붙이거나 하여 각 범주가 세 단계의 신용 등급으로 세분되는 경우가 있다. 채권의 신용 등급은 신용 위험의 변동에 따라 조정될 수 있다. 다른 조건이 일정한 가운데 신용 위험이 커지면 채권 시장에서 해당 채권의 가격이 ⓐ떨어진다.

[정의된 개념 확보]

그런데 채권 투자에는 (발행자의 지급 능력 부족 등의 사유로 이자와 원금이 지급되지 않을 가능성인) 신용 위험이 수반된다.

_채권에 대해 설명하는 부분에서, 신용 위험이 수반될 수 있다고 설명한다. 앞서 1문단에서 CDS 프리미엄을 이해하기 위해서는 신용 위험과 CDS의 개념을 알아야 하다고 했기 때문에, 이 신용 위험의 개념을 잘 확보해 놓을 필요가 있다.

_그리고, 이렇게 내용을 서술하다가 자연스럽게 '수식어의 형태로 문맥상 알려줘야 하는 용어의 개념을 서술하는 경우' 가 많다. 이때, 그 수식어로 제시된 개념 부분을 괄호로 묶어 용어에 연결해주자. 그리고 앞으로 해당 용어가 나오면 저 뜻을 살려서 독해해야 한다.

이에 따라 각국은 (채권의 신용 위험을 평가해 신용 등급으로 공시하는) 신용 평가 제도를 도입하여 투자자를 보호하고 있다.

_[이에 따라]를 보면, 인과를 통해 앞 문장에 제시된 정보와 연결됨을 알 수 있다. 채권 투자에는 신용 위험이 수반되기 때문에 신용 평가 제도를 도입한 것이다. 여기서도 앞에서와 마찬가지로 내용을 서술하다가 자연스럽게 '수식어의 형태로 문맥상 알려줘야 하는 용어의 개념을 서술하는 경우' 다. 괄호 쳐서 용어에 연결해서 이해해주자.

[정의된 개념 입혀 읽기]

우리나라의 신용 평가 제도에서는

_이어서 우리나라의 신용 평가 제도에 대해 설명한다. 그 설명을 쭉 읽어보면, 신용 평가 제도의 정의대로 채권의 신용 위험을 평가해 신용 등급으로 공시하는 방법을 서술함을 알 수 있다.

채권의 신용 등급은 신용 위험의 변동에 따라 조정될 수 있다. 다른 조건이 일정한 가운데 신용 위험이 커지면 채권 시장에서 해당 채권의 가격이 ⓐ떨어진다.

_신용 등급과 신용 위험의 관계에 대해서 서술한다. 이때 신용 위험의 정의를 입혀서 읽어야 한다. 입혀서 읽는게 어떻게 하는거냐고?

저 문장을

채권의 신용 등급은 이자와 원금이 지급되지 않을 가능성의 변동에 따라 조정될 수 있다. 다른 조건이 일정한 가운데 이자와 원금이 지급되지 않을 가능성이 커지면 채권 시장에서 해당 채권의 가격이 ⓐ떨어진다.

신용 위험 ⇒ 이자와 원금이 지급되지 않을 가능성

_머릿속으로 이렇게 정의된 개념을 넣어서 이해하라는 소리다.

[예시 12] 2025학년도 6평 8~11번 <플라스틱> 1문단~3문단

식품 포장재, 세제 용기 등으로 사용되는 플라스틱은 생활에서 흔히 ⓐ접할 수 있다. 플라스틱은 '성형할 수 있는, 거푸집으로 조형이 가능한'이라는 의미의 '플라스티코스'라는 그리스어에서 온 말로, 열과 압력으로 성형할 수 있는 고분자 화합물을 이른다.

플라스틱은 단위체인 작은 분자가 수없이 반복 연결되는 중합을 통해 만들어진 거대 분자로 이루어져 있다. 단위체들은 공유 결합으로 연결되는데, (분자를 구성하는) 원자들이 서로 전자를 공유하여 안정한 상태가 되는 결합을 공유 결합이라 한다. 두 원자가 각각 전자를 하나씩 내어놓아 그 두 개의 전자를 한 쌍으로 공유하면 단일 결합이라 하고, 두 쌍을 공유하면 이중 결합이라 한다. 공유 전자쌍이 많을수록 원자 간의 결합력은 강하다. 대부분의 원자는 가장 바깥 전자 껍질의 전자 수가 8개가 될 때 안정해진다. 탄소 원자는 가장 바깥 전자 껍질에 4개의 전자를 갖고 있어, 다른 원자들과 전자를 공유하여 안정해질 수 있으며 다양한 형태의 공유 결합이 가능하여 거대한 분자의 골격을 이룰 수 있다.

플라스틱의 한 종류인 폴리에틸렌은 에틸렌 분자들이 서로 연결되는 중합 과정을 거쳐 만들어진다. 에틸렌은 두 개의 탄소 원자와 네 개의 수소 원자로 이루어지는데, 두 개의 탄소 원자가 서로 이중 결합을 하고 각각의 탄소 원자는 두 개의 수소 원자와 단일 결합을 한다. 탄소 원자 간의 이중 결합에서는 한 결합이 다른 하나보다 끊어지기 쉽다.

에틸렌의 중합에는 여러 가지 방법이 있는데 그중에 하나는 과산화물 개시제를 사용하는 것이다.

플라스틱의 한 종류인 폴리에틸렌은 에틸렌 분자들이 서로 연결되는 중합 과정을 거쳐 만들어진다. 에틸렌은 두 개의 탄소 원자와 네 개의 수소 원자로 이루어지는데, 두 개의 탄소 원자가 서로 이중 결합을 하고 각각의 탄소 원자는 두 개의 수소 원자와 단일 결합을 한다.

_여기서 형광펜 처리한 부분은 모두 위에서 제시된 개념을 입혀서 이해해야 하는 부분이다. ···정의된 개념 입혀 읽기

_폴리에틸렌은 플라스틱의 한 종류이기 때문에, 단위체가 끊임없이 결합된 형태일 것이고, 그 단위체인 분자는 에틸렌 분자라고 제시되어 있다. 그리고 앞서 이해한 분자와 원자의 개념, 그리고 이중 결합과 단일 결합의 개념을 활용해서 이를 이해해보면, 아래와 같은 그림이 남을 것이다.

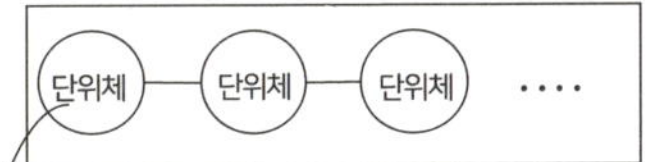

여기서의 공유 결합은 아직 구체적으로 어떤 양상으로 이루어지는 지 설명해주지 않았으니, 일단 공유 결합으로 연결되나 보다 하고 처리만 하고 넘어가자 ···이해가 안되면 이렇게 글자 그대로 처리만!

플라스틱은 '성형할 수 있는, 거푸집으로 조형이 가능한'이라는 의미의 '플라스티코스'라는 그리스어에서 온 말로, 열과 압력으로 성형할 수 있는 고분자 화합물을 이른다.

_플라스틱의 개념의 정의되었다. 박스치고 밑줄그으면서 확보하자.

플라스틱은 (단위체인 작은 분자가 수없이 반복 연결되는) 중합을 통해 만들어진 거대 분자로 이루어져 있다.

_ "플라스틱은 중합을 통해 만들어진 거대 분자로 이루어져 있다." 이런 원래 문장에서, 중합에 대해 알아야 이를 이해할 수 있기 때문에 수식어의 형태로 중합의 정의를 끼워 넣어준 것이다. 이때, 수식어로 제시된 용어의 개념을 확보해주는 것이 매우 중요하다.

_ "단위체인 작은 분자" 이 부분을 잘 보면, 플라스틱을 구성하는 작은 분자 하나하나를 '단위체'라고 정의해준 것이다. 이 부분도 용어의 개념 정의라고 봐야 한다.

_중합의 정의를 이해해보면, 플라스틱의 생김새에 대해 머릿속에 아래와 같은 그림 하나가 그려지면 되지 않을까 싶다.

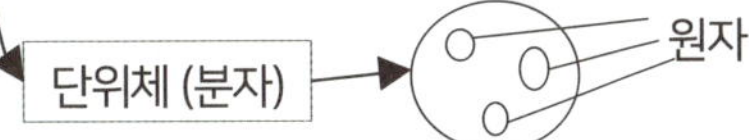

단위체들은 공유 결합으로 연결되는데, (분자를 구성하는) 원자들이 서로 전자를 공유하여 안정한 상태가 되는 결합을 공유 결합이라 한다. 두 원자가 각각 전자를 하나씩 내어놓아 그 두 개의 전자를 한 쌍으로 공유하면 단일 결합이라 하고, 두 쌍을 공유하면 이중 결합이라 한다.

_단위체는 앞서 '분자'로 정의되었다. 분자라는 뜻을 살려서 이해해야 한다. 여기서 원자와 분자가 말이 비슷해서 헷갈릴 수 있는데, 공유 결합으로 연결되는 대상은 원자가 아니라 분자이다.

_ "분자를 구성하는 원자" 이 부분을 잘 보면, 분자를 구성하는 더 작은 단위를 원자라고 정의해준 것이다. 이 부분도 용어의 개념 정의라고 봐야 한다. 이쯤에서 이해를 확실히 했다면,

이렇게 이해할 수 있을 것이다.

_공유 결합이 정의되었다. 그 뜻을 확보해주자. 이과적인 배경지식이 있다면 아주 쉽게 이해할 수 있지만 없다면 그냥 '원자가 전자라는 것을 가지고 있는데, 그걸 서로 공유하면 안정한 상태가 될 수 있구나' 정도로 처리하고 넘어가면 된다

_공유 결합의 두 종류로 단일 결합과 이중 결합이 제시되었다 공유 결합의 정의가 전자를 공유해서 안정해지는 것이라는 뜻을 살려서 이해하면 아래와 같이 이해할 수 있을 것이다

[예시 13] 2018학년도 6평 22~25번 <통화 정책> 1문단~2문단

통화 정책은 중앙은행이 물가 안정과 같은 경제적 목적의 달성을 위해 이자율이나 통화량을 조절하는 것이다. 대표적인 통화 정책 수단인 '공개 시장 운영'은 중앙은행이 민간 금융 기관을 상대로 채권을 매매해 금융 시장의 이자율을 정책적으로 결정한 기준 금리 수준으로 접근시키는 것이다. 중앙은행이 채권을 매수하면 이자율은 하락하고, 채권을 매도하면 이자율은 상승한다. 이자율이 하락하면 소비와 투자가 확대되어 경기가 활성화되고 물가 상승률이 오르며, 이자율이 상승하면 경기가 위축되고 물가 상승률이 떨어진다. 이와 같이 공개 시장 운영의 영향은 경제 전반에 파급된다.

중앙은행의 통화 정책이 의도한 효과를 얻기 위한 요건 중에는 '선제성'과 '정책 신뢰성'이 있다. 먼저 통화 정책이 선제적이라는 것은 중앙은행이 경제 변동을 예측해 이에 미리 대처한다는 것이다. 기준 금리를 결정하고 공개 시장 운영을 실시하여 그 효과가 실제로 나타날 때까지는 시차가 발생하는데 이를 '정책 외부 시차'라 하며, 이 때문에 선제성이 문제가 된다.

먼저 통화 정책이 선제적이라는 것은 중앙은행이 경제 변동을 예측해 이에 미리 대처한다는 것이다.

이렇게 단어 하나가 아니라 구 형태로도 용어가 정의될 수 있다. 박스치고 밑줄그으며 확실히 이해하고 넘어가자. ··정의된 개념 확보

기준 금리를 결정하고 공개 시장 운영을 실시하여 그 효과가 실제로 나타날 때까지는 시차가 발생하는데 이를 '정책 외부 시차'라 하며,

_앞서 확보한 공개 시장 운영의 정의를 살려서 독해하자.

_정책 외부 시차의 정의를 확보하자. ··정의된 개념 확보

이 때문에 선제성이 문제가 된다.

_앞서 제시된 '통화 정책이 선제적이라는 것'의 개념을 입혀서 이해해보면, 이 때문에 중앙은행이 경제 변동을 예측해 이에 미리 대처하기 힘들다는 말로 이해할 수 있다.

[예시 14] 2025학년도 9평 8~11번 <블록체인 기술> 中

블록체인 기술의 성능은 블록체인에 데이터가 저장되는 속도로 정의되며, 단위 시간당 블록체인에 저장되는 데이터의 양으로 계산될 수 있다. 블록체인 기술은 공개형과 비공개형으로 구분된다. 비공개형은 공개형과 달리 노드 수에 제한을 두고, 일반적으로 공개형에 비해 합의 알고리즘의 속도가 빠르다. 따라서 비공개형은 승인 과정에 걸리는 시간이 짧기 때문에 성능이 높다.

[정의된 개념 확보]

통화 정책은 중앙은행이 (물가 안정과 같은 경제적 목적의 달성을 위해) 이자율이나 통화량을 조절하는 것

_통화 정책에 대해 정의했다. 박스치고 밑줄치고 확실히 이해하고 넘어가자. 이해를 돕는데 문장의 구조를 분석하며 꼼꼼히 읽는 것도 방법일 수 있다. 아래와 같이 말이다.

누가?: 중앙은행이

무엇을?: 물가 안정과 같은 경제적 목적의 달성

어떻게?: 이자율이나 통화량을 조절해서

머릿속으로 이렇게 정리되었으면 어땠을까.

+여기서 이런 의문이 생길 것이다.

이자율이나 통화량을 어떻게 조절해서 물가 안정과 같은 경제적 목적을 달성한다는 거지?

일단 여기서는 이해할 수가 없다. 배경지식이 없다면 그 인과 관계를 이해할 수 없기 때문이다. 따라서, 글자 그대로 정보를 처리만 하고 넘어가자. 그냥 그걸 조절하면 물가 안정과 같은 경제적 목적을 달성할 수 있나 보네! 그런가보다.

⇒ 왜? 하지 말고 "그런가 보다" 하라는 말이다.

···이해가 안되면 이렇게 글자 그대로 처리만!

대표적인 통화 정책 수단인 '공개 시장 운영'은 중앙은행이 민간 금융 기관을 상대로 채권을 매매해 금융 시장의 이자율을 정책적으로 결정한 기준 금리 수준으로 접근시키는 것이다.

_통화 정책 수단? 앞서 정의된 통화 정책의 개념을 입혀서 이해해보면, 경제적 목적의 달성을 위해 이자율이나 통화량을 조절하는 수단으로 볼 수 있겠다. ···정의된 개념 입혀 읽기

_대표적인 통화 정책 수단인 공개 시장 운영의 정의를 확보해준다. + 채권을 매매하면 어떻게 이자율을 기준 금리로 접근시킬 수 있는지는 알 수 없다. 그냥 그런가보다 하자. 이어서 읽어보면 바로 그 매커니즘이 제시되는 것을 확인할 수 있다.

[정의된 개념 확보]

블록체인 기술의 성능은 블록체인에 데이터가 저장되는 속도로 정의되며, 단위 시간당 블록체인에 저장되는 데이터의 양으로 계산

_블록체인 기술의 성능에 대해 정의했다. 이렇게 구의 형태가 하나로 묶여 용어가 될 수 있다. 이때 그 전체를 박스치고 정의에 밑줄치고 이해하자. 이때, 아래와 같은 생각을 할 수 있어야 한다.

블록체인에 데이터가 저장되는 속도로 정의

_이것은 원론적인 정의다. 교과서에 나오는 말이라는 소리다.

단위 시간당 블록체인에 저장되는 데이터의 양

_그 원론적인 정의로부터, 실제로는 이렇다! 하는 실용적인 정의가 도출된 것으로 볼 수 있다. '블록체인에 데이터가 저장되는 속도'라는 것이 정확히 무엇인지 구체적으로 제시한 것이기 때문이다.

PART

B

문장을 연결하는 접착제 "순접"
그리고 문장을 구분하는 "역접"

[생각 2] 순접 : 연결의 단서
재진술 (같은 의미 다른 표현) # 구체화

재진술 : 앞의 정보와 의미는 같으나 표현만 좀 다르게 해서 서술한 경우, 또는 표현을 좀 더 추가해서 서술한 경우

⇒ 한 마리의 카멜레온이 여러 가지 색깔로 바뀌는 것과 같다.

구체화 : 앞의 내용에 살덩이를 붙여 더 구체적으로 만든 경우, 또는 앞에서 특정 요소를 빼 와서 구체화하는 경우

⇒ p. 59 참고

문장의 연결이라는 것은 크게 저 두 가지를 의미한다. '붙여 읽기'를 하면 된다. 이때, 순접의 표지어가 그 힌트가 될 수 있다.

1. 순접의 표지어 (재진술 + 구체화)

a. 앞의 내용을 '이'로 받아서 구체화하는 표지어
"이러한, 이는, 이런~, 이것이, 이를 바탕으로, 이에 따르면, 이렇게, 이를, 이 경우, 이처럼 등"
⇒ 이때, 이런 순접의 표지어가 받아주는 앞의 내용이 뭔지 확정짓고, 그 앞의 내용에 이런 순접의 표지어에 딸려 있는 정보를 갖다 붙이면 된다. 이때, 순접의 표지어가 가진 의미를 살려서 붙여야 한다.

b. 그 외 순접의 표지어
"위에서처럼, 다시 말해, 즉, 전자는~, 후자는~, 가령, 예를 들어, 따라서, 곧, 그래야, 여기에, 그리고, 그래서, 그러므로, 예컨대, 이는 ~라는 것이다. 등"

2. 특정 요소 빼 와서 구체화하는 표지어 (구체화)

"그중 ~은 / 여기서 ~라는 것은 / 전자는~ / 후자는~ 등"
⇒ "~~~~~~~~~A~~~~~~~~." 이런 문장 뒤에 "여기서 A는 ~~~~"이런 느낌으로 앞의 문장에서 특정 요소를 빼 와서 구체적으로 설명하면, 앞 문장과 연결해서 "~~~~~~~~(~~~인)A~~~~~~~." 머릿속에서 이런 느낌으로 문장을 연결해서 이해하자. 이때, 그 A가 무엇인지 개념 정의를 해주는 것이 많다. **앞서 개념·정의에 대해 배울 때 정의된 개념은 이후 그 단어가 재사용되면 그 뜻을 입혀서 읽으라고 했다.** 특히, '그 지문을 위한 개념·정의'가 제시되는 경우에 이걸 특히 잘해줘야 한다.

3. 표지어 없이 내용상 순접

⇒ 표지어가 없더라도, 내용을 통해 앞 내용과 연결되어 재진술되거나 구체화되는 내용이라면 붙여 읽는다.

[예시 1] 2023학년도 6평 4~9번 <신어에 담긴 육가의 사상> 中

(가)

통물과 통변이 정치의 세계에 드러나는 것을 ⓒ인의
(仁義)라고 파악한 그는 힘에 의한 권력 창출을 긍정
하면서도 권력의 유지와 확장을 위한 왕도 정치를 제
안하며 인의의 실현을 위해 유교 이념과 현실 정치의
결합을 시도하였다.
　인의가 실현되는 정치를 위해 육가는 유교의 범위를
벗어나지 않는 한에서 타 사상을 수용하였다. 예와 질
서를 중시하며 교화의 정치를 강조하는 유교를 중심으
로 도가의 무위와 법가의 권세를 끌어들였다. 그에게
무위는 형벌을 가벼이 하고 군주의 수양을 강조하는
것으로 평온한 통치의 결과를 의미했고, 권세도 현명
한 신하의 임용을 통해 정치권력의 안정을 도모하는
방향성을 가진 것이었기에 원래의 그것과는 차별된 것
이었다.

[정의된 개념 확보]

통물과 통변이 정치의 세계에 드러나는 것이 ⓒ인의
(仁義)라고 파악한 그는
_그가 인의의 정의를 제시한다. 박스치고 확보해주자.
원래 지문에서는 그 앞에서 통물과 통변의 정의를 제시해
주었다. 하지만 여기서는 길이가 길어서 잘랐으니 그냥
그런게 있나 보구나! 하고 처리만 하고 넘기자.

인의의 실현을 위해 유교 이념과 현실 정치의 결합을
시도하였다.
_앞에서 제시된 인의의 개념을 입혀서 읽어보자. 통물과
통변이 정치의 세계에 드러나게 하기 위해 유교 이념과
현실 정치의 결합을 시도했다고 볼 수 있다.

인의가 실현되는 정치를 위해 육가는 유교의 범위를
벗어나지 않는 한에서 타 사상을 수용하였다.
_이 문장이 제시된 후에 이어지는 내용을 보면, 유교의
범위를 벗어나지 않는 한에서 타 사상을 수용이 부분을
구체화하고 있다.

유교를 중심으로(=유교의 범위를 벗어나지 않는 한에서)
⇒ 같은 의미 다른 표현
도가의 무위와 법가의 권세를 끌어들였다.(=타 사상을 수용)
⇒ 타 사상을 도가의 무위와 법가의 권세로 구체화

그리고 이어서
그에게 무위는 형벌을 가벼이 하고 군주의 수양을
강조하는 것으로 평온한 통치의 결과를 의미
권세도 현명한 신하의 임용을 통해 정치권력의 안정을 도모
하는 방향성을 가진 것이었기에 원래의 그것과는 차별된 것
이렇게 무위와 권세가 무엇인지도 구체화해준다.
그런데 여기서 이런 반응이 와야 한다. 앞서 제시된 문장에
연결해서 이해해보면, 무위와 권세는 결국 '현실 정치'를
의미한다고 볼 수 있기에, '유교의 범위를 벗어나지 않
는 한에서 타 사상을 수용'은 곧 '유교 이념과 현실
정치의 결합'이라고 볼 수 있다. 2문단 전체는 이 문장을
구체화한 내용이라고 볼 수 있는 것이다.···내용상 순접

[예시 2] 2023학년도 9평 4~9번 <아도르노의 예술관> 中

아도르노는 문화 산업에 의해 양산되는 대중 예술이 이윤 극대화를 위한 상품으로 전락함으로써 예술의 본질을 상실했을 뿐 아니라 현대 사회의 모순과 부조리를 은폐하고 있다고 지적했다. 아도르노가 보는 대중 예술은 창작의 구성에서 표현까지 표준화되어 생산되는 상품에 불과하다. 그는 대중 예술의 규격성으로 인해 개인의 감상 능력 역시 표준화되고, 개인의 개성은 다른 개인의 그것과 다르지 않게 된다고 보았다. 특히 모든 것을 상품의 교환 가치로 환원하려는 자본주의 사회에서, 대중 예술은 개인의 정체성마저 상품으로 전락시키는 기제로 작용한다는 것이다.
~
한편 아도르노의 미학은 예술의 영역을 극도로 축소시키고 있다. 즉 그 자신은 동일화의 폭력을 비판하지만, 자신이 추구하는 전위 예술만이 진정한 예술이라고 주장하며 전위 예술의 관점에서 예술의 동일화를 시도하고 있다.

아도르노가 보는 대중 예술은 〔창작의 구성에서 표현까지 표준화되어 생산되는 상품〕에 불과하다.

그는 대중 예술의 규격성으로 인해
_ 여기서 바로 연결 point이다. [대중 예술은 창작의 구성에서 표현까지 표준화되어 생산]된다는 특성을 그 의미는 같지만 표현만 다르게 '규격성'으로 재진술하고 있는 것이다.

개인의 감상 능력 역시 표준화되고, 개인의 개성은 다른 개인의 그것과 다르지 않게 된다.
앞서 서술한 대중 예술의 규격성이 원인이 되어, 이런 결과가 야기된다. 계속 구체화되고 있는 것이다.
이후 자본주의 사회에 대한 설명을 도입해, 대중 예술에 대해 이렇게 구체화한다.
대중 예술은 개인의 정체성마저 상품으로 전락시키는 기제로 작용한다는 것
여기서 개인의 정체성은 앞서 언급된 개인의 감상 능력, 개인의 개성과 같은 의미인 것이다.

[예시 3] 2023학년도 6평 4~9번 <신어에 담긴 육가의 사상 (나)> 中

이런 분위기에서 세종은 중국과 우리나라의 흥망성쇠를 담은 『치평요람』의 편찬을 명하였고, 집현전 학자들은 원(元)까지의 중국 역사와 고려까지의 우리 역사를 정리하였다. 정리 과정에서 주자학적 역사관이 담긴 『자치통감강목』에 따라 역대 국가를 정통과 비정통으로 구분했지만, 편찬 형식 측면에서는 강목체를 따르지 않았다. 또한 올바른 정치의 여부에 따라 국가의 운명이 다하고 천명이 옮겨 간다는 내용을 드러내고자 기존 역사서와 달리 국가 간 전쟁과 외교 문제, 국가 말기의 혼란과 새 국가 초기의 혼란 수습 등을 부각하였다.
이러한 편찬 방식은 국가의 흥망성쇠를 거울삼아 국가를 잘 운영하겠다는 목적 이외에 새 국가의 토대를 마련하려는 의도가 전제된 것이었다. 이런 의도가 집중적으로 반영된 곳은 『치평요람』의 「국조(國朝)」 부분이었다. 이 부분의 편찬자들은 유교적 시각에서 고려 정치를 바라보며 불교 사상의 폐단을 비롯한 문제점들을 다각도로 드러냈고, 이를 통해 유교적 사회로의 변화를 주장하였다. 이성계의 능력과 업적을 담기는 했지만 이것이 조선 건국을 정당화하기에는 불충분했기에 세종은 역사적 사실을 배경으로 조선 왕조의 우수성을 부각한 『용비어천가』의 편찬을 지시했다. 이는 왕조의 우수성과 정통성을 경전과 역사의 다양한 근거를 통해 보여 주고자 한 것이었다.

이런 분위기에서 · · · 순접의 표지어
_앞 내용이 잘렸긴 했지만 감안하고 보자. 앞에서 언급한 '이런 분위기'를 연결해서 읽어야 한다.

정리하였다. 정리 과정에서 · · · 내용상 순접
_[정리하였다 정리 과정에서~]이렇게 바로 내용상 순접으로 연결된다.

이러한 편찬 방식은 · · · 순접의 표지어
_앞에서 서술하던 편찬 방식에 대해 이어서 서술할 것임을 암시한다.

의도가 전제된 것이었다. 이런 의도가 집중적으로 반영된 곳은 · · · 순접의 표지어
_앞에서 서술하던 의도를 받아서 연결시킨다.

부분이었다. 이 부분의 편찬자들은 · · · 순접의 표지어
_ '이 부분'이 지칭하는 앞 내용을 연결해서 읽어야 한다.

이를 통해 · · · 순접의 표지어
_ '이'가 지칭하는 앞 내용을 연결해서 읽어야 한다.

이것이 · · · 순접의 표지어
_ '이것'이 지칭하는 앞 내용을 연결해서 읽어야 한다.

『용비어천가』의 편찬을 지시했다. 이는 · · · 순접의 표지어
_ '이는' ⇒ '용비어천가는' 이렇게 연결해서 읽어야 한다.

(가)

전통적인 윤리학의 주요 주제는 '선', '올바름'과 같은 도덕 용어에 대한 해명을 바탕으로 무엇이 옳고 그른지를 판정하는 객관적 근거를 찾는 것이다. 그러나 윤리학은 오랫동안 그에 대한 만족스러운 답을 내놓지 못했다. 이러한 상황에서 에이어는 도덕적으로 옳고 그름에 관한 문장인 도덕 문장이 진리 적합성, 즉 참 또는 거짓일 수 있다는 성질을 갖지 않는다는 주장을 펼쳤다.

(에이어는 진리 적합성을 갖는 모든 문장은 그 문장에 사용된 단어의 정의를 통해 검증되는 분석적 문장이거나 경험적 관찰에 의해 검증되는 종합적 문장이라는 원리를 바탕으로) 도덕 문장은 진리 적합성이 없다고 주장했다. 우선 그는 도덕 문장은 분석적이지 않다는 기존의 논의를 수용했다. '선은 A이다.'라는 도덕 문장이 분석적이려면, 술어인 'A'가 주어인 '선'이라는 개념 속에 내포되어 있어야 한다. 하지만 '선'은 속성이나 내용을 더 이상 분석할 수 없는 단순 개념이므로 해당 문장은 분석적이지 않다. 그렇다고 해서 '선은 A이다.'라는 도덕 문장이 경험적 관찰로 검증될 수 있는 것도 아니다. '선' 그 자체는 우리의 감각으로 검증할 수 없기 때문이다.

(나)

'표절은 나쁘다.'라는 문장은 표절이라는 대상에 나쁨이라는 속성을 부여하는 내용을 가진다. 그리고 화자의 문장 진술은 그 내용과 완전히 무관할 수는 없기 때문에 그런 문장은 단독으로 진술되든 그렇지 않든 판단적이다. 문장이 판단적이라는 것은, 대상에 속성을 부여하는 내용을 지니는 것이 그 문장의 본질이라는 것을 뜻한다. 도덕 문장을 비롯한 모든 판단적 문장은 참 또는 거짓일 수 있다. 조건문에 포함된 문장도 판단적이라는 점에서 단독으로 진술될 때와 내용의 차이가 없다. 그러므로 도덕 문장을 포함하는 전건 긍정식은 타당해 보일 뿐 아니라 실제로도 타당하다.//그렇다면 'P이면 Q이다.'에 포함된 'P이다.'가 단독으로 진술된 경우와 다른 점은 무엇인가? 가령 '귤은 맛있다.'는, '귤은 맛있다면 귤은 비싸다.'라는 조건문에 포함되는 경우 화자가 대상에 속성을 부여하는 행위를 하는 것은 아니기에 그것의 판단적 본질을 발현하지 못한다./그러니 이 맥락에서도 조건문에 포함된 '귤은 맛있다.'는 판단적 본질을 여전히 잃지 않는다. 다시 말해, 그 문장 자체는 대상에 속성을 부여하는 내용을 지닌다.

그러나 윤리학은 오랫동안 그에 대한 만족스러운 답을 내놓지 못했다. 이러한 상황에서

_ "그에 대한 답을 내놓지 못했다." 에서 '그' 라는 표지어는 앞 문장을 지칭한다. 연결해서 읽어주자.

_ '이러한 상황에서' 라는 표지어를 활용해 앞 문장과 연결되어 구체화 됨을 암시해준다.

다음 문단 초반부에서, 에이어는 진리 적합성을 갖는 모든 문장은 분석적 문장이거나 종합적 문장이라는 원리를 바탕으로, 도덕 문장은 진리 적합성이 없다고 주장한다.

+ 분석적 문장의 정의 확보 + 종합적 문장의 정의 확보
+ 도덕 문장은 진리 적합성이 없다 = 도덕 문장은 참 또는 거짓일 수 없다. ‥정의된 개념 입혀 읽기

그 이후, 이런 에이어의 주장을 구체화해준다. ‥내용상 순접
우선 그는 도덕 문장은 분석적이지 않다는 기존의 논의를 수용했다. '선은 A이다.'라는 도덕 문장이 분석적이려면, 술어인 'A'가 주어인 '선'이라는 개념 속에 내포되어 있어야 한다. 하지만 '선'은 속성이나 내용을 더 이상 분석할 수 없는 단순 개념이므로 해당 문장은 분석적이지 않다.

_앞서 정의된 개념에 따르면, 분석적이지 않다는 것은 그 문장에 사용된 단어의 정의를 통해 검증되지 않는다는 뜻이다. 이를 살려서 읽는다.

_문장은 여러 개이지만, 결국 모두 도덕 문장은 분석적이지 않다는 것을 구체화해주는 것이다.

그렇다고 해서 '선은 A이다.'라는 도덕 문장이 경험적 관찰로 검증될 수 있는 것도 아니다.

_앞서 정의된 개념에 따르면, 경험적 관찰로 검증될 수 없다는 것은 종합적 문장이 아니라는 뜻이다.

따라서 이를 입혀 읽고 지금까지의 내용을 종합하면, 도덕 문장은 분석적 문장도, 종합적 문장도 아니기 때문에 진리 적합성을 가질 수 없다.

그런 문장은 ‥‥순접의 표지어

_ '그런 문장' 이 지칭하는 앞 내용을 연결해서 읽어야 한다.

판단적이다. 문장이 판단적이라는 것은, 대상에 속성을 부여하는 내용을 지니는 것이 그 문장의 본질이라는 것을 뜻한다.

_판단적이다. 문장이 판단적이라는 것은, 이렇게 바로 앞에서 특정 요소를 빼 와서 구체화해준다. 이때, 이렇게 개념 정의의 형태로 구체화해주는 경우가 많다.

그러므로 / 가령 / 이 맥락에서도 / 다시 말해.

_이는 모두 순접의 표지어에 해당한다. 그 표지어의 뜻을 살려서 다음 문장과 이전 문장을 연결해서 독해해준다.

[예시 5] 2024학년도 6평 12~17번 <로랜즈의 확장 인지 이론 (가)> 中

심리 철학에서 동일론은 의식이 뇌의 물질적 상태와 동일하다고 본다. 이와 달리 기능주의는 의식은 기능이며, 서로 다른 물질에서 같은 기능이 구현될 수 있다고 주장한다. 이때 기능이란 어떤 입력이 주어졌을 때 특정한 출력을 내놓는 함수적 역할로 정의되며, 함수적 역할의 일치는 입력과 출력의 쌍이 일치함을 의미한다. 실리콘 칩으로 구성된 로봇이 찔림이라는 입력에 대해 고통을 출력으로 내놓는 기능을 가진다면, 로봇과 우리는 같은 의식을 가진다는 것이다. 이처럼 기능주의는 의식을 구현하는 물질이 무엇인지는 중요하지 않다고 본다.

설(Searle)은 기능주의를 반박하는 사고 실험을 제시한다. '중국어 방' 안에 (중국어를 모르는 한 사람)만 있다고 하자. 그는 중국어로 된 입력이 들어오면 (정해진 규칙에 따라) 중국어로 된 출력을 내놓는다. (설에 의하면) 방 안의 사람은 중국어 사용자와 함수적 역할이 같지만 / 중국어를 아는 것은 아니다. 기능이 같으면서 의식은 다른 사례가 있다는 것이다.

① 동일론자들은 뇌가 존재하지 않으면 의식도 존재하지 않는다고 볼 것이다. (O / X)

기능주의는 의식은 기능이며, 서로 다른 물질에서 같은 기능이 구현될 수 있다고 주장한다. 이때 기능이란 어떤 입력이 주어졌을 때 특정한 출력을 내놓는 함수적 역할로 정의되며, 함수적 역할의 일치는 입력과 출력의 쌍이 일치함을 의미한다.

#의식은 기능이라고 했으므로, 기능주의가 제시한 의식의 정의로 보면 된다.

#이때 기능이란 이렇게 앞 문장의 특정 요소를 끌고 와서 구체화한다. 연결해서 이해해주면 된다.

의식=기능=어떤 입력이 주어졌을 때 특정한 출력을 내놓는 함수적 역할 ··· 같은 의미 다른 표현

이렇게 이해할 수 있겠다.

#또, '함수적 역할의 일치는 ~이다' 하면서 바로 앞 내용의 특정 요소를 끌고 와서 구체화한다. 연결해서 이해하자.

이처럼 기능주의는 ··· 순접의 표지어
#순접의 표지어로 연결해 앞에서 서술한 내용을 정리한다.

다음 문단을 보니,
설(Searle)은 기능주의를 반박하는 사고 실험을 제시한다. 를 구체화하는 문장의 연속이다. 이때 주의할 점은,
1. 이렇게 대명사가 나올 때 그게 지칭하는 대상 앞에서 찾아서 입혀 읽기,
2. '~라는 것이다.' 는 보통 재진술의 표현이라는 것이다.

[예시 6] 2025학년도 6평 12~17번 <로랜즈의 확장 인지 이론 (가)> 中

로랜즈에게 인지 과정은 파생적 상태가 심적 상태로 변환되는 과정이 아니라, 파생적 상태를 조직함으로써 심적 상태를 생겨나게 하는 과정이다. 심적 상태가 주체의 몸 외부로 확장되는 것이 아니라, 심적 상태를 생겨나게 하는 인지 과정이 확장되는 것이다. 이러한 확장된 인지 과정은 인지 주체의 것일 때에만, 다시 말해 환경의 변화를 탐지하고 그에 맞춰 행위를 조절하는 주체와 통합되어 있을 때에만 성립할 수 있다. 즉 로랜즈에게 주체 없는 인지란 있을 수 없다.

인지 과정이 확장되는 것이다.
이러한 확장된 인지 과정은 ··· 순접의 표지어
_앞에서 서술하던 확장된 인지 과정에 대해 이어서 서술할 것임을 암시한다.
인지 주체의 것일 때에만, 다시 말해 환경의 변화를 탐지하고 그에 맞춰 행위를 조절하는 주체와 통합되어 있을 때에만 성립할 수 있다.
_ '다시 말해' 라는 순접의 표지어가 가지고 있는 의미를 살려서 독해하면, [인지 주체]는 [환경의 변화를 탐지하고 그에 맞춰 행위를 조절하는 주체]로 구체화되고, [인지 주체의 것]이라는 말은 [환경의 변화를 탐지하고 그에 맞춰 행위를 조절하는 주체와 통합되어 있는 것]이라고 볼 수 있다.

즉 로랜즈에게 주체 없는 인지란 있을 수 없다.
_ '즉' 이라는 순접의 표지어로 연결되므로, 앞의 내용과 붙여서 이해해보면, 확정 인지 과정은 인지 과정이 인지 주체와 통합되어 있을 때에만 성립할 수 있다고 했으므로, 이를 [주체 없는 인지]로 표현만 좀 다르게 재진술한 것으로 볼 수 있다.

(금융을 통화 정책의 전달 경로로만 보는) 전통적인 경제학에서는 금융감독 정책이 (개별 금융 회사의 건전성 확보를 통해 금융 안정을 달성하고자 하는) ㉠미시 건전성 정책에 집중해야 한다고 보았다. 이러한 관점은 (금융이 직접적인 생산 수단이 아니므로) (단기적일 때와는 달리) 장기적으로는 경제 성장에 영향을 미치지 못한다는 인식과, 〔자산 시장에서는 (가격이 본질적 가치를 초과하여 폭등하는) 버블이 존재하지 않는다는〕 효율적 시장 가설에 기인한다. 미시 건전성 정책은 (개별 금융 회사의 건전성에 대한 예방적 규제 성격을 가진) 정책 수단을 활용하는데, 그 예로는 향후 손실에 대비하여 금융 회사의 자기자본 하한을 설정하는 최저 자기자본 규제를 들 수 있다.

이처럼 전통적인 경제학에서는 금융감독 정책을 통해 금융 안정을, 통화 정책을 통해 물가 안정을 달성할 수 있다고 보는 이원적인 접근 방식이 지배적인 견해였다. 그러나 (글로벌 금융 위기 이후 금융 시스템이 와해되어 경제 불안이 확산되면서) 기존의 접근 방식에 대한 자성이 일어났다. 이 당시 경기 부양을 목적으로 한 중앙은행의 저금리 정책이 자산 가격 버블에 따른 금융 불안을 야기하여 경제 안정이 훼손될 수 있다는 데 공감대가 형성되었다. / 또한 (금융 회사가 대형화되면서 개별 금융 회사의 부실이 금융 시스템의 붕괴를 야기할 수 있게 됨에 따라) 금융 회사 규모가 금융 안정의 새로운 위험 요인으로 등장하였다. 이에 기존의 정책으로는 금융 안정을 확보할 수 없고, 경제 안정을 위해서는 물가 안정뿐만 아니라 금융 안정도 필수적인 요건임이 밝혀졌다. 그 결과 (미시 건전성 정책에 ㉡거시 건전성 정책이 추가된) 금융감독 정책과 물가 안정을 위한 통화 정책 간의 상호 보완을 통해 경제 안정을 달성해야 한다는 견해가 주류를 형성하게 되었다.

보았다. 이러한 관점은···순접의 표지어
_ 앞에서 서술하던 관점에 대해 이어서 서술할 것임을 암시한다. 연결해서 읽자.

미시 건전성 정책은 (개별 금융 회사의 건전성에 대한 예방적 규제 성격을 가진) 정책 수단을 활용하는데, 그 예로는 향후 손실에 대비하여 금융 회사의 자기자본 하한을 설정하는 최저 자기자본 규제를 들 수 있다.
_ 이러한 관점이 기인하는 요인에 대한 서술이 끝나고, 범주가 바뀌어서 미시 건전성 정책이라는 요소를 끌고 와서 구체화한다. 앞에서 제시된 미시 건전성 정책의 정의에 연결해서 이해해보면, 개별 금융 회사의 건전성 확보를 하는 방법을 구체화한다고 이해할 수 있겠다.

이처럼 전통적인 경제학에서는···순접의 표지어 금융감독 정책을 통해 금융 안정을, 통화 정책을 통해 물가 안정을 달성할 수 있다고 보는 이원적인 접근 방식이 지배적인 견해였다.
_ '이처럼' 표지어를 활용해 순접으로 연결하며 앞에서 서술했던 내용을 정리하고 있다.

이 당시···순접의 표지어
_ 앞 문장에서 언급된 시기를 연결해서 구체화할 것임을 암시한다.

이에 기존의 정책으로는 금융 안정을 확보할 수 없고, 그 결과···순접의 표지어
_ 모두 앞 문장이 원인으로 삼아 결과를 제시할 것임을 암시하는 순접의 표지어다. 앞 문장과 원인·결과의 관계로 서로 연결해서 읽어줘야 한다.

화학 산업에서는 주로 고체 촉매가 이용되는데, 액체나 기체인 생성물을 촉매로부터 분리하는 별도의 공정이 필요 없기 때문이다. 고체 촉매는 대부분 활성 성분, 지지체, 증진제로 구성된다.
활성 성분은 그 표면에 반응물을 흡착시켜 촉매 활성을 제공하는 물질이다. (고체 촉매의 촉매 작용에서는) 반응물이 먼저 활성 성분의 표면에 화학 흡착되고, /흡착된 반응물이 표면에서 반응하여 생성물로 변환된 후,/ 생성물이 표면에서 탈착되는 과정을 거쳐 반응이 완결된다.// 금속은 다양한 물질들이 표면에 흡착될 수 있어 여러 반응에서 활성 성분으로 사용된다. 예를 들면, 암모니아를 합성할 때 철을 활성 성분으로 사용하는데, 이때 (반응물인) 수소와 질소가 철의 표면에 흡착되어 (각각) 원자 상태로 분리된다. 흡착된 반응물은 전자를 금속 표면의 원자와 공유하여 안정화된다. 반응물의 흡착 세기는 금속의 종류에 따라 달라진다. 이때 흡착 세기가 적절해야 한다. 흡착이 약하면 흡착량이 적어 촉매 활성이 낮으며, 흡착이 너무 강하면 흡착된 반응물이 지나치게 안정화되어 표면에서의 반응이 느려지므로 촉매 활성이 낮다. 일반적으로 고체 촉매에서는 반응에 관여하는 표면의 활성 성분 원자가 많을수록 반응물의 흡착이 많아 촉매 활성이 높아진다.

고체 촉매는 대부분 활성 성분, 지지체, 증진제로 구성된다.
활성 성분은 그 표면에 반응물을 흡착시켜 촉매 활성을 제공하는 물질이다.
_앞의 요소를 끌고 와서 구체화한다. 고체 촉매의 구조를 생각하며 그 구조를 이루는 요소 중 하나를 구체화하는 내용을 읽자.

이후, 내용상 순접과 '예를 들면, 이때' 라는 표지어를 활용하며 크게 아래와 같은 세 하위 범주로 활성 성분이 고체 촉매의 촉매 작용에서 활용되는 메커니즘을 설명하고 있다.

(고체 촉매의 촉매 작용에서는) 반응물이 먼저 활성 성분의 표면에 화학 흡착되고, /흡착된 반응물이 표면에서 반응하여 생성물로 변환된 후,/ 생성물이 표면에서 탈착되는 과정을 거쳐 반응이 완결된다.
[원론적인 메커니즘]
금속은 다양한 물질들이 표면에 흡착될 수 있어 여러 반응에서 활성 성분으로 사용된다. 예를 들면,
[활성 성분의 예시로 금속 제시하고 그 예시로 철 제시]
반응물의 흡착 세기는 금속의 종류에 따라 달라진다.
이때 흡착 세기가 적절해야 한다.
[적절한 반응물의 흡착 세기]

문장 여러 개가 순접으로 연결되어 [원론적인 메커니즘]을 설명하고, 또 다른 순접으로 연결되는 문장의 집합이 [활성 성분의 예시로 금속 제시하고 그 예시로 철 제시], [적절한 반응물의 흡착 세기]를 설명하는 방식이다.

지문에서 원인과 결과로 연결되는 정보가 주어지는 경우가 있다. 이때, 인과는 '문장 단위의 원인과 결과로 주어지는 경우, 조건의 형태로 주어지는 경우, 요소 간 관계로 주어지는 경우, ' 이렇게 세 가지 케이스로 나뉜다. 원인과 결과는 반드시 연결해줘야 한다. 이는 앞서 설명한 순접과 함께 문장을 연결하는 접착제 역할을 한다.

먼저 문장 단위의 원인과 결과로 주어지는 경우다. 예시를 보는 게 더 이해가 빠를 것이다.

[예시 지문 - 문장 단위의 원인과 결과로 주어지는 경우]

인과는 문장과 문장을 연결하는 아주 중요한 포인트다. 이때, "따라서, 이에 따라, 그 결과, ~에 따라, ~하여, 이를 통해, ~하면, ~하기 위해서는, ~하는데, " 등의 표지어가 많이 쓰인다. 원인과 결과로 문장을 연결하는데 이 표지어를 활용하도록 하자. 그리고, 인과로 연결되는 문장을 마주치면, 아래와 같이 괄호와 화살표로 그 인과를 시각적으로 나타내며 읽는 것이 좋다.

(A   ) , 그래서   (B   )   이에 따라 (C   )

A가 다음 STEP인 B를 유발하고, 또 B가 다음 STEP인 C를 유발하고 이런 식으로 화살표로 연결하며 계속 그 흐름을 타면서 읽으라는 말이다.

화살표로 이어질 수 있으면 이어주기, 그리고 인과는 문장과 문장의 연결의 가장 대표적인 실현 방법이기 때문에 거의 모든 지문에 나온다는 점. 이 두 가지에 집중하자.

[예시 1] 2022학년도 수능 10~13번 <트리핀 딜레마> 中

이러한 트리핀 딜레마는 국제 유동성 확보와 달러화의 신뢰도 간의 문제이다. 국제 유동성이란 국제적으로 보편적인 통용력을 갖는 지불 수단을 말하는데, 금 본위 체제에서는 금이 국제 유동성의 역할을 했으며, 각 국가의 통화 가치는 정해진 양의 금의 가치에 고정되었다. 이에 따라 국가 간 통화의 교환 비율인 환율은 자동적으로 결정되었다. 이후 브레턴우즈 체제에서는 국제 유동성으로 달러화가 추가되어 '금 환 본위제'가 되었다. 1944년에 성립된 이 체제는 미국의 중앙은행에 '금 태환 조항'에 따라 금 1온스와 35달러를 언제나 맞교환해 주어야 한다는 의무를 지게 했다. 다른 국가들은 달러화에 대한 자국 통화의 가치를 고정했고, 달러화로만 금을 매입할 수 있었다. 환율은 경상 수지의 구조적 불균형이 있는 예외적인 경우를 제외하면 ±1% 내에서의 변동만을 허용했다. 이에 따라 기축 통화인 달러화를 제외한 다른 통화들 간 환율인 교차 환율은 자동적으로 결정되었다.

'이에 따라' 라는 표지어를 활용해, 앞 문장과 뒷 문장을 원인과 결과의 관계로 붙여주고 있다. 흔히 쓰이는 표지어이기 때문에 익숙하게 해두자.

  금융을 통화 정책의 전달 경로로만 보는 전통적인 경제학에서는 금융감독 정책이 개별 금융 회사의 건전성 확보를 통해 금융 안정을 달성하고자 하는 미시 건전성 정책에 집중해야 한다고 보았다. 이러한 관점은 금융이 직접적인 생산 수단이 아니므로 단기적일 때와는 달리 장기적으로는 경제 성장에 영향을 미치지 못한다는 인식과, 자산 시장에서는 가격이 본질적 가치를 초과하여 폭등하는 버블이 존재하지 않는다는 효율적 시장 가설에 기인한다.
~
  이처럼 전통적인 경제학에서는 금융감독 정책을 통해 금융 안정을, 통화 정책을 통해 물가 안정을 달성할 수 있다고 보는 이원적인 접근 방식이 지배적인 견해였다. 그러나 글로벌 금융 위기 이후 금융 시스템이 와해되어 경제 불안이 확산되면서 기존의 접근 방식에 대한 자성이 일어났다. 이 당시 경기 부양을 목적으로 한 중앙은행의 저금리 정책이 자산 가격 버블에 따른 금융 불안을 야기하여 경제 안정이 훼손될 수 있다는 데 공감대가 형성되었다. 또한 금융 회사가 대형화되면서 개별 금융 회사의 부실이 금융 시스템의 붕괴를 야기할 수 있게 됨에 따라 금융 회사 규모가 금융 안정의 새로운 위험 요인으로 등장하였다. 이에 기존의 정책으로는 금융 안정을 확보할 수 없고, 경제 안정을

위해서는 물가 안정뿐만 아니라 금융 안정도 필수적인 요건임이 밝혀졌다. 그 결과 미시 건전성 정책에 거시 건전성 정책이 추가된 금융감독 정책과 (물가 안정을 위한) 통화 정책 간의 상호 보완을 통해 경제 안정을 달성해야 한다는 견해가 주류를 형성하게 되었다.

개별 금융 회사의 건전성 확보를 통해 금융 안정을 달성하고자 하는 미시 건전성 정책에 집중해야 한다고 보았다.
_ '~을 통해 ~한다' 와 같은 모양으로 한 문장 내에서 원인과 결과를 동시에 제시하고 있다. 여기서는 원인이 결과를 위한 수단에 해당하는데, 이때도 인과로 처리해주면 된다.

이러한 관점은 금융이 직접적인 생산 수단이 아니므로 단기적일 때와는 달리 장기적으로는 경제 성장에 영향을 미치지 못한다는 인식
_ '~이므로' 를 활용해 한 문장 내에서 원인과 결과를 동시에 제시하고 있다.

됨에 따라
_ '~함에 따라 ~하다' 를 활용해 한 문장 내에서 원인과 결과를 동시에 제시하고 있다.

이에 기존의 정책으로는 금융 안정을 확보할 수 없고
_ '이에' 를 활용해 앞 문장이 원인이 되어 결과로 이어진다. 이후, [~하기 위해서, 그 결과, ~을 통해]를 활용해 연쇄적인 원인과 결과가 이어진다. 이때,
(물가 안정을 위한) 통화 정책
_ 이렇게 인과가 수식어의 형태로 주어지는 경우에 주의하자.

  법령의 조문은 대개 'A에 해당하면 B를 해야 한다.' 처럼 요건과 효과로 구성된 조건문으로 규정된다. 하지만 그 요건이나 효과가 항상 일의적인 것은 아니다. 법조문에는 (구체적 상황을 고려해야) 그 상황에 맞는 진정한 의미가 파악되는 불확정 개념이 사용될 수 있기 때문이다.
~
  행정청은 재량으로 재량 행사의 기준을 명확히 정할 수 있는데 이 기준을 재량 준칙이라 한다. 재량 준칙은 법령이 아니므로 재량 준칙대로 재량을 행사하지 않아도 근거 법령 위반은 아니다. 다만 특정 요건하에 재량 준칙대로 특정한 내용의 적법한 행정 작용이 반복되어 행정 관행이 생긴 후에는, 같은 요건이 충족되면 행정청은 동일한 내용의 행정 작용을 해야 한다. 행정청은 평등 원칙을 지켜야 하기 때문이다.

#10 ③번 선지
③ 불확정 개념이 사용된 법령의 진정한 의미를 이해하려면 구체적 상황을 고려해야 한다. (O / X)

법에서의 인과는 필연적이다.
이 문장은 법 지문에서 인과가 왜 필연적인지 잘 알려주는 대목이다.
법령의 조문은 대개 'A에 해당하면 B를 해야 한다.' 처럼 요건과 효과로 구성된 조건문으로 규정된다.
A가 요건, B가 바로 효과인 것이다. 생각해보면 당연하다. 법은 어떤 상황에서 어떤 규정을 지켜야 하는지를 명시해주는 수단이기 때문이다. 따라서 법이라 하면, 머릿속에 [A⇒B] 이 모양을 떠올리면 된다. 이를 인과의 개념에 적용하면, A가 원인 B가 결과가 되는 것이다.
법 지문에서는 "이런 법이 있다. 근데 이런 상황이 생겼네? 법을 적용해봐라." 이런 논리가 많이 사용된다. 따라서, 법의 요건과 효과에 해당하는 인과를 파악하는 것이 매우 중요하다.

(구체적 상황을 고려해야) 그 상황에 맞는 진정한 의미가 파악
_ 이렇게 인과가 수식어의 형태로 주어지는 경우에 주의하자.
같은 요건이 충족되면 행정청은 동일한 내용의 행정 작용을 해야 한다.
이게 법에서의 인과라고 할 수 있다. '같은 요건' 은 바로 앞에서 제시된 내용을 지칭하고, '그 요건이 충족되면 ~한다.' 와 같은 논리인 것이다.

[예시 4] 2024학년도 9평 4~7번 <데이터 이동권> 中

~
산업 분야의 빅 데이터는 특정한 목적으로 활용될 수 있다는 점에서 경제적 가치를 지닌다.

데이터를 재화로 보아 소유권이 누구에게 귀속되어야 하는지에 대한 논의가 있다. 소유권의 주체를 빅 데이터 보유자로 보는 견해와 정보 주체로 보는 견해가 있다. 전자는 빅 데이터 보유자에게 소유권을 부여하면 빅 데이터의 생성 및 유통이 쉬워져 데이터 관련 산업이 활성화된다고 주장한다. 후자는 정보 생산 주체는 개인인데, 빅 데이터 보유자에게 부가 집중되는 것은 부당하므로, 정보 주체에게도 대가가 주어져야 한다고 본다.
~
데이터 이동권의 법제화로 기업은 데이터의 생성 비용과 거래 비용을 줄일 수 있다. ~데이터 이동권의 법제화로, 정보 주체가 지정하여 데이터를 전송받게 된 기업은 정보 주체의 데이터를 보유했던 기업으로부터 데이터를 받으면 비용을 절감할 수 있다. 이에 따라 기업 간 공유나 유통이 촉진되고, 관련 산업이 활성화된다.

산업 분야의 빅 데이터는 특정한 목적으로 활용될 수 있다는 점에서 경제적 가치를 지닌다.
_경제적 가치를 지니는 이유를 '~라는 점에서' 와 같이 제시하고 있으므로, 인과로 처리해주자.

전자는 빅 데이터 보유자에게 소유권을 부여하면 빅 데이터의 생성 및 유통이 쉬워져 데이터 관련 산업이 활성화된다고 주장한다.
_인과가 연속적으로 제시되고 있다. 'A하면 B해져서 C한다.' 의 형태다. A(원인) ⇒ B(결과)
B(원인) ⇒ C(결과)

후자는 정보 생산 주체는 개인인데, 빅 데이터 보유자에게 부가 집중되는 것은 부당하므로, 정보 주체에게도 대가가 주어져야 한다고 본다.
_ '~이므로 ~하다' 를 활용해 한 문장 내에서 원인과 결과를 동시에 제시하고 있다.

데이터 이동권의 법제화로 ~할 수 있다.
_한 문장 내에서 원인과 결과를 동시에 제시하고 있다.

이에 따라 기업 간 공유나 유통이 촉진되고, 관련 산업이 활성화된다.
_ '이에 따라' 를 활용해 앞 문장이 원인이 되어 결과로 이어진다.

[예시 5] 2019학년도 6평 22~26번 <임의 법규> 中

사무실의 방충망이 낡아서 파손되었다면 세입자와 사무실을 빌려 준 건물주 중 누가 고쳐야 할까? 이 경우, 민법전의 법조문에 의하면 임대인인 건물주가 수선할 의무를 진다. 그러나 사무실을 빌릴 때, 간단한 파손은 세입자가 스스로 해결한다는 내용을 계약서에 포함하는 경우도 있다. 이처럼 법률의 규정과 계약의 내용이 어긋날 때 어떤 것이 우선 적용되어야 하는가, 법적 불이익은 없는가 등의 문제가 발생한다.
사법(私法)은 개인과 개인 사이의 재산, 가족 관계 등에 적용되는 법으로서 이 법의 영역에서는 '계약 자유의 원칙'이 적용된다. 계약의 구체적인 내용 결정 등은 당사자들 스스로 정할 수 있다는 것이다. 따라서 당사자들이 사법에 속하는 법률의 규정과 어긋난 내용으로 계약을 체결한 경우에 계약 내용이 우선 적용된다. 이처럼 법률상으로 규정되어 있더라도 당사자가 자유롭게 계약 내용을 정할 수 있는 법률 규정을 '임의 법규'라고 한다.

사무실의 방충망이 낡아서 파손되었다면 세입자와 사무실을 빌려 준 건물주 중 누가 고쳐야 할까? 이 경우, 민법전의 법조문에 의하면 임대인인 건물주가 수선할 의무를 진다.
_앞서 법 지문에서 요건과 효과에 대해 배웠다. 이때 요건이 원인, 효과가 결과로 처리하라고 했다. 여기서도 사무실의 방충망이 낡아서 파손된 요건이 충족되면, 민법전의 법조문에 의해 임대인인 건물주가 수선할 의무를 진다는 효과가 발생한다.

따라서 당사자들이 사법에 속하는 법률의 규정과 어긋난 내용으로 계약을 체결한 경우에 계약 내용이 우선 적용된다.
_ '따라서' 를 통해 앞 내용이 원인이 되어 결과가 서술될 것임을 알 수 있다.
_ 법 지문에서 '~경우에 ~한다' 와 같이 요건과 효과를 제시하는 문장에 집중하도록 하자. 여기서도 '당사자들이 사법에 속하는 법률의 규정과 어긋난 내용으로 계약을 체결한 경우' 라는 요건이 충족되면 '계약 내용이 우선 적용된다' 는 효과가 발생한다. 인과로 처리해주면 된다.

[예시 6] 2025학년도 6평 4~7번 <과두제적 경영> 中

과두제적 경영은 소수의 경영자로 이루어진 경영진이 강한 결속력을 가지면서 실질적 권한과 정보를 독점하며 기업을 운영하는 것을 말한다. 이런 체제는 (전문성과 경험을 갖춘 경영진을 중심으로) 안정적 경영권이 확보될 수 있도록 하여, 기업 전략을 장기적으로 수립하고, 이에 맞춰 과감하고 지속적인 투자를 할 수 있어서 첨단 핵심 기술의 개발에도 유리한 면이 있다.
~
기업 운영에 중대한 영향을 미치는 주요 정보들을 은폐하거나 경영 상황을 조작하여 발표함으로써 결과적으로 기업의 가치에 심각한 타격을 주는 사례도 종종 보게 된다.
~
기업 경영의 건전성을 확보하기 위해 마련된 공적 제도들은 과두제적 경영의 폐해를 방지하는 기능도 한다. (기업의 주식 가치에 영향을 미칠 수 있는 정보 제공을 법적으로 의무화한) 경영 공시 제도는 경영 투명성을 높이려는 것이다. 이를 통해 경영진과 주주들 간 정보 격차가 줄어들 수 있다. 기업의 이사회에 외부 인사를 이사로 참여시키도록 하는 사외 이사 제도는 독단적인 의사 결정을 견제함으로써 폐쇄적 경영으로 인한 정보와 권한의 집중을 억제하는 효과를 거둘 수 있다.

이런 체제는 (전문성과 경험을 갖춘 경영진을 중심으로) A안정적 경영권이 확보될 수 있도록 하여, B기업 전략을 장기적으로 수립하고, 이에 맞춰 과감하고 지속적인 투자를 할 수 있어서 C첨단 핵심 기술의 개발에도 유리한 면이 있다.
__ 인과가 연속적으로 제시되고 있다. 'A하면 B해져서 C한다.' 의 형태다. A(원인) ⇒ B(결과)
B(원인) ⇒ C(결과)

기업 운영에 중대한 영향을 미치는 주요 정보들을 은폐하거나 경영 상황을 조작하여 발표함으로써 결과적으로 기업의 가치에 심각한 타격을 주는 사례
__ '~함으로써 결과적으로 ~한다.' 의 형태로 한 문장 내에서 인과가 제시된다.

이를 통해 경영진과 주주들 간 정보 격차가 줄어들 수 있다.
__ '이를 통해' 의 형태로 앞 문장을 원인으로 한 결과가 제시된다.

독단적인 의사 결정을 견제함으로써 폐쇄적 경영으로 인한 정보와 권한의 집중을 억제하는 효과를 거둘 수 있다.
__ '~함으로써 ~한다.' 의 형태로 한 문장 내에서 인과가 제시된다.

[예시 7] 2019학년도 6평 35~38번 <LFIA 키트> 中

건강 상태를 진단하거나 범죄의 현장에서 혈흔을 조사하기 위해 검사용 키트가 널리 이용된다. 키트 제작에는 다양한 과학적 원리가 적용되는데, 적은 비용으로 쉽고 빠르고 정확하게 검사할 수 있는 키트를 제작하는 것이 요구된다. 이러한 필요에 따라 항원-항체 반응을 응용하여 시료에 존재하는 성분을 분석하는 다양한 형태의 키트가 개발되고 있다.

건강 상태를 진단하거나 범죄의 현장에서 혈흔을 조사하기 위해 검사용 키트가 널리 이용된다.
__ '~하기 위해 ~한다' 의 형태로 한 문장 내에서 인과가 제시된다

이러한 필요에 따라 항원-항체 반응을 응용하여 시료에 존재하는 성분을 분석하는 다양한 형태의 키트가 개발되고 있다.
__ '이러한 필요' 는 바로 앞 문장의 정보를 그대로 받아 '적은 비용으로 쉽고 빠르고 정확하게 검사할 수 있는 키트를 제작할 필요' 에 해당한다. 따라서, 앞 정보가 원인이 되어 결과가 서술될 것임을 알 수 있다.

[예시 8] 2019학년도 9평 29~32번 <주사 터널링 현미경(STM)> 中

STM을 활용하는 실험에서 어느 정도의 진공도가 요구되는지를 이해하기 위해서는 '단분자층 형성 시간'의 개념을 이해할 필요가 있다. 진공 통 내부에서 떠돌아다니던 기체 분자들이 관찰하려는 시료의 표면에 달라붙어 한 층의 막을 형성하기까지 걸리는 시간을 단분자층 형성 시간이라 한다. 이 시간은 시료의 표면과 충돌한 기체 분자들이 표면에 달라붙을 확률이 클수록, 단위 면적당 기체 분자의 충돌 빈도가 높을수록 짧다. 또한 기체 운동론에 따르면 고정된 온도에서 기체 분자의 질량이 크거나 기체의 압력이 낮을수록 단분자층 형성 시간은 길다. 가령 질소의 경우 20℃, 760토르*대기압에서 단분자층 형성 시간은 3×10^{-9}초이지만, 같은 온도에서 압력이 10^{-9}토르로 낮아지면 대략 2,500초로 증가한다. 이런 이유로 STM에서는 시료의 관찰 가능 시간을 확보하기 위해 통상 10^{-9}토르 이하의 초고진공이 요구된다.

STM을 활용하는 실험에서 어느 정도의 진공도가 요구되는지를 이해하기 위해서는 '단분자층 형성 시간'의 개념을 이해할 필요가 있다.
_ 'A하기 위해 B해야 한다.' 와 같은 표현으로, B⇒A 이렇게 인과처럼 처리하면 된다. 이런 표현은 보통 글에서 보조 정보에 대해 서술할 것임을 암시할 때 많이 쓰인다. 여기서도 STM을 활용하는 실험에서 어느 정도의 진공도가 요구되는지가 핵심 정보인데, 이를 이해하기 위한 보조 정보로 '단분자층 형성 시간' 이 필요한 것이다.

이 시간은 시료의 표면과 충돌한 기체 분자들이 표면에 달라붙을 확률이 클수록, 단위 면적당 기체 분자의 충돌 빈도가 높을수록 짧다. 또한 기체 운동론에 따르면 고정된 온도에서 기체 분자의 질량이 크거나 기체의 압력이 낮을수록 단분자층 형성 시간은 길다.
_뒤에서 배울 '인과 - 요소 간 관계로 주어지는 경우' 에 해당한다. 여기서 미리 살펴보면, 위와 같이
시료의 표면과 충돌한 기체 분자들이 표면에 달라붙을 확률
단위 면적당 기체 분자의 충돌 빈도
고정된 온도에서 기체 분자의 질량
고정된 온도에서 기체의 압력
이런 네 가지 요소가 커지고 작아짐에 따라 단분자층 형성 시간이 길어지는지 짧아지는지의 관계가 주어진다.

이런 이유로 STM에서는 시료의 관찰 가능 시간을 확보하기 위해 통상 10^{-9}토르 이하의 초고진공이 요구된다.
_ '이런 이유로' 를 활용해, 이전 정보를 원인으로 하는 결과가 제시됨을 알 수 있다.

[예시 9] 2017학년도 6평 20~24번 <콰인 포퍼의 견해> 中

도출한 새로운 정보가 참일 가능성을 유비 논증의 개연성이라 한다. 개연성이 높기 위해서는 비교 대상 간의 유사성이 커야 하는데 이 유사성은 단순히 비슷하다는 점에서의 유사성이 아니고 새로운 정보와 관련 있는 유사성이어야 한다. 예를 들어 동물 실험의 유효성을 주장하는 쪽은 실험 동물로 많이 쓰이는 포유류가 인간과 공유하는 유사성, 가령 비슷한 방식으로 피가 순환하며 허파로 호흡을 한다는 유사성은 실험 결과와 관련 있는 유사성으로 보기 때문에 자신들의 유비 논증은 개연성이 높다고 주장한다. 반면에 인간과 꼬리가 있는 실험 동물은 꼬리의 유무에서 유사성을 갖지 않지만 그것은 실험과 관련이 없는 특성이므로 무시해도 된다고 본다.

개연성이 높기 위해서는 비교 대상 간의 유사성이 커야 하는데
__ '~하기 위해 ~해야 한다.' 의 형태로 한 문장 내에서 인과가 제시된다. 여기서는 요소 간 관계의 형태로 제시되었는데,
(비교 대상 간의 유사성)↑ ⇒ (개연성)↑
이렇게 처리해주면 된다.

보기 때문에
__ '~때문에' 의 표지어를 활용해 한 문장 내에서 인과가 제시된다.

그것은 실험과 관련이 없는 특성이므로 무시해도 된다고 본다.
__ '~이므로 ~다' 의 형태로 한 문장 내에서 인과가 제시된다

논리실증주의자와 포퍼는 수학적 지식이나 논리학 지식처럼 경험과 무관하게 참으로 판별되는 분석 명제와, 과학적 지식처럼 경험을 통해 참으로 판별되는 종합 명제를 서로 다른 종류라고 구분한다. 그러나 콰인은 총체주의를 정당화하기 위해 이 구분을 부정하는 논증을 다음과 같이 제시한다. 논리실증주의자와 포퍼의 구분에 따르면 "총각은 총각이다."와 같은 동어 반복 명제와, "총각은 미혼의 성인 남성이다."처럼 동어 반복 명제로 환원할 수 있는 것은 모두 분석 명제이다. 그런데 후자가 분석 명제인 까닭은 전자로 환원할 수 있기 때문이다. 이러한 환원이 가능한 것은 '총각'과 '미혼의 성인 남성'이 동의적 표현이기 때문인데 그게 왜 동의적 표현인지 물어보면, 이 둘을 서로 대체하더라도 명제의 참 또는 거짓이 바뀌지 않기 때문이라고 할 것이다. 하지만 이것만으로는 두 표현의 의미가 같다는 것을 보장하지 못해서, 동의적 표현은 언제나 반드시 대체 가능해야 한다는 필연성 개념에 다시 의존하게 된다. 이렇게 되면 동의적 표현이 동어 반복 명제로 환원 가능하게 하는 것이 되어, 필연성 개념은 다시 분석 명제 개념에 의존하게 되는 순환론에 빠진다. 따라서 콰인은 종합 명제와 구분되는 분석 명제가 존재한다는 주장은 근거가 없다는 결론에 도달한다.

콰인은 분석 명제와 종합 명제로 지식을 엄격히 구분하는 대신, 경험과 직접 충돌하지 않는 중심부 지식과, 경험과 직접 충돌할 수 있는 주변부 지식을 상정한다. 경험과 직접 충돌하여 참과 거짓이 쉽게 바뀌는 주변부 지식과 달리 주변부 지식의 토대가 되는 중심부 지식은 상대적으로 견고하다. 그러나 이 둘의 경계를 명확히 나눌 수 없기 때문에, 콰인은 중심부 지식과 주변부 지식을 다른 종류라고 하지 않는다.

그러나 콰인은 총체주의를 정당화하기 위해 이 구분을 부정하는 논증을 다음과 같이 제시한다.
— '~하기 위해 ~한다' 의 형태로 한 문장 내에서 인과가 제시된다.

그런데 후자가 분석 명제인 까닭은 전자로 환원할 수 있기 때문이다. 이러한 환원이 가능한 것은 '총각'과 '미혼의 성인 남성'이 동의적 표현이기 때문인데 그게 왜 동의적 표현인지 물어보면, 이 둘을 서로 대체하더라도 명제의 참 또는 거짓이 바뀌지 않기 때문이라고 할 것이다.

복잡한 인과의 연속이다. 천천히 따라가보자. 이럴 때일수록 원인과 결과의 쌍을 잘 맞추며 읽는 것이 중요하다.

> 둘을 서로 대체하더라도 명제의 참 또는 거짓이 바뀌지 않음
> ⇒[총각]과 [미혼의 성인 남성]이 동의적 표현
> ⇒동어 반복 명제로 환원 가능
> ⇒ 후자는 분석 명제

이렇게 '그것은 ~ 때문이다' 와 같이 역순으로 인과가 제시되었기 때문에, 머릿속으로 위와 같이 다시 리모델링 해야 했다. 이때, 지문에 화살표를 저렇게 남기면서 읽는 것이 시각적인 효과가 있어서 원인과 결과를 매칭하는데 엄청 효율적이다. 특히 이렇게 복잡할 때 빛을 발한다.

따라서 콰인은 종합 명제와 구분되는 분석 명제가 존재한다는 주장은 근거가 없다는 결론에 도달한다.
— '따라서' 라는 표지어를 활용해 이전 정보를 원인으로 한 결과를 도출한다.

그러나 이 둘의 경계를 명확히 나눌 수 없기 때문에, 콰인은 중심부 지식과 주변부 지식을 다른 종류라고 하지 않는다.
— '~때문에' 라는 표지어를 활용해 한 문장 내에서 인과를 제시한다.

[예시 11] 2023학년도 9평 4~9번 <아도르노의 예술관> 中

(가)

아도르노는 서로 다른 가치 체계를 하나의 가치 체계로 통일시키려는 속성을 동일성으로, 하나의 가치 체계로의 환원을 거부하는 속성을 비동일성으로 규정하고, 예술은 이러한 환원을 거부하는 비동일성을 지녀야 한다고 주장한다. 그렇기 때문에 예술은 대중이 원하는 아름다운 상품이 되기를 거부하고, 그 자체로 추하고 불쾌한 것이 되어야 한다는 것이다. 그에게 있어 예술은 예술가가 직시한 세계의 본질을 감상자들에게 체험하게 해야 한다. 예술은 동일화되지 않으려는, 일정한 형식이 없는 비정형화된 모습으로 나타남으로써 현대 사회의 부조리를 체험하게 하는 매개여야 한다는 것이다.

그렇기 때문에
_ '그렇기 때문에' 라는 표지어를 활용해 이전 정보를 원인으로 한 결과를 도출한다.

예술은 동일화되지 않으려는, 일정한 형식이 없는 비정형화된 모습으로 나타남으로써 현대 사회의 부조리를 체험하게 하는 매개여야 한다는 것이다.
_ '~함으로써 ~한다.' 라는 표현을 활용해 한 문장 내에서 인과가 제시된다.

(나)

아도르노의 미학은 예술과 사회의 관계를 통해 예술의 자율성을 추구했다는 점에서 긍정적으로 평가된다. 예술은 사회적인 것인 동시에 사회에서 떨어져 사회의 본질을 직시하는 것이어야 한다고 보기 때문이다. 그의 미학은 기존의 예술에 대한 비판적 관점을 제공한다. 가령 사과를 표현한 세잔의 작품을 아도르노의 미학으로 읽어 낸다면, 이 그림은 사회의 본질과 유리된 '아름다운 가상'을 표현한 것에 불과할 것이다.

예술은 사회적인 것인 동시에 사회에서 떨어져 사회의 본질을 직시하는 것이어야 한다고 보기 때문이다.
_ '~ 때문이다.' 라는 표지어를 활용해 이전 정보에 대한 원인을 제시한다.

가령 사과를 표현한 세잔의 작품을 아도르노의 미학으로 읽어 낸다면, 이 그림은 사회의 본질과 유리된 '아름다운 가상'을 표현한 것에 불과할 것이다.
_ '~ 한다면 ~다.' 라는 표현을 활용해 한 문장 내에서 인과를 제시한다. 회살표로 원인과 결과를 언결해주자. 이는 뒤에서 배울 '조건으로 제시되는 인과' 에 해당하는 내용이기도 하다.

[예시 12] 2023학년도 6평 4~9번 <신어에 담긴 육가의 사상> 中

(가)

전국 시대의 혼란을 종식한 진(秦)은 분서갱유를 단행하며 사상 통제를 기도했다. 당시 권력자였던 이사(李斯)에게 역사 지식은 전통만 따지는 허언이었고, 학문은 법과 제도에 대해 논란을 일으키는 원인에 불과했다. 이에 따라 전국 시대의 『순자』처럼 다른 사상을 비판적으로 흡수하여 통합 학문의 틀을 보여 준 분위기는 일시적으로 약화되었다. 이에 한(漢) 초기 사상가들의 과제는 진의 멸망 원인을 분석하고 이에 기초한 안정적 통치 방안을 제시하며, 힘의 지배를 숭상하던 당시 지배 세력의 태도를 극복하는 것이었다. 이러한 과제에 부응한 대표적 사상가는 육가(陸賈)였다.

(나)

이 과정에서 역사 연구에 관심을 기울인 세종은 경서(經書)가 학문의 근본이라면 역사서는 학문을 현실에서 구현하는 것으로 파악하고, 집현전 학자들과의 경연을 통해 경서와 역사서에 대한 이해를 쌓아 갔다.
이런 분위기에서 세종은 중국과 우리나라의 흥망성쇠를 담은 『치평요람』의 편찬을 명하였고, 집현전 학자들은 원(元)까지의 중국 역사와 고려까지의 우리 역사를 정리하였다. 정리 과정에서 주자학적 역사관이 담긴 『자치통감강목』에 따라 역대 국가를 정통과 비정통으로 구분했지만, 편찬 형식 측면에서는 강목체를 따르지 않았다. 또한 올바른 정치의 여부에 따라 국가의 운명이 다하고 천명이 옮겨 간다는 내용을 드러내고자 기존 역사서와 달리 국가 간 전쟁과 외교 문제, 국가 말기의 혼란과 새 국가 초기의 혼란 수습 등을 부각하였다.
이러한 편찬 방식은 국가의 흥망성쇠를 거울삼아 국가를 잘 운영하겠다는 목적 이외에 새 국가의 토대를 마련하려는 의도가 전제된 것이었다. 이런 의도가 집중적으로 반영된 곳은 『치평요람』의 「국조(國朝)」 부분이었다. 이 부분의 편찬자들은 유교적 시각에서 고려 정치를 바라보며 불교 사상의 폐단을 비롯한 문제점들을 다각도로 드러냈고, 이를 통해 유교적 사회로의 변화를 주장하였다. 이성계의 능력과 업적을 담기는 했지만 이것이 조선 건국을 정당화하기에는 불충분했기에 세종은 역사적 사실을 배경으로 조선 왕조의 우수성을 부각한 『용비어천가』의 편찬을 지시했다.

전국 시대의 혼란을 종식한 진(秦)은 분서갱유를 단행하며 사상 통제를 기도했다.
_ 분서갱유라는 것을 통해 사상 통제를 하려고 했음을 알 수 있다. 분서갱유가 뭔지는 알려주지 않았기 때문에 몰라도 된다. 그냥 "그런걸 했나 보구나~" 하면 된다.

학문은 법과 제도에 대해 논란을 일으키는 원인에 불과했다. 이에 따라 ~
_ '원인' 이라는 직접적인 표지어를 활용해서 인과를 제시했다. 또한, '이에 따라' 라는 표지어를 통해 이전 정보를 원인으로 하는 결과를 제시할 것임을 암시한다.

이에 한(漢) 초기 사상가들의 과제는 진의 멸망 원인을 분석하고 이에 기초한 안정적 통치 방안을 제시하며, 힘의 지배를 숭상하던 당시 지배 세력의 태도를 극복하는 것이었다.
_ '이에' 라는 표지어를 활용해 이전 정보를 원인으로 하는 결과를 제시하고 있다.

집현전 학자들과의 경연을 통해 경서와 역사서에 대한 이해를 쌓아 갔다.
_ 경연을 통해 경서와 역사서에 대한 이해를 쌓아 갔다고 한다. 이렇게 수단을 통한 목표 달성에 대해 서술하면, 수단과 목표를 그냥 화살표 쏙 연결해주면 인과 처리하듯이 처리해주면 된다.

올바른 정치의 여부에 따라 국가의 운명이 다하고 천명이 옮겨 간다
_ 올바른 정치의 여부가 원인이 되어 국가의 운명이 다하고 천명이 옮겨 가는 결과가 발생함을 제시한다. 읽을 때는 그냥 자연스럽게 '~에 따라' 의 의미를 살려 화살표로 저렇게 쏙 연결해주며 의미를 살리는 방식으로 처리하고 넘어가면 된다.

이를 통해
_ '이를 통해' 라는 표지어를 활용해 한 문장 내에서 인과를 제시한다.

이성계의 능력과 업적을 담기는 했지만 이것이 조선 건국을 정당화하기에는 불충분했기에 세종은 역사적 사실을 배경으로 조선 왕조의 우수성을 부각한 『용비어천가』의 편찬을 지시했다.
_ '~했기에 ~했다.' 라는 표현을 활용해 한 문장 내에서 인과를 제시한다.

[예시 13] 2018학년도 6평 16~21번 <율곡의 이기론> 中

수양론의 한 가지 기반으로, 율곡은 이통기국(理通氣局)을 주장한다. 이것은 만물이 하나의 동일한 '이'를 공유하지만, 다양한 '기'의 성질로 인해 서로 다른 모습으로 나타날 수 있음을 의미한다. 또한 이러한 이통기국론은, 성인과 일반인이 기질의 차이는 있지만 동일한 '이'를 갖기 때문에 일반인이라도 기질상의 병폐를 제거하고 탁한 기질을 정화하면 '이'의 선한 본성이 회복되어 성인의 경지에 이를 수 있다는 기질 변화론으로 이어진다. 율곡은 흐트러진 마음을 거두어들이는 거경(居敬), 경전을 읽고 공부하여 시비를 분별하는 궁리(窮理), 그리고 몸과 마음을 다스려 사욕을 극복하는 역행(力行)을 기질 변화를 위한 중요한 수양 방법으로 제시한다. 인간에게 내재된 천도를 실현하려는 율곡의 수양론은 사회의 폐단을 제거하여 천도를 실현하려는 경세론으로 이어진다.

다양한 '기'의 성질로 인해 서로 다른 모습으로 나타날 수 있음을 의미한다.
_ '~로 인해 ~한다.' 라는 표현을 활용해 한 문장 내에서 인과를 제시한다.

성인과 일반인이 기질의 차이는 있지만 동일한 '이'를 갖기 때문에 일반인이라도 기질상의 병폐를 제거하고 탁한 기질을 정화하면 '이'의 선한 본성이 회복되어 성인의 경지에 이를 수 있다는 기질 변화론으로 이어진다.
_ '~때문에 ~하면 ~한다.' 라는 표현을 활용해 한 문장 내에서 인과를 연쇄적으로 제시한다. 화살표로 연결하며 처리하고 넘어가자.

[예시 14] 2023학년도 6평 14~17번 <이중차분법> 中

경제학에서는 증거에 근거한 정책 논의를 위해 사건의 효과를 평가해야 할 경우가 많다. 어떤 사건의 효과를 평가한다는 것은 사건 후의 결과와 사건이 없었을 경우에 나타났을 결과를 비교하는 일이다. 그런데 가상의 결과는 관측할 수 없으므로 실제로는 사건을 경험한 표본들로 구성된 시행집단의 결과와, 사건을 경험하지 않은 표본들로 구성된 비교집단의 결과를 비교하여 사건의 효과를 평가한다. 따라서 이 작업의 관건은 그 사건 외에는 결과에 차이가 날 이유가 없는 두 집단을 구성하는 일이다. 가령 어떤 사건이 임금에 미친 효과를 평가할 때, 그 사건이 없었다면 실행집단과 비교집단의 평균 임금이 같을 수밖에 없도록 두 집단을 구성하는 것이다. 이를 위해서는 두 집단에 표본이 임의로 배정되도록 사건을 설계하는 실험적 방법이 이상적이다. 그러나 사람을 표본으로 하거나 사회 문제를 다룰 때에는 이 방법을 적용할 수 없는 경우가 많다.

경제학에서는 증거에 근거한 정책 논의를 위해 사건의 효과를 평가해야 할 경우가 많다.
_ 'A를 위해 B해야 한다.' 의 형태로, B⇒A와 같이 처리하면 된다.

그런데 가상의 결과는 관측할 수 없으므로 실제로는 사건을 경험한 표본들로 구성된 시행집단의 결과와, 사건을 경험하지 않은 표본들로 구성된 비교집단의 결과를 비교하여 사건의 효과를 평가
_ '~이므로 ~한다.' 라는 표현을 활용해 한 문장 내에서 인과를 제시한다.

따라서 이 작업의 관건은 그 사건 외에는 결과에 차이가 날 이유가 없는 두 집단을 구성하는 일이다.
_ '따라서' 라는 표지어를 활용해 이전 정보를 원인으로 하는 결과를 제시하고 있다.

그 사건이 없었다면 시행집단과 비교집단의 평균 임금이 같을 수밖에 없도록 두 집단을 구성하는 것이다. 이를 위해서는 두 집단에 표본이 임의로 배정되도록 사건을 설계하는 실험적 방법이 이상적이나.
_ 'A라면 B다.' 라는 표현을 활용해 조건의 형태로 인과를 제시하고 있나. 이때도, A⇒B와 같이 서리해준나.
_ '이를 위해서는' 라는 표지어를 활용해 이전 정보를 원인으로 하는 결과를 제시하고 있다.

블록체인 기술은 데이터를 블록이라는 단위로 묶어 체인 형태로 연결한 것을 여러 대의 컴퓨터에 중복 저장하는 기술이다. 체인 형태로 연결된 블록의 집합을 블록체인이라 하고, 블록체인을 저장하는 컴퓨터를 노드라고 한다. 새로 생성된 블록은 노드들에 전파된다. 노드들은 블록에 포함된 내용이 블록체인의 다른 블록에 있는 내용과 상충되지 않는지, 동일한 내용이 블록체인의 다른 블록에 이중으로 포함되어 있지 않은지 검증한다. 검증이 끝난 블록을 블록체인에 연결할지 여부는 (모든 노드들이 참여하는 승인 과정을 통해) 정해진다. 승인이 완료된 블록은 블록체인에 연결되고, 이 블록체인은 노드들에 저장된다. 승인 과정에는 합의 알고리즘이 사용되고, 합의 알고리즘의 예로 '작업증명'이 있다.

블록체인 기술의 성능은 블록체인에 데이터가 저장되는 속도로 정의되며, 단위 시간당 블록체인에 저장되는 데이터의 양으로 계산될 수 있다. 블록체인 기술은 공개형과 비공개형으로 구분된다. 비공개형은 공개형과 달리 노드 수에 제한을 두고, 일반적으로 공개형에 비해 합의 알고리즘의 속도가 빠르다. 따라서 비공개형은 승인 과정에 걸리는 시간이 짧기 때문에 성능이 높다.

데이터가 무단으로 변경되기 어렵다는 성질을 무결성이라 하는데 무결성은 블록체인 기술의 대표적인 장점이다. 특정 노드에 저장되어 있는 일부 데이터가 변경되면 변경된 블록과 그 이후의 블록들은 블록체인과의 연결이 끊어진다. 끊어진 모든 블록을 다시 연결하는 것은 승인 과정을 필요로 하기 때문에 연결을 복구하는 것은 어렵다. 즉 블록과 블록체인의 연결을 유지하면서 블록체인에 포함된 데이터를 변경하는 것이 어려우므로 블록체인 데이터는 무결성이 높다. (무단 변경과 달리,) 일부 데이터가 지워져도 승인된 원래의 데이터로 복원할 때는 승인 과정이 필요하지 않다. 따라서 ㉠블록체인에 포함된 데이터는 일부가 지워지더라도 복원이 용이하다.

검증이 끝난 블록을 블록체인에 연결할지 여부는 (모든 노드들이 참여하는 승인 과정을 통해) 정해진다.
_ 'A를 통해 B한다.' 라는 표현을 활용해 한 문장 내에서 인과를 제시한다.
A: 모든 노드들이 참여하는 승인 과정
B: 검증이 끝난 블록을 블록체인에 연결할지 여부 결정

따라서 비공개형은 승인 과정에 걸리는 시간이 짧기 때문에 성능이 높다.
_ '따라서' 라는 표지어를 활용해 이전 정보를 원인으로 하는 결과를 제시하고 있다.

끊어진 모든 블록을 다시 연결하는 것은 승인 과정을 필요로 하기 때문에 연결을 복구하는 것은 어렵다.
_ '~때문에' 라는 표지어를 활용해 한 문장 내에서 인과를 제시한다.

즉 블록과 블록체인의 연결을 유지하면서 블록체인에 포함된 데이터를 변경하는 것이 어려우므로 블록체인 데이터는 무결성이 높다.
_ '즉 블록과 블록체인의 연결을 유지하면서 블록체인에 포함된 데이터를 변경하는 것이 어려우므로' 는 그 문단에서 [특정 노드에 저장되어 있는 일부 데이터가 변경되면 변경된 블록과 그 이후의 블록들은 블록체인과의 연결이 끊어진다. 끊어진 모든 블록을 다시 연결하는 것은 승인 과정을 필요로 하기 때문에 연결을 복구하는 것은 어렵다.]이 내용을 한 문장으로 정리해 표현한 것에 해당한다.
_ '~하므로 ~다.' 라는 표현을 활용해 한 문장 내에서 인과를 제시한다. 결국 무결성이 높다는 결론을 도출하기 위해 문장과 문장을 연결하며 설명하다가 결국 마지막에 인과의 형태로 결론이 도출되는 것이다.

따라서 ㉠블록체인에 포함된 데이터는 일부가 지워지더라도 복원이 용이하다.
_ '따라서' 라는 표지어를 활용해 이전 정보를 원인으로 하는 결과를 제시하고 있다.

[예시 지문 - 조건의 형태로 주어지는 경우]

비문학 지문에는 어떤 평서문 앞에 이런저런 조건이 붙는 경우가 많다. 어떤 내용이 항상 적용되는 것이 아니라, 특정한 조건에서만 이루어진다는 뜻이기 때문에 조건이 붙으면 반드시 확보해줘야 한다. 조건은 기술 지문, 법 지문, 과학 지문, 경제 지문 등 모든 갈래의 지문에서 등장한다. 예시 지문을 통해 지문에 어떻게 구현되어 있는지 알아보자. 조건은 일종의 인과로 볼 수 있기 때문에, 앞서 인과를 배울 때 지문에 표시하면 읽었던 것처럼, 조건을 괄호로 묶어서 그 조건에 따른 결과에 화살표로 연결해주며 읽자.

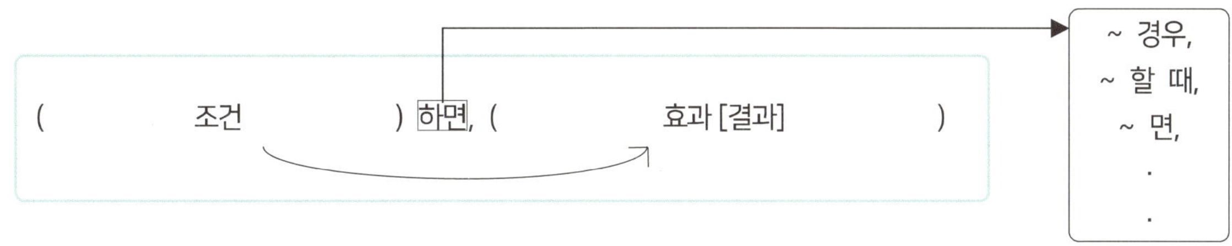

*조건이 수식어의 형태로 붙는 경우가 많은데, 이때 무의식적으로 별생각 없이 넘길 수 있기 때문에 애초에 의식적으로 확보하자는 생각을 습관화하는 것이 좋다.

[예시 지문]

[예시 1] 2024학년도 수능 12~17번 <노자의 도에 대한 한비자의 견해 (나)> 中

> (인위적인 것을 제거해야만) 도가 드러나고 인간 사회가 안정된다는 노자
>
> ㉠ (유학자의 입장에서) 그는 잘못된 가르침을 펴는 도교에 사람들이 빠지는 것을 경계했다.
>
> (다양한 경전을 인용하여) 노자를 해석하면서 그는 노자의 도를 인간의 도덕 본성과 그것의 근거인 천명으로 이해하고, (본성과 천명의 이치를 탐구한다는 점에서) 노자 사상과 유학이 다르지 않다고 보았다.

> 형광펜 처리한 세 부분 모두, 본 문장을 수식하는 형태로 그 본 문장의 정보에 대한 조건을 걸고 있다.

[예시 2] 2018학년도 6평 16~21번 <율곡의 이기론> 中

> 또한 이러한 이통기국론은, 성인과 일반인이 기질의 차이는 있지만 동일한 '이'를 갖기 때문에 일반인이라도 기질상의 병폐를 제거하고 탁한 기질을 정화하면 '이'의 선한 본성이 회복되어 성인의 경지에 이를 수 있다는 기질 변화론으로 이어진다.
>
> 이 지침이 앞으로도 같은 종류의 사건을 해결하는 데 적합하겠다고 판단되면, 국왕의 하명 형식을 갖는 법령으로 만들어지는데, 이를 수교라 한다.

> 대표적인 조건 제시다. 'A하면 B한다.'의 표현을 활용해 조건과 효과가 제시되는 경우다. A와 B를 화살표로 연결해주며 그 의미를 살려 처리하자.
>
> 일반인이라도 기질상의 병폐를 제거하고 탁한 기질을 정화하면 '이'의 선한 본성이 회복되어 성인의 경지에 이를 수 있다
>
> 이 지침이 앞으로도 같은 종류의 사건을 해결하는 데 적합하겠다고 판단되면, 국왕의 하명 형식을 갖는 법령으로 만들어지는데

[예시 3] 2025학년도 6평 12~17번 <도덕 문장에 대한 에이어의 견해 (나)> 中

가령 '귤은 맛있다.'는, '귤은 맛있다면 귤은 비싸다.'라는 조건문에 포함되는 경우 화자가 대상에 속성을 부여하는 행위를 하는 것은 아니기에 그것의 판단적 본질을 발현하지 못한다.

'귤은 맛있다면 귤은 비싸다.'라는 조건문
_ 조건 제시에 대해 직접적으로 설명해주는 대목이다. 'A라면 B한다.' 의 형태로, 일종의 가정문과 같다.

가령 '귤은 맛있다.'는, '귤은 맛있다면 귤은 비싸다.'라는 조건문에 포함되는 경우
_ 'A인 경우 B다.' 의 형태도 대표적인 조건 제시다. 그 경우를 만족한다는 조건하에서, [화자가 대상에 속성을 부여하는 행위를 하는 것은 아니기에 그것의 판단적 본질을 발현하지 못한다.] 이런 결과가 발생하는 것이다.

[예시 4] 2024학년도 6평 12~17번 <로랜즈의 확장 인지 이론 (가)> 中

이때 기능이란 어떤 입력이 주어졌을 때 특정한 출력을 내놓는 함수적 역할로 정의되며, 함수적 역할의 일치는 입력과 출력의 쌍이 일치함을 의미한다. 실리콘 칩으로 구성된 로봇이 찔림이라는 입력에 대해 고통을 출력으로 내놓는 기능을 가진다면, 로봇과 우리는 같은 의식을 가진다는 것이다.

그는 중국어로 된 입력이 들어오면 정해진 규칙에 따라 중국어로 된 출력을 내놓는다.

이때 기능이란 어떤 입력이 주어졌을 때 특정한 출력을 내놓는 함수적 역할로 정의
_ 'A했을 때, B한다.' 의 형태로 조건인 A에 효과인 B를 제시한다.

실리콘 칩으로 구성된 로봇이 찔림이라는 입력에 대해 고통을 출력으로 내놓는 기능을 가진다면, 로봇과 우리는 같은 의식을 가진다는 것이다.
_ 'A하면 B다.' 의 표현을 활용해 조건과 그 결과가 제시되는 경우다. A와 B를 화살표로 연결해주며 그 의미를 살려 처리하자.

그는 중국어로 된 입력이 들어오면 정해진 규칙에 따라 중국어로 된 출력을 내놓는다.
_ 'A하면 B다.' 의 표현을 활용해 조건과 그 결과가 제시되는 경우다. A와 B를 화살표로 연결해주며 그 의미를 살려 처리하자.

[예시 5] 2023학년도 6평 14~17번 <이중차분법> 中

이 가정이 충족되면 사건 전의 상태가 평균적으로 같도록 두 집단을 구성하지 않아도 된다.
~
평행추세 가정이 충족되지 않는 경우에 이중차분법을 적용하면 사건의 효과를 잘못 평가하게 된다. 예컨대 어떤 노동자 교육 프로그램의 고용 증가 효과를 평가할 때, 일자리가 급격히 줄어드는 산업에 종사하는 노동자의 비중이 비교집단에 비해 시행집단에서 더 큰 경우에는 평행추세 가정이 충족되지 않을 것이다. 그렇다고 해서 집단 간 표본의 통계적 유사성을 높이려고 사건 이전 시기의 시행집단을 비교집단으로 설정하는 것이 평행추세 가정의 충족을 보장하는 것은 아니다.

이 가정이 충족되면
_ 'A하면 B다.' 의 표현을 활용해 조건과 그 결과가 제시되는 경우다. A와 B를 화살표로 연결해주며 그 의미를 살려 처리하자.

평행추세 가정이 충족되지 않는 경우에 이중차분법을 적용하면 사건의 효과를 잘못 평가하게 된다.
_ 조건이 연속적으로 제시된다. "A하는 경우에 B하면, C한다." 의 형태로, A→B→C 이렇게 처리해주면 된다.

자리가 급격히 줄어드는 산업에 종사하는 노동자의 비중이 비교집단에 비해 시행집단에서 더 큰 경우에는 평행추세 가정이 충족되지 않을 것이다.
_ 'A인 경우 B다.' 의 형태도 대표적인 조건 제시다. 그 경우를 만족한다는 조건하에서, [평행추세 가정이 충족되지 않을 것이다.] 이런 결과가 발생하는 것이다.

[예시 6] 2022학년도 수능 10~13번 <트리핀 딜레마> 中

기축 통화는 국제 거래에 결제 수단으로 통용되고 환율 결정에 기준이 되는 통화이다. 1960년 트리핀 교수는 브레턴우즈 체제에서의 기축 통화인 달러화의 구조적 모순을 지적했다. 한 국가의 재화와 서비스의 수출입 간 차이인 경상 수지는 수입이 수출을 초과하면 적자이고, 수출이 수입을 초과하면 흑자이다. 그는 "미국이 경상 수지 적자를 허용하지 않아 국제 유동성 공급이 중단되면 세계 경제는 크게 위축될 것"이라면서도 "반면 적자 상태가 지속돼 달러화가 과잉 공급되면 준비 자산으로서의 신뢰도가 저하되고, 고정 환율 제도도 붕괴될 것"이라고 말했다.

경상 수지는 수입이 수출을 초과하면 적자이고, 수출이 수입을 초과하면 흑자
_경상 수지가 적자가 되는 조건과 흑자가 되는 조건을 'A면 B다.'의 형태로 제시했다.

"미국이 경상 수지 적자를 허용하지 않아 국제 유동성 공급이 중단되면 세계 경제는 크게 위축될 것"
"반면 적자 상태가 지속돼 달러화가 과잉 공급되면 준비 자산으로서의 신뢰도가 저하되고 고정 환율 제도도 붕괴될 것"
_대표적인 조건 제시다. 'A하면 B한다.'의 표현을 활용해 조건과 효과가 제시되는 경우다. A와 B를 화살표로 연결해주며 그 의미를 살려 처리하자.

[예시 7] 2019학년도 9평 21~25번 <CDS 프리미엄> 中

다른 요인이 동일한 경우, ㉣기초 자산의 신용 위험이 크면 CDS 프리미엄도 크다.

'A인 경우 B다.'의 형태도 대표적인 조건 제시다. 그 경우를 만족한다는 조건하에서, [기초 자산의 신용 위험이 크면 CDS 프리미엄도 크다.] 이런 결과가 발생하는 것이다.

[예시 8] 2023학년도 9평 10~13번 <유류분권> 中

사유 재산 제도하에서는 누구나 자신의 재산을 자유롭게 처분할 수 있다. 그러나 기부와 같이 어떤 재산이 대가 없이 넘어가는 무상 처분 행위가 행해졌을 때는 그 당사자인 무상 처분자와 무상 취득자의 의사와 무관하게 그 결과가 번복될 수 있다. 무상 처분자가 사망하면 상속이 개시되고, 그의 상속인들이 유류분을 반환받을 수 있는 권리인 유류분권을 행사할 수 있기 때문이다.

사유 재산 제도하에서는 누구나 자신의 재산을 자유롭게 처분할 수 있다.
_ '사유 재산 제도하에서' 라는 조건이 충족되어야 '누구나 자신의 재산을 자유롭게 처분할 수 있다.'가 성립될 수 있는 것이다.

그러나 기부와 같이 어떤 재산이 대가 없이 넘어가는 무상 처분 행위가 행해졌을 때는 그 당사자인 무상 처분자와 무상 취득자의 의사와 무관하게 그 결과가 번복될 수 있다.
_ 'A했을 때, B한다.'의 형태로 조건인 A에 효과인 B를 제시한다.

무상 처분자가 사망하면 상속이 개시되고, 그의 상속인들이 유류분을 반환받을 수 있는 권리인 유류분권을 행사할 수 있기 때문이다.
_대표적인 조건 제시다. 'A하면 B한다.'의 표현을 활용해 조건과 효과가 제시되는 경우다. A와 B를 화살표로 연결해주며 그 의미를 살려 처리하자.

행정입법의 유형에는 위임명령, 행정규칙, 조례 등이 있다. (헌법에 따르면,) 국회는 행정 규제 사항에 관한 법률을 제정할 때 특정한 내용에 관한 입법을 행정부에 위임할 수 있다. 이에 따라 제정된 행정입법을 위임명령이라고 한다. 위임명령은 제정 주체에 따라 대통령령, 총리령, 부령으로 나누어진다. 이들은 모두 국민에게 적용되기 때문에 입법예고, 공포 등의 절차를 거쳐야 한다. 위임명령은 입법부인 국회가 자신의 권한의 일부를 행정부에 맡겼기 때문에 정당화될 수 있다. 그래서 특정한 행정 규제의 근거 법률이 위임명령으로 제정할 사항의 범위를 정하지 않은 채 위임하는 포괄적 위임은 헌법상 삼권 분립 원칙에 저촉된다. 위임된 행정 규제 사항의 대강을 위임 근거 법률의 내용으로부터 예측할 수 있어야 한다는 것이다. 다만 행정 규제 사항의 첨단 기술 관련성이 클수록 위임 근거 법률이 위임할 수 있는 사항의 범위가 넓어진다. 한편, 위임명령이 법률로부터 위임받은 범위를 벗어나서 제정되거나, 위임 근거 법률이 사용한 어구의 의미를 확대하거나 축소하여 제정되어서는 안 된다. ㉠위임명령이 이러한 제한을 위반하여 제정되면 효력이 없다.

행정규칙은 원래 행정부의 직제나 사무 처리 절차에 관한 행정입법으로서 고시(告示),예규 등이 여기에 속한다. 일반 국민에게는 직접 적용되지 않기 때문에, 법률로부터 위임받지 않아도 유효하게 제정될 수 있고 위임명령 제정 시와 동일한 절차를 거칠 필요가 없다. 그러나 행정 규제 사항에 관하여 행정규칙이 제정되는 예외적인 경우도 있다. 위임된 사항이 첨단 기술과의 관련성이 매우 커서 위임명령으로는 대응하기 어려워 불가피한 경우, 위임 근거 법률이 행정입법의 제정 주체만 지정하고 행정입법의 유형을 지정하지 않았다면 위임된 사항이 고시나 예규로 제정될 수 있다. 이런 경우의 행정규칙은 위임명령과 달리, 입법예고, 공포 등을 거치지 않고 제정된다.

---

28. 행정규칙에 관한 설명 중 적절하지 않은 것은?
  ① 행정부의 직제나 사무 처리 절차를 규정하는 경우, 법률의 위임이 요구되지 않는다.
  ② 행정부의 직제나 사무 처리 절차를 규정하는 경우, 일반 국민에게 직접 적용되지 않는다.
  ③ 행정 규제 사항을 규정하는 경우, 위임명령의 제정 절차를 따르지 않는다.
  ④ 행정 규제 사항을 규정하는 경우, 위임 근거 법률의 위임을 받은 제정 주체에 의해 제정된다.
  ⑤ 행정 규제 사항을 규정하는 경우, 위임 근거 법률로부터 위임받을 수 있는 사항의 범위가 위임명령과 같다.

_ 조건을 잘 파악하며 읽어야 하는 이유는, 읽는데 반드시 필요한 사고이기도 하지만 그게 문제로 자주 출제되기 때문이기도 하다.

국회는 행정 규제 사항에 관한 법률을 제정할 때 특정한 내용에 관한 입법을 행정부에 위임할 수 있다.

_ 'A할 때, B한다.' 의 형태로 조건인 A에 효과인 B를 제시한다.

㉠ 위임명령이 이러한 제한을 위반하여 제정되면 효력이 없다.

_대표적인 조건 제시다. 'A하면 B한다.' 의 표현을 활용해 조건과 효과가 제시되는 경우다. A와 B를 화살표로 연결해주며 그 의미를 살려 처리하자.

위임된 사항이 첨단 기술과의 관련성이 매우 커서 위임명령으로는 대응하기 어려워 불가피한 경우, 위임 근거 법률이 행정입법의 제정 주체만 지정하고 행정입법의 유형을 지정하지 않았다면 위임된 사항이 고시나 예규로 제정될 수 있다.

'A인 경우 B다.' 의 형태도 대표적인 조건 제시다. 그 경우를 만족한다는 조건하에서, [위임 근거 법률이 행정입법의 제정 주체만 지정하고 행정입법의 유형을 지정하지 않았다면 위임된 사항이 고시나 예규로 제정될 수 있다.] 이런 결과가 발생하는 것이다.

_이때, 그 결과 안에서도 또 조건이 붙어있다. [위임된 사항이 첨단 기술과의 관련성이 매우 커서 위임명령으로는 대응하기 어려워 불가피한 경우]이런 조건을 만족하면, 위임된 사항이 고시나 예규로 제정될 수 있는데, 그것은 또 [위임 근거 법률이 행정입법의 제정 주체만 지정하고 행정입법의 유형을 지정하지 않았다면] 이런 조건을 만족해야만 가능한 것이다. 이렇게 복잡하게 제시된 조건과 효과를 마주치면 이렇게 정확한 구조를 파악하고 넘어가도록 하자.

보험료율이 사고 발생 확률보다 높으면 구성원 전체의 보험료 총액이 보험금 총액보다 더 많고, 그 반대의 경우에는 구성원 전체의 보험료 총액이 보험금 총액보다 더 적게 된다. 따라서 공정한 보험에서는 보험료율과 사고 발생 확률이 같아야 한다.

이러한 이유로 사고 발생 확률이 비슷하다고 예상되는 사람들로 구성된 어떤 위험 공동체에 사고 발생 확률이 더 높은 사람들이 동일한 보험료를 납부하고 진입하게 되면, 그 위험 공동체의 사고 발생 빈도가 높아져 보험사가 지급하는 보험금의 총액이 증가한다.

보험 계약 체결 시 보험 가입자가 고의나 중대한 과실로 '중요한 사항'을 보험사에 알리지 않거나 사실과 다르게 알리면 고지 의무를 위반하게 된다. 이러한 경우에 우리 상법은 보험사에 계약 해지권을 부여한다. 보험사는 보험 사고가 발생하기 이전이나 이후에 상관없이 고지 의무 위반을 이유로 계약을 해지할 수 있고, 해지권 행사는 보험사의 일방적인 의사 표시로 가능하다. 해지를 하면 보험사는 보험금을 지급할 책임이 없게 되며, 이미 보험금을 지급했다면 그에 대한 반환을 청구할 수 있다. 일반적으로 법에서 의무를 위반하게 되면 위반한 자에게 그 의무를 이행하도록 강제하거나 손해 배상을 청구할 수 있는 것과 달리, 보험 가입자가 고지 의무를 위반했을 때에는 보험사가 해지권만 행사할 수 있다. 그런데 보험사의 계약 해지권이 제한되는 경우도 있다. 계약 당시에 보험사가 고지 의무 위반에 대한 사실을 알았거나 중대한 과실로 인해 알지 못한 경우에는 (보험 가입자가 고지 의무를 위반했어도) 보험사의 해지권은 배제된다.

이번에는 주도적으로 생각해보는 시간이다. 형광펜 처리한 부분에 주의하며, 스스로 조건과 효과에 집중해서 글을 읽고 아래 문제를 풀어보자.

38. 윗글을 이해한 내용으로 가장 적절한 것은?
① 보험사가 청약을 하고 보험 가입자가 승낙해야 보험 계약이 해지된다.
② 구성원 전체의 보험료 총액보다 보험금 총액이 더 많아야 공정한 보험이 된다.
③ 보험 사고 발생 여부와 관계없이 같은 보험료를 납부한 사람들은 동일한 보험금을 지급받는다.
④ 보험에 가입하고자 하는 사람이 알린 중요한 사항을 근거로 보험사는 보험 가입을 거절할 수 있다.
⑤ 우리 상법은 보험 가입자보다 보험사의 잘못을 더 중시하기 때문에 보험사에 계약 해지권을 부여하고 있다.

_조건을 잘 파악하며 읽어야 하는 이유는, 읽는데 반드시 필요한 사고이기도 하지만 그게 문제로 자주 출제되기 때문이기도 하다.

[예시 11] 2025학년도 수능 10~13번 <확산 모델> 中

원하는 값만 들어 있는 원본 이미지에 노이즈를 단계별로 더하면 노이즈가 포함된 확산 이미지가 되고, 여러 단계를 거치면 결국 원본 이미지가 어떤 이미지였는지 전혀 알아볼 수 없는 노이즈 이미지가 된다. 역으로, 단계별로 더해진 노이즈를 알 수 있다면 노이즈 이미지에서 원본 이미지를 복원할 수 있다.

"A하면 B가 되고, C하면 D가 된다." 이런 표현을 활용해 원본 이미지가 노이즈 이미지가 되어가는 과정을 조건과 결과의 형태를 띤 인과로 제시하고 있다.

단계별로 더해진 노이즈를 알 수 있다면 노이즈 이미지에서 원본 이미지를 복원할 수 있다.
_대표적인 조건 제시다. 'A할 수 있다면 B할 수 있다.' 의 표현을 활용해 조건과 효과가 제시되는 경우다. A와 B를 화살표로 연결해주며 그 의미를 살려 처리하자.

[예시 12] 2023학년도 수능 14~17번 <기초 대사량> 中

가로축과 세로축 두 변수의 증가율이 서로 다를 경우, (그 둘의 증가율이 같을 때와 달리,) '일반적인 그래프'에서 이 점들은 직선이 아닌 어떤 곡선의 주변에 분포한다. 그런데 순서쌍의 값에 상용로그를 취해 새로운 순서쌍을 만들어서 이를 <그림>과 같이 그래프에 표시하면, 어떤 직선의 주변에 점들이 분포하는 것으로 나타난다.

가로축과 세로축 두 변수의 증가율이 서로 다를 경우, 'A인 경우 B다.' 의 형태도 대표적인 조건 제시다. 그 경우를 만족한다는 조건하에서, ['일반적인 그래프'에서 이 점들은 직선이 아닌 어떤 곡선의 주변에 분포한다.] 이런 결과가 발생하는 것이다.

그런데 순서쌍의 값에 상용로그를 취해 새로운 순서쌍을 만들어서 이를 <그림>과 같이 그래프에 표시하면, 어떤 직선의 주변에 점들이 분포하는 것으로 나타난다.
_대표적인 조건 제시다. 'A하면 B한다.' 의 표현을 활용해 조건과 효과가 제시되는 경우다. A와 B를 화살표로 연결해주며 그 의미를 살려 처리하자.

[예시 지문 - 요소 간 관계로 주어지는 경우]

가장 중요한 생각 두 개는,

> (1) 어떤 것에 대한 인과인지 그 범주를 확정 짓기
> (2) 한 범주에 대한 인과는 하나의 문단에서 끝나지 않고 두 개~세 개의 문단에 걸쳐
>   연속적으로 등장할 수 있으니 종결될 때까지 끈질기게 따라가기

이렇게 두 가지다. 이때, 그 인과는 아래와 같이 주어진다.

(A) ⇑ → (B) ⇑ → (C) ⇓ → (D) ⇑ ·····

A, B, C, D 각각이 '요소 간 관계로 주어지는 경우'에서 각각의 '요소'가 되는 것이다. A가 커지면 B가 커지고 B가 커지면 C가 작아지고.. 이렇게 인과가 연결되는 것이다. 이때 특징은 각각의 요소의 증가와 감소를 다루기 때문에 방향키를 남길 수 있다는 것이다. 따라서, 시각적 모델링을 저 그림대로 똑같이 하면서 읽으면 된다.

==(1) 각 요소를 괄호로 묶어주고 / (2) 그 요소가 증가하는지 감소하는지에 따라 방향키를 남겨주면서 / (3) 연결해주자.==

[예시 지문]

[예시 1] 2018학년도 6평 22~25번 <통화 정책> 中

통화 정책은 중앙은행이 물가 안정과 같은 경제적 목적의 달성을 위해 이자율이나 통화량을 조절하는 것이다. 대표적인 통화 정책 수단인 '공개 시장 운영'은 중앙은행이 민간 금융 기관을 상대로 채권을 매매해 금융 시장의 이자율을 정책적으로 결정한 기준 금리 수준으로 접근시키는 것이다. 중앙은행이 채권을 매수하면 이자율은 하락하고, 채권을 매도하면 이자율은 상승한다. 이자율이 하락하면 소비와 투자가 확대되어 경기가 활성화되고 물가 상승률이 오르며, 이자율이 상승하면 경기가 위축되고 물가 상승률이 떨어진다. 이와 같이 공개 시장 운영의 영향은 경제 전반에 파급된다.

중앙은행이 채권을 매수하면 (이자율)이 하락하고, 채권을 매도하면 (이자율)이 상승한다. 이자율이 하락하면 소비와 투자가 확대되어 경기가 활성화되고 물가 상승률이 오르며, 이자율이 상승하면 경기가 위축되고 물가 상승률이 떨어진다.

이렇게 표시를 남기면서 정보를 처리하면 된다. 그 과정에서, '왜 이게 커지면 이게 작아지는 거지?' 하는 의문이 생길 수 있다. 그게 지문에서 설명한 내용으로 알 수 없는 것이라면, 그냥 '아 이게 커지면 저게 작아지는갑다.' 그런가보다.. 이렇게 정보를 글자 그대로 처리만 하고 넘어가면 된다. WHY? 하지말고, WHAT. 어떤 정보를 줬는지 확보하는 데만 집중하자는 말이다.

그리고, 표시를 남기는 이유는 해야 하는 사고를 시각적으로 표현해서 확실히 확보하고 넘어가기 위함이다. 이를 꼭 기억하도록 하자. 그냥 아무 생각 없이 기계적으로 표시만 하고 그 내용에 집중하지 못하면 안 된다는 말이다.

[예시 2] 2020학년도 6평 27~31번 <통화 정책과 건전성> 中

전통적인 통화 정책은 정책 금리를 활용하여 물가를 안정시키고 경제 안정을 도모하는 것을 목표로 한다. 중앙은행은 경기가 과열되었을 때 정책 금리 인상을 통해 경기를 진정시키고자 한다. 정책 금리 인상으로 시장 금리도 높아지면 가계 및 기업에 대한 대출 감소로 신용 공급이 축소된다. 신용 공급의 축소는 경제 내 수요를 줄여 물가를 안정시키고 경기를 진정시킨다. 반면 경기가 침체되었을 때는 반대의 과정을 통해 경기를 부양시키고자 한다.

중앙은행은 경기가 과열되었을 때 정책 금리 인상을 통해 경기를 진정시키고자 한다. 정책 금리 인상으로 시장 금리도 높아지면 가계 및 기업에 대한 대출 감소로 신용 공급이 축소된다. 신용 공급의 축소는 경제 내 수요를 줄여 물가 안정시키고 경기를 진정시킨다. 반면 경기가 침체되었을 때는 반대의 과정을 통해 경기를 부양시키고자 한다.

[예시 3] 2018학년도 수능 27~32번 <정책 수단의 선택> 中

반면 환율은 단기에서도 신축적인 조정이 가능하다. 이러한 물가와 환율의 조정 속도 차이가 오버슈팅을 초래한다. 물가와 환율이 모두 신축적으로 조정되는 장기에서의 환율은 구매력 평가설에 의해 설명되는데, 이에 의하면 장기의 환율은 자국 물가 수준을 외국 물가 수준으로 나눈 비율로 나타나며, 이를 균형 환율로 본다. 가령 국내 통화량이 증가하여 유지될 경우 장기에서는 자국 물가도 높아져 장기의 환율은 상승한다. 이때 통화량을 물가로 나눈 실질 통화량은 변하지 않는다.

그런데 단기에는 물가의 경직성으로 인해 구매력 평가설에 기초한 환율과는 다른 움직임이 나타나면서 오버슈팅이 발생할 수 있다. 가령 국내 통화량이 증가하여 유지될 경우, 물가가 경직적이어서 실질 통화량은 증가하고 이에 따라 시장 금리는 하락한다. 국가 간 자본 이동이 자유로운 상황에서, 시장 금리 하락은 투자의 기대 수익률 하락으로 이어져, 단기성 외국인 투자 자금이 해외로 빠져나가거나 신규 해외 투자 자금 유입을 위축시키는 결과를 초래한다. 이 과정에서 자국 통화의 가치는 하락하고 환율은 상승한다. 통화량의 증가로 인한 효과는 물가가 신축적인 경우에 예상되는 환율 상승에, 금리 하락에 따른 자금의 해외 유출이 유발하는 추가적인 환율 상승이 더해진 것으로 나타난다. 이러한 추가적인 상승 현상이 환율의 오버슈팅인데, 오버슈팅의 정도 및 지속성은 물가 경직성이 클수록 더 크게 나타난다. 시간이 경과함에 따라 물가가 상승하여 실질 통화량이 원래 수준으로 돌아오고 해외로 유출되었던 자금이 시장 금리의 반등으로 국내로 ⓐ복귀하면서, 단기에 과도하게 상승했던 환율은 장기에는 구매력 평가설에 기초한 환율로 수렴된다.

이에 의하면 장기의 환율은 자국 물가 수준을 외국 물가 수준으로 나눈 비율로 나타나며, 이를 균형 환율로 본다. 가령 국내 통화량이 증가하여 유지될 경우 장기에서는 자국 물가가 높아져 장기의 환율이 상승한다. 이때 통화량을 물가로 나눈 실질 통화량은 변하지 않는다.

가령 국내 통화량이 증가하여 유지될 경우, 물가가 경직적이어서 실질 통화량이 증가하고 이에 따라 시장 금리는 하락한다. 국가 간 자본 이동이 자유로운 상황에서 시장 금리 하락은 투자의 기대 수익률 하락으로 이어져, 단기성 외국인 투자 자금이 해외로 빠져나가거나 신규 해외 투자 자금 유입을 위축시키는 결과를 초래한다. 이 과정에서 자국 통화의 가치가 하락하고 환율이 상승한다. 통화량의 증가로 인한 효과는 물가가 신축적인 경우에 예상되는 환율 상승에 금리 하락에 따른 자금의 해외 유출이 유발하는 추가적인 환율 상승이 더해진 것으로 나타난다. 이러한 추가적인 상승 현상이 환율의 오버슈팅인데, 오버슈팅의 정도 및 지속성은 물가 경직성이 클수록 더 크게 나타난다. 시간이 경과함에 따라 물가가 상승하여 실질 통화량이 원래 수준으로 돌아오고 해외로 유출되었던 자금이 시장 금리의 반등으로 국내로 ⓐ복귀하면서, 단기에 과도하게 상승했던 환율은 장기에는 구매력 평가설에 기초한 환율로 수렴된다.

[예시 4] 2022학년도 수능 10~13번 <트리핀 딜레마> 中

기축 통화는 국제 거래에 결제 수단으로 통용되고 환율 결정에 기준이 되는 통화이다. 1960년 트리핀 교수는 브레턴우즈 체제에서의 기축 통화인 달러화의 구조적 모순을 지적했다. 한 국가의 재화와 서비스의 수출입 간 차이인 경상 수지는 수입이 수출을 초과하면 적자이고, 수출이 수입을 초과하면 흑자이다. 그는 "미국이 경상 수지 적자를 허용하지 않아 국제 유동성 공급이 중단되면 세계 경제는 크게 위축될 것"이라면서도 "반면 적자 상태가 지속돼 달러화가 과잉 공급되면 준비 자산으로서의 신뢰도가 저하되고 고정 환율 제도도 붕괴될 것"이라고 말했다.

그는 "미국이 경상 수지 적자를 허용하지 않아 국제 유동성 공급이 중단되면 세계 경제는 크게 위축될 것"이라면서도 "반면 적자 상태가 지속돼 달러화가 과잉 공급되면 준비 자산으로서의 신뢰도가 저하되고 고정 환율 제도도 붕괴될 것"이라고 말했다.

[예시 5] 2019학년도 9평 21~25번 <CDS 프리미엄> 6문단

보장 매도자는 기초 자산의 신용 위험을 부담하는 것에 대한 보상으로 보장 매입자로부터 일종의 보험료를 받는데, 이것의 요율이 CDS 프리미엄이다. CDS 프리미엄은 기초 자산의 신용 위험이나 보장 매도자의 유사시 지급 능력과 같은 여러 요인의 영향을 받는다. 다른 요인이 동일한 경우 ㉣기초 자산의 신용 위험이 크면 CDS 프리미엄도 크다. 한편 ㉤보장 매도자의 지급 능력이 우수할수록 보장 매입자는 유사시 손실을 보다 확실히 보전받을 수 있으므로 보다 큰 CDS 프리미엄을 기꺼이 지불하는 경향이 있다. 만약 보장 매도자가 발행한 채권이 있다면, 그 신용 등급으로 보장 매도자의 지급 능력을 판단할 수 있다. 이에 따라 다른 요인이 동일한 경우 보장 매도자가 발행한 채권의 신용 등급이 높으면 CDS 프리미엄이 크다.

이렇게 표시하면서 읽는데, 이때 요소 간 관계 앞에 붙어 있는 '다른 요인이 동일한 경우' 라는 조건에 주의하도록 하자.

[예시 6] 2021학년도 6평 29~33번 <ICT 다국적 기업의 과세 문제> 6문단

ICT 산업을 주도하는 국가에서 더 중요한 문제는 ICT 지식 재산 보호의 국제적 강화일 수 있다. (이론적으로 봤을 때) 지식 재산의 보호가 약할수록 유용한 지식 창출의 유인이 저해되어 지식의 진보가 정체되고, 지식 재산의 보호가 강할수록 해당 지식에 대한 접근을 막아 소수의 사람만이 혜택을 보게 된다. 전자로 발생한 손해를 유인 비용, 후자로 발생한 손해를 접근 비용이라고 한다면, 지식 재산 보호의 최적 수준은 두 비용의 합이 최소가 될 때일 것이다. 각국은 그 수준에서 자국의 지식 재산 보호 수준을 설정한다. 특허 보호 정도와 국민 소득의 관계를 보여 주는 한 연구에서는 국민 소득이 일정 수준 이상인 상태에서는 국민 소득이 증가할수록 특허 보호 정도가 강해지는 경향이 있지만, 가장 낮은 소득 수준을 벗어난 국가들은 그들보다 소득 수준이 낮은 국가들보다 오히려 특허 보호가 약한 것으로 나타났다. 이는 지식 재산 보호의 최적 수준에 대해서도 국가별 입장이 다름을 시사한다.

[예시 7] 2024학년도 6평 4~7번 <공포 소구> 4문단

위티는 이 두 요인을 레벤달이 말한 두 가지 통제 반응과 관련지어 다음과 같은 결론을 도출하였다. 위협과 효능감의 수준이 모두 높을 때에는 위험 통제 반응이 작동하고, 위협의 수준은 높지만 효능감의 수준이 낮을 때에는 공포 통제 반응이 작동한다. 그러나 위협의 수준이 낮으면, 수용자는 그 위협이 자신에게 아무 영향을 주지 않는다고 느껴 효능감의 수준에 관계없이 공포 소구에 대한 반응이 없게 된다. 이렇게 정리된 결론은 그간의 공포 소구 이론을 통합한 결과라는 점에서 후속 연구의 중요한 디딤돌이 되었다.

[예시 8] 2022학년도 9평 4~9번 <광고와 독점적 경쟁 시장> 中

일반적으로 독점적 지위를 누린다는 것은 상품의 가격을 결정할 수 있는 힘이 있다는 의미이다. 그럼에도 불구하고 판매자는 구매자의 수요를 고려해야 한다. 대체로 구매자는 상품의 물량이 많을 때보다 적을 때 높은 가격을 지불하고자 하기 때문에, 판매자는 공급량을 감소시킴으로써 더 높은 가격을 책정할 수 있다. 독점적 경쟁 시장의 판매자도 (이러한 지위 덕분에) (상품에 차별성이 없는 경우를 가정할 때보다) 다소 비싼 가격에 상품을 판매하는 경향이 있다. 그러나 그 결과 독점적 경쟁 시장의 판매자가 단기적으로 이윤을 보더라도, 그 이윤이 지속되리라 기대할 수는 없다. 이윤을 보는 판매자가 있으면 그러한 이윤에 이끌려 약간 다른 상품을 공급하는 신규 판매자의 수가 장기적으로 증가하고, 그 결과 기존 판매자가 공급하던 상품에 대한 수요는 감소하여 이윤이 줄어들 것이기 때문이다.

판매자가 광고를 통해 상품의 차별성을 알리는 대표적인 방법은 상품에 대한 정보를 전달하는 것이다. 하지만 많은 비용을 들인 것으로 보이는 광고만으로도 상품의 차별성을 부각할 수 있다. 판매자가 경쟁력에 자신 없는 상품에 많은 광고 비용을 지출하지 않을 것이라는 구매자의 추측을 유도하는 것이 이 광고 방법의 목적이다. 가격이 변화할 때 구매자의 상품 수요량이 변하는 정도를 수요의 가격 탄력성이라 하는데, 구매자가 자신이 선호하는 상품이 차별화되었다고 느낄수록 수요의 가격 탄력성은 감소한다. 이처럼 구매자가 특정 상품에 갖는 충성도가 높아지면, 판매자의 독점적 지위는 강화된다. 판매자는 이렇게 광고가 ⊙경쟁을 제한하는 효과를 노린다. 독점적 경쟁 시장에 진입하는 신규 판매자도 상품의 차별성을 강조함으로써 독점적 지위를 확보하고자 광고를 빈번하게 이용한다.

대체로 구매자는 (상품의 물량이 많을 때보다) 적을 때 높은 가격을 지불하고자 하기 때문에, 판매자는 공급량을 감소시킴으로써 더 높은 가격을 책정할 수 있다.

이윤을 보는 판매자가 있으면 그러한 이윤에 이끌려 약간 다른 상품을 공급하는 신규 판매자의 수가 (장기적으로) 증가하고, 그 결과 (기존 판매자가 공급하던 상품에 대한 수요는) 감소하여 이윤이 줄어들 것이기 때문이다.

구매자가 (자신이 선호하는 상품이 차별화되었다고 느낄수록) 수요의 가격 탄력성은 감소한다. 이처럼 구매자가 특정 상품에 갖는 충성도가 높아지면, 판매자의 독점적 지위는 강화된다.

[예시 9] 2024학년도 6평 8~11번 <고체 촉매> 中 : 추상적, 주관적 범주 "흡착 세기가 적절해야"

~
고체 촉매는 대부분 활성 성분, 지지체, 증진제로 구성된다.

　활성 성분은 그 표면에 반응물을 흡착시켜 촉매 활성을 제공하는 물질이다. 고체 촉매의 촉매 작용에서는 반응물이 먼저 활성 성분의 표면에 화학 흡착되고, 흡착된 반응물이 표면에서 반응하여 생성물로 변환된 후, 생성물이 표면에서 탈착되는 과정을 거쳐 반응이 완결된다. 금속은 다양한 물질들이 표면에 흡착될 수 있어 여러 반응에서 활성 성분으로 사용된다. 예를 들면, 암모니아를 합성할 때 철을 활성 성분으로 사용하는데, 이때 반응물인 수소와 질소가 철의 표면에 흡착되어 각각 원자 상태로 분리된다. 흡착된 반응물은 전자를 금속 표면의 원자와 공유하여 안정화된다. 반응물의 흡착 세기는 금속의 종류에 따라 달라진다. 이때 흡착 세기가 적절해야 한다. 흡착이 약하면 흡착량이 적어 촉매 활성이 낮으며, 흡착이 너무 강하면 흡착된 반응물이 지나치게 안정화되어 표면에서의 반응이 느려지므로 촉매 활성이 낮다. 일반적으로 고체 촉매에서는 반응에 관여하는 표면의 활성 성분 원자가 많을수록 반응물의 흡착이 많아 촉매 활성이 높아진다.

　금속은 열적 안정성이 낮아, 화학 반응이 일어나는 고온에서 금속 원자들로 이루어진 작은 입자들이 서로 달라붙어 큰 입자를 이루게 되는데 이를 소결이라 한다. 입자가 소결되면 금속 활성 성분의 전체 표면적은 줄어든다. 이러한 문제를 해결하는 것이 지지체이다. 작은 금속 입자들을 표면적이 넓고 열적 안정성이 높은 지지체의 표면에 분산하면 소결로 인한 촉매 활성 저하가 억제된다. 따라서 소량의 금속으로도 ㉠금속을 활성 성분으로 사용하는 고체 촉매의 활성을 높일 수 있다.

　증진제는 촉매에 소량 포함되어 활성을 조절한다. 활성 성분의 표면 구조를 변화시켜 소결을 억제하기도 하고, 활성 성분의 전자 밀도를 변화시켜 흡착 세기를 조절하기도 한다. 고체 촉매는 활성 성분이 반드시 있어야 하지만 경우에 따라 증진제나 지지체를 포함하지 않기도 한다.

흡착이 약하면 흡착량이 적어 촉매 활성이 낮으며, 흡착이 너무 강하면 흡착된 반응물이 지나치게 안정화되어 표면에서의 반응이 느려지므로 촉매 활성이 낮다. (일반적으로) 고체 촉매에서는 (반응에 관여하는 표면의 활성 성분 원자가 많을수록) (반응물의 흡착이 많아) (촉매 활성이 높아진다.)

입자가 소결되면 (금속 활성 성분의 전체 표면적이) 줄어든다. 이러한 문제를 해결하는 것이 (지지체)이다. 작은 금속 입자들을 (표면적이 넓고 열적 안정성이 높은) 지지체의 표면에 분산하면 (소결로 인한 촉매 활성 저하가) 억제된다.

　비핵화 – 비문학 공부의 **핵심, 그림**에 있다.

[예시 10] 2025학년도 9평 8~11번 <블록체인 기술> 中

블록체인 기술에서 고려해야 할 세 가지 특성이 있다. 보안성은 데이터의 무단 변경이 어려울 뿐 아니라 동일한 내용의 데이터가 블록체인의 서로 다른 블록에 또는 단일 블록에 이중으로 포함되는 것이 어렵다는 성질이다. 승인 과정에 걸리는 시간이 줄거나 노드 수가 감소하면 보안성은 낮아진다. 탈중앙성은 승인 과정에 다수의 노드들이 참여하고, 특정 노드가 승인 과정을 주도하지 않는다는 성질이다. 노드 수가 감소하면 탈중앙성은 낮아진다. 확장성은 블록체인 기술이 목표로 하는 응용 분야에 적용 가능할 만큼 성능이 높고, 노드 수가 증가해도 서비스 유지가 가능하다는 성질이다. 노드 수가 증가하면 성능이 저하되므로, 확장성이 높다는 것은 노드 수가 증가하더라도 성능 저하가 크지 않다는 것을 의미한다. 그래서 기술 변화 없이 확장성을 높이고자 할 때 노드 수를 제한하는 방법이 사용되기도 한다. 노드 수를 제한하면 성능 저하를 막을 수 있기 때문이다. 아직까지 블록체인 기술은 보안성, 탈중앙성, 확장성을 함께 높일 수 있는 방법이 없어 대규모로 채택되지 못하고 있다.

승인 과정에 걸리는 시간이 줄거나 or 노드 수가 감소하면 보안성은 낮아진다.

노드 수가 감소하면 탈중앙성은 낮아진다.

노드 수가 증가하면 성능이 저하되므로, 확장성이 높다는 것은 (노드 수가 증가하더라도) 성능 저하가 크지 않다는 것을 의미한다.

비문학 지문에는 어떤 평서문 앞에 근거가 붙는 경우가 있다. 어떤 내용이 그냥 성립되는 것이 아니라, 어떤 다른 요소에 근거해서 성립했다는 뜻이기 때문에 근거가 붙으면 반드시 확보해줘야 한다. 예시 지문을 통해 지문에 어떻게 구현되어 있는지 알아보자. 근거는 일종의 인과로 볼 수 있기 때문에, 앞서 인과를 배울 때 지문에 표시하면 읽었던 것처럼, 조건을 괄호로 묶어서 그 조건에 따른 결과에 화살표로 연결해주며 읽자.

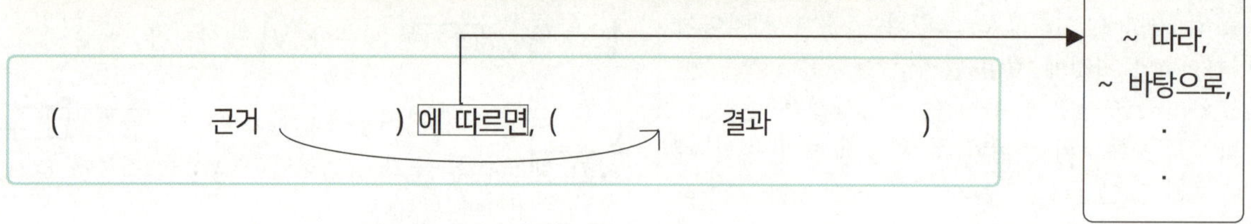

*근거는 수식어의 형태로 붙는 경우가 많은데, 이때 무의식적으로 별생각 없이 넘길 수 있기 때문에 애초에 의식적으로 확보하자는 생각을 습관화하는 것이 좋다.

[예시 지문]

고려 때 중국 유서를 수용한 이후, 조선에서는 중국 유서를 활용하는 한편, (중국 유서의 편찬 방식에 따라) 필요에 맞게 유서를 편찬하였다.

정리 과정에서 (주자학적 역사관이 담긴 자치통감강목에 따라) 역대 국가를 정통과 비정통으로 구분했지만, (편찬 형식 측면에서는) 강목체를 따르지 않았다. 또한 (올바른 정치의 여부에 따라) 국가의 운명이 다하고 천명이 옮겨 간다는 내용을 드러내고자 기존 역사서와 달리 국가 간 전쟁과 외교 문제, 국가 말기의 혼란과 새 국가 초기의 혼란 수습 등을 부각하였다.

(자신의 이기론을 바탕으로) 더 나은 세상을 이루려 했던 율곡 이이의 노력은 수기치인의 실천이라 할 만하다.

(수양론의 한 가지 기반으로), 율곡은 이통기국을 주장한다.

개화당의 한 인사가 제시한 개화 개념은 (성문화된 규정에 따른) 데민 정치에서의 법적 처리 절차 실현 등 서양 근대 국가의 통치 방식으로의 변화를 내포하는 것이었다.

(항상 존재하는 도는 개별 법칙을 포괄하기 때문에) 다양한 개별 사건의 시비를 판단하는 기준이 될 수 있고, [(이러한 도에 근거해서) 입법해야] 다양한 사건을 판단할 수 있다고 본 것이다.

중국 송나라 이후, (유학자들은 이러한 유학의 도를 기반으로) 현상 세계 너머의 근원으로서 도가의 도에 주목하여 노자 주석을 전개했다.

클라이버는 (이런 방법에 근거하여) I_s-그래프에 나타난 최적의 직선의 기울기로 0.75를 얻었고,

~에 따라
(편찬 형식 측면에서는)
~을 바탕으로
~을 기반으로,
~에 따른
~에 근거하여
이런 근거를 제시할 때 사용하는 표현을 익숙하게 해두자. 중요한 것은 독해할 때 저걸 보고 '아 이거 근거인지 조건인지 봐보자 근거인가?' 이런 생각을 할 것이 아니라, 근거고 조건이고 뭐고 할 거 없이, 그냥 자연스럽게 저런 표현을 보면 인과를 처리하는 것처럼 화살표로 그 근거로 도출된 결과에 연결시켜 정보를 처리하면 된다.

[(이러한 도에 근거해서) 입법해야]
조건 속의 근거, 수식어 확보를 잘해야 하는 이유
이러한 도에 근거해서 입법한다는 조건을 만족해야 다양한 사건을 판단할 수 있다는 결과가 나오는데,

[생각 4] 역접 : 구분의 단서

 등등 이전에 서술하고 있던 내용과 반대되는 내용을 암시하는 역접의 표지어를 발견하면, 세모 표시를 해주고 앞에 서술하고 있던 범주와의 구분에 집중하며 읽어야 한다. 항상 문단과 문단, 그리고 문장과 문장을 구분하고 연결하라고 했는데, 이때 구분해야 함을 암시하는 힌트가 바로 이런 역접의 표지어일 수 있다.

이때, 역접의 표지어에 세모 표시를 치고, 그 표지어에 묶인 내용이 앞 내용과 어떤 관계인지 파악하며 읽자.

______________________. 그러나 ______________________.

[예시 지문]

아도르노는 예술이 예술가에게 포착된 세계의 본질을 감상자로 하여금 체험하게 하는 것이어야 한다고 본다. 그러나 그는 이러한 미적 체험을 현대 사회의 부조리에 국한시킴으로써, 진정한 예술을 감각적 대상인 형태 그 자체의 비정형성에 대한 체험으로 한정한다.

'귤은 맛있다.'는 화자의 선호라는 감정을 표현한다. 하지만 그 문장이 '귤은 맛있다면 귤은 비싸다.'처럼 조건문의 일부가 되면 귤에 관한 화자의 선호를 표현하지 않는다.

그런데 전통 논리학에서는 "만약 A이면 B이다."라는 형식의 명제가 A가 거짓인 경우에는 B의 참 거짓에 상관없이 참이라고 규정한다. 그럼에도 내가 만약 그 기차를 탔다면 여전히 지각을 했을 것이라고 주장하지는 않는 이유는 무엇일까?

국제법에서 일반적으로 조약은 국가나 국제기구들이 그들 사이에 지켜야 할 구체적인 권리와 의무를 명시적으로 합의하여 창출하는 규범이며, 국제 관습법은 조약 체결과 관계없이 국제 사회 일반이 받아들여 지키고 있는 보편적인 규범이다. 반면에 경제 관련 국제기구에서 어떤 결정을 하였을 경우, 이 결정 사항 자체는 권고적 효력만 있을 뿐 법적 구속력은 없는 것이 일반적이다. 그런데 국제결제은행 산하의 바젤위원회가 결정한 BIS 비율 규제와 같은 것들이 비회원인 국가에서도 엄격히 준수되는 모습을 종종 보게 된다.

데이터 이동권이란 정보 주체가 본인의 데이터를 보유한 자에게 데이터 이동을 요청하면, 그 데이터를 본인 혹은 지정한 제3자에게 무상으로 전송하게 하는 권리이다. 다만, 본인의 데이터라도 빅 데이터 보유기기 수집하여, 분석·가공하는 개발 과정을 거쳐 새로운 가치가 생성된 것은 이에 해당되지 않는다.

이렇게 역접의 표지어가 나오면 세모 치고, 역접으로 연결된 두 정보의 관계를 파악하면서 읽어주면 된다.

[한 문장 내에서의 역접]

역접으로 연결된 두 정보를 비교해서, 공통점과 차이점을 명확히 끄집어내고 나서 넘어가야 한다.

[한 문장이 끝나고, 새로운 문장이 역접으로 연결되는 경우]

보통 역접의 표지어가 나오면 앞 내용과 대비되는 새로운 범주를 도입하고, 그 내용을 또 새로운 문장 N개를 붙여서 구체화하는 경우가 많다.
하지만 이때도 역접으로 연결된 두 정보를 비교해서, 공통점과 차이점을 명확히 끄집어내고 나서 넘어가야 한다.

[생각 5] 예시의 활용

예시와 원론적인 설명은 한 덩어리

예시는 보통 원론적인 설명을 하고, 이를 구체적으로 적용할 때 나온다. 이때, 예시를 읽으면서 예시에 등장하는 각각의 요소가 원론적인 이야기에서 무엇을 지칭하는지 파악하며 읽어야 하고, 읽으면서 원론적인 설명이 실제로 적용되는 양상을 이해하면 된다.

예시는 추상적인 설명 / 주관적 해석의 여지가 있는 설명 명확하게

예시는 일반적인 설명에서 추상적이거나 주관적 해석의 여지가 있는 부분을 명확하게 해주는 역할도 한다. 예를 들어 일반적인 설명에서 '아름답다'와 같이 표현하면, 사람에 따라 '아름답다'의 기준이 다르기 때문에 주관적 해석의 여지가 생긴다. 하지만 비문학 지문은 해석에 있어 주관적 여지가 생기면 안되지 않은가? 그래서 이런 경우 보통 문제에서 그 부분에 대해 학생이 아름다운지 아름답지 않은지 판단하라고 하지 못한다. 그래서 예시에서 'A는 이 지문의 주장에 따르면 아름다운 것으로 본다.' 이런식으로 제시되는 경우가 있다. 따라서, 이런 예시가 주어진 경우에는 문제에서 A가 아름답냐고 물어보면 맞다고 할 수 있는 것이다. 이런식으로 예시는 추상적인 설명 / 주관적 해석의 여지가 있는 설명에 대해 그 기준을 제공하는 역할을 하기도 한다.

항상 주의해야 할 점은, 예시가 나오면 이것이 무엇에 대한 예시인지 확정짓고, 그 '무엇'에 연결해서 그 예시를 읽어야 한다는 점이다. 이제 예시 지문을 통해 적용해보도록 하자.

한 범주에 대한 예시가 2개 이상이면 '쪼개기'로 보고 공통서술범주에 입각한 비교·대조 준비

한 범주에 대해 예시가 두 개 이상 병치되면, 우리가 앞서 공부했던 요소 쪼개기로 봐야 한다. 그러면, 자연스럽게 그 두 가지 예시의 공통점과 차이점을 '공통서술범주'에 입각해 비교·대조할 준비를 해야 한다.

[예시 지문]

[예시 1] 2023학년도 9평 4~9번 <아도르노의 예술관 (나)> 中

아도르노의 미학은 예술과 사회의 관계를 통해 예술의 자율성을 추구했다는 점에서 긍정적으로 평가된다. 예술은 사회적인 것인 동시에 사회에서 떨어져 사회의 본질을 직시하는 것이어야 한다고 보기 때문이다. 그의 미학은 기존의 예술에 대한 비판적 관점을 제공한다. 가령 사과를 표현한 세잔의 작품을 아도르노의 미학으로 읽어 낸다면, 이 그림은 사회의 본질과 유리된 '아름다운 가상'을 표현한 것에 불과할 것이다.

항상 예시가 등장하면 그 예시가 어떤 범주에 대한 예시인지 파악하고, 그 원론적인 설명이 예시에서 실제로 어떻게 구현되는지 매칭하며 읽어야 한다.

여기서는 아도르노의 미학에 대해 설명한 후, [그의 미학은 기존의 예술에 대한 비판적 관점을 제공한다.] 이것을 예시를 통해 구체화한다. '사과를 표현한 세잔의 작품' 이 바로 '기존의 예술' 인 것이다. 아도르노는 [예술은 사회적인 것인 동시에 사회에서 떨어져 사회의 본질을 직시하는 것]이라고 했기 때문에 그 예술 작품에 대해 [사회의 본질과 유리된 '아름다운 가상'을 표현한 것]이라고 비판적 관점을 제공한 것이다.

_기존의 예술과 비판적 관점이 예시에서 어떤 것에 해당하는지 매칭시키며 읽었다. 앞으로 모든 예시는 이렇게 원론적인 설명과 연결하며 읽어야 한다.

전통적인 윤리학의 주요 주제는 '선', '올바름'과 같은 도덕 용어에 대한 해명을 바탕으로 무엇이 옳고 그른지를 판정하는 객관적 근거를 찾는 것이다. 그러나 윤리학은 오랫동안 그에 대한 만족스러운 답을 내놓지 못했다. 이러한 상황에서 에이어는 도덕적으로 옳고 그름에 관한 문장인 도덕 문장이 진리 적합성, 즉 참 또는 거짓일 수 있다는 성질을 갖지 않는다는 주장을 펼쳤다.

에이어는 진리 적합성을 갖는 모든 문장은 그 문장에 사용된 단어의 정의를 통해 검증되는 분석적 문장이거나 경험적 관찰에 의해 검증되는 종합적 문장이라는 원리를 바탕으로 도덕 문장은 진리 적합성이 없다고 주장했다. 우선 그는 도덕 문장은 분석적이지 않다는 기존의 논의를 수용했다. '선은 A이다.'라는 도덕 문장이 분석적이려면, 술어인 'A'가 주어인 '선'이라는 개념 속에 내포되어 있어야 한다. 하지만 '선'은 속성이나 내용을 더 이상 분석할 수 없는 단순 개념이므로 해당 문장은 분석적이지 않다. 그렇다고 해서 '선은 A이다.'라는 도덕 문장이 경험적 관찰로 검증될 수 있는 것도 아니다. '선' 그 자체는 우리의 감각으로 검증할 수 없기 때문이다.

도덕 문장은 다양한 감정이나 태도를 표현하고 타인의 감정을 불러일으키는 정서적 의미를 갖는다고 에이어는 주장했다. 그는 많은 사람들이 도덕 문장이 진리 적합성을 갖는다고 오해하는 것은 도덕 용어의 두 가지 용법을 구분하지 못해서라고 주장한다. 그에 따르면 도덕 용어는 감정을 표현하는 표현적 용법으로도, 세계에 관한 어떤 사실을 기술하는 기술적 용법으로도 사용될 수 있다. 만약 '도둑질은 나쁘다.'가 도둑질이 사회적으로 배척된다는 사실을 기술하는 문장이라면, 이 문장은 도덕적으로 옳고 그름에 관한 것이 아니다. 따라서 이 문장은 도덕 문장이 아니고, 경험적으로 검증이 가능하다. 반대로 그 문장이 도둑질에 대한 화자의 감정을 표현한 문장이라면 이는 도덕 문장이며 어떤 사실을 기술한 것이 아니다. 에이어에게는 '도둑질은 나쁘다.'와 같은 도덕 문장을 진술하는 것은 감정을 담은 어조로 '네가 도둑질을 하다니!'라고 말하는 것과 다름없기 때문이다. 그의 주장대로라면 도덕 문장은 감정을 표현하는 도덕 주체로부터 독립적으로 존재하는 무언가를 기술할 수 없다. 이는 전통적인 윤리학자들의 기본 가정을 부정하는 급진적 주장이지만 윤리학에 새로운 사고를 열어준 선구적인 면도 있다.

'선은 A이다.'
도덕 문장은 진리 적합성이 없다는 주장을 위와 같은 도덕 문장을 예시로 들어 자세히 설명하고 있다.
"선은 A이다." 라는 문장이 분석적이지도, 종합적이지도 않기 때문에 도덕 문장이 아니라는 논리다.

그에 따르면 도덕 용어는 감정을 표현하는 표현적 용법으로도, 세계에 관한 어떤 사실을 기술하는 기술적 용법으로도 사용될 수 있다.
이런 에이어의 주장을 예시를 통해 구체화해준다.

"도둑질은 나쁘다." 라는 문장을 예시로 들어,
도둑질이 사회적으로 배척된다는 사실을 기술하는 문장이라면, 이 문장은 도덕적으로 옳고 그름에 관한 것이 아니다. 따라서 이 문장은 도덕 문장이 아니고, 경험적으로 검증이 가능하다.
_이렇게 기술적 용법으로 사용될 수 있다는 점,

반대로 그 문장이 도둑질에 대한 화자의 감정을 표현한 문장이라면 이는 도덕 문장이며 어떤 사실을 기술한 것이 아니다. 에이어에게는 '도둑질은 나쁘다.'와 같은 도덕 문장을 진술하는 것은 감정을 담은 어조로 '네가 도둑질을 하다니!'라고 말하는 것과 다름없기 때문이다.
_이렇게 표현적 용법으로 사용될 수 있다는 점
모두를 각각 구체화해준다. '나쁘다' 라는 도덕 용어가 두 가지 용법으로 사용됨을 알 수 있다.

[예시 3] 2020학년도 수능 16~20번 <베이즈주의의 '믿음의 정도'와 '조건화 원리'> 中

　㉠많은 전통적 인식론자는 임의의 명제에 대해 우리가 세 가지 믿음의 태도 중 하나만을 가질 수 있다고 본다. 가령 '내일 눈이 온다.'는 명제를 참이라고 믿거나, 거짓이라고 믿거나, 참이라 믿지도 않고 거짓이라 믿지도 않을 수 있다. 반면 ㉡베이즈주의자는 믿음은 정도의 문제라고 본다. 가령 각 인식 주체는 '내일 눈이 온다.'가 참이라는 것에 대하여 가장 강한 믿음의 정도에서 가장 약한 믿음의 정도까지 가질 수 있다. 이처럼 베이즈주의자는 믿음의 정도를 믿음의 태도에 포함함으로써 많은 전통적 인식론자들과 달리 믿음의 태도를 풍부하게 표현한다.

많은 전통적 인식론자는 임의의 명제에 대해 우리가 세 가지 믿음의 태도 중 하나만을 가질 수 있다고 본다.
＿이런 원론적인 설명에 대해,
가령 '내일 눈이 온다.'는 명제를 참이라고 믿거나, 거짓이라고 믿거나, 참이라 믿지도 않고 거짓이라 믿지도 않을 수 있다.
＿ '내일 눈이 온다.' 는 명제를 도입해 세 가지 믿음의 태도를 "참이라 믿음, 거짓이라 믿음, 참이라 믿지 않고 거짓이라 믿지도 않음" 과 같이 구체적으로 제시해준다.

반면 ㉡베이즈주의자는 믿음은 정도의 문제라고 본다.
＿이런 원론적인 설명에 대해,
가령 각 인식 주체는 '내일 눈이 온다.'가 참이라는 것에 대하여 가장 강한 믿음의 정도에서 가장 약한 믿음의 정도까지 가질 수 있다.
＿앞에서 전통적 인식론자의 주장에 대한 예시를 들 때 사용했던 명제와 같은 명제를 활용해 '믿음은 정도의 문제' 를 [참이라는 것에 대하여 가장 강한 믿음의 정도에서 가장 약한 믿음의 정도까지 가질 수 있다.]와 같이 구체적으로 설명해주고 있다.

예시는 이렇게 원론적인 설명과 붙여서 이해하면 된다.

[예시 4] 2023학년도 6평 14~17번 <이중차분법> 中

　평행추세 가정이 충족되지 않는 경우에 이중차분법을 적용하면 사건의 효과를 잘못 평가하게 된다. 예컨대 ㉠어떤 노동자 교육 프로그램의 고용 증가 효과를 평가할 때, 일자리가 급격히 줄어드는 산업에 종사하는 노동자의 비중이 비교집단에 비해 시행집단에서 더 큰 경우에는 평행추세 가정이 충족되지 않을 것이다. 그렇다고 해서 집단 간 표본의 통계적 유사성을 높이려고 사건 이전 시기의 시행집단을 비교집단으로 설정하는 것이 평행추세 가정의 충족을 보장하는 것은 아니다. 예컨대 고용처럼 경기변동에 민감한 변화라면 집단 간 표본의 통계적 유사성보다 변화 발생의 동시성이 이 가정의 충족에서 더 중요할 수 있기 때문이다.

평행추세 가정이 충족되지 않는 경우에 이중차분법을 적용하면 사건의 효과를 잘못 평가하게 된다.
＿이런 원론적인 설명에서 '평행추세 가정이 충족되지 않는다는 것' 을 어떤 노동자 교육 프로그램의 고용 증가 효과를 평가하는 경우를 예시로 들어 구체화해주고 있다.
[일자리가 급격히 줄어드는 산업에 종사하는 노동자의 비중이 비교집단에 비해 시행집단에서 더 큰 경우]가 이에 해당한다.

그렇다고 해서 집단 간 표본의 통계적 유사성을 높이려고 사건 이전 시기의 시행집단을 비교집단으로 설정하는 것이 평행추세 가정의 충족을 보장하는 것은 아니다.
＿이런 원론적인 설명을 앞서 들었던 고용 예시 [예컨대 고용처럼 경기변동에 민감한 변화라면]를 다시 활용해 더 구체적으로 설명해주고 있다. 저 예시에서, 사건 이전 시기의 시행집단을 비교집단으로 설정하는 것이 평행추세 가정의 충족을 보장하는 것은 아닌 이유를 제시하고 있는 것이다.

가능 세계를 통한 담론은 우리의 일상적인 몇몇 표현들을 보다 잘 이해하는 데 도움이 된다. 다음 상황을 생각해 보자. 나는 현실에서 아침 8시에 출발하는 기차를 놓쳤고, 지각을 했으며, 내가 놓친 기차는 제시간에 목적지에 도착했다. 그리고 나는 "만약 내가 8시 기차를 탔다면, 나는 지각을 하지 않았다."라고 주장한다. 그런데 전통 논리학에서는 "만약 A이면 B이다."라는 형식의 명제는 A가 거짓인 경우에는 B의 참 거짓에 상관없이 참이라고 규정한다. 그럼에도 내가 만약 그 기차를 탔다면 여전히 지각을 했을 것이라고 주장하지는 않는 이유는 무엇일까? 내가 그 기차를 탄 가능세계들을 생각해 보면 그 이유를 알 수 있다. 그 가능세계 중 어떤 세계에서 나는 여전히 지각을 한다. 가령 내가 탄 그 기차가 고장으로 선로에 멈춰 운행이 오랫동안 지연된 세계가 그런 예이다. 하지만 내가 기차를 탄 세계들 중에서, 내가 기차를 타고 별다른 이변 없이 제시간에 도착한 세계가 그렇지 않은 세계보다 우리의 현실세계와의 유사성이 더 높다. 일반적으로, A가 참인 가능세계들 중에 비교할 때, B도 참인 가능세계가 B가 거짓인 가능세계보다 현실세계와 더 유사하다면, 현실세계의 나는 A가 실현되지 않은 경우에, 만약 A라면 ~B가 아닌 B이라고 말할 수 있다.

가능 세계를 통한 담론은 우리의 일상적인 몇몇 표현들을 보다 잘 이해하는 데 도움이 된다.
_이런 원론적인 설명을 [다음 상황을 생각해 보자.]로 시작하는 기차 예시로 구체화 시켜주고 있다.

나는 현실에서 아침 8시에 출발하는 기차를 놓쳤고, 지각을 했으며, 내가 놓친 기차는 제시간에 목적지에 도착했다. 그리고 나는 "만약 내가 8시 기차를 탔다면, 나는 지각을 하지 않았다."라고 주장한다.
_일단 이런 상황을 제시해주고,

그런데 전통 논리학에서는 "만약 A이면 B이다."라는 형식의 명제는 A가 거짓인 경우에는 B의 참 거짓에 상관없이 참이라고 규정한다.
_ '나' 의 주장과 반하는 이런 전통 논리학의 원론적인 설명을 제시한 후,

그럼에도 내가 만약 그 기차를 탔다면 여전히 지각을 했을 것이라고 주장하지는 않는 이유는 무엇일까?
_그 전통 논리학의 원론적인 설명과 반하는 일상적인 표현(나의 주장)에 대해 예시를 통해 구체화한다.
_질문이 제시되었으니, 그 질문에 대한 답을 찾는데 집중해야 한다.

내가 그 기차를 탄 가능세계들을 생각해 보면 그 이유를 알 수 있다. 그 가능세계 중 어떤 세계에서 나는 여전히 지각을 한다. 가령 내가 탄 그 기차가 고장으로 선로에 멈춰 운행이 오랫동안 지연된 세계가 그런 예이다. 하지만 내가 기차를 탄 세계들 중에서, 내가 기차를 타고 별다른 이변 없이 제시간에 도착한 세계가 그렇지 않은 세계보다 우리의 현실 세계와의 유사성이 더 높다.
_결국 이 지문의 첫 문장에서와 같이, 가능 세계를 통한 담론으로 일상적인 표현을 더 잘 이해시킨 것이다. 예시를 읽어보면, 내가 만약 그 기차를 탔다면 여전히 지각을 했을 것이라고 주장하지는 않는 이유는 바로 현실 세계와의 유사성 때문이다.

일반적으로, A가 참인 가능세계들 중에 비교할 때, B도 참인 가능세계가 B가 거짓인 가능세계보다 현실세계와 더 유사하다면, 현실세계의 나는 A가 실현되지 않은 경우에, 만약 A라면 ~B가 아닌 B이라고 말할 수 있다.
_앞서 제시된 예시를 원론적인 설명으로 바꿔서 정리해주고 있다. 이때, A와 B가 예시에서 어떤 요소에 해당하는지를 생각하며 예시에 붙여서 이해해주고 넘어가면 된다.

[예시 6] 2019학년도 9평 21~25번 <CDS 프리미엄> 中

CDS는 채권 투자자들이 신용 위험을 피하려는 목적으로 활용하는 파생 금융 상품이다. CDS 거래는 '보장 매입자'와 '보장 매도자' 사이에서 이루어진다. 여기서 '보장'이란 신용 위험으로부터의 보호를 뜻한다. 보장 매도자는, 보장 매입자가 보유한 채권에서 부도가 나면 이에 따른 손실을 보상하는 역할을 한다. CDS 거래를 통해 채권의 신용 위험은 보장 매입자로부터 보장 매도자로 이전된다. CDS 거래에서 신용 위험의 이전이 일어나는 대상 자산을 '기초 자산'이라 한다.

가령 은행 ㉠갑은, 기업 ㉡을이 발행한 채권을 매입하면서 그것의 신용 위험을 피하기 위해 보험 회사 ㉢병과 CDS 계약을 체결할 수 있다. 이때 기초 자산은 을이 발행한 채권이다.

가령 은행 ㉠갑은, 기업 ㉡을이 발행한 채권을 매입하면서 그것의 신용 위험을 피하기 위해 보험 회사 ㉢병과 CDS 계약을 체결할 수 있다. 이때 기초 자산은 을이 발행한 채권이다.

_앞 문단에서 주어진 CDS 거래에 대한 설명을 예시를 통해 이해를 돕고 있다. 이때, 그 원론적인 설명과 예시를 매칭하며 읽어야 한다.

보장 매입자 = 은행 갑,
보장 매도자 = 보험 회사 병

이렇게 읽으면서 바로바로 매칭을 해야 한다.
그리고, [이때 기초 자산은 을이 발행한 채권이다.] 이런 말이 없었더라도, 앞에서 기초 자산의 개념을 잘 이해하고 넘어갔다면, 신용 위험의 이전이 일어나는 대상 자산은 갑이 매입한 채권이므로

기초 자산 = 기업 을이 발행한 채권

이렇게 매칭할 수 있어야 한다.

[예시 7] 2023학년도 수능 10~13번 <법령에서의 불확정 개념> 中

법령의 조문은 대개 'A에 해당하면 B를 해야 한다.'처럼 요건과 효과로 구성된 조건문으로 규정된다. 하지만 그 요건이나 효과가 항상 일의적인 것은 아니다. 법조문에는 구체적 상황을 고려해야 그 상황에 맞는 진정한 의미가 파악되는 불확정 개념이 사용될 수 있기 때문이다. 개인 간 법률관계를 규율하는 민법에서 불확정 개념이 사용된 예로 '손해 배상 예정액이 부당히 과다한 경우에는 법원은 적당히 감액할 수 있다.'라는 조문을 들 수 있다. 이때 법원은 요건과 효과를 재량으로 판단할 수 있다. 손해배상예정액은 위약금의 일종이며, 계약 위반에 대한 제재인 위약벌도 위약금에 속한다. 위약금의 성격이 둘 중 무엇인지 증명되지 못하면 손해 배상 예정액으로 다루어진다.

하지만 그 요건이나 효과가 항상 일의적인 것은 아니다. 법조문에는 구체적 상황을 고려해야 그 상황에 맞는 진정한 의미가 파악되는 불확정 개념이 사용될 수 있기 때문이다.

_법령의 요건과 효과가 항상 일의적인 것은 아님을 언급하며 그 이유로 불확정 개념을 도입한다.

개인 간 법률관계를 규율하는 민법에서 불확정 개념이 사용된 예로 '손해 배상 예정액이 부당히 과다한 경우에는 법원은 적당히 감액할 수 있다.'라는 조문을 들 수 있다. 이때 법원은 요건과 효과를 재량으로 판단할 수 있다.

_그리고 민법에서의 예시를 활용해 불확정 개념에 대한 원론적인 설명의 이해를 돕는다.

'A에 해당하면 B를 해야 한다.' 라는 일반적인 법조문에서,

A : 손해 배상 예정액이 부당히 과다한 경우 (요건)
B : 법은 적당히 감액할 수 있다. (효과)

이렇게 매칭되는데,
'부당히 과다하다.', '적당히 감액한다.' 이 두 표현 모두 일의적이지 않음을 알 수 있다. 부당하다는 것과 적당하다는 것이 사람마다 생각하기 나름이기 때문에 하나로 정해진 기준이 없다는 말이다. 따라서 법원이 그 요건과 효과를 재량으로 판단한다는 것이라고 이해할 수 있다.

[예시 8] 2019학년도 6평 22~26번 <임의 법규> 中

한편 체결된 계약 내용이 법률에 정해진 내용과 어긋날 때 법적 불이익이 있을 뿐 아니라 체결된 계약의 효력 자체도 인정되지 않아 급부 의무가 부정되는 경우가 있다. 이에 해당하는 법조문을 '강행 법규'라고 한다. 이 경우 계약 당사자들은 상대에게 급부를 하라고 요구할 수는 없다. 이미 급부를 이행하여 재산적 이익을 넘겨주었다면 이 이익은 '부당 이득'에 해당하기 때문에 반환을 요구할 수 있다. 즉 '부당 이득 반환 청구권'이 인정된다. 의사와 의사 아닌 사람의 의료 기관 동업을 금지하는 법률 규정은 강행 법규이다. 따라서 ⓒ의사와 의사 아닌 사람이 체결한 동업 계약은 계약의 효력이 부정된다. 다만 계약에 따라 이미 동업 자금을 건넸다면 이 돈을 반환하라고 요구하는 것은 가능하다.

계약 내용이 강행 법규에 어긋날 때는, 법적 불이익도 있고, 계약의 효력 자체가 인정되지 않아 급부 의무가 부정된다고 서술한다.
또한, 이미 급부를 이행했으면 이로 인해 얻은 이익에 대한 반환 청구권도 인정된다.

이런 원론적인 설명을 강행 법규인[의사와 의사 아닌 사람의 의료 기관 동업을 금지하는 법률 규정]의 예시를 들어 구체적으로 적용해보고 있다.
위에서 설명한 바와 같이 [계약의 효력이 부정된다.]고 서술하고, 그 이후 설명은 원론적인 설명과 연결해서 아래와 같은 생각을 하며 읽었어야 한다.
[다만 계약에 따라 이미 동업 자금을 건넸다면(=급부를 이행했으면) 이 돈(=부당 이득)을 반환하라고 요구하는 것은 가능하다.(=부당 이득 반환 청구권이 인정된다.)]]

[예시 9] 2021학년도 수능 26~30번 <예약> 中

민법상의 권리는 여러 가지가 있는데 계약 없이 법률로 정해진 요건의 충족으로 발생하기도 하지만 대개 계약의 효력으로 발생한다. 계약이란 권리 발생 등에 관한 당사자의 합의로서, 계약이 성립하면 합의 내용대로 권리 발생 등의 효력이 인정되는 것이 원칙이다. 당장 필요한 재화나 서비스는 그 제공을 급부로 하는 계약을 성립시켜 확보하면 되지만 미래에 필요할 수도 있는 재화나 서비스라면 계약을 성립시킬 수 있는 권리를 확보하는 것이 유리하다. 이를 위해 '예약'이 활용된다. 일상에서 예약이라고 할 때와 법적인 관점에서의 예약은 구별된다. ㉠기차 탑승을 위해 미리 돈을 지불하고 승차권을 구입하는 것을 '기차 승차권을 예약했다'고도 하지만 이 경우는 예약에 해당하지 않는 계약이다. 법적으로 예약은 당사자들이 합의한 내용대로 권리가 발생하는 계약의 일종으로, 재화나 서비스 제공을 급부 내용으로 하는 다른 계약인 '본계약'을 성립시킬 수 있는 권리 발생을 목적으로 한다.
~
둘째는 예약 완결권을 발생시키는 예약이다. 이 경우 예약상 권리자가 본계약을 성립시키겠다는 의사를 표시하는 것만으로 본계약이 성립한다. 가족 행사를 위해 식당을 예약한 사람이 식당에 도착하여 예약 완결권을 행사하면 곧바로 본계약이 성립하므로 식사 제공이라는 급부에 대한 계약상의 채권이 발생한다.

일상에서 예약이라고 할 때와 법적인 관점에서의 예약은 구별된다.
_이런 원론적인 설명에 이어 바로 예시가 나온다. 이때, ㉠기차 탑승을 위해 미리 돈을 지불하고 승차권을 구입하는 것을 '기차 승차권을 예약했다'고도 하지만 이 경우는 예약에 해당하지 않는 계약이다.
_기차 탑승을 위해 미리 돈을 지불하고 승차권을 구입하는 것을 '기차 승차권을 예약했다' 고도 할 때 그 예약은, 원론적인 설명에서 나온 '일상에서의 예약' 에 해당한다고 어렵지 않게 이해할 수 있다.
결국, '예약에 해당하지 않는 계약' 과 '일상에서의 예약' 은 같은 의미 다른 표현인 것이다.

둘째는 예약 완결권을 발생시키는 예약이다. 이 경우 예약상 권리자가 본계약을 성립시키겠다는 의사를 표시하는 것만으로 본계약이 성립한다.
_이런 원론적인 설명에 이어 바로 [가족 행사를 위해 식당을 예약한 사람]의 예시가 나온다.

가족 행사를 위해 식당을 예약한 사람(=예약상 권리자)이 식당에 도착하여 예약 완결권을 행사하면(=본계약을 성립시키겠다는 의사를 표시하는 것만으로) 곧바로 본계약이 성립하므로 식사 제공이라는 급부에 대한 계약상의 채권이 발생한다.
_이렇게 원론적인 설명이 예시에 어떻게 반영되어 있는지 매칭하며 읽어야 한다.

물건을 사용하고 있는 사람이 그 물건의 주인일까? 점유란 물건에 대한 사실상의 지배 상태를 뜻한다. 이에 비해 소유란 어떤 물건을 사용·수익·처분할 수 있는 권리를 가진 상태라고 정의된다. 따라서 점유자와 소유자가 항상 일치하지는 않는다.

물건을 빌려 쓰거나 보관하고 있는 것을 포함하여 물건을 물리적으로 지배하는 상태를 직접점유라고 한다. 이에 비해 어떤 물건을 빌려 쓰거나 보관하는 사람에게 그 물건의 반환을 청구할 수 있는 권리를 가진 사람도 사실상의 지배를 한다고 볼 수 있다. 이와 같이 반환청구권을 가진 상태를 간접점유라고 한다. 직접점유와 간접점유는 모두 점유에 해당한다. 점유는 소유자를 공시하는 기능도 수행한다. 공시란 물건에 대해 누가 어떤 권리를 가지고 있는지를 알려 주는것이다. 물건 중에서 피아노, 금반지, 가방 등과 같은 대부분의 동산은 점유에 의해 소유권이 공시된다.

물건의 소유권이 양도되려면, 소유자가 양도인이 되어 양수인과 유효한 양도 계약을 하고 이에 더하여 소유권 양도를 공시해야 한다. ㉠점유로 소유권이 공시되는 동산의 소유권 양도는 점유를 넘겨주는 점유 인도로 공시된다. 양수인이 간접점유를 하여 소유권 이전이 공시되는 경우로서 '점유개정'과 '반환청구권 양도'가 있다. 예를 들어 A가 B에게 피아노의 소유권을 양도하기로 계약하되 사흘간 빌려 쓰는 것으로 합의한 경우, B는 A에게 피아노를 사흘 후 돌려 달라고 요구할 수 있는 반환청구권을 가지게 된다. 이처럼 양도인이 직접점유를 유지하지만, 양수인에게 점유 인도가 이루어진 것으로 간주되는 경우를 점유개정이라고 한다. 한편 C가 자신이 소유한 가방을 D에게 맡겨 두어 이에 대한 반환청구권을 가지게 되었는데, 이 가방의 소유권을 E에게 양도하는 계약을 체결하였다고 하자. 이때 C가 D에게 통지하여 가방 주인이 바뀌었으니 가방을 E에게 반환하라고 알려 주면 D가 보관 중인 가방에 대한 반환청구권은 C로부터 E에게로 넘어간다. 이 경우를 반환청구권 양도라고 한다.

물건 중에서 피아노, 금반지, 가방 등과 같은 대부분의 동산은 점유에 의해 소유권이 공시된다.
_수식어의 형태로 피아노, 금반지, 가방이라는 동산의 예시가 제시되었다.

양수인이 간접점유를 하여 소유권 이전이 공시되는 경우로서 '점유개정'과 '반환청구권 양도'가 있다.
_이런 원론적인 설명을 한 후, 예시를 덧붙여 구체적으로 설명해준다.

예를 들어 A가 B에게 피아노의 소유권을 양도하기로 계약하되 사흘간 빌려 쓰는 것으로 합의한 경우, B는 A에게 피아노를 사흘 후 돌려 달라고 요구할 수 있는 반환청구권을 가지게 된다.
_A는 양도인, B는 양수인에 해당한다.

이처럼 양도인이 직접점유를 유지하지만, 양수인에게 점유 인도가 이루어진 것으로 간주되는 경우를 점유개정이라고 한다.
_예시로부터, 점유개정의 정의를 이끌어 낸다.

한편 C가 자신이 소유한 가방을 D에게 맡겨 두어 이에 대한 반환청구권을 가지게 되었는데, 이 가방의 소유권을 E에게 양도하는 계약을 체결하였다고 하자. 이때 C가 D에게 통지하여 가방 주인이 바뀌었으니 가방을 E에게 반환하라고 알려 주면 D가 보관 중인 가방에 대한 반환청구권은 C로부터 E에게로 넘어간다.
_C는 양도인, E는 양수인에 해당한다.

이 경우를 반환청구권 양도라고 한다.
_예시로부터, 반환청구권 양도의 정의를 이끌어 낸다.

[예시 11] 2024학년도 6평 4~7번 <공포 소구> 中

공포 소구는 그 메시지에 담긴 권고를 따르지 않을 때의 해로운 결과를 강조하여 수용자를 설득하는 것으로, 1950년대 초부터 설득 전략 연구자들의 연구 대상이 되었다. 초기 연구를 대표하는 재니스는 기존 연구에서 다루어지지 않았던 공포 소구의 설득 효과에 주목하였다. 그는 수용자에게 공포 소구를 세 가지 수준으로 달리 제시하는 실험을 한 결과, 중간 수준의 공포 소구가 가장 큰 설득 효과를 보인다는 것을 발견하였다.

공포 소구 연구를 진척시킨 레벤달은 재니스의 연구가 인간의 감정적 측면에만 치우쳤다고 비판하며, 공포 소구의 효과는 수용자의 감정적 반응만이 아니라 인지적 반응과도 관련된다고 하였다. 그는 감정적 반응을 '공포 통제 반응', 인지적 반응을 '위험 통제 반응'이라 불렀다. 그리고 후자가 작동하면 수용자들은 공포 소구의 권고를 따르게 되지만, 전자가 작동하면 공포 소구로 인한 두려움의 감정을 통제하기 위해 오히려 공포 소구에 담긴 위험을 무시하려는 반응을 보이게 된다고 하였다.

이러한 선행 연구들을 종합한 위티는 우선 공포 소구의 설득 효과를 좌우하는 두 요인으로 '위협'과 '효능감'을 설정하였다. 수용자가 공포 소구에 담긴 위험을 자신이 겪을 수 있는 것이고 그 위험의 정도가 크다고 느끼면, 그 공포 소구는 위협의 수준이 높다. 그리고 공포 소구에 담긴 권고를 이행하면 자신의 위험을 예방할 수 있고 자신에게 그 권고를 이행할 능력이 있다고 느끼면, 효능감의 수준이 높다. 한 동호회에서 회원들에게 '모임에 꼭 참석해 주세요. 불참 시 회원 자격이 사라집니다.'라는 안내문을 보냈다고 하자. 회원 자격이 사라진다는 것은 그 동호회 활동에 강한 애착을 가지고 있는 사람에게는 높은 수준의 위협이 된다. 그리고 그가 동호회 모임에 참석하는 일이 어렵지 않다고 느낄 때, 안내문의 권고는 그에게 높은 수준의 효능감을 주게 된다.

수용자가 공포 소구에 담긴 위험을 자신이 겪을 수 있는 것이고 그 위험의 정도가 크다고 느끼면, 그 공포 소구는 위협의 수준이 높다. 그리고 공포 소구에 담긴 권고를 이행하면 자신의 위험을 예방할 수 있고 자신에게 그 권고를 이행할 능력이 있다고 느끼면, 효능감의 수준이 높다.

_공포 소구의 설득 효과를 좌우하는 두 요인, 위협과 효능감에 대해 이런 원론적인 설명을 한 후, 예시를 덧붙여 구체적으로 설명해준다.

한 동호회에서 회원들에게 '모임에 꼭 참석해 주세요. 불참 시 회원 자격이 사라집니다.'라는 안내문을 보냈다고 하자. 회원 자격이 사라진다는 것은 그 동호회 활동에 강한 애착을 가지고 있는 사람에게는 높은 수준의 위협이 된다. 그리고 그가 동호회 모임에 참석하는 일이 어렵지 않다고 느낄 때(=자신에게 그 권고를 이행할 능력이 있다고 느낌), 안내문의 권고는 그에게 높은 수준의 효능감을 주게 된다.

_거의 원론적인 설명을 복사해서 붙여놓은 수준으로 딱히 매칭할 부분이 많지는 않다. 그냥 글자 그대로 위협과 효능감에 대한 설명을 다시 한번 읽는다고 생각하면 되겠다.

문장과 문장은 그냥 아무렇게나 이어지는 게 아니다. 글쓴이의 의도에 따라, 앞 문장으로부터 뒷 문장이 나오고, 그리고 그 두 문장으로부터 그 뒷 문장이 나오는 구조의 연속이다.

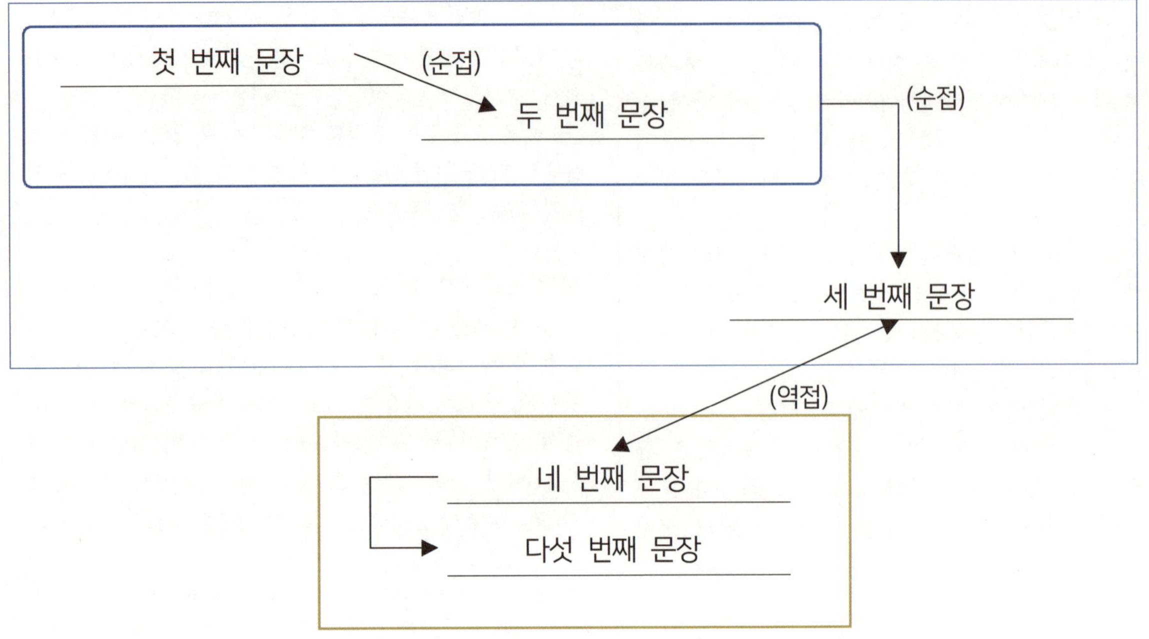

우리가 지금까지 배운 생각은 개념 정의, 순접, 인과, 역접, 예시 이렇게 5가지였습니다. 그런데 사실, 이는 모두 순접 아니면 역접에 해당합니다. 정의된 개념을 이후 나오는 그 용어에 입혀서 읽는 것도 사실 같은 의미 다른 표현에 해당하는 순접이고, 인과도 구체화에 해당하는 순접입니다. 우리는 구분과 연결을 할 수 있는 도구를 배운 것입니다.

개념 정의, 인과, 순접의 표지어, 내용상의 순접은 모두 문장과 문장을 붙이는 접착제 역할 : 문장을 연결하는 방법
역접의 표지어, 내용상의 역접은 모두 문장과 문장을 구분시키는 벽을 세우는 역할 : 문장을 구분하는 방법

이렇게 보면 되는 것입니다. 이를 위 그림과 엮어서 설명하면, 저 그림처럼 첫 번째 문장으로부터 두 번째 문장이 나오고, 그 두 문장이 순접으로 연결되면, 그 두 문장이 모여서 이루어진 하나의 정보로부터 세 번째 문장이 나오는 것입니다. 그렇게 지금까지 나온 세 문장은 하나의 큰 맥락을 같이하는 방을 만듭니다. 그 방의 구성 요소인 문장들을 연결하는 접착제 역할을 하는 것이 바로 위에서 설명한 **문장을 연결하는 방법**입니다.

그런데 네 번째 문장을 보니 이전 내용과 역접입니다. 표지어든 내용으로만이든 그걸 네 번째 문장을 읽으면서 캐치를 합니다. 그러면 새로운 방을 만들어주고 그 이후 문장을 다시 네 번째 문장에 붙이면서 누적해 나가면 됩니다.

이게 문장의 구분과 연결의 가장 핵심입니다. 앞으로 나오는 생각들은 모두 이 기본적인 생각으로부터 나옵니다. 결국 이게 독해의 핵심이기 때문입니다. 이런 기본적인 구조에서, 겉치장을 어떻게 했는지에 따라 여러 가지로 파생된다고 보면 됩니다. 이런 생각을 확립하고 다음 생각으로 들어가도록 합시다.

PART

C

목차 생성 도구, 지문의 뼈대에 대한 생각

[생각 6] 하위 범주로 쪼개기 : 쪼개고 각각을 구체화한다.

(그런데 이제 공통서술범주에 입각한 비교·대조를 곁들인)

비문학 지문에서는 핵심 / 보조에 상관없이 어디서든 어떤 소재를 더 작은 단위로 쪼개는 경우가 많다. 이때, 쪼개는 순간 자연스럽게 정보 간 범주의 상하 관계가 생긴다. 이때, 머리로 / 또는 머리로 컨트롤 하기 힘든 만큼의 정보량이라면 손으로 직접 지문에 도식화하면서 아래 이미지와 같이 정보가 모델링 되어야 한다.

■ 하나의 요소를 여러 개로 쪼개기 : 상하 관계가 생김

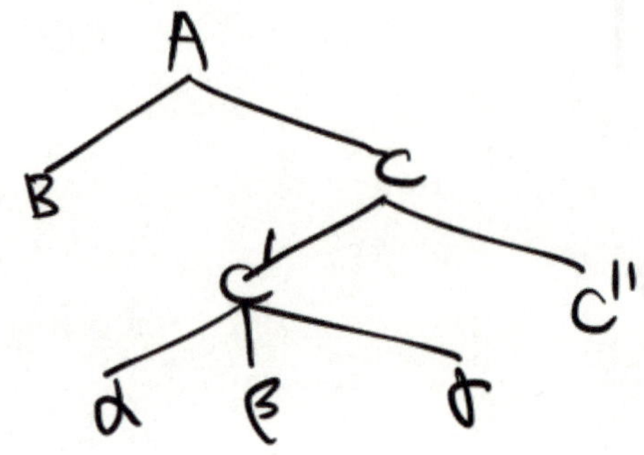

 A, B, C를 수평적 관계로 보는 순간 독해가 산으로 갈 것이기 때문에, 그림과 같은 체계를 세우면서 읽는 것이 굉장히 중요하다. 사실상 정보의 상위 범주와 하위 범주를 정해주라는 말이다. '목차를 짜면서 읽기'에서 가장 중요한 생각이라고 할 수 있다.

 앞서 지문의 목차를 아래 그림과 같이 머릿속에 이미지를 그리며 글을 읽어 내려가라고 했었는데,

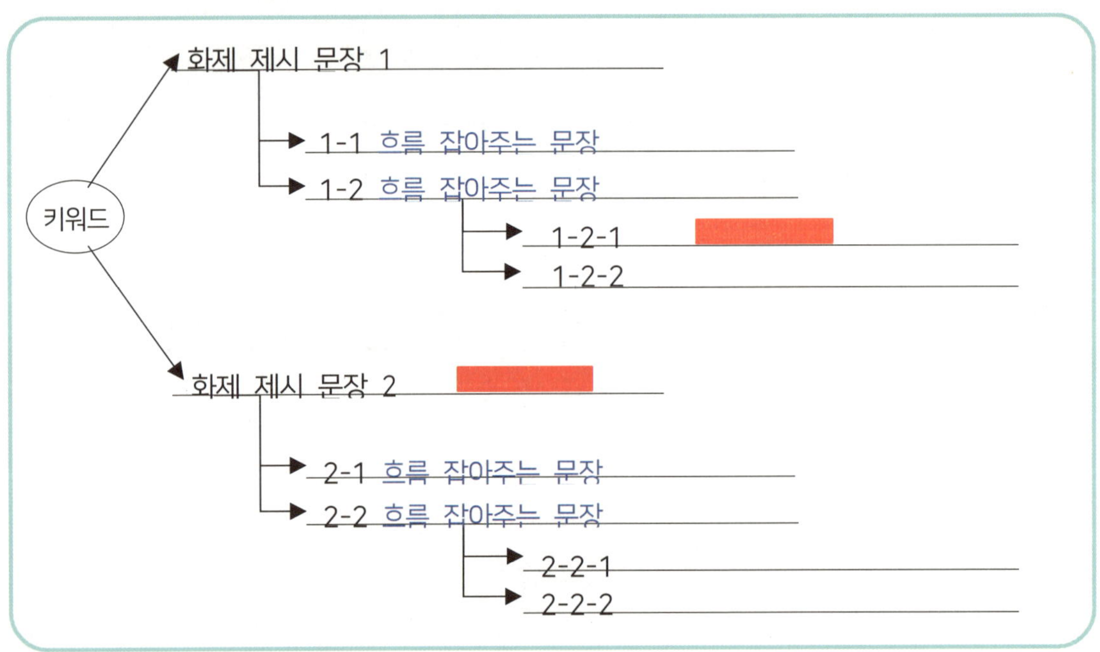

 이 목차를 보면 쪼개기 개념이 자주 사용됨을 알 수 있다. 상위 범주에 대해서 하위 범주 몇 개로 쪼개지는 이 개념은 목차를 짜면서 글을 읽는데 핵이 되는 것이다.

"쪼개고 각각에 대해 구체화한다." 이 원리를 명심하자.

■ 예시 지문 : 요소 쪼개기

[Comment]

⇒ "머릿속에 가지치기 그림 그리기" & 시각적 모델링 : 가지치기 (어지간하면 지문 위에, 너무 복잡하면 지문 옆 여백에)

⇒ CASE를 분류하는 것도 요소 쪼개기에 해당한다.

⇒ 뭔가 하나가 이렇게 몇 개로 쪼개지는 느낌이 들면,   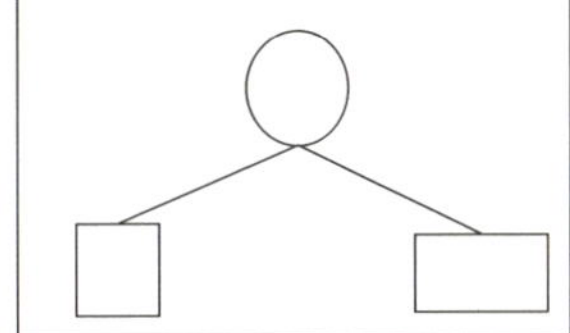   전부 요소 쪼개기로 처리해준다.

⇒ 가장 중요한 것은, 쪼개고 나서 이제 다음에 나올 내용에서 각각을 따로 구체화할 확률이 아주 높다. 이때,
    1) 그 각각을 '공통서술범주'에 입각해 비교·대조 할 준비를 해야 한다. (공통점과 차이점을 찾는다)
    2) 그 각각이 파생되어 나온 하나의 범주를 항상 고려하며 읽어야 한다.

[공통서술범주에 입각한 비교·대조 ?]

같은 범주에 대해 요소를 쪼개서 2~3개의 항목으로 쪼개서 <u>병치하듯이</u> 각각 서술하는 경우가 있다. 이때 지문에서 각 요소 간에 공통점과 차이점을 설명해주는 경우도 물론 있지만, ==그런 설명이 없더라도 공통 서술 범주가 보인다면 스스로 비교·대조를 해주어야 한다.== 그럼 '공통서술범주에 입각해서 비교·대조하는 것'이 과연 무엇일까?

지문에서 스마트폰이라는 범주에 대해, <u>애플에서 만든 휴대폰</u>과 삼성에서 만든 휴대폰으로 쪼갰다고 생각해보자. 그리고, 이어서 여러 문장을 붙여 각각에 대해 구체화할 것이다. 이때, 지문에서 공통점과 차이점을 명시적으로 얘기해주지 않더라도, 스스로 파악해야 한다. 이때, 공통서술범주는 다음과 같다.

	애플에서 만든 휴대폰	삼성에서 만든 휴대폰
메모리	A	A
카메라	B	알 수 없음
제조국	대만	한국
배터리	K	K

이 부분이 바로 '공통서술범주'다. 말 그대로, 쪼개진 두 대상이 공유하는 '범주'이자, 둘을 비교하는 기준이 되는 항목들이다.

> 스마트폰은 크게 애플에서 개발한 것과 삼성에서 개발한 것으로 분류할 수 있다. 애플에서 개발한 것은 A형 메모리를 사용한다. 이 메모리는 스마트폰 개발 시장에서 가장 많이 쓰이는 모델이다. 또한, 카메라는 B형을 사용한다. 이는 일본의 OO사에서 개발한 것으로, 고해상도 신기술이 사용되었다. 애플 스마트폰은 100% 대만에서 생산되고 있다. 배터리는 K모델을 사용해 비교적 긴 수명을 보장한다.
>
> 삼성에서 개발한 스마트폰은 애플과 마찬가지로 A형 메모리를 사용한다. 삼성 휴대폰은 대부분 한국에서 생산된다는 점에서, 국내 구매자들의 부품 수급 문제가 거의 발생하지 않는다는 장점이 있다. 배터리는 가장 성능이 좋기로 널리 알려져 있는 K모델을 사용한다.

지문에서는 이런 식으로 반영된다. 이때, 먼저 애플의 스마트폰을 서술하기 때문에 앞 문장과 현재 내가 읽고 있는 문장의 관계를 지으며 메모리, 카메라, 제조국, 배터리 각각의 범주를 구분해서 확보해 주면 된다. 그리고 나서 다음 문단으로 넘어갔을 때, 이제 삼성에서 개발한 스마트폰에 대해 서술함을 알 수 있다.

이때, 스마트폰이라는 상위 범주에서 쪼개져 내려왔다는 사실을 인지하고, 자동으로 "아, 애플 스마트폰과 비교, 대조하며 읽어야 겠구나." 생각하면 된다. 이때, **애플을 설명할 때 나온 범주가 나올 때 마다 앞 문단으로 왔다 갔다 하며 실시간으로 공통점과 차이점을 파악해주면 된다.**

==항상 모든 범주가 겹치는 것은 아니다. 앞에 나오는 것과 겹치는 범주가 나오면, 그때 비교·대조를 해주라는 소리다.==

"기출 지문에 실제로 구현된 양상을 예시를 통해 확인해 보도록 하자."

[예시 1] 2509 4번~7번 공정거래법과 표시광고법 中

공정거래위원회는 시장 경쟁을 촉진하고 소비자 주권을 확립하기 위해, 사업자의 불공정한 거래 행위와 부당한 광고를 규제한다. 이를 위해 '공정거래법'과 '표시광고법'을 활용한다.

'공정거래법'은 사업자의 재판매 가격 유지 행위를 (원칙적으로) 금지한다. / ㉠재판매 가격 유지 행위란 사업자가 상품·용역을 거래할 때 거래 상대방 사업자 또는 그다음 거래 단계별 사업자에게 거래 가격을 정해 그 가격대로 판매·제공할 것을 강제하거나 그 가격대로 판매·제공하도록 그 밖의 구속 조건을 ⓐ붙여 거래하는 행위이다. /이때 거래 가격에는 재판매 가격, 최고 가격, 최저 가격, 기준 가격이 포함된다./ ①권장 소비자 가격이라도 강제성이 있다면 재판매 가격 유지 행위에 해당한다.

재판매 가격 유지 행위는 ②사업자의 가격 결정의 자유, 즉 영업의 자유를 제한하고 ③사업자 간 가격 경쟁을 제한한다. ④유통 조직의 효율성도 저하시킨다. 재판매 가격 유지 행위를 하는 사업자는 ⑤형사 처벌은 받지 않지만 ⑥시정명령이나 과징금 부과 대상이 될 수 있다. / 다만, ①'공정거래법'에 따라 공정거래위원회가 고시하는 출판된 저작물은 금지 대상이 아니다. ②또 경쟁 제한의 폐해보다 소비자 후생 증대 효과가 큰 경우 등 정당한 이유가 있으면 재판매 가격 유지 행위가 허용되는데, 그 이유는 사업자가 입증해야 한다.

'표시광고법'은 소비자를 속이거나 오인하게 할 우려가 있는 부당한 광고를 금지한다. 광고는 표현의 자유와 영업의 자유로 보호받는다. 하지만 사실과 다르거나 사실을 지나치게 부풀리는 ①거짓·과장 광고, 사실을 은폐하거나 축소하는 ②기만 광고를 금지한다. 이를 위반한 사업자는 시정명령이나 과징금 부과 또는 형사 처벌 대상이 될 수 있다.

서 추천·보증을 한 사람이 사업자로부터 현금 등의 대가를 지급받는 등 ③경제적 이해관계가 있다면 해당 게시물에 이를 명시해야 한다.

'표시광고법'은 소비자를 속이거나 오인하게 할 우려가 있는 부당한 광고를 금지한다
부당한 광고 구체화
①거짓·과장 광고　　②기만 광고

시정명령이나 과징금 부과 또는 형사 처벌 대상이 될 수 있다.

"이 글은 애초에 화제에 대해 요소를 '공정거래법'과 '표시광고법'으로 쪼갰다. 쪼개진 두 요소를 각각 서술할 때는, '공통서술범주'가 나오면 지문에서 써주지 않아도 능동적으로 그 두 요소를 비교, 대조해야 한다. 같은 범주에 대해 설명하는 부분이 나오면, 앞서 읽었던 요소와 같은지 다른지 비교, 대조 해야한다는 것이다. 여기서는 '법을 위반한 사람에 대한 제재' 라는 서술 범주를 공유하고 있으므로 능동적으로 비교, 대조를 해주고 넘어갔어야 된다."

> 시정명령, 과징금 부과 -> 공통점
> 형사처벌 -> 표시광고법만 해당

[Comment]

이렇게 같은 범주에서 요소가 쪼개져서 파생될 때, 각각에 대해 '같은 범주에 대한 설명' 이 나오면 그때그때 위에 나왔던 설명이랑 왔다 갔다 하면서 애초에 문제로 가기 전에 지문 읽으면서 뭐가 같고 뭐가 다른지 비교해주라는 뜻이다.

*** 쪼개기가 이루어질 때, 서로 짝 쌍을 이루는 표현이 자주 등장한다.**

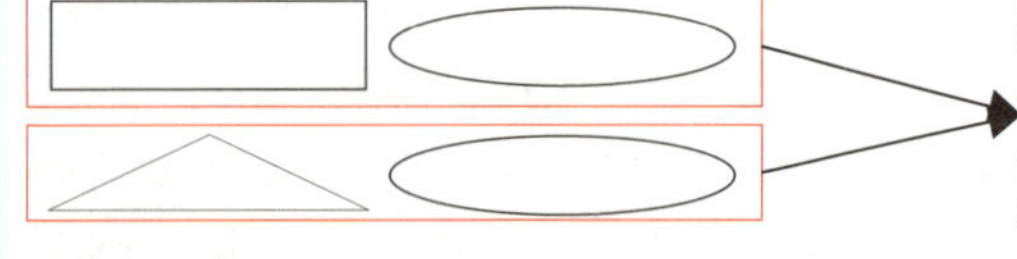

이렇게 네모와 동그라미가 합쳐져서 하나의 단어가 되고, 세모와 동그라미가 합쳐져서 하나가 되는 모양이다. 쉬운 예로, '빨간 사과', '초록 사과'와 같은 형태가 병치되는 것이다.

*** 이때, 상위 범주를 특정 지어주지 않아도, 이를 그 겹치는 범주를 상위 범주로 잡고 쪼개기로 분류해서 독해하면 된다.**

예를 들어,

그에 따르면 인지 과정은 주체에게 '심적 상태'가 생겨나게 하는 과정이다. 기억이나 믿음이 심적 상태의 예이다. 심적 상태는 어떤 것에도 의존함이 없이 주체에게 의미를 나타낸다. 예를 들어, 무언가를 기억하는 사람은 자기의 기억이 무엇인지 알아보기 위해 아무것도 의존할 필요가 없다. (이와 달리) 파생적 상태는 주체의 해석에 의존해서만 또는 사회적 합의에 의존해서만 의미를 나타내는 상태로 정의된다. 앞의 예에서 노트북에 저장된 정보는 전자적 신호가 나열된 상태로서 파생적 상태이다.

이렇게 심적 상태와 파생적 상태를 '상태'라는 겹치는 범주로 묶어서 쪼개기로 보면 되는 것이다.

[예시 2] 2024학년도 9평 12~17번 <신분제의 변천 과정> 中

조선 왕조의 기본 법전인 『경국대전』에 규정된 신분제는 신분을 양인과 천인으로 나눈 양천제이다. 양인은 과거에 응시할 수 있었지만, 납세와 군역 등의 의무를 져야 했다. 천인은 개인이나 국가에 소속되어 천역(賤役)을 담당했다. 관료 집단을 뜻하던 양반이 16세기 이후 세습적으로 군역 면제 등의 차별적 특혜를 받는 신분으로 굳어짐에 따라 양인은 사회적으로 양반, 중인, 상민으로 분화되었다. 이러한 법적, 사회적 신분제는 갑오개혁으로 철폐되기 이전까지 조선 사회의 근간이 되었다.

신분을 양인과 천인으로 나눈 양천제
먼저 신분을 양인과 천인으로 쪼갰다.
이후, 양인과 천인에 대해 각각 서술하고, 16세기 이후 양반이 세습적으로 군역 면제 등의 차별적 특혜를 받는 신분으로 굳어짐을 언급하며, 양인을 분화시킨다. 원래 모든 양인은 납세와 군역 등 의무를 져야 했지만, 시간이 지남에 따라 양인 중 일부에 해당하는 양반이 군역을 면제받으면서 양인의 분화가 일어난 것이다.

양인은 사회적으로 양반, 중인, 상민으로 분화되었다.
우리는 이를 쪼개기로 처리해주면 된다. 왼쪽 본문에 표시한 것처럼 가지치기 그림을 활용해서 쪼개기로 만들어진 정보 상하 관계를 모델링하며 읽으면 된다.

앞으로 쪼개진 각각의 대상을 서술할 가능성이 높겠다. 그때그때 아 이건 전체적인 체계에서 양반을 서술하는 거구나, 아 이건 전체적인 체계에서 중인을 서술하는 거구나, 이렇게 이 쪼개진 정보의 체계에 앞으로 이어지는 정보를 붙이며 읽고, 그 과정에서 공통서술범주에 입각한 비교·대조도 고려해야 한다.

[예시 3] 2024학년도 9평 12~17번 <신분제의 변천 과정> 中

『경국대전』 체제에서 양인은 관료가 될 수 있다는 점에서 능력주의가 일부 작동하는 것처럼 보이지만, 실제로는 양반 이외의 신분에서는 관료가 되기 어려웠다. 이러한 상황에서 17세기의 유형원은 『반계수록』을 통해, 19세기의 정약용은 『경세유표』 등을 통해 각각 도덕적 능력주의에 기초한 일련의 개혁론을 제시했다.

[양인은 관료가 될 수 있다는 점에서 능력주의가 일부 작동하는 것처럼 보이지만, 실제로는 양반 이외의 신분에서는 관료가 되기 어려웠던 상황]에서 제시된 도덕적 능력주의에 기초한 일련의 개혁론을 둘로 쪼갰다. 하나는 유형원의 것, 하나는 정약용의 것이다.

앞으로 이 지문에서는 그 둘의 개혁론을 각각 서술할 가능성이 높다. 이때, 공통 서술 범주에 입각해서 비교·대조할 준비를 해야 한다.

지문에는 왼쪽 본문에 표시한 것처럼 가지치기 그림을 활용해서 쪼개기로 만들어진 정보 상하 관계를 모델링하며 읽으면 된다.

[예시 4] 2023학년도 6평 4~9번 <(나) 조선의 역사서 편찬> 中

이런 분위기에서 세종은 중국과 우리나라의 흥망성쇠를 담은 『치평요람』의 편찬을 명하였고, 집현전 학자들은 원(元)까지의 중국 역사와 고려까지의 우리 역사를 정리하였다. 정리 과정에서 (주자학적 역사관이 담긴 『자치통감강목』에 따라) 역대 국가를 정통과 비정통으로 구분했지만, 편찬 형식 측면에서는 강목체를 따르지 않았다.

정리 과정에서 (주자학적 역사관이 담긴 『자치통감강목』에 따라) 역대 국가를 정통과 비정통으로 구분

집현전 학자들이 원까지의 중국 역사와 고려까지의 우리 역사를 정리하는 과정에서 역대 국가를 정통과 비정통으로 구분했다고 서술한다. 이는 국가라는 상위 개념을 정통과 비정통이라는 하위 범주로 쪼갠 것으로 처리하면 된다.

[예시 5] 2015학년도 수능B 17~20번 <신채호의 사상> 中

그는 아의 자성(自性), 곧 '나의 나 됨'은 스스로의 고유성을 유지하려는 항성(恒性)과 환경의 변화에 대응하여 적응하려는 변성(變性)이라는 두 요소로 이루어져 있다고 하였다. 아는 항성을 통해 아 자신에 대해 자각하며, 변성을 통해 비아와의 관계 속에서 자기의식을 갖게 되는 것으로 설정하였다. 그리고 자성이 시대와 환경에 따라 변화한다고 하였다. 신채호는 아를 소아와 대아로 구별하였다. 그에 따르면, 소아는 개별화된 개인적 아이며, 대아는 국가와 사회 차원의 아이다. 소아는 자성은 갖지만 상속성(相續性)과 보편성(普遍性)을 갖지 못하는 반면, 대아는 자성을 갖고 상속성과 보편성을 가질 수 있다. 여기서 상속성이란 시간적 차원에서 아의 생명력이 지속되는 것을 뜻하며, 보편성이란 공간적 차원에서 아의 영향력이 파급되는 것을 뜻한다. 상속성과 보편성은 긴밀한 관계를 가지는데, 보편성의 확보를 통해 상속성이 실현되며 상속성의 유지를 통해 보편성이 실현된다. 대아가 자성을 자각한 이후, 항성과 변성의 조화를 통해 상속성과 보편성을 실현할 수 있다. 만약 대아의 항성이 크고 변성이 작으면 환경에 순응하지 못하여 멸절(滅絕)할 것이며, 항성이 작고 변성이 크면 환경에 주체적으로 대응하지 못하여 우월한 비아에게 정복당한다고 하였다.

그는 아의 자성(自性), 곧 '나의 나 됨'은 스스로의 고유성을 유지하려는 항성(恒性)과 환경의 변화에 대응하여 적응하려는 변성(變性)이라는 두 요소로 이루어져 있다고 하였다.

자성을 항성과 변성이라는 작은 두 요소로 쪼갠다. 이때, 자성의 두 가지 종류로 항성과 변성이 있는 것이 아니라, 자성을 구성하는 두 개의 부속품으로써 항성과 변성이 있다는 점을 언급한 것이다.

이후, 아가 항성과 변성 각각을 통해 뭘 할 수 있는지 서술한다. 전형적인 쪼개기의 서술 방식이다. 쪼개고 각각을 서술하기.

신채호는 아를 소아와 대아로 구별하였다.

아를 소아와 대아로 쪼갰다. 이것은 아를 두 가지 종류로 쪼갠 것이다.

이후, 쪼갠 각각에 대해 서술한다. 이때, 공통서술범주에 입각해서 비교·대조 해줘야 한다.

소아는 개별화된 개인적 아	대아는 국가와 사회 차원의 아
자성 ○	자성 ○
상속성 X	상속성 ○
보편성 X	보편성 ○

이렇게 말이다. 여기서 공통서술범주는 바로 자성, 상속성, 보편성이 되는 것이다.

그리고, 이어서 상속성과 보편성 각각의 정의와 그 관계에 대해 서술하며 상속성과 보편성에 관한 기본적인 정보를 깔아준 뒤, 이를 활용해 대아에 포커싱해서 추가적으로 서술한다.

대아가 자성을 자각한 이후, 항성과 변성의 조화를 통해 상속성과 보편성을 실현할 수 있다.

만약 대아의 항성이 크고 변성이 작으면 환경에 순응하지 못하여 멸절(滅絕)

항성이 작고 변성이 크면 환경에 주체적으로 대응하지 못하여 우월한 비아에게 정복당한다.

자성의 두 가지 부속품인 항성과 변성이 조화를 이뤄야 상속성을 실현할 수 있다고 언급하며, 조화를 이루지 못하는 두 경우도 추가적으로 서술하고 있다. 대아에 대한 설명으로 붙여서 이해해주면 된다.

[예시 6] 2017학년도 수능 16~20번 <콰인과 포퍼> 中

논리실증주의자와 포퍼는 지식을 (수학적 지식이나 논리학 지식처럼) 경험과 무관한 것과 (과학적 지식처럼) 경험에 의존하는 것으로 구분한다. 그중 과학적 지식은 과학적 방법에 의해 누적된다고 주장한다. 가설은 과학적 지식의 후보가 되는 것인데, 그들은 가설로부터 논리적으로 도출된 예측을 관찰이나 실험 등의 경험을 통해 맞는지 틀리는지 판단함으로써 그 가설을 시험하는 과학적 방법을 제시한다. 논리실증주의자는 예측이 맞을 경우에, 포퍼는 예측이 틀리지 않는 한, 그 예측을 도출한 가설이 하나씩 새로운 지식으로 추가된다고 주장한다.

논리실증주의자와 포퍼는 지식을 (수학적 지식이나 논리학 지식처럼) 경험과 무관한 것과 (과학적 지식처럼) 경험에 의존하는 것으로 구분한다.
논리실증주의자와 포퍼가 지식을 경험과 무관한 것과 경험에 의존하는 것으로 쪼갰다.
지문에는 왼쪽 본문에 표시한 것처럼 가지치기 그림을 활용해서 쪼개기로 만들어진 정보 상하 관계를 모델링하며 읽으면 된다.

이후, 경험에 의존하는 지식인 과학적 지식에 포커싱해서 새로운 과학적 지식이 추가되는 방식을 서술한다. 이렇게 쪼개진 두 가지 종류의 지식 중 내가 읽고 있는 범주가 어떤 것인지 확정 짓고 읽는 것이 중요하다.

[예시 7] 2013학년도 수능 21~24번 <논증> 中

논증은 크게 연역과 귀납으로 나뉜다. 전제가 참이면 결론이 확실히 참인 연역 논증은 결론에서 지식이 확장되는 것처럼 보이지만, 실제로는 전제에 이미 포함된 결론을 다른 방식으로 확인하는 것일 뿐이다. // 반면 귀납 논증은 전제들이 모두 참이라고 해도 결론이 확실히 참이 되는 것은 아니지만 우리의 지식을 확장해 준다는 장점이 있다. 여러 귀납 논증 중에서 가장 널리 쓰이는 것은 수많은 사례들을 관찰한 다음에 그것을 일반화하는 것이다. 우리는 수많은 까마귀를 관찰한 후에 우리가 관찰하지 않은 까마귀까지 포함하는 '모든 까마귀는 검다.'라는 새로운 지식을 얻게 되는 것이다.

논증은 크게 연역과 귀납으로 나뉜다.
논증을 연역과 귀납으로 쪼개고, 각각에 대해 서술하는 전형적인 쪼개기의 서술 방식이다. 쪼개고 각각을 서술하기. 지문에는 왼쪽 본문에 표시한 것처럼 가지치기 그림을 활용해서 쪼개기로 만들어진 정보 상하 관계를 모델링하며 읽으면 된다.

먼저 연역에 대한 설명이 나오니, 연역이라는 상위 범주에 붙여서 읽다가, 귀납이 등장하는 순간 '//' 와 같은 표시를 이용해 범주가 바뀜을 시각적으로 모델링하고 그 이후의 내용을 귀납에 붙이며 읽으면 된다.

[예시 8] 2023학년도 수능 4~9번 <유서 (가)> 中

중국에서 비롯된 유서(類書)는 고금의 서적에서 자료를 수집하고 항목별로 분류, 정리하여 이용에 편리하도록 편찬한 서적이다. 일반적으로 유서는 기존 서적에서 필요한 부분을 뽑아 배열할 뿐 상호 비교하거나 편찬자의 해석을 가하지 않았다. 유서는 (모든 주제를 망라한) 일반 유서와 (특정 주제를 다룬) 전문 유서로 나눌 수 있으며, 편찬 방식은 책에 따라 다른 경우가 많았다.

[예시 9] 2018학년도 6평 22~25번 <통화 정책> 中

그런데 어떻게 통화 정책이 민간의 신뢰를 얻을 수 있는지에 대해서는 견해 차이가 있다. 경제학자 프리드먼은 중앙은행이 특정한 정책 목표나 운용 방식을 '준칙'으로 삼아 민간에 약속하고 어떤 상황에서도 이를 지키는 '준칙주의'를 주장한다. 가령 중앙은행이 물가 상승률 목표치를 민간에 약속했다고 하자. 민간이 이 약속을 신뢰하면 물가 불안 심리가 진정된다. 그런데 물가가 일단 안정되고 나면 중앙은행으로서는 이제 경기를 부양하는 것도 고려해 볼 수 있다. 문제는 민간이 이 비일관성을 인지하면 중앙은행에 대한 신뢰가 훼손된다는 점이다. 준칙주의자들은 이런 경우에 중앙은행이 애초의 약속을 일관되게 지키는 편이 바람직하다고 주장한다.

그러나 민간이 사후적인 결과만으로는 중앙은행이 준칙을 지키려 했는지 판단하기 어렵고, 중앙은행에 준칙을 지킬 것을 강제할 수 없는 것도 사실이다. 준칙주의와 대비되는 '재량주의'에서는 경제 여건 변화에 따른 신축적인 정책 대응을 지지하며 준칙주의의 엄격한 실천은 현실적으로 어렵다고 본다. 아울러 준칙주의가 최선인지에 대해서도 물음을 던진다. 예상보다 큰 경제 변동이 있으면 사전에 정해 둔 준칙이 장애물이 될 수 있기 때문이다. 정책 신뢰성은 중요하지만, 이를 위해 중앙은행이 반드시 준칙에 얽매일 필요는 없다는 것이다.

[예시 10] 2024학년도 9평 4~7번 <데이터 이동권> 中

데이터를 재화로 보아 소유권이 누구에게 귀속되어야 하는지에 대한 논의가 있다. 소유권의 주체를 빅 데이터 보유자로 보는 견해와 정보 주체로 보는 견해가 있다. 전자는 빅 데이터 보유자에게 소유권을 부여하면 빅 데이터의 생성 및 유통이 쉬워져 데이터 관련 산업이 활성화된다고 주장한다. 후자는 정보 생산 주체는 개인인데, 빅 데이터 보유자에게 부가 집중되는 것은 부당하므로, 정보 주체에게도 대가가 주어져야 한다고 본다.

[예시 11] 2024학년도 9평 8~11번 <초정밀 저울> 中

압전 효과에는 재료에 기계적 변형이 생기면 재료에 전압이 발생하는 1차 압전 효과와, 재료에 전압을 걸면 재료에 기계적 변형이 생기는 2차 압전 효과가 있다. 두 압전 효과가 모두 생기는 재료를 압전체라 하며, 수정이 주로 쓰인다.

[예시 12] 2023학년도 수능 10~13번 <불확정 개념> 中

개인 간 법률관계를 규율하는 민법에서 불확정 개념이 사용된 예로 '손해 배상 예정액이 부당히 과다한 경우에는 법원은 적당히 감액할 수 있다.'라는 조문을 들 수 있다. 이때 법원은 요건과 효과를 재량으로 판단할 수 있다. 손해배상예정액은 위약금의 일종이며, 계약 위반에 대한 제재인 위약벌도 위약금에 속한다. 위약금의 성격이 둘 중 무엇인지 증명되지 못하면 손해 배상 예정액으로 다루어진다.

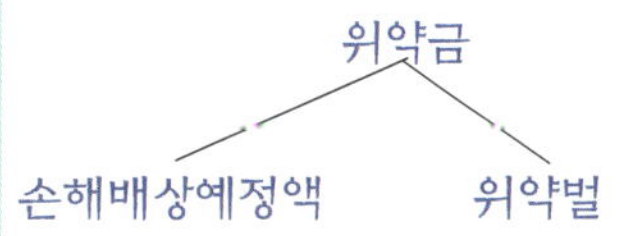

[예시 12] 2023학년도 수능 10~13번 <불확정 개념> 中

　　불확정 개념은 행정 법령에도 사용된다. 행정 법령은 행정청이 구체적 사실에 대해 행하는 법 집행인 행정 작용을 규율한다. (법령상 요건이 충족되면 그 효과로서 행정청이 반드시 해야 하는 특정 내용의 행정 작용은) 기속 행위이다. / (반면 법령상 요건이 충족되더라도 그 효과인 행정 작용의 구체적 내용을 고를 수 있는 재량이 행정청에 주어져 있을 때, 이러한 재량을 행사하는 행정 작용은) 재량 행위이다. 법령에서 불확정 개념이 사용되면 이에 근거한 행정 작용은 대개 재량 행위이다.

[예시 13] 2021학년도 9평 34~37번 <항미생물 화학제> 中

　　질병을 유발하는 병원체에는 세균, 진균, 바이러스 등이 있다. 생명체의 기본 구조에 속하는 세포막은 지질을 주성분으로 하는 이중층이다. 세균과 진균은 일반적으로 세포막 바깥 부분에 세포벽이 있고, 바이러스의 표면은 세포막 대신 캡시드라고 부르는 단백질로 이루어져 있다. 바이러스의 종류에 따라 캡시드 외부가 지질을 주성분으로 하는 피막으로 덮인 경우도 있다. 한편 진균과 일부 세균은 다른 병원체에 비해 건조, 열, 화학 물질에 저항성이 강한 포자를 만든다.

	세균	진균	바이러스
세포막	O	O	X (대신 캡시드 존재)
세포벽	O	O	X (종류에 따라 캡시드 외부가 피막으로 덮임)
포자	일부 세균 O	O	X

　　항미생물 화학제 중 ㉠멸균제는 포자를 포함한 모든 병원체를 파괴한다. ㉡감염방지제는 포자를 제외한 병원체를 사멸시키는 화합물로 병원, 공공시설, 가정의 방역에 사용된다. 감염방지제 중 독성이 약해 사람의 피부나 상처 소독에도 사용이 가능한 항미생물 화학제를 ㉢소독제라 한다. 사람의 세포막도 지질 성분으로 이루어져 있어 소독제라 하더라도 사람의 세포를 죽일 수 있으므로, 눈이나 호흡기 등의 점막에 접촉하지 않도록 주의해야 한다. 따라서 항미생물 화학제는 병원체에 대한 최대의 방역 효과와 인체 및 환경에 대한 최고의 안전성을 확보할 수 있도록 종류별 사용법을 지켜야 한다.
　　항미생물 화학제의 작용기제는 크게 병원체의 표면을 손상시키는 방식과 병원체 내부에서 대사 기능을 저해하는 방식으로 나눌 수 있지만, 많은 경우 두 기제가 함께 작용한다.

[예시 15] 2021학년도 수능 26~30번 <예약> 中

예약은 (예약상 권리자가 가지는 권리의 법적 성질에 따라) 두 가지 유형으로 나뉜다. 첫째는 채권을 발생시키는 예약이다. 이 채권의 급부 내용은 '예약상 권리자의 본계약 성립 요구에 대해 상대방이 승낙하는 것'이다. 회사의 급식 업체 공모에 따라 여러 업체가 신청한 경우 그중 한 업체가 선정되었다고 회사에서 통지하면 예약이 성립한다. 이에 따라 선정된 업체가 급식을 제공하고 대금을 받기로 하는 본계약 체결을 요청하면 회사는 이에 응할 의무를 진다. 둘째는 예약 완결권을 발생시키는 예약이다. 이 경우 예약상 권리자가 본계약을 성립시키겠다는 의사를 표시하는 것만으로 본계약이 성립한다. 가족 행사를 위해 식당을 예약한 사람이 식당에 도착하여 예약 완결권을 행사하면 곧바로 본계약이 성립하므로 식사 제공이라는 급부에 대한 계약상의 채권이 발생한다.

예약은 (예약상 권리자가 가지는 권리의 법적 성질에 따라) 두 가지 유형으로 나뉜다.
예약을 두 가지로 쪼갠다고 암시하고 있는데, 그 쪼개는 기준이 바로 '예약상 권리자가 가지는 권리의 법적 성질'인 것이다. 쪼개기에 대해 잘 생각해보면, 쪼개는 기준은 곧 '공통서술범주'가 된다. 따라서, 우리는 '예약상 권리자가 가지는 권리의 법적 성질'이 어떻게 다른지에 집중하며 두 가지 유형의 예약을 비교하면 된다.

첫째는 채권을 발생시키는 예약
여기서는 예약상 권리자가 가지는 권리가 '예약상 권리자의 본계약 성립 요구에 대해 상대방이 승낙하는 것'을 급부로 하는 채권이다. 쉽게 말해, 상대방이 승낙해야만 하는 본계약 성립을 요구할 수 있는 권리를 가지는 것이다.

둘째는 예약 완결권을 발생시키는 예약
여기서는 채권을 발생시키는 예약과 달리, 상대방의 승낙이 필요 없이 그냥 예약완결권을 행사하면 바로 본계약이 성립한다.

[예시 16] 2025학년도 수능 14~17번 <사회적 상호 작용에서의 자기표현> 中

리프킨은 사회적 상호 작용에서의 자기표현은 본질적으로 연극적이며, 표면 연기와 심층 연기로 이루어진다고 언급했다. 표면 연기는 내면의 자연스러운 감정보다 의례적인 표현과 같은 형식에 집중하여 연기하는 것이고, 심층 연기는 내면의 솔직한 정서를 불러내어 자신의 진정성을 보여 주는 것이다. 인터넷에서의 커뮤니케이션에 주목한 리프킨은 가상 공간에서 자기표현이 더욱 활발히 이루어진다고 보았다.

리프킨은 사회적 상호 작용에서의 자기표현은 본질적으로 연극적이며, 표면 연기와 심층 연기로 이루어진다고 언급했다.
항상 쪼개기가 주어질 때, 그 쪼개기가 상위 범주를 구성하는 하위 부속품으로 쪼개는 것인지, 아니면 상위 범주를 두 종류로 '분류'하는 것인지 구별해서 독해할 필요가 있다. 예시 5의 신채호의 사상 지문에서도, 자성이 항성과 변성이라는 두 가지 부속품으로 이루어진다는 뜻으로 쪼갰지, 자성의 두 종류가 항성과 변성이라고 한 것이 아니다.

여기서도 리프킨은 사회적 상호 작용에서의 자기표현을 구성하는 하위 부속품으로 표면 연기와 심층 연기가 있다는 뜻에서 쪼갠 것이다.

[예시 17] 2025학년도 6평 <과두제적 경영> 4~7번

기업 경영의 건전성을 확보하기 위해 마련된 공적 제도들은 과두제적 경영의 폐해를 방지하는 기능도 한다. (기업의 주식 가치에 영향을 미칠 수 있는 정보 제공을 법적으로 의무화한) 경영 공시 제도는 경영 투명성을 높이려는 것이다. 이를 통해 경영진과 주주들 간 정보 격차가 줄어들 수 있다. / (기업의 이사회에 외부 인사를 이사로 참여시키도록 하는) 사외 이사 제도는 독단적인 의사 결정을 견제함으로써 폐쇄적 경영으로 인한 정보와 권한의 집중을 억제하는 효과를 거둘 수 있다

[기업 경영의 건전성을 확보하기 위해 마련된 공적 제도]의 두 가지 종류로 경영 공시 제도와 사외 이사 제도를 서술한다. 쪼개기로 처리하자.

(기업의 주식 가치에 영향을 미칠 수 있는 정보 제공을 법적으로 의무화한) 경영 공시 제도

(기업의 이사회에 외부 인사를 이사로 참여시키도록 하는) 사외 이사 제도

물건을 사용하고 있는 사람이 그 물건의 주인일까? 점유란 물건에 대한 사실상의 지배 상태를 뜻한다. 이에 비해 소유란 어떤 물건을 사용·수익·처분할 수 있는 권리를 가진 상태라고 정의된다. 따라서 점유자와 소유자가 항상 일치하지는 않는다.

물건을 빌려 쓰거나 보관하고 있는 것을 포함하여 물건을 물리적으로 지배하는 상태를 직접점유라고 한다. / 이에 비해 어떤 물건을 빌려 쓰거나 보관하는 사람에게 그 물건의 반환을 청구할 수 있는 권리를 가진 사람도 사실상의 지배를 한다고 볼 수 있다. 이와 같이 반환청구권을 가진 상태를 간접점유라고 한다. 직접점유와 간접점유는 모두 점유에 해당한다. 점유는 소유자를 공시하는 기능도 수행한다. 공시란 물건에 대해 누가 어떤 권리를 가지고 있는지를 알려 주는 것이다. 물건 중에서 피아노, 금반지, 가방 등과 같은 대부분의 동산은 점유에 의해 소유권이 공시된다.

물건의 소유권이 양도되려면, 소유자가 양도인이 되어 양수인과 유효한 양도 계약을 하고 이에 더하여 소유권 양도를 공시해야 한다. 점유로 소유권이 공시되는 동산의 소유권 양도는 점유를 넘겨주는 점유 인도로 공시된다. 양수인이 간접점유를 하여 소유권 이전이 공시되는 경우로서 '점유개정'과 '반환청구권 양도'가 있다. 예를 들어 A가 B에게 피아노의 소유권을 양도하기로 계약하되 사흘간 빌려 쓰는 것으로 합의한 경우, B는 A에게 피아노를 사흘 후 돌려 달라고 요구할 수 있는 반환청구권을 가지게 된다. 이처럼 양도인이 직접점유를 유지하지만, 양수인에게 점유 인도가 이루어진 것으로 간주되는 경우를 점유개정이라고 한다. / 한편 C가 자신이 소유한 가방을 D에게 맡겨 두어 이에 대한 반환청구권을 가지게 되었는데, 이 가방의 소유권을 E에게 양도하는 계약을 체결하였다고 하자. 이때 C가 D에게 통지하여 가방 주인이바뀌었으니 가방을 E에게 반환하라고 알려 주면 D가 보관 중인 가방에 대한 반환청구권은 C로부터 E에게로 넘어간다. 이 경우를 반환청구권 양도라고 한다.

점유란 물건에 대한 사실상의 지배 상태를 뜻한다.
1문단에서 위와 같이 점유의 정의를 제시한 후,

2문단에서 점유를 두 가지로 쪼개고 있다. 읽어보니, 그 물건에 대한 지배 상태가 '물리적 지배'인지 여부에 따라 쪼갠 것임을 알 수 있다.
물건을 빌려 쓰거나 보관하고 있는 것을 포함하여 물건을 물리적으로 지배하는 상태를 직접점유

이와 같이 반환청구권을 가진 상태를 간접점유

이렇게 쪼개기가 이루어지면, 위와 같이 차이점을 찾는 것도 중요하지만 공통점에 대한 사고도 아래와 같이 해줘야 한다.

① 둘 다 점유에 해당하기 때문에, 물건에 대한 사실상의 지배 상태임은 동일하다.

② 또한, [점유는 소유자를 공시하는 기능도 수행한다.] 이 내용을 보면, 점유는 소유자를 공시하는 기능도 수행한다고 한다. 그런데 직접점유와 간접점유는 모두 점유이기 때문에 둘 다 공통적으로 소유자를 공시하는 기능을 수행한다는 점도 동일하다.

또, 읽어 내려가다 보면 '양수인이 간접점유를 하여 소유권 이전이 공시되는 경우'를
점유 개정과 반환청구권 양도
이렇게 둘로 쪼갠다.

그 둘의 차이점은 아래에 붙어 있는 예시를 보고 이해하면 된다. 이미 P.137에서 자세히 설명했기 때문에, 스스로 읽어보고 잘 납득이 안되면 앞에서 설명한 comment를 참고하도록 하자.

[예시 19] 2024학년도 6평 4~7번 <공포 소구> 中

이러한 선행 연구들을 종합한 위티는 우선 공포 소구의 설득 효과를 좌우하는 두 요인으로 '위협'과 '효능감'을 설정하였다. 수용자가 공포 소구에 담긴 위험을 자신이 겪을 수 있는 것이고 그 위험의 정도가 크다고 느끼면, 그 공포 소구는 위협의 수준이 높다. 그리고 공포 소구에 담긴 권고를 이행하면 자신의 위험을 예방할 수 있고 자신에게 그 권고를 이행할 능력이 있다고 느끼면, 효능감의 수준이 높다. 한 동호회에서 회원들에게 '모임에 꼭 참석해 주세요. 불참 시 회원 자격이 사라집니다.'라는 안내문을 보냈다고하자. 회원 자격이 사라진다는 것은 그 동호회 활동에 강한 애착을 가지고 있는 사람에게는 높은 수준의 위협이 된다. 그리고 그가 동호회 모임에 참석하는 일이 어렵지 않다고 느낄 때, 안내문의 권고는 그에게 높은 수준의 효능감을 주게 된다.

[공포 소구의 설득 효과를 좌우하는 두 요인]을 위협과 효능감으로 쪼갰다. 여기서는 둘을 비교하는 것보다는, 서로 다른 두 요인이 공포 소구의 설득 효과에 어떤 영향을 미치는지를 확보하는 데 집중해야 한다.

[예시 20] 2016학년도 9평 B 25~26번 <항암제> 中

암 치료에 사용되는 항암제는 세포 독성 항암제와 표적 항암제로 나뉜다. 파클리탁셀과 같은 세포 독성 항암제는 세포 분열을 방해하여 세포가 증식하지 못하고 사멸에 이르게 한다. 그러므로 세포 독성 항암제는 암세포뿐 아니라 정상 세포 중 빈번하게 세포 분열하는 종류의 세포도 손상시킨다. 이러한 세포 독성 항암제의 부작용은 이 약제의 사용을 꺼리게 하는 주된 이유이다. 반면에 표적 항암제는 암세포에 선택적으로 작용하도록 고안된 것이다.

암 치료에 사용되는 항암제는 세포 독성 항암제와 표적 항암제로 나뉜다.
암 치료에 사용되는 항암제를 두 가지로 쪼갠다. 쪼개고 각각을 서술하는 전형적인 쪼개기의 서술 방식을 염두하고 있자.
세포 독성 항암제는 세포 분열을 방해하여 세포가 증식하지 못하고 사멸에 이르게 한다.

반면에 표적 항암제는 암세포에 선택적으로 작용하도록 고안된 것
가장 큰 차이점은 암세포에 선택적으로 작용되냐 안되냐의 여부다.

[예시 21] 2025학년도 6평 8~11번 <플라스틱> 中

플라스틱은 단위체인 작은 분자가 수없이 반복 연결되는 중합을 통해 만들어진 거대 분자로 이루어져 있다. 단위체들은 공유 결합으로 연결되는데, 분자를 구성하는 원자들이 서로 전자를 공유하여 안정한 상태가 되는 결합을 공유 결합이라 한다. 두 원자가 각각 전자를 하나씩 내어 놓아 그 두 개의 전자를 한 쌍으로 공유하면 단일 결합이라 하고, 두 쌍을 공유하면 이중결합이라 한다.

분자를 구성하는 원자들이 서로 전자를 공유하여 안정한 상태가 되는 결합을 공유 결합
이런 공유 결합을, 공유하는 전자쌍의 수에 따라 단일 결합과 이중결합으로 쪼개고 있다. 말 그대로 쪼갠 기준이 공유하는 전자쌍의 수다.

고체 촉매는 대부분 활성 성분, 지지체, 증진제로 구성된다.

활성 성분은 그 표면에 반응물을 흡착시켜 촉매 활성을 제공하는 물질이다. 고체 촉매의 촉매 작용에서는 반응물이 먼저 활성 성분의 표면에 화학 흡착되고, 흡착된 반응물이 표면에서 반응하여 생성물로 변환된 후, 생성물이 표면에서 탈착되는 과정을 거쳐 반응이 완결된다. 금속은 다양한 물질들이 표면에 흡착될 수 있어 여러 반응에서 활성 성분으로 사용된다. 예를 들면, 암모니아를 합성할 때 철을 활성 성분으로 사용하는데, 이때 반응물인 수소와 질소가 철의 표면에 흡착되어 각각 원자 상태로 분리된다. 흡착된 반응물은 전자를 금속 표면의 원자와 공유하여 안정화된다. 반응물의 흡착 세기는 금속의 종류에 따라 달라진다. 이때 흡착 세기가 적절해야 한다. 흡착이 약하면 흡착량이 적어 촉매 활성이 낮으며, 흡착이 너무 강하면 흡착된 반응물이 지나치게 안정화되어 표면에서의 반응이 느려지므로 촉매 활성이 낮다. 일반적으로 고체 촉매에서는 반응에 관여하는 표면의 활성 성분 원자가 많을수록 반응물의 흡착이 많아 촉매 활성이 높아진다.

금속은 열적 안정성이 낮아, 화학 반응이 일어나는 고온에서 금속 원자들로 이루어진 작은 입자들이 서로 달라붙어 큰 입자를 이루게 되는데 이를 소결이라 한다. 입자가 소결되면 금속 활성 성분의 전체 표면적은 줄어든다. 이러한 문제를 해결하는 것이 지지체이다. 작은 금속 입자들을 표면적이 넓고 열적 안정성이 높은 지지체의 표면에 분산하면 소결로 인한 촉매 활성 저하가 억제된다. 따라서 소량의 금속으로도 금속을 활성 성분으로 사용하는 고체 촉매의 활성을 높일 수 있다.

증진제는 촉매에 소량 포함되어 활성을 조절한다. 활성 성분의 표면 구조를 변화시켜 소결을 억제하기도 하고, 활성 성분의 전자 밀도를 변화시켜 흡착 세기를 조절하기도 한다. 고체 촉매는 활성 성분이 반드시 있어야 하지만 경우에 따라 증진제나 지지체를 포함하지 않기도 한다.

고체 촉매는 대부분 활성 성분, 지지체, 증진제로 구성된다. 처음부터 고체 촉매라는 키워드를 3개의 부속품으로 쪼개면서 서술하고 있다. 쪼개고 각각을 서술하는 전형적인 쪼개기의 서술 방식을 염두하고 읽자.

항상 쪼개기가 주어질 때, 그 쪼개기가 상위 범주를 구성하는 하위 부속품으로 쪼개는 것인지, 아니면 상위 범주를 두 종류로 '분류' 하는 것인지 구별해서 독해할 필요가 있다. 예시 5의 신채호의 사상 지문에서도, 자성이 항성과 변성이라는 두 가지 부속품으로 이루어진다는 뜻으로 쪼갰지, 자성의 두 종류가 항성과 변성이라고 한 것이 아니다.

여기서도 고체 촉매를 구성하는 하위 부속품으로 활성 성분, 지지체, 증진제가 있다는 뜻에서 쪼갠 것이다.

그런데, 이렇게 부속품의 형태로 주어지는 경우에는, 상위 범주를 구성하는 각각을 공통서술범주에 입각해서 비교·대조하기 보다는, 3개의 부속품이 상위 범주에 해당하는 고체 촉매 안에서 각각 어떤 역할을 수행하는지에 집중하며 읽는 것이 맞다.

[공통서술범주에 입각한 비교·대조를 해야하는 경우]
공통서술범주에 입각한 비교·대조는 무조건 하라는 것이 아니다. 쪼개고 각각을 서술한 것을 읽어 내려가다가, 앞에서 설명한 다른 요소와 서술 범주가 일치하는 내용이 나오면, 그때 앞으로 돌아갔다 오는 방식으로 비교·대조를 실시간으로 해주라는 소리다.

[예시 24] 2024학년도 수능 8~11번 <데이터 결측치, 이상치> 中

데이터를 처리할 때 데이터의 정확성은 매우 중요하다. 그런데 데이터에 결측치와 이상치가 포함되면 데이터의 특징을 제대로 나타내기 어렵다.

결측치는 데이터 값이 빠져있는 것이다. 결측치를 처리하는 방법 중 하나인 대체는 다른 값으로 결측치를 채우는 것인데, 대체하는 값으로는 평균, 중앙값, 최빈값을 많이 사용한다. 중앙값은 데이터를 크기순으로 정렬했을 때 중앙에 위치한 값이다. 크기가 같은 값이 복수일 경우에도 순위를 매겨 중앙값을 찾고, 데이터의 개수가 짝수이면 중앙에 있는 두 값의 평균이 중앙값이다. 또 최빈값은 데이터에 가장 많이 나타나는 값을 이른다. 일반적으로 데이터 값이 연속적인 수치이면 평균으로, 석차처럼 순위가 있는 값에는 중앙값으로, 직업과 같이 문자인 경우에는 최빈값으로 결측치를 대체한다.

이상치는 데이터의 다른 값에 비해 유달리 크거나 작은 값으로, 데이터를 수집할 때 측정 오류 등에 의해 주로 생긴다. 그러나 정상적인 데이터라도 데이터의 특징을 왜곡하는 데이터 값이 있을 수 있다. 예를 들어, 데이터가 어떤 프로 선수들의 연봉이고 그중 한 명의 연봉이 유달리 많다면, 이상치가 포함된 데이터에 해당한다. 이런 데이터의 특징을 하나의 수치로 나타내려는 경우 대푯값으로 평균보다 중앙값을 주로 사용한다.

데이터의 특징을 제대로 나타내기 어렵게 하는 문제 요소로, 결측치와 이상치의 두 종류를 제시한다. 쪼개기로 처리하고 각각을 서술할 가능성을 염두하고 읽어 내려간다.

[공통서술범주에 입각한 비교·대조를 해야하는 경우]
공통서술범주에 입각한 비교·대조는 무조건 하라는 것이 아니다. 쪼개고 각각을 서술한 것을 읽어 내려가다가, 앞에서 설명한 다른 요소와 서술 범주가 일치하는 내용이 나오면, 그때 앞으로 돌아갔다 오는 방식으로 비교·대조를 실시간으로 해주라는 소리다. 여기서는 결측치와 이상치가 아얘 다른 개념이기 때문에 각각을 잘 읽어주면 된다.

결측치는 데이터 값이 빠져있는 것
　　　결측치를 처리하는 방법 중 하나인 대체는 다른 값으로 결측치를 채우는 것
　대체하는 값으로는 평균, 중앙값, 최빈값을 많이 사용
결측치에 대한 설명 안에서, 결측치를 해결하는 방안을 또 세 가지로 쪼갠다.

이상치는 데이터의 다른 값에 비해 유달리 크거나 작은 값
결측치에 대한 설명이 끝나고 이상치로 범주가 넘어갔다. 이렇게 범주를 인지하고 이상치에 대한 정보를 확보해주면 된다.

PCR는 시료의 표적 DNA양도 알 수 있는 실시간 PCR라는 획기적인 개발로 이어졌다. 실시간 PCR는 전통적인 PCR와 동일하게 PCR를 실시하지만, 사이클마다 발색 반응이 일어나도록 하여 누적되는 발색을 통해 표적 DNA의 증폭을 실시간으로 확인할 수 있다. 이를 위해 실시간 PCR에서는 PCR 과정에 발색 물질이 추가로 필요한데, '이중 가닥 DNA특이 염료' 또는 '형광 표식 탐침'이 이에 이용된다. ㉠이중 가닥 DNA 특이 염료는 이중 가닥 DNA에 결합하여 발색하는 형광 물질로, 새로 생성된 이중 가닥 표적 DNA에 결합하여 발색하므로 표적 DNA의 증폭을 알 수 있게 한다. 다만, 이중 가닥 DNA 특이 염료는 모든 이중 가닥 DNA에 결합할 수 있기 때문에 2개의 프라이머끼리 결합하여 이중 가닥의 이합체(二合體)를 형성한 경우에는 이와 결합하여 의도치 않은 발색이 일어난다.

㉡형광 표식 탐침은 형광 물질과 이 형광 물질을 억제하는 소광 물질이 붙어 있는 단일 가닥 DNA 단편으로, 표적 DNA에서 프라이머가 결합하지 않는 부위에 특이적으로 결합하도록 설계된다. PCR 과정에서 이중 가닥 DNA가 단일 가닥으로 되면, 형광 표식 탐침은 프라이머와 마찬가지로 표적 DNA에 결합한다. 이후 DNA 중합 효소에 의해 이중 가닥 DNA가 형성되는 과정 중에 탐침은 표적 DNA와의 결합이 끊어지고 분해된다. 탐침이 분해되어 형광 물질과 소광 물질의 분리가 일어나면 비로소 형광 물질이 발색되며, 이로써 표적 DNA가 증폭되었음을 알 수 있다. 형광 표식 탐침은 표적 DNA에 특이적으로 결합하는 장점을 지니나 상대적으로 비용이 비싸다.

표적 DNA의 증폭을 실시간으로 확인하기 위한 발색 물질을 두 가지로 쪼갰다. 각각을 잘 읽자. 그리고 공통된 서술 범주가 나오면 스스로 비교·대조도 해주자.

발색 물질

'이중 가닥 DNA특이 염료' 또는 '형광 표식 탐침'
이런 발색 물질이 어떤 방식으로 발색 반응을 일으켜 누적되는 발색을 통해 표적 DNA의 증폭을 실시간으로 확인할 수 있게 하는지에 집중하며 읽어야 한다.

이중 가닥 DNA에 결합하여 발색
새로 생성된 이중 가닥 표적 DNA에 결합하여 발색하므로 표적 DNA의 증폭을 알 수 있게 한다.

결합 부위에서 차이가 있다.

형광 물질과 이 형광 물질을 억제하는 소광 물질이 붙어 있는 단일 가닥 DNA 단편
표적 DNA에서 프라이머가 결합하지 않는 부위에 특이적으로 결합하도록 설계

발색 메커니즘에도 차이가 있다.

탐침이 분해되어 형광 물질과 소광 물질의 분리가 일어나면 비로소 형광 물질이 발색되며, 이로써 표적 DNA가 증폭되었음을 알 수 있다.

이런 발색 물질이 어떤 방식으로 발색 반응을 일으켜 누적되는 발색을 통해 표적 DNA의 증폭을 실시간으로 확인할 수 있게 하는지에 집중하며 읽다 보니, 두 발색 물질은 결합 부위 등 발색이 일어나게 하는 메커니즘이 다름을 알 수 있다. 이 부분을 집중적으로 비교해주며 읽었어야 한다.

---

15. ㉠과 ㉡에 대한 설명으로 가장 적절한 것은?

① ㉠은 ㉡과 달리 프라이머와 결합하여 이합체를 이룬다.

② ㉠은 ㉡과 달리 표적 DNA에 붙은 채 발색 반응이 일어난다.

③ ㉡은 ㉠과 달리 형광 물질과 결합하여 이합체를 이룬다.

④ ㉡은 ㉠과 달리 한 사이클의 시작 시점에 발색 반응이 일어난다.

⑤ ㉠과 ㉡은 모두 이중 가닥 표적 DNA에 결합하는 물질이다.

[예시 28] 2025학년도 수능 10~13번 <확산 모델> 中

문장이나 영상, 음성을 만들어 내는 인공 지능 생성 모델 중 확산 모델은 영상의 복원, 생성 및 변환에 뛰어난 성능을 보인다. 확산 모델의 기본 발상은, 원본 이미지에 노이즈를 점진적으로 추가하였다가 그 노이즈를 다시 제거해 나가면 원본 이미지를 복원할 수 있다는 것이다. 노이즈는 불필요하거나 원하지 않는 값을 의미한다. 원하는 값만 들어 있는 원본 이미지에 노이즈를 단계별로 더하면 노이즈가 포함된 확산 이미지가 되고, 여러 단계를 거치면 결국 원본 이미지가 어떤 이미지였는지 전혀 알아볼 수 없는 노이즈 이미지가 된다. 역으로, 단계별로 더해진 노이즈를 알 수 있다면 노이즈 이미지에서 원본 이미지를 복원할 수 있다. 확산 모델은 노이즈 생성기, 이미지 연산기, 노이즈 예측기로 구성되며, 순확산 과정과 역확산 과정 순으로 작동한다.

확산 모델은 노이즈 생성기, 이미지 연산기, 노이즈 예측기로 구성되며, 순확산 과정과 역확산 과정 순으로 작동한다.
확산 모델의 기본적인 작동 방식을 서술한 후, 확산 모델을 3개의 부속품으로 쪼개면서 서술하고 있다. 쪼개고 각각을 서술하는 전형적인 쪼개기의 서술 방식을 염두하고 읽자.

항상 쪼개기가 주어질 때, 그 쪼개기가 상위 범주를 구성하는 하위 부속품으로 쪼개는 것인지, 아니면 상위 범주를 두 종류로 '분류' 하는 것인지 구별해서 독해할 필요가 있다. 예시 5의 신채호의 사상 지문에서도, 자성이 항성과 변성이라는 두 가지 부속품으로 이루어진다는 뜻으로 쪼갰지, 자성의 두 종류가 항성과 변성이라고 한 것이 아니다.

여기서도 확산 모델을 구성하는 하위 부속품으로 노이즈 생성기, 이미지 연산기, 노이즈 예측기가 있다는 뜻에서 쪼갠 것이다.

그런데, 이렇게 부속품의 형태로 주어지는 경우에는, 상위 범주를 구성하는 각각을 공통서술범주에 입각해서 비교·대조하기 보다는, 3개의 부속품이 상위 범주에 해당하는 확산 모델 안에서 각각 어떤 역할을 수행하는지에 집중하며 읽는 것이 맞다. 특히 여기서는 확산 모델이 순확산 과정과 역확산 과정 순으로 작동된다고 순서도 주어졌으니, 그 순서가 진행되는 과정에서 가 구성 요소가 어떤 역할을 하는지에 집중하며 독해해야겠다.

[예시 29] 2025학년도 9평 8~11번 <블록체인 기술> 中

블록체인 기술은 데이터를 블록이라는 단위로 묶어 체인 형태로 연결한 것을 여러 대의 컴퓨터에 중복 저장하는 기술이다. 체인 형태로 연결된 블록의 집합을 블록체인이라 하고, 블록체인을 저장하는 컴퓨터를 노드라고 한다. 새로 생성된 블록은 노드들에 전파된다. 노드들은 블록에 포함된 내용이 블록체인의 다른 블록에 있는 내용과 상충되지 않는지, 동일한 내용이 블록체인의 다른 블록에 이중으로 포함되어 있지 않은지 검증한다. 검증이 끝난 블록을 블록체인에 연결할지 여부는 모든 노드들이 참여하는 승인 과정을 통해 정해진다. 승인이 완료된 블록은 블록체인에 연결되고, 이 블록체인은 노드들에 저장된다. 승인 과정에는 합의 알고리즘이 사용되고, 합의 알고리즘의 예로 '작업증명'이 있다.

블록체인 기술의 성능은 블록체인에 데이터가 저장되는 속도로 정의되며, 단위 시간당 블록체인에 저장되는 데이터의 양으로 계산될 수 있다. 블록체인 기술은 공개형과 비공개형으로 구분된다. 비공개형은 공개형과 달리 노드 수에 제한을 두고, 일반적으로 공개형에 비해 합의 알고리즘의 속도가 빠르다. 따라서 비공개형은 승인 과정에 걸리는 시간이 짧기 때문에 성능이 높다.

블록체인 기술은 공개형과 비공개형으로 구분된다.
블록체인 기술을 공개형과 비공개형, 이렇게 두 가지로 쪼갰다. 각각을 서술할 것 같다.
서술 범주가 겹친다. 비교·대조가 필요하다.

	공개형	비공개형
노드 수 제한	X	O
합의 알고리즘 속도		
승인 과정에 걸리는 시간	길다	짧다
성능	낮다	높다

이렇게 이해하면 되고, 합의 알고리즘 속도, 승인 과정에 걸리는 시간, 성능 독립적인 것이 아니라 서로 인과 관계로 엮여 있는 것까지 생각해주면 되겠다.

최근의 3D 애니메이션은 섬세한 입체 영상을 구현하여 실물을 촬영한 것 같은 느낌을 준다. 실물을 촬영하여 얻은 자연 영상을 그대로 화면에 표시할 때와 달리 3D 합성 영상을 생성, 출력하기 위해서는 모델링과 렌더링을 거쳐야 한다.

모델링은 3차원 가상 공간에서 물체의 모양과 크기, 공간적인 위치, 표면 특성 등과 관련된 고유의 값을 설정하거나 수정하는 단계이다. 모양과 크기를 설정할 때 주로 3개의 정점으로 형성되는 삼각형을 활용한다. 작은 삼각형의 조합으로 이루어진 그물과 같은 형태로 물체 표면을 표현하는 방식이다. 이 방법으로 복잡한 굴곡이 있는 표면도 정밀하게 표현할 수 있다. 이때 삼각형의 꼭짓점들은 물체의 모양과 크기를 결정하는 정점이 되는데, 이 정점들의 개수는 물체가 변형되어도 변하지 않으며, 정점들의 상대적 위치는 물체 고유의 모양이 변하지 않는 한 달라지지 않는다. 물체가 커지거나 작아지는 경우에는 정점 사이의 간격이 넓어지거나 좁아지고, 물체가 회전하거나 이동하는 경우에는 정점들이 간격을 유지하면서 회전축을 중심으로 회전하거나 동일 방향으로 동일 거리만큼 이동한다. 물체 표면을 구성하는 각 삼각형 면에는 고유의 색과 질감 등을 나타내는 표면 특성이 하나씩 지정된다.

공간에서의 입체에 대한 정보인 이 데이터를 활용하여, 물체를 어디에서 바라보는가를 나타내는 관찰 시점을 기준으로 2차원의 화면을 생성하는 것이 렌더링이다. 전체 화면을 잘게 나눈 점이 화소인데, 정해진 개수의 화소로 화면을 표시하고 각 화소별로 밝기나 색상 등을 나타내는 화솟값이 부여된다. 렌더링 단계에서는 화면 안에서 동일 물체라도 멀리 있는 경우는 작게, 가까이 있는 경우는 크게 보이는 원리를 활용하여 화솟값을 지정함으로써 물체의 원근감을 구현한다. 표면 특성을 나타내는 값을 바탕으로, 다른 물체에 가려짐이나 조명에 의해 물체 표면에 생기는 명암, 그림자 등을 고려하여 화솟값을 정해 줌으로써 물체의 입체감을 구현한다. 화면을 구성하는 모든 화소의 화솟값이 결정되면 하나의 프레임이 생성된다. 이를 화면 출력장치를 통해 모니터에 표시하면 정지 영상이 완성된다. 모델링과 렌더링을 반복하여 생성된 프레임들을 순서대로 표시하면 동영상이 된다.

3D 합성 영상을 생성, 출력하기 위한 과정을 모델링과 렌더링으로 쪼갰다. 각각에 대해 뭐라고 서술하는지 확보해야겠다.

모델링은 3차원 가상 공간에서 물체의 모양과 크기, 공간적인 위치, 표면 특성 등과 관련된 고유의 값을 설정하거나 수정하는 단계
이렇게 모델링의 정의를 주고, 렌더링으로 범주가 넘어가기 전까지 이를 구체화해준다

공간에서의 입체에 대한 정보인 이 데이터를 활용하여, 물체를 어디에서 바라보는가를 나타내는 관찰 시점을 기준으로 2차원의 화면을 생성하는 것이 렌더링
렌더링으로 범주가 넘어갔다. 렌더링의 정의를 확보해 보니, [공간에서의 입체에 대한 정보인 이 데이터]=모델링에서 확보한 데이터를 활용하여 2차원의 화면을 생성하는 과정임을 알 수 있다. 모델링 다음에 렌더링을 한다는 선후관계가 명확해지고, 이제 그 모델링에서 확보한 정보를 어떻게 활용해서 2차원의 화면을 생성하는지에 아래 나오는 문장들을 붙이며 읽으면 된다.

DNS(도메인 네임 시스템) 스푸핑은 인터넷 사용자가 어떤 사이트에 접속하려 할 때 사용자를 위조 사이트로 접속시키는 행위를 말한다. 이는 도메인 네임을 IP주소로 변환해 주는 과정에서 이루어진다.

인터넷에 연결된 컴퓨터들이 서로를 식별하고 통신하기 위해서 각 컴퓨터들은 IP(인터넷 프로토콜)에 따라 만들어지는 고유 IP주소를 가져야 한다. 프로토콜은 컴퓨터들이 연결되어 서로 데이터를 주고받기 위해 사용하는 통신 규약으로 소프트웨어나 하드웨어로 구현된다. 현재 주로 사용하는 IP주소는 '***.126.63.1'처럼 점으로 구분된 4개의 필드에 숫자를 사용하여 나타낸다. 이 주소를 중복 지정하거나 임의로 지정해서는 안 되고 공인 IP주소를 부여받아야 한다.

공인 IP주소에는 (동일한 번호를 지속적으로 사용하는) <u>고정 IP주소</u>와 (번호가 변경되기도 하는) <u>유동 IP주소</u>가 있다. 유동 IP주소는 DHCP라는 프로토콜에 의해 부여된다. DHCP는 IP주소가 필요한 컴퓨터의 요청을 받아 주소를 할당해 주고, 컴퓨터가 IP주소를 사용하지 않으면 주소를 반환받아 다른 컴퓨터가 그 주소를 사용할 수 있도록 해준다. 한편, 인터넷에 직접 접속은 안 되고 내부 네트워크에서만 서로를 식별할 수 있는 <u>사설 IP주소</u>도 있다.

인터넷은 공인 IP주소를 기반으로 동작하지만 우리가 인터넷을 사용할 때는 IP주소 대신 사용하기 쉽게 'www.***.***'등과 같이 문자로 이루어진 도메인 네임을 이용한다. 따라서 도메인 네임을 IP주소로 변환해 주는 DNS가 필요하며 DNS를 운영하는 장치를 네임서버라고 한다. 컴퓨터에는 네임서버의 IP주소가 기록되어 있어야 하는데, 유동 IP주소를 할당받는 컴퓨터에는 IP주소를 받을 때 네임서버의 IP주소가 자동으로 기록되지만, 고정 IP주소를 사용하는 컴퓨터에는 사용자가 네임서버의 IP주소를 직접 기록해 놓아야 한다. 인터넷 통신사는 가입자들이 공동으로 사용할 수 있는 네임서버를 운영하고 있다.

공인 IP주소에는 (동일한 번호를 지속적으로 사용하는) <u>고정 IP주소</u>와 (번호가 변경되기도 하는) <u>유동 IP주소</u>가 있다. 유동 IP주소는 DHCP라는 프로토콜에 의해 부여된다. DHCP는 IP주소가 필요한 컴퓨터의 요청을 받아 주소를 할당해 주고, 컴퓨터가 IP주소를 사용하지 않으면 주소를 반환받아 다른 컴퓨터가 그 주소를 사용할 수 있도록 해준다.

여기까지 읽어보니, 공인 IP주소라는 큰 상위 범주를 번호의 변경 여부에 따라 두 종류로 쪼개고 있다.

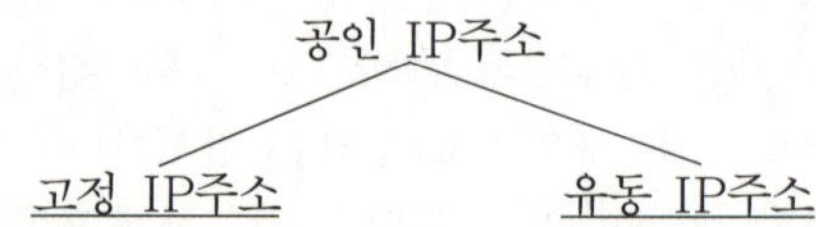

그런데, 이 문장을 읽고 나면 저 체계가 머릿속에서 이렇게 확장되어야 한다.

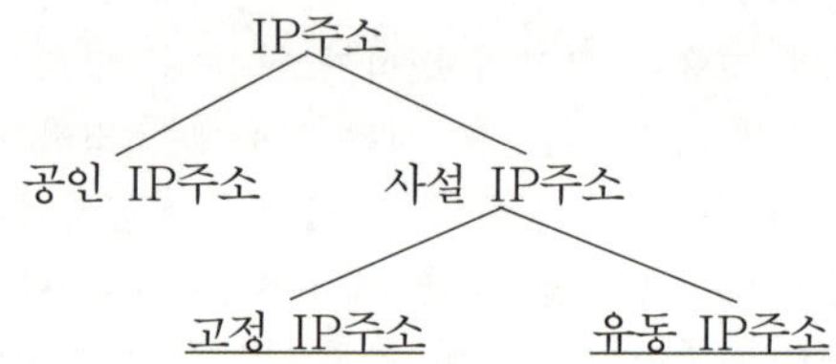

이렇게 실시간으로 쪼개기가 추가될 수 있다. 그때마다, 위에서 확보했던 체계에 저렇게 추가적인 요소를 반영해서 덧대는 것이 중요하다.

여기서는 '쪼개고 각각을 서술하는 것' 이 지문의 핵심 정보가 아니라, 보조 정보를 서술하는 덩어리 내에서 이루어졌다. 쪼개기는 지문의 메인 서술 방식을 결정할 수도 있지만, 이렇게 지문 내에 삽입된 보조 정보 덩어리 안에서도 활용될 수 있다.

인터넷 검색 엔진은 검색어를 포함하는 웹 페이지를 찾아 화면에 보여 준다. 웹 페이지가 화면에 나타나는 순서를 정하기 위해 검색 엔진은 수백 개가 넘는 항목을 고려한 다양한 방식을 사용한다. 대표적인 항목으로 중요도와 적합도가 있다.

검색 엔진은 빠른 시간 내에 검색 결과를 보여 주기 위해 웹페이지들의 데이터를 수집하여 인덱스를 미리 작성해 놓는다. 인덱스란 단어를 알파벳순으로 정리한 목록으로, 여기에는 각 단어가 등장하는 웹 페이지와 단어의 빈도수 등이 저장된다. 이때 각 웹 페이지의 중요도가 함께 기록된다.

㉠중요도는 웹 페이지의 중요성을 값으로 나타낸 것으로 링크 분석 기법으로 측정할 수 있다. 기본적인 링크 분석 기법에서 웹 페이지 A의 값은 A를 링크한 각 웹 페이지들로부터 받는 값의 합이다. 이렇게 받은 A의 값은 A가 링크한 다른 웹 페이지들에 균등하게 나눠진다. 즉 A의 값이 4이고 A가 두 개의 링크를 통해 다른 웹 페이지로 연결된다면, A의 값은 유지되면서 두 웹 페이지에는 각각 2가 보내진다.

하지만 두 웹 페이지가 실제로 받는 값은 2에 댐핑 인자를 곱한 값이다. 댐핑 인자는 사용자들이 웹 페이지를 읽다가 링크를 통해 다른 웹 페이지로 이동하지 않는 비율을 반영한 값으로 1 미만의 값을 가진다. 댐핑 인자는 모든 링크에 동일하게 적용된다. 가령 그 비율이 20%이면 댐핑 인자는 0.8이고 두 웹 페이지는 A로부터 각각 1.6을 받는다. 웹 페이지로 연결된 링크를 통해 받는 값을 모두 반영했을 때의 값이 각 웹 페이지의 중요도이다. 웹 페이지들을 연결하는 링크들은 변할 수 있기 때문에 검색 엔진은 주기적으로 웹 페이지의 중요도를 갱신한다.

사용자가 검색어를 입력하면 검색 엔진은 인덱스에서 검색어에 적합한 웹 페이지를 찾는다. ㉡적합도는 단어의 빈도, 단어가 포함된 웹 페이지의 수, 웹 페이지의 글자 수를 반영한 식을 통해 값이 정해진다. 해당 검색어가 많이 나올수록, 그 검색어를 포함하는 다른 웹 페이지의 수가 적을수록, 현재 웹 페이지의 글자 수가 전체 웹 페이지의 평균 글자 수에 비해 적을수록 적합도가 높아진다. 검색 엔진은 중요도와 적합도, 기타 항목들을 적절한 비율로 합산하여 화면에 나열되는 웹 페이지의 순서를 결정한다.

웹 페이지가 화면에 나타나는 순서를 정하기 위해 검색 엔진은 수백 개가 넘는 항목을 고려한 다양한 방식을 사용한다. 대표적인 항목으로 중요도와 적합도가 있다.

㉠중요도는 웹 페이지의 중요성을 값으로 나타낸 것

사용자가 검색어를 입력하면 검색 엔진은 인덱스에서 검색어에 적합한 웹 페이지를 찾는다. ㉡적합도는 단어의 빈도, 단어가 포함된 웹 페이지의 수, 웹 페이지의 글자 수를 반영한 식을 통해 값이 정해진다.

---

15. ㉠, ㉡을 고려하여 검색 결과에서 웹 페이지의 순위를 높이기 위한 방안으로 가장 적절한 것은?

① 화제가 되고 있는 검색어들을 웹 페이지에 최대한 많이 나열하여 ㉠을 높인다.

② 사람들이 많이 접속하는 유명 검색 사이트로 연결하는 링크를 웹 페이지에 많이 포함시켜 ㉠을 높인다.

③ 알파벳순으로 앞 순서에 있는 단어들을 웹 페이지 첫 부분에 많이 포함시켜 ㉡을 높인다.

④ 다른 많은 웹 페이지들이 링크하도록 웹 페이지에서 여러 주제를 다루고 전체 글자 수를 많게 하여 ㉡을 높인다.

⑤ 다른 웹 페이지에서 흔히 다루지 않는 주제를 간략하게 설명하되 주제와 관련된 단어를 자주 사용하여 ㉡을 높인다.

[예시 33] 2021학년도 6평 25~28번 <영상 안정화 기술> 中

일반 사용자가 디지털 카메라를 들고 촬영하면 손의 미세한 떨림으로 인해 영상이 번져 흐려지고, 걷거나 뛰면서 촬영하면 식별하기 힘들 정도로 영상이 흔들리게 된다. 흔들림에 의한 영향을 최소화하는 기술이 영상 안정화 기술이다.

영상 안정화 기술에는 (빛을 이용하는) 광학적 기술과 (소프트웨어를 이용하는) 디지털 기술 등이 있다. 광학 영상 안정화(OIS) 기술을 사용하는 카메라 모듈은 렌즈 모듈, 이미지 센서, 자이로 센서, 제어 장치, 렌즈를 움직이는 장치로 구성되어 있다. 렌즈 모듈은 보정용 렌즈들을 포함한 여러 개의 렌즈들로 구성된다. 일반적으로 카메라는 렌즈를 통해 들어온 빛이 이미지 센서에 닿아 피사체의 상이 맺히고, 피사체의 한 점에 해당하는 위치인 화소마다 빛의 세기에 비례하여 발생한 전기 신호가 저장 매체에 영상으로 저장된다. 그런데 카메라가 흔들리면 이미지 센서 각각의 화소에 닿는 빛의 세기가 변한다. 이때 OIS 기술이 작동되면 자이로 센서가 카메라의 움직임을 감지하여 방향과 속도를 제어 장치에 전달한다. 제어 장치가 렌즈를 이동시키면 피사체의 상이 유지되면서 영상이 안정된다.

렌즈를 움직이는 방법 중에는 보이스코일 모터를 이용하는 방법이 많이 쓰인다. 보이스코일 모터를 포함한 카메라 모듈은 중앙에 위치한 렌즈 주위에 코일과 자석이 배치되어 있다. / 카메라가 흔들리면 제어 장치에 의해 코일에 전류가 흘러서 자기장과 전류의 직각 방향으로 전류의 크기에 비례하는 힘이 발생한다. 이 힘이 렌즈를 이동시켜 흔들림에 의한 영향이 상쇄되고 피사체의 상이 유지된다. 이외에도 카메라가 흔들릴 때 이미지 센서를 움직여 흔들림을 감쇄하는 방식도 이용된다.

OIS 기술이 손 떨림을 훌륭하게 보정해 줄 수는 있지만 렌즈의 이동 범위에 한계가 있어 보정할 수 있는 움직임의 폭이 좁다. 디지털 영상 안정화(DIS) 기술은 촬영 후에 소프트웨어를 사용해 흔들림을 보정하는 기술로 역동적인 상황에서 촬영한 동영상에 적용할 때 좋은 결과를 얻을 수 있다. 이 기술은 촬영된 동영상을 프레임 단위로 나눈 후 연속된 프레임 간 피사체의 움직임을 추정한다. 움직임을 추정하는 한 방법은 특징점을 이용하는 것이다. 특징점으로는 피사체의 모서리처럼 주위와 밝기가 뚜렷이 구별되며 영상이 이동하거나 회전해도 그 밝기 차이가 유지되는 부분이 선택된다.

영상 안정화 기술에는 (빛을 이용하는) 광학적 기술과 (소프트웨어를 이용하는) 디지털 기술 등이 있다. 영상 안정화 기술을 이용하는 요소에 따라 광학적 기술과 디지털 기술로 쪼개고 있다.

그리고, 바로 광학적 기술에 대한 서술을 시작하는데, 시작하자마자 광학 영상 안정화 기술을 사용하는 카메라 모듈을 5개의 부속품으로 쪼갠다.

[부속품 여러 개로 쪼개는 경우]

어떤 상위 범주가 부속품의 형태로 쪼개지는 경우에는, 상위 범주를 구성하는 각각을 공통서술범주에 입각해서 비교·대조하기 보다는, N개의 부속품이 상위 범주 안에서 각각 어떤 역할을 수행하는지에 집중하며 읽는 것이 맞다.

그리고, 각각의 요소를 하나하나 분리시켜서 봤을 때는, 상위 범주의 성격을 띠지 못한다. 그 부속품이 모여서 하나가 되어야 비로소 하나의 상위 범주가 되는 것이다.

특히 기술 지문에서 어떤 키워드를 그걸 구성하는 부속품 몇 개로 쪼개서, 그 키워드가 작동하는 방식을 각 부속품의 역할을 중심으로 서술하는 지문이 많이 등장한다.

5개의 부속품이 어떻게 작동해서 흔들림에 의한 영향을 최소화하는지 파악하는데 집중하며 독해해야겠다.

OIS 기술이 손 떨림을 훌륭하게 보정해 줄 수는 있지만 렌즈의 이동 범위에 한계가 있어 보정할 수 있는 움직임의 폭이 좁다. 디지털 영상 안정화(DIS) 기술은 촬영 후에 소프트웨어를 사용해 흔들림을 보정하는 기술로 역동적인 상황에서 촬영한 동영상에 적용할 때 좋은 결과를 얻을 수 있다.
이후, OIS 기술에 대한 서술이 끝나고 DIS 기술로 범주가 이동한다.

바쟁은 영화감독을 '이미지를 믿는 감독'과 '현실을 믿는 감독'으로 분류했다. 영화의 형식을 중시한 '이미지를 믿는 감독'은 다양한 영화적 기법으로 현실을 변형하여 새로운 의미를 창조하는 데 주력한다. 몽타주의 대가인 예이젠시테인이 대표적이다. 몽타주는 추상적이거나 상징적인 이미지를 통해 관객이 익숙한 대상을 낯설게 받아들이게 한다. 또한 짧은 숏들을 불규칙적으로 편집해서 영화가 재현한 공간이 불연속적으로 연결된 듯한 느낌을 만들어 낸다. 바쟁은 몽타주가 현실의 연속성을 깨뜨릴 뿐만 아니라 감독의 의도에 따라 관객이 현실을 하나의 의미로만 해석하게 할 우려가 있는 연출 방식이라고 생각했다.

바쟁은 영화감독을 '이미지를 믿는 감독'과 '현실을 믿는 감독'으로 분류했다.

바쟁이 영화감독을 두 종류로 쪼개며 시작한다. 믿는 대상이 다르다는 기준으로 쪼개진 두 종류의 영화감독을 각각 서술할 가능성이 높겠다. 이때, 공통서술범주가 발견되면 서로 비교·대조 해주면 된다.

[생각 7] 통시적 흐름

(변화되는 것과 유지되는 것을 모두 파악해야 한다.)

시간이 지남에 따라 변화하는 양상을 서술하는 방식으로 서술되는 지문이 있다. 이때, 변화하는 것뿐만 아니라 유지되는 것도 있기 마련이다. 따라서, '20세기', '시간이 지남에 따라' 이렇게 시간을 나타내는 표현이 등장하면 통시적 흐름에 따른 전개가 등장할 수 있으므로 < > 표시로 확보해 주도록 하자. 그리고, 이전 시기와 이후 시기에서 어떤 것이 유지되고 어떤 것이 바뀌었는지 공통서술범주에 입각해서 비교·대조 해준다.

[예시 1] 2023학년도 6평 4~9번 <신어에 담긴 육가의 사상> 中

〈전국 시대의 혼란을 종식한 진(秦)〉은 분서갱유를 단행하며 사상 통제를 기도했다. 당시 권력자였던 이사(李斯)에게 역사 지식은 전통만 따지는 허언이었고, 학문은 법과 제도에 대해 논란을 일으키는 원인에 불과했다. 이에 따라 〈전국 시대의〉『순자』처럼 다른 사상을 비판적으로 흡수하여 통합 학문의 틀을 보여 준 분위기는 일시적으로 약화되었다. 이에 〈한(漢) 초기〉 사상가들의 과제는 진의 멸망 원인을 분석하고 이에 기초한 안정적 통치 방안을 제시하며, 힘의 지배를 숭상하던 당시 지배 세력의 태도를 극복하는 것이었다. 이러한 과제에 부응한 대표적 사상가는 육가(陸賈)였다.

순자의 학문을 계승한 그는 한 고조의 치국 계책 요구에 부응해 『신어』를 저술하였다. 이 책을 통해 그는 진의 단명 원인을 가혹한 형벌의 남용, 법률에만 의거한 통치, 군주의 교만과 사치, 그리고 현명하지 못한 인재 등용 등으로 지적하고, 진의 사상 통제가 낳은 폐해를 거론하며 한 고조에게 지식과 학문이 중요함을 설득하고자 하였다.

일단 시간적 배경을 나타내는 워딩이 나오면 <>표시를 하며 확보하다가, 시간의 흐름이 나타나며 그 통시적 흐름에 따라 글을 전개하면, 타임라인을 만들 듯이 글을 읽어야 한다.

〈전국 시대의 혼란을 종식한 진(秦)〉은 분서갱유를 단행하며 사상 통제를 기도했다.
일단 시간적 배경을 나타내는 워딩이 나온다. 이를 확보해서 이해하면, 전국 시대의 혼란이 있던 시기와, 그 이후의 시기가 있었음을 알 수 있다.

T1. 전국 시대
[사회적 상황]

『순자』처럼 다른 사상을 비판적으로 흡수하여 통합 학문의 틀을 보여 준 분위기

*이게 시간상 먼저이지만, 진에 대한 서술이 먼저 진행된 후 전국 시대에 대한 설명이 제시되었다. 이런 역순행적 구성에서 이렇게 머릿속으로 시간 순서대로 재배치할 수 있어야 한다.

T2. 진
[사회적 상황]

〈전국 시대의 혼란을 종식한 진(秦)〉은 분서갱유를 단행하며 사상 통제를 기도
당시 권력자였던 이사(李斯)에게 역사 지식은 전통만 따지는 허언이었고, 학문은 법과 제도에 대해 논란을 일으키는 원인에 불과

일시적으로 약화

T3. 한 초기
[한 초기 사상가들의 과제]

사상가들의 과제 : 진의 멸망 원인을 분석, 이에 기초한 안정적 통치 방안을 제시 ⇒ 힘의 지배를 숭상하던 당시 지배 세력의 태도를 극복

이러한 과제에 부응한 대표적 사상가는 육가(陸賈)

조선 왕조의 기본 법전인 『경국대전』에 규정된 신분제는 신분을 양인과 천인으로 나눈 양천제이다. 양인은 과거에 응시할 수 있었지만, 납세와 군역 등의 의무를 져야 했다. 천인은 개인이나 국가에 소속되어 천역(賤役)을 담당했다. 관료 집단을 뜻하던 양반이 〈16세기 이후〉 세습적으로 군역 면제 등의 차별적 특혜를 받는 신분으로 굳어짐에 따라 양인은 사회적으로 양반, 중인, 상민으로 분화되었다. 이러한 법적, 사회적 신분제는 〈갑오개혁으로 철폐되기 이전까지〉 조선 사회의 근간이 되었다.

〈조선 후기〉에 접어들어 농업 생산력의 증대와 상공업의 발달로 같은 신분 안에서도 분화가 확대되었고, 이에 따라 신분제에 변화가 일어났다. 천인의 대다수를 구성했던 노비는 속량과 도망 등의 방식으로 신분적 억압에서 점차 벗어났다. 영조 연간에 편찬된 법전인 『속대전』에서는 노비가 속량할 수 있는 값을 100냥으로 정하는 규정을 둠으로써 속량을 제도화했다. 이는 국가의 재정 운영상 노비제의 유지보다 그들을 양인 납세자로 전환하는 것이 유리했기 때문이었다. 몰락한 양반들은 노비의 유지가 어려워졌기 때문에 몸값을 받고 속량해 주는 길을 선택했다.

〈18세기 이후〉 경제적으로 성장한 상민층에서는 '유학(幼學)' 직역*을 얻고자 하는 현상이 나타났다. 유학은 벼슬을 하지 않은 유생(儒生)을 지칭했으나, 이 시기에는 관료로 진출하지 못한 이들을 가리키는 직역 명칭으로 굳어졌다. 호적상 유학은 군역 면제라는 특권이 있어서 상민층이 원하는 직역이었다. 유학 직역의 획득은 제도적으로 양반이 되는 것을 의미하였으나 그것이 곧 온전한 양반으로 인정받는 것을 의미하는 것은 아니었다. 당시 양반 집단의 일원으로 인정받기 위해서는 유교적 의례의 준행, 문중과 족보에의 편입 등 다양한 조건이 필요했다. 이에 따라 일부 상민층은 유학 직역을 발판으로 양반 문화를 모방하면서 양반으로 인정받고자 했다.

〈조선 후기에는〉 신분 상승 현상이 일어나면서 양반의 하한선과 비(非)양반층의 상한선이 근접하는 모습이 나타났다. 양반들이 비양반층의 진입을 막는 힘은 여전히 작동하고 있었지만, 비양반층이 양반에 접근하고자 하는 힘은 더 강하게 작동했다. 유학의 증가는 이러한 현상의 단면을 보여 준다.

일단 시간적 배경을 나타내는 워딩이 나오면 <>표시를 하며 확보하다가, 시간의 흐름이 나타나며 그 통시적 흐름에 따라 글을 전개하면, 타임라인을 만들 듯이 글을 읽어야 한다.

[경국대전에 규정된 신분제]

양인   천인

T1. 16세기 이후
[시대적 상황]
관료 집단을 뜻하던 양반이 세습적으로 군역 면제 등의 차별적 특혜를 받는 신분으로 굳어짐
[신분제에 일어난 변화]
양인은 사회적으로 양반, 중인, 상민으로 분화되었다.

T2. 조선 후기에 접어든 후
[시대적 상황]
농업 생산력의 증대와 상공업의 발달로 같은 신분 안에서도 분화가 확대

[신분제에 일어난 변화]
천인의 대다수를 구성했던 노비는 속량과 도망 등의 방식으로 신분적 억압에서 점차 벗어났다.
영조 연간에 편찬된 법전인 『속대전』에서는 노비가 속량할 수 있는 값을 100냥으로 정하는 규정을 둠으로써 속량을 제도화

T3. 18세기 이후
[시대적 상황]
경제적으로 성장한 상민층에서는 '유학(幼學)' 직역*을 얻고자 하는 현상이 나타났다.

조선 후기
[시대적 상황]
여기서는 새로운 시간을 준 것이 아니라, 조선 후기의 전체적인 양상을 정리한 것에 해당한다.
신분 상승 현상이 일어나면서 양반의 하한선과 비(非)양반층의 상한선이 근접하는 모습이 나타났다.
노비가 속량과 도망 등의 방식으로 신분적 억압에서 점차 벗어난 것도 이에 해당한다고 볼 수 있다.
유학의 증가는 이러한 현상의 단면을 보여 준다.

T4. 갑오개혁 이후
〈갑오개혁으로 철폐되기 이전까지〉앞서 1문단에서 이런 내용을 본 적이 있다. 그냥 지나가듯이 읽었으면 기억하지 못할 것이다. 하지만 시간적 배경을 나타내는 표현이 등장했기 때문에, 의식적으로 확보해 놓았다면, 갑오개혁 이후 신분제가 철폐되는 시간이 가장 끝에 이렇게 존재함을 생각할 수 있었을 것이다.

[예시 3] 2024학년도 6평 4~7번 <공포 소구> 中

공포 소구는 그 메시지에 담긴 권고를 따르지 않을 때의 해로운 결과를 강조하여 수용자를 설득하는 것으로, 〈1950년대 초부터〉 설득 전략 연구자들의 연구 대상이 되었다. 〈초기 연구를 대표하는 재니스〉는 기존 연구에서 다루어지지 않았던 공포 소구의 설득 효과에 주목하였다. 그는 수용자에게 공포 소구를 세 가지 수준으로 달리 제시하는 실험을 한 결과, 중간 수준의 공포 소구가 가장 큰 설득 효과를 보인다는 것을 발견하였다.

〈공포 소구 연구를 진척시킨 레벤달〉은 재니스의 연구가 인간의 감정적 측면에만 치우쳤다고 비판하며, 공포 소구의 효과는 수용자의 감정적 반응만이 아니라 인지적 반응과도 관련된다고 하였다. 그는 감정적 반응을 '공포 통제 반응', 인지적 반응을 '위험 통제 반응'이라 불렀다. 그리고 후자가 작동하면 수용자들은 공포 소구의 권고를 따르게 되지만, 전자가 작동하면 공포 소구로 인한 두려움의 감정을 통제하기 위해 오히려 공포 소구에 담긴 위험을 무시하려는 반응을 보이게 된다고 하였다.

〈이러한 선행 연구들을 종합한 위티〉는 우선 공포 소구의 설득 효과를 좌우하는 두 요인으로 '위협'과 '효능감'을 설정하였다. 수용자가 공포 소구에 담긴 위험을 자신이 겪을 수 있는 것이고 그 위험의 정도가 크다고 느끼면, 그 공포 소구는 위협의 수준이 높다. 그리고 공포 소구에 담긴 권고를 이행하면 자신의 위험을 예방할 수 있고 자신에게 그 권고를 이행할 능력이 있다고 느끼면, 효능감의 수준이 높다. 한 동호회에서 회원들에게 '모임에 꼭 참석해 주세요. 불참 시 회원 자격이 사라집니다.'라는 안내문을 보냈다고 하자. 회원 자격이 사라진다는 것은 그 동호회 활동에 강한 애착을 가지고 있는 사람에게는 높은 수준의 위협이 된다. 그리고 그가 동호회 모임에 참석하는 일이 어렵지 않다고 느낄 때, 안내문의 권고는 그에게 높은 수준의 효능감을 주게 된다.

위티는 이 두 요인을 레벤달이 말한 두 가지 통제 반응과 관련지어 다음과 같은 결론을 도출하였다. 위협과 효능감의 수준이 모두 높을 때에는 위험 통제 반응이 작동하고, 위협의 수준은 높지만 효능감의 수준이 낮을 때에는 공포 통제 반응이 작동한다. 그러나 위협의 수준이 낮으면, 수용자는 그 위협이 자신에게 아무 영향을 주지 않는다고 느껴 효능감의 수준에 관계없이 공포 소구에 대한 반응이 없게 된다. 이렇게 정리된 결론은 그간의 공포 소구 이론을 통합한 결과라는 점에서 후속 연구의 중요한 디딤돌이 되었다.

공포 소구는 그 메시지에 담긴 권고를 따르지 않을 때의 해로운 결과를 강조하여 수용자를 설득하는 것으로, 〈1950년대 초부터〉 설득 전략 연구자들의 연구 대상이 되었다.

공포 소구에 정의를 제시한 후, 1950년대 초부터 설득 전략 연구자들의 연구 대상이 되었다고 한다. 일단 시간적 배경이 제시되었으니 확보해놓자.

T1. 초기 연구를 대표하는 재니스
기존 연구에서 다루어지지 않았던 공포 소구의 설득 효과에 주목
중간 수준의 공포 소구가 가장 큰 설득 효과

T2. 공포 소구 연구를 진척시킨 레벤달
재니스의 연구가 인간의 감정적 측면에만 치우쳤다고 비판
공포 소구의 효과는 수용자의 감정적 반응만이 아니라 인지적 반응과도 관련

감정적 반응 = 공포 통제 반응
⇒ if 작동, 공포 소구에 담긴 위험 무시
인지적 반응 = 위험 통제 반응
⇒ if 작동, 공포 소구의 권고를 따름

T3. 이러한 선행 연구들을 종합한 위티
우선 공포 소구의 설득 효과를 좌우하는 두 요인으로 '위협'과 '효능감'을 설정

⇒ 위협과 효능감의 수준이 모두 높을 때에는 위험 통제 반응이 작동

⇒ 위협의 수준은 높지만 효능감의 수준이 낮을 때에는 공포 통제 반응이 작동

⇒ 위협의 수준이 낮으면, 수용자는 그 위협이 자신에게 아무 영향을 주지 않는다고 느껴 효능감의 수준에 관계없이 공포 소구에 대한 반응이 없게 된다.

읽어보니, 이렇게 시간 순서대로 공포 소구에 대한 연구가 진척되는 양상을 제시하고 있다. 초기 연구인 재니스의 연구가 감정적 측면에만 치우친 점을 비판하며 레벤달의 연구가 등장하고, 그 두 가지의 선행 연구를 종합해서 위티가 정리하는 양상으로 전개되었다.

[예시 4] 2020학년도 6평 27~31번 <통화 정책> 中

금융을 통화 정책의 전달 경로로만 보는 <전통적인 경제학>에서는 금융감독 정책이 개별 금융 회사의 건전성 확보를 통해 금융 안정을 달성하고자 하는 ㉠ 미시 건전성 정책에 집중해야 한다고 보았다. 이러한 관점은 금융이 직접적인 생산 수단이 아니므로 단기적일 때와는 달리 장기적으로는 경제 성장에 영향을 미치지 못한다는 인식과, 자산 시장에서는 가격이 본질적 가치를 초과하여 폭등하는 버블이 존재하지 않는다는 효율적 시장 가설에 기인한다. 미시 건전성 정책은 개별 금융 회사의 건전성에 대한 예방적 규제 성격을 가진 정책 수단을 활용하는데, 그 예로는 향후 손실에 대비하여 금융 회사의 자기자본 하한을 설정하는 최저 자기자본 규제를 들 수 있다.

이처럼 전통적인 경제학에서는 금융감독 정책을 통해 금융 안정을, 통화 정책을 통해 물가 안정을 달성할 수 있다고 보는 이원적인 접근 방식이 지배적인 견해였다. 그러나 <글로벌 금융 위기 이후 금융 시스템이 와해되어 경제 불안이 확산되면서> 기존의 접근 방식에 대한 자성이 일어났다. 이 당시 경기 부양을 목적으로 한 중앙은행의 저금리 정책이 자산 가격 버블에 따른 금융 불안을 야기하여 경제 안정이 훼손될 수 있다는 데 공감대가 형성되었다. 또한 금융 회사가 대형화되면서 개별 금융 회사의 부실이 금융 시스템의 붕괴를 야기할 수 있게 됨에 따라 금융 회사 규모가 금융 안정의 새로운 위험 요인으로 등장하였다. 이에 기존의 정책으로는 금융 안정을 확보할 수 없고, 경제 안정을 위해서는 물가 안정뿐만 아니라 금융 안정도 필수적인 요건임이 밝혀졌다. 그 결과 미시 건전성 정책에 ㉡ 거시 건전성 정책이 추가된 금융감독 정책과 물가 안정을 위한 통화 정책 간의 상호 보완을 통해 경제 안정을 달성해야 한다는 견해가 주류를 형성하게 되었다.

T2. 글로벌 금융 위기 이후

[예시 5] 2025학년도 수능 4~9번 <개화 (가)> 中

서양의 과학과 기술, 천주교의 수용을 반대했던 이항로를 비롯한 척사파의 주장은 <개항 이후>에도 지속되었지만, 개화는 거스를 수 없는 대세로 자리 잡았다. 개물성무(開物成務)와 화민성속(化民成俗)의 앞 글자를 딴 개화는 <개항 이전>에는 통치자의 통치행위로서 변화하는 세상에 대한 지식 확장과 피통치자에 대한 교화를 의미했다.

<개항 이후 서양 문명에 대한 긍정적 인식이 확산되면서> 서양 문명의 수용을 뜻하는 개화 개념이 자리 잡았다. <임오군란 이후,> 고종은 자강 정책을 추진하면서 반(反)서양 정서의 교정을 위해 『한성순보』를 발간했다. 이 신문의 개화 개념은 서양 기술과 제도의 도입을 통한 인지의 발달과 풍속의 진보를 뜻했다. 이 개념에는 인민이 국가의 독립 주권의 소중함을 깨닫는 의식의 변화가 내포되었고, 통치자의 입장에서 수용 가능한 문명의 장점을 받아들여 국가의 진보를 달성한다는 의미도 담겼다.

개화당의 한 인사가 제시한 개화 개념은 성문화된 규정에 따른 대민 정치에서의 법적 처리 절차 실현 등 서양 근대 국가의 통치 방식으로의 변화를 내포하는 것이었다. 그는 개화 실행 주체를 여전히 왕으로 생각했고, 개화 실행 주체로서 왕의 역할이 사라진 것은 <갑신정변>에서였다. 풍속의 진보와 통치 방식 변화라는 의미를 내포한 갑신정변의 개화 개념은 통치권에 대한 도전으로뿐 아니라 개인의 사욕을 위한 것으로 표상되었다. <이후> 개화 개념은 국가 구성원을 조직하고 동원하기 위해 부정적 이미지에서 벗어나야 했고, 유길준은 『서유견문』을 저술하며 개화 개념에 덧씌워진 부정적 이미지를 떼어 내고자 했다. 이후 간행된 『대한매일신보』 등의 개화 개념은 국가 구성원 전체를 실행 주체로 하여 근대 국가 주권을 향해 그들을 조직하고 동원하는 것을 의미했다.

<을사늑약 이후,> 개화 논의는 문명에 대한 본격적인 논의로 이어졌다. 대한 자강회의 주요 인사들은 서양 근대 문명을 수용하여 근대 국가를 건설하고자, 앞서 문명화를 이룬 일본의 지도를 받아야 한다고 보았다. 이들은 서양 근대 문명의 주체를 주체 인식의 준거로 삼았기 때문에 민족 주체성을 간과했다. <이러한 상황에서> 박은식은 ㉠근대 국가 건설과 새로운 주체의 형성에 주목하여 문명에 대한 견해를 제시했다.

타임라인을 만들 듯이 글을 읽어야 한다.
일단 큰 틀에서의 시간을 개항 이전과 이후로 나눌 수 있다. 개화에 대한 생각이 시간이 지남에 따라 어떻게 전개되었는지가 핵심 정보에 해당한다.

T1. 개항 이전

[시대적 상황]
[서양의 과학과 기술, 천주교의 수용을 반대했던 이항로를 비롯한 척사파의 주장]이 있었다.
[개화에 대한 생각]
개화는 <개항 이전>에는 통치자의 통치행위로서 변화하는 세상에 대한 지식 확장과 피통치자에 대한 교화를 의미했다.

T2. 개항 이후_1

[시대적 상황]
서양 문명에 대한 긍정적 인식이 확산
[개화에 대한 생각]
서양 문명의 수용을 뜻하는 개화 개념이 자리 잡았다.

T3. 개항 이후_2 : 임오군란 이후

[시대적 상황]
고종은 자강 정책을 추진하면서 반(反)서양 정서의 교정을 위해 『한성순보』를 발간
[개화에 대한 생각]
1. 고종의 개화 개념
이 신문의 개화 개념은 서양 기술과 제도의 도입을 통한 인지의 발달과 풍속의 진보를 뜻했다.
2. 개화당의 한 인사가 제시한 개화 개념
서양 근대 국가의 통치 방식으로의 변화를 내포하는 것
개화 실행 주체를 여전히 왕으로 생각

T4. 개항 이후_3 : 갑신정변

[시대적 상황]
갑신정변
[개화에 대한 생각]
갑신 정변에서의 개화 개념
풍속의 진보와 통치 방식 변화라는 의미를 내포
개화 실행 주체로서 왕의 역할이 사라짐
통치권에 대한 도전으로뿐 아니라 개인의 사욕을 위한 것으로 표상

변화

T5. 개항 이후_4 : 갑신정변 이후

[시대적 상황]
개화 개념은 국가 구성원을 조직하고 동원하기 위해 부정적 이미지에서 벗어나야 했다.
[개화에 대한 생각]
국가 구성원 전체를 실행 주체로 하여 근대 국가 주권을 향해 그들을 조직하고 동원하는 것을 의미

T6. 개항 이후_5 : 올사늑약 이후

[시대적 상황]
올사늑약

[생각 8] 나열 : 넘버링

  '나열'은 특히 수능 지문과 같이 정보 전달이 목적인 글에서 흔히 볼 수 있다. 이때 나열된 각각의 항목을 구분해서 읽을 필요가 있다. 한 의미 단위에 대한 정보가 나열되면, **각 항목을 넘버링하며 확보해 주는 것이 좋다.** 보통 나열된 부분을 답에 근거로 하는 문제가 많이 출제되는데 **넘버링하면서 읽으면 놓치는 내용이 줄어들고, 독해에 집중하는 데도 효과가 좋기 때문이다.**

'한 의미 단위에 대한 나열'이라고 했는데, 아래 그림과 같을 경우를 의미한다.
앞서 '머릿속에 목차를 만들 듯이 정보를 체계있게 누적하라'고 했는데, 임의의 지문 목차가 아래와 같았다고 보자.

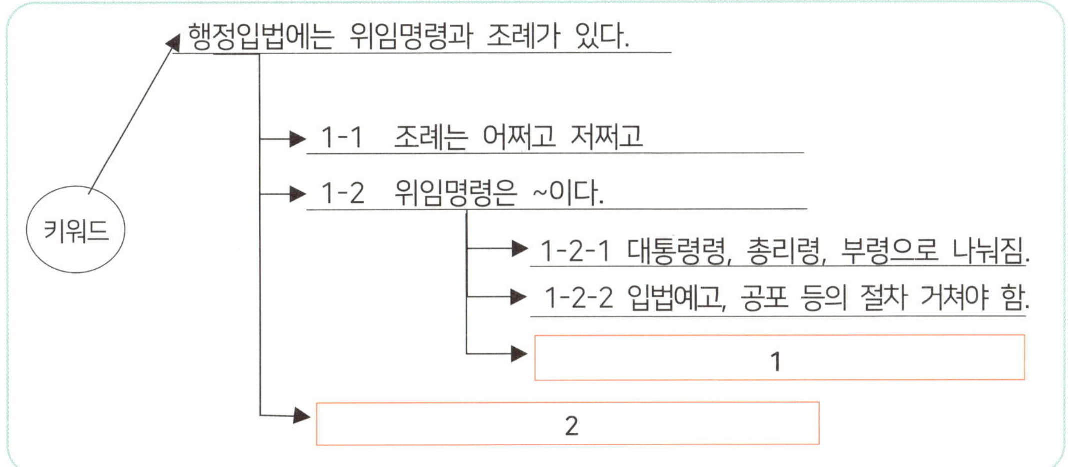

  저 1-1, 1-2, 1-2-1 이런 것들은 다 문장 하나하나를 의미한다. 문장 5개가 위와 같은 위상으로 조직화되어 왔던 것이다. 이때, 1-2 문장을 보면 '위임명령의 정의를 주고, 그 다음 1-2-1 문장을 보니 그 위임명령에 대한 설명이다. 1-2 문장에서 획득한 키워드 '위임명령'에 대한 설명인 것이다. 따라서 하위 범주로 소속시켰다. 그 다음 1-2-2 문장을 보니, 또 '위임명령'에 대한 설명이다. 하지만 바로 앞 1-2-1 문장과는 범주가 다르기 때문에 저렇게 상위, 하위 범주가 아닌 동일 위상 범주로 1-2에 소속시켜야 한다.

Q. 이 상황에서, 다음 문장이 다음과 같다고 생각해보자.

"위임명령은 입법부인 국회가 자신의 권한의 일부를 행정부에 맡겼기 때문에 정당화될 수 있다."

지금까지 누적된 정보에 끼워 넣으면 이 문장의 자리는 1번이 될까 2번이 될까?
  ⇒ 이 문장은 '위임명령의 정당화'에 대한 설명이다. 따라서, 위임명령에 대한 설명이지만 1-2-1, 1-2-2의 설명과는 그 범주가 다르다. 따라서 1번에 '1-2-3'문장으로 들어가야 할 것이다.

==결론은, 하나의 의미 단위인 '위임명령'에 대해 '종류(1-2-1), 실행 절차(1-2-2), 정당화(1-2-3)' 이렇게 서술 범주만 조금씩 다른 N개의 설명이 나열될 경우, 각각을 넘버링하며 하나하나 확보해두는 것이 좋다.==

+추가로, 여기서 말하는 '서술 범주'는 앞서 '공통서술범주에 입각한 비교대조'에서의 '서술범주'와 같은 말이다. 거기서도 예시에 휴대폰에 대해 배터리가 어떻고 카메라가 어떻고 이런 여러 서술범주가 있었는데, 지문에 반영해보면 그것도 하나의 의미단위에 대한 설명 나열이기 때문에 넘버링하며 확보해줘야 할 대상이 되는 것이다.

[1] 큰 범주 속에서 파생된 작은 범주 안에서도 나열이 되면, 같은 스타일로 넘버링하면 헷갈릴 수 있으니 번호의 스타일을 바꿔서 나열하기

[2] 넘버링 하라는 이유는, 우리가 정보의 범주 체계를 앞에 제시한 목차 그림과 똑같이 지문 옆에 그리면서 읽기는 너무 힘들기 때문에, 그 체계를 시각적으로 각인시키기 위해 넘버링 하는 것이다.

[3] ['/'를 사용한 끊어읽기 , ①②③④ 넘버링] 이렇게 두 가지 방법을 활용해 시각적으로 표시하며 읽자.

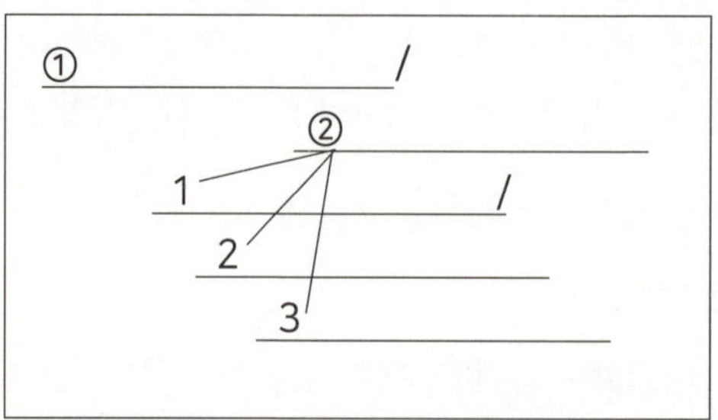

예를 들어, 이렇게 모델링되면 된다.

 그게 무슨 말이냐고? 가지치기 그림으로 이해해보자.

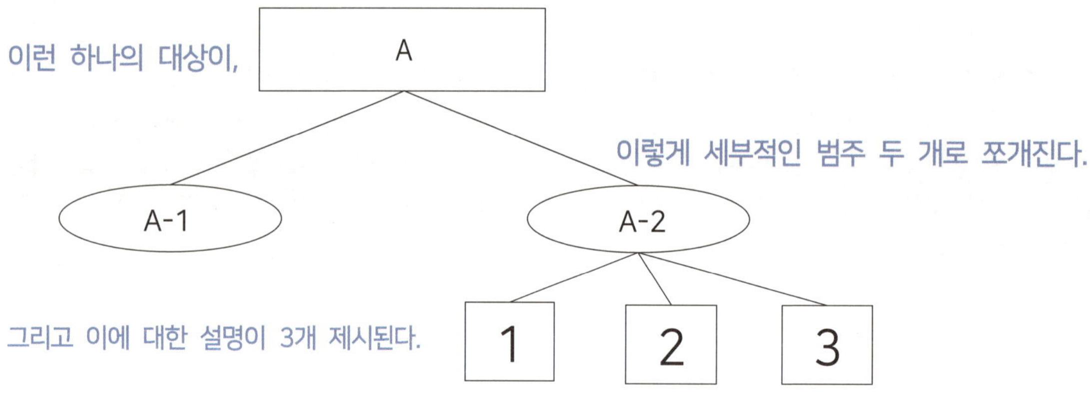

이렇게 상위 범주를 쪼개서 하위 범주를 나열하고, 또 쪼개서 나열하고, 이게 계속 반복되는 것이다. 저렇게 생긴 그림 어디서 많이 본 거 같지 않나?

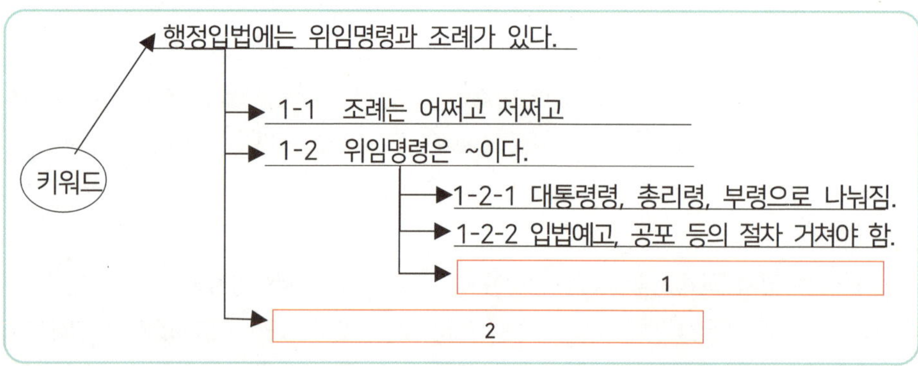

이거다. 목차랑 모양이 똑같지 않나? 애초에 같은 그림이었던 것이다.

[예시 지문]

[예시 1] 2019학년도 9평 21~25번 <CDS 프리미엄> 2문단

채권은 ①정부나 기업이 자금을 조달하기 위해 발행하며 ②그 가격은 채권이 매매되는 채권 시장에서 결정된다. ③채권의 발행자는 정해진 날에 일정한 이자와 원금을 투자자에게 지급할 것을 약속한다. / ④채권을 매입한 투자자는 이를 다시 매도하거나 이자를 받아 수익을 얻는다. / 그런데 채권 투자에는 발행자의 지급 능력 부족 등의 사유로 이자와 원금이 지급되지 않을 가능성인 ⑤신용 위험이 수반된다. 이에 따라 각국은 채권의 신용 위험을 평가해 신용 등급으로 공시하는 ⑥신용 평가 제도를 도입하여 투자자를 보호하고 있다.

채권에 대한 설명이 나열된다. 이렇게 채권에 대해 어떤 하나의 이야기를 구체화 시키는 것이 아니라, 범주가 다른 여러 가지 이야기를 흩뿌리는 형식이면 하나씩 밑줄치며 넘버링해주는 식으로 왼쪽 지문과 같이 확보하면 된다.

\#과하게 쪼개서 넘버링 하는 것은 문제 되지 않지만, 쪼개지 않고 경계를 애매모호하게 해서 뭉뚱거려 읽어버리면 나중에 문제로 나왔을 때 높은 확률로 기억이 안 나거나, 정보가 섞여서 오류가 생긴다. (③과④에서는 이자에 대한 이야기가 겹치지만, 일단 따로 넘버링 해두고 겹치는 내용 끼리는 저렇게 연결해주면 된다.)

\#쪼갠 대상 사이에 인과가 있으면, 일단 넘버링 하면서 읽다가, 앞서 인과를 처리할 때 했던 것처럼 원인과 결과를 서로 연결만 해주면 된다. (⑤ ⇒ ⑥)

[예시 2] 2025학년도 수능 10~13번 <확산 모델> : 개념 정의 내부 나열

노이즈는 ①불필요하거나 ②원하지 않는 값을 의미한다.

용어의 개념이 제시될 때도, 그 개념 안에서 나열이 있을 수 있다. 이때도 넘버링하며 처리해줘야 한다.
애초에 정의를 확보하는 것이 지문 독해에 있어서 엄청 중요하다고 했는데, 정의 내에서 나열이 된다는 것은 정의가 두 가지로 제시 되는 것이므로 둘 다 확보해주는 것이 당연하다.

\# 나열 속의 나열
유류분 부족액의 가치에 대해,
①금액으로 계산되지만 ②항상 돈으로 반환되는 것은 아니다.
이렇게 두 가지 사항을 나열하고, 다음 내용을 읽어보니 ②와 관련된 사항을 구체화하고 있다. 그런데 읽어보니 무상 처분된 재산이 돈 이외의 재산인 경우에 대해 세 가지 case를 나열하고 있다. 이때는, ②에 소속시켜 다시 1번부터 차례대로 넘버링하며 확보해야 하는 것이다.

그런데 이전에 넘버링 하던 스타일대로 ①,② 이렇게 하면 그 범주가 헷갈릴 수 있다. 따라서, 이렇게 나열 속에서 또 나열이 되면, 넘버링 스타일을 바꿔서 이런 식으로 확보해주면 좋다.
1. 처분된 재산 자체가 반환 대상이 되는 것이 원칙
2. 다만 그 재산 자체를 반환하는 것이 불가능한 때에는 무상 취득자는 돈으로 반환
3. 재산 자체의 반환이 가능해도 유류분권자와 무상 취득자의 합의에 의해 돈으로 반환

[예시 3] 2023학년도 9평 10~13번 <유류분권>

피상속인이 상속 개시 당시에 가졌던 재산으로부터 상속받은 이익이 있는 상속인은 유류분에 해당하는 이익의 일부만 반환받을 수 있다. 유류분에 해당하는 이익에서 이미 상속받은 이익을 뺀 값인 유류분 부족액만 반환받을 수 있기 때문이다. 유류분 부족액의 가치는 ①금액으로 계산되지만 ②항상 돈으로 반환되는 것은 아니다. 만약 무상 처분된 재산이 돈이 아니라 물건이나 주식처럼 돈 이외의 재산이라면, 1.처분된 재산 자체가 반환 대상이 되는 것이 원칙이다. 2.다만 그 재산 자체를 반환하는 것이 불가능한 때에는 무상 취득자는 돈으로 반환해야 한다. 또한 3.재산 자체의 반환이 가능해도 유류분권자와 무상 취득자의 합의에 의해 돈으로 반환될 수도 있다.

[예시 4] 2017학년도 9평 35~39번 <사단 법인>

> 　권리와 의무의 주체가 될 수 있는 자격을 권리 능력 이라 한다. 사람은 태어나면서 저절로 권리 능력을 갖게 되고 생존하는 내내 보유한다. 그리하여 사람은 재산에 대한 소유권의 주체가 되며, 다른 사람에 대하여 채권을 누리기도 하고 채무를 지기도 한다. 사람들의 결합체인 단체도 일정한 요건을 갖추면 법으로써 부여되는 권리 능력인 법인격을 취득할 수 있다. 단체 중에는 ①사람들이 일정한 목적을 갖고 결합한 조직체로서 ②구성원과 구별되어 독자적 실체로서 존재하며, ③운영 기구를 두어, 구성원의 가입과 탈퇴에 관계없이 존속하는 단체가 있다. 이를 사단(社團)이라 하며, 사단이 갖춘 이러한 성질을 사단성이라 한다. 사단의 구성원은 사원이라 한다.
>
> ~
>
> 　구성원인 사람의 인격과 법인으로서의 법인격이 잘 분간되지 않는 듯이 보이는 경우에는 간혹 문제가 일어난다. / 상법상 회사는 이사들로 이루어진 (1)이사회만을 업무 집행의 의결 기관으로 둔다. 또한 (2)대표 이사는 이사 중 한 명으로, 이사회에서 선출되는 기관이다. 그리고 (3)이사의 선임과 이사의 보수는 주주 총회에서 결정하도록 되어 있다. / 그런데 주주가 한 사람뿐이면 사실상 그의 뜻대로 될 뿐, 이사회나 주주 총회의 기능은 퇴색하기 쉽다.

사람의 권리 능력에 대해 설명한 후, 단체의 권리 능력에 대한 이야기로 범주를 바꾸고 있다.

이때, 단체 중 하나의 특성을 나열한다. 일단 넘버링하면서 하나하나 확보해 주면 된다.

① 사람들이 일정한 목적을 갖고 결합한 조직체

② 구성원과 구별되어 독자적 실체로서 존재

③ 운영 기구를 두어, 구성원의 가입과 탈퇴에 관계없이 존속

이렇게 특정 단체에 대한 설명을 세 개 나열하고, 이런 성질을 갖춘 단체를 사단, 그 성질을 사단성이라고 한다고 정리해주고 있다.

항상 나열된 설명을 넘버링 할 때, 그냥 아무 생각 없이 무작정 넘버링만 하면 안되고, 항상 그 나열되는 설명이 어떤 범주에 대한 설명인지 확정지은 후 그 범주에 입각해서 하나씩 확보해야 한다.

여기서는 일단 넘버링을 한 후, [사단이 갖춘 이러한 성질을 사단성]이 부분을 보고, 저 세 가지 설명이 '사단성'이라고 확정 지어주면 된다.

구성원인 사람의 인격과 법인으로서의 법인격이 잘 분간되지 않는 듯이 보이는 경우에는 간혹 문제가 일어난다.

위와 같은 문제를 제시한 후, '상법상 회사' 에 대한 설명을 나열한다. 문제 해결은 안하고 이걸 왜 주는지 모르겠지만 일단 나열된 것을 넘버링하며 확보해 주자.

(1)이사회만을 업무 집행의 의결 기관으로 둔다.

(2)대표 이사는 이사 중 한 명으로, 이사회에서 선출되는 기관

(3)이사의 선임과 이사의 보수는 주주 총회에서 결정하도록 되어 있다.

그렇다고 한다. 상법상 회사에 대한 설명을 확보하고 다음 문장을 읽어보니, 첫 문장에서 제시했던 문제를 상법상 회사에 대한 설명에서 주어진 정보를 활용해 구체화하고 있다. 따라서, 나열된 상법상 회사에 대한 정보는 저 첫 문장의 문제를 구체화하기 위한 보조 정보에 해당한다고 볼 수 있다.

이렇게 삽입된 보조 정보 덩어리 안에서도 나열이 활용된다.

[예시 6] 2025학년도 6평 4~7번 <과두제적 경영>

정당과 같은 정치 조직이 민주적 방식과 절차로 운영되어야 하는 것은 당연하다. 그런데 민주적 운영 체제를 갖추었으면서도 실제로는 일부 소수에게 권력이 집중되어 있는 경우도 적지 않다. 조직 운영에서 보이는 이러한 현상을 흔히 과두제라 한다. 이는 정치 조직에서뿐만 아니라 기업 경영에서도 나타난다.

①모든 주주가 경영진을 이루어 상호 협력 관계를 기반으로 기업을 운영하며 ②의사 결정권도 균등하게 행사하는 경우에 이를 '공동체적 경영'이라 부르기도 한다. 이런 기업에서 ③경영진은 모두 업무와 관련하여 전문성을 가지며, ④경영 수익에 관련된 중요한 사항은 주주들이 공동으로 결정한다./그러나 기업의 규모가 성장하고 사업이 다양해지면, 소수의 의사 결정에 따른 수직적 경영으로 효율성을 지향하는 '과두제적 경영'으로 나아가는 일도 있다.

과두제적 경영은 소수의 경영자로 이루어진 경영진이 강한 결속력을 가지면서 실질적 권한과 정보를 독점하며 기업을 운영하는 것을 말한다. 이런 체제는 ①전문성과 경험을 갖춘 경영진을 중심으로 안정적 경영권이 확보될 수 있도록 하여, ②기업 전략을 장기적으로 수립하고, 이에 맞춰 과감하고 지속적인 투자를 할 수 있어서 ③첨단 핵심 기술의 개발에도 유리한 면이 있다. 그리고 ④기업과 경영진 간의 높은 일체성은 위기 상황에서 신속한 의사 결정으로 효율적인 대처를 하는 데 도움을 주기도 한다.

그런데 대체로 주주의 수가 많으면 개별 주주의 결정권은 약하고, 소수의 경영진이 기업을 장악하는 힘은 크다. 이를 이용하여 정보와 권한이 집중된 소수의 경영진이 사익에 치중하면 다수 주주의 이익이 침해되는 폐해가 나타날 수 있다. P1경영 성과를 실제보다 부풀려 투자를 유치한 뒤 주주들에게 회복하기 어려운 손해를 입히는 경우도 있으며, P2기업 운영에 중대한 영향을 미치는 주요 정보들을 은폐하거나 경영 상황을 조작하여 발표함으로써 결과적으로 기업의 가치에 심각한 타격을 주는 사례도 종종 보게 된다.

이러한 문제점을 완화하기 위해 S1기업이 경영자와 계약을 체결하여 급여 이외의 경제적 이익을 동기로 부여하는 방안이 있다. 예를 들면, 일정 수량의 주식을 계약 시에 정한 가격으로 미래에 매수할 수 있도록 하는 스톡옵션의 권리를 경영자에게 부여하는 방식이 있다. 이 권리를 행사할지 말지는 자유이고, 경영자는 매수 시점을 유리하게 선택할 수 있다. 또 아직 우리나라에 도입되지는 않았지만, S2기업의 주식 가치가 목표치 이상으로 올랐을 때 경영자가 그에 상응하는 보상을 받는 주식 평가 보상권의 방식도 있다.

S3기업 경영의 건전성을 확보하기 위해 마련된 공적 제도들은 과두제적 경영의 폐해를 방지하는 기능도 한다. 기업의 주식 가치에 영향을 미칠 수 있는 정보 제공을 법적으로 의무화한 S3-1경영 공시 제도는 경영 투명성을 높이려는 것이다. 이를 통해 경영진과 주주들 간 정보 격차가 줄어들 수 있다. / 기업의 이사회에 외부 인사를 이사로 참여시키도록 하는 S3-2사외 이사 제도는 독단적인 의사 결정을 견제함으로써 폐쇄적 경영으로 인한 정보와 권한의 집중을 억제하는 효과를 거둘 수 있다.

나열 1

'공동체적 경영'에 대해,
①모든 주주가 경영진을 이루어 상호 협력 관계를 기반으로 기업을 운영
②의사 결정권도 균등하게 행사
이렇게 두 가지를 만족하는 경우라고 정의하고 있다.
그리고, 이어지는 설명도 공동체적 경영을 하는 기업에 대한 설명이기 때문에 이어서 넘버링 해줬다.
③경영진은 모두 업무와 관련하여 전문성을 가지며,
④경영 수익에 관련된 중요한 사항은 주주들이 공동으로 결정

나열 2

'과두제적 경영'에 대한 정의를 제시한 후,
①전문성과 경험을 갖춘 경영진을 중심으로 안정적 경영권이 확보될 수 있도록 하여,
②기업 전략을 장기적으로 수립하고, 이에 맞춰 과감하고 지속적인 투자를 할 수 있어서
③첨단 핵심 기술의 개발에도 유리
(인과로 하나로 연결되어 있지만, 하나 하나의 요소가 매우 길기 때문에 하나씩 다른 요소로 찢어서 넘버링한 후, 저렇게 인과를 시각적으로 표현해줬다.)
④기업과 경영진 간의 높은 일체성은 위기 상황에서 신속한 의사 결정으로 효율적인 대처를 하는 데 도움
'과두제적 경영'에 대한 설명을 나열한다.

나열 3 : P 나열

다음 문단으로 들어가 보니, 과두제적 경영이 야기할 수 있는 문제점에 대해 서술한다. [정보와 권한이 집중된 소수의 경영진이 사익에 치중하면 다수 주주의 이익이 침해되는 폐해가 나타날 수 있다.] 문제점을 큰 틀에서 이렇게 제시하고, 이를
P1경영 성과를 실제보다 부풀려 투자를 유치한 뒤 주주들에게 회복하기 어려운 손해를 입히는 경우
P2기업 운영에 중대한 영향을 미치는 주요 정보들을 은폐하거나 경영 상황을 조작하여 발표함으로써 결과적으로 기업의 가치에 심각한 타격을 주는 사례

이렇게 두 가지로 구체화해서 나열한다. 앞서 문제점은 곧 핵심 정보라고 했던 것이 기억나는가? 그럼 이렇게 문제점이 나열되는 경우에는 좀 더 신경을 써 줘야 한다. 일반적인 넘버링 스타일을 사용하는 것이 아니라, 이렇게 Problem 1, Problem 2의 앞 글자를 따서 P1, P2 이런 식으로 넘버링 해주는 것이 필요하다. 그리고 나서, 그 문제점이 어떻게 해결되는지 찾는데 집중하면 된다.

나열 4 : S 나열

다음 문단으로 들어가 보니, 앞서 제시된 문제점에 대해 바로 해결책이 제시된다.

 # 나열되고 말고에 상관없이, 문제점과 해결책에는 각각 등장할 때 P, S 이런 표시를 남겨서 서로 연결해주는 것이 필요하다. 따라서, 일단 여기서도 첫 번째 해결책이 나왔으니,

> ① S 표시를 하고,
> ② 이게 어떤 문제점을 해결하는 것인지 파악하기

이 두 가지에 집중하면 된다. 그런데 읽다 보니 해결책이 나열됨을 알 수 있다. 그러면, 각 해결책이 나오는 순서대로 S1, S2, S3 이렇게 표시해주고, 각각 어떤 문제점을 해결하는 것인지 매칭하면 된다.

S1기업이 경영자와 계약을 체결하여 급여 이외의 경제적 이익을 동기로 부여하는 방안

S2기업의 주식 가치가 목표치 이상으로 올랐을 때 경영자가 그에 상응하는 보상을 받는 주식 평가 보상권의 방식도 있다.

이렇게 두 가지 해결책은 회사의 가치가 높아진 만큼 경영진도 이득을 볼 수 있게 함으로써, 앞서 제시된 P2처럼 기업의 가치에 피해를 끼치는 행위를 할 이유가 없게 만들어 버린다. 따라서 P2를 효율적으로 해결할 수 있다.

S3기업 경영의 건전성을 확보하기 위해 마련된 공적 제도들은 과두제적 경영의 폐해를 방지하는 기능도 한다.
이 S3은 그 안에서 또 세부적으로 두 가지가 나열된다. 이런 경우에는, S3-1, S3-2 이렇게 표시해주고 S3에 연결해주면 된다.

S3-1경영 공시 제도
[정의] 기업의 주식 가치에 영향을 미칠 수 있는 정보 제공을 법적으로 의무화
[효과] 경영진과 주주들 간 정보 격차가 줄어들 수 있다.

S3-2사외 이사 제도
[정의] 기업의 이사회에 외부 인사를 이사로 참여시키도록 함
[효과] 독단적인 의사 결정을 견제함으로써 폐쇄적 경영으로 인한 정보와 권한의 집중을 억제하는 효과

애초에 P1과 P2의 원인이 소수에게 권한과 정보가 집중되는 것이었는데, 이 두 제도는 이를 원천 차단하는 제도이므로 P1과 P2 모두의 해결에 도움이 된다.

나열된 정보를 잘 확보해야 하는 이유는, 독해에 있어 목차를 만드는 방법이기에 중요함도 있지만, 나열된 정보를 그렇게 깐깐하게 넘버링해서 잘 확보해야 풀 수 있는 문제가 출제되기 때문이다.

문제

5. 과두제적 경영에 대한 이해로 적절하지 않은 것은?

① 소수의 경영진이 내린 의사 결정이 수직적으로 집행되는 효율성을 추구한다.
② 강한 결속력을 가진 소수의 경영자로 경영진을 이루어 경영권 유지에 강점이 있다.
③ 경영권이 안정되어 중요 기술 개발에 적극적인 투자를 계속 하는 데에 유리하다는 장점이 있다.
④ 경영진이 투자자의 유입을 유도하기 위하여 경영 성과를 부풀릴 위험성이 있어 이에 대비할 필요가 있다.
⑤ 경영진과 다수 주주 사이의 이해가 일치하는 경우에는 그렇지 않은 경우보다 기업 가치가 훼손될 위험성이 높아진다.

6. 윗글을 읽고 추론한 내용으로 적절하지 않은 것은?

① 스톡옵션의 권리를 가진 경영자는 주식 가격이 미리 정해 놓은 것보다 하락하더라도 손실을 입지 않을 수 있다.
② 스톡옵션은 경영자의 성과 보상에 미래의 주식 가치가 관련된다는 점에서 주식 평가 보상권과 차이가 있다.
③ 경영 공시는 주주가 기업 경영 상황을 파악하여 기업 가치를 평가하는 데 유용한 제도가 될 수 있다.
④ 사외 이사 제도는 기업의 의사 결정에 외부 인사를 참여시켜 경영의 개방성을 높일 수 있는 제도라 평가할 수 있다.
⑤ 경영 공시 제도와 사외 이사 제도는 기업의 중요 정보에 대한 경영진의 독점을 완화할 수 있다.

[예시 7] 2024학년도 수능 4~7번 <경마식 보도> : S 나열

<table>
<tr><td>

　　경마식 보도는 경마 중계를 하듯 지지율 변화나 득표율 예측 등을 집중 보도하는 선거 방송의 한 방식이다. 경마식 보도는 선거일이 가까워질수록 증가한다. 새롭고 재미있는 정보를 원하는 시청자들의 요구에 부응하고, 방송사로서도 매일 새로운 뉴스를 제공하는 방편이 될 수 있기 때문이다. 경마식 보도는 선거와 정치에 무관심한 유권자들의 선거 참여, 정치 참여를 독려하는 장점이 있다. P 하지만 흥미를 돋우는 데 치중하는 경마식 보도는 선거의 주요 의제를 도외시[1]하고 경쟁 결과에 초점을 맞춰[2] 선거의 공정성을 저해할 수 있다.

　　경마식 보도의 문제점을 줄이려는 조치가 있다. 「공직선거법」의 규정에 따르면, 당선인을 예상케 하는 여론조사를 실시하는 것은 언제든지 가능하지만 S1 그 결과의 보도는 선거일 6일 전부터 투표 마감 시각까지 금지된다. 이러한 규정이 국민의 알 권리와 언론의 자유를 침해하는지에 대해 헌법재판소는 신뢰할 수 있는 여론조사 결과라 하더라도 선거일에 임박해 보도하면 선거에 영향을 끼칠 수 있다며 합헌 결정을 내렸다. // 「공직선거법」근거를 둔 「선거방송심의에 관한 특별규정」은 S2 유권자에게 영향을 줄 수 있는 사실의 왜곡 보도를 금지하고, / S3 여론조사 결과가 오차 범위 내에 있을 때에 이를 밝히지 않은 채로 서열이나 우열을 나타내는 보도도 금지하고 있다. 언론 단체의 「선거여론조사보도준칙」은 표본 오차를 감안하여 여론조사 결과를 정확하게 보도하도록 요구한다. 지지율 차이가 오차 범위 내에 있을 때 "경합"이라는 표현은 무방하지만 서열화하거나 "오차 범위 내에서 앞섰다."라는 표현처럼 우열을 나타내어 보도할 수 없다는 것이다.

</td><td>

</td></tr>
</table>

[예시 8] 2024학년도 6평 4~7번 <공포 소구> : case 나열

공포 소구 연구를 진척시킨 레벤달은 ①재니스의 연구가 인간의 감정적 측면에만 치우쳤다고 비판하며, ②공포 소구의 효과는 수용자의 감정적 반응만이 아니라 인지적 반응과도 관련된다고 하였다. 그는 감정적 반응을 '공포 통제 반응', 인지적 반응을 '위험 통제 반응'이라 불렀다. 그리고 후자가 작동하면 수용자들은 공포 소구의 권고를 따르게 되지만, 전자가 작동하면 공포 소구로 인한 두려움의 감정을 통제하기 위해 오히려 공포 소구에 담긴 위험을 무시하려는 반응을 보이게 된다고 하였다.

이러한 선행 연구들을 종합한 위티는 우선 공포 소구의 설득 효과를 좌우하는 두 요인으로 '위협'과 '효능감'을 설정하였다. 수용자가 공포 소구에 담긴 위험을 자신이 겪을 수 있는 것이고 그 위험의 정도가 크다고 느끼면, 그 공포 소구는 위협의 수준이 높다. / 그리고 공포 소구에 담긴 권고를 이행하면 자신의 위험을 예방할 수 있고 자신에게 그 권고를 이행할 능력이 있다고 느끼면, 효능감의 수준이 높다. 한 동호회에서 회원들에게 '모임에 꼭 참석해 주세요. 불참 시 회원 자격이 사라집니다.'라는 안내문을 보냈다고 하자. 회원 자격이 사라진다는 것은 그 동호회 활동에 강한 애착을 가지고 있는 사람에게는 높은 수준의 위협이 된다. 그리고 그가 동호회 모임에 참석하는 일이 어렵지 않다고 느낄 때, 안내문의 권고는 그에게 높은 수준의 효능감을 주게 된다.

위티는 이 두 요인을 레벤달이 말한 두 가지 통제 반응과 관련지어 다음과 같은 결론을 도출하였다. ①위협과 효능감의 수준이 모두 높을 때에는 위험 통제 반응이 작동하고, / ②위협의 수준은 높지만 효능감의 수준이 낮을 때에는 공포 통제 반응이 작동한다. / ③그러나 위협의 수준이 낮으면, 수용자는 그 위협이 자신에게 아무 영향을 주지 않는다고 느껴 효능감의 수준에 관계없이 공포 소구에 대한 반응이 없게 된다. 이렇게 정리된 결론은 그간의 공포 소구 이론을 통합한 결과라는 점에서 후속 연구의 중요한 디딤돌이 되었다.

5. 윗글을 읽은 학생의 반응으로 적절하지 <u>않은</u> 것은?

① 재니스는 공포 소구의 효과를 연구하는 실험에서 공포 소구의 수준을 달리하며 수용자의 변화를 살펴보았겠군.

② 레벤달은 재니스의 연구 결과에 대하여 수용자의 감정적 반응과 인지적 반응을 모두 고려하여 살펴보았겠군.

③ 레벤달은 공포 소구의 설득 효과가 나타나려면 공포 통제 반응보다 위험 통제 반응이 작동해야 한다고 보았겠군.

④ 위티는 수용자가 공포 소구에 담긴 위험을 느끼지 않아야 공포 소구의 권고를 따르게 된다고 보았겠군.

⑤ 위티는 공포 소구의 위협 수준이 그 공포 소구의 효능감 수준에 따라 달라지는 것은 아니라고 보았겠군.

[예시 9] 2021학년도 9평 34~37번 <항 미생물 화학제>

생활 환경에서 ①병원체의 수를 억제하고 ②전염병을 예방하기 위한 목적으로 사용하는 방역용 화학 물질을 '항(抗)미생물 화학제'라 한다. 항미생물 화학제는 ③다양한 병원체가 공통으로 갖는 구조를 구성하는 성분들에 화학 작용을 일으키므로 광범위한 살균 효과가 있다. 그러나 ④병원체의 구조와 성분은 병원체의 종류에 따라 완전히 같지는 않으므로, 동일한 항미생물 화학제라도 그 살균 효과는 다를 수 있다.

항미생물 화학제 중 ㉠멸균제[1]는 포자를 포함한 모든 병원체를 파괴한다./ ㉡감염방지제[2]는 포자를 제외한 병원체를 사멸시키는 화합물로 병원, 공공시설, 가정의 방역에 사용된다. /감염방지제 중 독성이 약해 사람의 피부나 상처 소독에도 사용이 가능한 항미생물 화학제를 ㉢소독제[3]라 한다./ 사람의 세포막도 지질 성분으로 이루어져 있어 소독제라 하더라도 사람의 세포를 죽일 수 있으므로, 눈이나 호흡기 등의 점막에 접촉하지 않도록 주의해야 한다. 따라서 항미생물 화학제는 (1)병원체에 대한 최대의 방역 효과와 (2)인체 및 환경에 대한 최고의 안전성을 확보할 수 있도록 종류별 사용법을 지켜야 한다.

항미생물 화학제의 작용기제는 크게 병원체의 표면을 손상시키는 방식과 병원체 내부에서 대사 기능을 저해하는 방식으로 나눌 수 있지만, 많은 경우 두 기제가 함께 작용한다. 〈고농도 에탄올 등의 알코올 화합물은〉 ①세포막의 기본 성분인 지질을 용해시키고 단백질을 변성시키며, ②병원성 세균에서는 세포벽을 약화시킨다. 또한 알코올 화합물은 ③지질 피막이 없는 바이러스보다 지질 피막이 있는 병원성 바이러스에서 방역 효과가 크다. 지질 피막은 병원성 바이러스가 사람을 감염시키는 과정에서 중요한 역할을 하기 때문에, 지질을 손상시키는 기능을 가진 항미생물 화학제만으로도 병원성 바이러스에 대한 방역 효과가 있다.

35. 윗글을 읽고 이해한 내용으로 적절하지 않은 것은?

① 고농도 에탄올은 지질 피막이 있는 바이러스에 방역 효과가 있다.
② 하이포염소산 소듐은 병원체의 내부가 아니라 표면의 단백질을 손상시킨다.
③ 진균의 포자는 바이러스에 비해서 화학 물질에 대한 저항성이 더 강하다.
④ 알킬화제는 병원체 내 핵산의 염기에 알킬 작용기를 결합시켜 유전자의 발현을 방해한다.
⑤ 산화제가 다양한 바이러스를 사멸시키는 것은 그 산화제가 바이러스의 공통적인 구조를 구성하는 성분들에 작용하기 때문이다.

[예시 10] 2023학년도 수능 4~9번 <조선 시대의 유서 (가)>

중국에서 비롯된 유서(類書)는 고금의 서적에서 자료를 수집하고 항목별로 분류, 정리하여 이용에 편리하도록 편찬한 서적이다. 일반적으로 유서는 기존 서적에서 필요한 부분을 뽑아 배열할 뿐 상호 비교하거나 편찬자의 해석을 가하지 않았다. 유서는 모든 주제를 망라한 일반 유서와 특정 주제를 다룬 전문 유서로 나눌 수 있으며, 편찬 방식은 책에 따라 다른 경우가 많았다. 중국에서는 대체로 왕조 초기에 많은 학자를 동원하여 국가 주도로 대규모 유서를 편찬하여 간행하였다. 이를 통해 이전까지의 지식을 집성하고 왕조의 위엄을 과시할 수 있었다.

〔A〕 고려 때 중국 유서를 수용한 이후, 조선에서는 중국 유서를 활용하는 한편, 중국 유서의 편찬 방식에 따라 필요에 맞게 유서를 편찬하였다. 조선의 유서는 대체로 국가보다 개인이 소규모로 편찬하는 경우가 많았고, 목적에 따른 특정 주제의 전문 유서가 집중적으로 편찬되었다. 전문 유서 가운데 편찬자가 미상인 유서가 많은데, 대체로 간행을 염두에 두지 않고 기존 서적에서 필요한 부분을 발췌, 기록하여 시문 창작, 과거 시험 등 개인적 목적으로 유서를 활용하고자 하였기 때문이었다.

이 같은 유서 편찬 경향이 지속되는 가운데 17세기부터 실학의 학풍이 하나의 조류를 형성하면서 유서 편찬에 변화가 나타났다. 실학자들의 유서는 현실 개혁의 뜻을 담았고, 편찬 의도를 지식의 제공과 확산에 두었다. 또한 단순 정리를 넘어 지식을 재분류하여 범주화하고 평가를 더하는 등 저술의 성격을 드러냈다. 독서와 견문을 통해 주자학에서 중시되지 않았던 지식을 집적했고, 증거를 세워 이론적으로 밝히는 고증과 이에 대한 의견 등 '안설'을 덧붙이는 경우가 많았다. 주자학의 지식을 이어받는 한편, 주자학이 아닌 새로운 지식을 수용하는 유연성과 개방성을 보였다. 광범위하게 정리한 지식을 식자층이 쉽게 접할 수 있어야 한다고 생각했고, 객관적 사실 탐구를 중시하여 박물학과 자연 과학에 관심을 기울였다.

조선 후기 실학자들이 편찬한 유서가 주자학의 관념적 사유에 국한되지 않고 새로운 지식의 축적과 확산을 촉진한 것은 지식의 역사에서 적지 않은 의미를 지닌다.

스스로 나열된 정보를 넘버링하며 확보해보고, 아래 문제를 풀어보자.

5. 〔A〕에 대한 이해로 적절하지 <u>않은</u> 것은?

① 조선에서 편찬자가 미상인 유서가 많았던 것은 편찬자의 개인적 목적으로 유서를 활용하려 했기 때문이다.
② 조선에서는 시문 창작, 과거 시험 등에 필요한 내용을 담은 유서가 편찬되는 경우가 적지 않았다.
③ 조선에서는 중국의 편찬 방식을 따르면서도 대체로 국가보다는 개인에 의해 유서가 편찬되었다.
④ 중국에서는 많은 학자를 동원하여 대규모로 편찬한 유서를 통해 왕조의 위엄을 드러내었다.
⑤ 중국에서는 주로 서적에서 발췌한 내용을 비교하고 해석을 덧붙여 유서를 편찬하였다.

중국에서 비롯된 유서(類書)는 고금의 서적에서 자료를 수집하고 항목별로 분류, 정리하여 이용에 편리하도록 편찬한 서적이다. 일반적으로 유서는 기존 서적에서 필요한 부분을 뽑아 배열할 뿐 상호 비교하거나 편찬자의 해석을 가하지 않았다. 유서는 모든 주제를 망라한 일반 유서와 특정 주제를 다룬 전문 유서로 나눌 수 있으며, 편찬 방식은 책에 따라 다른 경우가 많았다. 중국에서는 대체로 왕조 초기에 많은 학자를 동원하여 국가 주도로 대규모 유서를 편찬하여 간행하였다. 이를 통해 이전까지의 지식을 집성하고 왕조의 위엄을 과시할 수 있었다.

[A] 〈고려 때 중국 유서를 수용한 이후,〉 조선에서는 중국 유서를 활용하는 한편, 중국 유서의 편찬 방식에 따라 필요에 맞게 유서를 편찬하였다. 조선의 유서는 대체로 국가보다 개인이 소규모로 편찬하는 경우가 많았고, 목적에 따른 특정 주제의 전문 유서가 집중적으로 편찬되었다. 전문 유서 가운데 편찬자가 미상인 유서가 많은데, 대체로 간행을 염두에 두지 않고 기존 서적에서 필요한 부분을 발췌, 기록하여 시문 창작, 과거 시험 등 개인적 목적으로 유서를 활용하고자 하였기 때문이었다.

이 같은 유서 편찬 경향이 지속되는 가운데 17세기부터 실학의 학풍이 하나의 조류를 형성하면서 유서 편찬에 변화가 나타났다. 실학자들의 유서는 현실 개혁의 뜻을 담았고, 편찬 의도를 지식의 제공과 확산에 두었다. 또한 단순 정리를 넘어 지식을 재분류하여 범주화하고 평가를 더하는 등 저술의 성격을 드러냈다. 독서와 견문을 통해 주자학에서 중시되지 않았던 지식을 집적했고, 증거를 세워 이론적으로 밝히는 고증과 이에 대한 의견 등 '안설'을 덧붙이는 경우가 많았다. 주자학의 지식을 이어받는 한편, 주자학이 아닌 새로운 지식을 수용하는 유연성과 개방성을 보였다. 광범위하게 정리한 지식을 식자층이 쉽게 접할 수 있어야 한다고 생각했고, 객관적 사실 탐구를 중시하여 박물학과 자연 과학에 관심을 기울였다.

조선 후기 실학자들이 편찬한 유서가 주자학의 관념적 사유에 국한되지 않고 새로운 지식의 축적과 확산을 촉진한 것은 지식의 역사에서 적지 않은 의미를 지닌다.

#나열 1 : 유서에 대한 다양한 범주의 설명 나열

#나열 2 : 조선의 유서에 대한 다양한 범주의 설명 나열

#나열 3 : 17세기 실학자들의 유서에 대한 다양한 범주의 설명 나열

강제로 항목화 하기 (견해 지문)

   인문 (견해 위주) 지문이 나오면, 그 특성상 그 말이 그 말같이 느껴지고, 상당히 추상적이라는 느낌을 받을 것이다. 실제로 인문 갈래를 어려워하는 이유는 보통 이것이다. 이때, 나열된 각각의 항목을 넘버링하며 추상적인 요소들을 강제로 객관적으로 항목화하는 과정이 실제로 엄청나게 도움된다. 과하게 쪼개서 넘버링 하는 것은 괜찮지만, 너무 안 끊어버리면 범주가 섞이는 문제가 발생할 수 있다.

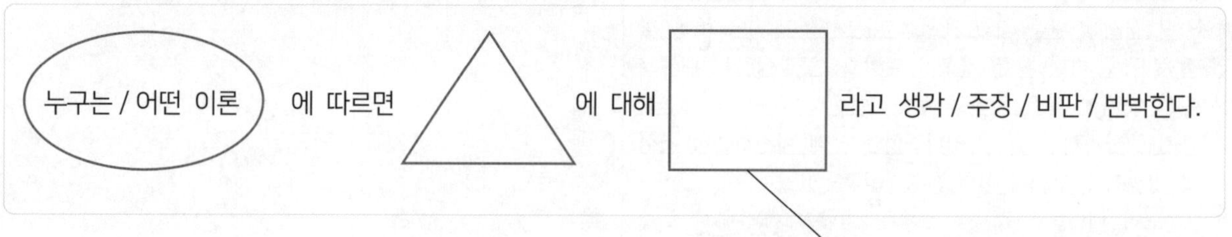

위와 같은 논리가 흔히 주장 / 견해 위주의 지문에 사용되는 논리다. 저기서 네모에 해당하는 부분이 나열되는 부분이다. 그리고, 그 나열된 것이 과연 무엇에 대한 나열인지에 해당하는 범주가 동그라미와 세모일 것이다.

저 동그라미와 세모를 확실히 확보한 상태에서, 네모에 나열되어 있는 주장들을 하나씩 끊어서 깐깐하게 강제로라도 넘버링 해주는 것이 좋다. 그리고, 어떤 견해가 나열되면, 그 견해를 주장한 사람이나 그 견해가 비롯된 학파, 학설, 이론 등에 < >이나 동그라미 표시 등 자신만의 표식을 만들어 반드시 확보하며 표시하고 넘어가도록 하자.

또한, 같은 사항에 대해 여러 사람의 견해가 병치되면, 이를 '요소 쪼개기'로 인식하고 그 두 견해가 서술 범주가 겹친다면 [공통서술범주에 입각해서 비교·대조]해줘야 한다.

예시 지문을 통해 어떻게 생각하며 읽어야 하는지 살펴보자.

[예시 1] 2023학년도 9평 4~9번 <아도르노의 예술관>

(가)

아도르노는 문화 산업에 의해 양산되는 대중 예술이 이윤 극대화를 위한 상품으로 전락함으로써 예술의 본질을 상실했을 뿐 아니라 현대 사회의 모순과 부조리를 은폐하고 있다고 지적했다. 아도르노가 보는 대중 예술은 창작의 구성에서 표현까지 표준화되어 생산되는 상품에 불과하다. 그는 대중 예술의 규격성으로 인해 개인의 감상 능력 역시 표준화되고, 개인의 개성은 다른 개인의 그것과 다르지 않게 된다고 보았다. 특히 모든 것을 상품의 교환 가치로 환원하려는 자본주의 사회에서, 대중 예술은 개인의 정체성마저 상품으로 전락시키는 기제로 작용한다는 것이다.

아도르노는 서로 다른 가치 체계를 하나의 가치 체계로 통일시키려는 속성을 동일성으로, 하나의 가치 체계로의 환원을 거부하는 속성을 비동일성으로 규정하고, 예술은 이러한 환원을 거부하는 비동일성을 지녀야 한다고 주장한다. 그렇기 때문에 예술은 대중이 원하는 아름다운 상품이 되기를 거부하고, 그 자체로 추하고 불쾌한 것이 되어야 한다는 것이다. 그에게 있어 예술은 예술가가 직시한 세계의 본질을 감상자들에게 체험하게 해야 한다. 예술은 동일화되지 않으려는, 일정한 형식이 없는 비정형화된 모습으로 나타남으로써 현대 사회의 부조리를 체험하게 하는 매개여야 한다는 것이다.

아도르노는 쇤베르크의 음악과 같은 전위 예술이 그 자체로 동일화에 저항하면서도, 저항이나 계몽을 직접적으로 드러내지 않는다는 것을 높게 평가한다. 저항이나 계몽을 직접 표현하는 것에는 비동일성을 동일화하려는 폭력적 의도가 내재되어 있다고 보기 때문이다. 불협화음으로 가득 찬 쇤베르크의 음악이 감상자에게 불쾌함을 느끼게 했던 것처럼 예술은 그것에 드러난 비동일성을 체험하게 함으로써 동일화의 폭력에 저항해야 한다는 것이다.

아도르노에게 있어 예술은 사회적 산물이며, 그래서 미학은 작품에 침전된 사회의 고통스러운 상태를 읽기 위해 존재한다. 그는 비동일성 그 자체를 속성으로 하는 전위 예술을 예술이 추구해야 할 바람직한 모습으로 제시했다.

(나)

아도르노의 미학은 예술과 사회의 관계를 통해 예술의 자율성을 추구했다는 점에서 긍정적으로 평가된다. 예술은 사회적인 것인 동시에 사회에서 떨어져 사회의 본질을 직시하는 것이어야 한다고 보기 때문이다. 그의 미학은 기존의 예술에 대한 비판적 관점을 제공한다. 가령 사과를 표현한 세잔의 작품을 아도르노의 미학으로 읽어낸다면, 이 그림은 사회의 본질과 유리된 '아름다운 가상'을 표현한 것에 불과할 것이다.

하지만 세잔의 작품은 예술가의 주관적 인상을 붉은색과 회색 등의 색채와 기하학적 형태로 표현한 미메시스일 수 있다. 미메시스란 세계를 바라보는 주체의 관념을 재현하는 것, 즉 감각될 수 없는 것을 감각 가능한 것으로 구현하는 것을 의미한다. 다시 말해 세잔의 작품은 눈에 보이는 특정의 사과가 아닌 예술가의 시선에 포착된 세계의 참모습, 곧 자연의 생명력과 그에 얽힌 농부의 삶 그리고 이를 응시하는 예술가의 사유를 재현한 것이 된다.

아도르노는 예술이 예술가에게 포착된 세계의 본질을 감상자로 하여금 체험하게 하는 것이어야 한다고 본다. 그러나 그는 이러한 미적 체험을 현대 사회의 부조리에 국한시킴으로써, 진정한 예술을 감각적 대상인 형태 그 자체의 비정형성에 대한 체험으로 한정한다. 결국 ㉠아도르노의 미학에서는 주관의 재현이라는 미메시스가 부정되고 있다.

한편 아도르노의 미학은 예술의 영역을 극도로 축소시키고 있다. 즉 그 자신은 동일화의 폭력을 비판하지만, 자신이 추구하는 전위 예술만이 진정한 예술이라고 주장하며 ㉡전위 예술의 관점에서 예술의 동일화를 시도하고 있다. 특히 이는 현실 속 다양한 예술의 가치가 발견될 기회를 박탈한다. 실수로 찍혀 작가의 어떠한 주관도 결여된 사진에서조차 새로운 예술 정신을 발견하는 것이 가능하다는 베냐민의 지적처럼, 전위 예술이 아닌 예술에서도 미적 가치를 발견할 수 있다. 또한 대중음악이 사회적 저항의 메시지를 전달하는 사례도 있듯이, 자본의 논리에 편승한 대중 예술이라 하더라도 사회에 대한 비판적 기능을 수행하는 경우도 있다.

5. 아도르노가 보는 대중 예술에 대한 이해로 적절하지 <u>않은</u> 것은?

① 문화 산업을 통해 상품화된 개인의 정체성과 대립적 관계를 형성한다.

② 일정한 규격에 맞춰 생산될 뿐 아니라 대중의 감상 능력을 표준화한다.

③ 자본주의의 교환 가치 체계에 종속된 것으로서 예술로 포장된 상품에 불과하다.

④ 모든 것을 상품의 교환 가치로 환원하려는 자본주의 사회의 속성을 은폐한다.

⑤ 문화 산업의 이윤 극대화 과정에서 개인들이 지닌 개성의 차이를 상실시킨다.

6. ㉠의 이유를 추론한 내용으로 가장 적절한 것은?

① 비정형적 형태뿐 아니라 정형적 형태 역시 재현되기 때문이다.
② 재현의 주체가 예술가로부터 예술 작품의 감상자로 전환되기 때문이다.
③ 미적 체험의 대상이 사회의 부조리에서 세계의 본질로 변화되기 때문이다.
④ 미적 체험의 과정에서 비정형적인 형태가 예술가의 주관으로 왜곡되기 때문이다.
⑤ 예술가의 주관이 가려지고 작품에 나타난 형태에 대한 체험만이 강조되기 때문이다.

7. (가)의 '아도르노'의 관점을 바탕으로 할 때, ㉡에 대해 반박할 수 있는 말로 가장 적절한 것은?

① 동일화는 애초에 예술과 무관하므로 예술의 동일화는 실현 불가능하다.
② 전위 예술의 속성은 부조리 그 자체를 폭로하는 것이므로 비동일성은 결국 동일성으로 귀결된다.
③ 동일성으로 환원된 대중 예술에서도 비동일성을 발견할 수 있으므로 예술의 동일화는 무의미하다.
④ 전위 예술은 동일성과 비동일성의 구분을 거부하므로 전위 예술로의 동일화는 새로운 차원의 비동일성으로 전환된다.
⑤ 동일화를 거부하는 속성이 전위 예술의 본질이므로 전위 예술을 추구하는 것은 동일화가 아니라 비동일화를 지향하는 것이다.

(가)

아도르노는 <문화 산업에 의해 양산되는 대중 예술>이 (이윤 극대화를 위한 상품으로 전락함으로써) ①예술의 본질을 상실했을 뿐 아니라 ②현대 사회의 모순과 부조리를 은폐하고 있다고 지적했다. 아도르노가 보는 대중 예술은 ③창작의 구성에서 표현까지 표준화되어 생산되는 상품에 불과하다. 그는 (대중 예술의 규격성으로 인해) ④개인의 감상 능력 역시 표준화되고, 개인의 개성은 다른 개인의 그것과 다르지 않게 된다고 보았다. (특히 모든 것을 상품의 교환 가치로 환원하려는 자본주의 사회에서.) ⑤대중 예술은 개인의 정체성마저 상품으로 전락시키는 기제로 작용한다는 것이다.

아도르노는 서로 다른 가치 체계를 하나의 가치 체계로 통일시키려는 속성을 동일성으로, 하나의 가치 체계로의 환원을 거부하는 속성을 비동일성으로 규정하고, (1)<예술>은 이러한 환원을 거부하는 비동일성을 지녀야 한다고 주장한다. 그렇기 때문에 (2)예술은 대중이 원하는 아름다운 상품이 되기를 거부하고, (3)그 자체로 추하고 불쾌한 것이 되어야 한다는 것이다. 그에게 있어 (4)예술은 예술가가 직시한 세계의 본질을 감상자들에게 체험하게 해야 한다. (5)예술은 (동일화되지 않으려는, 일정한 형식이 없는 비정형화된 모습으로 나타남으로써) 현대 사회의 부조리를 체험하게 하는 매개여야 한다는 것이다.

아도르노는 <쇤베르크의 음악과 같은 전위 예술이> ① 그 자체로 동일화에 저항하면서도, ②저항이나 계몽을 직접적으로 드러내지 않는다는 것을 높게 평가한다. 저항이나 계몽을 직접 표현하는 것에는 비동일성을 동일화하려는 폭력적 의도가 내재되어 있다고 보기 때문이다. (불협화음으로 가득 찬 쇤베르크의 음악이 감상자들에게 불쾌함을 느끼게 했던 것처럼) ⑥<예술>은 그것에 드러난 비동일성을 체험하게 함으로써 동일화의 폭력에 저항해야 한다는 것이다.

아도르노에게 있어 (7)<예술>은 사회적 산물이며, 그래서 (8)미학은 작품에 침전된 사회의 고통스러운 상태를 읽기 위해 존재한다. 그는 (9)(비동일성 그 자체를 속성으로 하는) 전위 예술을 예술이 추구해야 할 바람직한 모습으로 제시했다.

(나)

<아도르노의 미학>은 ①예술과 사회의 관계를 통해 예술의 자율성을 추구했다는 점에서 긍정적으로 평가된다. 예술은 사회적인 것인 동시에 사회에서 떨어져 사회의 본질을 직시하는 것이어야 한다고 보기 때문이다./ ②<그의 미학>은 기존의 예술에 대한 비판적 관점을 제공한다. 가령 사과를 표현한 세잔의 작품을 아도르노의 미학으로 읽어 낸다면, 이 그림은 사회의 본질과 유리된 '아름다운 가상'을 표현한 것에 불과할 것이다.

③하지만 <세잔의 작품>은 예술가의 주관적 인상을 붉은색과 회색 등의 색채와 기하학적 형태로 표현한 미메시스일 수 있다. 미메시스란 세계를 바라보는 주체의 관념을 재현하는 것, 즉 감각될 수 없는 것을 감각 가능한 것으로 구현하는 것을 의미한다. 다시 말해 세잔의 작품은 눈에 보이는 특정의 사과가 아닌 예술가의 시선에 포착된 세계의 참모습, 곧 자연의 생명력과 그에 얽힌 농부의 삶 그리고 이를 응시하는 예술가의 사유를 재현한 것이 된다.

<아도르노는 예술이 예술가에게 포착된 세계의 본질을 감상자로 하여금 체험하게 하는 것이어야 한다고 본다.> //그러나 ④그는 이러한 미적 체험을 현대 사회의 부조리에 국한시킴으로써, 진정한 예술을 감각적 대상인 형태 그 자체의 비정형성에 대한 체험으로 한정한다. 결국 ㉠아도르노의 미학에서는 주관의 재현이라는 미메시스가 부정되고 있다.

⑤한편 <아도르노의 미학>은 예술의 영역을 극도로 축소시키고 있다. 즉 그 자신은 동일화의 폭력을 비판하지만, 자신이 추구하는 전위 예술만이 진정한 예술이라고 주장하며 (1)㉡전위 예술의 관점에서 예술의 동일화를 시도하고 있다. 특히 이는 (2)현실 속 다양한 예술의 가치가 발견될 기회를 박탈한다. 실수로 찍혀 작가의 어떠한 주관도 결여된 사진에서조차 새로운 예술 정신을 발견하는 것이 가능하다는 베냐민의 지적처럼, 전위 예술이 아닌 예술에서도 미적 가치를 발견할 수 있다./ 또한 대중 음악이 사회적 저항의 메시지를 전달하는 사례도 있듯이, (3)자본의 논리에 편승한 대중 예술이라 하더라도 사회에 대한 비판적 기능을 수행하는 경우도 있다.

⑤한편 <아도르노의 미학>은 예술의 영역을 극도로 축소시키고 있다.
마지막으로, 범주를 바꿔서 ⑤를 제시한 후, 이를 세 가지로 구체화하고 있다. 범주가 다른 세 가지 정보이므로 넘버링 스타일을 바꿔서 넘버링하고, 이를 ⑤에 소속시켜주면 된다.
(1)㉡전위 예술의 관점에서 예술의 동일화를 시도하고 있다.
(2)현실 속 다양한 예술의 가치가 발견될 기회를 박탈
(3)자본의 논리에 편승한 대중 예술이라 하더라도 사회에 대한 비판적 기능을 수행하는 경우도 있다.

앞에서 설명했던 아도르노의 미학에 대한 글쓴이의 견해가 제시된다. 확보했던 아도르노의 견해와 엮어서 이해해주면 된다. 여기서 넘버링은 오직 글쓴이의 견해에만 해야 한다. 아도르노의 견해도 중간중간 등장하지만, 무엇에 대해 넘버링을 하고 있는지 그 범주를 명확히 하고 그 사람의 견해에만 넘버링을 해야한다. 아도르노의 견해는 여기서는 그 견해의 타겟에 해당하는 것이다.

<아도르노의 미학>은 ①예술과 사회의 관계를 통해 예술의 자율성을 추구했다는 점에서 긍정적으로 평가
먼저 이런 긍정적 평가를 주고, 그 이유를 바로 제시한다. 이때, (가)에서 확보한 아도르노의 예술에 대한 견해를 연결해서 이해했으면 쉽게 이해할 수 있었다.
[예술은 사회적인 것] = [(7)<예술>은 사회적 산물이며]
[사회의 본질을 직시하는 것] = [(4)예술은 예술가가 직시한 세계의 본질을 감상자들에게 체험하게 해야 한다.], 그리고
(5)에서 그 체험하게 해야 하는 것은 사회의 부조리라고 하면서 [예술가가 직시한 세계의 본질]을 구체화해준다. 이를 그대로 표현해놓은 것이라고 볼 수 있다.
여기서 [사회에서 떨어져]라는 조건이 붙은 것은, 앞에서 [②저항이나 계몽을 직접적으로 드러내지 않]이야 된다고 한 것을 표현만 좀 바꿔서 쓴 것이다. 따라서 아도르노의 예술관을 종합해서 한 문장으로 표현한 것이라고 볼 수 있다.

②<그의 미학>은 기존의 예술에 대한 비판적 관점을 제공한다.
아도르노에 따르면 사회를 직접적으로 표현했기 때문에 기존의 예술은 당연히 본질에 유리된 것이다.

③하지만 <세잔의 작품>은 예술가의 주관적 인상을 붉은색과 회색 등의 색채와 기하학적 형태로 표현한 미메시스일 수 있다.
사회를 직접적으로 표현한 것이라고 보지 않고, 미메시스로 봄으로써 아도르노가 이를 본질에 유리된 것이라고 본 관점을 다시 한번 비판한 것이다.

<아도르노는 예술이 예술가에게 포착된 세계의 본질을 감상자로 하여금 체험하게 하는 것이어야 한다고 본다.>
[예술가에게 포착된 세계의 본질]은 아도르노의 관점에 붙여서 이해해보면, [사회의 본질=부조리]라고 볼 수 있다. 이렇게 연결해서 확보할 수 있었다면,
이런 아도르노의 주장에 대한 [나의 견해인 ④에서 [그는 이러한 미적 체험을 현대 사회의 부조리에 국한시킴으로써] 여기까지는 바로 이해가 될 거고, [진정한 예술을 감각적 대상인 형태 그 자체의 비정형성에 대한 체험으로 한정]그렇게 미적 체험을 직접적으로 표현하지 않은 현대 사회의 부조리에 국한시키면, 우리가 감각해야 하는 대상인 형태가 애초에 비정형적일 수 밖에 없기에, [비정형성에 대한 체험]으로 한정된다고 서술한 것이다.
아도르노의 미학에서는 주관의 재현이라는 미메시스가 부정 [비정형성에 대한 체험]에서는 미메시스가 부정된다는 결론을 도출했다. 결국 이 말을 하려고 한 것이다.

[예시 2] 2023학년도 6평 4~9번 <육가의 사상>

(가)

　전국 시대의 혼란을 종식한 진(秦)은 분서갱유를 단행하며 사상 통제를 기도했다. 당시 권력자였던 이사(李斯)에게 ①역사 지식은 전통만 따지는 허언이었고, ②학문은 법과 제도에 대해 논란을 일으키는 원인에 불과했다. 이에 따라 전국 시대의 『순자』처럼 다른 사상을 비판적으로 흡수하여 통합 학문의 틀을 보여 준 분위기는 일시적으로 약화되었다. 이에 한(漢) 초기 사상가들의 과제는 (1)진의 멸망 원인을 분석하고 (2)이에 기초한 안정적 통치 방안을 제시하며, (3)힘의 지배를 숭상하던 당시 지배 세력의 태도를 극복하는 것이었다. 이러한 과제에 부응한 대표적 사상가는 육가(陸賈)였다.

　순자의 학문을 계승한 그는 한 고조의 치국 계책 요구에 부응해 『신어』를 저술하였다. 이 책을 통해 그는 ①진의 단명 원인을 가혹한 형벌의 남용, 법률에만 의거한 통치, 군주의 교만과 사치, 그리고 현명하지 못한 인재 등용 등으로 지적하고, ②(진의 사상 통제가 낳은 폐해를 거론하며) 한 고조에게 지식과 학문이 중요함을 설득하고자 하였다. 그에게 ③지식의 핵심은 현실 정치에 도움을 주는 역사 지식이었다. 그는 ④(역사를 관통하는 자연의 이치에 따라) 천문·지리·인사 등 천하의 모든 일을 포괄한다는 ㉠통물(統物)과 / (역사 변화 과정에 대한 통찰로서) 상황에 맞는 조치를 취하고 기존 규정을 고수하지 않는다는 ㉡통변(通變)을 제시하였다. / ⑤통물과 통변이 정치의 세계에 드러나는 것이 ㉢인의(仁義)라고 파악한 그는 ⑥힘에 의한 권력 창출을 긍정하면서도 ⑦권력의 유지와 확장을 위한 왕도 정치를 제안하며 ⑧(인의의 실현을 위해) 유교 이념과 현실 정치의 결합을 시도하였다.

　(인의가 실현되는 정치를 위해) 육가는 유교의 범위를 벗어나지 않는 한에서 타 사상을 수용하였다. (예와 질서를 중시하며 교화의 정치를 강조하는) 유교를 중심으로 [도가의 무위]와 [법가의 권세]를 끌어들였다. 그에게 무위는 형벌을 가벼이 하고 군주의 수양을 강조하는 것으로 평온한 통치의 결과를 의미했고 권세도 (현명한 신하의 임용을 통해) 정치권력의 안정을 도모하는 방향성을 가진 것이었기에 원래의 그것과는 차별된 것이었다.

　육가의 사상은 과도한 융통성으로 사상적 정체성이 문제가 되기도 했지만, (군주의 정치 행위에 따라) 천명이 결정됨을 지적하고 인의의 실현을 강조한 통합의 사상이었다. 그의 사상은 한 무제 이후 유교 독존의 시대를 여는 데 기여하였다.

(나)

　조선 초기에 진행된 고려 관련 역사서 편찬은 고려 멸망의 필연성과 조선 건국의 정당성을 드러내는 작업이었다. 편찬자들은 (다양한 방식으로) 고려와 조선의 차별성을 부각하고, 고려보다 조선이 뛰어남을 설득하고자 하였다.

　태조의 명으로 (고려 말에 찬술되었던) 자료들을 모아 고려에 관한 역사서가 편찬되었지만, 왕실이 아닌 편찬자의 주관이 개입되었다는 비판이 제기되는 등 여러 문제점이 지적되었다. 이에 태종은 고려의 역사서를 다시 만들라는 명을 내렸다. 〈이후〉 고려의 용어들을 그대로 싣자는 주장 ↔ 유교적 사대주의에 따른 명분에 맞추어 고쳐 쓰자는 주장이 맞서는 등 〈세종 대까지도〉 논란이 계속되었지만, / 〈문종 대에 이르러〉 『고려사』 편찬이 완성되었다. 이 과정에서 역사 연구에 관심을 기울인 세종은 경서(經書)가 학문의 근본이라면 역사서는 학문을 현실에서 구현하는 것으로 파악하고, 집현전 학자들과의 경연을 통해 경서와 역사서에 대한 이해를 쌓아 갔다.

　〈이런 분위기에서〉 세종은 중국과 우리나라의 흥망성쇠를 담은 『치평요람』의 편찬을 명하였고, 집현전 학자들은 원(元)까지의 중국 역사와 고려까지의 우리 역사를 정리하였다. 정리 과정에서 (주자학적 역사관이 담긴 『자치통감강목』에 따라) 역대 국가를 정통과 비정통으로 구분했지만, (편찬 형식 측면에서는) 강목체를 따르지 않았다. 또한 (올바른 정치의 여부에 따라 국가의 운명이 다하고 천명이 옮겨 간다는 내용을 드러내고자) (기존 역사서와 달리) 국가 간 전쟁과 외교 문제, 국가 말기의 혼란과 새 국가 초기의 혼란 수습 등을 부각하였다.

　이러한 편찬 방식은 국가의 흥망성쇠를 거울삼아 국가를 잘 운영하겠다는 목적 이외에 새 국가의 토대를 마련하려는 의도가 전제된 것이었다. 이런 의도가 집중적으로 반영된 곳은 『치평요람』의 「국조(國朝)」 부분이었다. 이 부분의 편찬자들은 유교적 시각에서 고려 정치를 바라보며 불교 사상의 폐단을 비롯한 문제점들을 다각도로 드러냈고, 이를 통해 유교적 사회로의 변화를 주장하였다. // (이성계의 능력과 업적을 담기는 했지만 이것이 조선 건국을 정당화하기에는 불충분했기에) 세종은 (역사적 사실을 배경으로 조선 왕조의 우수성을 부각한) 『용비어천가』의 편찬을 지시했다. 이는 왕조의 우수성과 정통성을 (경전과 역사의 다양한 근거를 통해) 보여 주고자 한 것이었다.

#1 조선 초기에 진행된 고려 관련 역사서 편찬에 대한 정보 나열

1,2,3,4

#2 역사서 편찬 과정에서 세종의 스탠스 나열

1,2,3

#3 치평요람 편찬 방식 나열

1,2,3

#4 치평요람 편찬 방식에 대한 정보 나열

①, ②

국조 부분에 포커싱해서 그 부분 편찬자의 생각 나열 [1,2]

[예시 3] 2025학년도 6평 12~17번 <도덕 문장에 대한 에이어의 견해>

(가)

　전통적인 윤리학의 주요 주제는 '선', '올바름'과 같은 도덕 용어에 대한 해명을 바탕으로 무엇이 옳고 그른지를 판정하는 객관적 근거를 찾는 것이다. 그러나 윤리학은 오랫동안 그에 대한 만족스러운 답을 내놓지 못했다. 이러한 상황에서 에이어는 도덕적으로 옳고 그름에 관한 문장인 도덕 문장이 진리 적합성, 즉 참 또는 거짓일 수 있다는 성질을 갖지 않는다는 주장을 펼쳤다.

　에이어는 진리 적합성을 갖는 모든 문장은 그 문장에 사용된 단어의 정의를 통해 검증되는 분석적 문장이거나 경험적 관찰에 의해 검증되는 종합적 문장이라는 원리를 바탕으로 도덕 문장은 진리 적합성이 없다고 주장했다. 우선 그는 도덕 문장은 분석적이지 않다는 기존의 논의를 수용했다. '선은 A이다.'라는 도덕 문장이 분석적이려면, 술어인 'A'가 주어인 '선'이라는 개념 속에 내포되어 있어야 한다. 하지만 '선'은 속성이나 내용을 더 이상 분석할 수 없는 단순 개념이므로 해당 문장은 분석적이지 않다. 그렇다고 해서 '선은 A이다.'라는 도덕 문장이 경험적 관찰로 검증될 수 있는 것도 아니다. '선' 그 자체는 우리의 감각으로 검증할 수 없기 때문이다.

　도덕 문장은 다양한 감정이나 태도를 표현하고 타인의 감정을 불러일으키는 정서적 의미를 갖는다고 에이어는 주장했다. 그는 많은 사람들이 도덕 문장이 진리 적합성을 갖는다고 오해하는 것은 도덕 용어의 두 가지 용법을 구분하지 못해서라고 주장한다. 그에 따르면 도덕 용어는 감정을 표현하는 표현적 용법으로도, 세계에 관한 어떤 사실을 기술하는 기술적 용법으로도 사용될 수 있다. 만약 '도둑질은 나쁘다.'가 도둑질이 사회적으로 배척된다는 사실을 기술하는 문장이라면, 이 문장은 도덕적으로 옳고 그름에 관한 것이 아니다. 따라서 이 문장은 도덕 문장이 아니고, 경험적으로 검증이 가능하다. 반대로 그 문장이 도둑질에 대한 화자의 감정을 표현한 문장이라면 이는 도덕 문장이며 어떤 사실을 기술한 것이 아니다. 에이어에게는 '도둑질은 나쁘다.'와 같은 도덕 문장을 진술하는 것은 감정을 담은 어조로 '네가 도둑질을 하다니!'라고 말하는 것과 다름없기 때문이다. 그의 주장대로라면 도덕 문장은 감정을 표현하는 도덕 주체로부터 독립적으로 존재하는 무언가를 기술할 수 없다. 이는 전통적인 윤리학자들의 기본 가정을 부정하는 급진적 주장이지만 윤리학에 새로운 사고를 열어준 선구적인 면도 있다.

일단 앞서 설명한 개념을 참고해서 나열된 견해를 스스로 넘버링하면서 확보하고 문제를 풀어보자.

그리고, 앞서 배웠던 기본적인 독해 방법, 그리고 지금까지 배웠던 이번 THEME에서의 생각들도 다 신경 쓰면서 읽어보자.

---

12. (가)에 나타난 에이어의 입장으로 적절하지 않은 것은?

① 도덕 문장을 기술적 용법으로 사용한 문장은 검증이 가능하다.

② 표현적 용법을 활용한 도덕적 문장은 자신의 감정을 표현하는 문장과 동일한 의미를 표현한다.

③ 주어와 술어의 의미 관계를 통해 어떤 문장을 검증할 수 있다면 그 문장은 분석적 문장이다.

④ 도덕 용어의 용법은 도덕 용어가 기술하는 사실의 종류에 따라 기술적 용법과 표현적 용법으로 구분할 수 있다.

⑤ 도덕 문장에 진리 적합성이 있다는 오해는 도덕 문장을 세계에 대한 어떠한 사실을 기술한 것으로 해석한 데에 기인한다.

(가)

　〈전통적인 윤리학의 주요 주제〉는 ('선', '올바름'과 같은 도덕 용어에 대한 해명을 바탕으로) 무엇이 옳고 그른지를 판정하는 객관적 근거를 찾는 것이다. 그러나 윤리학은 오랫동안 그에 대한 만족스러운 답을 내놓지 못했다. 이러한 상황에서 에이어는 (도덕적으로 옳고 그름에 관한 문장인)① 도덕 문장이 진리 적합성, 즉 참 또는 거짓일 수 있다는 성질을 갖지 않는다는 주장을 펼쳤다.

　에이어는 진리 적합성을 갖는 모든 문장은 그 문장에 사용된 단어의 정의를 통해 검증되는 분석적 문장이거나 경험적 관찰에 의해 검증되는 종합적 문장이라는 원리를 바탕으로 도덕 문장은 진리 적합성이 없다고 주장했다. 우선 그는 도덕 문장은 분석적이지 않다는 기존의 논의를 수용했다. ('선은 A이다.'라는 도덕 문장이 분석적이려면,) 술어인 'A'가 주어인 '선'이라는 개념 속에 내포되어 있어야 한다. 하지만 '선'은 속성이나 내용을 더 이상 분석할 수 없는 단순 개념이므로 해당 문장은 분석적이지 않다. 그렇다고 해서 '선은 A이다.'라는 도덕 문장이 경험적 관찰로 검증될 수 있는 것도 아니다. '선' 그 자체는 우리의 감각으로 검증할 수 없기 때문이다. ② 도덕 문장은 다양한 감정이나 태도를 표현하고 타인의 감정을 불러일으키는 정서적 의미를 갖는다고 에이어는 주장했다. 그는 ③많은 사람들이 도덕 문장이 진리 적합성을 갖는다고 오해하는 것은 도덕 용어의 두 가지 용법을 구분하지 못해서라고 주장한다. 그에 따르면 도덕 용어는 감정을 표현하는 표현적 용법으로도, 세계에 관한 어떤 사실을 기술하는 기술적 용법으로도 사용될 수 있다. (만약 '도둑질은 나쁘다.'가 도둑질이 사회적으로 배척된다는 사실을 기술하는 문장이라면,) 이 문장은 도덕적으로 옳고 그름에 관한 것이 아니다. 따라서 이 문장은 도덕 문장이 아니고, 경험적으로 검증이 가능하다. 반대로 그 문장이 (도둑질에 대한 화자의 감정을 표현한 문장이라면) 이는 도덕 문장이며 어떤 사실을 기술한 것이 아니다. 에이어에게는 '도둑질은 나쁘다.'와 같은 도덕 문장을 진술하는 것은 감정을 담은 어조로 '네가 도둑질을 하다니!'라고 말하는 것과 다름없기 때문이다. ④그의 주장대로라면 도덕 문장은 감정을 표현하는 도덕 주체로부터 독립적으로 존재하는 무언가를 기술할 수 없다. 이는 전통적인 윤리학자들의 기본 가정을 부정하는 급진적 주장이지만 윤리학에 새로운 사고를 열어준 선구적인 면도 있다.

이 지문은 이전 예시 지문과 달리 생각이 이것저것 나열되지 않고, 도덕 문장에 대한 에이어의 주장 몇 개가 진득하게 구체화되는 형태다. 그렇게 하나의 주장이 구체화되는 과정 속에서 부속된 나열이 있을 수는 있다.

에이어는 도덕 문장에 대해,

#1 [(도덕적으로 옳고 그름에 관한 문장인) 도덕 문장이 진리 적합성, 즉 참 또는 거짓일 수 있다는 성질을 갖지 않는다는 주장]
이 주장이 다음 문단에서 쭉 구체화된다. 그 과정에서 분석적 문장이 아닌 이유와 종합적 문장이 아닌 이유를 각각 구체적으로 설명하기 때문에, 각각 1번과 2번으로 넘버링을 해줬다.

#2 [도덕 문장은 다양한 감정이나 태도를 표현하고 타인의 감정을 불러일으키는 정서적 의미를 갖는다고 에이어는 주장]

#3 [많은 사람들이 도덕 문장이 진리 적합성을 갖는다고 오해하는 것은 도덕 용어의 두 가지 용법을 구분하지 못해서라고 주장]
그리고 나서 도덕 문장에 대한 다음 견해가 나올 때까지 계속 이를 구체화해준다.

#4 [도덕 문장은 감정을 표현하는 도덕 주체로부터 독립적으로 존재하는 무언가를 기술할 수 없다.]

이렇게 네 가지 주장을 각각 이전 주장에 대한 설명이 끝나고 새로운 설명이 주어질 때, 그러니까 '범주가 바뀔 때마다' 잘 확보해서 넘버링 해줬으면 이 글을 쉽게 읽을 수 있었다.

[생각 9] 원칙 – 예외 / 일반 – 특수

특히 법 지문의 경우 '법의 원칙적인 적용, 예외적인 적용'이 병치되어 서술되는 경우가 있고, 그 외 갈래의 경우에도 '일반적인 상황'과 '특수한 상황'을 모두 서술하는 경우가 있다. 이는 문제로 출제될 가능성이 매우 높다. 따라서, 같은 범주에서 파생되어 나온 '일반적 상황, 특수한 상황', 또는 '원칙과 예외'는 반드시 짝지어 파악해주는 것이 좋다. 정보를 짝지어 연결해주라는 의미다.

이를 위해, 원칙·예외·일반적으로 등과 같은 워딩이 나오면, 원칙에는 예외가 짝지어지는 경우, 일반적인 이야기에는 특수한 case가 짝지어지는 경우를 대비해 "의식적으로 짝의 등장에 신경쓰면서 그 다음에 이어지는 내용을 읽어야 한다."

이때,

(1) '원칙적으로, 예외적으로, 일반적으로, 특수한 경우 등과 같이 이를 암시하는 표지어가 나올 수 있지만 알려주지 않고도 등장할 수 있다는 점,

(2) 무조건 원칙이 나오면 예외가 나오고 일반적인 이야기가 나오면 특수한 케이스가 짝지어져 나오라는 법은 없다는 점,

(3) 어떤 범주에 대한 '원칙-예외, 일반-특수'인지 항상 파악하기

(4) 지문 초반부에서의 예외와 특수는 화제로 직결될 가능성이 높다.

이 네 가지에 유의해서 읽도록 하자.

이제 예시 지문을 통해 이것이 지문에 어떻게 적용되는지 알아보도록 하자.

[예시 지문]

[예시 1] 2023학년도 수능 4~9번 <유서의 특징과 의의 (가)> 中

중국에서 비롯된 유서(類書)는 고금의 서적에서 자료를 수집하고 항목별로 분류, 정리하여 이용에 편리하도록 편찬한 서적이다. 일반적으로 유서는 기존 서적에서 필요한 부분을 뽑아 배열할 뿐 상호 비교하거나 편찬자의 해석을 가하지 않았다. 유서는 모든 주제를 망라한 일반 유서와 특정 주제를 다룬 전문 유서로 나눌 수 있으며, 편찬 방식은 책에 따라 다른 경우가 많았다. 중국에서는 대체로 왕조 초기에 많은 학자를 동원하여 국가 주도로 대규모 유서를 편찬하여 간행하였다. 이를 통해 이전까지의 지식을 집성하고 왕조의 위엄을 과시할 수 있었다.

'일반적으로' 유서는 기존 서적에서 필요한 부분을 뽑아 배열할 뿐, 상호 비교하거나 편찬자의 해석을 가하지 않았다고 한다.
이때,
[하수]
_그냥 그런가보다
[고수]
_아 이거 기존 서적과 상호 비교하거나 편찬자의 해석을 가한 '예외적인' 유서가 등장할 수도 있겠다.
_혹시 모르니 의식적으로 체크해두고 넘어가야겠다.
_나중에 예외적인 유서가 등장하면 이 내용과 엮어서 원칙과 예외로 처리해줘야지!

[예시 2] 2024학년도 9평 4~7번 <데이터 이동권> 中

　　최근에는 논의의 중심이 데이터의 소유권 주체에서 데이터에 접근하기 위한 방안으로서의 데이터 이동권으로 바뀌고 있다. 우리나라는 데이터에 대해 소유권이 아닌 이동권을 법으로 명문화하여 정보 주체의 개인 정보 자기 결정권을 강화하였다. 데이터 이동권이란 정보 주체가 본인의 데이터를 보유한 자에게 데이터 이동을 요청하면, 그 데이터를 본인 혹은 지정한 제3자에게 무상으로 전송하게 하는 권리이다. 다만, 본인의 데이터라도 빅 데이터 보유자가 수집하여, 분석·가공하는 개발 과정을 거쳐 새로운 가치가 생성된 것은 이에 해당되지 않는다. 법제화 이전에도 은행 간에 계좌 자동 이체 항목을 이동할 수 있는 서비스는 있었다. 이는 은행 간 약정에 따라 부분적으로 시행한 조치였다. 데이터 이동권의 도입으로 쇼핑몰 상품 소비 이력 등 정보 주체의 행동 양상과 관련된 부분까지 정보 주체가 자율적으로 통제·관리할 수 있는 범위가 확대되었다.

다만, 본인의 데이터라도 빅 데이터 보유자가 수집하여, 분석·가공하는 개발 과정을 거쳐 새로운 가치가 생성된 것은 이에 해당되지 않는다.
데이터 이동권에서 정보 주체가 이동을 요청한 본인의 데이터 중, 예외적으로 데이터 이동권이 보장되지 않는 경우를 제시하고 있다.
데이터 이동권의 정의를 원칙, 이 문장에서 나온 것을 예외로 처리해서 한 쌍으로 붙이면 되겠다.

[예시 3] 2021학년도 9평 26~30번 <행정 입법> 中

　　행정규칙은 ①원래 행정부의 직제나 사무 처리 절차에 관한 행정입법으로서 ②고시(告示), 예규 등이 여기에 속한다. (일반 국민에게는 직접 적용되지 않기 때문에,) ③법률로부터 위임받지 않아도 유효하게 제정될 수 있고 ④위임명령 제정 시와 동일한 절차를 거칠 필요가 없다. 그러나 행정 규제 사항에 관하여 행정규칙이 제정되는 예외적인 경우도 있다. (1)(위임된 사항이 첨단 기술과의 관련성이 매우 커서 위임명령으로는 대응하기 어려워 불가피한 경우,) 위임 근거 법률이 행정입법의 제정 주체만 지정하고 행정입법의 유형을 지정하지 않았다면 위임된 사항이 고시나 예규로 제정될 수 있다. (2)이런 경우의 행정규칙은 위임명령과 달리, 입법예고, 공포 등을 거치지 않고 제정된다.

행정규칙은 원래 행정부의 직제나 사무 처리 절차에 관한 행정 입법이기에, 일반 국민에게는 직접 적용되지 않는다

하지만 [그러나 행정 규제 사항에 관하여 행정규칙이 제정되는 예외적인 경우]여기서 예외가 등장한다. 일반 국민에게 직접 적용되는 경우인 것이다. 그리고, 이어지는 문장으로 예외를 구체화한다.

[행정 규제 사항]을 아래와 같이 구체화하고,
(1)(위임된 사항이 첨단 기술과의 관련성이 매우 커서 위임명령으로는 대응하기 어려워 불가피한 경우,)
이런 경우에
위임 근거 법률이 행정입법의 제정 주체만 지정하고 행정입법의 유형을 지정하지 않았다면
이런 조건을 만족하면
위임된 사항이 고시나 예규로 제정될 수 있다.
앞서 언급된 행정 규칙의 종류인 고시나 예규(②)로 제정될 수 있다고 설명하고 있다.

그리고, 원칙적인 경우에서와 마찬가지(④)로 예외적인 경우의 행정 규칙은 위임명령과 달리, 입법예고, 공포 등을 거치지 않고 제정된다.(2)
#이렇게 원칙과 예외가 공통점이 있다면 반드시 확보해줘야 한다.

[예시 4] 2023학년도 수능 10~13번 <불확정 개념> 中

　　법령의 조문은 대개 'A에 해당하면 B를 해야 한다.'처럼 요건과 효과로 구성된 조건문으로 규정된다. 하지만 그 요건이나 효과가 항상 일의적인 것은 아니다. 법조문에는 구체적 상황을 고려해야 그 상황에 맞는 진정한 의미가 파악되는 불확정 개념이 사용될 수 있기 때문이다. 개인 간 법률관계를 규율하는 민법에서 불확정 개념이 사용된 예로 '손해 배상 예정액이 부당히 과다한 경우에는 법원은 적당히 감액할 수 있다.'라는 조문을 들 수 있다. 이때 법원은 요건과 효과를 재량으로 판단할 수 있다. 손해배상예정액은 위약금의 일종이며, 계약 위반에 대한 제재인 위약벌도 위약금에 속한다. 위약금의 성격이 둘 중 무엇인지 증명되지 못하면 손해 배상 예정액으로 다루어진다.

　　채무자의 잘못으로 계약 내용이 실현되지 못하여 계약 위반이 발생하면, 이로 인해 손해를 입은 채권자가 손해 액수를 증명해야 그 액수만큼 손해 배상금을 받을 수 있다. 그러나 손해 배상 예정액이 정해져 있었다면 채권자는 손해 액수를 증명하지 않아도 손해 배상 예정액만큼 손해 배상금을 받을 수 있다. 이때 손해 액수가 얼마로 증명되든 손해 배상 예정액보다 더 받을 수는 없다. 한편 위약금이 위약벌임이 증명되면 채권자는 위약벌에 해당하는 위약금을 받을 수 있고, 손해 배상 예정액과는 달리 법원이 감액할 수 없다. 이때 채권자가 손해 액수를 증명하면 손해 배상금도 받을 수 있다.

[예시 5] 2017학년도 9평 35~39번 <사단 법인> 中

　　이처럼 회사의 운영이 주주 한 사람의 개인 사업과 다름 없이 이루어지고, 회사라는 이름과 형식은 장식에 지나지 않는 경우에는, 회사와 거래 관계에 있는 사람들이 재산상 피해를 입는 문제가 발생하기도 한다. 이때 그 특정한 거래 관계에 관련하여서만 예외적으로 회사의 법인격을 일시적으로 부인하고 회사와 주주를 동일시해야 한다는 ⓛ'법인격 부인론'이 제기된다. 법률은 이에 대하여 명시적으로 규정하고 있지 않지만, 법원은 권리 남용의 조항을 끌어들여 이를 받아들인다. 회사가 일인 주주에게 완전히 지배되어 회사의 회계, 주주 총회나 이사회 운영이 적법하게 작동하지 못하는데도 회사에만 책임을 묻는 것은 법인 제도가 남용되는 사례라고 보는 것이다.

[예시 6] 2019학년도 6평 22~26번 <임의 법규> 中

사법(私法)은 개인과 개인 사이의 재산, 가족 관계 등에 적용되는 법으로서 이 법의 영역에서는 '계약 자유의 원칙'이 적용된다. 계약의 구체적인 내용 결정 등은 당사자들 스스로 정할 수 있다는 것이다. 따라서 당사자들이 사법에 속하는 법률의 규정과 어긋난 내용으로 계약을 체결한 경우에 계약 내용이 우선 적용된다. 이처럼 법률상으로 규정되어 있더라도 당사자가 자유롭게 계약 내용을 정할 수 있는 법률 규정을 '임의 법규'라고 한다. 사법은 원칙적으로 임의 법규이므로, 사법으로 규정한 내용에 대해 당사자들이 계약으로 달리 정하지 않았다면 원칙적으로 법률의 규정이 적용된다. 위에서 본 임대인의 수선 의무 조항이 이에 해당한다.

그러나 법률로 정해진 내용과 어긋나게 계약을 하면 당사자들에게 벌금이나 과태료 같은 법적 불이익이 있거나 계약의 효력이 부정되는 예외적인 경우도 있다. 우선, 체결된 계약 내용이 법률에 정해진 내용과 어긋날 때 법적 불이익이 있지만 계약의 효력 자체는 그대로 두는 경우가 있다. 이에 해당하는 법조문을 '단속 법규'라고 한다. 공인 중개사가 자신이 소유한 부동산을 고객에게 직접 파는 것을 금지하는 규정은 단속 법규에 해당한다. 따라서 이 규정을 위반하여 공인 중개사와 고객이 체결한 매매 계약의 경우 공인 중개사에게 벌금은 부과되지만 계약 자체는 유효이다. 이 경우 계약 내용에 따른 행동인 급부(給付)를 할 의무가 인정되어, 공인 중개사는 매물의 소유권을 넘겨주고 고객은 대금을 지급해야 하는 것이다.

사법에 대해,

[원칙]

계약 자유의 원칙이 적용됨 :
사법에 속하는 법률의 규정과 어긋난 내용으로 계약 체결한 경우, 계약 내용이 우선 적용

사법으로 규정한 내용에 대해 당사자들이 계약으로 달리 정하지 않은 경우, 법률의 규정이 적용

크게 이렇게 두 가지 케이스로 나눠서 원칙을 제시했다.

다음 문단으로 들어가보니, 예외가 주어진다.

[예외]

그러나 법률로 정해진 내용과 어긋나게 계약을 하면 당사자들에게 벌금이나 과태료 같은 법적 불이익이 있거나 계약의 효력이 부정되는 예외적인 경우도 있다.
원칙적으로 사법은 계약 자유의 원칙이 적용되는 임의 법규이기 때문에 사법에 속하는 법률의 규정과 어긋난 내용으로 계약 체결한 경우, 계약 내용이 우선 적용되었다.
하지만, 법률로 정해진 내용과 어긋나게 계약을 했을 때 위와 같이 법적 불이익이 있거나 계약의 효력이 부정되는 예외적인 경우가 제시된 것이다.

바로 다음 문장부터, 그 예외적인 경우에 대해 구체적으로 설명해준다. 저 노란색으로 형광펜 친 예외 도입 문장을 '흐름 잡아주는 문장' 으로 보고, 그걸 구체화하는 내용을 저 흐름 잡아주는 문장에 붙이면서 읽으면 된다.

[예시 7] 2023학년도 9평 10~13번 <유류분권> 中

사유 재산 제도하에서는 누구나 자신의 재산을 자유롭게 처분할 수 있다. 그러나 기부와 같이 어떤 재산이 대가 없이 넘어가는 무상 처분 행위가 행해졌을 때는 그 당사자인 무상 처분자와 무상 취득자의 의사와 무관하게 그 결과가 번복될 수 있다. 무상 처분자가 사망하면 상속이 개시되고, 그의 상속인들이 유류분을 반환받을 수 있는 권리인 유류분권을 행사할 수 있기 때문이다. 이때 무상 처분자는 피상속인이 되고 그의 권리와 의무는 상속인에게 이전된다.

유류분은 피상속인의 무상 처분 행위가 없었다고 가정할 때 상속인들이 상속받을 수 있었을 이익 중 법으로 보장된 부분이다. 만약 상속인이 피상속인의 자녀 한 명뿐이면, 상속받을 수 있었을 이익의 $\frac{1}{2}$만 보장된다. 상속인들이 상속받을 수 있었을 이익은 상속 개시 당시에 피상속인이 가졌던 재산의 가치에 이미 무상 취득자에게 넘어간 재산의 가치를 더하여 산정한다. 유류분은 상속인들이 기대했던 이익을 보호하기 위한 것이기 때문이다.

피상속인이 상속 개시 당시에 가졌던 재산으로부터 상속받은 이익이 있는 상속인은 유류분에 해당하는 이익의 일부만 반환받을 수 있다. 유류분에 해당하는 이익에서 이미 상속받은 이익을 뺀 값인 유류분 부족액만 반환받을 수 있기 때문이다. 유류분 부족액의 가치는 ①금액으로 계산되지만 ②항상 돈으로 반환되는 것은 아니다. 만약 무상 처분된 재산이 돈이 아니라 물건이나 주식처럼 돈 이외의 재산이라면, 1.처분된 재산 자체가 반환 대상이 되는 것이 원칙이다. 다만 2.그 재산 자체를 반환하는 것이 불가능한 때에는 무상 취득자는 돈으로 반환해야 한다. 또한 3.재산 자체의 반환이 가능해도 유류분권자와 무상 취득자의 합의에 의해 돈으로 반환될 수도 있다.

무상 처분된 재산이 물건이라면 유류분 반환은 어떤 형태로 이루어질까? 무상 취득자가 반환해야 할 유류분 부족액이 무상 처분된 물건의 가치보다 적다면 유류분권자는 그 물건의 가치에 상당하는 금액에서 유류분 부족액이 차지하는 비율만큼 무상 취득자로부터 반환받을 수 있다. 이로 인해 하나의 물건에 대한 소유권이 여러 명에게 나눠지는데, 이때 각자의 몫을 지분이라고 한다.

무상 처분된 물건의 시가가 변동하면 유류분 부족액을 계산할 때는 언제의 시가를 기준으로 삼아야 할까? 유류분의 취지에 비추어 상속 개시 당시의 시가를 기준으로 해야 한다. 다만 그 물건의 시가 상승이 무상 취득자의 노력에서 비롯되었으면 이때는 무상 취득 당시의 시가를 기준으로 계산해야 한다. 이렇게 정해진 유류분 부족액을 근거로 반환 대상인 지분을 계산할 때는, 시가 상승의 원인이 무엇이든 상속 개시 당시의 시가를 기준으로 해야 한다.

사유 재산 제도하에서는 누구나 자신의 재산을 자유롭게 처분할 수 있다.

이런 일반적인 내용이 등장한 후, 역접의 형태로

기부와 같이 어떤 재산이 대가 없이 넘어가는 무상 처분 행위가 행해졌을 때는 그 당사자인 무상 처분자와 무상 취득자의 의사와 무관하게 그 결과가 번복될 수 있다.

이런 정보가 주어진다. 읽자마자 예외적인 경우에 해당한다는 것을 어렵지 않게 알 수 있다. 무상 처분 행위가 행해진 것을, 그 당사자의 의사와 무관하게 번복시키는 것은 [사유 재산 제도하에서는 누구나 자신의 재산을 자유롭게 처분할 수 있다.]는 원칙을 뒤집는 예외에 해당하는 것이다.

이렇게 예외적인 경우에 해당하는 정보가 나오면, 그게 핵심 정보가 되어 구체화되는 경우가 많다. 실제로 곧바로 그 예외적인 경우가 유류분권을 행사할 수 있기 때문에 가능한 것이라고 구체화한다.

특히 이 지문은 1문단에 해당한다. 앞서 1문단에서의 예외 제시는 구체화될 가능성이 높다고 했다. 위와 같이 확보한 [예외적인 경우 - 그 예외적인 경우가 가능한 이유인 유류분권] 이런 정보에 2문단부터 나오는 내용을 붙이면서 읽을 준비를 해야겠다.

이후, 유류분 반환에 대해서도 돈 이외의 재산이 무상 처분된 경우 반환 방법에서도 원칙과 예외가 등장한다.
1.처분된 재산 자체가 반환 대상이 되는 것이 원칙(원칙) 다만 2.그 재산 자체를 반환하는 것이 불가능한 때에는 무상 취득자는 돈으로 반환(예외 1) 3.재산 자체의 반환이 가능해도 유류분권자와 무상 취득자의 합의에 의해 돈으로 반환(예외 2)
#이렇게 하나의 원칙에 대해 예외가 N개 나열될 때도 있다. 이때, 일단 돈 이외의 재산이 무상 처분된 경우 반환 방법을 세 가지 나열한 것이기 때문에 1,2,3 이렇게 넘버링 하면서 읽고, 그 안에서 원칙과 예외가 있다는 것이 읽는 중에 보이기 때문에 2와 3을 왼쪽 본문에서와 같이 저렇게 묶어서 1과 ⇔ 표시를 남겨주면 된다.

[무상 처분된 물건의 시가가 변동하면 유류분 부족액을 계산할 때는 언제의 시가를 기준으로 삼아야 할까?]에 대해서도
유류분의 취지에 비추어 상속 개시 당시의 시가를 기준으로 해야 한다.(원칙) 다만 그 물건의 시가 상승이 무상 취득자의 노력에서 비롯되었으면 이때는 무상 취득 당시의 시가를 기준으로 계산해야 한다.(예외)
이렇게 원칙과 예외가 등장한다.

물건을 사용하고 있는 사람이 그 물건의 주인일까? 점유란 물건에 대한 사실상의 지배 상태를 뜻한다. 이에 비해 소유란 어떤 물건을 사용·수익·처분할 수 있는 권리를 가진 상태라고 정의된다. 따라서 점유자와 소유자가 항상 일치하지는 않는다.

물건을 빌려 쓰거나 보관하고 있는 것을 포함하여 물건을 물리적으로 지배하는 상태를 직접점유라고 한다. 이에 비해 어떤 물건을 빌려 쓰거나 보관하는 사람에게 그 물건의 반환을 청구할 수 있는 권리를 가진 사람도 사실상의 지배를 한다고 볼 수 있다. 이와 같이 반환청구권을 가진 상태를 간접점유라고 한다. 직접점유와 간접점유는 모두 점유에 해당한다. 점유는 소유자를 공시하는 기능도 수행한다. 공시란 물건에 대해 누가 어떤 권리를 가지고 있는지를 알려 주는 것이다. 물건 중에서 피아노, 금반지, 가방 등과 같은 대부분의 동산은 점유에 의해 소유권이 공시된다.

물건의 소유권이 양도되려면, 소유자가 양도인이 되어 양수인과 유효한 양도 계약을 하고 이에 더하여 소유권 양도를 공시해야 한다. ㉠점유로 소유권이 공시되는 동산의 소유권 양도는 점유를 넘겨주는 점유 인도로 공시된다. 양수인이 간접점유를 하여 소유권 이전이 공시되는 경우로서 '점유개정'과 '반환청구권 양도'가 있다. 예를 들어 A가 B에게 피아노의 소유권을 양도하기로 계약하되 사흘간 빌려 쓰는 것으로 합의한 경우, B는 A에게 피아노를 사흘 후 돌려 달라고 요구할 수 있는 반환청구권을 가지게 된다. 이처럼 양도인이 직접점유를 유지하지만, 양수인에게 점유 인도가 이루어진 것으로 간주되는 경우를 점유개정이라고 한다. 한편 C가 자신이 소유한 가방을 D에게 맡겨 두어 이에 대한 반환 청구권을 가지게 되었는데, 이 가방의 소유권을 E에게 양도하는 계약을 체결하였다고 하자. 이때 C가 D에게 통지하여 가방 주인이 바뀌었으니 가방을 E에게 반환하라고 알려 주면 D가 보관 중인 가방에 대한 반환청구권은 C로부터 E에게로 넘어간다. 이 경우를 반환청구권 양도라고 한다.

양도인이 소유자가 아니더라도 양수인이 점유 인도를 받으면 소유권을 취득할 수 있을까? 점유로 공시되는 동산의 경우 양수인이 충분히 주의를 했는데도 양도인이 소유자가 아님을 알지 못한 채 양도인과 유효한 계약을 하고, 점유 인도로 공시를 했다면 양수인은 소유권을 취득한다. 이것을 '선의취득'이라 한다.

다만 간접점유에 의한 인도 방법 중 점유개정으로는 선의취득을 하지 못한다. 선의취득으로 양수인이 소유권을 취득하면 원래 소유자는 원하지 않아도 소유권을 상실하게 된다.

반면에 국가가 관리하는 공적 기록인 등기·등록으로 공시되어야 하는 물건은 아예 선의취득 대상이 아니다.

---

*예외가 등장하기 이전 내용을 모르면 이해하기 힘들다. 처음부터 천천히 읽어 내려오다가 해당 부분이 나올 때 이 해설을 참고하는 방식으로 학습하자.

#첫 번째 예외_예외의 가능성이 생기는 표현 확보
물건 중에서 피아노, 금반지, 가방 등과 같은 대부분의 동산은 점유에 의해 소유권이 공시된다.

"모든 동산은 점유에 의해 소유권이 공시된다."
"동산은 점유에 의해 소유권이 공시된다."

이렇게 쓰였다면, 별 의심의 여지가 없다. 하지만, 문제는 '대부분의' 라는 표현이 붙었다는 것이다. 이는 모든 동산이 점유에 의해 소유권이 공시되는 것은 아니라는 의미를 내포하고 있다. 따라서, 이런 표현을 마주했을 때, 의식적으로 '어? 그럼 동산 중에는 점유에 의해 소유권이 공시되지 않는 예외적인 경우도 있겠네?' 라는 생각을 가지고 넘어가야 한다.

#두 번째 예외

[양도인이 소유자가 아니더라도 양수인이 점유 인도를 받으면 소유권을 취득할 수 있을까?] 이런 질문에 대해, 선의취득으로 답한다.
그런데, 그 선의취득은 예외 사항이 있다.
다만 간접점유에 의한 인도 방법 중 점유개정으로는 선의취득을 하지 못한다.
점유개정으로는 선의취득이 아얘 불가능하다는 것이다.

[예시 9] 2019학년도 수능 16~20번 <계약> 中

사람은 살아가는 동안 여러 약속을 한다. 계약도 하나의 약속이다. 하지만 이것은 친구와 뜻이 맞아 주말에 영화 보러 가자는 약속과는 다르다. 일반적인 다른 약속처럼 계약도 서로의 의사 표시가 합치하여 성립하지만, 이때의 의사는 일정한 법률 효과의 발생을 목적으로 한다는 점에서 차이가 있다. 한 예로 매매 계약은 '팔겠다'는 일방의 의사 표시와 '사겠다'는 상대방의 의사 표시가 합치함으로써 성립하며, 매도인은 매수인에게 매매 목적물의 소유권을 이전하여야 할 의무를 짐과 동시에 매매 대금의 지급을 청구할 권리를 갖는다. 반대로 매수인은 매도인에게 매매 대금을 지급할 의무가 있고 소유권의 이전을 청구할 권리를 갖는다. 양 당사자는 서로 권리를 행사하고 서로 의무를 이행하는 관계에 놓이는 것이다.

이처럼 의사 표시를 필수적 요소로 하여 법률 효과를 발생시키는 행위들을 법률 행위라 한다.

일반적인 다른 약속처럼 계약도 서로의 의사 표시가 합치하여 성립하지만,

계약도 하나의 약속이기에 서로의 의사 표시가 합치하여 성립하지만,

이때의 의사는 일정한 법률 효과의 발생을 목적으로 한다는 점에서 차이가 있다.

이때의 의사는 일반적인 다른 약속과 달리 일정한 법률 효과의 발생을 목적으로 한다고 한다.

일반적인 다른 약속 ⇔ 특수한 형태의 약속 (계약)

이런 관계가 형성되는 것이다.

이후, 그 특수한 형태의 약속인 계약이 구체화된다. 계약이 약속의 특수한 형태인 이유는 '법률 효과의 발생' 때문인데, 이에 대한 배경지식이 없다면 일단 그렇게 발생하나보다~ 하고 넘기면 된다. 필요하다면 지문에서 이후에 써줄 것이다. · · · 이해가 안되면 이렇게 글자 그대로 처리만 !

바로 다음 내용을 읽어보니, 계약에서는 의사 표시가 합치함으로써 권리와 의무가 생긴다는 것을 알 수 있다. 이걸 보고, "아 이게 바로 그 법률 효과구나!" 하고 이해하면 된다.

[예시 10] 2024학년도 6평 8~11번 <고체 촉매> 中

증진제는 촉매에 소량 포함되어 활성을 조절한다. 활성 성분의 표면 구조를 변화시켜 소결을 억제하기도 하고, 활성 성분의 전자 밀도를 변화시켜 흡착 세기를 조절하기도 한다. 고체 촉매는 활성 성분이 반드시 있어야 하지만 경우에 따라 증진제나 지지체를 포함하지 않기도 한다.

앞서 고체 촉매는 활성 성분, 증진제, 지지체로 구성된다고 했다. 여기서는 생략되었지만,

그렇다면,
경우에 따라 증진제나 지지체를 포함하지 않기도 한다.
이 부분을 읽고 나서는, 고체 촉매의 일반적인 형태는 활성 성분, 증진제, 지지체를 모두 포함하는 것이지만, 예외적으로 증진제나 지지체를 포함하지 않는 것도 있다는 정보로 받아들여야 한다. '경우에 따라' 라는 표현이 예외를 생성하는 표현으로 쓰인 것이다.

[예시 11] 2020학년도 수능 37~42번 <바젤 협약> 中

국제법에서 일반적으로 조약은 국가나 국제기구들이 그들 사이에 지켜야 할 구체적인 권리와 의무를 명시적으로 합의하여 창출하는 규범이며, 국제 관습법은 조약 체결과 관계없이 국제 사회 일반이 받아들여 지키고 있는 보편적인 규범이다. 반면에 경제 관련 국제기구에서 어떤 결정을 하였을 경우, 이 결정 사항 자체는 권고적 효력만 있을 뿐 법적 구속력은 없는 것이 일반적이다. 그런데 국제결제은행 산하의 바젤위원회가 결정한 BIS 비율 규제와 같은 것들이 비회원의 국가에서도 엄격히 준수되는 모습을 종종 보게 된다. 이처럼 일종의 규범적 성격이 나타나는 현실을 어떻게 이해할지에 대한 논의가 있다. 이는 위반에 대한 제재를 통해 국제법의 효력을 확보하는 데 주안점을 두는 일반적 경향을 되돌아보게 한다. 곧 신뢰가 형성하는 구속력에 주목하는 것이다.

BIS 비율은 은행의 재무 건전성을 유지하는 데 필요한 최소한의 자기자본 비율을 설정하여 궁극적으로 예금자와 금융 시스템을 보호하기 위해 바젤위원회에서 도입한 것이다.

반면에 경제 관련 국제기구에서 어떤 결정을 하였을 경우, 이 결정 사항 자체는 권고적 효력만 있을 뿐 법적 구속력은 없는 것이 일반적

앞에서 제시된 조약이나 국제 관습법과 달리, 경제 관련 국제기구에서 내린 결정은 일반적으로 법적 구속력이 없고 권고적 효력만 있을 뿐이라고 한다. '일반적인' 상황이기 때문에 언제나 의식적으로 체크하고 예외적인 상황이 나오는 경우에 대비해야 한다.

다음 문장을 보니 그 예외적인 상황이 바로 등장한다. [국제결제은행 산하의 바젤위원회(=경제 관련 국제기구)가 결정한 BIS 비율 규제와 같은 것들]이것이 일반적인 경우와 달리, [비회원의 국가에서도 엄격히 준수되는 모습을 종종 보게 된다.]라는 것이다.

이런 예외적인 상황에 대한 논의를, [위반에 대한 제재를 통해 국제법의 효력을 확보하는 데 주안점을 두는 일반적 경향을 되돌아보게]하며 [신뢰가 형성하는 구속력에 주목]하는 방향으로 구체화하고 있다.

이 지문은 1문단에 해당한다. 앞서 1문단에서의 예외 제시는 구체화될 가능성이 높다고 했다. 위와 같이 확보한 예외적인 상황에 대한 논의에 2문단부터 나오는 내용을 붙이면서 읽을 준비를 해야겠다.

[예시 12] 2019학년도 수능 39~42번 <가능세계> 中

~
하지만 내가 기차를 탄 세계들 중에서, 내가 기차를 타고 별다른 이변 없이 제시간에 도착한 세계가 그렇지 않은 세계보다 우리의 현실세계와의 유사성이 더 높다. 일반적으로, A가 참인 가능세계들 중에 비교할 때, B도 참인 가능세계가 B가 거짓인 가능세계보다 현실세계와 더 유사하다면, 현실세계의 나는 A가 실현되지 않은 경우에, 만약 A라면 ~B가 아닌 B이라고 말할 수 있다.

항상 '일반적으로' 라는 표현이 나오면, 의식적으로 체크하고, 이로부터 일반적이지 않은 예외적인 경우가 등장할 가능성을 염두하고 글을 읽어 내려가야 한다.

PART

D

그 외
연결과 구분에 대한 생각

[생각 10] 공식 (요소 간 관계)

지문에 공식이 등장하는 경우가 많다. 이때, 공식을 구성하는 각각의 요소를 의미 단위로 묶어 잘 파악해줘야 한다. 비문학 지문에서의 공식은 보통 기본적인 연산인 덧셈, 뺄셈, 곱셈, 나눗셈으로 구성되는 경우가 많다. 공식이 등장하면 아래 두 가지 법칙만 잘 따라서 정보를 처리해주면 된다.

> 1. 공식을 구성하는 각각의 요소를 의미 단위로 괄호를 활용해 묶어주기
>   예를 들어, (A) + (B) = (C) 이런 느낌으로
>
> 2. 이후 특정 요소에 대한 추가 설명이 나오면, 연결하며 읽기
>   (D) × (E) = (B)   *앞서 배웠던 '순접 : 특정 요소 끌고 내려와서 구체화' 생각하면 된다.

공식 역시 기술 지문, 법 지문, 과학기술 지문, 경제 지문 등 다양한 갈래에서 등장할 수 있다. 예시 지문을 통해 지문에 어떻게 구현되어 있는지 알아보자.

[예시 지문]

[예시 1] 2023학년도 6평 14~17번 <이중차분법> 中

이중차분법은 시행집단에서 일어난 변화에서 비교집단에서 일어난 변화를 뺀 값을 사건의 효과라고 평가하는 방법이다. 이는 사건이 없었더라도 비교집단에서 일어난 변화와 같은 크기의 변화가 시행집단에서도 일어났을 것이라는 평행추세 가정에 근거해 사건의 효과를 평가한 것이다. 이 가정이 충족되면 사건 전의 상태가 평균적으로 같도록 두 집단을 구성하지 않아도 된다.

이중차분법은 (시행집단에서 일어난 변화)에서 (비교집단에서 일어난 변화)를 뺀 값을 (사건의 효과)라고 평가하는 방법이다.

본문에서 이중차분법의 정의를 공식으로 제시했다. 덧셈, 뺄셈, 곱셈, 나눗셈의 사칙 연산으로 각 요소를 계산해서 특정 결론이 나오는 구조가 보이면, 사칙 연산의 대상이 되는 각 요소를 저렇게 괄호로 묶고,

( ) - ( ) = ( )

이런 식으로 그 사칙 연산의 구조를 지문 위에 덧대서 표시해주면 된다.

BIS 비율은 은행의 재무 건전성을 유지하는 데 필요한 최소한의 자기자본 비율을 설정하여 궁극적으로 예금자와 금융 시스템을 보호하기 위해 바젤위원회에서 도입한 것이다. 바젤위원회에서는 BIS 비율이 적어도 규제 비율인 8%는 되어야 한다는 기준을 제시하였다. 이에 대한 식은 다음과 같다.

$$\text{BIS 비율}(\%) = \frac{\text{자기자본}}{\text{위험가중자산}} \times 100 \geq 8(\%)$$

여기서 자기자본은 은행의 기본자본, 보완자본 및 단기후순위채무의 합으로, 위험가중자산은 보유 자산에 각 자산의 신용 위험에 대한 위험 가중치를 곱한 값들의 합으로 구하였다. 위험 가중치는 자산 유형별 신용 위험을 반영하는 것인데, OECD 국가의 국채는 0%, 회사채는 100%가 획일적으로 부여되었다. 〈이후 금융 자산의 가격 변동에 따른 시장 위험도 반영해야 한다는 요구가 커지자,〉 바젤위원회는 위험가중자산을 신용 위험에 따른 부분과 시장 위험에 따른 부분의 합으로 새로 정의하여 BIS 비율을 산출하도록 하였다. 신용 위험의 경우와 달리 시장 위험의 측정 방식은 감독 기관의 승인하에 은행의 선택에 따라 사용할 수 있게 하여 〈'바젤Ⅰ' 협약이 1996년에 완성〉되었다.

금융혁신의 진전으로 '바젤Ⅰ' 협약의 한계가 드러나자 〈2004년에 '바젤Ⅱ' 협약이 도입〉되었다. 여기에서 BIS 비율의 위험가중자산은 신용 위험에 대한 위험 가중치에 자산의 유형과 신용도를 모두 고려하도록 수정되었다. 신용 위험의 측정 방식은 표준 모형이나 내부 모형 가운데 하나를 은행이 이용할 수 있게 되었다. 표준 모형에서는 OECD 국가의 국채는 0%에서 150%까지, 회사채는 20%에서 150%까지 위험 가중치를 구분하여 신용도가 높을수록 낮게 부과한다. 예를 들어 실제 보유한 회사채가 100억 원인데 신용 위험 가중치가 20%라면 위험가중자산에서 그 회사채는 20억 원으로 계산된다. 내부 모형은 은행이 선택한 위험 측정 방식을 감독 기관의 승인하에 그 은행이 사용할 수 있도록 하는 것이다. 또한 감독 기관은 필요시 위험가중자산에 대한 자기자본의 최저 비율이 규제 비율을 초과하도록 자국 은행에 요구할 수 있게 함으로써 자기자본의 경직된 기준을 보완하고자 했다.

〈최근에는 '바젤Ⅲ'협약이 발표되면서〉 <u>자기자본에서 단기후순위채무가 제외</u>되었다. 또한 위험가중자산에 대한 기본자본의 비율이 최소 6%가 되게 보완하여 자기자본의 손실 복원력을 강화하였다. <u>이처럼 새롭게 발표되는 바젤 협약은 이전 협약에 들어 있는 관련 기준을 개정하는 효과가 있다.</u>

39. BIS 비율에 대한 이해로 가장 적절한 것은?

① 바젤Ⅰ 협약에 따르면, 보유하고 있는 회사채의 신용도가 낮아질 경우 BIS비율은 낮아지는 경향이 있다.

② 바젤Ⅱ 협약에 따르면, 각국의 은행들이 준수해야 하는 위험가중자산 대비 자기자본의 최저 비율은 동일하다.

③ 바젤Ⅱ 협약에 따르면, 보유하고 있는 OECD 국가의 국채를 매각한 뒤 이를 회사채에 투자한다면 BIS 비율은 항상 높아진다.

④ 바젤Ⅱ 협약에 따르면, 시장 위험의 경우와 마찬가지로 감독 기관의 승인하에 은행이 선택하여 사용할 수 있는 신용 위험의 측정 방식이 있다.

⑤ 바젤Ⅲ 협약에 따르면, 위험가중자산 대비 보완자본이 최소 2%는 되어야 보완된 BIS 비율 규제를 은행이 준수할 수 있다.

40. 윗글을 참고할 때, 〈보기〉에 대한 반응으로 적절하지 않은 것은? [3점]

> ───〈 보 기 〉───
>
> 갑 은행이 어느 해 말에 발표한 자기자본 및 위험가중자산은 아래 표와 같다. 갑 은행은 OECD 국가의 국채와 회사채만을 자산으로 보유했으며, 바젤Ⅱ 협약의 표준 모형에 따라 BIS 비율을 산출하여 공시하였다. 이때 회사채에 반영된 위험 가중치는 50%이다. 그 이외의 자본 및 자산은 모두 무시한다.

항목	자기자본		
	기본자본	보완자본	단기후순위채무
금액	50억 원	20억 원	40억 원

항목	위험 가중치를 반영하여 산출한 위험가중자산		
	신용 위험에 따른 위험가중자산		시장 위험에 따른 위험가중자산
	국채	회사채	
금액	300억 원	300억 원	400억 원

① 갑 은행이 공시한 BIS 비율은 바젤위원회가 제시한 규제 비율을 상회하겠군.

② 갑 은행이 보유 중인 회사채의 위험 가중치가 20%였다면 BIS 비율은 공시된 비율보다 높았겠군.

③ 갑 은행이 보유 중인 국채의 실제 규모가 회사채의 실제 규모보다 컸다면 위험 가중치는 국채가 회사채보다 낮았겠군.

④ 갑 은행이 바젤Ⅰ 협약의 기준으로 신용 위험에 따른 위험가중자산을 산출한다면 회사채는 600억 원이 되겠군.

⑤ 갑 은행이 위험가중자산의 변동 없이 보완자본을 10억 원 증액한다면 바젤Ⅲ 협약에서 보완된 기준을 충족할 수 있겠군.

이 지문은 앞서 배운 통시적 흐름에 공식이 추가된 형태다. 이런 지문은 시간이 지남에 따라 공식에서 사칙 연산의 대상이 되는 각 요소 중 변화되는 것과 유지되는 것을 확보하는 것이 매우 중요하다.

$$\text{BIS 비율(\%)} = \frac{\text{자기자본}}{\text{위험가중자산}} \times 100 \geq \boxed{8(\%)}$$

먼저, BIS 비율을 구하는 공식을 위와 같이 제시한 후, 그 공식을 이루는 요소를 하나씩 구체화한다.

여기서 (자기자본)은 (은행의 기본자본) + (보완자본) + 및 (단기후순위채무)의 합

(위험가중자산)은 $\sum$ (보유 자산)에 (각 자산의 신용 위험에 대한 위험 가중치)를 곱한 값들의 합

*이 부분은 이해를 잘 하고 넘어가야 한다. 단순한 사칙 연산에서 끝나는 것이 아니라, 은행이 보유한 모든 자산에 대해, 각각 그 자산의 신용 위험에 대한 위험 가중치를 곱하고, 그 곱한 값을 전부 더해서 구한 것이 위험 가중 자산이라는 것이다.
예를 들어, 은행이 자산A, 자산B, 자산C를 가지고 있다면, 위험가중자산은
　(자산A) X (자산 A의 신용 위험에 대한 위험 가중치)
　(자산B) X (자산 B의 신용 위험에 대한 위험 가중치)
　(자산C) X (자산 C의 신용 위험에 대한 위험 가중치)
이렇게 세 개를 모두 더해야 구할 수 있는 것이다.
이런 경우에는 시그마 기호 $\sum$ 를 활용해서 표시하면 그 의미를 시각적으로 명확하게 표시하고 넘어갈 수 있다.

(위험 가중치)는 자산 유형별 신용 위험을 반영하는 것인데, OECD 국가의 국채는 0%, 회사채는 100%가 획일적으로 부여

이렇게 BIS 비율을 구하는 공식에서 자기자본과 위험가중자산, 그리고 위험가중자산을 구하는 공식 내에서 위험 가중치에 대해서도 모두 끌고 내려와서 구체화해줬다. 이것을 원래 공식에 붙여서 '흐릿했던 공식을 선명하게 하는' 느낌으로 읽어주면 된다.

T2. <이후 금융 자산의 가격 변동에 따른 시장 위험도 반영해야 한다는 요구가 커지자,>

통시적 흐름이 등장한다. 일단 < >표시로 시간을 드러내는 표현 확보해주고, 시간이 흘러 위와 같은 요구가 커짐에 따라
1. 바젤위원회는 (위험가중자산)을 (신용 위험에 따른 부분)과 (시장 위험에 따른 부분)의 합으로 새로 정의하여 BIS 비율을 산출
원래 위험가중자산을 산출할 때, 각 자산에 (신용 위험에 대한 위험 가중치)만 곱해서 다 더했는데, 이제 각 자산에 (시장 위험에 따른 위험 가중치)를 곱한 값을 다 더한 것도 따로 구해서 신용 위험에 따른 부분에 더한다는 말이다.

2. 신용 위험의 경우와 달리 시장 위험의 측정 방식은 감독 기관의 승인하에 은행의 선택에 따라 사용
이렇게 <1996년에 바젤 I 협약이 완성>된다.

T3. <2004년에 '바젤II' 협약이 도입>

BIS 비율의 위험가중자산은 신용 위험에 대한 위험 가중치에 (자산의 유형)과 (신용도)를 모두 고려하도록 수정
*항상 변화된 것과 유지된 것을 모두 체크할 수 있어야 한다. 변화되었다고 언급된 것 이외에는 이전의 공식이 그대로 유지되는 것이다.
여기서는 위험가중자산을 산출할 때의 (신용 위험에 대한 위험 가중치)에 손을 댄다. 앞서 바젤 I 협약이 완성될 때, 위험가중자산을 (신용 위험에 따른 부분)과 (시장 위험에 따른 부분)을 더해서 산출하는 것으로 바뀌었는데, 여기서 신용 위험에 따른 부분만 손대는 것이다.

어떻게 바뀌었는지 살펴보면, 원래는 (신용 위험에 대한 위험 가중치)는 자산의 유형만 고려했었다. 그런데 여기에 신용도도 고려하도록 추가된 것이다.

신용 위험의 측정 방식은 표준 모형이나 내부 모형 가운데 하나를 은행이 이용할 수 있게 되었다.
신용 위험의 측정 방식에 대해서도 언급한다. 앞서 제정된 바젤 I 협약에서도 측정 방식을 언급한 적이 있다. 자동으로 그 부분과 범주가 겹치기 때문에 그 '측정 방식' 이라는 공통서술범주 하에서 두 협약을 비교해야 한다. 그런데 여기서 손을 댄 것은 신용 위험의 측정 방식이기 때문에, 그 부분만 비교해야 한다.

앞서 측정 방식에 대해,
신용 위험의 경우와 달리 시장 위험의 측정 방식은 감독 기관의 승인하에 은행의 선택에 따라 사용
이렇게 말했다. '신용 위험의 경우와 달리~' 와 같이 표현했으므로, 시장 위험의 측정 방식에 대한 설명을 역으로 해석하면 신용 위험의 경우가 된다. 그러면, 신용 위험의 측정 방식은 은행의 선택에 따라 사용할 수 없었다고 볼 수 있다. 그런데 그 신용 위험을 표준 모형이나 내부 모형 가운데 하나를 선택해서 이용할 수 있게 한 것이다.

이후, 표준 모형과 내부 모형에 대한 설명을 제시한다. 이는, 쪼개고 각각에 대해 서술하는 전형적인 쪼개기의 서술 방식에 해당한다. 앞서 배운 대로 처리하면 된다.

표준 모형은,
OECD 국가의 국채는 0%에서 150%까지, 회사채는 20%에서 150%까지 위험 가중치를 구분하여 신용도가 높을수록 낮게 부과
위험 가중치를 이렇게 부과하도록 정해버리는 것이고,

내부 모형은,
은행이 선택한 위험 측정 방식을 (감독 기관의 승인하에) 그 은행이 사용할 수 있도록 하는 것
쉽게 말해, 위험 측정 방식을 은행 스스로 정하는 것이다.
*(감독 기관의 승인하에와 같은 표현은 은행이 위험 측정 방식을 선택하는 조건에 해당한다. 앞서 조건은 반드시 확보해서 붙이라고 했다.

T4. <최근에는 '바젤III'협약이 발표되면서>
1. 자기자본에서 단기후순위채무가 제외 (변화)
2. 위험가중자산에 대한 기본자본의 비율(BIS 비율과 같은 의미 다른 표현이다)이 최소 6%가 되게 보완 (변화)

[예시 3] 2011학년도 수능 44~46번 <채권> 中

채권은 ①사업에 필요한 자금을 조달하기 위해 발행하는 유가 증권으로, ②국채나 회사채 등 발행 주체에 따라 그 종류가 다양하다. ③채권의 액면 금액, 액면 이자율, 만기일 등의 지급 조건은 채권 발행 시 정해지며, ④채권 소유자는 매입 후에 정기적으로 이자액을 받고, 만기일에는 마지막 이자액과 액면 금액을 지급받는다. 이때 이자액은 액면 이자율을 액면 금액에 곱한 것으로 대개 연 단위로 지급된다. ⑤채권은 만기일 전에 거래되기도 하는데, 이때 채권 가격은 현재 가치, 만기, 지급 불능 위험 등 여러 요인에 따라 결정된다.

⑥채권 투자자는 정기적으로 받게 될 이자액과 액면 금액을 각각 현재 시점에서 평가한 값들의 합계인 채권의 현재 가치에서 채권의 매입 가격을 뺀 순수익의 크기를 따진다.

채권은
①사업에 필요한 자금을 조달하기 위해 발행하는 유가 증권
②국채나 회사채 등 발행 주체에 따라 그 종류가 다양
③채권의 액면 금액, 액면 이자율, 만기일 등의 지급 조건은 채권 발행 시 정해지며
④채권 소유자는 매입 후에 정기적으로 이자액을 받고, 만기일에는 마지막 이자액과 액면 금액을 지급받는다.

채권에 대한 정보가 나열되다가, 4번째 설명의 이자액을 구체화하는 과정에서 공식이 활용된다.

이때 (이자액)은 (액면 이자율)을 (액면 금액)에 곱한 것으로 대개 연 단위로 지급된다.

여기서 바로 앞 설명들과 연결해서 사고해야 할 부분이 있다.

1. (액면 이자율)과 (액면 금액)은 채권의 지급 조건으로, 채권 발행 시 정해진다고 했으니까 (이자액)도 채권 발행 시 정해지겠네!

2. 앞에서 [채권 소유자는 매입 후에 정기적으로 이자액을 받고]라 했는데, 여기서 '정기적' 이라는 것은 대개 연 단위를 의미하는 것이구나.

3. [대개] 연 단위를 의미하는 것이니까, 연 단위로 지급되지 않는 예외적인 경우도 언제든지 등장할 수 있겠군. 의식하고 있자.

*모두 다 무조건 생각할 수 있어야 한다. 그렇게 어려운 거 아니다. 무조건 앞 내용과 순접이면 연결해야 한다는 생각, 예외적인 경우의 등장 가능성이 보이면 항상 의식적으로 확보하고, 그게 실제로 지문에 등장하면 확보할 준비를 할 생각, 이 두 가지 생각은 이미 공부했었다. 그냥 그렇게 있구나 하면 안되고, 암기해야 한다. 저런 생각을 무조건 해야 한다고.

이후, ⑤
(채권은 만기일 전에 거래되기도 하는데, 이때 채권 가격)은 (현재 가치), (만기), (지급 불능 위험) 등 여러 요인에 따라 결정
이 설명이 나오고 나서 다음 문단으로 넘어간다. 만기일 전에 거래되는 채권의 가격을 결정하는 요인을 나열했는데, 뚜렷하게 어떻게 구한다고 공식은 안 나와서 뭔가 찝찝하다. 나만 찝찝한가..? 안 찝찝하다면 앞으로 이런 불완전한 정보가 나오면 찝찝해지도록 스스로를 세뇌시키자. 보통 이런 불완전한 정보는 앞으로 구체화될 가능성이 크다.

⑥
채권 투자자는 (정기적으로 받게 될 이자액)과 (액면 금액)을 각각 현재 시점에서 평가한 값들의 합계인 (채권의 현재 가치)에서 (채권의 매입 가격)을 뺀 (순수익)의 크기를 따진다.

채권의 현재 가치를 구하는 방법을 구체화한 후, 그 별 요소로 활용해 순수익을 구하는 방법을 제시하고 있다.
이렇게 복잡한 공식이 나오면 저렇게 대괄호도 사용한다.

[예시 4] 2023학년도 9평 14~17번 <인터넷 검색 엔진>

> 인터넷 검색 엔진은 검색어를 포함하는 웹 페이지를 찾아 화면에 보여 준다. 웹 페이지가 화면에 나타나는 순서를 정하기 위해 검색 엔진은 수백 개가 넘는 항목을 고려한 다양한 방식을 사용한다. 대표적인 항목으로 중요도와 적합도가 있다.
>
> 검색 엔진은 빠른 시간 내에 검색 결과를 보여 주기 위해 웹페이지들의 데이터를 수집하여 인덱스를 미리 작성해 놓는다. 인덱스란 단어를 알파벳순으로 정리한 목록으로, 여기에는 각 단어가 등장하는 웹 페이지와 단어의 빈도수 등이 저장된다. 이때 각 웹 페이지의 중요도가 함께 기록된다.
>
> ㉠중요도는 웹 페이지의 중요성을 값으로 나타낸 것으로 링크 분석 기법으로 측정할 수 있다. 기본적인 링크 분석 기법에서 웹 페이지 A의 값은 A를 링크한 각 웹 페이지들로부터 받는 값의 합이다. 이렇게 받은 A의 값은 A가 링크한 다른 웹 페이지들에 균등하게 나눠진다. 즉 A의 값이 4이고 A가 두 개의 링크를 통해 다른 웹 페이지로 연결된다면, A의 값은 유지되면서 두 웹 페이지에는 각각 2가 보내진다.
>
> 하지만 두 웹 페이지가 실제로 받는 값은 2에 댐핑 인자를 곱한 값이다. 댐핑 인자는 사용자들이 웹 페이지를 읽다가 링크를 통해 다른 웹 페이지로 이동하지 않는 비율을 반영한 값으로 1 미만의 값을 가진다. 댐핑 인자는 모든 링크에 동일하게 적용된다. 가령 그 비율이 20%이면 댐핑 인자는 0.8이고 두 웹 페이지는 A로부터 각각 1.6을 받는다. 웹 페이지로 연결된 링크를 통해 받는 값을 모두 반영했을 때의 값이 각 웹 페이지의 중요도이다. 웹 페이지들을 연결하는 링크들은 변할 수 있기 때문에 검색 엔진은 주기적으로 웹 페이지의 중요도를 갱신한다.
>
> 사용자가 검색어를 입력하면 검색 엔진은 인덱스에서 검색어에 적합한 웹 페이지를 찾는다. ㉡적합도는 단어의 빈도, 단어가 포함된 웹 페이지의 수, 웹 페이지의 글자 수를 반영한 식을 통해 값이 정해진다. 해당 검색어가 많이 나올수록, 그 검색어를 포함하는 다른 웹 페이지의 수가 적을수록, 현재 웹 페이지의 글자 수가 전체 웹 페이지의 평균 글자 수에 비해 적을수록 적합도가 높아진다. 검색 엔진은 중요도와 적합도, 기타 항목들을 적절한 비율로 합산하여 화면에 나열되는 웹 페이지의 순서를 결정한다.

16. 〈보기〉는 웹 페이지들의 관계를 도식화한 것이다. 윗글을 바탕으로 〈보기〉를 이해한 내용으로 적절한 것은? 〔3점〕

〈 보 기 〉

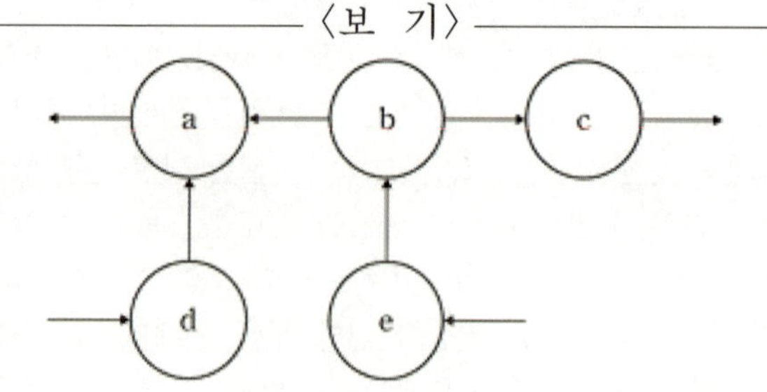

> 원은 웹 페이지이고, 화살표는 웹 페이지에서 링크를 통해 화살표 방향의 다른 웹 페이지로 연결됨을 뜻한다. 댐핑 인자는 0.5이고, d와 e의 중요도는 16으로 고정된 값이다.
>
> (단, 링크와 댐핑 인자 외에 웹 페이지의 중요도에 영향을 주는 다른 요소는 고려하지 않음.)

① a의 중요도는 16이다.
② a가 b와 d로부터 각각 받는 값은 같다.
③ b에서 a로의 링크가 끊어지면 b와 c의 중요도는 같다.
④ e에서 a로의 링크가 추가되면 b의 중요도는 6이다.
⑤ e에서 c로의 링크가 추가되면 c의 중요도는 5이다.

기본적인 링크 분석 기법에서 (웹 페이지 A의 값)은=∑(A를 링크한 각 웹 페이지들로부터 받는 값)의 합
앞에서 배운 시그마 기호를 이렇게 활용할 수 있다. 위 공식을 저렇게 표현하며 이해하는 과정에서, 머릿속에서 이런 생각을 같이 했으면 좋다. 스스로 그 설명을 반영하는 간단한 예시를 만드는 것이다.

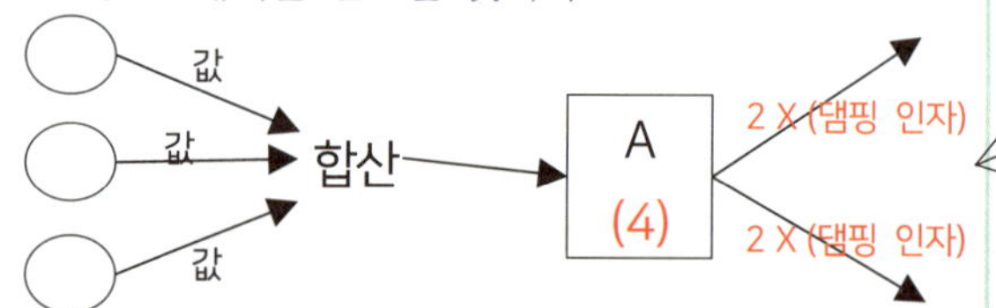

그리고 이 그림에 지문에서 주는 예시를 덧대면서 읽으면 된다. [가령 그 비율이 20%이면 댐핑 인자는 0.8이고]이 부분을 보면, 댐핑 인자를 구하는 공식이 1 − (사용자들이 웹 페이지를 읽다가 링크를 통해 다른 웹 페이지로 이동하지 않는 비율)임을 알 수 있다. ··예시를 통한 공식의 구체화 따라서,
[하지만 두 웹 페이지가 실제로 받는 값은 2에 댐핑 인자를 곱한 값] 이런 공식에 의해,
저 위에서 만든 그림에 저렇게 덧대서 이해하면 된다. 저걸 머릿속으로 상상하면서 모델링 할 수 있으면 굳이 안 그려도 되고, 머릿속으로 컨트롤하기 좀 힘들면 그리면서 하면 된다.

기부와 같이 어떤 재산이 대가 없이 넘어가는 무상 처분 행위가 행해졌을 때는 그 당사자인 무상 처분자와 무상 취득자의 의사와 무관하게 그 결과가 번복될 수 있다. 무상 처분자가 사망하면 상속이 개시되고, 그의 상속인들이 유류분을 반환받을 수 있는 권리인 유류분권을 행사할 수 있기 때문이다. 이때 무상 처분자는 피상속인이 되고 그의 권리와 의무는 상속인에게 이전된다.

유류분은 피상속인의 무상 처분 행위가 없었다고 가정할 때 상속인들이 상속받을 수 있었을 이익 중 법으로 보장된 부분이다. 만약 상속인이 피상속인의 자녀 한 명뿐이면, 상속받을 수 있었을 이익의 $\frac{1}{2}$만 보장된다. 상속인들이 상속받을 수 있었을 이익은 상속 개시 당시에 피상속인이 가졌던 재산의 가치에 이미 무상 취득자에게 넘어간 재산의 가치를 더하여 산정한다. 유류분은 상속인들이 기대했던 이익을 보호하기 위한 것이기 때문이다.

피상속인이 상속 개시 당시에 가졌던 재산으로부터 상속받은 이익이 있는 상속인은 유류분에 해당하는 이익의 일부만 반환받을 수 있다. 유류분에 해당하는 이익에서 이미 상속받은 이익을 뺀 값인 유류분 부족액만 반환받을 수 있기 때문이다. 유류분 부족액의 가치는 금액으로 계산되지만 항상 돈으로 반환되는 것은 아니다. 만약 무상 처분된 재산이 돈이 아니라 물건이나 주식처럼 돈 이외의 재산이라면, 처분된 재산 자체가 반환 대상이 되는 것이 원칙이다. 다만 그 재산 자체를 반환하는 것이 불가능한 때에는 무상 취득자는 돈으로 반환해야 한다. 또한 재산 자체의 반환이 가능해도 유류분권자와 무상 취득자의 합의에 의해 돈으로 반환될 수도 있다.

무상 처분된 재산이 물건이라면 유류분 반환은 어떤 형태로 이루어질까? 무상 취득자가 반환해야 할 유류분 부족액이 무상 처분된 물건의 가치보다 적다면 유류분권자는 그 물건의 가치에 상당하는 금액에서 유류분 부족액이 차지하는 비율만큼 무상 취득자로부터 반환받을 수 있다. 이로 인해 하나의 물건에 대한 소유권이 여러 명에게 나눠지는데, 이때 각자의 몫을 지분이라고 한다.

무상 처분된 물건의 시가가 변동하면 유류분 부족액을 계산할 때는 언제의 시가를 기준으로 삼아야 할까? 유류분의 취지에 비추어 상속 개시 당시의 시가를 기준으로 해야 한다. 다만 그 물건의 시가 상승이 무상 취득자의 노력에서 비롯되었으면 이때는 무상 취득 당시의 시가를 기준으로 계산해야 한다. 이렇게 정해진 유류분 부족액을 근거로 반환 대상인 지분을 계산할 때는, 시가 상승의 원인이 무엇이든 상속 개시 당시의 시가를 기준으로 해야 한다.

13. 윗글을 바탕으로 〈보기〉를 이해한 내용으로 적절하지 않은 것은? 〔3점〕

〈보 기〉

갑의 재산으로는 A 물건과 B 물건이 있었으며 그 외의 재산이나 채무는 없었다. 갑은 을에게 A 물건을 무상으로 넘겨주었고 그로부터 6개월 후 사망했다. 갑의 상속인으로는 갑의 자녀인 병만 있다. A 물건의 시가는 을이 A 물건을 소유하게 되었을 때는 300, 갑이 사망했을 때는 700이었다. 병은 갑이 사망한 날로부터 3개월 후에 을에게 유류분권을 행사했다. B 물건의 시가는 병이 상속받았을 때부터 병이 을에게 유류분 반환을 요구했을 때까지 100으로 동일하다.

(단, 세금, 이자 및 기타 비용은 고려하지 않음.)

① A물건의 시가 상승이 을의 노력과 무관한 경우 유류분 부족액은 300이다.

② A물건의 시가 상승이 을의 노력과 무관한 경우 유류분 반환의 대상은 A물건의 $\frac{3}{7}$ 지분이다.

③ A물건의 시가가 을의 노력으로 상승한 경우 유류분 부족액은 100이다.

④ A물건의 시가가 을의 노력으로 상승한 경우 유류분 반환의 대상은 A물건의 $\frac{1}{3}$ 지분이다.

⑤ A물건의 시가가 을의 노력으로 상승한 경우와 을의 노력과 무관하게 상승한 경우 모두, 갑이 상속 개시 당시 소유했던 재산으로부터 병이 취득할 수 있는 이익은 동일하다.

[생각 11] 수식어구의 중요성
(그런데 이제 문장 읽는 방법을 곁들인..)

뜻을 더해준다. 앞에서 배운 용어의 정의, 조건, 인과, 포함 관계에서도 수식어의 형태로 주어지는 경우가 있었는데, 이렇게 수식받는 대상에 대한 설명을 덧붙이거나 범위를 좁혀준다. 따라서, 수식어구가 붙어있는 의미 단위는 반드시 수식어구까지 하나로 묶어서 그 전체를 하나의 의미 단위로 봐야 한다. 그리고, 수식어구가 나오면 괄호 ( )로 묶어주는 습관을 들이는 것이 좋다.

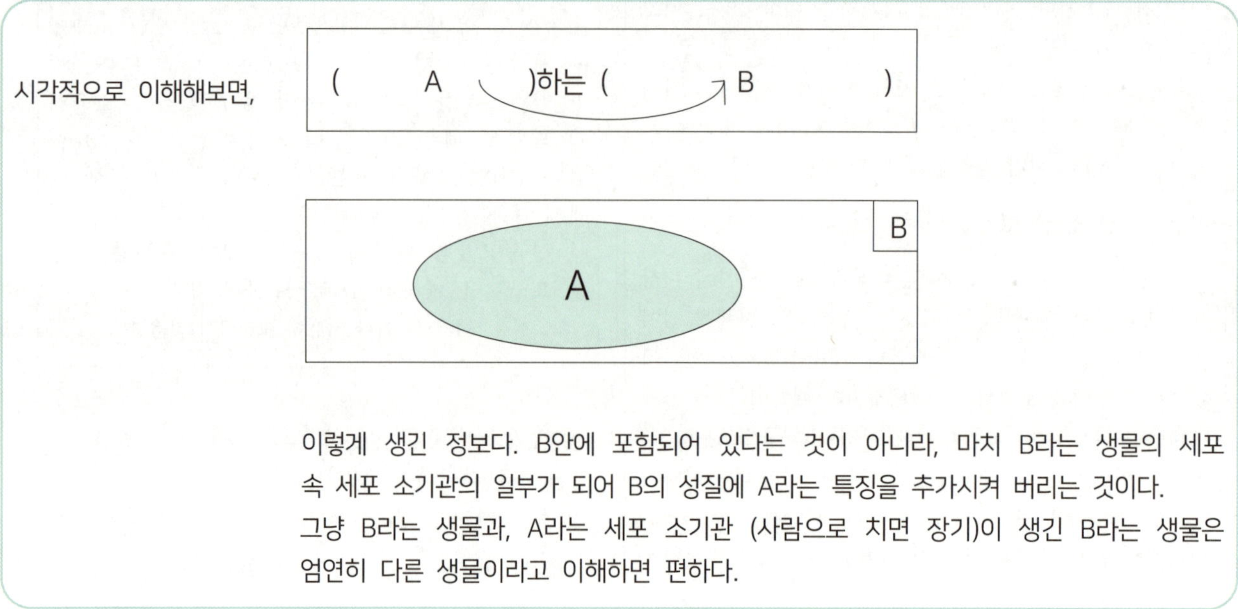

이렇게 생긴 정보다. B안에 포함되어 있다는 것이 아니라, 마치 B라는 생물의 세포 속 세포 소기관의 일부가 되어 B의 성질에 A라는 특징을 추가시켜 버리는 것이다.
그냥 B라는 생물과, A라는 세포 소기관 (사람으로 치면 장기)이 생긴 B라는 생물은 엄연히 다른 생물이라고 이해하면 편하다.

따라서, 수식어구로 꾸미는 모양이 보이면, 반드시 그 수식어구 전체와 그 수식어구의 꾸밈을 받는 단어를 하나의 의미 단위로 처리해야 한다. 수식어는 괄호로 묶어주면 어떻게든 중요하게 쓰인다. 수식받는 대상에 연결해서 이해하지 않으면 독해에 큰 어려움이 생긴다.

여기서 수식어라 함은, 체언을 수식하는 형용사, 용언이나 문장 전체를 수식하는 부사를 의미한다. 이 형용사와 부사는 단어 하나일 수도 있지만, 여러 단어가 합쳐진 하나의 구나 절의 형태일 수도 있다. 비문학 지문에서는 이렇게 구나 절의 형태로 나오는 수식어가 중요하다.

모든 문장마다 문장 성분을 하나하나 분석하라는 말이 아니다. 위에서 수식어가 정확히 뭘 의미하는지 정의한 것은, "뭔가 꾸며주는 것 같으면 괄호치고 연결해!" 하기에는 너무 무책임한 설명이기 때문이다. 중요한 것은 지금 이 교재에서 주는 예시, 그리고 다른 기출문제나 N제들을 풀면서 '수식해주는 말'의 데이터를 쌓고, 이를 바탕으로 앞으로 지문을 읽을 때 수식어를 마주치면 "아! 이게 수식어구나."하는 버퍼링 없이 일거에 자동 반사되는 것처럼 무의식적으로 괄호로 묶어서 문장에 연결시켜 이해해주는 경지에 도달해야 한다. 우리가 숨 쉬는 것이 "아 숨 쉬어야지 살 수 있으니까 숨 쉬어야겠다~"생각해서 하지는 않지 않나. 이와 별반 다를 게 없다. 숨 쉬는 것처럼 자연스럽게 되어야 한다.

보통 수식어구가 포함된 문장은 그 구조가 복잡하고 긴데, 그때 '그 수식어구가 문장의 필수적인 구성 요소가 아닌 것'이 중요하다. 굳이 필요하지도 않은데 그런 수식어구가 들어간 이유는, 그 의미가 원래 문장에 추가되어야 비로소 전하고자 하는 정보가 완성되기 때문이다.

이때, 수식어구는 특정한 문장 요소가 아니라 문장 전체를 수식하는 것일 수도 있다. 수식어구가 하는 역할은 '조건 걸기, 범주 좁히기, 개념 정의, 추가적인 정보 제시, 원인 제시, 포함 관계 제시, 예시 제시 등 엄청 다양하다. 그리고 기능은 같더라도 그 생김새가 매우 다양하다. 따라서, 일반화해서 하나하나 외우는 것은 크게 의미가 없다. 수식어에 대해서는 많은 지문을 접해 보면서 "수식어 괄호 쳐서 확보 후 수식하는 대상에 붙여서 의미 살려 읽기"를 체화하고, 그 과정에서 경험을 쌓는 것이 가장 좋다.

문장을 읽을 때 수식어구를 명확하게 이해하는 것은 문장의 의미를 올바르게 해석하는 데 필수적이다. 수식어구는 핵심어를 보완하고 문장의 논리적 정확성을 높이는 역할을 하므로, 이를 적절히 분석하는 것은 필수적이다.

[수식어구 처리에 필요한 생각]

1. 문장이 매우 복잡한 경우에는, 보통 **수식어구 안에 또 수식어구가 있는 경우**가 많다. 또한, 그 문장은 보통 **안은 문장-안긴 문장 관계에 놓여있을 가능성**이 높다. 따라서, 이렇게 눈으로만 보면 도저히 그 뜻을 납득하기 어려운 문장을 마주하면, [주어와 그 주어의 서술어를 매칭해서, 일단 수식어를 제외한 기본적인 구조의 문장을 확보한 후, 그 문장 곳곳에 붙어있는 수식어를 묶어서 수식 대상에 연결한 후 천천히 그 수식어의 뜻을 살려서 독해해본다.]

2. **하나의 문장 성분(주어,목적어 등)이 매우 길면**, 그 문장 성분 전체를 [ ] 와 같은 '수식어구를 묶을 때와 모양이 다른 괄호'를 활용해서 묶어주는 것도 좋은 방법이다.

1. 명사를 수식하는 경우

어떻게 읽어야 할까?

· 처음부터 문장을 읽기 전에 문법 문제 푸는 것처럼 문장 구조를 분석하라는 말이 아니다. 그냥 글의 흐름에 따라 자연스럽게 읽다가 '어? 수식어였네. 수식해주는 대상은 이거고.' 이렇게 후천적으로 처리해주면 된다.
· 문장에서 수식어구를 제외하고도 의미가 유지되는지 살펴보면, 수식어구를 쉽게 찾아낼 수 있다.
· 크게 아래와 같은 세 가지 역할을 한다.

(1) 명사의 개념·정의를 수식어의 형태로 제시

· 수식어의 형태로 용어의 개념·정의를 제시해주는 경우다. 이미 앞에서 개념·정의를 배울 때 언급했던 내용이다.

[예시 문장]

유류분에 해당하는 이익에서 이미 상속받은 이익을 뺀 값인 유류분 부족액만 반환받을 수 있기 때문이다.

[[유류분에 해당하는 이익)에서 (이미 상속받은 이익)을 뺀 값인] 유류분 부족액만) 반환받을 수 있기 때문이다.

하나하나의 문장 성분이 너무 길어서 저렇게 괄호로 묶어줬다. 여기서는 유류분 부족액의 정의를 수식어의 형태로 제시해주고 있다. 앞서 괄호로 묶어준 문장 성분과 수식어를 표현한 괄호를 혼동하지 않기 위해 수식어 전체를 [ ] 이런 괄호를 활용해서 묶었다.

자산 시장에서는 가격이 본질적 가치를 초과하여 폭등하는 버블이 존재하지 않는다는 효율적 시장 가설에 기인한다.

[자산 시장에서는(가격이 본질적 가치를 초과하여 폭등하는) 버블이 존재하지 않는다는] 효율적 시장 가설에 기인한다.

효율적 시장 가설에 대한 정의가 수식어로 주어지는데, 또 그 안에서 버블의 정의가 수식어로 주어지는 형태다. 앞서 괄호로 묶어준 버블의 정의와 효율적 시장 가설의 정의를 수식어로 제시한 부분을 묶은 괄호를 혼동하지 않기 위해 수식어 전체를 [ ] 이런 괄호를 활용해서 묶었다.

(2) 명사의 범위를 한정 지어주는 경우

- 예를 들어 설명하면 이해가 빠를 것이다. '썩은 사과'와 그냥 '사과'가 같은가? 아니다. 썩은 사과도 사과이긴 하지만, 그 범위가 구체적으로 '썩은'이라고 한정되어 있는 것이다. 이렇게 [A한 B(명사)]의 형태로 주어진 명사는, "그냥 B가 아니라 B 중에서도 A한 B인 것이다."

- 이런 수식어구가 붙은 명사가 나오면, 명사와 수식어구를 묶어서 하나의 문장 요소로 처리해야 한다. 그 수식어를 빼고 읽으면 전달하려는 정보가 완전히 달라진다.

[예시 문장]

피상속인이 상속 개시 당시에 가졌던 재산으로부터 상속받은 이익이 있는 상속인은 유류분에 해당하는 이익의 일부만 반환받을 수 있다.

[피상속인이 (상속 개시 당시에 가졌던) 재산으로부터 상속받은 이익이 있는] 상속인은 <유류분에 해당하는 이익의 일부>만 반환받을 수 있다.

일단 재산 앞에 붙어 있는 수식어구부터 보인다. 그냥 재산이 아니라 (상속 개시 당시에 가졌던) 재산으로 그 범위가 한정된다.

읽다 보니, 상속인 앞에 긴 수식어구가 붙어 있는 형태였다. 상속인의 범위를 [ ]한 상속인으로 한정 짓고 있다.

반환받을 수 있는 대상을 의미하는 문장 요소가 그 길이가 길기 때문에 이전에 사용했던 괄호의 모양과 겹치지 않는 < > 모양을 활용해 묶어줬다.

최근 발표된 연구 결과는 기존 이론과 상반되는 결론을 제시한다.

(최근 발표된) 연구 결과는 [기존 이론과 상반되는 결론]을 제시한다.

일단 연구 결과 앞에 붙어 있는 수식어구부터 보인다. 그냥 연구 결과가 아니라 (최근 발표된) 연구 결과로 그 범위가 한정된다.

연구 결과가 제시한 것을 의미하는 문장 요소가 그 길이가 길기 때문에 이전에 사용했던 괄호의 모양과 겹치지 않는 [ ] 모양을 활용해 묶어줬다.

---

(3) 명사를 구체화해주는 경우

- 명사 앞에 붙어서 그 명사에 대한 정보를 더해주는 역할을 수행한다. 원래는 두 개의 문장이었는데, 그 두 개의 문장이 안은 문장-안긴 문장 형태로 한 문장으로 합쳐지는 방식으로 생성된 문장이다.

- 이런 수식어구가 붙은 명사가 나오면, 명사와 수식어구를 묶어서 하나의 문장 요소로 처리해야 한다. 그 수식어를 빼고 읽으면 전달하려는 정보가 완전히 달라진다.

[예시 문장]

정량적 분석을 기반으로 도출된 이론적 모델은 실증적 연구에서 중요한 검증 대상이 된다.

(최근 발표된) 연구 결과는 [기존 이론과 상반되는 결론]을 제시한다.

일단 연구 결과 앞에 붙어 있는 수식어구부터 보인다. 그냥 연구 결과가 아니라 (최근 발표된) 연구 결과로 그 범위가 한정된다.

연구 결과가 제시한 것을 의미하는 문장 요소가 그 길이가 길기 때문에 이전에 사용했던 괄호의 모양과 겹치지 않는 [ ] 모양을 활용해 묶어줬다.

(금융을 통화 정책의 전달 경로로만 보는) 전통적인 경제학에서는 금융감독 정책이 (개별 금융 회사의 건전성 확보를 통해 금융 안정을 달성하고자 하는) ㉠ <u>미시 건전성 정책</u>에 집중해야 한다고 보았다.

(최근 발표된) 연구 결과는 [기존 이론과 상반되는 결론]을 제시한다.

일단 연구 결과 앞에 붙어 있는 수식어구부터 보인다. 그냥 연구 결과가 아니라 (최근 발표된) 연구 결과로 그 범위가 한정된다.

연구 결과가 제시한 것을 의미하는 문장 요소가 그 길이가 길기 때문에 이전에 사용했던 괄호의 모양과 겹치지 않는 [ ] 모양을 활용해 묶어줬다.

2. 동사나 형용사를 수식하는 경우

 # 어떻게 읽어야 할까?

- 동사나 형용사 앞에 붙어서 추가적인 의미를 더해준다.
- 그 동사나 형용사에 수식어의 의미를 더해서 독해해야 전달하려는 정보를 정확히 파악할 수 있다.

[예시 문장]

이론적 가설은 실험을 통해 엄격하게 검증될 필요가 있다.

이론적 가설은 (실험을 통해) (엄격하게) 검증될 필요가 있다.

[검증]이라는 동사 앞에 두 개의 수식어가 붙어 있다. 두 수식어의 의미를 모두 살려서 독해해야 한다.

이론적 사설은 그냥 검증하는 것이 아니고, [1. 실험을 통해, 2. 엄격하게] 검증될 필요가 있는 것이다.

사회적 요인은 개인의 행동 패턴에 점진적으로 영향을 미친다.

사회적 요인은 개인의 행동 패턴에 (점진적으로) 영향을 미친다.

[영향을 미친다]라는 동사 앞에 수식어가 붙어 있다. 수식어의 의미를 살려서 독해해야 한다.

그냥 영향을 미치는 것과, [점진적으로] 영향을 미치는 것은 엄연히 다르다.

3. 문장 전체를 수식하는 경우

 # 어떻게 읽어야 할까?

- 수식해주는 대상이 명사, 동사, 형용사와 같이 특정 요소를 콕 찝어서 지정한 것이 아니고, 그 문장의 전체 내용 혹은 특정 내용 전체에 대한 수식어로, 대상 문장 앞에 붙는 형태다.
- 처음부터 문장을 읽기 전에 문법 문제 푸는 것처럼 문장 구조를 분석하라는 말이 아니다. 그냥 글의 흐름에 따라 자연스럽게 읽다가 '어? 수식어였네. 수식해주는 대상은 문장 전체고.' 이렇게 후천적으로 처리해주면 된다.
- 문장에서 수식어구를 제외하고도 의미가 유지되는지 살펴보면, 수식어구를 쉽게 찾아낼 수 있다.
- 대표적으로 아래와 같은 두 가지 역할을 한다.

(1) 조건이나 근거를 수식어의 형태로 제시

- 보통 문장 맨 앞이나 문장 중간에 삽입되어, 조건이나 근거를 수식어의 형태로 제시하는 경우다.
- 그 조건이 걸려있는 내용이 무엇인지 정확히 파악하고, 조건과 대상 내용을 1대 1로 정확히 매칭 해줘야 한다.
- 수식어구를 빼면 문장의 논리적 흐름이 완전히 바뀔 수 있으므로, 이를 정확하게 분석해야 한다.

[예시 문장]

표본의 크기가 충분히 크다면, 해당 통계적 분석의 신뢰도가 증가할 것이다.

(표본의 크기가 충분히 크다면,) 해당 통계적 분석의 신뢰도가 증가할 것이다. #조건

본 문장 앞에 수식어가 붙어 있다. 이 수식어는 특성 문장 요소를 수식하는 것이 아니라 쉼표 뒤에 있는 문장 전체를 수식하여, 그 문장의 조건을 세시하고 있는 것이다. 본 문장은 그 수식어가 말하는 조건 아래에서만 성립한다는 의미를 살려서 독해해야 한다.

기존 연구에 따르면, 사회적 네트워크는 개인의 경제적 기회에 영향을 미친다.

(기존 연구에 따르면,) 사회적 네트워크는 개인의 경제적 기회에 영향을 미친다. #근거

본 문장 앞에 수식어가 붙어 있다. 이 수식어는 특정 문장 요소를 수식하는 것이 아니라 쉼표 뒤에 있는 문장 전체를 수식하여, 그 문장에서 전달하고 있는 정보의 근거를 제시하고 있는 것이다. 본 문장은 그 수식어가 말하는 근거에서 비롯된 것이라는 의미를 살려서 독해해야 한다.

유류분은 피상속인의 무상 처분 행위가 없었다고 가정할 때 상속인들이 상속받을 수 있었을 이익 중 법으로 보장된 부분

유류분은 [[피상속인의 무상 처분 행위가 없었다고 가정할 때) 상속인들이 상속받을 수 있었을 이익] 중 법으로 보장된 부분

그냥 단순히 상속인들이 상속받을 수 있었을 이익이 아니라, (피상속인의 무상 처분 행위가 없었다고 가정할 때) 상속받을 수 있었을 이익이다. 수식어의 형태로 조건이 붙어 있는 것이다.

그리고 읽다 보니, 앞서 파악했던 정보가 "유류분은 A 중 법으로 보장된 부분" 과 같은 문장 구조에서 A에 해당하는 문장 요소임을 알 수 있다. 그 길이가 길기 때문에 괄호로 묶어줬다.

만약 상속인이 피상속인의 자녀 한 명뿐이면, 상속받을 수 있었을 이익의 $\frac{1}{2}$ 만 보장

(만약 상속인이 피상속인의 자녀 한 명뿐이면,) [상속받을 수 있었을 이익]의 $\frac{1}{2}$ 만 보장

그냥 단순히 [상속받을 수 있었을 이익]의 $\frac{1}{2}$ 만 보장 되는 것이 아니라, (만약 상속인이 피상속인의 자녀 한 명뿐이면,) 보장 되는 것이다. 수식어의 형태로 조건이 붙어 있는 것이다.

그리고 [상속받을 수 있었을 이익] 문장 요소의 길이가 길기 때문에 괄호로 묶어줬다.

빠르게 변화하는 사회 구조 속에서 전통적 윤리관은 도전에 직면하고 있다.

(빠르게 변화하는 사회 구조 속에서) 전통적 윤리관은 도전에 직면하고 있다.

(빠르게 변화하는 사회 구조 속에서) 이런 조건 아래에서 전통적 윤리관이 도전에 직면하고 있는 것이다. 수식어의 형태로 조건이 붙어 있는 것이다.

만약 정책적 개입이 이루어지지 않는다면, 시장 불균형이 심화될 가능성이 크다.

(만약 정책적 개입이 이루어지지 않는다면,) 시장 불균형이 심화될 가능성이 크다.

(만약 정책적 개입이 이루어지지 않는다면,) 이런 조건 아래에서 시장 불균형이 심화될 가능성이 크다는 것이다. 수식어의 형태로 조건이 붙어 있는 것이다.

에이어는 진리 적합성을 갖는 모든 문장은 그 문장에 사용된 단어의 정의를 통해 검증되는 분석적 문장이거나 경험적 관찰에 의해 검증되는 종합적 문장이라는 원리를 바탕으로 도덕 문장은 진리 적합성이 없다고 주장했다.

에이어는 [[(진리 적합성을 갖는 모든[#1] 문장은 (그 문장에 사용된 단어의 정의를 통해 검증되는[#2] 분석적 문장이거나 (경험적 관찰에 의해 검증되는[#3] 종합적 문장이라는 원리를 바탕으로] 도덕 문장은 진리 적합성이 없다고 주장했다.[#4]

#1
수식어가 '문장' 의 범위를 (진리 적합성을 갖는 모든) 문장으로 한정 짓는다.

#2
수식어를 통해 분석적 문장의 정의가 제시된다.

#3
수식어를 통해 종합적 문장의 정의가 제시된다.

#4
여기까지 읽어보니, 진리~바탕으로 까지는 모두 '도덕 문장은 진리 적합성이 없다는 주장' 의 근거에 해당한다. 이 근거가 수식어의 형태로 제시된 것이다. 모양이 다른 괄호를 활용해 그 근거 전체를 묶어서 뒷 문장에 연결해서 이해해준다.

계약 당시에 보험사가 고지 의무 위반에 대한 사실을 알았거나 중대한 과실로 인해 알지 못한 경우에는 보험 가입자가 고지 의무를 위반했어도 보험사의 해지권은 배제된다.

<계약 당시에[#1]> 보험사가 [[(고지 의무 위반에 대한[#2] 사실을 알았거나 (중대한 과실로 인해[#3] 알지 못한 경우에는] (보험 가입자가 고지 의무를 위반했어도[#4]) 보험사의 해지권은 배제된다.[#5]

#1 일단 시간을 나타내는 표현이니까 < > 이렇게 묶어줬는데, 읽어보니 [보험사가 ~한 경우]에 붙어 그 시간적 조건을 수식어의 형태로 제시하는 것이었다.

#2 수식어를 통해 '사실' 을 구체화한다. 사실이라는 단어와 묶어 하나의 문장 요소로 처리해야 한다.

#3 수식어를 통해 '알지 못한' 에 붙어 그 원인에 대한 정보를 더해준다. '알지 못한' 에 붙여서 그 뜻을 살려 독해 해야 한다.

#4 여기까지 읽어보니, [~경우에는] 의 형태로 "보험사의 해지권이 배제되는" 조건을 제시한다.

#5 "보험사의 해지권이 배제되는" 의 조건이 수식어의 형태로 하나 더 제시된다. 보험 가입자의 고지 의무 위반과 관계 없이 배제된다는 조건이다.

(2) 비교, 대조

· 비교 대상이나 대조되는 요소를 명확히 구분하여 읽어야 한다.
· 비교 기준을 명확히 해야 한다. 그리고, 차이점에만 집중할 것이 아니라, 공통점이 보일 경우 공통점도 확보해준다.

[예시 문장]

인체에 대한 이전 유학자들의 논의가 도덕적 차원에 초점이 있었던 것과 달리, 그는 지각적·생리적 기능에 주목하였다.

(인체에 대한 이전 유학자들의 논의가 도덕적 차원에 초점이 있었던 것과 달리), 그는 지각적·생리적 기능에 주목하였다.

이렇게 '~과 달리'와 같은 표현을 활용한 수식어의 형태로 본 문장을 꾸며 본 문장과의 비교·대조를 유도할 경우, 비교 대상과 비교 기준을 명확히 하고, 공통점과 차이점 중 있는 것을 모두 찾고 넘어가야 한다.
여기서는 인체에 대한 이전 유학자들의 논의와 '그'의 논의를 비교하고 있다. 비교 기준은 '무엇에 초점을 맞췄는가?'라고 볼 수 있는데, 이전 유학자들은 도덕적 차원에 초점을 맞췄고 '그'는 지각적, 생리적 기능에 주목했다고 한다. 이렇게 비교되는 포인트끼리 서로 반대 화살표로 연결해준다.

이러한 관점은 금융이 직접적인 생산 수단이 아니므로 단기적일 때와는 달리 장기적으로는 경제 성장에 영향을 미치지 못한다는 인식과,

---

이러한 관점은 [[(금융이 직접적인 생산 수단이 아니므로) (단기적일 때와는 달리) 장기적으로는 경제 성장에 영향을 미치지 못한다는] 인식과,

(단기적일 때와는 달리) 이런 수식어의 형태로 본 문장과의 비교·대조를 유도한다.

비교 대상 : 단기적으로 vs 장기적으로
비교 기준 : 금융이 경제 성장에 영향을 미치는가?
결과 : 단기적일 때는 영향을 미친다, 장기적으로는 영향 X
이렇게 생각해주고 넘어가야 한다.

+ 앞에 수식어의 형태로 장기적으로는 경제 성장에 영향을 미치지 못하는 이유를 제시하고, 읽다 보니 [[(금융이~못한다는]여기까지가 모두 수식어가 되어 인식을 꾸며줌으로써 '인식'을 구체화해준다.

가로축과 세로축 두 변수의 증가율이 서로 다를 경우, 그 둘의 증가율이 같을 때와 달리, '일반적인 그래프'에서 이 점들은 직선이 아닌 어떤 곡선의 주변에 분포한다.

(가로축과 세로축 두 변수의 증가율이 서로 다를 경우), (그 둘의 증가율이 같을 때와 달리,) '일반적인 그래프' #1에서 이 점들은 직선이 아닌 어떤 곡선의 주변에 분포한다. #2

#1 수식어를 통해 이어지는 문장 전체를 수식함으로써, 본 문장이 성립하는 조건을 건다.

#2 수식어의 형태로 본 문장과의 비교·대조를 유도한다. 앞서 제시된 조건과 비교해보면, '그 둘'은 가로축과 세로축 두 변수를 의미하므로,

비교 대상 : 가로축과 세로축 두 변수의 증가율이 서로 다른 '일반적인 그래프' vs 가로축과 세로축 두 변수의 증가율이 같을 때의 '일반적인 그래프'

비교 기준 : 이 점들은 직선이 아닌 어떤 곡선의 주변에 분포하는지 여부

결과 : 전자는 O / 후자는 X

이렇게 생각해주고 넘어가야 한다.

〔국가, 지방 자치 단체와 같은 행정 주체가 (행정 목적을 실현하기 위해) 국민의 권리를 제한하거나 국민에게 의무를 부과하는〕'행정 규제'는 국회가 제정한 법률에 근거해야 한다. 그러나 국회가 아니라, 〔(대통령을 수반으로 하는) 행정부나 (지방 자치 단체와 같은) 행정 기관이 제정한 법령인〕 행정 입법에 의한 행정 규제의 비중이 커지고 있다. 〔(드론과 관련된 행정 규제 사항들처럼,) 첨단 기술과 관련되거나, 상황 변화에 즉각 대처해야 하거나, 개별적 상황을 반영하여 규제를 달리해야 하는〕 행정 규제 사항들이 늘어나고 있기 때문이다. 행정 기관은 (국회에 비해) 이러한 사항들을 다루기에 적합하다. 행정입법의 유형에는 위임명령, 행정규칙, 조례 등이 있다. (헌법에 따르면,) 국회는 (행정 규제 사항에 관한 법률을 제정할 때) 특정한 내용에 관한 입법을 행정부에 위임할 수 있다. 이에 따라 제정된 행정 입법을 위임명령이라고 한다.

지금까지 배운 수식어의 기능이 거의 다 들어가 있는 지문이다. 스스로 수식어에 집중하며 읽어보자.

또한, 수식어는 어떤 형태로든 인과를 제시하는 기능도 있다. 이 지문에도 역시 수식어로 제시된 인과가 있다. 그것도 한번 주의 깊게 찾아보자.

또한, 수식어는 수식해주는 명사에 대한 예시를 제시하는 기능도 있다. 앞서 명사를 수식하는 경우, 그 명사를 구체화 시켜주는 기능이 있다고 했는데, 그 일환으로 그 명사에 대한 예시를 주는 경우도 있다는 것이다. 이 지문에도 역시 수식어로 제시된 예시가 있다. 그것도 한번 주의 깊게 찾아 보자.

< 총정리 : 문장을 하나하나를 잘 읽는 방법의 핵심, 수식어구 확보 >

[총정리 comment]

"문장을 잘 읽는 방법의 핵심, 수식어구 파악"

일단 수식어가 나오면 다 묶고, 그 수식어를 수식 대상에 붙여서 읽다 보면 자연스럽게 지금까지 설명한 수식어구의 기능이 거의 모든 지문에서 등장할 것이다.

중요한 것은, 기계적으로 수식어구를 보고 '가만 생각해보자. 이게 내가 책에서 배웠던 수식어구의 역할 중 어디에 해당하는 거지..? 아 이거네. 그럼 이 역할에서는 수식어구를 어떻게 처리하더라..?' 이런 버퍼링이 걸리는 것을 점차 지워내는 것이다.

처음에는 당연히 익숙하지 않기 때문에 그럴 수 있다. 하지만, 궁극적으로는 점점 저렇게 의식적으로 생각하지 않아도 자연스럽게, 매끄럽게 독해가 진행되어야 한다. 우리가 숨쉴 때 "아 숨 쉬어야겠다!" 해야지 숨을 쉴 수 있는게 아니지 않은가. 그 정도로 자연스러워져야 된다는 것이다. 그러기 위해서는, 수식어구에 신경 써서 많이 읽어보는 것이 유일한 답이다.

지금까지 지문 독해에 있어서 문장과 문장의 관계를 파악하며 읽는 것이 중요하다는 것을 수도 없이 강조했다. 그런데, 문장과 문장을 연결&구분하며 읽으려면, 애초에 문장 하나하나를 잘 읽어야 한다. 그러기 위해서는 문장에 덕지덕지 붙어있는 이 수식어구들을 잘 확보하는 것이 매우 중요하다. 수식어구의 뜻을 살려서 읽냐 안 읽냐에 따라서, 그 문장의 의미가 크게 달라지기 때문이다.

[총정리 comment]

"문장이 너무 난해할 때, 어떻게 해야 하는가?"

[문장이 난해하고 복잡해지는 이유]는,

1. 수식어구 속에 또 수식어구가 삽입되는 방식으로 수식어구 여러 개가 겹쳐서 등장하거나
2. 안은 문장 - 안긴 문장의 형태를 빌려 문장 여러 개를 하나로 합쳐놓은 경우다.

* 결국 2번도 수식어의 형태로 주어짐.
  (명사를 수식하는 경우 - 수식어구가 명사를 구체화해서 정보를 더해주는 경우가 이에 해당)

+ 여기에 더해, 한 문장 내에서 문장 성분(주어, 목적어, 서술어 등)이 엄청 길어지는 경우도 문장을 복잡하게 만드는 요인이 된다.

[이런 난해한 문장을 마주해 처리하기가 어려워지면],

(A) 일단 본 문장의 주어와 서술어가 무엇인지 파악하기

(B) 수식어구 꼼꼼하게 다 확보해서 수식 대상에 붙여주기

(C) 한 문장 성분이 길어질 경우, [괄호]로 그 긴 문장 성분 전체를 묶어주기

이렇게 세 가지가 그 돌파구가 된다.

[생각 12] 순서·과정 : 넘버링

지문에서 일련의 순서·과정이 주어지면, 단계별로 넘버링하며 처음부터 끝까지 흐름을 따라갈 필요가 있다. 이때, 그냥 아무 생각 없이 넘버링만 할 것이 아니라, 지금 내가 넘버링하며 따라가고 있는 일련의 순서·과정이 '무엇에 대한 순서·과정인지' 그 범주를 먼저 확정 짓는 것이 중요하다.

또한, 항상 첫 번째부터 마지막 순서까지 순행적으로만 주는 법은 없다. 순서를 역순행적으로 줄 수도 있는 것이다. 1->2->3->4 중에, 2->3->4를 주고, 그 다음 문단에 1을 써주는 경우도 있는 것이다. 이때, 이전 문단에서 본 '2->3->4'의 정보에 1을 연결해 순서를 완성해 주는 것이 중요하다.

[예시 지문]

***가장 중요한 생각 두 개는,**

> (1) 어떤 것에 대한 순서·과정인지 그 범주를 확정 짓기,
> (2) 한 범주에 대한 순서·과정은 하나의 문단에서 끝나지 않고 두 개~세 개의 문단에 걸쳐 연속적으로
>   등장할 수 있으니 종결될 때까지 순서 끈질기게 따라가기

이렇게 두 가지다. 이 두 생각에 집중하며 예시 지문을 통해 학습해 보도록 하자.

대부분의 예시는 뒤에 Theme 6 ㅣ 시각적 모델링 (지문 위에 / 지문 옆에) 여기서 다룬다. 시각적 모델링이 가능해야 순서 과정을 따라갈 수 있는 지문이 많기 때문이다. 여기서는 아 이런 느낌이구나! 하는 느낌만 보자.

***지문의 목차에서 순서, 과정의 위치**

지문 독해에서 가장 기본적이자, 가장 근본적인 것은 바로 지문의 목차를 짜듯이 글을 읽는 것이라고 계속해서 강조해 왔다. 목차에서 순서, 과정이 위치하는 부분은 아래와 같다고 이해하면 된다.

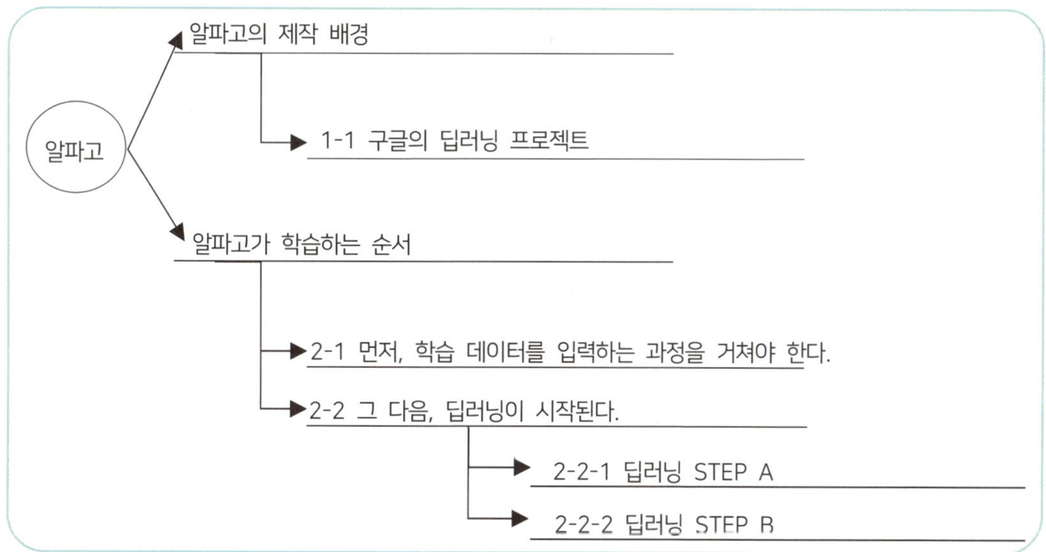

무작정 순서, 과정이 나왔다고 그걸 처리하기 급급한게 아니라, 그 순서 과정이 어떤 키워드가 뭘 하는 순서 과정인지, 즉 그 범주를 확정짓고 읽어야 한다는 것이다.

[예시 1] 2025학년도 수능 10~13번 <확산 모델> 中

문장이나 영상, 음성을 만들어 내는 인공 지능 생성 모델 중 확산 모델은 영상의 복원, 생성 및 변환에 뛰어난 성능을 보인다. 확산 모델의 기본 발상은, 원본 이미지에 노이즈를 점진적으로 추가하였다가 그 노이즈를 다시 제거해 나가면 원본 이미지를 복원할 수 있다는 것이다. 노이즈는 불필요하거나 원하지 않는 값을 의미한다. 원하는 값만 들어 있는 원본 이미지에 노이즈를 단계별로 더하면 노이즈가 포함된 확산 이미지가 되고, 여러 단계를 거치면 결국 원본 이미지가 어떤 이미지였는지 전혀 알아볼 수 없는 노이즈 이미지가 된다. 역으로, 단계별로 더해진 노이즈를 알 수 있다면 노이즈 이미지에서 원본 이미지를 복원할 수 있다. 확산 모델은 <u>노이즈 생성기</u>, <u>이미지 연산기</u>, <u>노이즈 예측기</u>로 구성되며, <u>순확산 과정과 역확산 과정</u> <u>순으로 작동한다.</u>

<u>순확산 과정</u>은 이미지에 노이즈를 추가하면서 노이즈 예측기를 학습시키는 과정이다. 첫 단계에서는, ①노이즈 생성기에서 노이즈를 만든 후 ②이미지 연산기가 이 노이즈를 원본 이미지에 더해서 노이즈가 포함된 확산 이미지를 출력한다. 다음 단계부터는 ③노이즈 생성기에서 만든 노이즈를 이전 단계에서 출력된 확산 이미지에 더한다. 이러한 단계를 ④충분히 반복하면 최종적으로 ⑤노이즈 이미지가 출력된다./ 이때 더해지는 노이즈는 크기나 분포 양상 등 그 특성이 단계별로 다르다. 따라서 노이즈 예측기는 (단계별로) (1)<u>확산 이미지를 입력받아 이미지에 포함된 노이즈의 특성을 추출하여 수치들로 표현하고, (2)이 수치들을 바탕으로 노이즈를 예측한다.</u> 노이즈 예측기 내부의 이러한 수치들을 <u>잠재 표현</u>이라고 한다. 노이즈 예측기는 잠재 표현을 구하고 노이즈를 예측하는 방식을 학습한다.

노이즈 예측기의 학습 방법은 기계 학습 중에서 지도 학습에 해당한다. <u>지도 학습</u>은 <u>학습 데이터에 정답이 주어져 출력과 정답의 차이가 작아지도록 모델을 학습시키는 방법이다.</u> 노이즈 예측기를 학습시킬 때는 노이즈 생성기에서 만들어 넣어 준 노이즈가 정답에 해당하며 이 노이즈와 예측된 노이즈 사이의 차이가 작아지도록 학습시킨다./ <u>역확산 과정</u>은 노이즈 이미지에서 노이즈를 제거하여 원본 이미지를 복원하는 과정이다. 노이즈를 제거하려면 이미지에 단계별로 어떤 특성의 노이즈가 더해졌는지 알아야 하는데 노이즈 예측기가 이 역할을 한다. ①노이즈 이미지 또는 중간 단계에서의 확산 이미지를 노이즈 예측기에 입력하면 ②이미지에 포함된 노이즈의 특성을 추출하여 잠재 표현을

구하고 ③이를 바탕으로 노이즈를 예측한다. ④이미지 연산기는 입력된 확산 이미지로부터 이 노이즈를 빼서 현 단계의 노이즈를 제거한 확산 이미지를 출력한다. ⑤확산 이미지에 이런 단계를 반복하면 결국 ⑥노이즈가 대부분 제거되어 원본 이미지에 가까운 이미지만 남게 된다.

[예시 2] 2018학년도 수능 38~42번 <부호화 과정> 中 (쪼개기 -> 순서 과정)

송신기에서는 소스 부호화, 채널 부호화, 선 부호화를 거쳐 기호를 부호로 변환한다. ①소스 부호화는 (데이터를 압축하기 위해) 기호를 0과 1로 이루어진 부호로 변환하는 과정이다. 어떤 기호가 110과 같은 부호로 변환되었을 때 0 또는 1을 비트라고 하며 이 부호의 비트 수는 3이다. 이때 기호 집합의 엔트로피는 기호 집합에 있는 기호를 부호로 표현하는 데 필요한 평균 비트 수의 최솟값이다. 전송된 부호를 수신기에서 원래의 기호로 복원하려면 부호들의 평균 비트 수가 기호 집합의 엔트로피보다 크거나 같아야 한다. 기호 집합을 엔트로피에 최대한 가까운 평균 비트 수를 갖는 부호들로 변환하는 것을 엔트로피 부호화라 한다. 그중 하나인 '허프만 부호화'에서는 발생 확률이 높은 기호에는 비트 수가 적은 부호를, 발생 확률이 낮은 기호에는 비트 수가 많은 부호를 할당한다.

②채널 부호화는 오류를 검출하고 정정하기 위하여 부호에 잉여 정보를 추가하는 과정이다. (송신기에서 부호를 전송하면 채널의 잡음으로 인해 오류가 발생하는데) 이 문제를 해결하기 위해 잉여 정보를 덧붙여 전송한다. 채널 부호화 중 하나인 '삼중 반복 부호화'는 0과 1을 각각 000과 111로 부호화한다. 이때 수신기에서는 수신한 부호에 0이 과반수인 경우에는 0으로 판단하고, 1이 과반수인 경우에는 1로 판단한다. 즉 수신기에서 수신된 부호가 000, 001, 010, 100중 하나라면 0으로 판단하고, 그 이외에는 1로 판단한다. 이렇게 하면 000을 전송했을 때 하나의 비트에서 오류가 생겨 001을 수신해도 0으로 판단하므로 오류는 정정된다. 채널 부호화를 하기 전 부호의 비트 수를, 채널 부호화를 한 후 부호의 비트 수로 나눈 것을 부호율이라 한다. 삼중 반복 부호화의 부호율은 약 0.33이다.

(채널 부호화를 거친 부호들을 채널을 통해 전송하려면) 부호들을 전기 신호로 변환해야 한다. 0 또는 1에 해당하는 전기 신호의 전압을 결정하는 과정이 ③선 부호화이다. 전압의 결정 방법은 선 부호화 방식에 따라 다르다. 선 부호화 중 하나인 '차동 부호화'는 부호의 비트가 0이면 전압을 유지하고 1이면 전압을 변화시킨다. 차동 부호화를 시작할 때는 기준 신호가 필요하다. 예를 들어 차동 부호화 직전의 기준 신호가 양(+)의 전압이라면 부호 0110은 '양, 음, 양, 양'의 전압을 갖는 전기 신호로 변환된다. ~

앞 지문과 같이, 시작부터 순서를 제시하고, 하나씩 순서대로 구체화하는 형태다. 그런데 앞 지문과 다른 점은, 앞에서는 각 순서에서 또 과정이 구체화 되었지만, 여기서는 그렇지 않다. 그냥 [각 과정의 정의, 해야 하는 이유, 그 과정에서 사용되는 용어, 그 과정의 예시] 이렇게 세 과정에 대한 서술이 진행된다. 각 과정이 그 원리는 단순해서 그 안에서 또 순서를 나눌 필요가 없는 것이다.

따라서, 기존의 데이터가 각 부호화 과정을 거치면서 어떻게 변형이 일어나는지에 집중하며 확보하면 된다.

PART

E

그때그때 마주치면
해야 하는 생각

[생각 13] 포함 관계 vs 부속품 관계

■ **포함 관계와 부속품 관계는 혼동될 수 있기 때문에 엄격히 구분할 필요가 있다.**

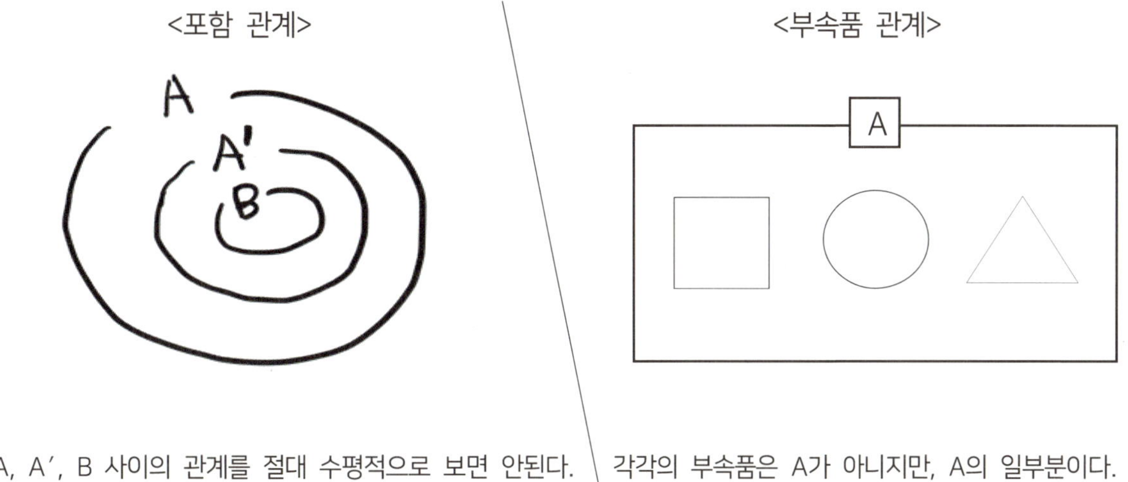

여기서 A, A′, B 사이의 관계를 절대 수평적으로 보면 안된다. | 각각의 부속품은 A가 아니지만, A의 일부분이다.

■ **포함 관계 : 정보를 좀 더 쉬운 형태로 바꿔서 이해한다.**

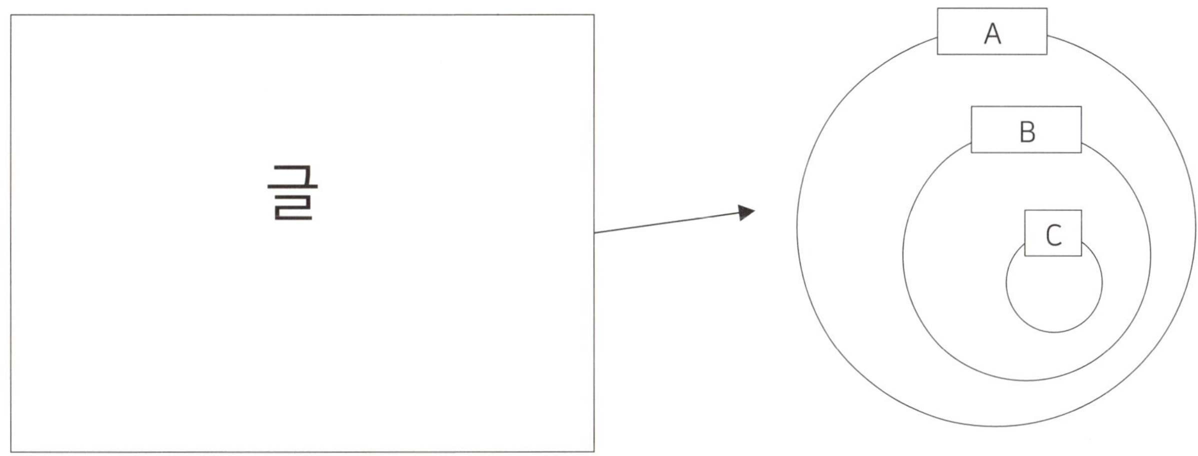

⇒ 이렇게 글의 형태를 하고 있는 정보에서 포함 관계가 발견되면, 머릿속으로는 저렇게 벤다이어그램처럼 이미지를 그려 이해하면 되는 것이다.

⇒ "A ⊂ B이면, 모든 A는 반드시 B다. 하지만, B가 항상 A인 것은 아니다." 이런 논리를 담고 있다. 이것이 바로 포함 관계

⇒ 너무 요소가 많으면 집합 기호(⊂)를 활용해 지문 위에 <u>시각적으로 모델링</u> 해놓는다.

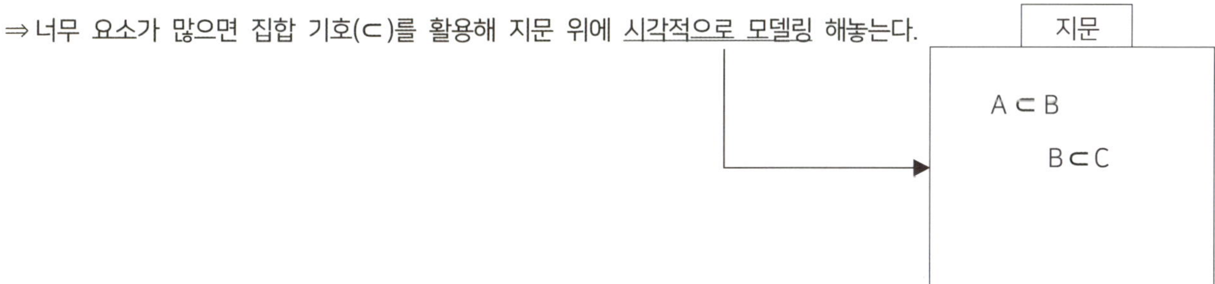

[Comment]

⇒ "머릿속에 벤다이어그램 그리기" & 부분과 전체의 공통점과 차이점 찾기 & 시각적 모델링 : 집합 기호(⊂)

⇒ "A ⊂ B 이면, 모든 A는 반드시 B다. 하지만, B가 항상 A인 것은 아니다." 이런 논리를 담고 있다. 이것이 바로 전체와 부분의 관계다.

[예시 1] 1709 35번~39번 <법인격 부인론> 中

　　사람들의 결합체인 단체도 일정한 요건을 ㉠갖추면 법으로써 부여되는 권리 능력인 법인격을 취득할 수 있다. 단체 중에는 사람들이 일정한 목적을 갖고 결합한 조직체로서 구성원과 구별되어 독자적 실체로서 존재하며, 운영 기구를 두어, 구성원의 가입과 탈퇴에 관계없이 존속하는 단체가 있다. 이를 사단(社團)이라 하며, 사단이 갖춘 이러한 성질을 사단성이라 한다. 사단의 구성원은 사원이라 한다. 사단은 법인(法人)으로 등기되어야 법인격이 생기는데, 법인격을 가진 사단을 사단 법인이라 부른다. 반면에 사단성을 갖추고도 법인으로 등기하지 않은 사단은 '법인이 아닌 사단'이라 한다. 사람과 법인만이 권리 능력을 가지며, 사람의 권리 능력과 법인격은 엄격히 구별된다. 그리하여 사단 법인이 자기 이름으로 진 빚은 사단이 가진 재산으로 갚아야 하는 것이지 ⓐ사원 개인에게까지 ⓑ책임이 미치지 않는다.

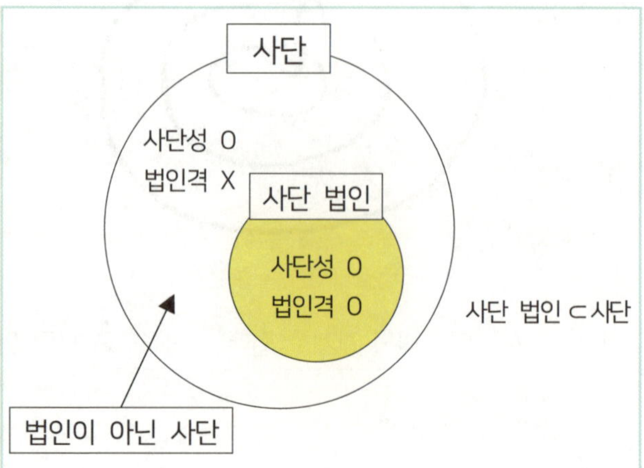

이 글을 읽고 머릿속에서 정보가 위와 같이 처리되어야 한다. 사단과 사단 법인은 모두 사단이기 때문에 사단성을 갖는다. 하지만, 사단 법인만 법인으로 등기되어 법인격을 갖는다.

[예시 2] 19수능 16번~20번 <약속> 中

　　사람은 살아가는 동안 여러 약속을 한다. 계약도 하나의 약속이다. 하지만 이것은 친구와 뜻이 맞아 주말에 영화 보러 가자는 약속과는 다르다. 일반적인 다른 약속처럼 계약도 서로의 의사 표시가 합치하여 성립하지만, 이때의 의사는 일정한 법률 효과의 발생을 목적으로 한다는 점에서 차이가 있다. 한 예로 매매 계약은 '팔겠다'는 일방의 의사 표시와 '사겠다'는 상대방의 의사 표시가 합치함으로써 성립하며, 매도인은 매수인에게 매매 목적물의 소유권을 이전하여야 할 의무를 짐과 동시에 매매 대금의 지급을 청구할 권리를 갖는다. 반대로 매수인은 매도인에게 매매 대금을 지급할 의무가 있고 소유권의 이전을 청구할 권리를 갖는다. 양 당사자는 서로 권리를 행사하고 서로 의무를 이행하는 관계에 놓이는 것이다.

　　이처럼 의사 표시를 필수적 요소로 하여 법률 효과를 발생시키는 행위들을 법률 행위라 한다. 계약은 법률 행위의 일종으로서, 당사자에게 일정한 청구권과 이행 의무를 발생시킨다. 청구권을 내용으로 하는 권리가 채권이고, 그에 따라 이행을 해야 할 의무가 채무이다. 따라서 채권과 채무는 발생한 법률 효과가 동전의 양면처럼 서로 다른 방향에서 파악되는 것이라 할 수 있다. 채무자가 채무의 내용대로 이행하여 채권을 소멸시키는 것을 변제라 한다.

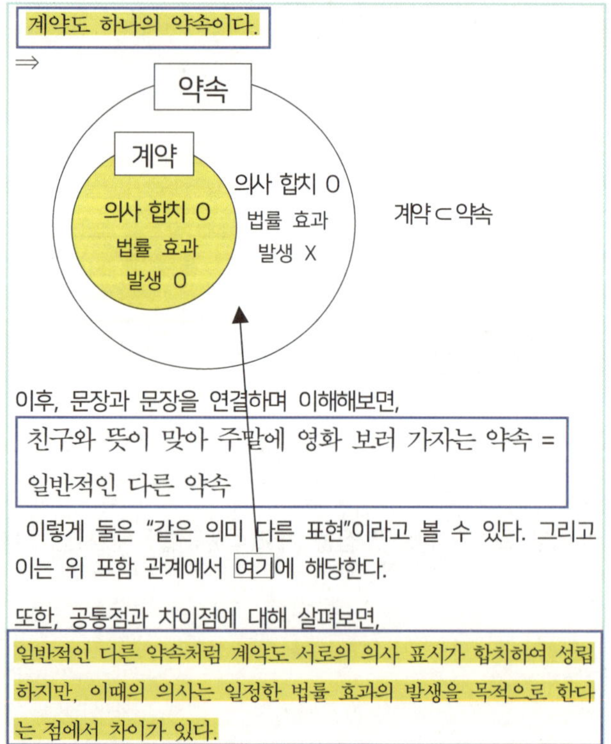

이후, 문장과 문장을 연결하며 이해해보면,

친구와 뜻이 맞아 주말에 영화 보러 가자는 약속 = 일반적인 다른 약속

이렇게 둘은 "같은 의미 다른 표현"이라고 볼 수 있다. 그리고 이는 위 포함 관계에서 여기에 해당한다.

또한, 공통점과 차이점에 대해 살펴보면,

일반적인 다른 약속처럼 계약도 서로의 의사 표시가 합치하여 성립하지만, 이때의 의사는 일정한 법률 효과의 발생을 목적으로 한다는 점에서 차이가 있다.

이 부분에서 쉽게 알 수 있다.

[예시 3] 1709 35번~39번 <법인격 부인론> 中

상법상 회사는 이사들로 이루어진 이사회만을 업무 집행의 의결 기관으로 둔다. **또한 대표 이사는 이사 중 한 명으로, 이사회에서 선출되는 기관이다.** 그리고 이사의 선임과 이사의 보수는 주주 총회에서 결정하도록 되어 있다.

또한 대표 이사는 이사 중 한 명으로, 이사회에서 선출되는 기관이다.
⇒ 대표 이사는 이사라는 전체에서 일부를 차지한다.

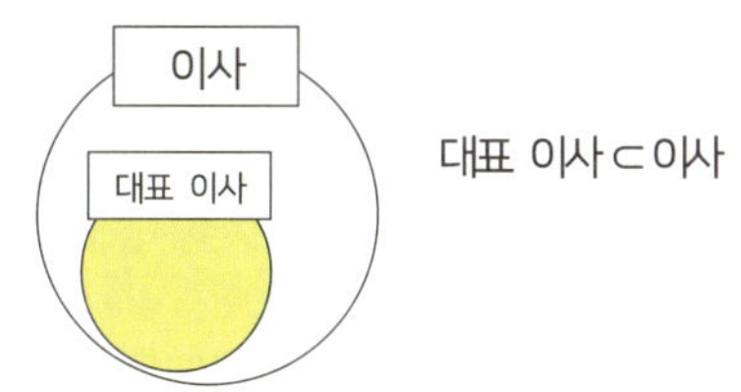

[예시 4] 1706 28번~33번 <음악의 아름다움> 中

일반적으로 음악에서 '음'이라고 부르는 것은 고른음을 지칭한다. 고른음은 주기성을 갖기 때문에 동일한 파형이 주기적으로 반복된다. 이때 같은 파형이 1초에 몇 번 반복되는가를 진동수라고 한다. 진동수가 커지면 음높이 즉, 음고가 높아진다. 고른음 중에서 파형이 사인파인 음파를 단순음이라고 한다. 사인파의 진폭이 커질수록 단순음은 소리의 세기가 커진다. 대부분의 악기에서 나오는 음은 사인파보다 복잡한 파형을 갖는데 이런 파형은 진동수와 진폭이 다른 여러 개의 사인파가 중첩된 것으로 볼 수 있다. 이런 소리를 복합음이라고 하고 복합음을 구성하는 단순음을 부분음이라고 한다. 부분음 중에서 가장 진동수가 작은 것을 기본음이라 하는데 귀는 복합음 속의 부분음들 중에서 기본음의 진동수를 복합음의 진동수로 인식한다.

일반적으로 음악에서 '음'이라고 부르는 것은 고른음을 지칭한다.
⇒ 고른음 ⊂ 음
고른음 중에서 파형이 사인파인 음파를 단순음이라고 한다.
⇒ 단순음 ⊂ 고른음 ⊂ 음
이런 소리를 복합음이라고 하고 복합음을 구성하는 단순음을 부분음이라고 한다. 부분음 중에서 가장 진동수가 작은 것을 기본음이라 하는데
⇒ 기본음 ⊂ 부분음(단순음) ⊂ 단순음 ⊂ 고른음 ⊂ 음

이렇게 전체와 부분 관계를 정리할 수 있다. 문장과 문장을 서로 붙여 읽으며 정보를 누적시켜 내려가야 하는 것이다. 화살표와 박스를 잘 관찰하면, 위에 있는 **정보를 끌고 내려와 아래 문장에 붙여서 하나의 큰 정보로 만들고**, 또 그렇게 만들어낸 큰 정보를 끌고 내려와 더 큰 하나의 큰 정보로 만드는 것이다.

특히, 포함 관계에서는 '수식어로 주어지는 경우'에 주의할 필요가 있다.

예를 들어, 썩은 사과와 사과는 그 범주가 서로 다르다. '썩은'이라는 수식어가 사과의 범위를 좁혀주는 역할을 하는 것이다. 사과라는 큰 범주 안에 썩은 사과가 포함되어 있는 것이다. 이때, '모든 썩은 사과는 사과다'는 사실이 가장 중요하다.

이렇게 수식어로 포함 관계가 주어지는 경우에는 무심코 지나칠 가능성이 높기 때문에 수식어가 나오면 의식적으로 그것이 포함 관계를 시사하는지 체크 해보고 넘어가도록 하자.

[예시 5] 2023학년도 수능 14~17번 <기초 대사량> 中

하루에 필요한 에너지의 양은 (하루 동안의 총 열량 소모량인) 대사량으로 구한다. 그중 기초 대사량은 생존에 필수적인 에너지로, 쾌적한 온도에서 편히 쉬는 동물이 공복 상태에서 생성하는 열량으로 정의된다. 이때 체내에서 생성한 열량은 일정한 체온에서 체외로 발산되는 열량과 같다. 기초 대사량은 개체에 따라 대사량의 60~75%를 차지하고, 근육량이 많을수록 증가한다.

하루에 필요한 에너지의 양은 (하루 동안의 총 열량 소모량인) 대사량으로 구한다. 그중 기초 대사량은 '그중' 기초 대사량이라고 한다. 이걸 보는 순간, 대사량과 기초 대사량을 그냥 서로 다른 용어로 처리할 수 없다. 기초 대사량은 대사량의 일부분으로 처리해야 한다.

[예시 6] 2025학년도 수능 10~13번 <확산 모델> 中

(문장이나 영상, 음성을 만들어 내는) 인공 지능 생성 모델 중 확산 모델은

노이즈 예측기의 학습 방법은 기계 학습 중에서 지도 학습에 해당한다. 지도 학습은 학습 데이터에 정답이 주어져 출력과 정답의 차이가 작아지도록 모델을 학습시키는 방법이다. 노이즈 예측기를 학습시킬 때는 노이즈 생성기에서 만들어 넣어 준 노이즈가 정답에 해당하며 이 노이즈와 예측된 노이즈 사이의 차이가 작아지도록 학습시킨다.

(문장이나 영상, 음성을 만들어 내는) 인공 지능 생성 모델 중 확산 모델은
'인공 지능 생성 모델 중' 확산 모델이라고 한다. 이걸 보는 순간, 인공 지능 생성 모델과 확산 모델을 그냥 서로 다른 용어로 처리할 수 없다. 확산 모델은 인공지능 생성 모델 중 하나로 포함 관계 처리해야 한다.

[예시 7] 2021학년도 9평 34~37번 <항 미생물 화학제> 中

질병을 유발하는 병원체에는 세균, 진균, 바이러스 등이 있다. 생명체의 기본 구조에 속하는 세포막은 지질을 주성분으로 하는 이중층이다. 세균과 진균은 일반적으로 세포막 바깥 부분에 세포벽이 있고, 바이러스의 표면은 세포막 대신 캡시드라고 부르는 단백질로 이루어져 있다. 바이러스의 종류에 따라 캡시드 외부가 지질을 주성분으로 하는 피막으로 덮인 경우도 있다. 한편 진균과 일부 세균은 다른 병원체에 비해 건조, 열, 화학 물질에 저항성이 강한 포자를 만든다

일부 세균
일부분이다. 모든 세균이 다 [다른 병원체에 비해 건조, 열, 화학 물질에 저항성이 강한 포자를 만드는 것]은 아니라는 말이다. 저렇게 앞에 붙어서 그 범위를 한정 지어주는 용어는 신경 써서 확보해줘야 한다.

■ 예시 지문 : 부속품 관계

[예시 1] 2020학년도 수능 26번~29번 <내인성 레트로바이러스> 中

 이종 이식의 또 다른 문제는 ㉠내인성 레트로바이러스이다. 내인성 레트로바이러스는 생명체의 DNA의 일부분으로, 레트로바이러스로부터 유래된 것으로 여겨지는 부위들이다. 이는 바이러스의 활성을 가지지 않으며 사람을 포함한 모든 포유류에 존재한다. ㉡레트로바이러스는 자신의 유전 정보를 RNA에 담고 있고 역전사 효소를 갖고 있는 바이러스로서, 특정한 종류의 세포를 감염시킨다. 유전 정보가 담긴 DNA로부터 RNA가 생성되는 전사 과정만 일어날 수 있는 다른 생명체와는 달리, 레트로바이러스는 다른 생명체의 세포에 들어간 후 역전사 과정을 통해 자신의 RNA를 DNA로 바꾸고 그 세포의 DNA에 끼어들어 감염시킨다. 이후에는 다른 바이러스와 마찬가지로 자신이 속해 있는 생명체를 숙주로 삼아 숙주 세포의 시스템을 이용하여 복제, 증식하고 일정한 조건이 되면 숙주 세포를 파괴한다.

내인성 레트로바이러스는 생명체의 DNA의 일부분으로, 생명체의 DNA가 이렇게 있으면,

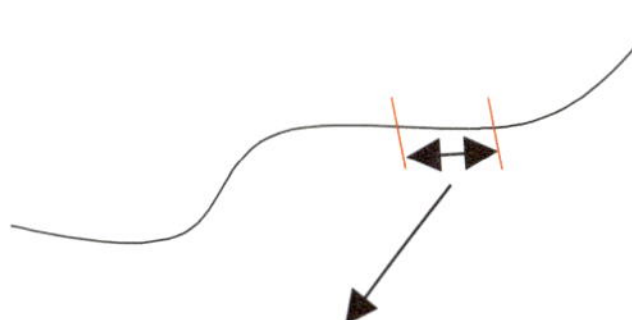

그 중 이렇게 일부분이 내인성 레트로 바이러스라는 것이다. 포함 관계로 처리하면 안되고, 저렇게 전체 구조 중 일부를 차지하는 부속품과 같은 것으로 처리해야 하는 것이다.

지문에 뭘 표시하면서 읽는 것 보다, 이런 부속품 관계를 드러내는 표현이 나오면 저렇게 그 관계를 표현할 수 있는 그림을 상상 내지 (너무 부속품 관계가 복잡하면) 손을 끄적끄적 그리면서 그 이미지를 확실히 모델링 해놓고 넘어가는 것이 중요하다.

[예시 2] 2023학년도 6평 10번~13번 <비타민K의 역할> 中

 혈액은 세포에 필요한 물질을 공급하고 노폐물을 제거한다. 만약 혈관 벽이 손상되어 출혈이 생기면 손상 부위의 혈액이 응고되어 혈액 손실을 막아야 한다. 혈액 응고는 (섬유소 단백질인) 피브린이 모여 형성된 섬유소 그물이 (혈소판이 응집된) 혈소판 마개와 뭉쳐 혈병이라는 덩어리를 만드는 현상이다. 혈액 응고는 혈관 속에서도 일어나는데, 이때의 혈병을 혈전이라 한다. 이물질이 쌓여 동맥 내벽이 두꺼워지는 동맥 경화가 일어나면 그 부위에 혈전 침착, 혈류 감소 등이 일어나 혈관 질환이 발생하기도 한다. 이러한 혈액의 응고 및 원활한 순환에 비타민 K가 중요한 역할을 한다.

혈액 응고는 (섬유소 단백질인) 피브린이 모여 형성된 섬유소 그물이 (혈소판이 응집된) 혈소판 마개와 뭉쳐 혈병이라는 덩어리를 만드는 현상이다.
여기서 부속품 관계가 연속적으로 제시된다. 피브린이라는 부속품이 모여 섬유소 그물이 되고, 혈소판이라는 부속품이 모여 혈소판 마개가 되는데, 이런 섬유소 그물과 혈소판 마개가 뭉쳐서 또 혈병이 되는 것이다.
이렇게 부속품 관계가 복잡할 때는, 저 설명과 부속품 관계를 반영하는 그림을 상상 내지 끄적끄적 그리며 이해하면 된다.

아래와 같이 이해할 수 있겠다.

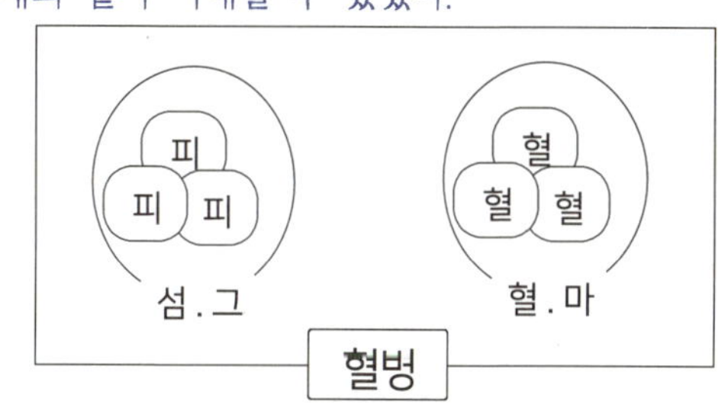

[예시 3] 2022학년도 6평 14번~17번 <PCR 기술> 中

　　1993년 노벨 화학상은 중합 효소 연쇄 반응(PCR)을 개발한 멀리스에게 수여된다. 염기 서열을 아는 DNA가 한 분자라도 있으면 이를 다량으로 증폭할 수 있는 길을 열었기 때문이다. PCR는 주형 DNA, 프라이머, DNA 중합 효소, 4종의 뉴클레오타이드가 필요하다. 주형 DNA란 시료로부터 추출하여 PCR에서 DNA 증폭의 바탕이 되는 이중 가닥 DNA를 말하며, 주형 DNA에서 증폭하고자 하는 부위를 표적 DNA라 한다. 프라이머는 표적 DNA의 일부분과 동일한 염기 서열로 이루어진 짧은 단일 가닥 DNA로, 2종의 프라이머가 표적 DNA의 시작과 끝에 각각 결합한다. DNA 중합 효소는 DNA를 복제하는데, 단일 가닥 DNA의 각 염기 서열에 대응하는 뉴클레오타이드를 순서대로 결합시켜 이중 가닥 DNA를 생성한다.

주형 DNA란 시료로부터 추출하여 PCR에서 DNA 증폭의 바탕이 되는 이중 가닥 DNA

주형 DNA에서 증폭하고자 하는 부위를 표적 DNA

프라이머는 표적 DNA의 일부분과 동일한 염기 서열로 이루어진 짧은 단일 가닥 DNA

주형 DNA가 이렇게 있으면,

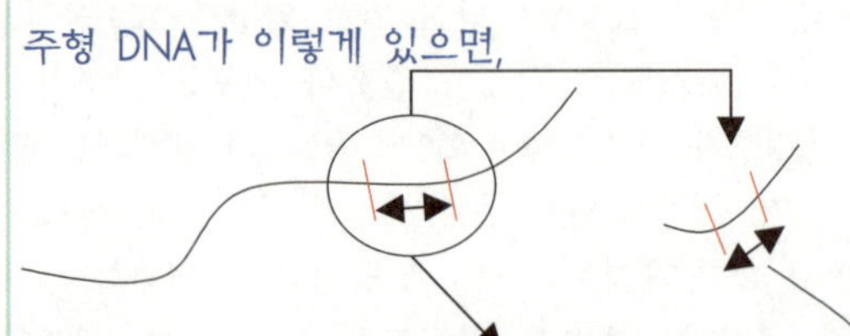

이렇게 그중 일부분, 증폭하고자 하는 부위가 표적 DNA라는 것이고, 프라이머는 또 그 표적 DNA의 일부분과 동일한 염기 서열로 이루어진 짧은 단일 가닥 DNA라는 것이다. 포함 관계로 처리하면 안되고, 저렇게 전체 구조 중 일부를 차지하는 부속품과 같은 것으로 처리해야 하는 것이다.

[예시 4] 2025학년도 6평 8~11번 <플라스틱> 中

　　플라스틱은 단위체인 작은 분자가 수없이 반복 연결되는 중합을 통해 만들어진 거대 분자로 이루어져 있다. 단위체들은 공유 결합으로 연결되는데, 분자를 구성하는 원자들이 서로 전자를 공유하여 안정한 상태가 되는 결합을 공유 결합이라 한다. 두 원자가 각각 전자를 하나씩 내어 놓아 그 두 개의 전자를 한 쌍으로 공유하면 단일 결합이라 하고, 두 쌍을 공유하면 이중 결합이라 한다. 공유 전자쌍이 많을수록 원자 간의 결합력은 강하다. 대부분의 원자는 가장 바깥 전자 껍질의 전자 수가 8개가 될 때 안정해진다. 탄소 원자는 가장 바깥 전자 껍질에 4개의 전자를 갖고 있어, 다른 원자들과 전자를 공유하여 안정해질 수 있으며 다양한 형태의 공유 결합이 가능하여 거대한 분자의 골격을 이룰 수 있다.

단위체인 작은 분자, 즉 부속품이 여러 개 모여서 하나의 플라스틱이 된다. 이를 머릿속에서 부속품 관계로 처리하면 아래와 같다. 하나 하나는 플라스틱이 아니다. 하지만 그게 여러개 모이면 플라스틱이 된다는 것이다.

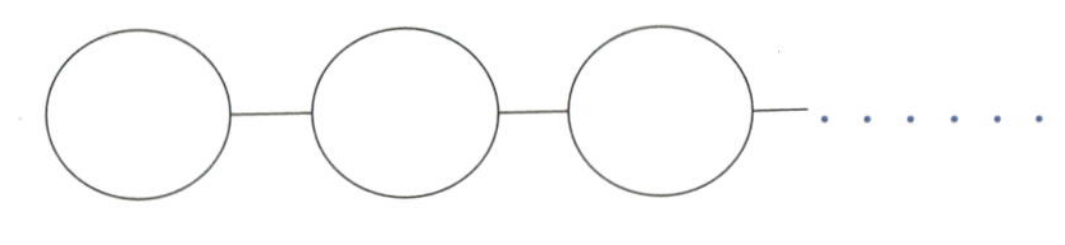

[생각 14] 추상적 / 주관적 해석의 여지가 있는 범주 (? -> !)

앞서 '7. 예시의 활용'을 설명할 때 잠깐 설명했었다. 일반적인 설명에서 '아름답다'와 같이 표현하면, 사람에 따라 '아름답다'의 기준이 다르기 때문에 주관적 해석의 여지가 생긴다. 하지만 비문학 지문은 해석에 있어 주관적 여지가 생기면 안되지 않은가? 그래서 이런 경우 보통 문제에서 그 부분에 대해 학생이 아름다운지 아름답지 않은지 판단하라고 하지 못한다. 핵심은 그런 주관적, 추상적 정보가 나오면, "아 몰라 필요하면 구체화 해주겠지. 일단 글자 그대로 받아들이자." 이런 마인드로 읽다가, 구체화해주면 연결해서 이해하면 되고 아니면 그냥 글자 그대로 받아들인 상태에서 문제로 바로 들어가면 된다.

예시에서 기준 제시해주는 경우

예시에서 'A는 이 지문의 주장에 따르면 아름다운 것으로 본다.' 이런식으로 제시되는 경우가 있다. 따라서, 이런 예시가 주어진 경우에는 문제에서 A가 아름답냐고 물어보면 맞다고 할 수 있는 것이다. 이런식으로 예시는 추상적인 설명 / 주관적 해석의 여지가 있는 설명에 대해 그 기준을 제공하는 역할을 하기도 한다.

물어보지 않거나, 그냥 지문에 나온 만큼만 물어본다.

아예 물어보지 않는 경우도 있고, 만약 지문에서 '아름다운 사람에 대해서는 A를 허용한다.'와 같이 설명했다면, 그냥 지문의 워딩 그대로 '아름다운 사람에 대해서는 A를 허용했다고 볼 수 있다.'를 판단하라는 그냥 단순 내용 일치 문제 정도로만 출제한다.

이를 끌고 내려가서 구체화 시킬 수 있다.

추상적, 주관적 해석의 여지가 있는 포괄적인 범주의 정보가 글 초반부에 제시될 경우, 이를 끌고 내려와 구체화할 가능성이 높다. 따라서, 글 초반부를 독해할 때 키워드에 대한 문제점이나 의문이 발견되지 않았는데 그 키워드에 대해 추상적, 주관적 해석의 여지가 있는 포괄적인 범주가 제시되면 그게 화제가 될 가능성이 매우 높다. 따라서, 1문단에서 해당 범주의 정보가 나오면 의식적으로 확보해두도록 하자.

이 세 가지 경우의 수를 생각하며, 추상적 설명 / 주관적 해석의 여지가 있는 범주가 나오면 주의하도록 하자. 이제 예시 지문을 보도록 하자.

[예시 1] 2021학년도 9평 26~30번 <행정 입법> 中

국가, 지방 자치 단체와 같은 행정 주체가 행정 목적을 실현하기 위해 국민의 권리를 제한하거나 국민에게 의무를 부과하는 '행정 규제'는 국회가 제정한 법률에 근거해야 한다. 그러나 국회가 아니라, 대통령을 수반으로 하는 행정부나 지방 자치 단체와 같은 행정 기관이 제정한 법령인 행정입법에 의한 행정 규제의 비중이 커지고 있다. 드론과 관련된 행정 규제 사항들처럼, 첨단 기술과 관련되거나, 상황 변화에 즉각 대처해야 하거나, 개별적 상황을 반영하여 규제를 달리해야 하는 행정 규제 사항들이 늘어나고 있기 때문이다. 행정 기관은 국회에 비해 이러한 사항들을 다루기에 적합하다. 행정입법의 유형에는 위임명령, 행정규칙, 조례 등이 있다. 헌법에 따르면, 국회는 행정 규제 사항에 관한 법률을 제정할 때 특정한 내용에 관한 입법을 행정부에 위임할 수 있다. 이에 따라 제정된 행정입법을 위임명령이라고 한다.

[예시 2] 2024학년도 6평 8~11번 <고체 촉매> 中

반응물의 흡착 세기는 금속의 종류에 따라 달라진다. 이때 **흡착 세기가 적절해야 한다.** 흡착이 약하면 흡착량이 적어 촉매 활성이 낮으며, 흡착이 너무 강하면 흡착된 반응물이 지나치게 안정화되어 표면에서의 반응이 느려지므로 촉매 활성이 낮다. 일반적으로 고체 촉매에서는 반응에 관여하는 표면의 활성 성분 원자가 많을수록 반응물의 흡착이 많아 촉매 활성이 높아진다.

~

증진제는 촉매에 소량 포함되어 활성을 조절한다. 활성 성분의 표면 구조를 변화시켜 소결을 억제하기도 하고, 활성 성분의 전자 밀도를 변화시켜 흡착 세기를 조절하기도 한다. 고체 촉매는 활성 성분이 반드시 있어야 하지만 **경우에 따라** 증진제나 지지체를 포함하지 않기도 한다.

반응물의 흡착 세기는 금속의 종류에 따라 달라진다. 이때 **흡착 세기가 적절해야 한다.**

흡착 세기가 적절해야 한다고 한 후, 흡착 세기가 약하지도, 너무 강하지도 않아야 된다고 한다. 이때, 그 '너무 강하다'는 것은 사람마다 기준이 다를 수 있다. 하지만 평가원은 이런 주관을 배제한 문제를 출제해야 하기 때문에, 보통 글자 그대로 지문에 나온 만큼만 물어본다. 따라서, 정확히 이걸 구체화해주지 않으면, 그냥 "흡착 세기가 약하지도, 너무 강하지도 않아야되나 보다~" 이렇게 의문을 가지지 말고 수용하면 된다.

고체 촉매는 활성 성분이 반드시 있어야 하지만 **경우에 따라** 증진제나 지지체를 포함하지 않기도 한다.

어떤 경우에 증진제나 지지체를 포함하지 않는지는 알 수 없다. 이런 경우, 보통 지문에서 이를 구체적으로 써주지 않으면 그냥 아래 선지처럼 지문에 나온 만큼만 물어본다.

⑤ 증진제나 지지체 없이 촉매 활성을 갖는 고체 촉매가 있다.

[예시 3] 2024학년도 수능 8~11번 <데이터 이상치, 결측치> 中

ⓒ이상치를 포함하는 데이터에서 직선 L을 찾는다고 하자. 이때 사용할 수 있는 기법의 하나인 A 기법은 두 점을 무작위로 골라 정상치 집합으로 가정하고, 이 두 점을 지나는 후보 직선을 그어 나머지 점들과 후보 직선 사이의 거리를 구한다. 이 거리가 **허용 범위 이내인** 점들을 정상치 집합에 추가한다. 정상치 집합의 점의 개수가 미리 정해 둔 기준, 즉 문턱값보다 많으면 후보 직선을 최종 후보군에 넣는다. 반대로 점의 개수가 문턱값보다 적으면 후보 직선을 버린다. 만약 처음에 고른 점이 이상치이면, 대부분의 점들은 해당 후보 직선과의 거리가 너무 멀어 이 직선은 최종 후보군에서 제외되는 것이다. 이 과정을 반복하여 최종 후보군을 구하고, 최종 후보군에 포함된 직선 중에서 정상치 집합의 데이터 개수가 최대인 직선을 직선 L로 선택한다. 이 기법은 이상치가 있어도 직선 L을 찾을 가능성이 높다.

이 거리가 **허용 범위 이내인** 점들을 정상치 집합에 추가한다. 허용 범위 이내라는 것이 구체적으로 제시되지 않았다. 그러면 일단 물음표 찍고 넘어가서,

1. 그 허용 범위가 정확히 어느 정도인지 설명해주면, 물음표 찍고 넘어간 저 추상적 정보에 붙여서 구체적으로 이해해주면 되고,

2. 별도의 설명이 나오지 않으면, 그냥 '허용 범위 이내면 정상치 집합에 추가되나 보다~' 하면 된다. 계속 저기에 매몰되서 "엥 이거 허용 범위가 정확히 어느 정도라는 거지?" 하고 있지만 않으면 된다.

우리 상법에 규정되어 있는 고지 의무는 이러한 수단이 법적으로 구현된 제도이다. 보험 계약은 보험 가입자의 청약과 보험사의 승낙으로 성립된다. 보험 가입자는 반드시 계약을 체결하기 전에 '중요한 사항'을 알려야 하고, 이를 사실과 다르게 진술해서는 안 된다. 여기서 '중요한 사항'은 보험사가 보험 가입자의 청약에 대한 승낙을 결정하거나 차등적인 보험료를 책정하는 근거가 된다. 따라서 고지 의무는 결과적으로 다수의 사람들이 자신의 위험 정도에 상응하는 보험료보다 더 높은 보험료를 납부해야 하거나, 이를 이유로 아예 보험에 가입할 동기를 상실하게 되는 것을 방지한다.

보험 계약 체결 전 보험 가입자가 고의나 중대한 과실로 '중요한 사항'을 보험사에 알리지 않거나 사실과 다르게 알리면 고지 의무를 위반하게 된다. 이러한 경우에 우리 상법은 보험사에 계약 해지권을 부여한다. 보험사는 보험 사고가 발생하기 이전이나 이후에 상관없이 고지 의무 위반을 이유로 계약을 해지할 수 있고, 해지권 행사는 보험사의 일방적인 의사 표시로 가능하다. 해지를 하면 보험사는 보험금을 지급할 책임이 없게 되며, 이미 보험금을 지급했다면 그에 대한 반환을 청구할 수 있다. 일반적으로 법에서 의무를 위반하게 되면 위반한 자에게 그 의무를 이행하도록 강제하거나 손해 배상을 청구할 수 있는 것과 달리, 보험 가입자가 고지 의무를 위반했을 때에는 보험사가 해지권만 행사할 수 있다. 그런데 보험사의 계약 해지권이 제한되는 경우도 있다. 계약 당시에 보험사가 고지 의무 위반에 대한 사실을 알았거나 중대한 과실로 인해 알지 못한 경우에는 보험 가입자가 고지 의무를 위반했어도 보험사의 해지권은 배제된다. 이는 보험 가입자의 잘못보다 보험사의 잘못에 더 책임을 둔 것이라 할 수 있다. 또 보험사가 해지권을 행사할 수 있는 기간에도 일정한 제한을 두고 있는데, 이는 양자의 법률관계를 신속히 확정함으로써 보험 가입자가 불안정한 법적 상태에 장기간 놓여 있는 것을 방지하려는 것이다. 그러나 고지해야 할 '중요한 사항' 중 고지 의무 위반에 해당되는 사항이 보험 사고와 인과 관계가 없을 때에는 보험사는 보험금을 지급할 책임이 있다. 그렇지만 이때에도 해지권은 행사할 수 있다.

41. 윗글을 바탕으로 〈보기〉의 사례를 검토한 내용으로 가장 적절한 것은? 〔3점〕

〈보 기〉

보험사 A는 보험 가입자 B에게 보험 사고로 인한 보험금을 지급한 후, B가 중요한 사항을 고지하지 않았다는 사실을 뒤늦게 알고 해지권을 행사할 수 있는 기간 내에 보험금 반환을 청구했다.

① 계약 체결 당시 A에게 중대한 과실이 있었다면 A는 계약을 해지할 수 없으나 보험금은 돌려받을 수 있다.

② 계약 체결 당시 A에게 중대한 과실이 없다 하더라도 A는 보험금을 이미 지급했으므로 계약을 해지할 수 없다.

③ 계약 체결 당시 A에게 중대한 과실이 있고 B 또한 중대한 과실로 고지 의무를 위반했다면 A는 보험금을 돌려받을 수 있다.

④ B가 고지하지 않은 중요한 사항이 보험 사고와 인과 관계가 없다면 A는 보험금을 돌려받을 수 없다.

⑤ B가 자신의 고지 의무 위반 사실을 보험 사고가 발생한 후 A에게 즉시 알렸다면 고지 의무를 위반한 것이 아니다.

보험 가입자는 반드시 계약을 체결하기 전에 '중요한 사항'을 알려야 하고, 이를 사실과 다르게 진술해서는 안 된다.

보험 계약 체결 전 보험 가입자가 고의나 중대한 과실로 '중요한 사항'을 보험사에 알리지 않거나 사실과 다르게 알리면 고지 의무를 위반하게 된다.

계약 당시에 보험사가 고지 의무 위반에 대한 사실을 알았거나 중대한 과실로 인해 알지 못한 경우에는 보험 가입자가 고지 의무를 위반했어도 보험사의 해지권은 배제된다.

그러나 고지해야 할 '중요한 사항' 중 고지 의무 위반에 해당되는 사항이 보험 사고와 인과 관계가 없을 때에는 보험사는 보험금을 지급할 책임이 있다.

우리는 한 대의 자동차는 개체라고 하지만 바닷물을 개체라고 하지는 않는다. 어떤 부분들이 모여 하나의 개체를 이룬다고 할 때 이를 개체라고 부를 수 있는 조건은 무엇일까? 일단 부분들 사이의 유사성은 개체성의 조건이 될 수 없다. 가령 일란성 쌍둥이인 두 사람은 DNA 염기 서열과 외모도 같지만 동일한 개체는 아니다. 그래서 부분들의 강한 유기적 상호작용이 그 조건으로 흔히 제시된다. 하나의 개체를 구성하는 부분들은 외부 존재가 개체에 영향을 주는 것과는 비교할 수 없이 강한 방식으로 서로 영향을 주고받는다.

상이한 시기에 존재하는 두 대상을 동일한 개체로 판단하는 조건도 물을 수 있다. 그것은 두 대상 사이의 인과성이다. 과거의 '나'와 현재의 '나'를 동일하다고 볼 수 있는 것은 강한 인과성이 존재하기 때문이다. 과거의 '나'와 현재의 '나'는 세포 분열로 세포가 교체되는 과정을 통해 인과적으로 연결되어 있다. 또 '나'가 세포 분열을 통해 새로운 개체를 생성할 때도 '나'와 '나의 후손'은 인과적으로 연결되어 있다. 비록 '나'와 '나의 후손'은 동일한 개체는 아니지만 '나'와 다른 개체들 사이에 비해 더 강한 인과성으로 연결되어 있다.

개체성에 대한 이러한 철학적 질문은 생물학에서도 중요한 연구 주제가 된다. 생명체를 구성하는 단위는 세포이다. 세포는 생명체의 고유한 유전 정보가 담긴 DNA를 가지며 이를 복제하여 증식하고 번식하는 과정을 통해 자신의 DNA를 후세에 전달한다. 세포는 사람과 같은 진핵생물의 진핵세포와, 박테리아나 고세균과 같은 원핵생물의 원핵세포로 구분된다. 진핵세포는 세포질에 막으로 둘러싸인 핵이 있고 그 안에 DNA가 있지만, 원핵세포는 핵이 없다. 또한 진핵세포의 세포질에는 막으로 둘러싸인 여러 종류의 세포 소기관이 있으며, 그중 미토콘드리아는 세포 활동에 필요한 생체 에너지를 생산하는 기관이다. 대부분의 진핵세포는 미토콘드리아를 필수적으로 가지고 있다.

이러한 미토콘드리아가 원래 박테리아의 한 종류인 원생 미토콘드리아였다는 이론이 20세기 초에 제기되었다. 공생발생설 또는 세포 내 공생설이라고 불리는 이 이론에서는 두 원핵생물 간의 공생 관계가 지속되면서 진핵세포를 가진 진핵생물이 탄생했다고 설명한다. 공생은 서로 다른 생명체가 함께 살아가는 것을 말하며, 서로 다른 생명체를 가정하는 것은 어느 생명체의 세포 안에서 다른 생명체가 공생하는 '내부 공생'에서도 마찬가지이다. 공생발생설은 한동안 생물학계로부터 인정받지 못했다. 미토콘드리아의 기능과 대략적인 구조, 그리고 생명체 간 내부 공생의 사례는 이미 알려졌지만 미토콘드리아가 과거에 독립된 생명체였다는 것을 쉽게 믿을 수 없었기 때문이었다. 그리고 한 생명체가 세대를 이어 가는 과정 중에 돌연변이와 자연선택이 일어나고, 이로 인해 종이 진화하고 분화한다고 보는 전통적인 유전학에서 두 원핵생물의 결합은 주목받지 못했다.

그러다가 전자 현미경의 등장으로 미토콘드리아의 내부까지 세밀히 관찰하게 되고, 미토콘드리아 안에는 세포핵의 DNA와는 다른 DNA가 있으며 단백질을 합성하는 자신만의 리보솜을 가지고 있다는 사실이 밝혀지면서 공생발생설이 새롭게 부각되었다.

공생발생설에 따르면 진핵생물은 원생미토콘드리아가 고세균의 세포 안에서 내부 공생을 하다가 탄생했다고 본다. 고세균의 핵의 형성과 내부 공생의 시작 중 어느 것이 먼저인지에 대해서는 논란이 있지만, 고세균은 세포질에 핵이 생겨 진핵세포가 되고 원생미토콘드리아는 세포 소기관인 미토콘드리아가 되어 진핵생물이 탄생했다는 것이다. 미토콘드리아가 원래 박테리아의 한 종류였다는 근거는 여러 가지가 있다. 박테리아와 마찬가지로 새로운 미토콘드리아는 이미 존재하는 미토콘드리아의 '이분 분열'을 통해서만 만들어진다. 미토콘드리아의 막에는 진핵세포막의 수송 단백질과는 다른 종류의 수송 단백질인 포린이 존재하고 박테리아의 세포막에 있는 카디오리핀이 존재한다. 또 미토콘드리아의 리보솜은 진핵세포의 리보솜보다 박테리아의 리보솜과 더 유사하다.

미토콘드리아는 여전히 고유한 DNA를 가진 채 복제와 증식이 이루어지는데도, 미토콘드리아와 진핵세포 사이의 관계를 공생 관계로 보지 않는 이유는 무엇일까? 두 생명체가 서로 떨어져서 살 수 없더라도 각자의 개체성을 잃을 정도로 유기적 상호작용이 강하지 않다면 그 둘은 공생 관계에 있다고 보는데, 미토콘드리아와 진핵세포 간의 유기적 상호작용은 둘을 다른 개체로 볼 수 없을 만큼 매우 강하기 때문이다. 미토콘드리아가 개체성을 잃고 세포 소기관이 되었다고 보는 근거는, 진핵세포가 미토콘드리아의 증식을 조절하고, 자신을 복제하여 증식할 때 미토콘드리아도 함께 복제하여 증식시킨다는 것이다. 또한 미토콘드리아의 유전자의 많은 부분이 세포핵의 DNA로 옮겨 가 미토콘드리아의 DNA 길이가 현저히 짧아졌다는 것이다. 미토콘드리아에서 일어나는 대사 과정에 필요한 단백질은 세포핵의 DNA로부터 합성되고, 미토콘드리아의 DNA에 남은 유전자 대부분은 생체 에너지를 생산하는 역할을 한다. 예컨대 사람의 미토콘드리아는 37개의 유전자만 있을 정도로 DNA 길이가 짧다.

어떤 부분들이 모여 하나의 개체를 이룬다고 할 때 이를 개체라고 부를 수 있는 조건은 무엇일까?
이 질문에 대해, 아래와 같이 답한다.
그래서 부분들의 강한 유기적 상호작용이 그 조건으로 흔히 제시된다. 하나의 개체를 구성하는 부분들은 외부 존재가 개체에 영향을 주는 것과는 비교할 수 없이 강한 방식으로 서로 영향을 주고받는다.
어떤 부분들이 모여 하나의 개체를 이룰 때, 그 부분들 사이에 강한 유기적 상호작용이 있는 것이 그 조건이라고 한다. 그런데 여기서 하나의 개체라고 볼 수 있을 만큼의 '강함'의 정도가 명확하지는 않다. 일단 글자 그대로 '강해야되나 보다.' 하고 다음 문장으로 넘어가면, 외부 존재가 개체에 영향을 주는 것보다는 강해야 한다는 것을 알 수 있다.

상이한 시기에 존재하는 두 대상을 동일한 개체로 판단하는 조건도 물을 수 있다.
에 대해,
그것은 두 대상 사이의 인과성이다.
이렇게 답한다.
과거의 '나'와 현재의 '나'를 동일하다고 볼 수 있는 것은 강한 인과성이 존재하기 때문이다. 과거의 '나'와 현재의 '나'는 세포 분열로 세포가 교체되는 과정을 통해 인과적으로 연결되어 있다. 세포 분열로 세포가 교체되는 과정을 통한 인과적인 연결은 '강하다'라고 볼 수 있는 것이다. 예시를 통해 추상적 범주의 정보를 구체화시킨 것으로 볼 수 있다. "이 정도는 강하다고 볼 수 있어." 라고 글에서 강함의 정도에 대한 판단을 직접 보여준 것이다.

미토콘드리아는 여전히 고유한 DNA를 가진 채 복제와 증식이 이루어지는데도, 미토콘드리아와 진핵세포 사이의 관계를 공생 관계로 보지 않는 이유는 무엇일까?
이 질문에 대해, 아래와 같이 답한다.
(두 생명체가 서로 떨어져서 살 수 없더라도 각자의 개체성을 잃을 정도로 유기적 상호작용이 강하지 않다면) 그 둘은 공생 관계에 있다고 보는데, 미토콘드리아와 진핵세포 간의 유기적 상호작용은 둘을 다른 개체로 볼 수 없을 만큼 매우 강하기 때문이다.
앞서 동일한 개체로 판단할 수 있는 기준은 '인과성' 이었는데, 여기서도 미토콘드리아와 진핵세포 사이의 관계는 인과성이 '매우 강한 것' 으로 볼 수 있다고, 그 강함에 대한 판단을 내린 것이다. 그리고 이어서 개체성을 잃었다고 판단할 수 있는 근거 4가지를 나열했다. 이 근거 4가지 역시 '강한 유기적 상호작용' 의 기준이 되는 것이다. 이 정도의 유기적 상호작용이 있으면 '강하다' 라고 볼 수 있다는 것이다.

41. 윗글을 바탕으로 〈보기〉를 이해한 내용으로 적절하지 않은 것은? 〔3점〕

───〈 보 기 〉───

○ 복어는 테트로도톡신이라는 신경 독소를 가지고 있지만 테트로도톡신을 스스로 만들지 못하고 체내에서 서식하는 미생물이 이를 생산한다. 복어는 독소를 생산하는 미생물에게 서식처를 제공하는 대신 포식자로부터 자신을 방어할 수 있는 무기를 갖게 되었다. 만약 복어의 체내에 있는 미생물을 제거하면 복어는 독소를 가지지 못하나 생존에는 지장이 없었다.

○ 실험실의 아메바가 병원성 박테리아에 감염되어 대부분의 아메바가 죽고 일부 아메바는 생존하였다. 생존한 아메바의 세포질에서 서식하는 박테리아는 스스로 복제하여 증식할 수 있었고 더 이상 병원성을 지니지는 않았다. 아메바에게는 무해하지만 박테리아에게는 치명적인 항생제를 아메바에게 투여하면 박테리아와 함께 아메바도 죽었다.

① 병원성을 잃은 '아메바의 세포질에서 서식하는 박테리아'는 세포 소기관으로 변한 것이겠군.
② 복어의 '체내에서 서식하는 미생물'은 '복어'와의 유기적 상호 작용이 강해진다면 개체성을 잃을 수 있겠군.
③ 복어의 세포가 증식할 때 복어의 체내에서 '독소를 생산하는 미생물'의 DNA도 함께 증식하는 것은 아니겠군.
④ '아메바의 세포질에서 서식하는 박테리아'가 개체성을 잃었다면 '아메바의 세포질에서 서식하는 박테리아'의 DNA 길이는 짧아졌겠군.
⑤ '아메바의 세포질에서 서식하는 박테리아'와 '아메바' 사이의 관계와 '복어'와 '독소를 생산하는 미생물' 사이의 관계는 모두 공생 관계이겠군.

[예시 6] 2020학년도 수능 26~29번 <내인성 레트로바이러스> 中

이종 이식의 또 다른 문제는 ㉠내인성 레트로바이러스이다. 내인성 레트로바이러스는 생명체의 DNA의 일부분으로, 레트로바이러스로부터 유래된 것으로 여겨지는 부위들이다. 이는 바이러스의 활성을 가지지 않으며 사람을 포함한 모든 포유류에 존재한다. ㉡레트로바이러스는 자신의 유전 정보를 RNA에 담고 있고 역전사 효소를 갖고 있는 바이러스로서, 특정한 종류의 세포를 감염시킨다. 유전 정보가 담긴 DNA로부터 RNA가 생성되는 전사 과정만 일어날 수 있는 다른 생명체와는 달리, 레트로바이러스는 다른 생명체의 세포에 들어간 후 역전사 과정을 통해 자신의 RNA를 DNA로 바꾸고 그 세포의 DNA에 끼어들어 감염시킨다. 이후에는 다른 바이러스와 마찬가지로 자신이 속해 있는 생명체를 숙주로 삼아 숙주 세포의 시스템을 이용하여 복제, 증식하고 일정한 조건이 되면 숙주 세포를 파괴한다.

㉡레트로바이러스는 자신의 유전 정보를 RNA에 담고 있고 역전사 효소를 갖고 있는 바이러스로서, 특정한 종류의 세포를 감염시킨다.

레트로바이러스가 감염시키는 세포를 추상적으로 '특정한 종류' 라고만 주고, 정확히 어떤 세포를 감염시키는지는 주지 않았다.

그러면, 이런 정보를 보고 가져야 하는 생각은, "뭐 레트로바이러스가 감염시키는 특정 종류의 세포가 있나 보지, 그걸 문제에서 물어보고 싶으면 나중에 구체화해줄 거니까, 일단 여기 물음표 찍어두고 넘어갔다가 이게 구체화되면 연결해서 이해할 준비 정도는 해두자."

[정리]

1. 추상적, 주관적 해석의 여지가 있는 정보가 나온다? 일단 의식적으로 물음표 찍고 넘어가도록 하자. 실제로 그 글 위에 물음표를 남겨주라는 말이다.

2. 이때 해야 할 생각은, 글자 그대로 받아들이면서 "그런게 있나보지 뭐..일단 물음표 찍고 앞으로 구체화된다면 연결해서 이해할 준비는 해놔야겠다." 이 정도의 생각을 하고 넘어가는 것이다. 그러고 나서 뒤따르는 내용을 읽을 때, 의식적으로 그 추상적인 정보를 명확하게 해줄 수 있는 예시, 설명이 있는지 찾으려고는 해야 한다. 앞서 찍었던 물음표가 느낌표로 바뀌는 순간을 스스로 캐치할 수 있어야 한다는 것이다.

3. 지문을 끝까지 다 읽었는데 해당 정보에 대한 구체적이고 명확한 설명을 해주지 않으면, 문제에서도 구체적인 사례를 가지고 물어보지 않고 그냥 글자 그대로 원론적인 내용만 물어본다. 따라서, 그런 추상적인 정보에 매몰되서 계속 머릿속으로 그 정보를 명확하게 만들려고 노력할 필요가 없다는 것이다. 우리는 그 글에 나온 주제에 대해 연구하려고 글을 읽는게 아니라, 문제를 풀기 위해서 글을 읽는 것이기 때문이다.

4. 예를 들어 '강하다'라는 워딩이 나오면, 그 강함의 기준은 내가 판단하는 것이 아니라 평가원이 판단해준 대로 따라야 하는 것이다. 보통 지문에서 특정 사례를 들어서, '이 정도면 강한 거다.'라고 알려준다.

5. 보통 그 추상적, 주관적 범주가 지문 초반부에 주어지면 그걸 구체화 시켜줄 가능성이 크지만, 뒷 내용이 거의 남지 않은 지문 후반부에 주어지면 보통 글자 그대로 처리하고 문제로 넘어가야 할 가능성이 커진다.

양 극단의 범주가 모두 가능한 경우에, 지문에서 한쪽 정보만 제시해주는 경우가 있다. (특히 인과-요소 간 관계인 경우에 해당) 이때, 스스로 반대 상황도 추론할 수 있어야 한다. 또한, 반댓값 추론이 아니더라도 정보가 생략되어 있는 경우가 종종 있는데, 이때 생략된 정보를 스스로 되살리고 넘어가는 것이 중요하다. 예시를 통해 살펴보도록 하자. 요소 간 관계에서 반댓값 추론 문제로 제시, 정보 생략, ~과 달리

[예시 1] 2022학년도 6평 4~9번 <새먼의 과정 이론> 中

근대 이후 서양의 철학자들은 과학적 세계관이 대두하면서 이전과는 달리 인과를 물리적 작용 사이의 관계로 국한하려는 경향을 보였다.

~

야구공을 던지면 땅 위의 공 그림자도 따라 움직인다. 공이 움직여서 그림자가 움직인 것이지 그림자 자체가 움직여서 그림자의 위치가 변한 것은 아니다. 과정 이론은 이 차이를 다음과 같이 설명한다. 과정은 대상의 시공간적 궤적이다. 날아가는 야구공은 물론이고 땅에 멈추어 있는 공도 시간은 흘러가고 있기에 시공간적 궤적을 그리고 있다. 공이 멈추어 있는 상태도 과정인 것이다. 그런데 모든 과정이 인과적 과정은 아니다. 어떤 과정은 다른 과정과 한 시공간적 지점에서 만난다. 즉, 두 과정이 교차한다. 만약 교차에서 표지, 즉 대상의 변화된 물리적 속성이 도입되면 이후의 모든 지점에서 그 표지를 전달할 수 있는 과정이 인과적 과정이다.

[A]

가령 바나나가 a지점에서 b지점까지 이동하는 과정을 과정1이라고 하자. a와 b의 중간 지점에서 바나나를 한 입 베어 내는 과정2가 과정1과 교차했다. 이 교차로 표지가 과정1에 도입되었고 이 표지는 b까지 전달될 수 있다. 즉, 바나나는 베어 낸 만큼이 없어진 채로 줄곧 b까지 이동할 수 있다. 따라서 과정1은 인과적 과정이다. 바나나가 이동한 것이 바나나가 b에 위치한 결과의 원인인 것이다. 한편, 바나나의 그림자가 스크린에 생긴다고 하자. 바나나의 그림자가 스크린상의 a′지점에서 b′지점까지 움직이는 과정을 과정3이라 하자. 과정1과 과정2의 교차 이후 스크린상의 그림자 역시 변한다. 그런데 a′과 b′사이의 스크린 표면의 한 지점에 울퉁불퉁한 스티로폼이 부착되는 과정4가 과정3과 교차했다고 하자. 그림자가 그 지점과 겹치면서 일그러짐이라는 표지가 과정3에 도입되지만, 그 지점을 지나가면 그림자는 다시 원래대로 돌아오고 스티로폼은 그대로이다. 이처럼 과정3은 다른 과정과의 교차로 도입된 표지를 전달할 수 없다.

가령 바나나가 a지점에서 b지점까지 이동하는 과정을 과정1이라고 하자. a와 b의 중간 지점에서 바나나를 한 입 베어 내는 과정2가 과정1과 교차했다. 이 교차로 표지가 과정1에 도입되었고 이 표지는 b까지 전달될 수 있다. 즉, 바나나는 베어 낸 만큼이 없어진 채로 줄곧 b까지 이동할 수 있다. 따라서 과정1은 인과적 과정이다.

인과적 과정에 대한 예시에서는, '따라서 과정1은 인과적 과정이다.' 라고 결론을 명시해준다.

(원인) ⇒ (결론) 이렇게 짝을 이루어 제시해준 것이다.

한편, 바나나의 그림자가 스크린에 생긴다고 하자. 바나나의 그림자가 스크린상의 a′지점에서 b′지점까지 움직이는 과정을 과정3이라 하자. 과정1과 과정2의 교차 이후 스크린상의 그림자 역시 변한다. 그런데 a′과 b′사이의 스크린 표면의 한 지점에 울퉁불퉁한 스티로폼이 부착되는 과정4가 과정3과 교차했다고 하자. 그림자가 그 지점과 겹치면서 일그러짐이라는 표지가 과정3에 도입되지만, 그 지점을 지나가면 그림자는 다시 원래대로 돌아오고 스티로폼은 그대로이다. 이처럼 과정3은 다른 과정과의 교차로 도입된 표지를 전달할 수 없다.(따라서 인과적 과정이 아니다.)

인과적 그런데 이로부터 파생된 그림자 예시(과정3)에 관한 설명에서는 '표지를 전달할 수 없다.' 라고 하고 그 서술이 끝나버린다.

1. 그런데 앞서 인과적 과정의 정의

만약 교차에서 표지, 즉 대상의 변화된 물리적 속성이 도입되면 이후의 모든 지점에서 그 표지를 전달할 수 있는 과정이 인과적 과정이다.

이것을 잘 확보하고 이해한 후 넘어갔다면, (따라서 인과적 과정이 아니다.)이런 정보가 생략되어 있음을 알 수 있다.

2. 그리고, 앞에서는 (원인) ⇒ (결론) 이렇게 짝을 이루어 제시했는데, 여기서는 (원인) 까지 밖에 없는 것을 보고 좀 찜찜한 느낌도 든다. 이야기가 완결되지 않은 것이다.

위 두 가지 중 하나라도 생각할 수 있었다면, [이처럼 과정3은 다른 과정과의 교차로 도입된 표지를 전달할 수 없다.] 여기까지만 보고 난 후에도 생략된 정보를 살리고 넘어갈 수 있어야 한다. 왜? 문제로 나오니까.

이 선지가 옳은지 판단해 보자.

[③ 과정 1과 달리 과정 3은 인과적 과정이 아니다.]

당연히 옳은 선지다. 그런데 [A]를 읽을 때 저렇게 생략된 정보를 생각해주고 넘어갈 수 있었다면, 쉽게 판단할 수 있는 선지였다.

[예시 2] 2020학년도 수능 16~20번 <조건화 원리> 中

에이어는 진리 적합성을 갖는 모든 문장은 그 문장에 사용된 단어의 정의를 통해 검증되는 분석적 문장이거나 경험적 관찰에 의해 검증되는 종합적 문장이라는 원리를 바탕으로/ 도덕 문장은 진리 적합성이 없다고 주장했다. 우선 그는 도덕 문장은 분석적이지 않다는 기존의 논의를 수용했다. ('선은 A이다.'라는 도덕 문장이 분석적이려면,) 술어인 'A'가 주어인 '선'이라는 개념 속에 내포되어 있어야 한다. /하지만 '선'은 속성이나 내용을 더 이상 분석할 수 없는 단순 개념이므로 해당 문장은 분석적이지 않다. / 그렇다고 해서 '선은 A이다.'라는 도덕 문장이 경험적 관찰로 검증될 수 있는 것도 아니다. '선' 그 자체는 우리의 감각으로 검증할 수 없기 때문이다.

[예시 3] 2023학년도 9평 10~13번 <유류분권> 中

유류분은 (피상속인의 무상 처분 행위가 없었다고 가정할 때) 상속인들이 상속받을 수 있었을 이익 중 법으로 보장된 부분이다. 만약 상속인이 피상속인의 자녀 한 명뿐이면, (피상속인의 무상 처분 행위가 없었다고 가정할 때) 상속받을 수 있었을 이익의 $\frac{1}{2}$ 만 보장된다.

[예시 4] 2021학년도 9평 34~37번 <항 미생물 화학제> 中

질병을 유발하는 병원체에는 세균, 진균, 바이러스 등이 있다. 생명체의 기본 구조에 속하는 세포막은 지질을 주성분으로 하는 이중층이다. 세균과 진균은 일반적으로 세포막 바깥 부분에 세포벽이 있고, 바이러스의 표면은 세포막 대신 캡시드라고 부르는 단백질로 이루어져 있다. 바이러스의 종류에 따라 캡시드 외부가 지질을 주성분으로 하는 피막으로 덮인 경우도 있다. 한편 진균과 일부 세균은 다른 병원체에 비해 건조, 열, 화학 물질에 저항성이 강한 포자를 만든다.

진리 적합성을 갖는 모든 문장은 분석적 문장이거나 종합적 문장이라는 원리를 바탕으로 도덕 문장은 진리 적합성이 없다는 주장한 것을 구체화하고 있다.

먼저, 도덕 문장이 [분석적이지 않다.]는 결론을 내리며 분석적 문장이 아님을 증명한다. 그리고 범주를 바꿔서, [그렇다고 해서 '선은 A이다.'라는 도덕 문장이 경험적 관찰로 검증될 수 있는 것도 아니다.]이렇게 관찰로 검증될 수도 없다고 설명한다. 여기서 앞에서 확보했던 종합적 문장의 정의가 떠올라야 한다. 그 정의에 따르면, 저 설명을 통해 도덕 문장은 [종합적이지 않다.]내지는 [종합적 문장이 아니다.]는 결론을 내릴 수 있다. 앞에서 분석적 문장이 아님을 증명할 때와 달리 여기서는 결론을 생략한 것이다. 따라서, 스스로 이를 살려서 읽을 수 있어야 한다.

유류분에 대해 정의한 후, [상속인이 피상속인의 자녀 한 명뿐이면.]이런 경우의 유류분을 구하고 있다.

그런데, 뭔가 정의와 연결해서 읽으면 뭔가 생략된 부분이 있는 것 같다. 정의에 따라, [상속인들이 상속받을 수 있었을 이익 중 법으로 보장된 부분]이 유류분인데, 법으로 보장된 부분이 절반이라는 소리고, 아! 앞에 조건이 빠져있다. 저렇게 머릿속으로 채워 넣고 넘어가야 한다. 조건 잘 읽어라 조건 잘 읽어라 하는게 다 이유가 있는 거다.

[질병을 유발하는 병원체]를 세균, 진균, 바이러스로 쪼개고 시작한다. 쪼개고 각각에 대해 서술하는 전형적인 쪼개기의 서술 양상을 염두하고 읽어보면, 그렇게 전형적으로 진행됨을 알 수 있다.

	세균	진균	바이러스
세포막	○	○	X (대신 캡시드 존재)
세포벽	○	○	X (종류에 따라 캡시드 외부가 피막으로 덮임)
포자	일부 세균 ○	○	X

세포막, 세포벽, 포자가 공통서술범주가 되겠다. 정보가 위와 같이 머릿속으로 정리되었으면 된다. 그런데 여기서 고수는 여기까지 생각할 수 있어야 한다.
생명체의 기본 구조에 속하는 세포막은 지질을 주성분으로 하는 이중층이다.
앞서, 세포막은 생명체의 '기본' 구조에 속한다고 했다. 그런데, 바이러스는 이 생명체의 기본적인 구조조차 없다. 그렇다면 바이러스는 생명체라고 부를 수 없을 것이다. 그러면 세균, 진균, 바이러스는 모두 병원체라는 공통점이 있지만, 생명체라는 범주에 대해서는 세균과 진균만 해당되고 바이러스는 해당되지 않는다는 사실도 생각해낼 수 있어야 한다.

[예시 5] 2023학년도 9평 14~17번 <인터넷 검색 엔진>

인터넷 검색 엔진은 검색어를 포함하는 웹 페이지를 찾아 화면에 보여 준다. 웹 페이지가 화면에 나타나는 순서를 정하기 위해 검색 엔진은 수백 개가 넘는 항목을 고려한 다양한 방식을 사용한다. 대표적인 항목으로 중요도와 적합도가 있다.

검색 엔진은 빠른 시간 내에 검색 결과를 보여 주기 위해 웹페이지들의 데이터를 수집하여 인덱스를 미리 작성해 놓는다. 인덱스란 단어를 알파벳순으로 정리한 목록으로, 여기에는 각 단어가 등장하는 웹 페이지와 단어의 빈도수 등이 저장된다. 이때 각 웹 페이지의 중요도가 함께 기록된다.

㉠중요도는 웹 페이지의 중요성을 값으로 나타낸 것으로 링크 분석 기법으로 측정할 수 있다. 기본적인 링크 분석 기법에서 웹 페이지 A의 값은 A를 링크한 각 웹 페이지들로부터 받는 값의 합이다. 이렇게 받은 A의 값은 A가 링크한 다른 웹 페이지들에 균등하게 나눠진다. 즉 A의 값이 4이고 A가 두 개의 링크를 통해 다른 웹 페이지로 연결된다면, A의 값은 유지되면서 두 웹 페이지에는 각각 2가 보내진다.

하지만 두 웹 페이지가 실제로 받는 값은 2에 댐핑 인자를 곱한 값이다. 댐핑 인자는 사용자들이 웹 페이지를 읽다가 링크를 통해 다른 웹 페이지로 이동하지 않는 비율을 반영한 값으로 1 미만의 값을 가진다. 댐핑 인자는 모든 링크에 동일하게 적용된다. 가령 그 비율이 20%이면 댐핑 인자는 0.8이고 두 웹 페이지는 A로부터 각각 1.6을 받는다. 웹 페이지로 연결된 링크를 통해 받는 값을 모두 반영했을 때의 값이 각 웹 페이지의 중요도이다. 웹 페이지들을 연결하는 링크들은 변할 수 있기 때문에 검색 엔진은 주기적으로 웹 페이지의 중요도를 갱신한다.

사용자가 검색어를 입력하면 검색 엔진은 인덱스에서 검색어에 적합한 웹 페이지를 찾는다. ㉡적합도는 단어의 빈도, 단어가 포함된 웹 페이지의 수, 웹 페이지의 글자 수를 반영한 식을 통해 값이 정해진다. 해당 검색어가 많이 나올수록, 그 검색어를 포함하는 다른 웹 페이지의 수가 적을수록, 현재 웹 페이지의 글자 수가 전체 웹 페이지의 평균 글자 수에 비해 적을수록 적합도가 높아진다. 검색 엔진은 중요도와 적합도, 기타 항목들을 적절한 비율로 합산하여 화면에 나열되는 웹 페이지의 순서를 결정한다.

웹 페이지가 화면에 나타나는 순서를 정하기 위해 검색 엔진은 수백 개가 넘는 항목을 고려한 다양한 방식을 사용한다. 대표적인 항목으로 중요도와 적합도가 있다. 웹 페이지가 화면에 나타나는 순서를 정하기 위해 고려하는 항목 중 대표적인 항목을 중요도와 적합도, 이렇게 두 종류로 쪼개서 제시했다. 이런 양상은 앞에서 본 예시 24와 비슷하다. 그 지문과 서술 방식도 유사할 것이다.

㉠중요도는 웹 페이지의 중요성을 값으로 나타낸 것 중요도부터 서술한다. 중요도의 개념을 제시한 후, 링크 분석 기법으로 중요도를 측정하는 방법을 서술한다.

사용자가 검색어를 입력하면 검색 엔진은 인덱스에서 검색어에 적합한 웹 페이지를 찾는다. ㉡적합도는 단어의 빈도, 단어가 포함된 웹 페이지의 수, 웹 페이지의 글자 수를 반영한 식을 통해 값이 정해진다. 중요도를 서술한 후, 적합도로 범주가 교체되었다. 적합도가 정해지는 양상을 서술함을 알 수 있다.

그런데, 옆에 지문에서 형광펜 친 두 부분을 비교해보자. 중요도에 대해서는 '웹 페이지의 중요성을 값으로 나타낸 것'이라고 정의를 주고 나서 그걸 측정하는 방법을 서술하는데,

적합도는 정의 없이 바로 그걸 정하는 방법을 서술한다. 이때, 적합도에 대한 첫 문장을 읽어보니 적합도도 값으로 정해지기는 한다.

그러면, 적합도의 정의에 대해 중요성의 정의를 활용해 적합도는 웹 페이지의 적합성을 값으로 나타낸 것 이렇게 생각하고 넘어갈 수 있을 것 같다. 이런 정의가 생략된 것이다.

[생각 16] 극단적 범주

[ALWAYS (모두, 항상, 언제나 ...) ⇔ ONLY (~만, 오직 ...) / 각각]

    이렇게 한쪽으로 지나치게 치우쳐진 범주가 문장에 등장하면, 그게 어떤 내용을 설명하다가 나온 것인지 파악하고 극단적 범주를 암시하는 워딩에 동그라미 쳐놓고 의식하며 넘어가는 것이 필요하다. 왜? 문제로 거의 무조건 나오기 때문이다. '각각'은 극단적 범주라고 보기는 어렵지만, 이 역시도 특수한 범주를 암시하는 역할을 하고, 실제 문제로도 많이 출제되는 포인트이기 때문에 여기 같이 넣었다. 예시를 보도록 하자.

[예시 지문]

[예시 1] 2022학년도 수능 10~13번 <트리핀 딜레마> 中

이후 ㉡<u>브레턴우즈 체제</u>에서는 국제 유동성으로 달러화가 추가되어 '금 환 본위제'가 되었다. 1944년에 성립된 이 체제는 미국의 중앙은행에 '금 태환 조항'에 따라 금 1온스와 35달러를 언제나 맞교환해 주어야 한다는 의무를 지게 했다. 다른 국가들은 달러화에 대한 자국 통화의 가치를 고정했고, 달러화로만 금을 매입할 수 있었다. 환율은 경상 수지의 구조적 불균형이 있는 예외적인 경우를 제외하면 ±1% 내에서의 변동만을 허용했다.

1944년에 성립된 이 체제는 미국의 중앙은행에 '금 태환 조항'에 따라 금 1온스와 35달러를 언제나 맞교환해 주어야 한다는 의무를 지게 했다.

[예시 2] 2020학년도 6평 27~31번 <통화 정책> 中

금융을 통화 정책의 전달 경로로만 보는 전통적인 경제학에서는 금융감독 정책이 개별 금융 회사의 건전성 확보를 통해 금융 안정을 달성하고자 하는 ㉠<u>미시 건전성 정책</u>에 집중해야 한다고 보았다. 이러한 관점은 금융이 직접적인 생산 수단이 아니므로 단기적일 때와는 달리 장기적으로는 경제 성장에 영향을 미치지 못한다는 인식과, 자산 시장에서는 가격이 본질적 가치를 초과하여 폭등하는 버블이 존재하지 않는다는 효율적 시장 가설에 기인한다.

금융을 통화 정책의 전달 경로로만 보는 전통적인 경제학에서는 금융감독 정책이 개별 금융 회사의 건전성 확보를 통해 금융 안정을 달성하고자 하는 ㉠<u>미시 건전성 정책</u>에 집중해야 한다고 보았다.

[예시 3] 2018학년도 수능 27~32번 <정책 수단> 中

반면 환율은 단기에서도 신축적인 조정이 가능하다. 이러한 물가와 환율의 조정 속도 차이가 오버슈팅을 초래한다. 물가와 환율이 모두 신축적으로 조정되는 장기에서의 환율은 구매력 평가설에 의해 설명되는데, 이에 의하면 장기의 환율은 자국 물가 수준을 외국 물가 수준으로 나눈 비율로 나타나며, 이를 균형 환율로 본다. 가령 국내 통화량이 증가하여 유지될 경우 장기에서는 자국 물가도 높아져 장기의 환율은 상승한다. 이때 통화량을 물가로 나눈 실질 통화량은 변하지 않는다.

물가와 환율이 모두 신축적으로 조정되는 장기에서의 환율

이때 통화량을 물가로 나눈 실질 통화량은 변하지 않는다.

[예시 4] 2023학년도 수능 10~13번 <불확정 개념> 中

불확정 개념은 행정 법령에도 사용된다. 행정 법령은 행정청이 구체적 사실에 대해 행하는 법 집행인 행정 작용을 규율한다. 법령상 요건이 충족되면 그 효과로서 행정청이 반드시 해야 하는 특정 내용의 행정 작용은 기속 행위이다. 반면 법령상 요건이 충족되더라도 그 효과인 행정 작용의 구체적 내용을 고를 수 있는 재량이 행정청에 주어져 있을 때, 이러한 재량을 행사 하는 행정 작용은 재량 행위이다. 법령에서 불확정 개념이 사용되면 이에 근거한 행정 작용은 대개 재량 행위이다.

행정청은 재량으로 재량 행사의 기준을 명확히 정할 수 있는데 이 기준을 ㉠재량 준칙이라 한다. 재량 준칙은 법령이 아니므로 재량 준칙대로 재량을 행사하지 않아도 근거 법령 위반은 아니다. 다만 특정 요건하에 재량 준칙대로 특정한 내용의 적법한 행정 작용이 반복되어 행정 관행이 생긴 후에는, 같은 요건이 충족되면 행정청은 동일한 내용의 행정 작용을 해야 한다. 행정청은 평등 원칙을 지켜야 하기 때문이다.

법령상 요건이 충족되면 그 효과로서 행정청이 반드시 해야 하는 특정 내용의 행정 작용은 기속 행위이다.

다만 특정 요건하에 재량 준칙대로 특정한 내용의 적법한 행정 작용이 반복되어 행정 관행이 생긴 후에는, 같은 요건이 충족되면 행정청은 동일한 내용의 행정 작용을 해야 한다.

[예시 5] 2017학년도 9평 35~39번 <권리 능력> 中

<table>
<tr><td>

　　권리와 의무의 주체가 될 수 있는 자격을 권리 능력이라 한다. 사람은 태어나면서 저절로 권리 능력을 갖게 되고 생존하는 내내 보유한다. 그리하여 사람은 재산에 대한 소유권의 주체가 되며, 다른 사람에 대하여 채권을 누리기도 하고 채무를 지기도 한다. 사람들의 결합체인 단체도 일정한 요건을 갖추면 법으로써 부여되는 권리 능력인 법인격을 취득할 수 있다. 단체 중에는 사람들이 일정한 목적을 갖고 결합한 조직체로서 구성원과 구별되어 독자적 실체로서 존재하며, 운영 기구를 두어, 구성원의 가입과 탈퇴에 관계없이 존속하는 단체가 있다. 이를 사단(社團)이라 하며, 사단이 갖춘 이러한 성질을 사단성이라 한다. 사단의 구성원은 사원이라 한다. 사단은 법인(法人)으로 등기되어야 법인격이 생기는데, 법인격을 가진 사단을 사단 법인이라 부른다. 반면에 사단성을 갖추고도 법인으로 등기하지 않은 사단은 '법인이 아닌 사단'이라 한다. 사람과 법인만이 권리 능력을 가지며, 사람의 권리 능력과 법인격은 엄격히 구별된다. 그리하여 사단 법인이 자기 이름으로 진 빚은 사단이 가진 재산으로 갚아야 하는 것이지 사원 개인에게까지 책임이 미치지 않는다.
~
그런데 2001년에 개정된 상법은 한 사람이 전액을 출자하여 일인 주주로 회사를 설립할 수 있도록 하였다. 사단성을 갖추지 못했다고 할 만한 형태의 법인을 인정한 것이다. 또 여러 주주가 있던 회사가 주식의 상속, 매매, 양도 등으로 말미암아 모든 주식이 한 사람의 소유로 되는 경우가 있다.

</td></tr>
</table>

사람과 법인**만**이 권리 능력을 가지며

[예시 6] 2020학년도 9평 27~31번 <점유 소유> 中

<table>
<tr><td>

　　물건을 빌려 쓰거나 보관하고 있는 것을 포함하여 물건을 물리적으로 지배하는 상태를 직접점유라고 한다. 이에 비해 어떤 물건을 빌려 쓰거나 보관하는 사람에게 그 물건의 반환을 청구할 수 있는 권리를 가진 사람도 사실상의 지배를 한다고 볼 수 있다. 이와 같이 반환청구권을 가진 상태를 간접점유라고 한다. 직접점유와 간접점유는 모두 점유에 해당한다. 점유는 소유자를 공시하는 기능도 수행한다.

</td></tr>
</table>

직접점유와 간접점유는 **모두** 점유에 해당한다.

[예시 7] 2019학년도 수능 16~20번 <계약> 中

　　사람은 살아가는 동안 여러 약속을 한다. 계약도 하나의 약속이다. 하지만 이것은 친구와 뜻이 맞아 주말에 영화 보러 가자는 약속과는 다르다. 일반적인 다른 약속처럼 계약도 서로의 의사 표시가 합치하여 성립하지만, 이때의 의사는 일정한 법률 효과의 발생을 목적으로 한다는 점에서 차이가 있다. 한 예로 매매 계약은 '팔겠다'는 일방의 의사 표시와 '사겠다'는 상대방의 의사 표시가 합치함으로써 성립하며, 매도인은 매수인에게 매매 목적물의 소유권을 이전하여야 할 의무를 짐과 동시에 매매 대금의 지급을 청구할 권리를 갖는다. 반대로 매수인은 매도인에게 매매 대금을 지급할 의무가 있고 소유권의 이전을 청구할 권리를 갖는다. 양 당사자는 서로 권리를 행사하고 서로 의무를 이행하는 관계에 놓이는 것이다.
　　이처럼 의사 표시를 필수적 요소로 하여 법률 효과를 발생시키는 행위들을 법률 행위라 한다.

이처럼 의사 표시를 필수적 요소로 하여 법률 효과를 발생시키는 행위들을 법률 행위라 한다.

[예시 8] 2025학년도 6평 4~7번 <과두제적 경영> 中

　　정당과 같은 정치 조직이 민주적 방식과 절차로 운영되어야 하는 것은 당연하다. 그런데 민주적 운영 체제를 갖추었으면서도 실제로는 일부 소수에게 권력이 집중되어 있는 경우도 적지 않다. 조직 운영에서 보이는 이러한 현상을 흔히 과두제라 한다. 이는 정치 조직에서뿐만 아니라 기업 경영에서도 나타난다.
　　모든 주주가 경영진을 이루어 상호 협력 관계를 기반으로 기업을 운영하며 의사 결정권도 균등하게 행사하는 경우에 이를 '공동체적 경영'이라 부르기도 한다. 이런 기업에서 경영진은 모두 업무와 관련하여 전문성을 가지며, 경영 수익에 관련된 중요한 사항은 주주들이 공동으로 결정한다.

모든 주주가 경영진을 이루어 상호 협력 관계를 기반으로 기업을 운영하며 의사 결정권도 균등하게 행사하는 경우에 이를 '공동체적 경영'

이런 기업에서 경영진은 모두 업무와 관련하여 전문성을 가지며,

[예시 9] 2020학년도 수능 26~29번 <내인성 레트로바이러스> 中

신체의 세포, 조직, 장기가 손상되어 더 이상 제 기능을 하지 못할 때에 이를 대체하기 위해 이식을 실시한다. 이때 이식으로 옮겨 붙이는 세포, 조직, 장기를 이식편이라 한다. 자신이나 일란성 쌍둥이의 이식편을 이용할 수 없다면 다른 사람의 이식편으로 '동종 이식'을 실시한다. 그런데 우리의 몸은 자신의 것이 아닌 물질이 체내로 유입될 경우 면역 반응을 일으키므로, 유전적으로 동일하지 않은 이식편에 대해 항상 거부 반응을 일으킨다.

~

이종 이식의 또 다른 문제는 ㉠내인성 레트로바이러스이다. 내인성 레트로바이러스는 생명체의 DNA의 일부분으로, 레트로바이러스로부터 유래된 것으로 여겨지는 부위들이다. 이는 바이러스의 활성을 가지지 않으며 사람을 포함한 모든 포유류에 존재한다. ㉡레트로바이러스는 자신의 유전 정보를 RNA에 담고 있고 역전사 효소를 갖고 있는 바이러스로서, 특정한 종류의 세포를 감염시킨다. 유전 정보가 담긴 DNA로부터 RNA가 생성되는 전사 과정만 일어날 수 있는 다른 생명체와는 달리, 레트로바이러스는 다른 생명체의 세포에 들어간 후 역전사 과정을 통해 자신의 RNA를 DNA로 바꾸고 그 세포의 DNA에 끼어들어 감염시킨다. 이후에는 다른 바이러스와 마찬가지로 자신이 속해 있는 생명체를 숙주로 삼아 숙주 세포의 시스템을 이용하여 복제, 증식하고 일정한 조건이 되면 숙주 세포를 파괴한다.

그런데 정자, 난자와 같은 생식 세포가 레트로바이러스에 감염되고도 살아남는 경우가 있었다. 이런 세포로부터 유래된 자손의 모든 세포가 갖게 된 것이 내인성 레트로바이러스이다. 내인성 레트로바이러스는 세대가 지나면서 돌연변이로 인해 염기 서열의 변화가 일어나며 해당 세포 안에서는 바이러스로 활동하지 않는다.

유전적으로 동일하지 않은 이식편에 대해 항상 거부 반응을 일으킨다.

이는 바이러스의 활성을 가지지 않으며 사람을 포함한 모든 포유류에 존재한다.

이런 세포로부터 유래된 자손의 모든 세포가 갖게 된 것이 내인성 레트로바이러스이다.

[예시 10] 2024학년도 6평 8~11번 <고체 촉매> 中

증진제는 촉매에 소량 포함되어 활성을 조절한다. 활성 성분의 표면 구조를 변화시켜 소결을 억제하기도 하고, 활성 성분의 전자 밀도를 변화시켜 흡착 세기를 조절하기도 한다. 고체 촉매는 활성 성분이 반드시 있어야 하지만 경우에 따라 증진제나 지지체를 포함하지 않기도 한다.

고체 촉매는 활성 성분이 반드시 있어야 하지만 경우에 따라 증진제나 지지체를 포함하지 않기도 한다.

[예시 11] 2022학년도 수능 14~17번 <운전자에게 제공되는 영상> 中

왜곡이 보정된 영상에서의 몇 개의 점과 그에 대응하는 실세계 격자판의 점들의 위치를 알고 있다면, 영상의 모든 점들과 격자판의 점들 간의 대응 관계를 가상의 좌표계를 이용하여 기술할 수 있다. 이 대응 관계를 이용해서 영상의 점들을 격자의 모양과 격자 간의 상대적인 크기가 실세계에서와 동일하게 유지되도록 한 평면에 놓으면 2차원 영상으로 나타난다.

왜곡이 보정된 영상에서의 몇 개의 점과 그에 대응하는 실세계 격자판의 점들의 위치를 알고 있다면, 영상의 모든 점들과 격자판의 점들 간의 대응 관계를 가상의 좌표계를 이용하여 기술할 수 있다.

[예시 12] 2025학년도 6평 12~17번 <(가) 도덕 문장의 진리 적합성> 中

전통적인 윤리학의 주요 주제는 '선', '올바름'과 같은 도덕 용어에 대한 해명을 바탕으로 무엇이 옳고 그른지를 판정하는 객관적 근거를 찾는 것이다. 그러나 윤리학은 오랫동안 그에 대한 만족스러운 답을 내놓지 못했다. 이러한 상황에서 에이어는 도덕적으로 옳고 그름에 관한 문장인 도덕 문장이 진리 적합성, 즉 참 또는 거짓일 수 있다는 성질을 갖지 않는다는 주장을 펼쳤다.

에이어는 진리 적합성을 갖는 모든 문장은 그 문장에 사용된 단어의 정의를 통해 검증되는 분석적 문장이거나 경험적 관찰에 의해 검증되는 종합적 문장이라는 원리를 바탕으로 도덕 문장은 진리 적합성이 없다고 주장했다.

에이어는 진리 적합성을 갖는 모든 문장은 그 문장에 사용된 단어의 정의를 통해 검증되는 분석적 문장이거나 경험적 관찰에 의해 검증되는 종합적 문장이라는 원리

[예시 13] 2025학년도 6평 8번~11번 <플라스틱> 中 : 각각

플라스틱의 한 종류인 폴리에틸렌은 에틸렌 분자들이 서로 연결되는 중합 과정을 거쳐 만들어진다. 에틸렌은 두 개의 탄소 원자와 네 개의 수소 원자로 이루어지는데, 두 개의 탄소 원자가 서로 이중 결합을 하고 각각의 탄소 원자는 두 개의 수소 원자와 단일 결합을 한다. 탄소 원자 간의 이중 결합에서는 한 결합이 다른 하나보다 끊어지기 쉽다.

에틸렌은 두 개의 탄소 원자와 네 개의 수소 원자로 이루어지는데, 두 개의 탄소 원자가 서로 이중 결합을 하고 각각의 탄소 원자는 두 개의 수소 원자와 단일 결합을 한다.
저 '각각' 이 암시하는 범주를 잘 살려서 독해해야지 에틸렌의 구조를 명확하게 모델링할 수 있다.

각각이라고 했으니, 두 개의 탄소 원자 모두 두 개의 수소 원자와 단일 결합을 한다는 뜻이다.

$$\begin{array}{ccc} H & & H \\ & C = C & \\ H & & H \end{array}$$

각각 두 개의 수소 원자와 단일 결합을 한다고 했으니, 위와 같이 모델링 되겠다.

[예시 14] 2023학년도 수능 14번~17번 <최소 제곱법> 中 : 필수적인, 각각

하루에 필요한 에너지의 양은 하루 동안의 총 열량 소모량인 대사량으로 구한다. 그중 기초 대사량은 생존에 필수적인 에너지로, 쾌적한 온도에서 편히 쉬는 동물이 공복 상태에서 생성하는 열량으로 정의된다. 이때 체내에서 생성한 열량은 일정한 체온에서 체외로 발산되는 열량과 같다. 기초 대사량은 개체에 따라 대사량의 60~75%를 차지하고, 근육량이 많을수록 증가한다.

한편, 그래프에서 가로축과 세로축 두 변수의 관계를 대변하는 최적의 직선의 기울기와 절편은 최소 제곱법으로 구할 수 있다. 우선, 그래프에 두 변수의 순서쌍을 나타낸 점들 사이를 지나는 임의의 직선을 그린다. 각 점에서 가로축에 수직 방향으로 직선 까지의 거리인 편차의 절댓값을 구하고 이들을 각각 제곱하여 모두 합한 것이 '편차 제곱 합'이며, 편차 제곱 합이 가장 작은 직선을 구하는 것이 최소 제곱법이다.

그중 기초 대사량은 생존에 필수적인 에너지

각 점에서 가로축에 수직 방향으로 직선 까지의 거리인 편차의 절댓값을 구하고 이들을 각각 제곱하여 모두 합한 것이 '편차 제곱 합'

저 '각각' 이 암시하는 범주를 잘 살려서 독해해야지 에틸렌의 구조를 명확하게 모델링할 수 있다.

각각이라고 했으니, 각 점에서 구한 편차의 절댓값을 하나씩 다 제곱한 후 그것을 모두 더한다는 뜻이다.

[예시 14] 2024학년도 수능 12번~17번 <노자의 '도'에 대한 한비자의 견해> 中

「노자」에서 '도(道)'는 만물 생성의 근원으로 묘사된다. 도를 천지 만물의 존재와 본질의 근거라고 본 한비자의 이해도 이와 다르지 않다. 그는 자연과 인간 사회의 모든 현상은 도의 영향을 받지 않을 수 없다고 보고, 인간 사회의 일은 도에 따라 제대로 행했는가의 여부에 따라 그 성패가 드러나는 것이라고 이해했다.

그는 자연과 인간 사회의 모든 현상은 도의 영향을 받지 않을 수 없다고 보고,

[생각 17] A가 아니라 B다

　지문에서 굳이 굳이 'B다.' 이렇게 끝내지 않고 억지로 'A가 아니라 B다.', 'A가 아니다. B다.' 이렇게 서술하는 경우가 있다. 의도된 표현일 확률이 높다. 따라서 출제될 가능성도 매우 높다. 하지만, 그냥 아무 생각없이 지나치면 선지에서 마주쳤을 때 기억이 안날 수 있기에 읽을 때 의식적으로 확보해놓는 것이 중요하다.

　이는, B를 강조하는 동시에, A와 B의 비교를 유도하기 위함이다. 아래 두 가지 사항을 고려하며 예시를 통해 살펴보자. (B만 쓰면 선지에 나오면 보통 맞는데, 둘 다 써져있으면 둘 다 희미하게 기억 속에 잔상이 남아 워딩의 느낌으로 뭉뚱거려 오인할 가능성이 높으므로, 읽을 때 해당 표현이 나오면 확보해놓기.)

(1) 이런 표현이 나오면, ~~A가 아니라~~ (B다). 이렇게 시각적으로 A는 아니고 B가 맞다는 것을 모델링 해놓자.

(2) 그리고, 그냥 단순히 'A가 아니다.'만 나오더라도, 부정하는 대상인 A 전체를 묶어서 X 표시를 쳐주면서 읽자.

[예시 지문]

[예시 1] 2024학년도 9평 4~7번 <데이터 이동권> 中 "A가 아니다 B다."

　최근에는 논의의 중심이 데이터의 소유권 주체에서 데이터에 접근하기 위한 방안으로서의 데이터 이동권으로 바뀌고 있다. 우리나라는 데이터에 대해 소유권이 아닌 이동권을 법으로 명문화하여 정보 주체의 개인 정보 자기 결정권을 강화하였다. 데이터 이동권이란 정보 주체가 본인의 데이터를 보유한 자에게 데이터 이동을 요청하면, 그 데이터를 본인 혹은 지정한 제3자에게 무상으로 전송하게 하는 권리이다.

우리나라는 데이터에 대해 ~~소유권이~~ 아닌 (이동권)을 법으로 명문화하여 정보 주체의 개인 정보 자기 결정권을 강화하였다.

[예시 2] 2017학년도 9평 35~39번 <사단 법인> 中 "A가 아니다 B다."

　이런 '일인 주식회사'에서는 일인 주주가 회사의 대표 이사가 되는 사례가 많다. 이처럼 일인 주주가 회사를 대표하는 기관이 되면 경영의 주체가 개인인지 회사인지 모호해진다. 법인인 회사의 운영이 독립된 주체로서의 경영이 아니라 마치 개인 사업자의 영업처럼 보이는 것이다.

법인인 회사의 운영이 ~~독립된 주체로서의 경영~~이 아니라 마치 개인 사업자의 영업처럼 보이는 것이다.

[예시 3] 2020학년도 6평 37~42번 <미토콘드리아의 개체성 문제> 中 "A가 아니다 B다."

우리는 한 대의 자동차는 개체라고 하지만 바닷물을 개체라고 하지는 않는다. 어떤 부분들이 모여 하나의 개체를 이룬다고 할 때 이를 개체라고 부를 수 있는 조건은 무엇일까? 일단 부분들 사이의 유사성은 개체성의 조건이 될 수 없다. 가령 일란성 쌍둥이인 두 사람은 DNA 염기 서열과 외모도 같지만 동일한 개체는 아니다. 그래서 부분들의 강한 유기적 상호작용이 그 조건으로 흔히 제시된다. 하나의 개체를 구성하는 부분들은 외부 존재가 개체에 영향을 주는 것과는 비교할 수 없이 강한 방식으로 서로 영향을 주고받는다.

일단 부분들 사이의 유사성은 개체성의 조건이 될 수 없다.

그래서 부분들의 강한 유기적 상호작용이 그 조건으로 흔히 제시된다.

[예시 5] 2022학년도 수능 4~9번 <헤겔의 변증법 (가)> 中 "A가 아니다 B다."

㉠정립-반정립-종합. 변증법의 논리적 구조를 일컫는 말이다. 변증법에 따라 철학적 논증을 수행한 인물로는 단연 헤겔이 거명된다. 변증법은 대등한 위상을 지니는 세 범주의 병렬이 아니라, 대립적인 두 범주가 조화로운 통일을 이루어 가는 수렴적 상향성을 구조적 특징으로 한다. 헤겔에게서 변증법은 논증의 방식임을 넘어, 논증 대상 자체의 존재 방식이기도 하다. 즉 세계의 근원적 질서인 '이념'의 내적 구조도, 이념이 시・공간적 현실로서 드러나는 방식도 변증법적이기에, 이념과 현실은 하나의 체계를 이루며, 이 두 차원의 원리를 밝히는 철학적 논증도 변증법적 체계성을 지녀야한다.

변증법은 대등한 위상을 지니는 세 범주의 병렬이 아니라. (X)
대립적인 두 범주가 조화로운 통일을 이루어 가는 수렴적 상향성을 구조적 특징으로 한다. (O)

[예시 6] 2018학년도 6평 16~21번 <율곡의 이기론> 中 "A가 아니다 B다."

율곡의 법제 개혁론은 조종성헌을 변혁하자는 것이 아니다. 그는 성종을 이은 연산군 때 제정된 조세 법령이 여전히 백성의 삶을 피폐하게 하는데도 고쳐지지 않는 실정을 지적하는 등 폐단이 있는 여러 법령들을 거론한다. 이런 법령들은 고수할 것이 아니라 바꾸어야만 한다고 역설한다. 그래야 오히려 조종성헌이 회복된다는 것이다. 결국 조종성헌에 해당하지 않는 부당한 법령을 오래된 선왕의 법이라며 고칠 수 없다고 고집하는 권세가들에 대하여, 그런 법령은 변하지 않아야 할 '이'의 영역에 속하는 것이 아니라는 이론적인 공박을 펼친 것이다. 자신의 이기론을 바탕으로 더 나은 세상을 이루려 했던 율곡 이이의 노력은 수기치인의 실천이라 할 만하다.

율곡의 법제 개혁론은 ~~조종성헌을 변혁하~~자는 것이 아니다.

폐단이 있는 여러 법령들을 거론한다. 이런 법령들은 ~~고수할 것이~~ 아니라 (바꾸어야만) ~~한~~다고 역설한다.

결국 조종성헌에 해당하지 않는 부당한 법령을 오래된 선왕의 법이라며 고칠 수 없다고 고집하는 권세가들에 대하여, 그런 법령은 (변하지 않아야 할 '이'의 영역에 속하는 것이) 아니라는 이론적인 공박을 펼친 것이다. (x)

[예시 7] 2017학년도 수능 16~20번 <콰인 포퍼> 中 "A가 아니다 B다."

~따라서 콰인은 종합 명제와 구분되는 분석 명제가 존재한다는 주장은 근거가 없다는 결론에 도달한다. 콰인은 분석 명제와 종합 명제로 지식을 엄격히 구분하는 대신, 경험과 직접 충돌하지 않는 중심부 지식과, 경험과 직접 충돌할 수 있는 주변부 지식을 상정한다. 경험과 직접 충돌하여 참과 거짓이 쉽게 바뀌는 주변부 지식과 달리 주변부 지식의 토대가 되는 중심부 지식은 상대적으로 견고하다. 그러나 이 둘의 경계를 명확히 나눌 수 없기 때문에, 콰인은 중심부 지식과 주변부 지식을 다른 종류라고 하지 않는다.

따라서 콰인은 종합 명제와 구분되는 분석 명제가 존재한다는 주장은 ~~근거~~가 없다는 결론에 도달한다.

콰인은 분석 명제와 종합 명제로 지식을 엄격히 구분하는 대신, 경험과 ~~직접 충돌~~하지 않는 중심부 지식과, (경험과 ~~직접 충돌할~~ 수) 있는 주변부 지식을 상정한다.

[예시 8] 2022학년도 6평 4~9번 <과정 이론 (기)> 中 "A가 아니다 B다."

야구공을 던지면 땅 위의 공 그림자도 따라 움직인다. 공이 움직여서 그림자가 움직인 것이지 그림자 자체가 움직여서 그림자의 위치가 변한 것은 아니다. 과정 이론은 이 차이를 다음과 같이 설명한다.

공이 움직여서 그림자가 움직인 것이지 그림자 자체가 움직여서 그림자의 위치가 변한 것은 아니다. (x)

[예시 9] 2021학년도 9평 34~37번 <항 미생물 화학제> 中 "A가 아니다 B다."

질병을 유발하는 병원체에는 세균, 진균, 바이러스 등이 있다. 생명체의 기본 구조에 속하는 세포막은 지질을 주성분으로 하는 이중층이다. 세균과 진균은 일반적으로 세포막 바깥 부분에 세포벽이 있고, 바이러스의 표면은 세포막 대신 캡시드라고 부르는 단백질로 이루어져 있다.

바이러스의 표면은 ~~세포막~~ 대신 (캡시드)라고 부르는 단백질로 이루어져 있다.

그리고, 그냥 단순히 'A가 아니다.'만 나오더라도, 부정하는 대상인 A 전체를 묶어서 X 표시를 쳐주면서 읽자.
그 이유는, 선지에서 A가 맞냐고 물어보는 경우가 많은데, 애초에 지문을 읽을 때 A가 아니라는 것을 저렇게 의식하고 확보해주지 않으면 "어? 생각해보니까 이런 내용을 봤던거 같은데!" 하면서 그런 낚시 선지를 골라 버릴 수 있기 때문이다. 우리의 기억력을 절대 믿지 말자. 선지를 판단할 때 확실하지 않으면 찾아가서 판단할 줄도 알아야 하고, 그래야 할 경우에도 저렇게 지문에 X표시가 남아있으면 빠르게 찾아서 선지를 해결할 수 있다.

[예시 10] 2023학년도 수능 10~13번 <불확정 개념> 中 "극단적 범주 + A가 아니다 = 예외 생성 가능"

법령의 조문은 대개 'A에 해당하면 B를 해야 한다.' 처럼 요건과 효과로 구성된 조건문으로 규정된다. 하지만 그 요건이나 효과가 항상 일의적인 것은 아니다. 법조문에는 구체적 상황을 고려해야 그 상황에 맞는 진정한 의미가 파악되는 불확정 개념이 사용될 수 있기 때문이다. 개인 간 법률관계를 규율하는 민법에서 불확정 개념이 사용된 예로 '손해 배상 예정액이 부당히 과다한 경우에는 법원은 적당히 감액할 수 있다.' 라는 조문을 들 수 있다.

하지만 그 요건이나 효과가 (항상) ~~일의적인~~ 것은 아니다.
항상 일의적인 것은 아니다. _ 이것은 "그 요건이나 효과가 일의적이지 않은 경우도 있다." 와 같은 의미다. 이는 곧 일반적이지 않은 특수한 경우, 예외를 생성하는 기능을 한다.

[예시 11] 2023학년도 9평 10~13번 <유류분권> 中 "극단적 범주 + A가 아니다 = 예외 생성 가능"

피상속인이 상속 개시 당시에 가졌던 재산으로부터 상속받은 이익이 있는 상속인은 유류분에 해당하는 이익의 일부만 반환받을 수 있다. 유류분에 해당하는 이익에서 이미 상속받은 이익을 뺀 값인 유류분 부족액만 반환받을 수 있기 때문이다. 유류분 부족액의 가치는 금액으로 계산되지만 항상 돈으로 반환되는 것은 아니다. 만약 무상 처분된 재산이 돈이 아니라 물건이나 주식처럼 돈 이외의 재산이라면, 처분된 재산 자체가 반환 대상이 되는 것이 원칙이다.

유류분 부족액의 가치는 금액으로 계산되지만/항상 돈으로 반환되는 것은 아니다.

항상 돈으로 반환되는 것은 아니다._ 이것은 "돈으로 반환되지 않는 경우도 있다." 와 같은 의미다. 이는 곧 일반적이지 않은 특수한 경우, 예외를 생성하는 기능을 한다.

[예시 12] 2025학년도 9평 8~11번 <블록체인 기술> 中 "A가 아니다"

탈중앙성은 승인 과정에 다수의 노드들이 참여하고, 특정 노드가 승인 과정을 주도하지 않는다는 성질이다. 노드 수가 감소하면 탈중앙성은 낮아진다.

특정 노드가 승인 과정을 주도하지 않는다는 성질이다.
(X)

[예시 13] 2017학년도 9평 35~39번 <사단 법인> 中 "A가 아니다"

~이때 그 특정한 거래 관계에 관련하여서만 예외적으로 회사의 법인격을 일시적으로 부인하고 회사와 주주를 동일시해야 한다는 '법인격 부인론'이 제기된다. 법률은 이에 대하여 명시적으로 규정하고 있지 않지만, 법원은 권리 남용의 조항을 끌어들여 이를 받아들인다. 회사가 일인 주주에게 완전히 지배되어 회사의 회계, 주주 총회나 이사회 운영이 적법하게 작동하지 못하는데도 회사에만 책임을 묻는 것은 법인 제도가 남용되는 사례라고 보는 것이다.

법률은 이에 대하여 명시적으로 규정하고 있지 않지만,

회사가 일인 주주에게 완전히 지배되어 회사의 회계, 주주 총회나 이사회 운영이 적법하게 작동하지 못하는데도/회사에만 책임을 묻는 것은 법인 제도가 남용되는 사례라고 보는 것이다.

[예시 14] 2019학년도 6평 22~26번 <임의 법규> 中 "A가 아니다"

한편 체결된 계약 내용이 법률에 정해진 내용과 어긋날 때 법적 불이익이 있을 뿐 아니라 체결된 계약의 효력 자체도 인정되지 않아 급부 의무가 부정되는 경우가 있다. 이에 해당하는 법조문을 '강행 법규'라고 한다. 이 경우 계약 당사자들은 상대에게 급부를 하라고 요구할 수는 없다. 이미 급부를 이행하여 재산적 이익을 넘겨주었다면 이 이익은 '부당 이득'에 해당하기 때문에 반환을 요구할 수 있다. 즉 '부당 이득 반환 청구권'이 인정된다. 의사와 의사 아닌 사람의 의료 기관 동업을 금지하는 법률 규정은 강행 법규이다. 따라서 의사와 의사 아닌 사람이 체결한 동업 계약은 계약의 효력이 부정된다. 다만 계약에 따라 이미 동업 자금을 건넸다면 이 돈을 반환하라고 요구하는 것은 가능하다.

그러나 강행 법규에 의해 계약의 효력이 부정되었을 때 부당 이득 반환 청구권이 인정되지 않는 경우도 있다. 급부의 내용이 위조지폐 제작처럼 비도덕적이거나 반사회적인 행동이라면, 계약의 효력이 인정되지 않을 뿐 아니라 이미 넘겨준 이익을 돌려받을 권리도 부정되는 것이 원칙이다.

한편 체결된 계약 내용이 법률에 정해진 내용과 어긋날 때 법적 불이익이 있을 뿐 아니라 체결된 계약의 효력 자체도 인정되지 않아 급부 의무가 부정되는 경우가 있다.

이에 해당하는 법조문을 '강행 법규'라고 한다. 이 경우 계약 당사자들은 상대에게 급부를 하라고 요구할 수는 없다.

따라서 의사와 의사 아닌 사람이 체결한 동업 계약은 계약의 효력이 부정된다.

그러나 강행 법규에 의해 계약의 효력이 부정되었을 때 부당 이득 반환 청구권이 인정되지 않는 경우도 있다.

급부의 내용이 위조지폐 제작처럼 비도덕적이거나 반사회적인 행동이라면, 계약의 효력이 인정되지 않을 뿐 아니라 이미 넘겨준 이익을 돌려받을 권리도 부정되는 것이 원칙이다.
(X)
+ [A뿐만 아니라 B] 같은 표현이 종종 사용된다. 이는 B를 강조하기 위한 표현이므로, 특히 B에 집중해서 독해하도록 하자.

[예시 15] 2023학년도 수능 10~13번 <불확정 개념> 中 "A가 아니다"

불확정 개념은 행정 법령에도 사용된다. 행정 법령은 행정청이 구체적 사실에 대해 행하는 법 집행인 행정 작용을 규율한다. 법령상 요건이 충족되면 그 효과로서 행정청이 반드시 해야 하는 특정 내용의 행정 작용은 기속 행위이다. 반면 법령상 요건이 충족되더라도 그 효과인 행정 작용의 구체적 내용을 고를 수 있는 재량이 행정청에 주어져 있을 때, 이러한 재량을 행사하는 행정 작용은 재량 행위이다. 법령에서 불확정 개념이 사용되면 이에 근거한 행정 작용은 대개 재량 행위이다.

행정청은 재량으로 재량 행사의 기준을 명확히 정할 수 있는데 이 기준을 재량 준칙이라 한다. 재량 준칙은 법령이 아니므로 재량 준칙대로 재량을 행사하지 않아도 근거 법령 위반은 아니다.

재량 준칙은 법령이 아니므로 재량 준칙대로 재량을 행사하지 않아도 근거 법령 위반은 아니다.

[예시 16] 2021학년도 9평 26~30번 <행정 입법> 中 "A가 아니다"

　행정입법의 유형에는 위임명령, 행정규칙, 조례 등이 있다. 헌법에 따르면, 국회는 행정 규제 사항에 관한 법률을 제정할 때 특정한 내용에 관한 입법을 행정부에 위임할 수 있다. 이에 따라 제정된 행정입법을 위임명령이라고 한다. 위임명령은 제정 주체에 따라 대통령령, 총리령, 부령으로 나누어진다. 이들은 모두 국민에게 적용되기 때문에 입법예고, 공포 등의 절차를 거쳐야 한다. 위임명령은 입법부인 국회가 자신의 권한의 일부를 행정부에 맡겼기 때문에 정당화될 수 있다. 그래서 특정한 행정 규제의 근거 법률이 위임명령으로 제정할 사항의 범위를 정하지 않은 채 위임하는 포괄적 위임은 헌법상 삼권 분립 원칙에 저촉된다. 위임된 행정 규제 사항의 대강을 위임 근거 법률의 내용으로부터 예측할 수 있어야 한다는 것이다. 다만 행정 규제 사항의 첨단 기술 관련성이 클수록 위임 근거 법률이 위임할 수 있는 사항의 범위가 넓어진다. 한편, 위임명령이 법률로부터 위임받은 범위를 벗어나서 제정되거나, 위임 근거 법률이 사용한 어구의 의미를 확대하거나 축소하여 제정되어서는 안 된다. 위임명령이 이러한 제한을 위반하여 제정되면 효력이 없다.

　행정규칙은 원래 행정부의 직제나 사무 처리 절차에 관한 행정입법으로서 고시(告示), 예규 등이 여기에 속한다. 일반 국민에게는 직접 적용되지 않기 때문에, 법률로부터 위임받지 않아도 유효하게 제정될 수 있고 위임명령 제정 시와 동일한 절차를 거칠 필요가 없다. 그러나 행정 규제 사항에 관하여 행정규칙이 제정되는 예외적인 경우도 있다. 위임된 사항이 첨단 기술과의 관련성이 매우 커서 위임명령으로는 대응하기 어려워 불가피한 경우, 위임 근거 법률이 행정입법의 제정 주체만 지정하고 행정입법의 유형을 지정하지 않았다면 위임된 사항이 고시나 예규로 제정될 수 있다. 이런 경우의 행정규칙은 위임명령과 달리, 입법예고, 공포 등을 거치지 않고 제정된다.

한편, 위임명령이 법률로부터 위임받은 범위를 벗어나서 제정되거나, 위임 근거 법률이 사용한 어구의 의미를 확대하거나 축소하여 제정되어서는 안 된다. 위임명령이 이러한 제한을 위반하여 제정되면 효력이 없다.

일반 국민에게는 직접 적용되지 않기 때문에, 법률로부터 위임받지 않아도 유효하게 제정될 수 있고 위임명령 제정 시와 동일한 절차를 거칠 필요가 없다.

행정입법의 유형을 지정하지 않았다면 위임된 사항이 고시나 예규로 제정될 수 있다. 이런 경우의 행정규칙은 위임명령과 달리, 입법예고, 공포 등을 거치지 않고 제정된다.

[예시 17] 2020학년도 수능 16~20번 <행정 입법> 中 "B, Not A"

조건화 원리는 새롭게 알게 된 명제가 동시에 둘 이상인 경우에도 마찬가지로 적용된다. 다만 이 원리는 믿음의 정도에 관한 것이지 행위에 관한 것은 아니다.

다만 이 원리는 믿음의 정도에 관한 것이지 행위에 관한 것은 아니다.

[예시 18] 2020학년도 6평 27~31번 <통화 정책> 中 "A가 아니다"

금융을 통화 정책의 전달 경로로만 보는 전통적인 경제학에서는 금융감독 정책이 개별 금융 회사의 건전성 확보를 통해 금융 안정을 달성하고자 하는 미시 건전성 정책에 집중해야 한다고 보았다. 이러한 관점은 금융이 직접적인 생산 수단이 아니므로 단기적일 때와는 달리 장기적으로는 경제 성장에 영향을 미치지 못한다는 인식과, 자산 시장에서는 가격이 본질적 가치를 초과하여 폭등하는 버블이 존재하지 않는다는 효율적 시장 가설에 기인한다.

[예시 19] 2024학년도 수능 12~17번 <노자의 도에 대한 한비자의 견해> 中 "A가 아니다"

한비자는 노자에 제시된 영구불변하는 도의 항상성에 대해 도가 천지와 더불어 영원히 존재한다는 것을 의미하는 것이지, 도가 모습과 이치를 일정하게 유지하는 것은 아니라고 이해했다. 그리고 도는 형체가 없을 뿐 아니라 일정하게 고정되어 있지 않기 때문에 때와 상황에 따라 유연하게 변화하는 것이라고 파악했다. 도가 가변성을 가지고 있어야 도가 일정한 곳에만 있지 않게 되고, 그래야만 도가 모든 사물의 존재와 본질의 근거가 될 수 있다고 파악한 것이다. 그는 도가 가변적이기 때문에 통치술도 고정되어서는 안 된다고 주장했다.

[예시 20] 2019학년도 6평 16~21번 <최한기의 인체관> 中 "A가 아니다"

이익 이후에도 서양 의학이 조선 사회에 끼친 영향은 두드러지지 않았다. 당시 유학자들은 서양 의학의 필요성을 느끼지 못하였고, 의원들의 관심에서도 서양 의학은 비껴나 있었다. 당시에 전해진 서양 의학 지식은 내용 면에서도 부족했을 뿐 아니라, 지구가 둥글다거나 움직인다는 주장만큼 충격적이지는 않았다. 서양 해부학이 야기하는 윤리적 문제도 서양 의학의 영향력을 제한하는 요인으로 작용하였으며, 서학에 대한 조정(朝廷)의 금지 조치도 걸림돌이었다. 그러던 중 19세기 실학자 최한기는 당대 서양에서 주류를 이루고 있던 최신 의학 성과를 담은 홉슨의 책들을 접한 후 해부학 전반과 뇌 기능을 중심으로 문제의식을 본격화하였다. 인체에 대한 이전 유학자들의 논의가 도덕적 차원에 초점이 있었던 것과 달리, 그는 지각적·생리적 기능에 주목하였다.

[예시 21] 2018학년도 수능 27~32번 <정책 수단> 中 "A가 아니다"

반면 환율은 단기에서도 신축적인 조정이 가능하다. 이러한 물가와 환율의 조정 속도 차이가 오버슈팅을 초래한다. 물가와 환율이 모두 신축적으로 조정되는 장기에서의 환율은 구매력 평가설에 의해 설명되는데, 이에 의하면 장기의 환율은 자국 물가 수준을 외국 물가 수준으로 나눈 비율로 나타나며, 이를 균형 환율로 본다. 가령 국내 통화량이 증가하여 유지될 경우 장기에서는 자국 물가도 높아져 장기의 환율은 상승한다. 이때 통화량을 물가로 나눈 실질 통화량은 변하지 않는다.

이때 통화량을 물가로 나눈 실질 통화량은 변하지 않는다.

"A가 아니다." 에서 X표 쳐야 할 A가 너무 긴 경우

________________A________________ 가 아니다. __________B__________ 다.
                                     (X)   (O)

⇒ 이렇게 A를 의미하는 단위 전체에 밑줄을 긋거나 괄호를 치고, 옆에 조그만 하게 (x) 이렇게 표시를 해놓으면 된다. 당연히 B도 긴 경우에는 저렇게 옆에 조그만 하게 (O)표시를 남기면 된다.

[예시 22] 2017학년도 수능 16~20번 <지식의 구분에 대한 논리실증주의자와 콰인, 포퍼의 입장> 中
　　　　　⇒ "A하는 대신 B한다."

콰인은 분석 명제와 종합 명제로 지식을 엄격히 구분하는 대신, 경험과 직접 충돌하지 않는 중심부 지식과, 경험과 직접 충돌할 수 있는 주변부 지식을 상정한다. 경험과 직접 충돌하여 참과 거짓이 쉽게 바뀌는 주변부 지식과 달리 주변부 지식의 토대가 되는 중심부 지식은 상대적으로 견고하다. 그러나 이 둘의 경계를 명확히 나눌 수 없기 때문에, 콰인은 중심부 지식과 주변부 지식을 다른 종류라고 하지 않는다.

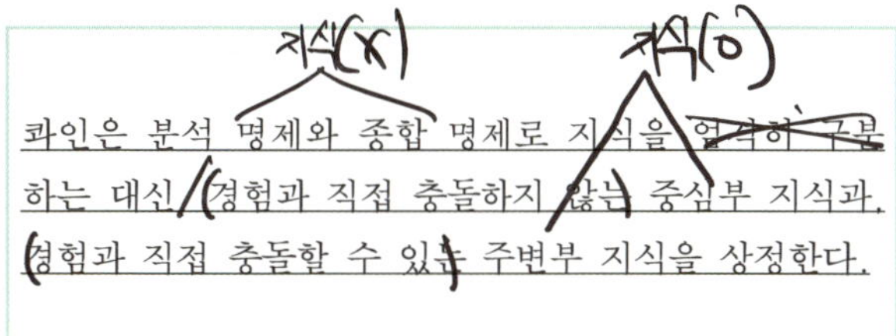

[예시 23] 2023학년도 수능 4~9번 <유서 (가)> 中

중국에서 비롯된 유서(類書)는 고금의 서적에서 자료를 수집하고 항목별로 분류, 정리하여 이용에 편리하도록 편찬한 서적이다. 일반적으로 유서는 기존 서적에서 필요한 부분을 뽑아 배열할 뿐 상호 비교하거나 편찬자의 해석을 가하지 않았다. 유서는 모든 주제를 망라한 일반 유서와 특정 주제를 다룬 전문 유서로 나눌 수 있으며, 편찬 방식은 책에 따라 다른 경우가 많았다. 중국에서는 대체로 왕조 초기에 많은 학자를 동원하여 국가 주도로 대규모 유서를 편찬하여 간행하였다. 이를 통해 이전까지의 지식을 집성하고 왕조의 위엄을 과시할 수 있었다

일반적으로 유서는 기존 서적에서 필요한 부분을 뽑아 배열할 뿐 상호 비교하거나 편찬자의 해석을 가하지 않았다.

 비핵화 – 비문학 공부의 **핵심**, **그림**에 있다.

Theme 5. 반드시 확보해야 하는 특수 정보

[개요]

Theme 4에서 제시한 17가지 항목 중 선지 판단 근거로 활용되는 빈도가 매우 높은데, 읽을 때 의식해서 확보해놓지 않으면 눈에 잘 띄지 않을 수 있는 몇 가지가 있다. 이는 지문을 읽을 때부터 반드시 확보해야 한다. 비문학 개론 [문제편]에서 연습하겠지만, 일단 여기서 한번 짚고 넘어가야 할 필요가 있다.

Theme. 4에서. 제시한. 17가지. 항목. 중,

1. 원칙 – 예외 / 일반 – 특수
2. 특수 범주 : 극단적 범주
3. 특수 범주 : 추상적 / 주관적 / 포괄적 해석의 여지가 있는 범주
4. 반댓값 추론, 정보 생략
5. A가 아니라 B다.

이렇게. 다섯. 가지는 읽을 때 의식해서 확보해놓고 문제로 들어가야 쉽게 해결할 수 있다. 특히 위 세 가지는 지문 군데군데에 불시에 등장할 수 있다. 그럴 때 문제에서 해당 내용을 다룬 선지를 맞닥뜨리고 다시 지문에 돌아가서 찾아 풀려고 하면 눈에 진짜 잘 안 띈다. 따라서, 위 세 가지 정보는 읽을 때 등장하면 의식적으로 동그라미를 쳐놓든 체크 표시를 해놓든 자신만의 방식으로 '**표지를 남기고 넘기도록 하자.**'

이후 [문제편]에서 보실 문제 해설에서는 이렇게 선제적으로 확보했으면 쉽게 판단할 수 있는 선지들은 아래와 같이 해설을 작성할 것이다. (출처 : 2025학년도 9월 모의고사)

4. 윗 글을 통해 알 수 있는 내용으로 적절하지 <u>않은</u> 것은?

① 부당한 광고 행위에 대해서는 재판매 가격 유지 행위와 달리 형사 처벌이 내려질 수 있다.

② 거래 단계별 사업자에게 거래 가격을 강제하는 것은 유통 조직의 효율성 저하를 초래한다.

③ 재판매 가격 유지 행위의 정당성을 인정받고자 하는 사업자는 그 행위의 정당성을 입증할 책임을 진다.

④ 경험적 사실을 바탕으로 한 추천·보증은 심사 지침에 따라 해당 분야의 전문적 지식에 부합해야 한다.

⑤ 공정거래위원회가 고시하는 출판된 저작물의 사업자는 거래 상대방 사업자에게 기준 가격을 지정할 수 있다.

< 4번 문항 해설 >

정답: ④

③ : 예외 잘 잡았으면 쉽게 판단할 수 있었다.
②또 경쟁 제한의 폐해보다 소비자 후생 증대 효과가 큰 경우 등 정당한 이유가 있으면 재판매 가격 유지 행위가 허용되는데, 그 이유는 사업자가 입증해야 한다.

⑤ : 3번 선지와 같이 예외 잘 잡았으면 쉽게 판단할 수 있었다.
①'공정거래법'에 따라 공정거래위원회가 고시하는 출판된 저작물은 금지 대상이 아니다.

해설에서 노란색 부분은 해당 문제가 출제된 지문에서 답의 근거를 발췌한 것이다. 지문에서 저 부분을 읽을 때 의식적으로 예외라는 것을 인지하고 확보해줬으면 수월하게 해결할 수 있다.

STEP

03

[실전 TIP]

Theme 6 ㅣ 시각적 모델링 (지문 위에 / 지문 옆에)
Theme 7 ㅣ 이해가 도저히 안 되면, "그런갑다"

[Comment]

지금까지 우리는 건물의 뼈대를 만들고 내부공사까지 진행했습니다. '정보'라는 재료를 가지고 (Theme 1), 일관된 원리에 기반하여 (Theme 2) 하나의 건물을 지었습니다. 그리고 그 건물 내부공사의 일관된 방법 (Theme 4)도 학습했습니다.

STEP 03에서 배울 내용은 그 하나의 완성된 건물에서 길을 잃었을 경우 긴급 조치를 할 수 있는 방안에 대해 학습할 것입니다. 다시 말해, 지문을 읽다가 정보가 컨트롤되지 않는 상황이 닥치면 사용할 수 있는 긴급 수단이다.

Theme 6. 시각적 모델링 (지문 위에 / 지문 옆에) "끄적끄적"

[개요]

■ 여기서는 지문에서 정보의 양이 많거나 체계가 복잡해 단기 기억력으로는 도저히 커버하기 쉽지 않은 정보를 마주쳤을 때, 시각적인 표현을 통해 정보를 처리하는 방법을 배울 것이다. 지문의 글자 위나 지문 옆의 여백에 "끄적끄적" 적으면서 정보를 처리하는 것인데, 이것을 그때그때 끼워 맞추는 식으로 하면 실전에서 혼란스러울 수 있다. 따라서, 손을 쓰는 것도 좀 더 smart하게, 효율적으로, 그리고 일관된 방법으로 하자는 것이 이 Theme의 취지이다.

TOPIC 01. 시각적 정보의 위대함 : 백문이 불여일견이다.

우리가 글을 통해 파악하는 것은 바로 정보다. 정보는 여러 가지 형태로 표현할 수 있다. 문자, 그림, 소리 등 정보 전달의 매개체는 정말 다양하다. 우리가 보는 평가원 지문은 이 중 '문자'에 해당한다. 근데 문자보다 그림이나 소리가 더 잘 와닿는 경험이 있지 않나? 우리가 책 전체를 한번 쭉 읽는 것 보다, 그 책의 내용을 풀어서 애니메이션과 그림을 활용한 유튜브 영상으로 편집해놓은 것이 더 이해하기 쉬웠던 경험이 있을 것이다.

백 번 듣는 것 보다 한번 보는 게 훨씬 낫다는 말이 있다. 이것이 괜히 나온 말이 아니다. 글만 읽고 백번 이해하려고 하는 것 보다, 그 글이 어떤 시각적인 형태의 그림으로 표현될 수 있다면 그 그림을 그려가면서 이해하는 것이 훨씬 낫다.

어떤 영상에 나오는 돌고래를 그 영상을 한 번도 본 적 없는 사람에게 어떻게 생겼는지 설명한다고 생각해보자.

돌고래는 매우 우아하게 물속을 헤엄치는 모습입니다. 매끄럽고 빛나는 회색 피부를 가지고 있으며, 배 부분은 더 밝은 색으로 되어 있습니다. 이 돌고래는 날렵한 곡선의 몸을 자랑하며, 주둥이는 살짝 뾰족하고 미소 짓는 듯한 인상을 줍니다. 등에는 날개처럼 생긴 지느러미가 있고, 꼬리 지느러미는 물살을 가르며 힘차게 움직입니다. 주변에는 투명한 푸른 바닷물이 펼쳐져 있고, 햇빛이 물속에 스며들어 반짝이는 무늬를 만들어냅니다. 돌고래 근처에는 작은 물고기들이 헤엄치고 있어 생동감 넘치는 바다의 모습을 완성합니다.

글로 저렇게 써서 읽어보라고 하는 것과, 저 그림 하나 보여 주는 것 중에 뭐가 더 쉽게 이해시킬 수 있는 설명일까? 당연히 저 그림일 것이다. 평가원 지문도 이와 같은 원리다. 원래 저렇게 시각적으로 봐야 하는 정보인데, 우리에게 그림을 주지 않고 글로만 설명을 해 놓은 것이다. 원래 시각적인 형태의 정보를 생각해놓고, 그걸 바탕으로 글을 쓴 것이다. 그러면 우리는 다시 그 글을 보고 역으로 정보를 시각화해서 간략한 그림을 그리는 것이 좋다.

이때, 우리는 화가가 아니기 때문에 예쁜 그림이 필요한 것이 아니다. 또는, 내가 그린 그림이 실제의 그것과 다르다고 해도 상관없다. 우리의 목적은 지문을 정확히 이해해서 문제를 다 맞추는 것이다. 따라서, 지문을 읽다가 **"아 이거 글만 읽어서는 납득이 잘 안된다. 그림으로 그려가며 읽어야겠다."** 하는 생각이 들면,

> 1. 나만 이해할 수 있으면 되니까 예쁘게 그리려고 할 필요 X, 간략하게
> 2. 그 지문에서 설명하는 내용을 다 담고 있기만 하면 됨. 실제로는 다르게 생긴 것이더라도,
>   지문의 내용과 부합하는 그림이면 된다는 말임.
> 3. 내용이 구체화 되면서 실시간으로 그 그림에 추가될 사항이 생기면 계속 그리던 그 그림에
>   반영해주기.

이렇게 세 가지 사항을 고려해 지문 옆 여백에 끄적끄적 그려가면서 읽으면 된다.

[2014학년도 수능 A 28~30번 <CD 드라이브>]

CD 드라이브는 디스크 표면에 조사된 레이저 광선이 반사되거나 산란되는 효과를 이용해 정보를 판독한다. CD의 기록면 중 광선이 흩어짐 없이 반사되는 부분을 랜드, 광선의 일부가 산란되어 빛이 적게 반사되는 부분을 피트라고 한다. CD에는 나선 모양으로 돌아 나가는 단 하나의 트랙이 있는데 트랙을 따라 일렬로 랜드와 피트가 번갈아 배치되어 있다. 피트를 제외한 부분, 즉 이웃하는 트랙과 트랙 사이도 랜드에 해당한다.

CD 드라이브는 디스크 모터, 광 픽업 장치, 광학계 구동 모터로 구성된다. 디스크 모터는 CD를 회전시킨다. CD 아래에 있는 광 직업 장치는 레이저 광선을 발생시켜 CD 기록면에 조사하고, CD에서 반사된 광선은 광 픽업 장치 안의 광 검출기가 받아들인다. 광선의 경로 상에 있는 포커싱 렌즈는 광선을 트랙의 한 지점에 모으고, 광 검출기는 반사된 광선의 양을 측정하여 랜드와 피트의 정보를 읽어 낸다. 이때 CD의 회전 속도에 맞춰 트랙에 광선이 조사될 수 있도록 광학계 구동 모터가 광 픽업 장치를 CD의 중심부에서 바깥쪽으로 서서히 직선으로 이동시킨다.

CD의 고속 회전 등으로 진동이 생기면 광선의 위치가 트랙을 벗어나거나 초점이 맞지 않아 데이터를 잘못 읽을 수 있다. 이를 막으려면 트래킹 조절 장치와 초점 조절 장치를 제어해 실시간으로 편차를 보정해야 한다. 편차 보정에는 광 검출기가 사용된다.

그냥 글만 읽고 CD 드라이브가 어떻게 생겼는지 머릿속에 그려가며 읽어보고 난 후에, 아래 그림이 주어진 상태에서 이 글을 읽으면 그 이해도가 얼마나 상승하는지 한번 몸소 느껴보자.

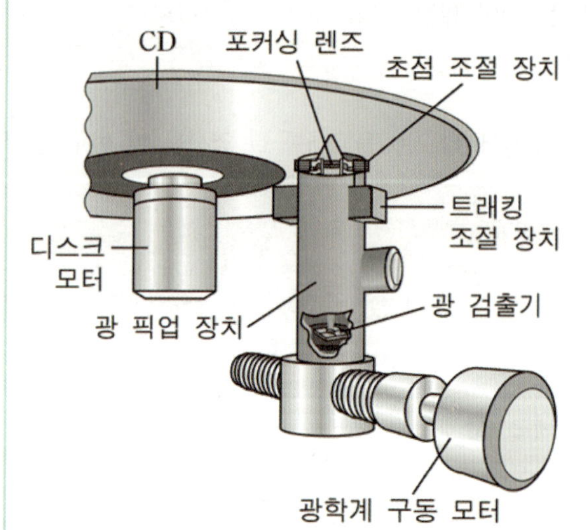

확실히 다른 게 느껴지나? 원래 저렇게 시각적인 형태의 정보인데 그것을 글로 풀어서 썼고, 그렇게 글로 풀어 써진 정보를 아무런 시각적 정보 없이 머릿속으로 상상하며 이해하려니 얼마나 힘든가?

이 지문과 같이 물리적인 형태를 가지고 있어 애초에 시각적 형태였던 정보가 글로 풀어진 상태에서, 복잡한 핵심 소재를 시각적으로 표현해주는 그림을 주면, 얼마나 이해하기가 쉬운가? 하지만 이와 똑같은 지문에 그림을 안 주고 써도 크게 문제가 되지는 않는다. 그때, 저렇게 정확히는 아니더라도 지문의 내용을 다 담을 수 있는 그림 정도는 그릴 수 있으면 충분하다.

예시 지문을 통해 이런 시각적 모델링이 필요한 지문이 어떤 것이 있었고, 그림은 어떤 식으로 그려야 되는지 학습해보도록 하자. 시각적 모델링을 해야 하는 경우는 크게 세 가지다.

첫째, 원래 그 중심 소재가 물리적인 형태로 실재하는 것이어서, 애초에 그 정보의 원래 상태가 시각적인 형태인 경우

_수능 독서 지문의 소재를 생각해보면, 주로 과학 지문이나 기술 지문에서 등장할 가능성이 높다. 인문 지문이나 법 지문, 사회 지문 등은 중심 소재의 형태가 애초에 물리적으로 존재하는 것이 아니라 머릿속에 존재하는 생각이나 글로 쓰인 법, 제도 등이기 때문에 거의 나올 수가 없다.

둘째, 정보의 체계가 너무 복잡하거나 그 볼륨이 커서 머릿속으로만 컨트롤하기 어렵다고 판단되는 경우

_그 정보의 체계가 너무 복잡하다는 것은 보통 목차 상 가지치기가 많아, 상위 범주 하위 범주가 복잡하게 제시되는 경우다. 그리고, 볼륨이 크거나 체계가 복잡해서 머릿속으로만 컨트롤하기 어렵다고 생각되는 것은 주관적인 것이기에, 사람마다 시각적 모델링이 필요한지 여부는 다를 수 있다. 따라서, 여기서 제시되는 예시 지문을 처리하는 방법을 잘 살펴보고 자기 수준에 맞게 적용하면 된다.

셋째, 지문을 읽으면서 지문 위에 표시하며 읽는 방법

_지금까지 공부했던 비문학 독해 공식을 반영해서, 지문을 읽을 때 나는 지문에 어떻게 표시하며 읽는지 제시할 것이다. 사실 학생들은 이런 것이 굉장히 고민이 많을 수 있다. "언제 밑줄 쳐야 하고, 언제 동그라미 쳐야 하지? 또 앞서 배운 극단적 범주와 같이 특수한 정보들에 체크하고 넘어가라는 것은 정확히 어떻게 하라는 거지?" 이 기준을 제시하겠다는 것이다. 물론 여기서는, 시각적으로 표현하는 것이 중심이 아니라 그 시각적으로 표현하는 것을 통해 해당 정보의 형태를 독해하는 내 사고를 표현한다는 것이 중심이다. 긴장되는 시험장에 들어가서, 항상 내가 하던 데로 체크하며 읽음으로써, 항상 해야 하는 생각을 루틴화해서 / 그날그날 컨디션에 영향받지 않는 상태를 만드는 것이다.

두 번째 경우에 해당하는 시각적 모델링의 예시는 이어지는 TOPIC 02에서 다룰 것이고, 세 번째 경우는 TOPIC 03에서 다룰 것이다. 일단 첫 번째 경우에 해당하는 시각적 모델링에 대한 예시가 주어질 것이다.

[예시 1] 2024학년도 수능 8~11번 <데이터 이상치, 결측치>

　이상치는 데이터의 다른 값에 비해 유달리 크거나 작은 값으로, 데이터를 수집할 때 측정 오류 등에 의해 주로 ⓒ생긴다. 그러나 정상적인 데이터라도 데이터의 특징을 왜곡하는 데이터 값이 있을 수 있다. 예를 들어, 데이터가 어떤 프로 선수들의 연봉이고 그중 한 명의 연봉이 유달리 많다면, 이상치가 포함된 데이터에 해당한다. 이런 데이터의 특징을 하나의 수치로 나타내려는 경우 ㉠대푯값으로 평균보다 중앙값을 주로 사용한다.

　평면상에 있는 점들의 위치를 나타내는 데이터에서도 이상치를 발견할 수 있다. 대부분의 점들이 가상의 직선 주위에 모여있다면 이 직선은 데이터의 특징을 잘 나타낸다고 할 수 있다. 이 직선을 직선 L이라고 하자. 그런데 직선 L로부터 멀리 떨어진 위치에도 몇 개의 점이 있다. 이 점들이 이상치이다.

　㉡이상치를 포함하는 데이터에서 직선 L을 찾는다고 하자. 이때 사용할 수 있는 기법의 하나인 A 기법은 두 점을 무작위로 골라 정상치 집합으로 가정하고, 이 두 점을 ⓓ지나는 후보 직선을 그어 나머지 점들과 후보 직선 사이의 거리를 구한다. 이 거리가 허용 범위 이내인 점들을 정상치 집합에 추가한다. 정상치 집합의 점의 개수가 미리 정해 둔 기준, 즉 문턱값보다 많으면 후보 직선을 최종 후보군에 넣는다. 반대로 점의 개수가 문턱값보다 적으면 후보 직선을 버린다. 만약 처음에 고른 점이 이상치이면, 대부분의 점들은 해당 후보 직선과의 거리가 너무 ⓔ멀어 이 직선은 최종 후보군에서 제외되는 것이다. 이 과정을 반복하여 최종 후보군을 구하고, 최종 후보군에 포함된 직선 중에서 정상치 집합의 데이터 개수가 최대인 직선을 직선 L로 선택한다. 이 기법은 이상치가 있어도 직선 L을 찾을 가능성이 높다.

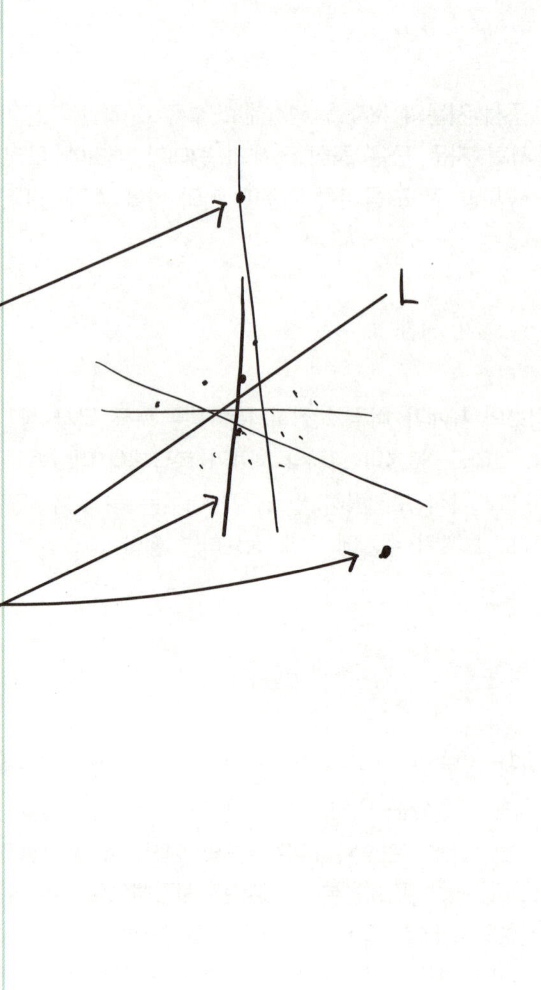

　　1993년 노벨 화학상은 중합 효소 연쇄 반응(PCR)을 개발한 멀리스에게 수여된다. 염기 서열을 아는 DNA가 한 분자라도 있으면 이를 다량으로 증폭할 수 있는 길을 열었기 때문이다. PCR는 주형 DNA, 프라이머, DNA 중합 효소, 4종의 뉴클레오타이드가 필요하다. 주형 DNA란 시료로부터 추출하여 PCR에서 DNA 증폭의 바탕이 되는 이중 가닥 DNA를 말하며, 주형 DNA에서 증폭하고자 하는 부위를 표적 DNA라 한다. 프라이머는 표적 DNA의 일부분과 동일한 염기 서열로 이루어진 짧은 단일 가닥 DNA로, 2종의 프라이머가 표적 DNA의 시작과 끝에 각각 결합한다. DNA 중합 효소는 DNA를 복제하는데, 단일 가닥 DNA의 각 염기 서열에 대응하는 뉴클레오타이드를 순서대로 결합시켜 이중 가닥 DNA를 생성한다.

　　PCR 과정은 우선 열을 가해 이중 가닥의 DNA를 2개의 단일 가닥으로 분리하는 것으로 시작한다. 이후 각각의 단일 가닥 DNA에 프라이머가 결합하면, DNA 중합 효소에 의해 복제되어 2개의 이중 가닥 DNA가 생긴다. 일정한 시간 동안 진행되는 이러한 DNA 복제 과정이 한 사이클을 이루며, 사이클마다 표적 DNA의 양은 2배씩 증가한다. 그리고 DNA의 양이 더 이상 증폭되지 않을 정도로 충분히 사이클을 수행한 후 PCR를 종료한다. 전통적인 PCR는 PCR의 최종 산물에 형광 물질을 결합시켜 발색을 통해 표적 DNA의 증폭 여부를 확인한다.

　　PCR는 시료의 표적 DNA양도 알 수 있는 실시간 PCR라는 획기적인 개발로 이어졌다. 실시간 PCR는 전통적인 PCR와 동일하게 PCR를 실시하지만, 사이클마다 발색 반응이 일어나도록 하여 누적되는 발색을 통해 표적 DNA의 증폭을 실시간으로 확인할 수 있다. 이를 위해 실시간 PCR에서는 PCR 과정에 발색 물질이 추가로 필요한데, '이중 가닥 DNA 특이 염료' 또는 '형광 표식 탐침'이 이에 이용된다. ㉠이중 가닥 DNA 특이 염료는 이중 가닥 DNA에 결합하여 발색하는 형광 물질로, 새로 생성된 이중 가닥 표적 DNA에 결합하여 발색하므로 표적 DNA의 증폭을 알 수 있게 한다. 다만, 이중 가닥 DNA 특이 염료는 모든 이중 가닥 DNA에 결합할 수 있기 때문에 2개의 프라이머끼리 결합하여 이중 가닥의 이합체(二合體)를 형성한 경우에는 이와 결합하여 의도치 않은 발색이 일어난다.

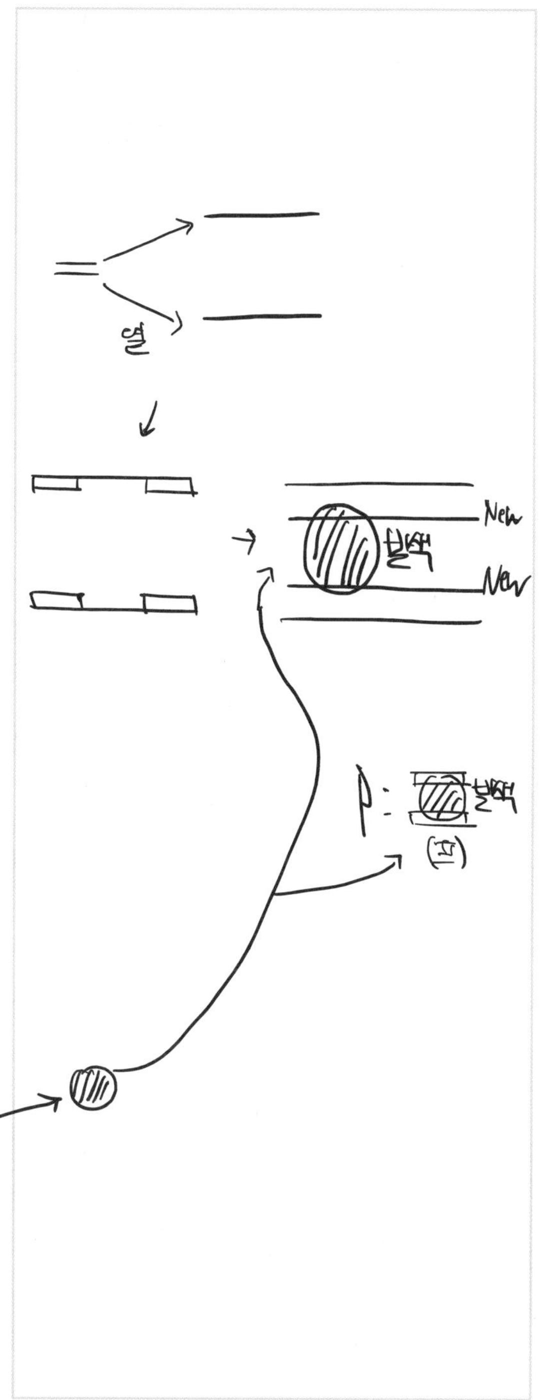

혈액은 세포에 필요한 물질을 공급하고 노폐물을 제거한다. 만약 혈관 벽이 손상되어 출혈이 생기면 손상 부위의 혈액이 응고되어 혈액 손실을 막아야 한다. 혈액 응고는 섬유소 단백질인 피브린이 모여 형성된 섬유소 그물이 혈소판이 응집된 혈소판 마개와 뭉쳐 혈병이라는 덩어리를 만드는 현상이다. 혈액 응고는 혈관 속에서도 일어나는데, 이때의 혈병을 혈전이라 한다. 이물질이 쌓여 동맥 내벽이 두꺼워지는 동맥 경화가 일어나면 그 부위에 혈전 침착, 혈류 감소 등이 일어나 혈관 질환이 발생하기도 한다. 이러한 혈액의 응고 및 원활한 순환에 비타민 K가 중요한 역할을 한다.

비타민 K는 혈액이 응고되도록 돕는다. 지방을 뺀 사료를 먹인 병아리의 경우, 지방에 녹는 어떤 물질이 결핍되어 혈액 응고가 지연된다는 사실을 발견하고 그 물질을 비타민 K로 명명했다. 혈액 응고는 단백질로 이루어진 다양한 인자들이 관여하는 연쇄 반응에 의해 일어난다. 우선 여러 혈액 응고 인자들이 활성화된 이후 프로트롬빈이 활성화되어 트롬빈으로 전환되고, 트롬빈은 혈액에 녹아 있는 피브리노젠을 불용성인 피브린으로 바꾼다. 비타민 K는 프로트롬빈을 비롯한 혈액 응고 인자들이 간세포에서 합성될 때 이들의 활성화에 관여한다. 활성화는 칼슘 이온과의 결합을 통해 이루어지는데, 이들 혈액 단백질이 칼슘 이온과 결합하려면 카르복실화되어 있어야 한다. 카르복실화는 단백질을 구성하는 아미노산 중 글루탐산이 감마-카르복시글루탐산으로 전환되는 것을 말한다. 이처럼 비타민 K에 의해 카르복실화되어야 활성화가 가능한 표적 단백질을 비타민 K-의존성 단백질이라 한다.

비타민 K는 식물에서 합성되는 ㉠비타민 K_1과 동물 세포에서 합성되거나 미생물 발효로 생성되는 ㉡비타민 K_2로 나뉜다. 녹색 채소 등은 비타민 K_1을 충분히 함유하므로 일반적인 권장 식단을 따르면 혈액 응고에 차질이 생기지 않는다.

그런데 혈관 건강과 관련된 비타민 K의 또 다른 중요한 기능이 발견되었고, 이는 칼슘의 역설과도 관련이 있다. 나이가 들면 뼈 조직의 칼슘 밀도가 낮아져 골다공증이 생기기 쉬운데, 이를 방지하고자 칼슘 보충제를 섭취한다. 하지만 칼슘 보충제를 섭취해서 혈액 내 칼슘 농도는 높아지나 골밀도는 높아지지 않고, 혈관 벽에 칼슘염이 침착되는 혈관 석회화가 진행되어 동맥 경화 및 혈관 질환이 발생하는 경우가 생긴다. 혈관 석회화는 혈관 근육 세포 등에서 생성되는 MGP라는 단백질에 의해 억제되는데, 이 단백질이 비타민 K-의존성 단백질이다. 비타민 K가 부족하면 MGP 단백질이 활성화되지 못해 혈관 석회화가 유발된다는 것이다.

비타민 K_1과 K_2는 모두 비타민 K-의존성 단백질의 활성화를 유도하지만 K_1은 간세포에서, K_2는 그 외의 세포에서 활성이 높다. 그러므로 혈액 응고 인자의 활성화는 주로 K_1이, 그 외의 세포에서 합성되는 단백질의 활성화는 주로 K_2가 담당한다. 이에 따라 일부 연구자들은 비타민 K의 권장량을 K_1과 K_2로 구분하여 설정해야 하며, K_2가 함유된 치즈, 버터 등의 동물성 식품과 발효 식품의 섭취를 늘려야 한다고 권고한다.

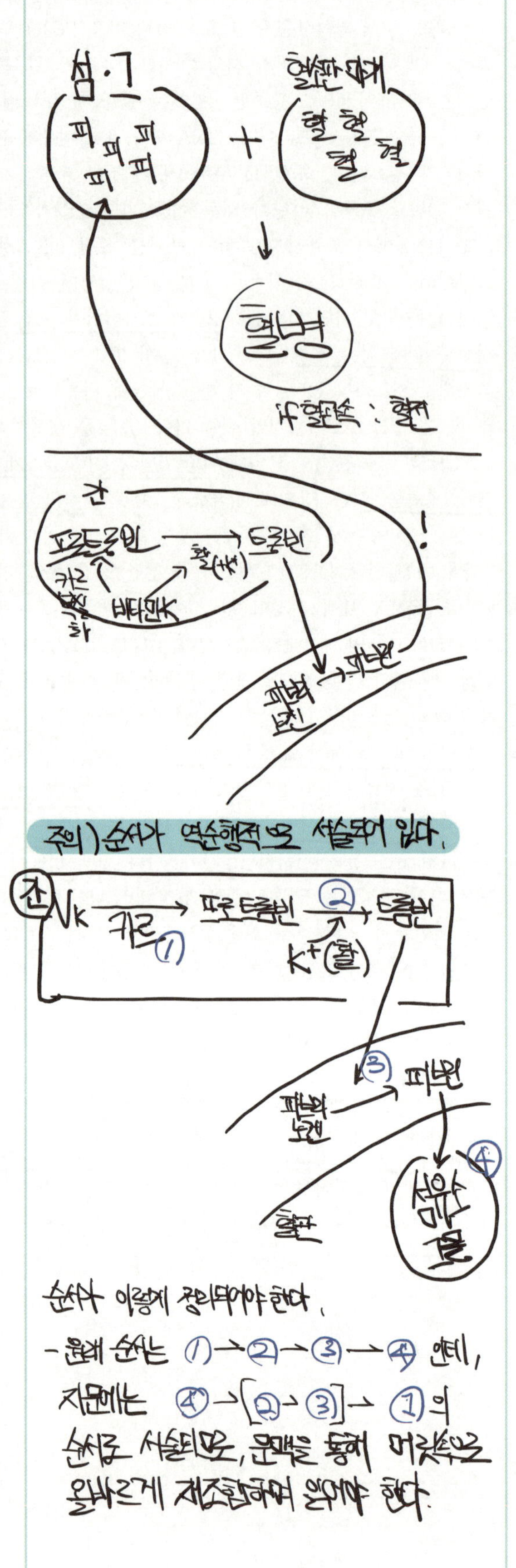

10. 윗글에서 알 수 있는 내용으로 적절하지 <u>않은</u> 것은?

① 혈전이 형성되면 섬유소 그물이 뭉쳐 혈액의 손실을 막는다.
② 혈액의 응고가 이루어지려면 혈소판 마개가 형성되어야 한다.
③ 혈관 손상 부위에 혈병이 생기려면 혈소판이 응집되어야 한다.
④ 혈관 경화를 방지하려면 이물질이 침착되지 않게 해야 한다.
⑤ 혈관 석회화가 계속되면 동맥 내벽과 혈류에 변화가 생긴다.

13. 윗글을 참고할 때 〈보기〉의 (가)~(다)를 투여함에 따라 체내
에서 일어나는 반응을 예상한 내용으로 적절하지 <u>않은</u> 것은? [3점]

<보 기>

다음은 혈전으로 인한 질환을 예방 또는 치료하는 약물이다.
(가) 와파린 : 트롬빈에는 작용하지 않고 비타민 K의 작용을
방해함.
(나) 플라스미노겐 활성제 : 피브리노겐에는 작용하지 않고
피브린을 분해함.
(다) 헤파린 : 비타민 K-의존성 단백질에는 작용하지 않고
트롬빈의 작용을 억제함.

---

① (가)의 지나친 투여는 혈관 석회화를 유발할 수 있겠군.
② (나)는 이미 뭉쳐 있던 혈전이 풀어지도록 할 수 있겠군.
③ (다)는 혈액 응고 인자와 칼슘 이온의 결합을 억제하겠군.
④ (가)와 (다)는 모두 피브리노겐이 전환되는 것을 억제하겠군.
⑤ (나)와 (다)는 모두 피브린 섬유소 그물의 형성을 억제하겠군.

[예시 4] 2025학년도 6평 8~11번 <플라스틱> : 비문학 개론 [개념편] p.87 참고

그 외

[예시 1] 2021학년도 9평 34~37번 <항 미생물 화학제> : p.140 참고

질병을 유발하는 병원체에는 세균, 진균, 바이러스 등이 있다. 생명체의 기본 구조에 속하는 세포막은 지질을 주성분으로 하는 이중층이다. 세균과 진균은 일반적으로 세포막 바깥 부분에 세포벽이 있고, 바이러스의 표면은 세포막 대신 캡시드라고 부르는 단백질로 이루어져 있다. 바이러스의 종류에 따라 캡시드 외부가 지질을 주성분으로 하는 피막으로 덮인 경우도 있다. 한편 진균과 일부 세균은 다른 병원체에 비해 건조, 열, 화학 물질에 저항성이 강한 포자를 만든다.

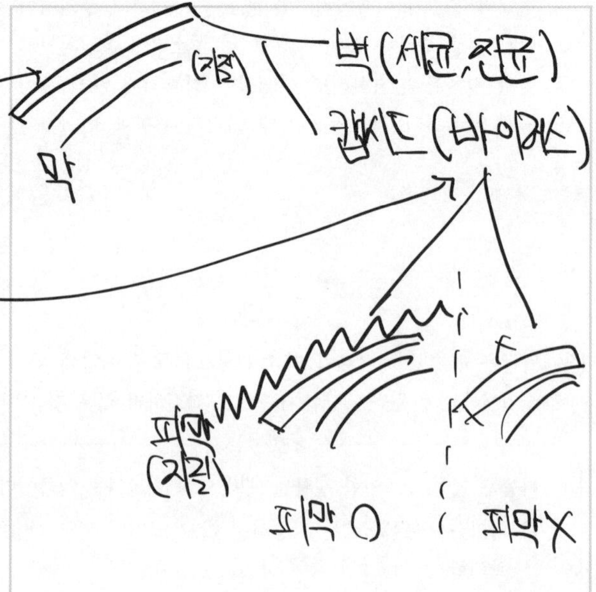

[예시 2] 2017학년도 6평 28~33번 <음악적 아름다움>

음악에서 사용하는 소리라고 해도 대부분의 사람들은 피아노 소리가 심벌즈 소리보다 듣기 좋다고 생각한다. 이 중 전자를 고른음, 후자를 시끄러운음이라고 한다. 고른음은 주기성을 갖지만 시끄러운음은 주기성을 갖지 못한다. 일반적으로 음악에서 '음'이라고 부르는 것은 고른음을 지칭한다. 고른음은 주기성을 갖기 때문에 동일한 파형이 주기적으로 반복된다. 이때 같은 파형이 1초에 몇 번 반복되는가를 진동수라고 한다. 진동수가 커지면 음높이 즉, 음고가 높아진다. 고른음 중에서 파형이 사인파인 음파를 단순음이라고 한다. 사인파의 진폭이 커질수록 단순음은 소리의 세기가 커진다. 대부분의 악기에서 나오는 음은 사인파보다 복잡한 파형을 갖는데 이런 파형은 진동수와 진폭이 다른 여러 개의 사인파가 중첩된 것으로 볼 수 있다. 이런 소리를 복합음이라고 하고 복합음을 구성하는 단순음을 부분음이라고 한다. 부분음 중에서 가장 진동수가 작은 것을 기본음이라 하는데 귀는 복합음 속의 부분음들 중에서 기본음의 진동수를 복합음의 진동수로 인식한다.

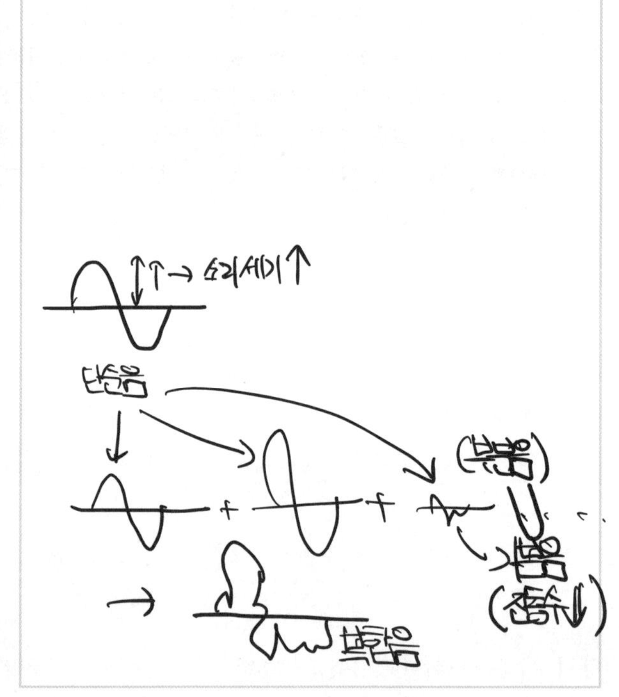

TOPIC 02. 정보의 체계를 표현해야 하는 경우

가지치기 그림

정보를 여러 번 쪼개서 머릿속으로 홀딩하고 내려가기 쉽지 않은 볼륨이면, 옆에 그 상하 관계를 가지치기 그림을 활용해 그려놓는 것도 방법이다. 보통 쪼개면 각각을 서술하는 경우가 굉장히 많기 때문에, 일단 그 체계를 그려놓으면 각각을 서술하는 부분에 들어가서 지금 내가 읽고 있는 정보가 전체적인 체계에서 위치가 어디인지 파악하기 쉽다.

[예시 1] 2024학년도 9평 12~17번 <신분제의 변천 (가)> : p.155 참고

조선 왕조의 기본 법전인 『경국대전』에 규정된 신분제는 신분을 양인과 천인으로 나눈 양천제이다. 양인은 과거에 응시할 수 있었지만, 납세와 군역 등의 의무를 져야 했다. 천인은 개인이나 국가에 소속되어 천역(賤役)을 담당했다. <u>관료 집단을 뜻하던 양반이 〈16세기 이후〉 세습적으로 군역 면제 등의 차별적 특혜를 받는 신분으로 굳어짐에 따라</u> 양인은 사회적으로 양반, 중인, 상민으로 분화되었다. 이러한 법적, 사회적 신분제는 〈갑오개혁으로 철폐되기 이전까지〉 조선 사회의 근간이 되었다.

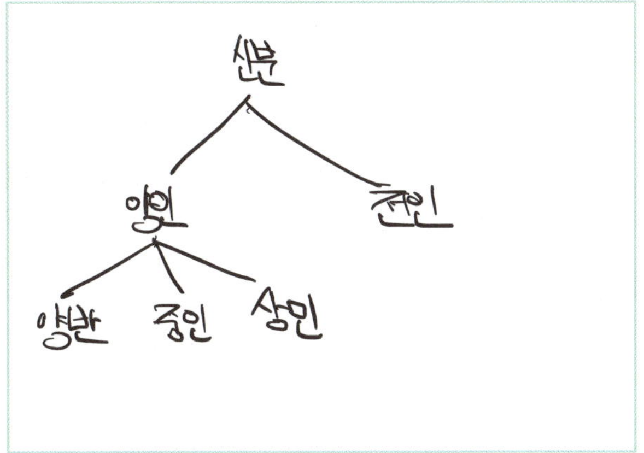

[예시 2] 2023학년도 수능 10~13번 <법령에서의 불확정 개념>

법령의 조문은 대개 'A에 해당하면 B를 해야 한다.'처럼 요건과 효과로 구성된 조건문으로 규정된다. 하지만 그 요건이나 효과가 항상 일의적인 것은 아니다. 법조문에는 구체적 상황을 고려해야 그 상황에 맞는 진정한 의미가 파악되는 불확정 개념이 사용될 수 있기 때문이다. 개인 간 법률관계를 규율하는 민법에서 불확정 개념이 사용된 예로 '손해 배상 예정액이 부당히 과다한 경우에는 법원은 적당히 감액할 수 있다.'라는 조문을 들 수 있다. 이때 법원은 요건과 효과를 재량으로 판단할 수 있다. 손해배상예정액은 위약금의 일종이며, 계약 위반에 대한 제재인 위약벌도 위약금에 속한다. 위약금의 성격이 둘 중 무엇인지 증명되지 못하면 손해 배상 예정액으로 다루어진다.

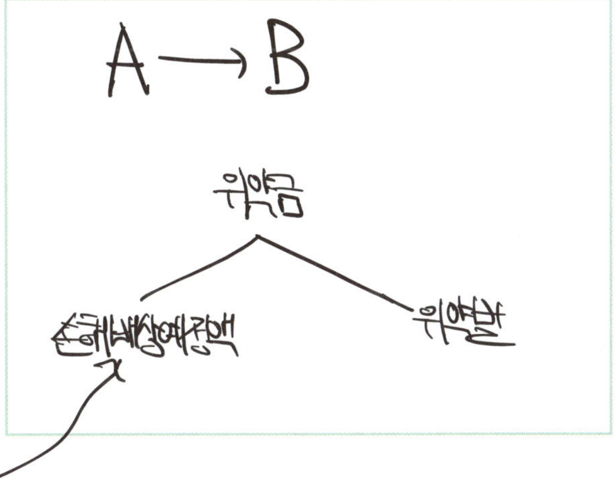

[예시 1] 2017학년도 수능 16~20번 <콰인 포퍼> : [복잡한 인과] p.102 참고

<table>
<tr><td>

　　논리실증주의자와 포퍼는 수학적 지식이나 논리학 지식처럼 경험과 무관하게 참으로 판별되는 분석 명제와, 과학적 지식처럼 경험을 통해 참으로 판별되는 종합 명제를 서로 다른 종류라고 구분한다. 그러나 콰인은 총체주의를 정당화하기 위해 이 구분을 부정하는 논증을 다음과 같이 제시한다. 논리실증주의자와 포퍼의 구분에 따르면 "총각은 총각이다."와 같은 동어 반복 명제와, "총각은 미혼의 성인 남성이다."처럼 동어 반복 명제로 환원할 수 있는 것은 모두 분석 명제이다. 그런데 후자가 분석 명제인 까닭은 전자로 환원할 수 있기 때문이다. 이러한 환원이 가능한 것은 '총각'과 '미혼의 성인 남성'이 동의적 표현이기 때문인데 그게 왜 동의적 표현인지 물어보면, 이 둘을 서로 대체하더라도 명제의 참 또는 거짓이 바뀌지 않기 때문이라고 할 것이다. 하지만 이것만으로는 두 표현의 의미가 같다는 것을 보장하지 못해서, 동의적 표현은 언제나 반드시 대체 가능해야 한다는 필연성 개념에 다시 의존하게 된다. 이렇게 되면 동의적 표현이 동어 반복 명제로 환원 가능하게 하는 것이 되어, 필연성 개념은 다시 분석 명제 개념에 의존하게 되는 순환론에 빠진다. 따라서 콰인은 종합 명제와 구분되는 분석 명제가 존재한다는 주장은 근거가 없다는 결론에 도달한다.

</td></tr>
</table>

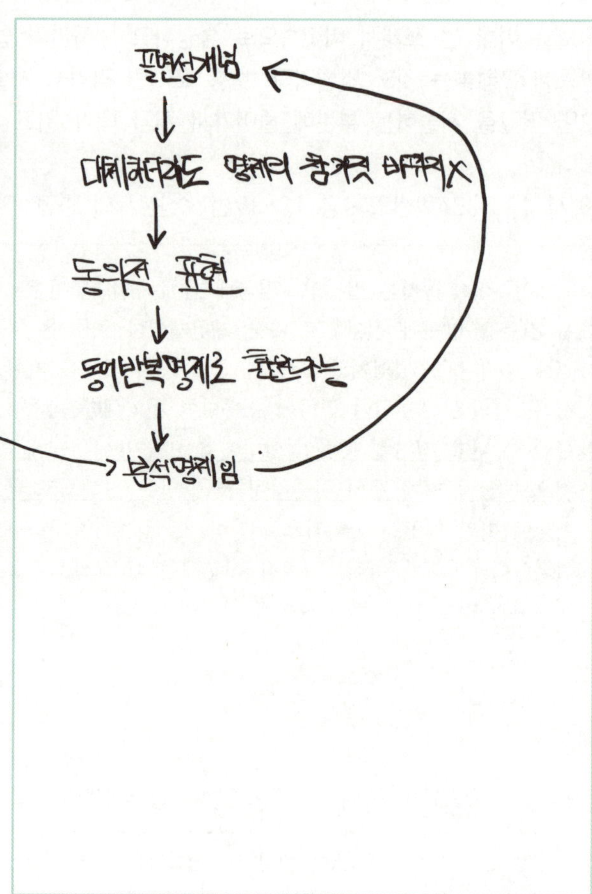

[예시 2] 2017학년도 6평 20~24번 <유비 논증> : 비문학 개론 [해설편] 참고

[예시 3] 2023학년도 9평 4~9번 <아도르노의 예술관>

<table>
<tr><td>

　　아도르노는 서로 다른 가치 체계를 하나의 가치 체계로 통일시키려는 속성을 동일성으로, 하나의 가치 체계로의 환원을 거부하는 속성을 비동일성으로 규정하고, 예술은 이러한 환원을 거부하는 비동일성을 지녀야 한다고 주장한다.

</td></tr>
</table>

[예시 4] 2025학년도 6평 12~17번 <도덕 문장에 대한 에이어의 견해>

(나)

　논리학에서 제기된 의문이 윤리학의 특정 견해에 대한 비판이 되기도 한다. 다음 논의는 이를 보여 준다. 'P이면 Q이다. P이다. 따라서 Q이다.'인 논증을 전건 긍정식이라 한다. 전건 긍정식은 'P이면 Q이다.'와 'P이다.'라는 두 전제가 참이면 결론 'Q이다.'는 반드시 참이라는 뜻에서 타당하다. 그런데 어떤 문장이 단독으로 진술되는 경우에는 감정이나 태도를 표현할 수 있지만 그 문장이 조건문인 'P이면 Q이다.'의 부분으로 포함되는 경우에는 그렇지 않다. '귤은 맛있다.'는 화자의 선호라는 감정을 표현한다. 하지만 그 문장이 '귤은 맛있다면 귤은 비싸다.'처럼 조건문의 일부가 되면 귤에 관한 화자의 선호를 표현하지 않는다. 이에 전건 긍정식의 P가 감정이나 태도를 표현하는 문장일 때 'P이면 Q이다.'의 P와 'P이다.'의 P 사이에 내용의 차이가 생기므로, 전건 긍정식임에도 두 전제의 참이 결론 'Q이다.'의 참을 보장하지 않는다는 것이 ㉠몇몇 논리학자들이 제기한 문제였다.

TOPIC 03. 지문 위에 표시하며 읽기

1. ( ) 의 활용

a. 문장 요소가 길어질 때 묶어주기
　(때에 따라 [ ], < >도 사용)
b. 수식어구
c. 요소 묶어주기 (공식, 인과)

2. 쪼갤 때

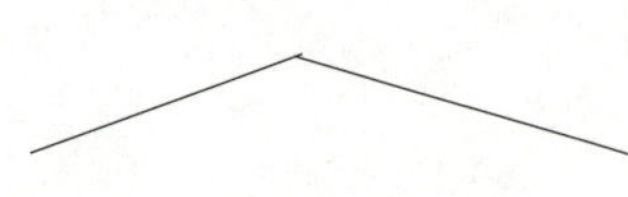

3. 연결될 때 / 구분될 때
　　"이음메로 이어주기"

a. 연결되서 구체화
b. 같은 의미 다른 표현 (재진술)
c. 앞의 정보를 이용해서 이해해야 하는 경우

4. 인과

a. 인과, 조건, 근거
(　　) 　 (　　)

b. 요소 간 관계
(A)↓ ⇒ (B)↑ ⇒ (C)↑

5. 넘버링

a. 나열　　　　　　　　　　1
b. 순서 과정　　　　　　　①
　　　　　　　　　　　　　(1)

넘버링을 할 수 있는 스타일은 위와 같이 세 가지가 있다. 범주가 다른 사항에 대해 1번부터 새로 넘버링이 필요하면, 혼동을 피하기 위해 이전 범주에서 활용했던 스타일의 넘버링과 겹치지 않게 하는 것이 좋다.

6. 밑줄

a. 핵심 정보 제시 문장
b. 흐름 잡아주는 문장
c. 나열, 순서 과정에서 넘버링되는 각 요소
d. 그 외 중요하다고 판단되는 부분

7. 개념 정의

개념어에 박스치고 2~3번까지 읽으며 그 정의를 확실히 이해하고 넘어가기

8. 끊어 읽기

(a) 한 문단 내에서 범주가 바뀔 때,
　# 하나의 범주 내에서 세부 범주가 나뉘면,
　　/ 표시하며 끊어주기
　# 아얘 큰 맥락에서의 범주가 바뀌면,
　　// 표시로 범주 바뀌는 것을 시각적으로 표현

(b) 쉼표 많이 쓰면서 문장이 길어질 때,
　/ 표시 활용하며 끊어 읽기

9. P ⇒ S / Q ⇒ A

지문에서 P(문제점)이나 Q(의문 제시)가 나오면, 그 부분에 P / Q 표시를 남기고 넘어간다.
이후 그 P / Q 에 대한 해결책 / 답변이 나오면 해결책에는 S, 답변에는 A 표시를 남겨 P ⇒ S / Q ⇒ A 이렇게 연결해준다.

10. 어떤 범주에 대한 서술이 너무 길어질 경우, { 로 묶어준다.

어떤 범주에 대한 원칙, 예외, 예시, 구체화 등으로 그 범주에 대한 서술이 너무 길어질 경우, 그 전체를 지문 옆으로 해서 길게 { **형태로** 묶어주면 좋다.

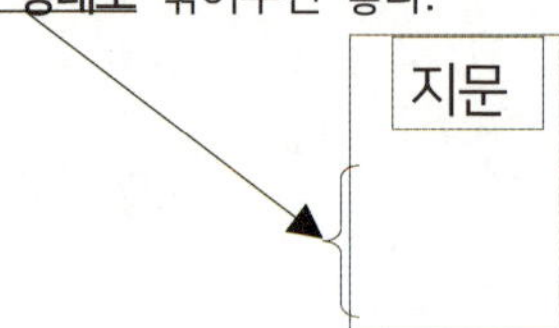

11. 시간적 배경 제시하는 표현

시간적 배경을 제시하는 표현이 나오면,
기계적으로 < > 표시하며 묶어주기.

12. 공식

공식을 구성하는 각 요소 괄호로 묶어주고,
사칙 연산 기호, 시그마 등을 활용해 공식을
시각적으로 표현하기

13. 포함 관계

(a) 지문 위에 집합 기호로 포함 관계 시각
적으로 나타내기

$$(A) \subset (B)$$

(b) 너무 복잡하면 벤 다이어그램을 지문
옆에 그려서 그 체계를 정확히 확보해놓고
넘어가기

14. 특수 정보 표시해두고 넘어가기

체크 표시 / 동그라미 치기 활용

a. 극단적 범주
체크하거나 동그라미 표시 남기고 넘어가기

b. A가 아니라 B다.
A와 B에 각각 X, O 표시

c. 정보 생략
생략된 정보 살리는 사고 한 후, 체크나
동그라미 표시 남기고 넘어가기

d. 원칙 - 예외
원칙, 예외를 묶어서 서로 <->표시로
짝지어서 연결해주기

e. 추상적 / 주관적 해석의 여지가 있는 정보
? 찍어놓고 그걸 구체화 시켜주는 정보가
나오면 그때 ! 표시하면서 서로 연결해
주기

Theme 7. 이해가 도저히 안되면, "그런갑다"

[개요]

■ 여기서는 배경지식의 부재, 생략된 서술 등으로 인해 이해하기 쉽지 않은 정보에 직면했을 때 대처법에 대해 배울 것이다. 이해가 안되면 그냥 그 자체를 fact로 받아들이는 식으로 처리하고 넘어가는 것이다. 하지만 언제나 텍스트 처리에 있어 '어떻게든 사고해서 이해하는 것'이 베스트다. 이 방법은 진짜 도저히 이해할 수 없을 경우, 최후의 수단으로 사용하는 것이라는 사실을 명심하자.

우리가 평가원 지문을 읽는 목적은 문제를 풀기 위함이다. 우리는 과학자, 철학자, 기술자. 행정학자, 법학자가 아니다. 따라서 우리는 그러한 것들을 연구하는 것이 아니라 정보를 빠르게 처리해서 문제를 다 맞추는 것이다.

그 목적을 확실히 달성하기 위해서, 우리는 지문에서 알려주는 만큼만 파악하면 된다. 도무지 이해가 되지 않는 인과가 있더라도, 용어의 개념을 정의해주지 않았는데 배경지식이 없어서 정확히 뭔지 모르더라도, 납득이 되지 않는 정보가 있더라도, 그것이 지문의 다른 내용과 연결해서라도 이해하기 힘든 것이라면 그냥 "그런가보다, 그런게 있나보지 뭐~' 하면서 '이해가 필요하면 나중에 설명해 주겠지. 그때 만약 설명해준다면 이해해보고, 아니면 굳이 이걸 자세히 몰라도 문제를 푸는데 지장이 없겠지." 하고 넘어가면 된다.

1. 어떻게든 사고해서 이해하는 것? 이해할 수 있는 것과 없는 것은 어떻게 구별해야 할까?

아무리 읽어봐도 도저히 이해가 안되서 자꾸 **왜?**라는 생각이 드는 인과, 설명 등의 정보 또는 정의되지 않은 낯선 용어를 마주쳤을 때,

1. 혹시 그 문장에 포함된 단어 중 이전에 정의된 뜻을 입혀서 읽지 않았는지 확인해본다.
2. 용어를 몰라도, 그 용어 글자 그대로 충분히 그 용어의 의미를 알 수 있는지 확인해본다.
3. 이전에 나왔던 정보를 붙여서 이해하면 충분히 이해할 수 있는 내용인지 확인해본다.

앞에 나온 내용이나 용어의 개념을 **연결시켜서** 이해하면 충분히 이해할 수 있는 내용인지 판단해 보라는 것이다. 그래도 이건 이해가 불가능한 내용이라고 판단되면, 왜? 라는 생각을 '그런가보다, 그런게 있나 보지 뭐~이해가 필요하면 나중에 설명해 주겠지. 그때 만약 설명해준다면 이해해보고, 아니면 굳이 이걸 자세히 몰라도 문제를 푸는데 지장이 없겠지.' 하고 넘어가면 된다. WHY? 하지 말고, WHAT (어떤 정보가 있는지) 에 집중하라는 것이다.

2. 특히 지문 초반부에서 더더욱 '그런갑다'가 중요하다.

지문 초반부는 그 앞에 쌓여있는 내용이 거의 없기 때문에, 보조 정보가 부족하여 이해가 쉽지 않고 납득이 어려운 정보가 많을 수 있다. 그럴 때, "아니 이거 왜 이런 거지?" 하면 독해를 이어 나갈 수가 없다. 그냥 chill 하게, "그런게 있나봐, 그런가보지 뭐. 필요하면 나중에 설명을 해주지 않을까?"하고 글자 그대로 정보를 처리하기만 하면 된다. (우리가 뉴스에서 "내일은 눈이 오겠습니다." 하면 "왜? 내일 눈이 오는 이유가 뭐지? 이러지는 않는 것처럼. 그냥 글자 그대로 fact 그 자체로 받아들이라는 말이다.)

예를 들어,

지문 맨 첫 문장이 위와 같을 때, 정책은 정의를 해줬지만, 정책 수단이 뭔지를 모른다. 따라서 정책 수단의 특성도 모른다. 하지만 일단 정책 수단의 특성을 고려하여 정책을 수행한다고 하니, 그런 걸 고려 해야되나 보구나~ 하고 이후에 설명해주면 연결해서 비어 있던 공간을 채워주고, 혹시 설명을 안 해주면 그냥 뉴스를 아무 저항 없이 받아들이는 것처럼 그냥 fact 그 자체로 받아들이면 된다. 약간 주입식 교육 느낌으로 저항 없이 받아들이자.

확실히 이 정도까지는 배경지식으로 알고 있어야 돼. 이 정도는 이해 해야돼. 이런 확실한 기준은 제시하기가 힘들다. 학생 by 학생으로 가지고 있는 지식과 독서량이 다를 수 있기 때문에 그 기준을 일관되게 제시할 수는 없다. 따라서, 앞의 "1. 어떻게든 사고해서 이해하는 것? 이해할 수 있는 것과 없는 것은 어떻게 구별해야 할까?"는 사람마다 다를 수 있다는 것이다. 그냥 내가 할 수 있는 선에서 이해하려고 노력하고, 정 안되면 이렇게 "그런갑다" 사고 방식을 활용해야 하는 것이다.

단, 한번 기출에서 본 지식은 다음에 그 소재를 또 활용할 때에 어느 정도 이해도가 올라간 상태여야 한다. 과거 기출에 나온 개념은 알고 있다고 가정하고 출제되는 경우가 있기 때문에, 내가 배경지식이 부족해서 이해를 잘 하지 못하고 "그런갑다"로 뚫은 지문은, 다 풀고 나서 독해 태도와 별개로 시간을 두고 이해해 배경지식으로 추가시키고 넘어가도록 하자. 특히 기본적인 경제 용어들 (환율, 채권 등등)은 알고 있어야 한다.

핵심은 이거다. ?가 드는 내용은, ?를 찍고 넘어갔다가, 나중에 그걸 !로 바꿀 수 있는 내용이 나오면 연결해서 이해해주면 되고, 아니면 그냥 글자 그대로 처리해주면 된다. 이런 사고는 배경지식이 없는 내용을 마주쳤을 때 뿐만 아니라, **THEME 4에서 배운 아래와 같은 내용들을 마주할 때도 필요하다.**

1. 앞서 THEME 4에서 배운 [추상적, 주관적 해석의 여지가 있는 범주]에서 이런 '?->!' 식 사고를 강조했고,

2. [인과]에서 이게 원인이 돼서 왜 이런 결과가 나오는지 이해하기 힘든 인과를 마주쳤을 때도 "아 그냥 이런 이유, 조건, 근거로 이렇게 되나보다~"하고 그냥 지문에 나온 만큼, 글자 그대로만 받아들이면 된다.

3. 또, [요소 간 관계로 주어지는 인과]에서도 (A)↓ ⇒ (B)↑ ⇒ (C)↑ 예를 들어 이런 관계가 주어졌을 때, "A가 작아지면 B가 커진다는데.. 왜 커지는 건지 이해할 수가 없네.." 이렇게 인과에 있어서 이해할 수 없는 지점이 생기면 "아 그냥 A가 작아지면 B가 커지나 보지 뭐~" 이렇게 그냥 글자 그대로 수용하고 넘어가면 된다.

기억하자, 이해할 수 없는 정보면 시간 낭비하지 말고

[글자 그대로 수용 "그런갑다" & ?(물음표)찍고 넘어가기]
[이후 그 내용을 이해시켜줄 수 있는 정보가 나오면, 앞에서 나온 물음표(?)를 느낌표(!)로 바꿀 수 있게 항상 의식적으로 준비는 해놓기 」

[Chapter 2]
총정리 및 예시 지문

CONTENTS

- Theme 8. Chapter 1 총정리
- Theme 9. 예시 지문

Theme 8. Chapter 1 총정리

[개요]

■ 여기서는 우리가 지문의 뼈대를 잡아본 STEP 01, 그리고 그 뼈대에 살덩이를 붙여 지문을 구체화하는 과정에서 많이 쓰이는 기법을 배운 STEP 2를 종합해서 Chapter 1에서 배운 내용을 바탕으로 지문 독해법을 총정리할 것이다.

[Contents]

■ Topic 01 I THE 테트리스 GAME
■ Topic 02 I 앞으로의 학습 방향

Topic 01. THE 테트리스 GAME

■ INTRO

STEP 01에서 배운 행동강령의 목표는 바로 정보의 상위 범주 하위 범주를 잘 생각해 목차를 만들 듯이 정보를 처리하는 것이다. 이를 위해서는,

> 1) "화제 제시 문장"을 활용해 같은 핵심 정보끼리 덩어리 지어주기,
> 2) 그리고 그 덩어리 내에서도 세부 범주가 쪼개진다면 "흐름 잡아주는 문장"을 통해 하위 범주 목차 만들기

이렇게 두 가지를 할 수 있어야 했고, 보통 문단 단위로 정보를 처리한다고 했다. 그런데, 앞에 내용을 잘 이해했으면 알 수 있었겠지만, "화제 제시 문장"과 그 안에 있는 "흐름 잡아주는 문장"에 구체화해주는 문장들이 붙는다. 이를 교재에서는 '뼈대에 살덩이를 붙인다'고 표현했다.

사실 그 뼈대에 붙어있는 살덩이까지 잘 처리할 수 있어야 독해가 완성된다. 결국 글 전체적인 목차도 생각해야 하지만, 내가 읽고 있는 그 부분, 바로 그 미시적인 관점의 그 부분에 집중하는 것도 중요하다는 것이다. 따라서, 문단과 문단 사이의 구분 & 연결도 중요하지만, 한 문단 내에서 문장과 문장을 구분 & 연결하는 것도 매우 중요하다. 그렇게 나에게 다가오는 문장을 처리하면서 앞서 STEP 02에서 배웠던 15가지 기법이 등장하면 배운 대로 처리하면 되는 것이다.

이런 독해는 마치 테트리스 게임과 같다. 테트리스 게임을 이용해 독해란 무엇인지 관점을 완성시키겠다.

"어떻게 독해해야 하는가?"라는 질문에 한마디로 답하자면,

> **"각 문단을 잘 읽자, 그런데 그때그때 각 문단 사이의 관계도 파악하며 지문 전체의 목차를 만들자"**

이렇게 정리할 수 있다. 문장이라는 재료가 모여 문단이라는 하나의 큰 조각이 된다. 그리고, 그 문단이라는 조각이 모여 아래와 같이 하나의 큰 그림이 된다.

독해에서는 최종적으로 완성해야 하는 <u>하나의 큰 그림이 위 그림에서와 같은 산 모양이 아니라 핵심 정보</u>라고 할 수 있고, 앞서 그 핵심 정보는 이렇게 생겼다고 했다.

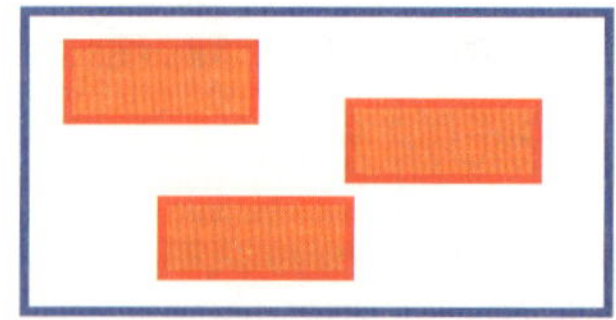

앞의 내용을 잘 이해했다면 왜 이런 모양인지 알 수 있을 것이다. 이런 원리를 테트리스 게임에 적용해 보겠다.

[1] 테트리스 게임에 비유한 이유

테트리스 게임이 비문학 독해와 비슷한 이유가 있다.

> **하나, 블록들이 랜덤으로 주어지기 때문에 우리가 미리 그 블록의 모양을 알 수 없다.**
>
> ⇒ 이미 본 지문이라면 앞으로 이어질 내용이 무엇일지 알 수 있다. 하지만, 우리가 실전에서 보는 지문은 태어나서 처음 보는 글이다. 그러면 읽는 중간에 앞으로 나에게 주어질 내용을 예측은 할 수 있어도 정확히 무엇인지는 알 수 없다.
>
> **둘, 이전에 누적되어 쌓여있는 블록들을 고려해 맞물리는 모양을 잘 보고 쌓아야 한다.**
>
> ⇒ 비문학 독해에서 나에게 실시간으로 주어지는 문장들, 그리고 그 문장들이 모여 만들어진 문단들이 누적될 때 앞서 나온 것들과의 관계를 고려하지 않고 무지성으로 정보를 쌓아버리면 GAME OVER 된다.

[2] 테트리스 게임 속 테트리스 게임

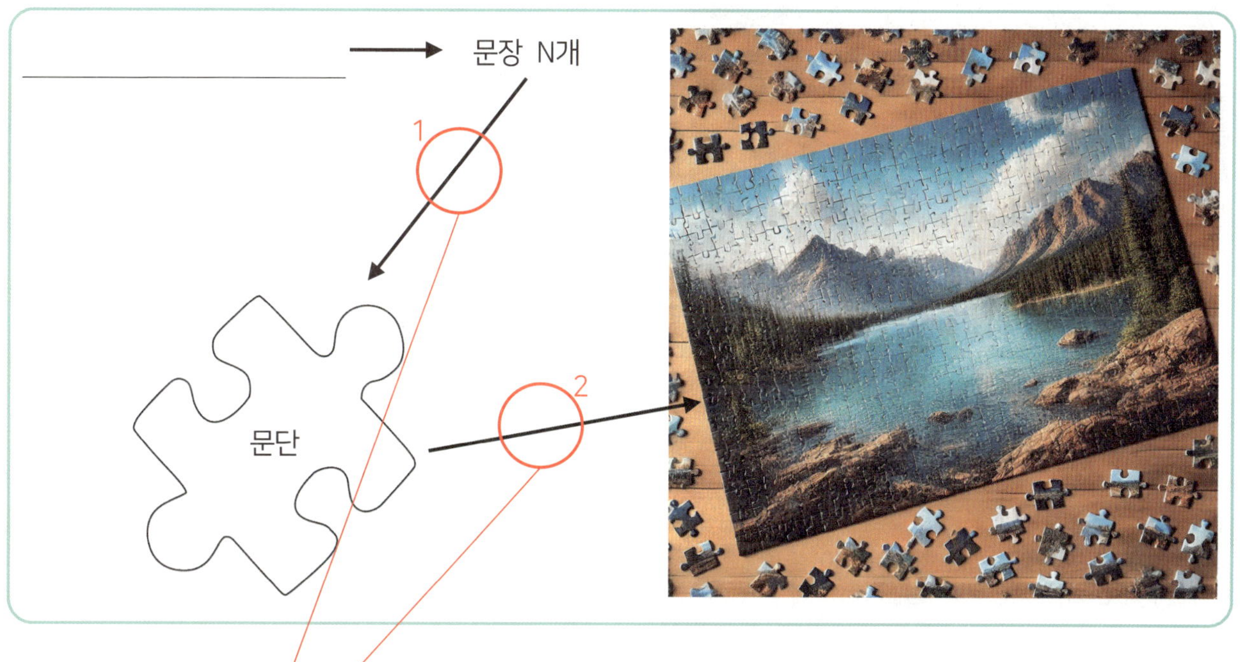

이렇게 두 번 테트리스 게임이 진행된다.

1번 테트리스 게임은 "각 문단을 잘 읽자 = 부분에 집중하기"에 해당한다. 각 문단에서 문장이 누적될 때, 앞 문장과의 관계를 파악하며 구분할 내용은 구분하고 연결할 내용은 연결하는 것이다. **그렇게 내용을 하나로 모아서 위 그림과 같이 '하나의 퍼즐 조각'을 만드는 것이다.**

2번 테트리스 게임은 "문단과 문단의 관계를 파악하기 = 지문 전체의 목차 만들면서 읽기"에 해당한다. 각 문단이 누적될 때, 앞 문단과의 관계를 파악하며 구분힐 내용은 구분하고 연결할 니용은 연결하는 것이디. 그렇게 **'같은 핵심 정보의 범주 하에 있는 문단들을 하나의 덩어리로 묶어서 읽기', '그리고 그 덩어리 안에서 세부 범주 잡으면서 읽기'를 해야 한다.**

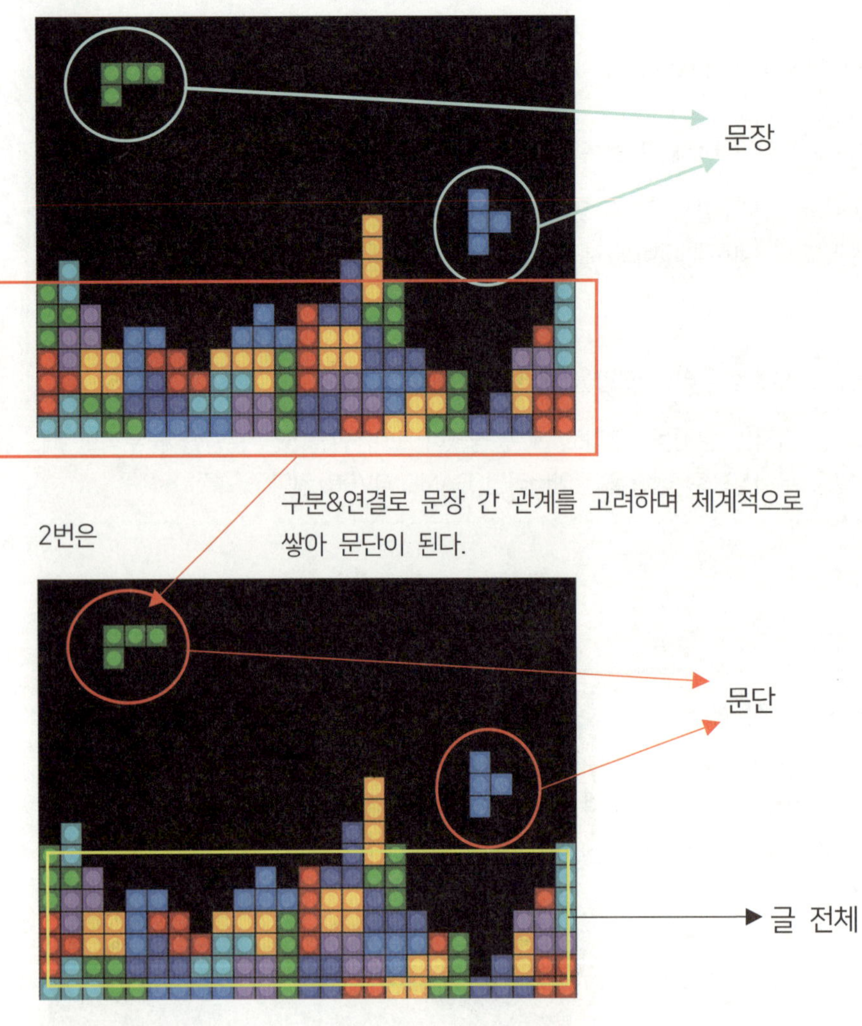

각 문단 내에서 한 문장 한 문장이 떨어질 때, 다 저렇게 앞서 떨어진 블록들과 다 맞물리는 모양이 정해져 있는 것, 그 모양에 맞게 우리는 끼워 맞춰야 된다. 그렇게 하나의 큰 조각을 완성하는 것이다. 그리고, 그렇게 만들어진 문단이 또 하나의 큰 블록이 되어 다른 문단들과 맞물리는 모양이 정해져 있다. 그것도 역시 정해진 모양에 맞게 끼워 맞춰 하나의 큰 그림을 완성해야 한다.

그런데, 글에서는 시각적으로 저렇게 블록이 맞물리는 모양이 보이지 않기 때문에, 계속 "정보의 구분&연결"을 해주며 그 맞물리는 모양을 스스로 찾아야 하는 것이다. 결국, 1번에서는 이전 문장과 나에게 다가오는 문장의 구분&연결, 2번에서는 이전 문단과 나에게 다가오는 문단의 구분&연결을 하는 것이다.

내가 지금 읽고 있는 문장은, 앞 문장을 바탕으로 읽어야 한다.

내가 지금 읽고 있는 문단은 앞 문단을 바탕으로 읽어야 한다.
(끌고 내려와서 구체화하면 연결해주기)

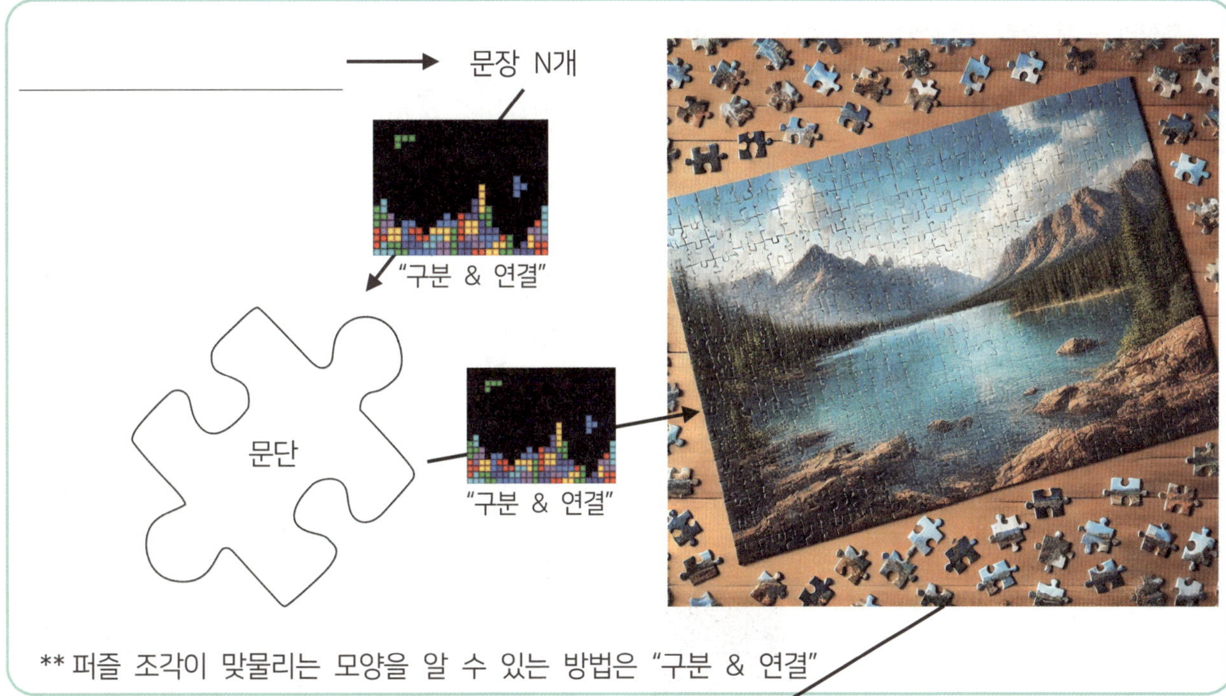

결국 "독해란 무엇인가?"는 위 그림과 같은 이미지 하나로 정리할 수 있다. 결국, 그리고 THEME 03과 관계지어 이해하면, 저 지문의 큰 그림은 구체적으로 아래와 같다는 것을 어렵지 않게 알 수 있을 것이다.

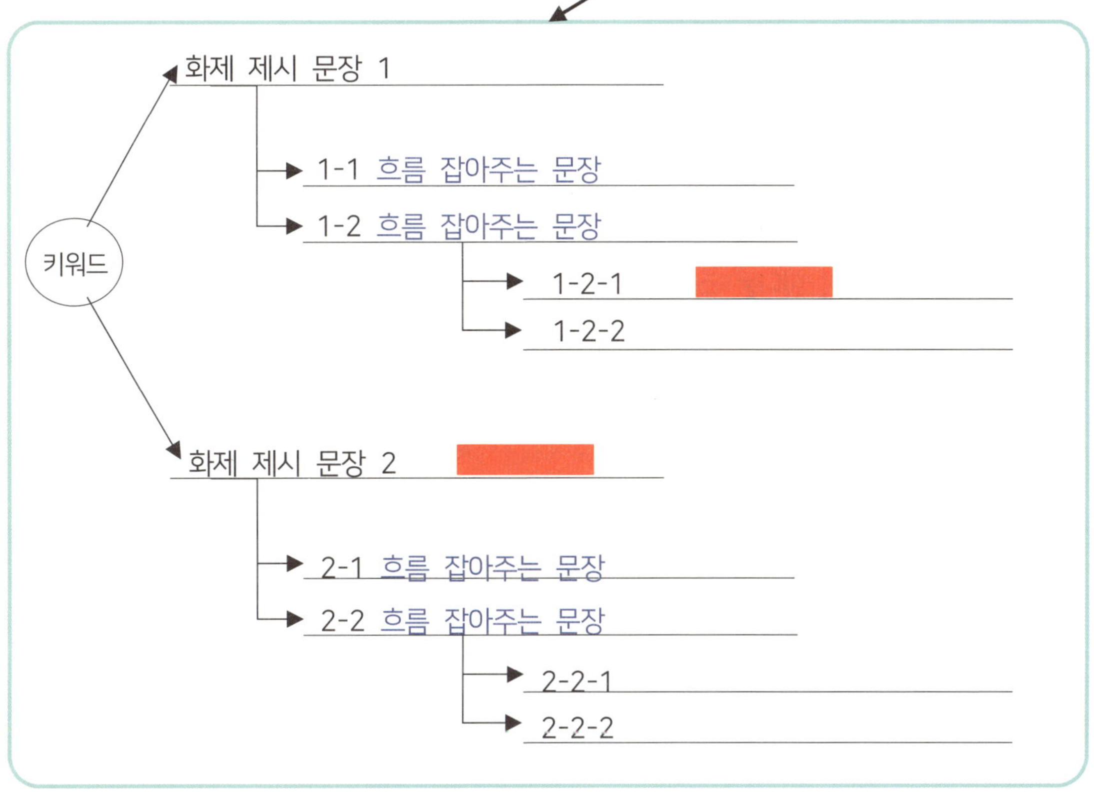

구체적인 독해 방법(구분&연결을 어떻게 해야 하는지)은 이미 THEME 03에서 정리 했다. **이번 토픽은 그 전체적인 그림을 다시 한번 그려준 것이라고 할 수 있다.** THEME 03에서 만든 행동강령을 간단한 하나의 그림으로 정리한 것이기 때문에, 저 그림을 보고 왜 저렇게 정리되나 설명할 수 있으면 된다. 글로 행동강령을 기억하고 정보를 처리하는 것 보다, 글을 읽을 때마다 아래와 같은 그림을 그리면서 정보를 처리하는 것이 더 체화하기 좋을 것이다.

시각화의 효과는 엄청나다. 단, 앞서 말했듯이 저 그림을 보고 왜 저렇게 정리되나 설명할 수 있어야만 한다. 완벽한 이해가 바탕이 되어야 한다는 소리다. 이 시점에서 다시 한번 THEME 03을 복습하며 되짚어보고 넘어가자.

■ 문장의 구분과 연결에 대해 : "표지어의 도움을 받는다. 표지어가 없으면 내용으로 판단한다."

지금까지 계속 문장과 문장의 구분과 연결을 독해에 있어서 핵심이 되는 생각으로 제시해 왔다. 이 구분과 연결에 대해 STEP 02에서 배운 내용과 연결해 조금 더 알아보고 넘어가도록 하자. 앞서 배웠던 PART B 총정리와 같은 내용인데, 한번 더 복습한다고 생각하면 된다.

 # 문장 연결 : 표지어를 적극적으로 활용한다. 표지어가 없으면 내용만 활용해 연결한다.

[1] 인과로 연결
원인과 결과로 연결되는 문장은 화살표로 연결하며 그 흐름을 따라 읽어준다. 예시는 앞에서 이미 설명했다.
활용되는 표지어 : 이에 따라, 따라서, ~을 통해, ~하면, 그래서, ~함으로써, 때문에 등

[2] 예시 붙이기
일반적인 설명과 예시는 붙여서 읽는다. 어떻게 적용되는지 매칭 해야 한다. 예시는 앞에서 이미 설명했다.
활용되는 표지어 : 예를 들어, 다음 상황을 보자, 예시로 들면, 예컨대 등

[3] 개념 정의 확보 후 입혀 읽기
이게 이 단어를 활용해서 어떤 다른 거를 말하기 전에 그 단어의 뜻을 말해주는 보조 정보인지, 아니면 그 자체로 핵심 정보인지 구분하는 것이 중요하다.
그리고 어떤 의미 단위(단어 내지 구)의 정의가 주어지면, 이후 해당 의미 단위를 활용해서 어떤 내용을 서술할 때, 앞의 보조 정보에서 나온 그 의미 단위의 구체적인 정의를 입혀서 읽어야 한다.

[4] 구체화 (살덩이 붙이기)
구체화란, 불완전한 정보에 살을 붙여 완전한 정보로 만드는 것이다. 정보가 불완전한지 완전한지는 우리가 판단하는 것이 아니다. 그냥 앞에 나온 정보에 새로운 정보를 더해 살덩이를 붙여주는 내용이 등장하면, "아 앞의 정보가 불완전해서 추가적인 정보를 붙여주는구나."하고 연결해서 이해해주면 된다. 순접의 표지어가 힌트가 될 수 있다.

[5] 재진술 (같은 의미, 다른 표현)
앞의 정보와 의미는 같으나 표현만 좀 다르게 해서 서술한 경우 연결해서 같은 의미에 해당하는 의미 단위끼리 연결해줘야 한다. 순접의 표지어가 힌트가 될 수 있다.

[6] 앞 문장에서 특정 요소 빼 와서 구체적으로 설명 (공식도 여기 해당)
우리가 앞에서 공식을 학습할 때, 먼저 제시된 어떤 공식에서 특정 요소를 빼와서, 그 아래 문장에 "여기서 이 요소는 A와 B를 더하는 방식으로 구해진다." 이렇게 쓰면 이 요소끼리 연결해서 공식을 완성해 주라고 했다. 이와 같은 방식으로, "~~~~~~~~A~~~~~~~." 이런 문장 뒤에 "(여기서) A는 ~~~~"이런 느낌으로 앞의 문장에서 특정 요소를 빼와서 구체적으로 설명하면, 앞 문장과 연결해서 "~~~~~~~(~~~~인)A~~~~~~." 머릿속에서 이런 느낌으로 문장을 연결해서 이해하자.

 # 문장 구분 : 표지어를 적극적으로 활용한다. 표지어가 없으면 내용만 활용해 연결한다.

앞에서 설명하던 범주와 다른 범주가 등장하면, 구분해준다. 앞에 17가지 테크닉에서 배웠던 내용 중에 원칙과 예외를 구분해주기, 순서·과정이나 나열이 나올 때 각 의미 단위별로 끊어서 각각 넘버링 해주기가 이에 해당한다.
이때, **역접의 표지어(그러나, 반면, 다만 등)와 범주change를 암시하는 표지어(한편)**를 활용하면 쉽게 구분할 수 있다. 표지어가 없다면 내용만을 활용해 구분해준다.

■ 지금까지 뭘 배웠나

[STEP 1] 평가원 지문의 뼈대를 잡아보자

■ Theme 1. "평가원 지문에는 어떤 정보가 담겨있나?"
■ Theme 2. "평가원은 이런 정보를 글로 어떻게 표현하는가?"
■ Theme 3. 행동강령 수립 - "뼈대를 잡으면서 글을 읽는 방법."

[STEP 2] 평가원이 지문 뼈대에 살덩이를 붙이는 테크닉

■ Theme 4. 평가원이 정보를 구체화하는 17개의 메커니즘 + 행동강령
■ Theme 5. 반드시 확보해야 하는 특수 정보

[STEP 3] 실전 tip

■ Theme 6. 시각적 모델링 (지문 위에 / 지문 옆에)
■ Theme 7. 이해가 도저히 안 되면, "그런갑다."

CHAPTER 1은 위와 같이 구성되어 있었다. 이를 짚어보고 넘어갈 필요가 있다. 독해 행동강령을 도출하기 위해서는 글이 어떻게 생긴지 알아야 해서 글에 어떤 정보가 들어있고 그게 어떻게 글로 표현되는지 공부했다.

그리고, 이를 바탕으로 행동강령을 도출했다. "글쓴이는 이런 생각을 하면서 요렇게 글을 만들어. 그러니까 너는 이렇게 읽어야돼." 이런 논리다.

그렇게 지문의 뼈대, 더 정확히 말하면 목차를 짜면서 글을 읽을 때, 그 목차가 구체적으로 만들어지는 메커니즘, 그리고 거기에 살덩이를 붙이는 메커니즘을 STEP 2에서 학습했다.

마지막 STEP 3에서는, 그렇게 핵심 정보라는 한 폭의 그림 퍼즐을 완성하는데 어려움이 닥칠 경우를 대비해 예방조치 및 응급처치 수단을 두 개 학습했다.

이제, 지금까지 배운 내용을 지문에 적용해볼 것이다. 예시 지문을 먼저 읽어보고 나서, [내가 읽을 때 한 생각과 해설의 생각을 비교하며] 읽어보면 된다.

Theme 9. 예시 지문

[개요]

■ 지금까지 배운 비문학 지문 독해 공식을 이제 실제 평가원 지문에 적용해 볼 단계이다. 지문이 어떤 원리로 만들어지는지, 핵심 정보의 3가지 패턴이 실제로 어떻게 구현되어 있는지에 집중하자.

■ 먼저, 초반부 독해에 대해 학습한 이후, 풀 지문 독해를 학습할 것이다.

[목차]

TOPIC 01. 지문 초반부 독해 (1문단을 중심으로)

■ 앞서 설명했던 지문 초반부 독해 방법

글을 시작하는 곳이기 때문에 키워드를 도입하고, 그 키워드에 대해 궁극적으로 이 글에서 다루고자 하는 화제를 끌어내기 위한 빌드업을 한 후 '화제 제시 문장'이 나오는 흐름인 경우가 굉장히 많다. '미괄식' 구성 (끝에 결론 제시)이 많다.

따라서, 초반부 독해에서는 첫 번째 화제 제시 문장이 확정될 때까지는 계속해서 모든 문장이 화제 제시 문장이 될 수 있다는 마인드로 읽어야 한다. 정보에 경중을 두지 말아야 한다는 소리다. 그렇게 한 문장 한 문장 다가올 때, 내가 지금 읽고 있는 문장은 앞 문장을 기반으로 읽어야 한다. "앞에 나온 정보를 끌고와서 구체화하는지, 아니면 아예 다른 범주의 정보가 등장하는지 계속 확인해야 한다."라고 기억하면 된다. 그 과정에서, 키워드에 대한 문제점이나 의문이 제기되면 그게 화제일 가능성이 높은데, 이 두 개가 주어지지 않는다면 키워드에 대해 뭐가 구체화될지 후보군을 선정한 후 이어지는 내용에서 실시간으로 그중에 끌고 내려와서 구체화하는 것을 판단하는 수밖에 없다.

결국, 사고는 [키워드 -> 키워드를 포함한 문장들 -> 핵심 정보의 3가지 패턴 중 어떤 것인지 암시하는 화제 제시 문장] 이렇게 확장되는 것이다.

■ 1문단에서는 더 빡세게 연결하기

1문단은 그 이전에 누적된 내용이 없기 때문에 문장과 문장의 연결에 의존할 수밖에 없다. 따라서, 1문단에서는 **특히 문장과 문장의 연결을 엄청 빡세게 해야 하고, 모든 정보를 과하다고 할 정도로 확보해줘야 한다.** 여기에 더해, 1문단은 지문의 초반부이기 때문에 키워드와 그 키워드에 대한 화제를 찾는 것이 매우 중요하다. 이를 고려하면 1문단에서 신경 써야 할 부분은 크게 네 가지가 있다.

[1] 용어의 개념을 정의해주면, 그 용어는 핵심 정보를 도입하기 위해 필수적으로 필요한 정보가 될 가능성이 크다.
[2] 다른 문장을 읽을 때처럼, 앞의 17가지 메커니즘을 활용해 문장과 문장을 유기적으로 연결하며 읽는다.

1, 2를 고려해 읽으면서 3번, 4번, 5번, 6번, 7번을 하면 된다. 좀 길어질 수 있으니 다음 쪽으로 넘기도록 하겠다.

[3] 키워드에 대한 서술을 끌고 내려와서 구체화하고, 끌고 내려와서 구체화하고

1문단은 보통 이런 구성이 되게 흔하다.

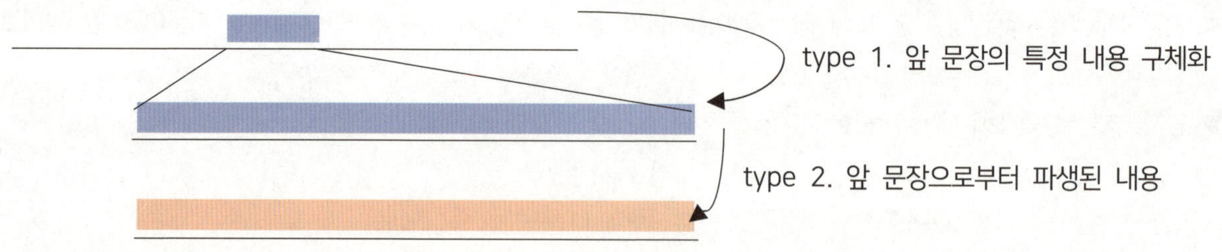

결국, 키워드에 대한 크고 일반적인 내용에서 시작해서 여러 서술 범주를 나열하거나, 점점 앞 문장의 일부를 끌고 내려와서 구체화 시키거나, 앞 문장으로부터 더 좁은 범위의 이야기를 파생시키는 방식으로 '빌드업'을 진행해서 결론(핵심 정보)이 도출되는 것이다. "이에 따라, 그래서, 그러므로" 등의 표지어를 활용해 최대한 문장과 문장을 붙이며 그 '흐름'을 타야한다. 그 흐름에서 가장 마지막에 도출되는 내용이 핵심 정보로 직결될 가능성이 크다.

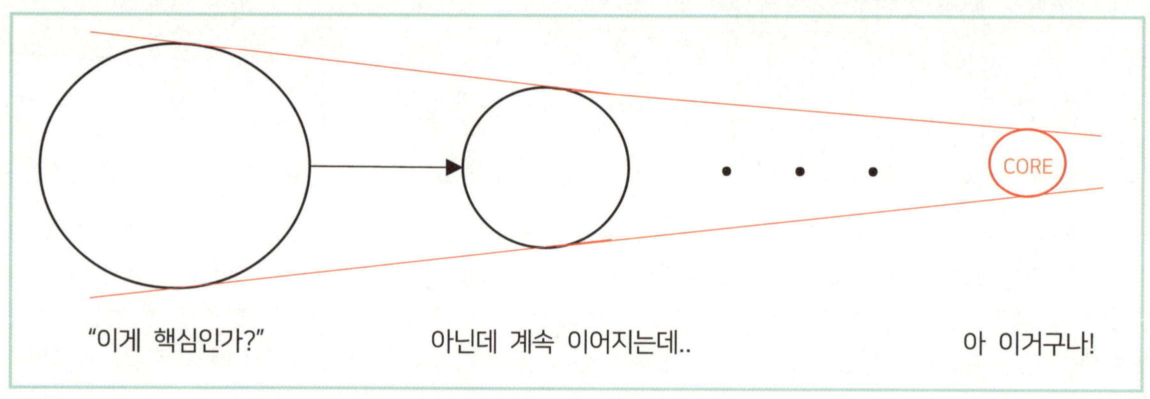

⇒ 이때, 문장이 누적됨에 따라 이런 생각을 해주면 된다.

[4] 무슨 말인지 모르겠으면, 호기심을 가져라. 그리고 홀딩.

"무슨 말인지 모르겠다."의 기준이 뭘까? 두 가지로 나뉜다.

첫째, 앞서 STEP 2에서 '추상적, 포괄적'으로 제시되어 주관적으로 해석될 여지가 있는 범주를 학습했다. 1문단에서 그런 내용이 나오면 그 내용이 있었다는 점을 홀딩하고 있다가 나중에 구체화되면 반응해줘야 한다.

둘째, 1문단은 이전에 누적되어 온 정보가 없기 때문에 보조 정보가 매우 부족할 수 있다. 따라서 배경지식에 없는 전문적 지식이나 용어를 사용해서 이게 무슨 말인지 도저히 납득이 안되면 일단 "그런갑다."하고 정보의 처리에 집중한 후, 나중에 그 내용에 대해 구체적으로 설명해줄 때 반응해주고 확보하면 된다.

이때, 호기심을 가지라는 것은, "나중에 그 내용이 구체화될 때 반응할 준비를 해두자."라고 할 수 있다. 그러기 위해 인위적으로라도 해당 내용이 나오면 "하...이게 뭔 소리지? 이거 완벽히 이해하려면 설명이 좀 더 필요한데!"라는 생각을 하도록 하자. 바로 1문단에서 이어지는 문장으로 구체화해주면 편하지만, 멀리 떨어진 문단에서 구체화하는 경우에는 이렇게 인위적으로라도 호기심을 가져서 홀딩 해주지 않으면 반응하기 쉽지 않을 것이다.

[5] 시각화될 수 있는 것은 시각적 모델링 하기

원래 그 정보가 시각적인 형태인데 그것을 글의 형태로 바꿔서 표현한 부분이 나오면, 무조건 그것을 다시 간략한 그림을 통해 다시 그 형태를 시각적으로 바꾸는 과정을 거쳐 확실하게 이해를 하고 넘어가도록 하자.

[6] 1문단에서의 요소 쪼개기

앞서 요소 쪼개기에 대해 설명할 때, 쪼갠 후 각각에 대해 서술할 가능성이 높다고 했다. 따라서, 1문단에서 요소 쪼개기가 등장하면 그 각각에 대한 서술이 앞으로의 지문 서술 방향성이 될 수 있다. 따라서, 요소 쪼개기가 등장하면 반드시 가지치기 그림을 그려 확보해 두도록 하자.

[7] 1문단에서의 나열

1문단에서 그게 무엇이든 같은 범주에 대한 여러 가지 항목이 나열되면 무조건 넘버링해서 확보해 주자.

<comment>

(앞서 71쪽에서 글 초반부 독해를 아래 이미지와 같이 시각화 했었다. 지금 배우는 내용은 이에 대해 좀 더 구체화해 보는 과정이다.)

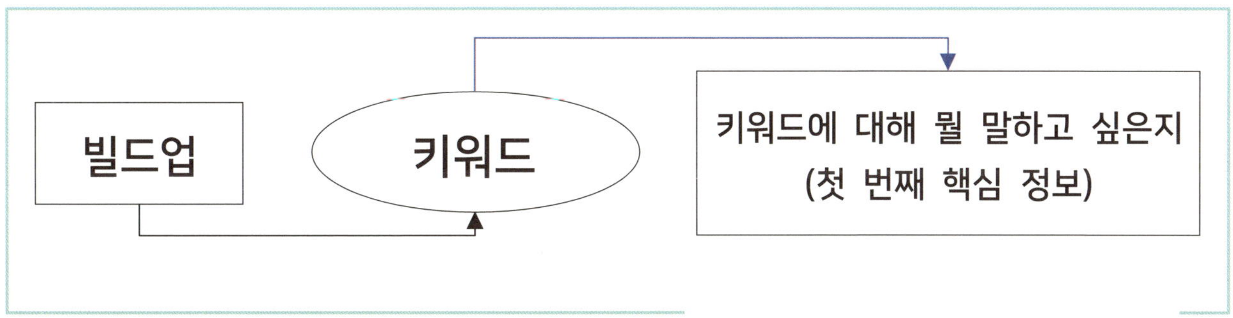

[1]과 [2]는 독해의 가장 기본적인 원리가 되는 것이고, 그 와중에 [3], [4], [5],[6].[7]를 하며 결국 1문단 끝까지 문장이 하나 하나 쌓일 때 계속해서 해야하는 생각은 바로 이것이다.

"그래서, 너가 하고 싶은 말이 뭔데?"

이걸 찾는게 1문단의 핵심이다. "아, 이 키워드가 주제이구니, 그러면 너가 이 키워드에 대해 뭘 말하고 싶은 건데?"에 집중하라는 것이다. 그렇게 끝까지 읽고 나온 결론에 따라, 1문단은 크게 두 가지 타입으로 귀결된다.

이러면, 다음 문단으로 들어가서 실시간으로 문장을 누적하며 키워드에 대해 무슨 말을 하고 있는지 스스로 찾아 나가는 수 밖에 없다. 이때, 1문단에서 화제로 자주 구체화되는 소재들이 있는데, 1문단을 읽을 때 이런 정보들을 의식해서 확보해 뒀다가, 이후 문단에서 만약 그 내용이 구체화 된다면 반응해주는 것이 좋다.

[A] 1문단에서의 요소 쪼개기다. 앞서 요소 쪼개기에 대해 설명할 때, '쪼개고 나서 각각을 서술'하는 경우가 많다고 했다. 따라서, 1문단에서 요소 쪼개기가 도입된다면, '각각을 서술하는 것'이 앞으로의 글 서술 방향이 될 수 있다.

[B] 앞서 언급했던 "[4] 무슨 말인지 모르겠다면, 호기심을 가져라. 그리고 홀딩"이 부분이 핵심 정보로 귀결될 가능성도 있다.

이런 두 가지 후보군은 1문단을 읽을 때 항상 해줘야 하는데, 만약 TYPE 1과 같이 키워드에 대해 구체적으로 무엇을 말할 것인지가 뚜렷하지 않으면 이런 후보군이 구체화되는지 집중하도록 하자.

핵심 정보는 타입이 여러 가지다. 앞서 이에 대해 공부했었다. 키워드에 대해 평서문으로 뭘 설명할지 제시, 키워드와 관련된 문제상황 제기, 키워드와 관련된 의문 제기, 이렇게 세 가지가 있다. 이런 내용이 확정지어 지면 그냥 땡큐! 하고 그 핵심 정보에 초점을 맞춰 정보를 누적해 나가면 된다.

1문단이 TYPE 1과 같을 수 있기 때문에 앞서 "지문 초반부"가 아래와 같이 생겼다고 처음 설명할 때,

이런 지문 초반부가 1문단 내지 2문단까지라고 한 것이다. **지문 초반부 독해는 건물을 세울 때 기초 공사를 하는 것과 같다.** 기초 공사가 부실하면 건물을 지어 올려봤자 쉽게 무너질 수 밖에 없다. 특히, 그 기초 공사에서 1문단 독해가 가장 중요하다고 할 수 있다. 따라서 1문단에서는 문장과 문장의 구분과 연결을 하며 각종 정보를 과하다고 할 만큼 확보해야 한다는 것이다. 그리고, 1문단과 2문단만 잘 붙여도 그 지문을 거의 70%는 정복하거나 다름 없다.

이제 예시 지문을 통해 이해도를 높여보도록 하자.

■ 1문단-2문단 예시 지문

1문단은 아래와 같이 분류할 것이다.

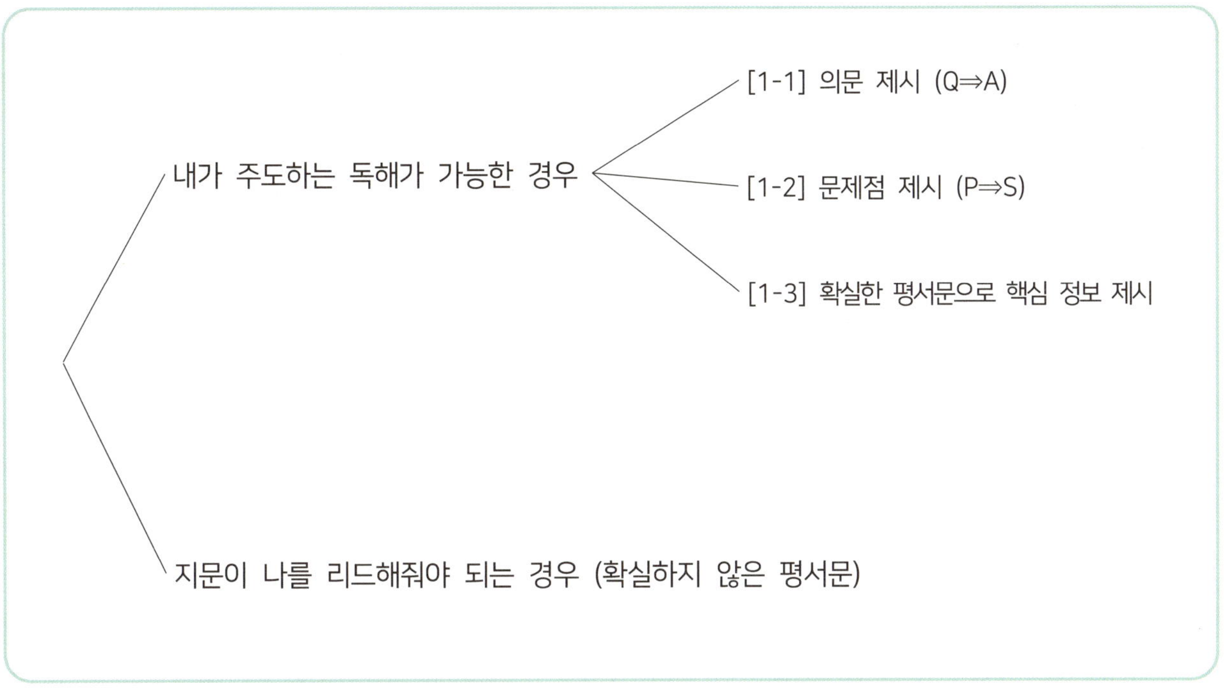

내가 주도하는 독해가 가능한 경우는 앞서 나눴던 1문단의 두 가지 타입 중, [TYPE 02. 아 너가 이 키워드에 대해 이런 말을 하고 싶은 거구나!!]에 해당한다. 그리고 당연히 지문이 나를 리드해줘야 되는 경우는 [TYPE 01. 키워드는 알겠는데, 그래서 너가 무슨 말을 하고 싶은 건데??]에 해당한다. 거기에, 추가적으로 전자의 경우를 세부적으로 세 가지로 더 쪼갰다. 예시 지문을 통해 학습해 보도록 하자.

그리고, 여기서 '너가 하고 싶은 이야기'는 바로 앞서 배웠던 이 3가지 타입의 핵심 정보를 뜻한다. 1문단에서 그게 확실히 잡힌다는 것은, '핵심 정보 제시 문장'이 뚜렷하게 잡힌다는 것을 의미한다.

Ⅰ. 키워드에 대해 뭘 설명할지 제시되는 경우 (문제점, 질문 제외) : 평서문
Ⅱ. 키워드와 관련된 문제점(P) -> 해결책(S) : 문제 제시
Ⅲ. 키워드와 관련된 의문(Q) -> 답변(A) : 의문 제시

1문단에서 그게 확실히 잡힌다는 것은, '핵심 정보 제시 문장'이 뚜렷하게 잡힌다는 것을 의미한다.

자, 그럼 예시 지문을 통해 지문 독해에서 가장 중요한 초반부 독해, '1-2문단 붙이기'를 어떻게 해야 하는지 배워보도록 하자.

1. 아 그렇구나. 그래서?
2. 이게 대체 뭘까..?
3. 연결: "어? 위에 붙네!"
4. 구분: "신규 정보다!"

⇒ 이 네 가지 생각을 이용해 1문단~2문단을 뚫을 것이다.

[유형 01] 내가 주도하는 독해가 가능한 경우

[유형 1-1] 의문 제시 (Q⇒A)

≫ 1문단에서 의문이 제시되었는데, 그 의문에 대한 답이 같이 제시되지 않았다면 그 의문에 대한 답을 구하는 것이 글의 핵심 정보가 될 확률이 가장 높다.

≫ 예시 2 ~ 예시 5와 같이 보조 정보가 무엇인지 암시해주는 경우도 있다. 이때 해야 할 생각도 뚜렷하다.

≫ "아 이 의문에 대한 답이 너무 궁금하다...너무 궁금해..궁금해 죽겠다."라고 스스로 세뇌시키며, 그 의문에 대한 답이 나오면 바로 반응해줄 준비를 하고 읽어야 한다.

[예시 1] 2017학년도 6평 28번~33번 <음악적 아름다움> 中

음악은 소리로 이루어진 예술이다. 예술이 아름다움을 추구한다면 음악 또한 아름다움을 추구해야 할 것이다. 그렇다면 아름다운 음악 작품은 듣기 좋은 소리만으로 만들어질 수 있는 것일까? 음악적 아름다움은 어떻게 구현되는 것일까?

음악은 소리로 이루어진 예술이다.
 음악에 대한 새로운 정의네. 박스 치고 뜻 확보.
예술이 아름다움을 추구한다면 음악 또한 아름다움을 추구해야 할 것이다.
 위에서 음악이 예술이라고 했으니까 ㅇㅋ 납득 가능 근데, 그래서 어쩌라고?
그렇다면 아름다운 음악 작품은 듣기 좋은 소리만으로 만들어질 수 있는 것일까? 음악적 아름다움은 어떻게 구현되는 것일까?
 아 결국 이 말 하고 싶어서 앞에 두 문장으로 빌드업 한 거구나. 이제 음악적 아름다움은 어떻게 구현되는 것인지 찾는 데 집중하자.

[예시 2] 2024학년도 9평 8번~11번 <초정밀 저울> 中

저울은 흔히 지렛대의 원리를 이용하거나 전기 저항 변화를 측정하여 질량을 잰다. 그렇다면 초정밀 저울은 기체 분자나 DNA와 같은 미세 물질의 질량을 어떻게 잴까? 이에 답하기 위해서는 압전 효과에 대한 이해가 필요하다.

저울은 흔히 ①지렛대의 원리를 이용하거나 ②전기 저항 변화를 측정하여 질량을 잰다.
저울이 질량 재는 방법 나열하네, 일단 넘버링 해주자. 근데, 그래서 어쩌라고?
그렇다면 초정밀 저울은 기체 분자나 DNA와 같은 미세 물질의 질량을 어떻게 잴까? 이에 답하기 위해서는 압전 효과에 대한 이해가 필요하다.
아 결국 이 말 하고 싶어서 그랬구나. 이제 압전 효과를 이해하고, 그 보조 정보를 이용해서 초정밀 저울이 미세 물질의 질량을 어떻게 재는지 찾는 데 집중하자.

[예시 3] 2015학년도 수능 B 25번~26번 <슈퍼문> 中

우리는 가끔 평소보다 큰 보름달인 '슈퍼문(supermoon)'을 보게 된다. 실제 달의 크기는 일정한데 이러한 현상이 발생하는 까닭이 무엇일까? 이 현상은 달의 공전 궤도가 타원 궤도라는 점과 관련이 있다.

우리는 가끔 평소보다 큰 보름달인 '슈퍼문(supermoon)'을 보게 된다.

뭐 봐본 적은 없긴 한데ㅇㅋ…근데 어쩌라고?

실제 달의 크기는 일정한데 이러한 현상이 발생하는 까닭은 무엇일까? 이 현상은 달의 공전 궤도가 타원 궤도라는 점과 관련이 있다.

그러게..? 생각해보니까 실제 달의 크기는 일정한데 왜 그러지? 이유를 찾아보는데 집중해야겠다. 아 근데 일단 달의 공전 궤도가 타원 궤도라는 점을 이해해야 겠군.

[예시 4] 2016학년도 9평B 21번~24번 <기술 발달에 따른 사회 변화> 中

기술이 급속하게 발달함에 따라 인간의 삶은 더욱 여유롭고 의미 있는 것으로 될 것인가, 아니면 더욱 바쁘고 의미 없는 것으로 전락할 것인가? '사색적 삶'과 '활동적 삶'을 대비하여 사회 변화를 이해하는 방식은 이런 물음의 답을 구하는 데 도움이 된다.

기술이 급속하게 발달함에 따라 인간의 삶은 더욱 여유롭고 의미 있는 것으로 될 것인가, 아니면 더욱 바쁘고 의미 없는 것으로 전락할 것인가?

시작하자마자 핵심 정보 주네. 땡큐! 저 질문에 대한 답을 찾으면 되겠다.

'사색적 삶'과 '활동적 삶'을 대비하여 사회 변화를 이해하는 방식은 이런 물음의 답을 구하는 데 도움이 된다.

보조 정보에 대한 힌트도 주네. 그냥 고맙다 이거는

[예시 5] 2022학년도 9평 10번~13번 <반 자유의지 논증> 中

인간의 본성에 관한 서로 다른 두 관점이 있다. 종교적 인간관에 따르면, 인간에게는 물리적 실체인 몸 이외에 비물리적 실체인 영혼이 있다. 영혼은 물리적 몸과 완전히 구별되며 인간의 결정의 원천이다. 반면 유물론적 인간관에 따르면, 인간은 물리적 몸에 지나지 않는다. 물리적 몸 이외에 영혼은 존재하지 않는다. 따라서 인간의 결정은 단지 뇌에서 일어나는 신경 사건이다. 이러한 두 관점 중 유물론적 인간관을 가정할 때, 인간은 자유롭게 선택할 수 있을까? 즉 인간에게 자유의지가 있을까? 가령 갑이 냉장고 문을 여니 딸기 우유와 초코 우유만 있다고 해보자. 갑은 이것들 중 하나를 자유의지로 선택할 수 있을까?

인간의 본성에 관한 서로 다른 두 관점이 있다.

① 종교적 인간관에 따르면, 인간에게는 물리적 실체인 몸 이외에 비물리적 실체인 영혼이 있다. 영혼은 물리적 몸과 완전히 구별되며 인간의 결정의 원천이다.

② 반면 유물론적 인간관에 따르면, 인간은 물리적 몸에 지나지 않는다. 물리적 몸 이외에 영혼은 존재하지 않는다. 따라서 인간의 결정은 단지 뇌에서 일어나는 신경 사건이다.

시작하자마자 인간의 본성에 관한 서로 다른 두 관점 나열해주네. 어떤 차이가 있는지에 집중하자. 영혼의 유무가 가장 큰 차이점이네!

유물론적 인간관을 가정할 때, 인간은 자유롭게 선택할 수 있을까?

그러게..? 생각해보니까 인간의 결정이 단지 뇌에서 일어나는 신경 사건이라고 가정한다면 자유롭게 선택한다고 할 수 있을까? 궁금하네.

즉 인간에게 자유의지가 있을까? 가령 갑이 냉장고 문을 여니 딸기 우유와 초코 우유만 있다고 해보자. 갑은 이것들 중 하나를 자유의지로 선택할 수 있을까?

앞의 질문을 자유의지라는 단어를 도입해서 구체화해주네. 결국 이 질문에 대한 답을 찾는게 이 글의 핵심 정보겠다.

[예시 1] 2021학년도 6평 29번~33번 <ICT 다국적 기업> 中

특허권은 발명에 대한 정보의 소유자가 특허 출원 및 담당 관청의 심사를 통하여 획득한 특허를 일정 기간 독점적으로 사용할 수 있는 법률상 권리를 말한다. 한편 영업 비밀은 생산 방법, 판매 방법, 그 밖에 영업 활동에 유용한 기술상 또는 경영상의 정보 등으로, 일정 조건을 갖추면 법으로 보호받을 수 있다. 법으로 보호되는 특허권과 영업 비밀은 모두 지식 재산인데, 정보 통신 기술(ICT) 산업은 이 같은 지식 재산을 기반으로 창출된다. 지식 재산 보호 문제와 더불어 최근에는 ICT 다국적 기업이 지식 재산으로 거두는 수입에 대한 과세 문제가 불거지고 있다.

일부 국가에서는 ICT 다국적 기업에 대해 디지털세 도입을 진행 중이다. 디지털세는 이를 도입한 국가에서 ICT 다국적 기업이 거둔 수입에 대해 부과되는 세금이다. 디지털세의 배경에는 법인세 감소에 대한 각국의 우려가 있다. 법인세는 국가가 기업으로부터 걷는 세금 중 가장 중요한 것으로, 재화나 서비스의 판매 등을 통해 거둔 수입에서 제반 비용을 제외하고 남은 이윤에 대해 부과하는 세금이라 할 수 있다.

특허권은 (발명에 대한 정보의 소유자가) (특허 출원 및 담당 관청의 심사를 통하여 획득한 특허를) 일정 기간 독점적으로 사용할 수 있는 법률상 권리를 말한다.
특허권 정의해주네, 박스 치고 확보하자.

한편 영업 비밀은 ①생산 방법, 판매 방법, 그 밖에 영업 활동에 유용한 기술상 또는 경영상의 정보 등으로, ②일정 조건을 갖추면 법으로 보호받을 수 있다.
엥 이거 먹던 그 맛이 아닌데? 새로운 용어인 영업 비밀 정의해주네, 박스 치고 확보하자.

법으로 보호되는 특허권과 영업 비밀은 모두 지식 재산
어? 위에 붙네! 아 앞에서 정의해준 두 용어는 전부 지식 재산에 속하구나. 요소 쪼개기네.

정보 통신 기술(ICT) 산업은 이 같은 지식 재산을 기반으로 창출
ICT..? 이거 먹던 그 맛이 아닌데? 아 결국 앞에서 설명했던 지식 재산은 보조 정보였고, ICT로 키워드가 넘어왔네. 근데 ICT 산업이 뭔지도 모르겠고..? 뭐 어쩌라는 거지

①지식 재산 보호 문제와 더불어 최근에는 ②ICT 다국적 기업이 지식 재산으로 거두는 수입에 대한 과세 문제가 불거지고 있다.
어? ICT에 붙는 정보인데! 오 문제점이 두 개나 제시됐네. 아직 그게 정확히 무슨 문제점이 있는지는 모르겠지만, 그 문제점을 구체화하고 이를 해결하는 것이 이 글의 핵심 정보겠네!

[예시 2] 2019학년도 6평 22번~26번 <임의 법규 단속 법규> 中

<table>
<tr><td>

사무실의 방충망이 낡아서 파손되었다면 세입자와 사무실을 빌려 준 건물주 중 누가 고쳐야 할까? 이 경우, 민법전의 법조문에 의하면 임대인인 건물주가 수선할 의무를 @진다. 그러나 사무실을 빌릴 때, 간단한 파손은 세입자가 스스로 해결한다는 내용을 계약서에 포함하는 경우도 있다. 이처럼 법률의 규정과 계약의 내용이 어긋날 때 어떤 것이 우선 적용되어야 하는가, 법적 불이익은 없는가 등의 문제가 발생한다.

</td><td>

사무실의 방충망이 낡아서 파손되었다면 세입자와 사무실을 빌려 준 건물주 중 누가 고쳐야 할까?
　시작부터 의문을 제시하네. 이거에 대한 답을 구하는 게 핵심 정보일라나..? 일단 답이 나오면 반응해야지.

이 경우, 민법전의 법조문에 의하면 임대인인 건물주가 수선할 의무를 @진다. 그러나 사무실을 빌릴 때, 간단한 파손은 세입자가 스스로 해결한다는 내용을 계약서에 포함하는 경우도 있다.
　바로 답이 나오긴 하네. 근데 법과 계약서로 CASE가 쪼개진다. 둘이 충돌하는데 어카지?

이처럼 법률의 규정과 계약의 내용이 어긋날 때 ①어떤 것이 우선 적용되어야 하는가, ②법적 불이익은 없는가 등의 문제가 발생한다.
　'이처럼' 으로 앞에 붙네! 연결해서 읽어야지. 역시 둘이 충돌한다는 점을 짚어줬네. 이로부터 문제점이 두 개 제시됐구나. 그러면 그 문제점을 해결하고 싶다... 이게 핵심 정보구나! 그 문제점에 대한 해결책이 나오면 반응해주자.

</td></tr>
</table>

[예시 3] 2017학년도 9평 31번~34번 <칼로릭 이론> 中

<table>
<tr><td>

　18세기에는 열의 실체가 칼로릭(caloric)이며 칼로릭은 온도가 높은 쪽에서 낮은 쪽으로 흐르는 성질을 갖고 있는, 질량이 없는 입자들의 모임이라는 생각이 받아들여지고 있었다. 이를 칼로릭 이론이라 ㉠부르는데, 이에 따르면 찬 물체와 뜨거운 물체를 접촉시켜 놓았을 때 두 물체의 온도가 같아지는 것은 칼로릭이 뜨거운 물체에서 차가운 물체로 이동하기 때문이라는 것이다. 이러한 상황에서 과학자들의 큰 관심사 중의 하나는 증기 기관과 같은 열기관의 열효율 문제였다.

</td><td>

〈18세기에는〉 ①열의 실체가 칼로릭(caloric)이며 ②칼로릭은 온도가 높은 쪽에서 낮은 쪽으로 흐르는 성질을 갖고 있는, 질량이 없는 입자들의 모임이라는 생각이 받아들여지고 있었다.
　시기 나왔으니까 자동 반사로 < > 체크해주고, 아 그때 두 가지 생각 있었다고 나열되었네. ㅇㅋ 어쩌라고?

이를 칼로릭 이론이라 ㉠부르는데, 이에 따르면 찬 물체와 뜨거운 물체를 접촉시켜 놓았을 때 두 물체의 온도가 같아지는 것은 칼로릭이 뜨거운 물체에서 차가운 물체로 이동하기 때문이라는 것이다.
　어? 위에 붙네! 아 그 두 가지 생각이 칼로릭 이론이고, 부가 설명도 있네. ㅇㅋ 그러시구나 그래서 뭐?

이러한 상황에서 과학자들의 큰 관심사 중의 하나는 증기 기관과 같은 열기관의 열효율 문제였다.
　아 앞에 나온 '이러한 상황' 은 결국 열기관의 열효율 문제를 도입하기 위한 빌드업이었군. 그럼 이게 뭐가 문제인지는 모르겠지만, 일단 이 문제점 구체화하고 해결하는 것이 이 글의 핵심 정보겠군.

</td></tr>
</table>

[예시 4] 2024학년도 수능 8번~11번 <결측치와 이상치> 中

> 데이터를 처리할 때 데이터의 정확성은 매우 중요하다.
> 그런데 데이터에 결측치와 이상치가 포함되면 데이터의
> 특징을 제대로 ⓐ나타내기 어렵다.
> 결측치는 데이터 값이 ⓑ빠져 있는 것이다.

데이터를 처리할 때 데이터의 정확성은 매우 중요하다.
　당연한거 아님? 그래서 어쩌라고?
그런데 데이터에 결측치와 이상치가 포함되면 데이터의
특징을 제대로 ⓐ나타내기 어렵다.
　와 이거 문제네.. 근데 결측치가 뭐고 이상치가 뭐임?
그리고 그게 포함되면 데이터의 특징을 왜 제대로
나타내기 어렵다는 거지? 일단 이런 점들을 해결해
줄거 같다. 문제점을 구체화하고 해결하는 것이 핵심
정보겠군.

[예시 5] 2023학년도 6평 14번~17번 <이중차분법> 中

경제학에서는 증거에 근거한 정책 논의를 위해 사건의
효과를 평가해야 할 경우가 많다. 어떤 사건의 효과를 평
가한다는 것은 사건 후의 결과와 사건이 없었을 경우에
나타났을 결과를 비교하는 일이다. 그런데 가상의 결과는
관측할 수 없으므로 실제로는 사건을 경험한 표본들로 구
성된 시행집단의 결과와, 사건을 경험하지 않은 표본들로
구성된 비교집단의 결과를 비교하여 사건의 효과를 평가한
다. 따라서 이 작업의 관건은 그 사건 외에는 결과에 차
이가 ⓐ날 이유가 없는 두 집단을 구성하는 일이다. 가령 어
떤 사건이 임금에 미친 효과를 평가할 때, 그 사건이 없었다
면 시행집단과 비교집단의 평균 임금이 같을 수밖에 없도록
두 집단을 구성하는 것이다. 이를 위해서는 두 집단에 표
본이 임의로 배정되도록 사건을 설계하는 실험적 방법이 이
상적이다. 그러나 사람을 표본으로 하거나 사회 문제를 다
룰 때에는 이 방법을 적용할 수 없는 경우가 많다.
　이중차분법은 시행집단에서 일어난 변화에서 비교집단
에서 일어난 변화를 뺀 값을 사건의 효과라고 평가하는
방법이다. 이는 사건이 없었더라도 비교집단에서 일어
난 변화와 같은 크기의 변화가 시행집단에서도 일어났
을 것이라는 평행추세 가정에 근거해 사건의 효과를 평
가한 것이다. 이 가정이 충족되면 사건 전의 상태가 평
균적으로 같도록 두 집단을 구성하지 않아도 된다.

경제학에서는 (증거에 근거한 정책 논의를 위해) 사건의
효과를 평가해야 할 경우가 많다.
　아 그렇구나. 근데 사건의 효과가 뭐임? 그리고 증거
에 근거한 정책 논의를 하려면 왜 그걸 평가해야됨?

어떤 사건의 효과를 평가한다는 것은 사건 후의 결과와
사건이 없었을 경우에 나타났을 결과를 비교하는 일이다.
　오 궁금했던거 바로 해결해주네. 앞에 붙여서 확보.
정의니까 박스치고 이해 확실히 하고 넘어가자.

그런데 가상의 결과는 관측할 수 없으므로 실제로는 사건
을 경험한 표본들로 구성된 시행집단의 결과와, 사건을
경험하지 않은 표본들로 구성된 비교집단의 결과를 비교
하여 사건의 효과를 평가한다.
　앞 내용에 붙네. 가상의 결과는 관측할 수 없다는 문
제점이 있고, 그 해결책으로 실제로는 이렇게 평가하는군.

따라서 이 작업의 관건은 그 사건 외에는 결과에 차이
가 ⓐ날 이유가 없는 두 집단을 구성하는 일이다. 가령 어
떤 사건이 임금에 미친 효과를 평가할 때, 그 사건이 없었
다면 시행집단과 비교집단의 평균 임금이 같을 수밖에 없
도록 두 집단을 구성하는 것이다. 이를 위해서는 두 집단
에 표본이 임의로 배정되도록 사건을 설계하는 실험적 방
법이 이상적이다.
　'따라서' 를 써서 앞 내용에 붙이네. 이 작업의 관
건과 그를 위한 방법을 제시하고 있어.

그러나 사람을 표본으로 하거나 사회 문제를 다룰 때에
는 이 방법을 적용할 수 없는 경우가 많다.
　문제점이다! 여기서 '이 방법' 은 바로 앞 문장에
나온 방법을 의미하고, 사람을 표본으로 하거나 사회
문제를 다룰 때는 이를 사용할 수 없네.. 어떻게 해결해
야 하지? 이게 핵심 정보겠다.

[예시 6] 2021학년도 6평 25번~28번 <영상 안정화 기술> 中

<table>
<tr><td>

　　일반 사용자가 디지털 카메라를 들고 촬영하면 손의 미세한 떨림으로 인해 영상이 번져 흐려지고, 걷거나 뛰면서 촬영하면 식별하기 힘들 정도로 영상이 흔들리게 된다. 흔들림에 의한 영향을 최소화하는 기술이 영상 안정화 기술이다.

　　영상 안정화 기술에는 빛을 이용하는 광학적 기술과 소프트웨어를 이용하는 디지털 기술 등이 있다. 광학 영상 안정화(OIS) 기술을 사용하는 카메라 모듈은 렌즈 모듈, 이미지 센서, 자이로 센서, 제어 장치, 렌즈를 움직이는 장치로 구성되어 있다.

</td><td>

일반 사용자가 디지털 카메라를 들고 촬영하면 ①손의 미세한 떨림으로 인해 영상이 번져 흐려지고, ②걷거나 뛰면서 촬영하면 식별하기 힘들 정도로 영상이 흔들리게 된다.

　시작하자마자 문제점 두 개 제시되네. 나열이니까 넘버링 해주고, 근데 이거를 어떻게 해결하지?

흔들림에 의한 영향을 최소화하는 기술이 영상 안정화 기술이다.

　앞 내용이랑 붙네! 바로 해결책이 제시되었다. 근데 영상 안정화 기술로 저걸 어떻게 해결한다는 거지? 그래 그걸로 해결한다는 거는 알겠어. 근데 어떻게 해결한다는 건지 설명을 해줘야 알지. 이게 핵심 정보겠네.

</td></tr>
</table>

[예시 7] 2025학년도 9평 4번~7번 <공정거래법과 표시광고법> 中

<table>
<tr><td>

　　공정거래위원회는 시장 경쟁을 촉진하고 소비자 주권을 확립하기 위해, 사업자의 불공정한 거래 행위와 부당한 광고를 규제한다. 이를 위해 '공정거래법'과 '표시광고법'을 활용한다.

　'공정거래법'은

</td><td>

공정거래위원회는 시장 경쟁을 촉진하고 소비자 주권을 확립하기 위해, ①사업자의 불공정한 거래 행위와 ②부당한 광고를 규제한다.

그래.. 불공정한 거래..부당한 광고.. 고것 참 문제네.. 규제 해야지. 근데 어떻게 규제한대?

이를 위해 '공정거래법'과 '표시광고법'을 활용한다.

　앞 내용이랑 붙네! 바로 해결책이 제시되었다. 근데 두 가지 법으로 저걸 어떻게 해결한다는 거지? 그래 그걸로 해결한다는 거는 알겠어. 근데 어떻게 해결한다는 건지 설명을 해줘야 알지. 이게 핵심 정보겠네.

</td></tr>
</table>

[예시 8] 2019학년도 9평 29번~32번 <STM> 中

<table>
<tr><td>

　　㉠주사 터널링 현미경(STM)에서는 끝이 첨예한 금속 탐침과 도체 또는 반도체 시료 표면 간에 적당한 전압을 걸어 주고 둘 간의 거리를 좁히게 된다. 탐침과 시료의 거리가 매우 가까우면 양자 역학적 터널링 효과에 의해 둘이 접촉하지 않아도 전류가 흐른다. 이때 탐침과 시료 표면 간의 거리가 원자 단위 크기에서 변하더라도 전류의 크기는 민감하게 달라진다. 이 점을 이용하면 시료 표면의 높낮이를 원자 단위에서 측정할 수 있다. 하지만 전류가 흐를 수 없는 시료의 표면 상태는 STM을 이용하여 관찰할 수 없다. 이렇게 민감한 STM도 진공 기술의 뒷받침이 있었기에 널리 사용될 수 있었다.

　　STM은 대체로 진공 통 안에 설치되어 사용되는데 그 이유는 무엇일까?

</td><td>

주사 터널링 현미경(STM)
라는 키워드에 대해,
시료 표면의 높낮이를 원자 단위에서 측정할 수 있다.
이게 가능한 원리를 인과를 활용해 설명하고 있네.

하지만 전류가 흐를 수 없는 시료의 표면 상태는 STM을 이용하여 관찰할 수 없다.
고것 참 문제네..이런 문제는 어떻게 해결하지?

　이렇게 민감한 STM도 진공 기술의 뒷받침이 있었기에 널리 사용될 수 있었다.
앞 내용이랑 붙네! 바로 해결책이 제시되었다. 근데 진공 기술이 저길 어떻게 해결한다는 거지? 그래 그걸로 해결한다는 거는 알겠어. 근데 어떻게 해결한다는 건지 설명을 해줘야 알지. 이게 핵심 정보겠네.

</td></tr>
</table>

혈액은 세포에 필요한 물질을 공급하고 노폐물을 제거한다. 만약 혈관 벽이 손상되어 출혈이 생기면 손상 부위의 혈액이 응고되어 혈액 손실을 막아야 한다. 혈액 응고는 섬유소 단백질인 피브린이 모여 형성된 섬유소 그물이 혈소판이 응집된 혈소판 마개와 뭉쳐 혈병이라는 덩어리를 만드는 현상이다. 혈액 응고는 혈관 속에서도 일어나는데, 이때의 혈병을 혈전이라 한다. 이물질이 쌓여 동맥 내벽이 두꺼워지는 동맥 경화가 일어나면 그 부위에 혈전 침착, 혈류 감소 등이 일어나 혈관 질환이 발생하기도 한다. 이러한 혈액의 응고 및 원활한 순환에 비타민 K가 중요한 역할을 한다.

혈액

이라는 키워드에 대해,

①세포에 필요한 물질을 공급　②노폐물을 제거

두 가지 역할을 나열했네. ㅇㅋ 근데 어쩌라는거임?

만약 혈관 벽이 손상되어 출혈이 생기면

어 이거 문제점이다. 해결해야겠다!

손상 부위의 혈액이 응고되어 혈액 손실을 막아야 한다.

해결책은 혈액 응고네. 근데 혈액이 응고 된다는게 뭐지?

혈액 응고

①섬유소 단백질인 피브린이 모여 형성된 섬유소 그물이 혈소판이 응집된 혈소판 마개와 뭉쳐 혈병이라는 덩어리를 만드는 현상

②혈관 속에서도 일어나는데, 이때의 혈병을 혈전

혈액이 응고된다는게 뭔지 바로 알려주네.

이물질이 쌓여 동맥 내벽이 두꺼워지는 동맥 경화가 일어나면 그 부위에 혈전 침착, 혈류 감소 등이 일어나 혈관 질환이 발생

어? 이거 먹던 그 맛이 아닌데? 새로운 문제점이다. 해결해야겠다!

이러한 혈액의 응고 및 원활한 순환에 비타민 K가 중요한 역할을 한다.

아 결국 비타민 K가 해결책이구나. 여기서 ‘원활한 순환’은 앞서 나온 두 번째 문제점에 대한 해결이네. 근데 비타민 K가 혈액 응고에 어떻게 관여하고 혈액의 원활한 순환에 어떻게 관여한다는 거지?

그래 그걸로 해결한다는 거는 알겠어. 근데 어떻게 해결한다는 건지 설명을 해줘야 알지. 이게 핵심 정보겠네.

[예시 10] 2020학년도 수능 26번~29번 <내인성 레트로 바이러스> 中

신체의 세포, 조직, 장기가 손상되어 더 이상 제 기능을 하지 못할 때에 이를 대체하기 위해 이식을 실시한다. 이때 이식으로 옮겨 붙이는 세포, 조직, 장기를 이식편이라 한다. 자신이나 일란성 쌍둥이의 이식편을 이용할 수 없다면 다른 사람의 이식편으로 '동종 이식'을 실시한다. 그런데 우리의 몸은 자신의 것이 아닌 물질이 체내로 유입될 경우 면역 반응을 일으키므로, 유전적으로 동일하지 않은 이식편에 대해 항상 거부 반응을 일으킨다. 면역적 거부 반응은 면역 세포가 표면에 발현하는 주조직적합복합체(MHC)분자의 차이에 의해 유발된다. 개체마다 MHC에 차이가 있는데 서로 간의 유전적 거리가 멀수록 MHC에 차이가 커져 거부 반응이 강해진다. 이를 막기 위해 면역 억제제를 사용하는데, 이는 면역 반응을 억제하여 질병 감염의 위험성을 높인다.

이식에는 많은 비용이 소요될 뿐만 아니라 이식이 가능한 동종이식편의 수가 매우 부족하기 때문에 이를 대체하는 방법이 개발되고 있다.

신체의 세포, 조직, 장기가 손상되어 더 이상 제 기능을 하지 못할 때에 이를 대체하기 위해 이식을 실시한다.
이식이 주제인가 보네.
자신이나 일란성 쌍둥이의 이식편을 이용할 수 없다면 다른 사람의 이식편으로 '동종 이식'을 실시한다.
동종 이식으로 범위가 줄어들었어.
그런데 우리의 몸은 자신의 것이 아닌 물질이 체내로 유입될 경우 면역 반응을 일으키므로, 유전적으로 동일하지 않은 이식편에 대해 항상 거부 반응을 일으킨다.
다른 사람의 이식편으로 동종 이식을 하면 이런 문제가 있구나..이걸 어떻게 해결하지?
면역적 거부 반응은 면역 세포가 표면에 발현하는 주조직적합복합체(MHC)분자의 차이에 의해 유발된다. 개체마다 MHC에 차이가 있는데 서로 간의 유전적 거리가 멀수록 MHC에 차이가 커져 거부 반응이 강해진다.
일단 문제 해결하기 전에 면역적 거부 반응에 대한 정보를 보조 정보로 말아주네. 일단 이해하고 넘어가자.
이를 막기 위해 면역 억제제를 사용하는데,
어 해결책이다! 면역 억제제가 정확히 뭔지는 모르겠지만, 단어 그대로 이해해보면 면역적 거부 반응을 억제해주는 물질인가 보네.
이는 면역 반응을 억제하여 질병 감염의 위험성을 높인다.
아... 근데 그 해결책이 또 이런 문제가 있구나.. 이건 어떻게 해결하려나?
이렇게 1문단이 끝난다. 일단 최종적으로 제시된 해결되지 않은 문제점을 해결하겠지! 하고 2문단으로 들어가야겠다.

탄수화물은 사람을 비롯한 동물이 생존하는 데 필수적인 에너지원이다. 탄수화물은 섬유소와 비섬유소로 구분된다. 사람은 체내에서 합성한 효소를 이용하여 곡류의 녹말과 같은 비섬유소를 포도당으로 분해하고 이를 소장에서 흡수하여 에너지원으로 이용한다. 반면, 사람은 풀이나 채소의 주성분인 셀룰로스와 같은 섬유소를 포도당으로 분해하는 효소를 합성하지 못하므로, 섬유소를 소장에서 이용하지 못한다. ㉠소, 양, 사슴과 같은 반추 동물도 섬유소를 분해하는 효소를 합성하지 못하는 것은 마찬가지이지만, 비섬유소와 섬유소를 모두 에너지원으로 이용하며 살아간다.

위(胃)가 넷으로 나누어진 반추 동물의 첫째 위인 반추위에는 여러 종류의 미생물이 서식하고 있다. 반추 동물의 반추위에는 산소가 없는데, 이 환경에서 왕성하게 생장하는 반추위 미생물들은 다양한 생리적 특성을 가지고 있다. 그중 ⓐ피브로박터 숙시노젠(F)은 섬유소를 분해하는 대표적인 미생물이다. 식물체에서 셀룰로스는 그것을 둘러싼 다른 물질과 복잡하게 얽혀 있는데, F가 가진 효소 복합체는 이 구조를 끊어 셀룰로스를 노출시킨 후 이를 포도당으로 분해한다.

탄수화물은 사람을 비롯한 동물이 생존하는 데 필수적인 에너지원이다

탄수화물에 대해 정의해주고,

탄수화물은 섬유소와 비섬유소로 구분된다.

탄수화물을 이렇게 둘로 쪼개주네. 근데 섬유소와 비섬유소가 뭔지 잘 모르겠어. 일단 "그런게 있나보다." 하고 넘어가자. 필요하면 설명해주겠지.

사람은 체내에서 합성한 효소를 이용하여 (곡류의 녹말과 같은) 비섬유소를 포도당으로 분해하고 이를 소장에서 흡수하여 에너지원으로 이용

아 사람은 비섬유소를 이런 메커니즘으로 에너지원으로 이용할 수 있구나.

반면, 사람은 (풀이나 채소의 주성분인 셀룰로스와 같은) 섬유소를 포도당으로 분해하는 효소를 합성하지 못하므로, 섬유소를 소장에서 이용하지 못한다.

아 탄수화물 중에 섬유소는 이용 못하네. 이런 문제는 어떻게 해결하지? 그럼 사람은 풀이나 채소 먹으면 에너지원으로는 아얘 못 쓰는 건가?

㉠ (소, 양, 사슴과 같은) 반추 동물도 섬유소를 분해하는 효소를 합성하지 못하는 것은 마찬가지이지만,

반추 동물도 효소 합성 못하네.. 거 참 문제다.

비섬유소와 섬유소를 모두 에너지원으로 이용하며 살아간다.

엥 효소 합성 못하는데 어떻게 에너지원으로 이용하는 거지? 문제를 어떻게 해결한거야?

1문단이 이렇게 끝났다. 보통 이렇게 문제점이 해결될 수 있다고 암시하고 끝나면, 정확히 어떻게 해결할 수 있는 것인지 그 해결책이 구체화될 가능성이 높다. 2문단의 내용을 차분히 저 문제점에 대한 해결책에 붙이며 정보를 확보하자.

확실하게 주는 평서문 : "아 이제 이거 확보하는 거에 집중하면 되겠다."

[예시 1] 2022학년도 수능 14번~17번 <운전자에게 제공되는 영상> 中

주차하거나 좁은 길을 지날 때 운전자를 돕는 장치들이 있다. 이 중 차량 전후좌우에 장착된 카메라로 촬영한 영상을 이용하여 차량 주위 360°의 상황을 위에서 내려다본 것 같은 영상을 만들어 차 안의 모니터를 통해 운전자에게 제공하는 장치가 있다. 운전자에게 제공되는 영상이 어떻게 만들어지는지 알아보자.

주차하거나 좁은 길을 지날 때 운전자를 돕는 장치
중에
차량 전후좌우에 장착된 카메라로 촬영한 영상을 이용하여 차량 주위 360°의 상황을 위에서 내려다본 것 같은 영상을 만들어 차 안의 모니터를 통해 운전자에게 제공하는 장치
이 장치로 범위를 좁히고,

운전자에게 제공되는 영상이 어떻게 만들어지는지 알아보자.
이로부터 글에서 다룰 핵심 정보까지 도출되는, 아주 고마운 지문이다. 우리는 영상이 어떻게 만들어지나 확인하러 들어가면 된다.

[예시 2] 2019학년도 9평 21번~25번 <CDS 프리미엄> 中

대한민국 정부가 해외에서 발행한 채권의 CDS 프리미엄은 우리가 매체에서 자주 접하는 경제 지표의 하나이다. 이 지표를 이해하기 위해서는 채권의 '신용 위험'과 '신용 파산 스와프(CDS)'의 개념을 살펴볼 필요가 있다.

대한민국 정부가 해외에서 발행한 채권의 CDS 프리미엄은 우리가 매체에서 자주 접하는 경제 지표의 하나이다.
자주 접한다고..? 음.. ㅇㅋ 뭐 그런 지표가 있나 보다.. 근데 어쩌라고?
이 지표를 이해하기 위해서는 채권의 '신용 위험'과 '신용 파산 스와프(CDS)'의 개념을 살펴볼 필요가 있다.
아 결국 CDS 프리미엄에 대해 설명하는게 이 글의 핵심 정보군. 이를 위한 보조 정보가 먼저 나올 것 같으니 일단 그것부터 확실히 이해해야겠다.

1문단에 키워드에 대한 의문 제시, 문제 제시, 확실한 어투의 평서문이 없는 경우,
"지문이 리드해 주겠지.." 하고 그냥 중심 정보 정리해서 끌고 내려가 다음 문단에 붙이기.

≫ 1문단에서 문제점이나 의문점같이 뚜렷한 화제가 제시되지 않았는데, "결론은 이거 말하려고 했구나."라는 생각이 들며 무조건 이거 끌고 내려가서 구체화할 것 같은 내용이 보이면, 그걸 끌고 내려가서 뒤따라오는 내용을 붙이면 된다.

≫ 이때는, 그냥 1문단의 중심 키워드 또는 내용만 가지고 나에게 실시간으로 다가오는 내용을 구분하고 연결하며 실시간으로 흐름을 잡아가는 방법밖에 없다. 1문단의 정보를 바탕으로 2문단을 읽고, 그렇게 누적된 정보를 바탕으로 3문단을 읽고... 이런식으로 말이다. 그냥 지문이 유도하는 대로 질질질 끌려가는 방법밖에 없다.

≫ 문제점이나 의문이 제시될 때처럼 '해결책을 찾자, 답변을 찾자!" 이렇게 **명확한 목적을 가지고 주도적으로 독해하는** 게 힘들다. 그냥 1문단은 이런 키워드에 대해 이런이런 정보를 주네. 이걸 끌고 내려가서 실시간으로 다음 내용들이 그 문장을 어떻게 구체화 하는지 처리하며 읽을 수 밖에.. 질질 끌려가는 독해를 할 수 밖에 없는 것이다. 하지만 정확히 어떤 문장에 아래 내용들을 붙여서 읽어야 하는지 명확히 인지하고 읽으면 질질 끌려가는 게 아니라 평가원이 독해를 '리드'해주는 편안한 느낌을 받을 것이다. 어떻게 느끼느냐는 독자가 읽기 나름이다.

memo

[TIP]

≫ 더 구체적인 설명이 따라붙을 것 같은 내용을 판단하기 어렵다면, 1문단에서 해당 부분을 도출하기 위해 다른 내용들을 일종의 '빌드업'으로 붙였는지, 1문단이 미괄식이나 두괄식으로 구성되어 그 '결론' 부분에 해당 부분이 위치하는지 (시작이나 끝) 확인해 볼 필요가 있다.

≫ 특수한 경우, 예외적인 경우가 핵심 정보로 직결될 가능성이 높다.

≫ "아 결국 이게 핵심이구나. 이제 이 정보에 다음 문단부터 나오는 정보를 붙이면서 읽어야겠다." 평가원 형님 저를 리드해 주십시오. 이끌어 주시는 대로 따르겠습니다. 평가원을 믿읍시다. 끌고 내려와서 붙이기만 하면 다 해결해줍니다.

[예시 1] 2023학년도 9평 14번~17번 <인터넷 검색 엔진> 中

인터넷 검색 엔진은 검색어를 포함하는 웹 페이지를 찾아 화면에 보여 준다. 웹 페이지가 화면에 나타나는 순서를 정하기 위해 검색 엔진은 수백 개가 ⓐ넘는 항목을 고려한 다양한 방식을 사용한다. 대표적인 항목으로 중요도와 적합도가 있다.

인터넷 검색 엔진은 검색어를 포함하는 웹 페이지를 찾아 화면에 보여 준다.
ㅇㅋ 그래서?
웹 페이지가 화면에 나타나는 순서를 정하기 위해 검색 엔진은 수백 개가 ⓐ넘는 항목을 고려한 다양한 방식을 사용
위에 붙네! 화면에 보여 주는 순서를 정해야 되구나. 수백 개가 넘는 항목에 어떤 게 있고, 다양한 방식에 어떤 게 있는지는 잘 모르겠긴 해.
대표적인 항목으로 중요도와 적합도
위에 붙네! 아 그 수백 개가 넘는 항목 중에 굳이 중요도와 적합도로 범위를 좁혔네. 그러면 이 항목을 고려한 방식이 핵심 정보가 될 듯하다.

[예시 2] 2023학년도 9평 10번~13번 <유류분권> 中

사유 재산 제도하에서는 누구나 자신의 재산을 자유롭게 처분할 수 있다. 그러나 기부와 같이 어떤 재산이 대가 없이 넘어가는 무상 처분 행위가 행해졌을 때는 그 당사자인 무상 처분자와 무상 취득자의 의사와 무관하게 그 결과가 번복될 수 있다. 무상 처분자가 사망하면 상속이 개시되고, 그의 상속인들이 유류분을 반환받을 수 있는 권리인 유류분권을 행사할 수 있기 때문이다. 이때 무상 처분자는 피상속인이 되고 그의 권리와 의무는 상속인에게 이전된다.
유류분은 피상속인의 무상 처분 행위가 없었다고 가정할 때 상속인들이 상속받을 수 있었을 이익 중 법으로 보장된 부분이다.

사유 재산 제도하에서는 누구나 자신의 재산을 자유롭게 처분할 수 있다. [원칙]
당연하지. 그래서?
그러나 기부와 같이 어떤 재산이 대가 없이 넘어가는 무상 처분 행위가 행해졌을 때는 그 당사자인 무상 처분자와 무상 취득자의 의사와 무관하게 그 결과가 번복될 수 있다. 유류분권을 행사할 수 있기 때문[예외]
아 당연하다고 생각했는데 이런 예외가 있구나.. 그럼 이 유류분권 행사가 핵심 정보가 될 거 같은데? 2문단 가서 확인해보자.
유류분은
맞네. 이제 차분히 정보를 1문단에서 확보한 예외에 붙어서 이해하면 되겠다.

[예시 3] 2025학년도 6평 4번~7번 <과두제적 경영> 中

정당과 같은 정치 조직이 민주적 방식과 절차로 운영되어야 하는 것은 당연하다. 그런데 민주적 운영 체제를 갖추었으면서도 실제로는 일부 소수에게 권력이 집중되어 있는 경우도 적지 않다. 조직 운영에서 보이는 이러한 현상을 흔히 과두제라 한다. 이는 정치 조직에서뿐만 아니라 기업 경영에서도 나타난다.

모든 주주가 경영진을 이루어 상호 협력 관계를 기반으로 기업을 운영하며 의사 결정권도 균등하게 행사하는 경우에 이를 '공동체적 경영'이라 부르기도 한다. 이런 기업에서 경영진은 모두 업무와 관련하여 전문성을 가지며, 경영 수익에 관련된 중요한 사항은 주주들이 공동으로 결정한다. 그러나 기업의 규모가 성장하고 사업이 다양해지면, 소수의 의사 결정에 따른 수직적 경영으로 효율성을 지향하는 '과두제적 경영'으로 나아가는 일도 있다.

정당과 같은 정치 조직이 민주적 방식과 절차로 운영되어야 하는 것은 당연 [원칙]

당연하지. 그래서?

그런데 민주적 운영 체제를 갖추었으면서도 실제로는 일부 소수에게 권력이 집중되어 있는 경우도 적지 않다. [예외]

아 당연하다고 생각했는데 이런 예외가 있구나.. 그럼 이 예외적인 경우가 핵심 정보가 될 거 같은데?

조직 운영에서 보이는 이러한 현상을 흔히 과두제라 한다. 이는 정치 조직에서뿐만 아니라 기업 경영에서도 나타난다.

위에 붙네! 예외적인 경우에 대해 '과두제' 라고 구체화 해주고, 초점을 정치 조직에서 기업 경영으로 옮겨가고 있어. 그러면 기업 경영에서의 과두제가 핵심 정보가 될 거 같다. 2문단에 가서 확인해보자.

그러나 기업의 규모가 성장하고 사업이 다양해지면, 소수의 의사 결정에 따른 수직적 경영으로 효율성을 지향하는 '과두제적 경영'으로 나아가는 일도 있다.

맞네. 이제 차분히 정보를 기업 경영에서의 과두제에 붙여서 이해하면 되겠다.

[예시 4] 2020학년도 수능 37번~42번 <바젤 협약> 中

국제법에서 일반적으로 조약은 국가나 국제기구들이 그들 사이에 지켜야 할 구체적인 권리와 의무를 명시적으로 합의하여 창출하는 규범이며, 국제 관습법은 조약 체결과 관계없이 국제 사회 일반이 받아들여 지키고 있는 보편적인 규범이다. 반면에 경제 관련 국제기구에서 어떤 결정을 하였을 경우, 이 결정 사항 자체는 권고적 효력만 있을 뿐 법적 구속력은 없는 것이 일반적이다. 그런데 국제결제은행 산하의 바젤위원회가 결정한 BIS 비율 규제와 같은 것들이 비회원의 국가에서도 엄격히 준수되는 모습을 종종 보게 된다. 이처럼 일종의 규범적 성격이 나타나는 현실을 어떻게 이해할지에 대한 논의가 있다. 이는 위반에 대한 제재를 통해 국제법의 효력을 확보하는 데 주안점을 두는 일반적 경향을 되돌아보게 한다. 곧 신뢰가 형성하는 구속력에 주목하는 것이다.

BIS 비율은 은행의 재무 건전성을 유지하는 데 필요한 최소한의 자기자본 비율을 설정하여 궁극적으로 예금자와 금융 시스템을 보호하기 위해 바젤위원회에서 도입한 것이다.

규범
  └조약
  └국제 관습법

조약과 국제 관습법이라는 두 가지 규범을 정의해주네. 이런게 있구나. 그래서?

반면에 경제 관련 국제기구에서 어떤 결정을 하였을 경우, 이 결정 사항 자체는 권고적 효력만 있을 뿐 법적 구속력은 없는 것이 일반적 [원칙]

어 이거 먹던 그 맛이 아닌데? 새로운 정보보다. 일반적이라고 했으니까 이게 원칙인가 보네. 그럼 예외도 있으려나?

그런데 국제결제은행 산하의 바젤위원회가 결정한 BIS 비율 규제와 같은 것들이 비회원의 국가에서도 엄격히 준수되는 모습을 종종 보게 된다.[예외]

그럼 그렇지..이런 예외가 있구나. 그럼 결국 이 예외를 도출하려고 빌드업한 거네. 이게 핵심 정보이려나? 이처럼 일종의 규범적 성격이 나타나는 현실을 어떻게 이해할지에 대한 논의가 있다. 이는 위반에 대한 제재를 통해 국제법의 효력을 확보하는 데 주안점을 두는 일반적 경향을 되돌아보게 한다. 곧 신뢰가 형성하는 구속력에 주목하는 것이다.

그렇네. '규범적 성격이 나타나는 현실을 어떻게 이해할지에 대한 논의' 에 이어지는 내용을 붙여 읽자.

[예시 5] 2019학년도 6평 35번~38번 <LFIA 키트> 中

건강 상태를 진단하거나 범죄의 현장에서 혈흔을 조사하기 위해 검사용 키트가 널리 이용된다. 키트 제작에는 다양한 과학적 원리가 적용되는데, 적은 비용으로 쉽고 빠르고 정확하게 검사할 수 있는 키트를 제작하는 것이 요구된다. 이러한 필요에 따라 항원-항체 반응을 응용하여 시료에 존재하는 성분을 분석하는 다양한 형태의 키트가 개발되고 있다. 항원-항체 반응은 항원과 그 항원에만 특이적으로 반응하는 항체가 결합하는 면역 반응을 말한다. 항체 제조 기술이 발전하면서 휴대성이 높고 분석 시간이 짧은 측면유동면역분석법(LFIA)을 이용한 다양한 종류의 키트가 개발되고 있다.

LFIA 키트를 이용하면 키트에 나타나는 선을 통해, 액상의 시료에서 검출하고자 하는 목표 성분의 유무를 간편하게 확인할 수 있다. LFIA 키트는 가로로 긴 납작한 막대 모양인데, 시료 패드, 결합 패드, 반응막, 흡수 패드가 순서대로 나란히 배열된 구조로 되어 있다.

검사용 키트
이라는 키워드에 대해,
①건강 상태를 진단하거나 범죄의 현장에서 혈흔을 조사하기 위해
②다양한 과학적 원리가 적용
③적은 비용으로 쉽고 빠르고 정확하게 검사할 수 있는 키트를 제작하는 것이 요구
세 가지 설명을 나열했네. ok 납득완료. 그래서?
이러한 필요에 따라 항원-항체 반응을 응용하여 시료에 존재하는 성분을 분석하는 다양한 형태의 키트가 개발
위에 붙네! '이러한 필요'에 해당하는 ③에 따라, 항원-항체 반응을 응용한 키트가 개발되고 있나 보네. 항원-항체 반응이 뭔지 모르는데..? 했지만 바로 다음 문장에서 알려준다! 글의 키워드가 검사용 키트에서 '항원-항체 반응을 응용한 검사용 키트'로 좁혀졌네.

항체 제조 기술이 발전하면서 휴대성이 높고 분석 시간이 짧은 측면유동면역분석법(LFIA)을 이용한 다양한 종류의 키트가 개발되고 있다.
항원-항체 반응을 응용한 검사용 키트에서 LFIA를 이용한 키트로 한번 더 키워드가 좁혀졌네. 결국 보조 정보와 키워드 범위 좁히기로 빌드업을 하다가 결국 여기에 도달한 것이고, 이게 핵심 정보겠네. 이제 2문단에 들어가서 정보를 LFIA 키트에 붙이며 읽으면 되겠다.

[예시 6] 2022학년도 9평 14번~17번 <메타버스와 감각 전달 장치> 中

'메타버스(metaverse)'는 '초월'이라는 의미의 '메타(meta)'와 '세계'를 뜻하는 '유니버스(universe)'의 합성어로, 현실 세계와 가상 공간이 적극적으로 상호 작용하는 공간을 의미한다. 감각 전달 장치는 메타버스 속에서 사용자를 대신하는 아바타가 보고 만지는 것으로 설정된 감각을 사용자에게 전달하는 장치이다. 사용자는 이를 통하여 가상 공간을 현실감 있게 체험하면서 메타버스에 몰입하게 된다.

시각을 전달하는 장치인 HMD*는

메타버스(metaverse)
라는 키워드에 대해,
①'초월'이라는 의미의 '메타(meta)'와 '세계'를 뜻하는 '유니버스(universe)'의 합성어
②현실 세계와 가상 공간이 적극적으로 상호 작용하는 공간을 의미
이렇게 정의해주고 있네. 그래서 메타버스가 뭐 어쩐다는 거지?
감각 전달 장치는 메타버스 속에서 사용자를 대신하는 아바타가 보고 만지는 것으로 설정된 감각을 사용자에게 전달하는 장치
새로운 정보네! 감각 전달 장치라는 키워드가 도입됐어.
사용자는 이를 통하여 가상 공간을 현실감 있게 체험하면서 메타버스에 몰입하게 된다.
메타버스가 무엇인지 보조 정보를 깔아 주고, 결국 핵심은 이 메타버스에 몰입하게 해주는 '감각 전달 장치'인 것 같다. 2문단에서 이 감각 전달 장치에 정보를 붙여서 읽어봐야겠다.

[예시 7] 2021학년도 수능 34번~37번 <3D 합성 영상 생성> 中

　　최근의 3D 애니메이션은 섬세한 입체 영상을 구현하여 실물을 촬영한 것 같은 느낌을 준다. 실물을 촬영하여 얻은 자연 영상을 그대로 화면에 표시할 때와 달리 3D 합성 영상을 생성, 출력하기 위해서는 모델링과 렌더링을 거쳐야 한다.
　　모델링은 3차원 가상 공간에서 물체의 모양과 크기, 공간적인 위치, 표면 특성 등과 관련된 고유의 값을 설정하거나 수정하는 단계이다. 모양과 크기를 설정할 때 주로 3개의 정점으로 형성되는 삼각형을 활용한다.

최근의 3D 애니메이션
라는 키워드에 대해,
섬세한 입체 영상을 구현하여 실물을 촬영한 것 같은 느낌을 준다.
이렇게 설명한다. 납득 완료. 그래서?
(실물을 촬영하여 얻은 자연 영상을 그대로 화면에 표시할 때와 달리) 3D 합성 영상을 생성, 출력하기 위해서는 모델링과 렌더링을 거쳐야 한다.
3D 합성 영상은 위에 3D 애니메이션과 같은 의미 다른 표현으로 보면 되고, 그럼 그 키워드에 대해 '모델링과 렌더링을 거쳐야 한다.' 로 초점을 이동했네. 모델링, 렌더링이 뭐지? 이게 핵심 정보가 될 것 같다. 2문단에서 이 문장에 정보를 붙이며 읽어봐야겠다.

[예시 8] 2025학년도 수능 10번~13번 <확산 모델> 中

　　문장이나 영상, 음성을 만들어 내는 인공 지능 생성 모델 중 확산 모델은 영상의 복원, 생성 및 변환에 뛰어난 성능을 보인다. 확산 모델의 기본 발상은, 원본 이미지에 노이즈를 점진적으로 추가하였다가 그 노이즈를 다시 제거해 나가면 원본 이미지를 복원할 수 있다는 것이다. 노이즈는 불필요하거나 원하지 않는 값을 의미한다. 원하는 값만 들어 있는 원본 이미지에 노이즈를 단계별로 더하면 노이즈가 포함된 확산 이미지가 되고, 여러 단계를 거치면 결국 원본 이미지가 어떤 이미지였는지 전혀 알아볼 수 없는 노이즈 이미지가 된다. 역으로, 단계별로 더해진 노이즈를 알 수 있다면 노이즈 이미지에서 원본 이미지를 복원할 수 있다. 확산 모델은 노이즈 생성기, 이미지 연산기, 노이즈 예측기로 구성되며, 순확산 과정과 역확산 과정 순으로 작동한다.
　　순확산 과정은 이미지에 노이즈를 추가하면서 노이즈 예측기를 학습시키는 과정이다. 첫 단계에서는,

문장이나 영상, 음성을 만들어 내는 인공 지능 생성 모델 중 확산 모델
시작부터 정보의 범위를 좁힌다. 인공 지능 생성 모델 중 확산 모델에 초점이 맞춰진다.
그 키워드에 대해,
①영상의 복원, 생성 및 변환에 뛰어난 성능
②확산 모델의 기본 발상
③확산 모델은 노이즈 생성기, 이미지 연산기, 노이즈 예측기로 구성되며, 순확산 과정과 역확산 과정 순으로 작동
이렇게 설명이 나열된다. 확산 모델을 셋으로 쪼갰고, 순확산 과정과 역확산 과정 순이라는 것은 2번, 확산 모델의 기본 발상을 한마디로 함축한다.

정보는 함축 모델로 초점화되어 있고, 이 확산 모델의 기본 발상을 실현시키기 위한 '순확산 과정과 역확산 과정에서' 쪼개진 확산 모델의 각 요소가 어떻게 작동하는지가 핵심 정보가 될 것 같기도 하다. 그게 맞는지 2문단에 가서 확인하자.

순확산 과정은 이미지에 노이즈를 추가하면서 노이즈 예측기를 학습시키는 과정이다. 첫 단계에서는,
각 과정을 구체화하기 시작한다. 확산 모델의 기본 발상을 실현시키기 위한 '순확산 과정과 역확산 과정에서' 쪼개진 확산 모델의 각 요소가 어떻게 작동하는지에 계속 정보를 붙이며 읽으면 되겠다.

[예시 9] 2018학년도 6평 30번~34번 <DNS 스푸핑> 中

DNS(도메인 네임 시스템) 스푸핑은 인터넷 사용자가 어떤 사이트에 접속하려 할 때 사용자를 위조 사이트로 접속시키는 행위를 말한다. 이는 도메인 네임을 IP주소로 변환해 주는 과정에서 이루어진다.

인터넷에 연결된 컴퓨터들이 서로를 식별하고 통신하기 위해서 각 컴퓨터들은 IP(인터넷 프로토콜)에 따라 ㉠만들어지는 고유 IP주소를 가져야 한다. 프로토콜은 컴퓨터들이 연결되어 서로 데이터를 주고받기 위해 사용하는 통신 규약으로 소프트웨어나 하드웨어로 구현된다.

DNS(도메인 네임 시스템) 스푸핑
이라는 키워드에 대해,
인터넷 사용자가 어떤 사이트에 접속하려 할 때 사용자를 위조 사이트로 접속시키는 행위
이렇게 정의하고,
도메인 네임을 IP주소로 변환해 주는 과정에서 이루어진다.
언제 일어나는지도 설명한다. 정보는 DNS 스푸핑에 초점화되어 있고, DNS 스푸핑이 도메인 네임을 IP주소로 변환해 주는 과정에서 어떻게 이루어지는지가 핵심 정보가 될 것 같다.

[예시 10] 2024학년도 6평 8번~11번 <고체 촉매> 中

분자들이 만나 화학 반응을 진행하는 데 필요한 최소한의 운동 에너지를 활성화 에너지라 한다. 활성화 에너지가 작은 반응은, 반응의 활성화 에너지보다 큰 운동 에너지를 가진 분자들이 많아 반응이 빠르게 진행된다. 활성화 에너지를 조절하여 반응 속도에 변화를 주는 물질을 촉매라고 하며, 반응 속도를 빠르게 하는 능력을 촉매 활성이라 한다. 촉매는 촉매가 없을 때와는 활성화 에너지가 다른, 새로운 반응 경로를 제공한다. 화학 산업에서는 주로 고체 촉매가 이용되는데, 액체나 기체인 생성물을 촉매로부터 분리하는 별도의 공정이 필요 없기 때문이다. 고체 촉매는 대부분 활성 성분, 지지체, 증진제로 구성된다.

활성 성분은 그 표면에 반응물을 흡착시켜 촉매 활성을 제공하는 물질이다. 고체 촉매의 촉매 작용에서는 반응물이 먼저 활성 성분의 표면에 화학 흡착되고, 흡착된 반응물이 표면에서 반응하여 생성물로 변환된 후, 생성물이 표면에서 탈착되는 과정을 거쳐 반응이 완결된다.

활성화 에너지
라는 키워드에 대해 정의해주고,
활성화 에너지가 작은 반응은, 반응의 활성화 에너지보다 큰 운동 에너지를 가진 분자들이 많아 반응이 빠르게 진행
이런 설명도 제시된다. 활성화 에너지의 정의를 정확히 이해했다면, 엮어서 읽으면 어렵지 않게 납득 가능.
촉매
활성화 에너지와 관련된 새로운 키워드가 도입되었다. 결국 활성화 에너지는 촉매라는 키워드를 끌어내기 위한 보조 정보였던 것.
①촉매 활성
②촉매는 촉매가 없을 때와는 활성화 에너지가 다른, 새로운 반응 경로를 제공
앞 문장과 붙여서 이해해보면, 촉매는 반응 속도를 빠르게 해야 하기 때문에 활성화 에너지를 촉매가 없을 때보다 줄이는 역할을 할 것이다. 항상 이렇게 앞 문장을 토대로 뒷 문장을 이해해야 한다. '활성화 에너지가 다른' 을 읽고, 앞 문장에 붙여서 이 정도로는 생각할 수 있어야 하는 것이다.
③화학 산업에서는 주로 고체 촉매가 이용
촉매에 대해 이렇게 세 가지 설명이 나열되네. 그리고 세 번째 설명이 구체화된다.
활성화 에너지라는 보조 정보로부터 촉매라는 키워드가 제시되고, 또 그 키워드에서 범위가 좁아지며 고체 촉매가 되는 것이다. 정보가 고체 촉매로 초점화 되었다.
고체 촉매는 대부분 활성 성분, 지지체, 증진제로 구성된다.
고체 촉매의 구성 요소를 세 개로 쪼개서 나열한다. 이렇게 쪼개면 각각을 구체화할 가능성이 높다. 이제, 고체 촉매라는 키워드에 2문단의 내용을 붙이며 읽자.

[예시 11] 2018학년도 수능 38번~41번 <부호화 과정> 中

디지털 통신 시스템은 송신기, 채널, 수신기로 구성되며, ⓐ전송할 데이터를 빠르고 정확하게 전달하기 위해 부호화 과정을 거쳐 전송한다. 영상, 문자 등인 데이터는 ⓑ기호 집합에 있는 기호들의 조합이다. 예를 들어 기호 집합 {a, b, c, d, e, f}에서 기호들을 조합한 add, cab, beef등이 데이터이다. 정보량은 어떤 기호가 발생했다는 것을 알았을 때 얻는 정보의 크기이다. 어떤 기호 집합에서 특정 기호의 발생 확률이 높으면 그 기호의 정보량은 적고, 발생 확률이 낮으면 그 기호의 정보량은 많다. 기호 집합의 평균 정보량*을 기호 집합의 엔트로피라고 하는데 모든 기호들이 동일한 발생 확률을 가질 때 그 기호 집합의 엔트로피는 최댓값을 갖는다.

송신기에서는 소스 부호화, 채널 부호화, 선 부호화를 거쳐 기호를 ⓒ부호로 변환한다. 소스 부호화는 데이터를 압축하기 위해 기호를 0과 1로 이루어진 부호로 변환하는 과정이다.

[예시 12] 2024학년도 9평 4번~7번 <데이터 소유권과 이동권> 中

교통 이용 내역과 같은 기록은 개인의 데이터이며, 그 개인이 '정보 주체'이다. 데이터는 물리적 형체가 없고, 복제와 재사용이 수월하다. 이 데이터가 대량으로 집적·처리되면 빅 데이터가 되고, 이것의 정보 처리자인 기업 등이 '빅 데이터 보유자'이다. 산업 분야의 빅 데이터는 특정한 목적으로 활용될 수 있다는 점에서 경제적 가치를 지닌다. 데이터를 재화로 보아 소유권이 누구에게 귀속되어야 하는지에 대한 논의가 있다. 소유권의 주체를 빅 데이터 보유자로 보는 견해와 정보 주체로 보는 견해가 있다. 전자는

'**콘크리트**'는 건축 재료로 다양하게 사용되고 있다. 일반적으로 콘크리트가 근대 기술의 ㉠산물로 알려져 있지만 콘크리트는 이미 고대 로마 시대에도 사용되었다. 로마 시대의 탁월한 건축미를 보여 주는 판테온은 콘크리트 구조물인데, 반구형의 지붕인 돔은 오직 콘크리트로만 이루어져 있다. 로마인들은 콘크리트의 골재 배합을 달리하면서 돔의 상부로 갈수록 두께를 점점 줄여 지붕을 가볍게 할 수 있었다. 돔 지붕이 지름 45m 남짓의 넓은 원형 내부 공간과 이어지도록 하였고, 지붕의 중앙에는 지름 9m가 넘는 ㉡원형의 천창을 내어 빛이 내부 공간을 채울 수 있도록 하였다.

콘크리트는 시멘트에 모래와 자갈 등의 골재를 섞어 물로 반죽한 혼합물이다. 콘크리트에서 결합재 역할을 하는 시멘트가 물과 만나면 ㉢점성을 띠는 상태가 되며, 시간이 지남에 따라 수화 반응이 일어나 골재, 물, 시멘트가 결합하면서 굳어진다.

'**콘크리트**'

라는 키워드에 대해,

건축 재료로 다양하게 사용되고 있다. 일반적으로 콘크리트가 근대 기술의 ㉠산물로 알려져 있지만 **콘크리트는 이미 고대 로마 시대에도 사용되었다.**

라고 설명하며, 1문단 끝까지 판테온을 예시로 설명하고 있다.

딱히 무슨 말을 하고 싶은지는 모르겠다. 판테온에 대해 구체화하려나..? 일단 콘크리트, 고대 로마 시대에 사용 이거 두 개 홀딩하고, 2문단을 여기에 붙이며 이해해보자.

[예시 14] 2023학년도 수능 14번~17번 <기초 대사량> 中

하루에 필요한 에너지의 양은 하루 동안의 총 열량 소모량인 대사량으로 구한다. 그중 기초 대사량은 생존에 필수적인 에너지로, 쾌적한 온도에서 편히 쉬는 동물이 공복 상태에서 생성하는 열량으로 정의된다. 이때 체내에서 생성한 열량은 일정한 체온에서 체외로 발산되는 열량과 같다. 기초 대사량은 개체에 따라 대사량의 60~75%를 차지하고, 근육량이 많을수록 증가한다.

기초 대사량은 직접법 또는 간접법으로 구한다. ㉠직접법은 온도가 일정하게 유지되고 공기의 출입량을 알고 있는 호흡실에서 동물이 발산하는 열량을 열량계를 이용해 측정하는 방법이다. ㉡간접법은 호흡 측정 장치를 이용해 동물의 산소 소비량과 이산화 탄소 배출량을 측정하고, 이를 기준으로 체내에서 생성된 열량을 추정하는 방법이다.

19세기의 초기 연구는 체외로 발산되는 열량이 체표 면적에 비례한다고 보았다.

하루에 필요한 에너지의 양은 하루 동안의 총 열량 소모량인 대사량으로 구한다

두 개의 정보가 숨어 있다. 대사량이라는 키워드에 대해, '하루 동안의 총 열량 소모량'이라고 정의해주고, 이를 통해 하루에 필요한 에너지의 양을 구한다고 한다.

기초 대사량

생존에 필수적인 에너지로, 쾌적한 온도에서 편히 쉬는 동물이 공복 상태에서 생성하는 열량으로 정의
앞서 제시된 대사량에서, 범위를 기초 대사량으로 좁혀 개념 정의하고
개체에 따라 대사량의 60~75%를 차지하고, 근육량이 많을수록 증가
이렇다고도 한다.
키워드가 범위가 좁혀져 '기초 대사량'에 초점화된 것은 알겠는데, 그 이상은 뭐가 구체화될지 딱히 모르겠다. 일단 '기초 대사량' 키워드만 끌고 내려가서 2문단의 내용을 붙여보자.

[기초대사량…뭐 어쩌라고?]

[예시 15] 2022학년도 6평 14번~17번 <PCR> 中

1993년 노벨 화학상은 중합 효소 연쇄 반응(PCR)을 개발한 멀리스에게 수여된다. 염기 서열을 아는 DNA가 한 분자라도 있으면 이를 다량으로 증폭할 수 있는 길을 열었기 때문이다. PCR는 주형 DNA, 프라이머, DNA 중합 효소, 4종의 뉴클레오타이드가 필요하다. 주형 DNA란 시료로부터 추출하여 PCR에서 DNA 증폭의 바탕이 되는 이중 가닥 DNA를 말하며, 주형 DNA에서 증폭하고자 하는 부위를 표적 DNA라 한다. 프라이머는 표적 DNA의 일부분과 동일한 염기 서열로 이루어진 짧은 단일 가닥 DNA로, 2종의 프라이머가 표적 DNA의 시작과 끝에 각각 결합한다. DNA 중합 효소는 DNA를 복제하는데, 단일 가닥 DNA의 각 염기 서열에 대응하는 뉴클레오타이드를 순서대로 결합시켜 이중 가닥 DNA를 생성한다.

PCR 과정은 우선 열을 가해 이중 가닥의 DNA를 2개의 단일 가닥으로 분리하는 것으로 시작한다. 이후 각각의 단일 가닥 DNA에 프라이머가 결합하면, DNA 중합 효소에 의해 복제되어 2개의 이중 가닥 DNA가 생긴다.

중합 효소 연쇄 반응(PCR)
키워드는 이거 같군.
염기 서열을 아는 DNA가 한 분자라도 있으면 이를 다량으로 증폭
이게 PCR인가 보네.
PCR는 주형 DNA, 프라이머, DNA 중합 효소, 4종의 뉴클레오타이드가 필요하다.
확실히 PCR이 키워드 맞네. 이런게 필요하구나. 근데 각각이 뭔지는 정확히 모르겠다. 이걸 가지고 어떻게 증폭한다는 거지?
주형 DNA
표적 DNA
프라이머
DNA 중합 효소
바로 요소 각각이 뭐고 어떻게 작동하는지 소개되어 있어. 엥 근데 이렇게 끝나네! 그러면 이 과정이 구체화 되려나..? 일단 PCR이라는 키워드와, 이로부터 제시된 정보를 가지고 내려와 2문단에 붙이며 읽어보자.

[PCR 과정…뭐 어쩌라고?
과정을 더 정확히 써줄라나?]

[예시 16] 2025학년도 6평 8번~11번 <플라스틱> 中

식품 포장재, 세제 용기 등으로 사용되는 플라스틱은 생활에서 흔히 ⓐ접할 수 있다. 플라스틱은 '성형할 수 있는, 거푸집으로 조형이 가능한'이라는 의미의 '플라스티코스'라는 그리스어에서 온 말로, 열과 압력으로 성형할 수 있는 고분자 화합물을 이른다. 플라스틱은 단위체인 작은 분자가 수없이 반복 연결되는 중합을 통해 만들어진 거대 분자로 이루어져 있다. 단위체들은 공유 결합으로 연결되는데, 분자를 구성하는 원자들이 서로 전자를 공유하여 안정한 상태가 되는 결합을 공유 결합이라 한다.

[예시 17] 2025학년도 9평 8번~11번 <블록체인 기술> 中

블록체인 기술은 데이터를 블록이라는 단위로 묶어 체인 형태로 연결한 것을 여러 대의 컴퓨터에 중복 저장하는 기술이다. 체인 형태로 연결된 블록의 집합을 블록체인이라 하고, 블록체인을 저장하는 컴퓨터를 노드라고 한다. 새로 생성된 블록은 노드들에 전파된다. 노드들은 블록에 포함된 내용이 블록체인의 다른 블록에 있는 내용과 상충되지 않는지, 동일한 내용이 블록체인의 다른 블록에 이중으로 포함되어 있지 않은지 검증한다. 검증이 끝난 블록을 블록체인에 연결할지 여부는 모든 노드들이 참여하는 승인 과정을 통해 정해진다. 승인이 완료된 블록은 블록체인에 연결되고, 이 블록체인은 노드들에 저장된다. 승인 과정에는 합의 알고리즘이 사용되고, 합의 알고리즘의 예로 '작업증명'이 있다.

블록체인 기술의 성능은 블록체인에 데이터가 저장되는 속도로 정의되며, 단위 시간당 블록체인에 저장되는 데이터의 양으로 계산될 수 있다. 블록체인 기술은 공개형과 비공개형으로 구분된다. 비공개형은 공개형과 달리 노드 수에 제한을 두고, 일반적으로 공개형에 비해 합의 알고리즘의 속도가 빠르다. 따라서 비공개형은 승인 과정에 걸리는 시간이 짧기 때문에 성능이 높다.

데이터가 무단으로 변경되기 어렵다는 성질을 무결성이라 하는데 무결성은 블록체인 기술의 대표적인 장점이다.

[예시 18] 2021학년도 9평 26번~30번 <행정입법> 中

국가, 지방 자치 단체와 같은 행정 주체가 행정 목적을 ⓐ실현하기 위해 국민의 권리를 제한하거나 국민에게 의무를 부과하는 '행정 규제'는 국회가 제정한 법률에 근거해야 한다. 그러나 국회가 아니라, 대통령을 수반으로 하는 행정부나 지방 자치 단체와 같은 행정 기관이 제정한 법령인 행정입법에 의한 행정 규제의 비중이 커지고 있다. 드론과 관련된 행정 규제 사항들처럼, 첨단 기술과 관련되거나, 상황 변화에 즉각 대처해야 하거나, 개별적 상황을 ⓑ반영하여 규제를 달리해야 하는 행정 규제 사항들이 늘어나고 있기 때문이다. 행정 기관은 국회에 비해 이러한 사항들을 다루기에 적합하다.

행정입법의 유형에는 위임명령, 행정규칙, 조례 등이 있다. 헌법에 따르면, 국회는 행정 규제 사항에 관한 법률을 제정할 때 특정한 내용에 관한 입법을 행정부에 위임할 수 있다. 이에 따라 제정된 행정입법을 위임명령이라고 한다.

'행정 규제'
키워드는 이거 같군.
국가, 지방 자치 단체와 같은 행정 주체가 행정 목적을 ⓐ실현하기 위해 국민의 권리를 제한하거나 국민에게 의무를 부과
정의를 해주고,
국회가 제정한 법률에 근거해야 한다.
그렇구나. 그래서?
행정입법에 의한 행정 규제의 비중이 커지고 있다. ?
엥? 이거 예외네. 국회가 제정한 법률에 근거해야 하는데, 국회가 아니라 행정기관이 제정한 법령에 의해 행정 규제가 되는 예외적인 사항이 있구나. 그럼 이 '행정입법에 의한 행정규제' 에 초점화되었다고 봐도 되겠네. 이게 핵심이 되려나?[예외]
그 뒤 문장을 읽어보니 예외가 생긴 이유에 대해 서술하고 있네. 그럼 확실히 핵심 정보는 '행정입법에 의한 행정 규제' 인 것 같아. 2문단을 이것에 붙이면서 정보를 확보해야겠다.
[예외가 핵심 정보로 직결]

[예시 19] 2024학년도 6평 4번~7번 <공포 소구> 中

공포 소구는 그 메시지에 담긴 권고를 따르지 않을 때의 해로운 결과를 강조하여 수용자를 설득하는 것으로, 1950년대 초부터 설득 전략 연구자들의 연구 대상이 되었다. 초기 연구를 대표하는 재니스는 기존 연구에서 다루어지지 않았던 공포 소구의 설득 효과에 주목하였다. 그는 수용자에게 공포 소구를 세 가지 수준으로 달리 제시하는 실험을 한 결과, 중간 수준의 공포 소구가 가장 큰 설득 효과를 보인다는 것을 발견하였다.

공포 소구 연구를 진척시킨 레벤달은 재니스의 연구가 인간의 감정적 측면에만 ㉠치우쳤다고 비판하며, 공포 소구의 효과는 수용자의 감정적 반응만이 아니라 인지적 반응과도 관련된다고 하였다.

공포 소구
키워드는 이거 같군.
그 메시지에 담긴 권고를 따르지 않을 때의 해로운 결과를 강조하여 수용자를 설득하는 것
정의를 해주고,
1950년대 초부터 설득 전략 연구자들의 연구 대상이 되었다.
그렇구나. 그래서?
초기 연구를 대표하는 재니스는 기존 연구에서 다루어지지 않았던 공포 소구의 설득 효과에 주목
중간 수준의 공포 소구가 가장 큰 설득 효과를 보인다는 것을 발견
위에 붙는 정보다! 초기 연구 중 '제니스의 연구' 를 예시로 들어 설명하고 있어. 그러면 공포소구에 대한 연구가 핵심 정보인 것 같은데..일단 제니스의 연구를 제시했으니 이것에 2문단의 정보를 붙이며 읽어봐야겠다.
[공포소구..연구..그래서 뭐 어쩌라고?]

정부는 국민 생활에 영향을 미치는 활동의 총체인 정책의 목표를 효과적으로 달성하기 위해 정책 수단의 특성을 고려하여 정책을 수행한다. 정책 수단은 강제성, 직접성, 자동성, 가시성의 ㉮네 가지 측면에서 다양한 특성을 갖는다. 강제성은 정부가 개인이나 집단의 행위를 제한하는 정도로서, 유해 식품 판매 규제는 강제성이 높다. 직접성은 정부가 공공 활동의 수행과 재원 조달에 직접 관여하는 정도를 의미한다. 정부가 정책을 직접 수행하지 않고 민간에 위탁하여 수행하게 하는 것은 직접성이 낮다. 자동성은 정책을 수행하기 위해 별도의 행정 기구를 설립하지 않고 기존의 조직을 활용하는 정도를 말한다. 전기 자동차 보조금 제도를 기존의 시청 환경과에서 시행하는 것은 자동성이 높다. 가시성은 예산 수립 과정에서 정책을 수행하기 위한 재원이 명시적으로 드러나는 정도이다. 일반적으로 사회 규제의 정도를 조절하는 것은 예산 지출을 수반하지 않으므로 가시성이 낮다.

정책 수단 선택의 사례로 환율과 관련된 경제 현상을 살펴보자.

정부는 (국민 생활에 영향을 미치는 활동의 총체인 정책의 목표를 효과적으로 달성하기 위해) 정책 수단의 특성을 고려하여 정책을 수행

정부가 정책 수단의 특성을 고려하여 정책을 수행한다는 팩트, 그리고 수식어로 그 목적을 제시했다. 일단 뭘 말하고 싶은지는 모르겠으니 다음 문장을 봐볼까?

정책 수단은 강제성, 직접성, 자동성, 가시성의 ㉮네 가지 측면에서 다양한 특성을 갖는다.

강제성은

직접성은

자동성은

가시성은

위에 붙는 정보다! 정책 수단의 특성을 고려한다고 했는데 그 정책 수단의 특성이 뭔지 설명해주네.

근데 이렇게 1문단이 끝났어.. 그러면 결국 첫 문장만 남는데.. 일단 2문단의 내용을 이 첫 문장이 제시하는 정보에 붙이며 파악해야겠다.

[첫 문장이 핵심 – 첫 문장 주고 보조 정보 쌓기]

[예시 21] 2017학년도 9평 35번~39번 <사단 법인> 中

<table>
<tr><td>

　권리와 의무의 주체가 될 수 있는 자격을 권리 능력이라 한다. 사람은 태어나면서 저절로 권리 능력을 갖게 되고 생존하는 내내 보유한다. 그리하여 사람은 재산에 대한 소유권의 주체가 되며, 다른 사람에 대하여 채권을 누리기도 하고 채무를 지기도 한다. 사람들의 결합체인 단체도 일정한 요건을 ㉠갖추면 법으로써 부여되는 권리 능력인 법인격을 취득할 수 있다. 단체 중에는 사람들이 일정한 목적을 갖고 결합한 조직체로서 구성원과 구별되어 독자적 실체로서 존재하며, 운영 기구를 두어, 구성원의 가입과 탈퇴에 관계없이 존속하는 단체가 있다. 이를 사단(社團)이라 하며, 사단이 갖춘 이러한 성질을 사단성이라 한다. 사단의 구성원은 사원이라 한다. 사단은 법인(法人)으로 등기되어야 법인격이 생기는데, 법인격을 가진 사단을 사단 법인이라 부른다. 반면에 사단성을 갖추고도 법인으로 등기하지 않은 사단은 '법인이 아닌 사단'이라 한다. 사람과 법인만이 권리 능력을 가지며, 사람의 권리 능력과 법인격은 엄격히 구별된다. 그리하여 사단 법인이 자기 이름으로 진 빚은 사단이 가진 재산으로 갚아야 하는 것이지 ⓐ 사원 개인에게까지 ⓑ 책임이 미치지 않는다.

　회사도 사단의 성격을 갖는 법인이다. 회사의 대표적인 유형이라 할 수 있는 주식회사는 주주들로 구성되며 주주들은 보유한 주식의 비율만큼 회사에 대한 지분을 갖는다.

</td><td>

</td></tr>
</table>

[예시 22] 2021학년도 9평 34번~37번 <항 미생물 화학제> 中

질병을 유발하는 병원체에는 세균, 진균, 바이러스 등이 있다. 생명체의 기본 구조에 속하는 세포막은 지질을 주성분으로 하는 이중층이다. 세균과 진균은 일반적으로 세포막 바깥 부분에 세포벽이 있고, 바이러스의 표면은 세포막 대신 캡시드라고 부르는 단백질로 이루어져 있다. 바이러스의 종류에 따라 캡시드 외부가 지질을 주성분으로 하는 피막으로 덮인 경우도 있다. 한편 진균과 일부 세균은 다른 병원체에 비해 건조, 열, 화학 물질에 저항성이 강한 포자를 만든다.

생활 환경에서 병원체의 수를 억제하고 전염병을 예방하기 위한 목적으로 사용하는 방역용 화학 물질을 '항(抗)미생물 화학제'라 한다. 항미생물 화학제는 다양한 병원체가 공통으로 갖는 구조를 구성하는 성분들에 화학 작용을 일으키므로 광범위한 살균 효과가 있다. 그러나 병원체의 구조와 성분은 병원체의 종류에 따라 완전히 같지는 않으므로, 동일한 항미생물 화학제라도 그 살균 효과는 다를 수 있다.

항미생물 화학제 중 ㉠멸균제는 포자를 포함한 모든 병원체를 파괴한다.

질병을 유발하는 병원체에는 세균, 진균, 바이러스 등이 있다.

그렇구나. 시작하자마자 질병을 유발하는 병원체를 셋으로 쪼갰네. 이제 각각에 대해 서술하려나?

생명체의 기본 구조에 속하는 세포막은 지질을 주성분으로 하는 이중층이다.

새로운 정보네. 일단 정의니까 박스치고 확보하자. 세포막이라는 것이 있구나.

세균과 진균은 일반적으로 세포막 바깥 부분에 세포벽이 있고

바이러스의 표면은 세포막 대신 캡시드라고 부르는 단백질로 이루어져 있다.

바이러스의 종류에 따라 캡시드 외부가 지질을 주성분으로 하는 피막으로 덮인 경우도 있다.

진균과 일부 세균은 다른 병원체에 비해 건조, 열, 화학 물질에 저항성이 강한 포자를 만든다.

이제 각각에 대해 서술하려나? 이에 대한 설명을 이제 쭉 써주네. 다 확보해주면서, 공통점과 차이점을 모두 확보해줘야겠다. 근데 이러고 1문단이 끝나네? 그러면 그냥 1문단에 확보한 병원체에 대한 정보를 홀딩하고 거기에 2문단부터 차근차근 붙이며 지문의 서술을 따라가야겠다.

[예시 23] 2023학년도 수능 10번~13번 <법령에서의 불확정 개념> 中

법령의 조문은 대개 'A에 해당하면 B를 해야 한다.'처럼 요건과 효과로 구성된 조건문으로 규정된다. 하지만 그 요건이나 효과가 항상 일의적인 것은 아니다. 법조문에는 구체적 상황을 고려해야 그 상황에 @맞는 진정한 의미가 파악되는 불확정 개념이 사용될 수 있기 때문이다. 개인 간 법률관계를 규율하는 민법에서 불확정 개념이 사용된 예로 '손해 배상 예정액이 부당히 과다한 경우에는 법원은 적당히 감액할 수 있다.'라는 조문을 ⓑ들 수 있다. 이때 법원은 요건과 효과를 재량으로 판단할 수 있다. 손해배상 예정액은 위약금의 일종이며, 계약 위반에 대한 제재인 위약벌도 위약금에 속한다. 위약금의 성격이 둘 중 무엇인지 증명되지 못하면 손해 배상 예정액으로 다루어진다.

채무자의 잘못으로 계약 내용이 실현되지 못하여 계약 위반이 발생하면, 이로 인해 손해를 입은 채권자가 손해 액수를 증명해야 그 액수만큼 손해 배상금을 받을 수 있다. 그러나 손해 배상 예정액이 정해져 있었다면 채권자는 손해 액수를 증명하지 않아도 손해 배상 예정액만큼 손해 배상금을 받을 수 있다.

법령의 조문은 대개 'A에 해당하면 B를 해야 한다.'처럼 요건과 효과로 구성된 조건문으로 규정된다.

법령의 조문에 대한 팩트를 제시했다. 일단 뭘 말하고 싶은지는 모르겠으니 다음 문장을 봐볼까?

하지만 그 요건이나 효과가 항상 일의적인 것은 아니다. 불확정 개념이 사용될 수 있기 때문이다.[예외]

엥? 이거 예외네. 그럼 이 예외가 구체화 되려나? 불확정 개념이 사용되면 왜 일의적이지 않은 것이 되는지는 잘 모르겠어.

개인 간 법률관계를 규율하는 민법에서 불확정 개념이 사용된 예

위에 붙여보니, 예외에 대한 예시네. 아 이런 식으로 불확정 개념이 사용된다는 거구나. 그러면 일단 예외로 정보가 초점화 되어 있기는 하고.. 예외가 나왔으니 일단 그 예외와 예시를 가지에 2문단의 내용을 차근차근 붙이며 지문의 서술을 따라가야겠다.

[예외가 핵심으로 직결, 그리고 예시를 줬는데, 이제 어떤 내용을 쓸라나?]

채권은 어떤 사람이 다른 사람에게 특정 행위를 요구할 수 있는 권리이다. 이 특정 행위를 급부라 하고, 특정 행위를 해 주어야 할 의무를 채무라 한다. 채무자가 채권을 ⓐ<u>가진</u> 이에게 급부를 이행하면 채권에 대응하는 채무는 소멸한다. 급부는 재화나 서비스 제공인 경우가 많지만 그 외의 내용일 수도 있다.

민법상의 권리는 여러 가지가 있는데 계약 없이 법률로 정해진 요건의 충족으로 발생하기도 하지만 대개 계약의 효력으로 발생한다. 계약이란 권리 발생 등에 관한 당사자의 합의로서, 계약이 성립하면 합의 내용대로 권리 발생 등의 효력이 인정되는 것이 원칙이다. 당장 필요한 재화나 서비스는 그 제공을 급부로 하는 계약을 성립시켜 확보하면 되지만 미래에 필요할 수도 있는 재화나 서비스라면 계약을 성립시킬 수 있는 권리를 확보하는 것이 유리하다. 이를 위해 '예약'이 활용된다. 일상에서 예약이라고 할 때와 법적인 관점에서의 예약은 구별된다. ㉠기차 탑승을 위해 미리 돈을 지불하고 승차권을 구입하는 것을 '기차 승차권을 예약했다'고도 하지만 이 경우는 예약에 해당하지 않는 계약이다. 법적으로 예약은 당사자들이 합의한 내용대로 권리가 발생하는 계약의 일종으로, 재화나 서비스 제공을 급부 내용으로 하는 다른 계약인 '본계약'을 성립시킬 수 있는 권리 발생을 목적으로 한다.

예약은 예약상 권리자가 가지는 권리의 법적 성질에 따라 두 가지 유형으로 나뉜다.

채권은 어떤 사람이 다른 사람에게 특정 행위를 요구할 수 있는 권리이다. 이 특정 행위를 급부라 하고, 특정 행위를 해 주어야 할 의무를 채무라 한다.

시작하자마자 이런 개념을 정의해주네. 박스치고 이해해주자.

채무자가 채권을 ⓐ가진 이에게 급부를 이행하면 채권에 대응하는 채무는 소멸

위 내용의 연장선상이네. 개념을 잘 이해하고 넘어갔으면 쉽게 납득할 수 있어.

급부는 재화나 서비스 제공인 경우가 많지만 그 외의 내용일 수도 있다.

급부를 끌고 와서 추가적인 정보를 주고 끝나네. 그 외의 내용은 뭐지..? 이걸 구체화하려나? 일단 이렇게 1문단이 끝나니 채권, 채무, 급부를 끌고 내려와서 2문단에 붙여보자.

[그 외의 내용에 대해 구체화 할라나..?]

[예시 25] 2022학년도 9평 5번~9번 <광고와 독점적 지위> 中

<table>
<tr><td>

　광고는 시장의 형태 중 독점적 경쟁 시장에서 그 효과가 크다. 독점적 경쟁 시장은, 유사하지만 차별적인 상품을 다수의 판매자가 경쟁하며 판매하는 시장이다. 각 판매자는 자신이 공급하는 상품을 구매자가 차별적으로 인지하고 선호할 수 있도록 하기 위해 광고를 이용한다. 판매자에게 그러한 차별적 인지와 선호가 중요한 이유는, 이를 통해 판매자가 자신의 상품을 원하는 구매자에 대해 누리는 독점적 지위를 강화할 수 있기 때문이다.
　일반적으로 독점적 지위를 누린다는 것은 상품의 가격을 결정할 수 있는 힘이 있다는 의미이다. 그럼에도 불구하고 판매자는 구매자의 수요를 고려해야 한다.

</td><td>

광고는 시장의 형태 중 독점적 경쟁 시장에서 그 효과가 크다.
그렇구나. 독점적 경쟁 시장이 뭔지는 정확히 모르겠다. 일단 그런갑다. 나중에 설명해 주겠지.
독점적 경쟁 시장은, 유사하지만 차별적인 상품을 다수의 판매자가 경쟁하며 판매하는 시장
바로 정의해주네. 박스치고 정확히 이해하고 넘어가기.
각 판매자는 자신이 공급하는 상품을 구매자가 차별적으로 인지하고 선호할 수 있도록 하기 위해 광고를 이용
앞 문장과 붙여 이해해보자. 독점적 경쟁 시장에서는 상품이 유사하기 때문에, 그런 상품을 구매자가 차별적으로 인지하고 선호하는 것이 중요한가 보네. 그러면 첫 문장, '광고는 시장의 형태 중 독점적 경쟁 시장에서 그 효과가 크다.' 를 구체화해준 거네.
판매자에게 그러한 차별적 인지와 선호가 중요한 이유
독점적 지위를 강화할 수 있기 때문이다.
그래. 앞 문장 보고 저렇게 생각했으면 충분히 납득 가능. 결국 광고는 시장의 형태 중 독점적 경쟁 시장에서 그 효과가 크다는 말만 남는데.. 그래서 어쩌라는 거지? 일단 2문단 정보를 이에 붙이며 확보해보자.

</td></tr>
</table>

[예시 26] 2019학년도 수능 16번~20번 <약속> 中

<table>
<tr><td>

　사람은 살아가는 동안 여러 약속을 한다. 계약도 하나의 약속이다. 하지만 이것은 친구와 뜻이 맞아 주말에 영화 보러 가자는 약속과는 다르다. 일반적인 다른 약속처럼 계약도 서로의 의사 표시가 합치하여 성립하지만, 이때의 의사는 일정한 법률 효과의 발생을 목적으로 한다는 점에서 차이가 있다. 한 예로 매매 계약은 '팔겠다'는 일방의 의사 표시와 '사겠다'는 상대방의 의사 표시가 합치함으로써 성립하며, 매도인은 매수인에게 매매 목적물의 소유권을 이전하여야 할 의무를 짐과 동시에 매매 대금의 지급을 청구할 권리를 갖는다. 반대로 매수인은 매도인에게 매매 대금을 지급할 의무가 있고 소유권의 이전을 청구할 권리를 갖는다. 양 당사자는 서로 권리를 행사하고 서로 의무를 이행하는 관계에 놓이는 것이다.
　이처럼 의사 표시를 필수적 요소로 하여 법률 효과를 발생시키는 행위들을 법률 행위라 한다. 계약은 법률 행위의 일종으로서, 당사자에게 일정한 청구권과 이행 의무를 발생시킨다. 청구권을 내용으로 하는 권리가 채권이고, 그에 따라 이행을 해야 할 의무가 채무이다. 따라서 채권과 채무는 발생한 법률 효과가 동전의 양면처럼 서로 다른 방향에서 파악되는 것이라 할 수 있다. 채무자가 채무의 내용대로 이행하여 채권을 소멸시키는 것을 변제라 한다.
　갑과 을은 을이 소유한 그림 A를 갑에게 매도하는 것을 내용으로 하는 매매 계약을 체결하였다. ㉠ 을의 채무는 그림 A의 소유권을 갑에게 이전하는 것이다.

</td><td>

계약
이라는 키워드에 대해,
①하나의 약속
②하지만 이것은 친구와 뜻이 맞아 주말에 영화 보러 가자는 약속과는 다르다.
일반적인 다른 약속처럼 계약도 서로의 의사 표시가 합치하여 성립 공통점
이때의 의사는 일정한 법률 효과의 발생을 목적으로 한다는 점에서 차이가 있다. 차이점
이렇게 약속이라는 하나의 범주를 계약과 일반적인 약속의 두 가지 범주로 쪼갰고, '계약' 에 정보가 초점화되어 있다. 그리고 1문단이 끝날 때까지 매매 계약을 예로 들어 '일정한 법률 효과의 발생을 목적으로 한다.' 를 자세히 설명해준다. 결국 계약이라는 키워드에 대해 '일반적인 약속과 달리 법률 효과의 발생을 목적으로 한다' 는 차이점이 있다는 정보만 남는다. 이것에 2문단의 내용부터 차근차근 붙이며 확보하자.

[계약으로 정보가 모임.. 그래서 어쩌라는 거지]

</td></tr>
</table>

[예시 27] 2022학년도 수능 10번~13번 <트리핀 딜레마> 中

기축 통화는 국제 거래에 결제 수단으로 통용되고 환율 결정에 기준이 되는 통화이다. 1960년 트리핀 교수는 브레턴우즈 체제에서의 기축 통화인 달러화의 구조적 모순을 지적했다. 한 국가의 재화와 서비스의 수출입 간 차이인 경상 수지는 수입이 수출을 초과하면 적자이고, 수출이 수입을 초과하면 흑자이다. 그는 "미국이 경상 수지 적자를 허용하지 않아 국제 유동성 공급이 중단되면 세계 경제는 크게 위축될 것"이라면서도 "반면 적자 상태가 지속돼 달러화가 과잉 공급되면 준비 자산으로서의 신뢰도가 저하되고 고정 환율 제도도 붕괴될 것"이라고 말했다.

이러한 트리핀 딜레마는 국제 유동성 확보와 달러화의 신뢰도간의 문제이다. 국제 유동성이란 국제적으로 보편적인 통용력을갖는 지불 수단을 말하는데,

[예시 28] 2016학년도 수능B 25번~28번 <변론술> 中

변론술을 가르치는 프로타고라스(P)에게 에우아틀로스(E)가 제안하였다. "제가 처음으로 승소하면 그때 수강료를 내겠습니다." P는 이를 받아들였다. 그런데 E는 모든 과정을 수강하고 나서도 소송을 할 기미를 보이지 않았고 그러자 P가 E를 상대로 소송하였다. P는 주장하였다. "내가 승소하면 판결에 따라 수강료를 받게 되고, 내가 지면 자네는 계약에 따라 수강료를 내야 하네." E도 맞섰다. "제가 승소하면 수강료를 내지 않게 되고 제가 지더라도 계약에 따라 수강료를 내지 않아도 됩니다."

지금까지도 이 사례는 풀기 어려운 논리 난제로 거론된다. 다만 법률가들은 이를 해결할 수 있는 사안이라고 본다.

[예시 29] 2020학년도 6평 27번~31번 <통화 정책과 건전성> 中

통화 정책은 중앙은행이 물가 안정과 같은 경제적 목적의 달성을 위해 이자율이나 통화량을 조절하는 것이다. 대표적인 통화 정책 수단인 '공개 시장 운영'은 중앙은행이 민간 금융 기관을 상대로 채권을 매매해 금융 시장의 이자율을 정책적으로 결정한 기준 금리 수준으로 접근시키는 것이다. 중앙은행이 채권을 매수하면 이자율은 하락하고, 채권을 매도하면 이자율은 상승한다. 이자율이 하락하면 소비와 투자가 확대되어 경기가 활성화되고 물가 상승률이 오르며, 이자율이 상승하면 경기가 위축되고 물가 상승률이 떨어진다. 이와 같이 공개 시장 운영의 영향은 경제 전반에 ⓐ파급된다.

중앙은행의 통화 정책이 의도한 효과를 얻기 위한 요건 중에는 '선제성'과 '정책 신뢰성'이 있다. 먼저 통화 정책이 선제적이라는 것은

통화 정책은 중앙은행이 물가 안정과 같은 경제적 목적의 달성을 위해 이자율이나 통화량을 조절하는 것
통화 정책이라는 키워드에 대해 정의해주네. 이런게 있나 보구나. 그래서?

'공개 시장 운영'
공개 시장 운영을 예시로 들어 경제적 목적의 달성을 위해 이자율이나 통화량을 어떻게 조절한다는 건지 구체화 해주네. 그렇게 1문단이 끝나는 구나. 그러면 결국 첫 문장과 그 예시만 남는데.. 그러면 이것에 2문단부터 나오는 내용을 붙이며 지문의 서술을 따라가야겠다.

[통화 정책 수단이 키워드고, 그 예시로 공개 시장 운영을 줬네. 그래서 어쩌라는 거지?]

[예시 30] 2018학년도 6평 22번~25번 <통화 정책> 中

전통적인 통화 정책은 정책 금리를 활용하여 물가를 안정시키고 경제 안정을 도모하는 것을 목표로 한다. 중앙은행은 경기가 과열되었을 때 정책 금리 인상을 통해 경기를 진정시키고자 한다. 정책 금리 인상으로 시장 금리도 높아지면 가계 및 기업에 대한 대출 감소로 신용 공급이 축소된다. 신용 공급의 축소는 경제 내 수요를 줄여 물가를 안정시키고 경기를 진정시킨다. 반면 경기가 침체되었을 때는 반대의 과정을 통해 경기를 부양시키고자 한다.

금융을 통화 정책의 전달 경로로만 보는 전통적인 경제학에서는 금융감독 정책이 개별 금융 회사의 건전성 확보를 통해 금융 안정을 달성하고자 하는 ㉠미시 건전성 정책에 집중해야 한다고 보았다. 이러한 관점은 금융이 직접적인 생산 수단이 아니므로 단기적일 때와는 달리 장기적으로는 경제 성장에 영향을 미치지 못한다는 인식과, 자산 시장에서는 가격이 본질적 가치를 초과하여 폭등하는 버블이 존재하지 않는다는 효율적 시장 가설에 기인한다. 미시 건전성 정책은 개별 금융 회사의 건전성에 대한 예방적 규제 성격을 가진 정책 수단을 활용하는데, 그 예로는 향후 손실에 대비하여 금융 회사의 자기자본 하한을 설정하는 최저 자기자본 규제를 들 수 있다.

전통적인 통화 정책은 정책 금리를 활용하여 물가를 안정시키고 경제 안정을 도모하는 것을 목표로 한다.
전통적인 통화 정책의 목표가 이런가 보구나. 근데 정책 금리가 뭔지도 모르겠고 그걸 어떻게 활용해서 물가와 경제를 안정시킨다는 거지?

중앙은행은 경기가 과열되었을 때 정책 금리 인상을 통해 경기를 진정시키고자 한다. 정책 금리 인상으로 시장 금리도 높아지면 가계 및 기업에 대한 대출 감소로 신용 공급이 축소된다. 신용 공급의 축소는 경제 내 수요를 줄여 물가를 안정시키고 경기를 진정시킨다. 반면 경기가 침체되었을 때는 반대의 과정을 통해 경기를 부양시키고자 한다.
여전히 정책 금리가 뭔지 모르겠어. 그냥 정책적으로 정한 금리인가 보지 뭐.. 금리가 뭔지 모른다면.. 그냥 금리라는 어떤 개념이 있나보지! 하면 될거 같고.
정책금리를 어떻게 활용해서 경기를 조절한다는 건지 구체화 해주네.
근데 이렇게 1문단이 끝났어. 결국 첫 문장과 그 예시만 남는데..그러면 이것에 2문단부터 나오는 내용을 붙이며 지문의 서술을 따라가야겠다.

[이 문장 하나 말한건데.. 일단 어쩌라는 건지는 모르겠다.]

[예시 31] 2020학년도 9평 27번~31번 <점유 소유> 中

물건을 사용하고 있는 사람이 그 물건의 주인일까?
점유란 물건에 대한 사실상의 지배 상태를 뜻한다. 이
에 비해 소유란 어떤 물건을 사용·수익·처분할 수 있는
권리를 가진 상태라고 정의된다. 따라서 점유자와 소유자
가 항상 일치하지는 않는다.
물건을 빌려 쓰거나 보관하고 있는 것을 포함하여 물
건을 물리적으로 지배하는 상태를 직접점유라고 한다.
이에 비해 어떤 물건을 빌려 쓰거나 보관하는 사람에게
그 물건의 반환을 청구할 수 있는 권리를 가진 사람도 사
실상의 지배를 한다고 볼 수 있다. 이와 같이 반환청구
권을 가진 상태를 간접점유라고 한다. 직접점유와 간접
점유는 모두 점유에 해당한다. 점유는 소유자를 공시하
는 기능도 수행한다. 공시란 물건에 대해 누가 어떤 권
리를 가지고 있는지를 알려 주는 것이다. 물건 중에서
피아노, 금반지, 가방 등과 같은 대부분의 동산은 점유에
의해 소유권이 공시된다.
물건의 소유권이 양도되려면, 소유자가 양도인이 되어 양
수인과 유효한 양도 계약을 하고 이에 더하여 소유권 양도
를 공시해야 한다. ㉠점유로 소유권이 공시되는 동산의 소
유권 양도는 점유를 넘겨주는 점유 인도로 공시된다.

물건을 사용하고 있는 사람이 그 물건의 주인일까?
시작하자마자 질문이네. 답을 찾자. 아 너무 궁금하다.

점유란 물건에 대한 사실상의 지배 상태를 뜻한다.
이에 비해 소유란 어떤 물건을 사용·수익·처분할 수
있는 권리를 가진 상태라고 정의된다.
갑자기 점유와 소유에 대한 개념을 정의해주네. 박스
치고 정확히 이해하자. 그러면 이 생각도 드네..! 앞
문장과 붙여보면 물건을 사용하고 있다는 건 점유이
고, 물건의 주인이라는 건 소유겠구나.

따라서 점유자와 소유자가 항상 일치하지는 않는다.
앞 문장을 첫 문장에 붙여서 저렇게 생각했으면 이거
쉽게 납득 가능함. 그리고 붙여서 읽었어야 이게 첫
문장 질문에 대한 답이라는 것도 알 수 있음.
근데 이렇게 1문단이 끝나네. 뭔가 이야기가 끝나버린
느낌이다. 질문에 대한 답이 제시되어버렸어. 그러면
일단 이 질문과 답을 끌고 내려와서 2문단에 붙여봐
야겠다. 지문의 서술을 그냥 따라가야지.

[Q에 대한 A가 제시되어 버리고, 그렇게 1문단이 끝났
는데.. 그러면 이걸 어떻게 구체화할라나]

[예시 32] 2020학년도 6평 37번~42번 <미토콘드리아의 개체성 문제> 中

우리는 한 대의 자동차는 개체라고 하지만 바닷물을 개
체라고 하지는 않는다. 어떤 부분들이 모여 하나의 개체를
ⓐ이룬다고 할 때 이를 개체라고 부를 수 있는 조건은
무엇일까? 일단 부분들 사이의 유사성은 개체성의 조건
이 될 수 없다. 가령 일란성 쌍둥이인 두 사람은 DNA
염기 서열과 외모도 같지만 동일한 개체는 아니다. 그래서
부분들의 강한 유기적 상호작용이 그 조건으로 흔히 제시
된다. 하나의 개체를 구성하는 부분들은 외부 존재가 개체
에 영향을 주는 것과는 비교할 수 없이 강한 방식으로 서
로 영향을 주고받는다.
상이한 시기에 존재하는 두 대상을 동일한 개체로 판
단하는 조건도 물을 수 있다.

어떤 부분들이 모여 하나의 개체를 ⓐ이룬다고 할 때
이를 개체라고 부를 수 있는 조건은 무엇일까?
시작하자마자 질문이네. 답을 찾자. 아 너무 궁금하다.

일단 부분들 사이의 유사성은 개체성의 조건이 될 수
없다.
그래서 부분들의 강한 유기적 상호작용이 그 조건으로
흔히 제시된다.
답이 나와버렸네. 근데 강한 유기적 상호작용이 정확
히 뭔지는 모르겠다. 일단 Q에 대한 A가 완결되어 버
렸으니까 일단 이 질문과 답을 끌고 내려와서 2문단
에 붙여봐야겠다. 지문의 서술을 그냥 따라가야지.

[Q에 대한 A가 제시되어 완결되어 버렸다. 그러면 그
냥 그걸 끌고 내려가서 2문단에서 나오는 내용을 붙
이는 수 밖에 없다.]

1문단 독해 이후에는, 각 문단의 초반부를 읽으면서 사고를 이렇게 하면 된다.

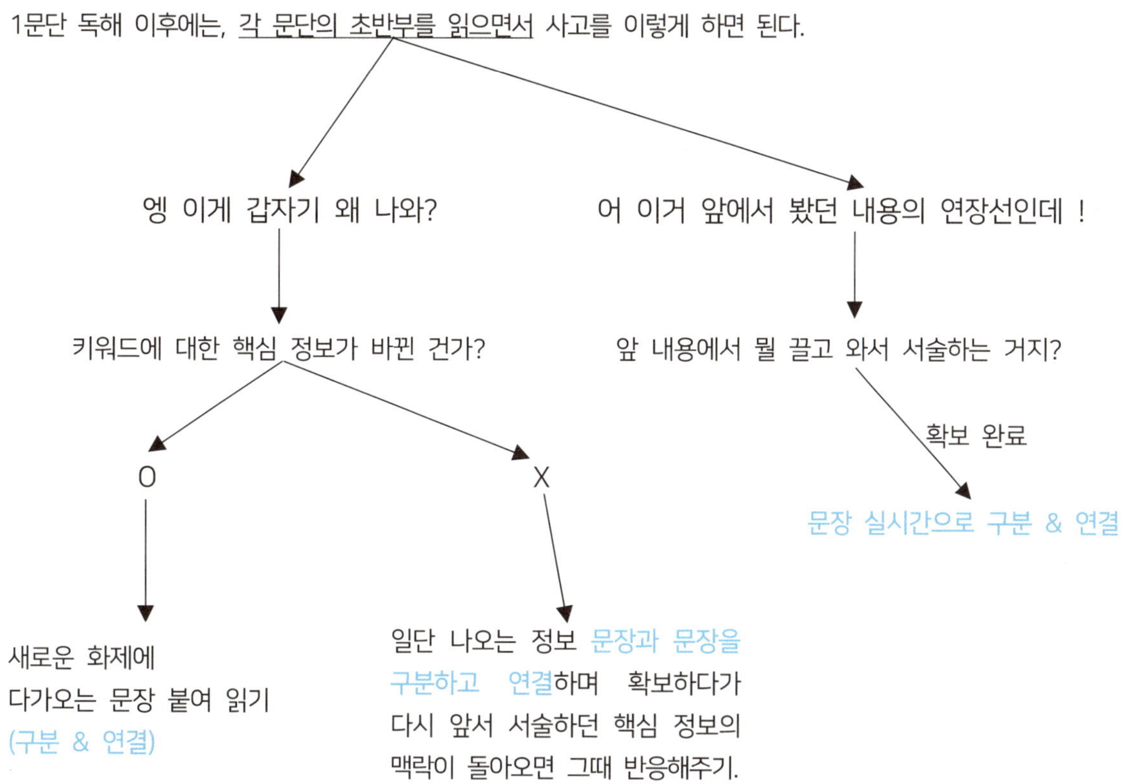

구분과 연결을 좀 더 구체적으로 정의해 보자면 아래와 같다.

> **구분** : 앞서 쌓여있던 정보와 다른 범주의 정보가 등장하면, **끊고 새로운 범주 만들어주기**
> **연결** : 앞서 쌓여있던 정보에 계속 쌓이는 정보라면, **붙여 읽기**

구체화 : 불완전한 정보에 살을 붙여 완전한 정보로 만드는 것

보충_범주가 정확히 뭔가요?

자꾸 범주 범주 하니까 그런갑다 했을건데 정확히 뭔지는 확 와 닿지는 않았을 수도 있을 것 같다. 따라서, 비유적으로 범주가 정확히 어떤 개념인지 살펴보도록 하자. 건물에 방을 만들고 거기에 사람들을 배분해서 집어 넣는다고 이해하면 편하다.

지문 초반부를 읽다 보니, 키워드에 대해서 뭘 설명할지 핵심 정보가 확정되었다.
이러면 키워드라는 건물에 하나의 방이 만들어진 것이다.

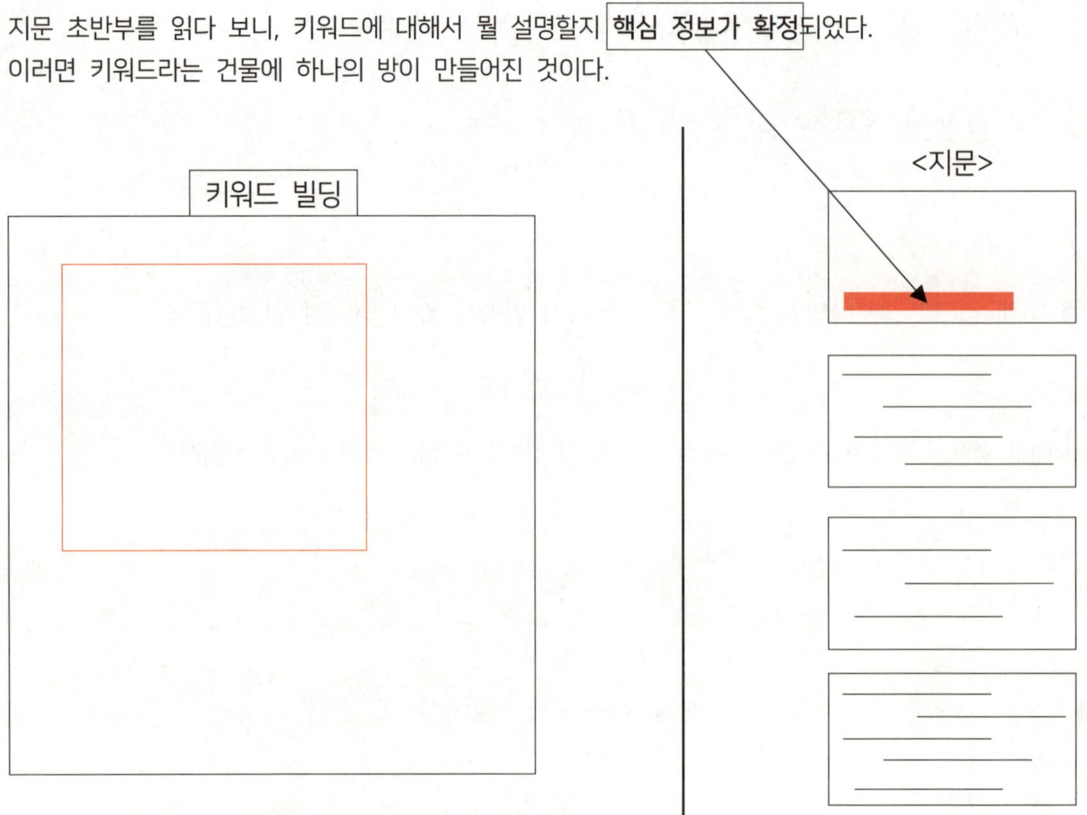

이제 다가오는 문장들을 사람이라고 생각하고, 사람이 한명 한명 다가올 때 가족이면 한 방에 넣어야 한다고 하자. 예를 들어 이렇게 들어갔다고 생각해보면,

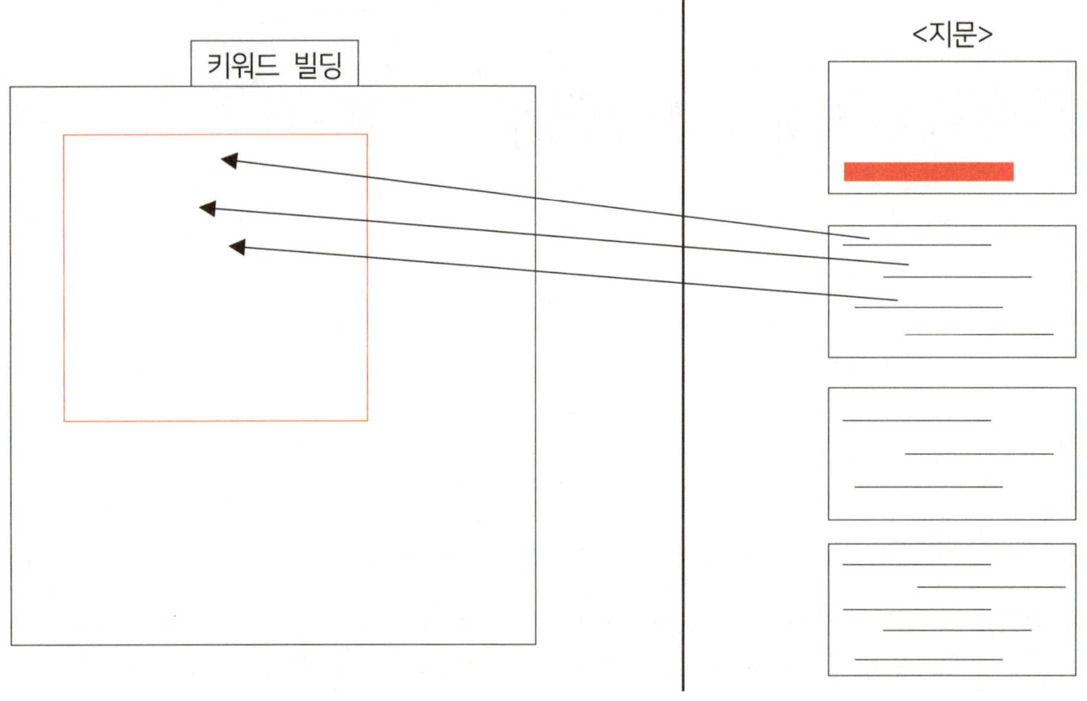

핵심 정보 제시 이후 다가온 세 사람은 각각 아빠, 엄마, 아들이었다. 그래서 한 방에 배정해줬다. 그런데, 다음 사람을 보니 앞에 들어갔던 사람들과 가족이긴 한데 뭔가 같이 살기는 애매한 친척이다. 그런데 피를 나눈 가족이면 한 방에서만 살아야 한다. 그러면 원래 원룸이었던 방을 투룸으로 나눠서 배정해주면 된다.

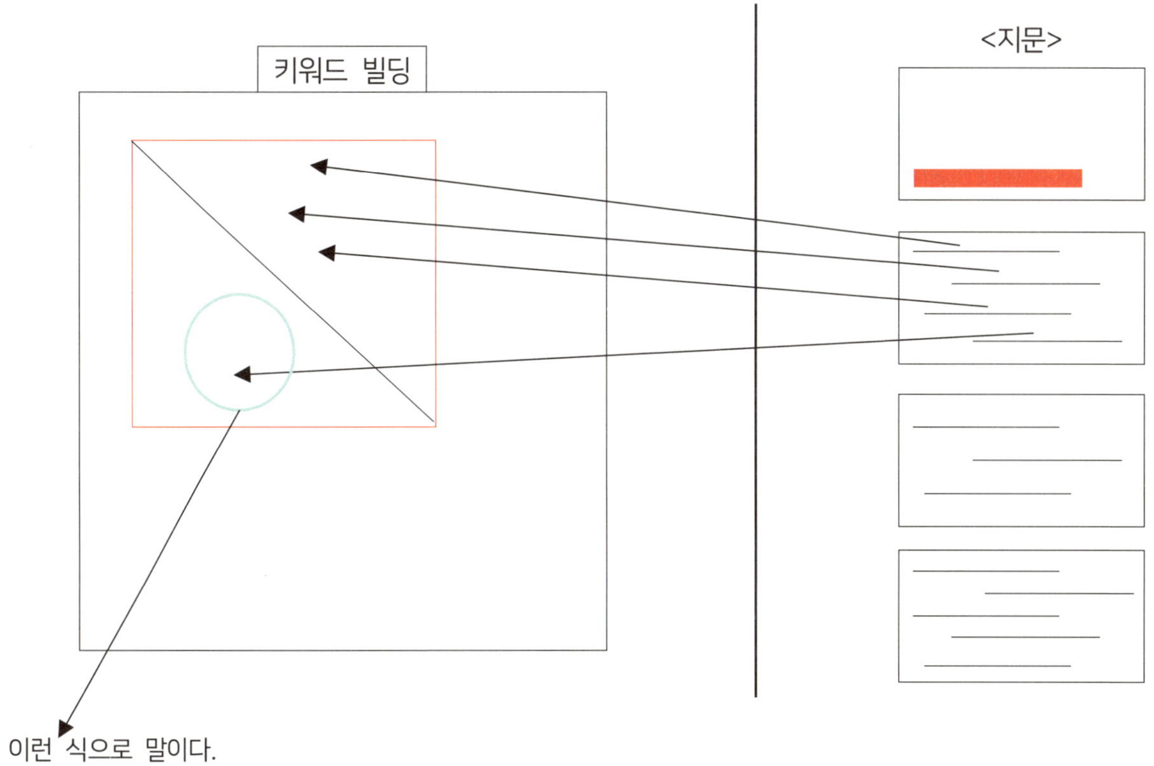

이런 식으로 말이다.

그리고 나서 다음 문단으로 넘어가 보니, 이 사람들과 피를 섞지도 않은 사람이다. 그러면 이제 키워드라는 건물에 새 방을 만들어줘야 한다는 것이다. (새로운 핵심 정보 제시)

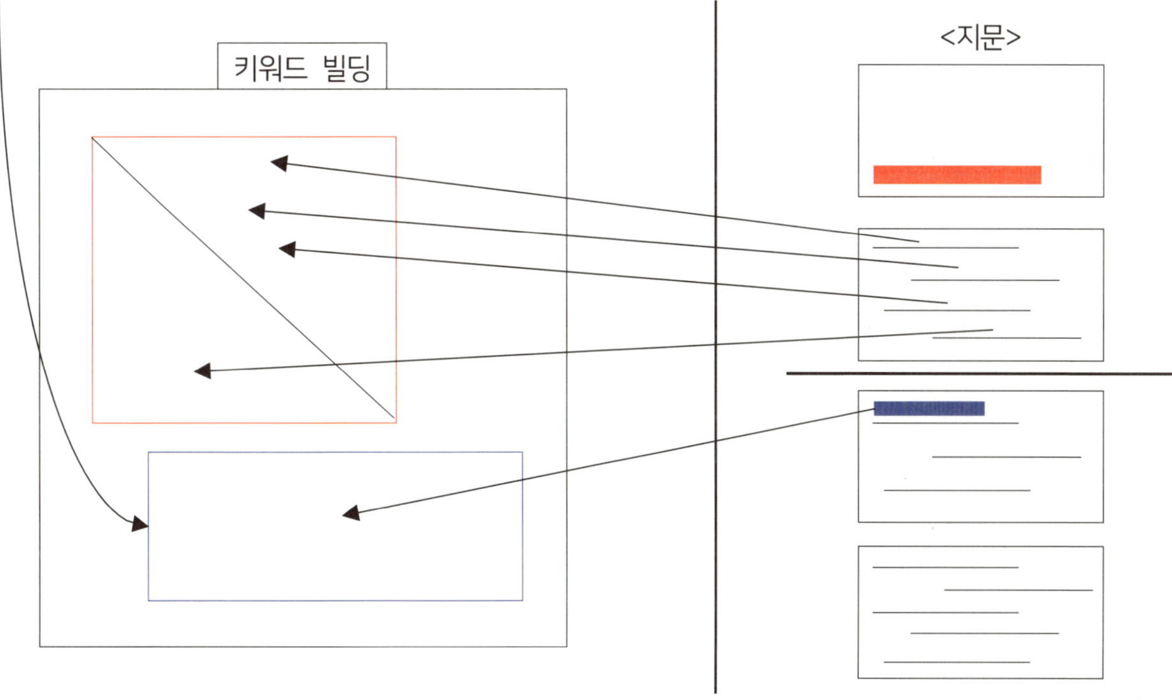

이를 앞서 지문의 목차를 만들면서 읽으라고 했을 때 예시로 보여줬던 목차에 접목해서 이해해보면,

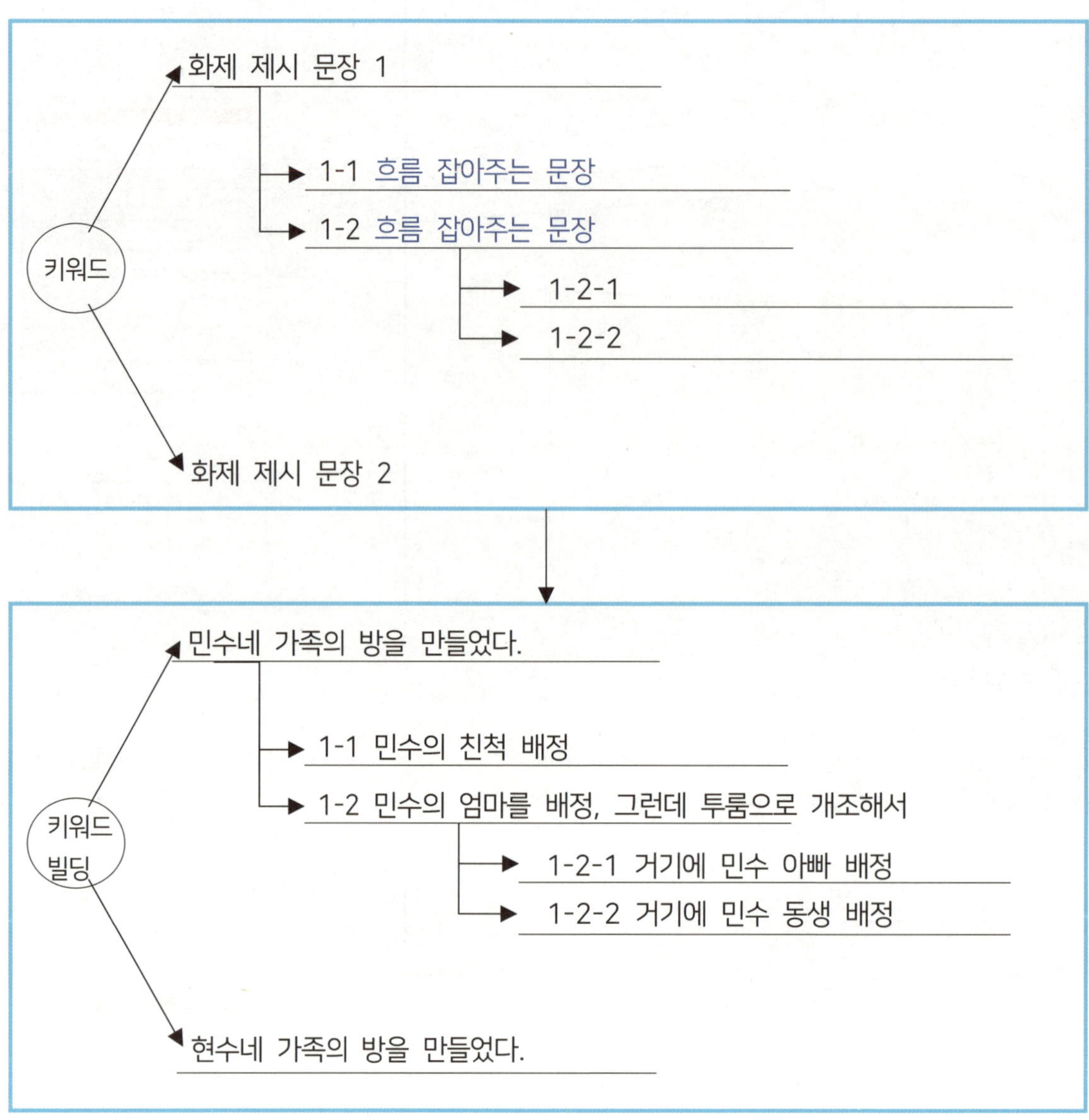

(민수와 현수는 키워드 빌딩에 입주를 신청한 사람이고, 가족이 아니다.)

이런 식으로 문장이 다가올 때 그 문장 하나하나의 신원을 확인해,

같은 방에 배정해야 하는 사람인지 (같은 핵심 정보 하에서 서술) - 연결
같은 방이라도 공간을 분리시켜 배정해야 하는 사람인지 (한 핵심 정보 내에서 세부 범주 갈라지는 경우) - 구분
아얘 다른 방에 배정해야 하는 사람인지 (핵심 정보가 바뀜) - 구분

　이렇게 하는 것이 바로 문장과 문장의 연결과 구분을 직관적으로 이해하는 방법이다. 범주는 여기서 사람들이 배정되는 공간이라고 이해하면 된다. 각 방, 그리고 그 방 안에서 벽이 세워져 분리된 공간, 이런 사람(문장)들이 들어가는 공간이 바로 범주가 되는 것이다.

비핵화

문제편

TOPIC 03. FULL 지문 학습

■ INTRO

이제 하나의 완성된 지문을 문제와 함께 학습해볼 것이다. 지금까지 배운 내용이 실제로 어떻게 적용되는지 파악하는데 집중하도록 하자. 그리고, 읽으라는 데로 제대로 잘 읽으면 문제도 자연스럽게 다 풀 수 있다는 것을 깨닳을 수 있을 것이다. **비문학은 애초에 문제의 출제 의도가 '잘 읽었는지'를 확인하는 목적이기 때문에 잘 읽었다면 잘 풀 수밖에 없다. 여기서 잘 읽었다는 것은** 당연히 '문장과 문장, 그리고 문단과 문단을 구분하고 연결하며 머릿속에 목차를 만들 듯이 글을 읽었다는 것을 의미할 것이다.

■ 학습 방법

STEP 1 ㅣ 먼저 지문 읽고 문제 풀어보고 [있는 그대로의 시험지] 살펴보기
STEP 2 ㅣ [이런 생각을 하며 읽어야 한다] 읽으면서 자신의 생각과 비교하기
　　　　　 ≫ 지문 읽으면서 해야 하는 생각, 문제의 출제 의도 파악에 집중하기

■ CONTENTS

[인문 지문]
예시 1 ㅣ 2024학년도 수능 12번 ~ 17번 < 노자의 도에 대한 한비자의 견해 / 왕안석, 오징, 설혜의 견해 >
예시 2 ㅣ 2017학년도 6평 20번 ~ 24번 < 유비 논증 >
예시 3 ㅣ 2024학년도 6평 12번 ~ 17번 < 로랜즈의 확장 인지 이론 / '지각'에 대한 객관주의 철학의 입장과 이에 대한 비판 >

[Q⇒A형 지문]
예시 1 ㅣ 2024학년도 9평 8번 ~ 11번 < 초정밀 저울 >
예시 2 ㅣ 2020학년도 6평 37번 ~ 42번 < 미토콘드리아의 개체성 문제 >

[P⇒S형 지문]
예시 1 ㅣ 2020학년도 수능 26번 ~ 29번 < 내인성 레트로 바이러스 >
예시 2 ㅣ 2017학년도 수능 33번 ~ 36번 < 반추위 미생물 >

[평서문으로 화제 제시되는 지문, 그런데 확실한 어투는 아닌.]
예시 1 ㅣ 2017학년도 9평 25번 ~ 30번 < 콘크리트 >
예시 2 ㅣ 2019학년도 6평 35번 ~ 38번 < LFIA 키트 >
예시 3 ㅣ 2021학년도 9평 26번 ~ 30번 < 행정입법의 유형 >
예시 4 ㅣ 2023학년도 수능 10번 ~ 13번 < 법령에서의 불확정 개념 >
예시 5 ㅣ 2019학년도 수능 16번 ~ 20번 < 약속 >

[인문 지문]

TYPE 1 | 나열형 지문

인문 지문에는 크게 두 가지 타입이 있다. 하나는 특정 사상가, 학자, 학설, 이론 등의 견해를 나열하는 나열형 지문이다. 앞서 THEME 4에서 나열에 대해 학습한 적이 있는데, 거기서 이미 '인문 지문에서의 나열'을 따로 빼서 학습했었다. 그 내용을 그대로 아래 붙였다. 이를 다시 한번 읽어보면 된다.

인문 (견해 위주) 지문이 나오면, 그 특성상 그 말이 그 말같이 느껴지고, 상당히 추상적이라는 느낌을 받을 것이다. 실제로 인문 갈래를 어려워하는 이유는 보통 이것이다. 이때, 나열된 각각의 항목을 넘버링하며 추상적인 요소들을 강제로 객관적으로 항목화하는 과정이 실제로 엄청나게 도움된다. 과하게 쪼개서 넘버링 하는 것은 괜찮지만, 너무 안 끊어버리면 범주가 섞이는 문제가 발생할 수 있다.

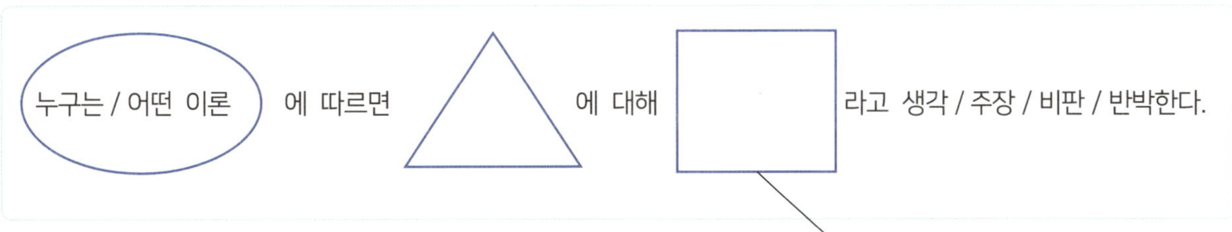

위와 같은 논리가 흔히 주장 / 견해 위주의 지문에 사용되는 논리다. 저기서 네모에 해당하는 부분이 나열되는 부분이다. 그리고, 그 나열된 것이 과연 무엇에 대한 나열인지에 해당하는 범주가 동그라미와 세모일 것이다.

> (1) 저 동그라미와 세모를 확실히 확보한 상태에서, 네모에 나열되어 있는 주장들을 하나씩 끊어서 깐깐하게 강제로 라도 넘버링 해주는 것이 좋다.
> (2) 그리고, 어떤 견해가 나열되면, 그 견해를 주장한 사람이나 그 견해가 비롯된 학파, 학설, 이론 등에 < >이나 동그라미 표시 등 자신만의 표식을 만들어 반드시 확보하며 표시하고 넘어가도록 하자.
> (3) 또한, 같은 사항에 대해 여러 사람의 견해가 병치되면, 이를 '요소 쪼개기'로 인식하고 그 두 견해를 '공통서술 범주에 입각해서 비교·대조'해줘야 한다.

TYPE 2 | 인과와 구체화 위주의 지문

인문 지문의 두 번째 타입은 '인과와 구체화 위주의 지문'입니다. 여기서는 나열보다는 하나의 범주 내에서 특정 내용을 구체화, 재진술하거나 그 내용으로부터 인과를 통해 어떤 결론을 도출하는 것이 주된 컨텐츠가 된다.

이때는 아래와 같은 생각을 하면서 읽으면 된다.

> (1) 하나의 흐름 잡아주는 문장으로부터 파생되는 구체화, 재진술 (같은 의미 다른 표현)이 많다. 따라서, 흐름 잡아주는 문장을 딱 잡아놓고, 이후 그 정보를 구체화해주거나 표현만 조금 바꿔서 재진술하면 그 정보의 첫 시작점, 흐름 잡아주는 문장에 붙이며 읽어주면 된다.
>
> (2) 연속된 원인과 결과에 신경 쓰며 흐름을 타는 것이 중요하다. 원인에서 결과가 나오고, 그 결과가 다시 원인이 되어 결과가 나오는 논리의 연속이다.

[12~17] 다음 글을 읽고 물음에 답하시오.

(가)

『한비자』는 중국 전국 시대의 한비자가 제시한 사상이 ⓐ담긴 저작이다. 여러 나라가 패권을 다투던 혼란기를 맞아 엄격한 법치를 통해 부국강병을 꾀한 한비자는 『노자』에 대한 해석을 통해 자신의 법치 사상을 뒷받침했고, 이러한 면모는 『한비자』의 「해로」, 「유로」 등에서 확인할 수 있다.

『노자』에서 '도(道)'는 만물 생성의 근원으로 묘사된다. 도를 천지 만물의 존재와 본질의 근거라고 본 한비자의 이해도 이와 다르지 않다. 그는 자연과 인간 사회의 모든 현상은 도의 영향을 받지 않을 수 없다고 보고, 인간 사회의 일은 도에 따라 제대로 행했는가의 여부에 따라 그 성패가 드러나는 것이라고 이해했다.

한비자는 『노자』에 제시된 영구불변하는 도의 항상성에 대해 도가 천지와 더불어 영원히 존재한다는 것을 의미하는 것이지, 도가 모습과 이치를 일정하게 유지하는 것은 아니라고 이해했다. 그리고 도는 형체가 없을 뿐 아니라 일정하게 고정되어 있지 않기 때문에 때와 상황에 따라 유연하게 변화하는 것이라고 파악했다. 도가 가변성을 가지고 있어야 도가 일정한 곳에만 있지 않게 되고, 그래야만 도가 모든 사물의 존재와 본질의 근거가 될 수 있다고 파악한 것이다. 그는 도가 가변적이기 때문에 통치술도 고정되어서는 안 된다고 주장했다.

한편, 한비자는 도를 구체적인 사물과 사건에 내재한 개별 법칙의 통합으로 보고, 『노자』의 도에 시비 판단의 근거라는 새로운 의미를 부여했다. 항상 존재하는 도는 개별 법칙을 포괄하기 때문에 다양한 개별 사건의 시비를 판단하는 기준이 될 수 있고, 이러한 도에 근거해서 입법해야 다양한 사건을 판단할 수 있다고 본 것이다. 이러한 이해를 바탕으로 그는 만족을 모르는 인간의 욕망을 사회 혼란의 원인으로 지목한 『노자』의 견해에 동의하면서도, 『노자』에서처럼 욕망을 없애야 한다고 주장하지 않고 인간은 욕망을 필연적으로 가질 수밖에 없음을 지적하며 욕망을 제어하기 위해 법이 필요하다고 강조했다.

(나)

유학자들은 도를 인간 삶의 올바른 길을 의미하는 것이라고 보았다. 중국 송나라 이후, 유학자들은 이러한 유학의 도를 기반으로 현상 세계 너머의 근원으로서 도가의 도에 주목하여 『노자』 주석을 전개했다.

혼란기를 거친 송나라 초기에 중앙집권화가 추진된 이후 정치적 갈등이 드러나면서 개혁의 분위기가 조성됐다. 이러한 분위기하에서 유학자이자 개혁 사상가인 왕안석은 『노자주』를 저술했다. 그는 『노자』의 도를 만물의 물질적 근원인 '기(氣)'라고 파악하고, 현상 세계에 앞서 존재하는 기의 작용에 의해 사물이 형성된다고 보았다. 그는 기가 시시각각 변화하듯 현상 세계도 변화한다고 이해했다. 인위적인 것을 제거해야만 도가 드러나고 인간 사회가 안정된다는 『노자』를 비판한 그는 자연과 달리 인간 사회의 안정을 위해서는 제도와 규범의 제정과 같은 인간의 적극적인 개입이 필요하다고 주장했다. 지혜와 덕이 뛰어난 사람이 제정한 사회 제도와 규범도 현실 사회의 변화에 따라

새롭게 해야 한다고 주장한 것이다. 『노자』의 이상 정치가 실현되려면 유학 이념이 실질적 수단으로 사용되어야 한다고 주장하는 등 왕안석은 『노자』를 유학의 실천적 측면과 결부하여 이해했다.

송 이후 원나라에 이르러 성행하던 도교는 유학과 불교 등을 받아들여 체계화되었지만, 오징에게는 주술적인 종교에 불과했다. ㉠유학자의 입장에서 그는 잘못된 가르침을 펴는 도교에 사람들이 빠지는 것을 경계했다. 그는 도교의 시조로 간주된 노자의 가르침이 공자의 학문과 크게 다르지 않음을 밝히고자 『도덕진경주』를 저술했다. 그는 도와 유학 이념을 관련짓는 구절을 추가하는 등 『노자』의 일부 내용을 바꾸고 기존 구성 체제를 재편했다. 『노자』의 도를 근원적인 불변하는 도로 본 그는 모든 이치를 내재한 도가 현실화하여 천지 만물이 생성된다고 이해했다. 이런 관점에서 그는 유학의 인의예지가 도의 쇠퇴 때문에 나타난 것이라는 『노자』와 달리 도가 현실화하여 드러난 것으로 해석하고, 인간이 마땅히 따라야 할 사회 규범과 사회 질서 체계도 도가 현실화한 결과로 파악했다.

원이 쇠퇴하고 명나라가 들어선 이후 유학과 도가 등 여러 사상이 합류하는 사조가 무르익는 가운데, 유학자인 설혜는 자신의 ㉡학문적 소신에 따라 『노자』를 주석한 『노자집해』를 저술했다. 그는 공자도 존중했던 스승이 노자이므로 노자 사상에 대한 오해를 불식해야 한다고 보았다. 그는 기존의 주석서가 『노자』의 진정한 의미를 제대로 밝히지 못했기 때문에 유학자들이 노자 사상을 이단으로 치부했다고 파악한 것이다. 다양한 경전을 인용하여 『노자』를 해석하면서 그는 『노자』의 도를 인간의 도덕 본성과 그것의 근거인 천명으로 이해하고, 본성과 천명의 이치를 탐구한다는 점에서 노자 사상과 유학이 다르지 않다고 보았다. 또한 그는 『노자』에서 인의 등을 비판한 것은 도덕을 근본으로 삼게 하기 위한 충고라고 파악했다.

13. (가)에 제시된 한비자의 견해로 적절하지 <u>않은</u> 것은?

① 사건의 시비에 따라 달라지는 도에 근거하여 법이 제정되어야 한다.

② 인간은 무엇을 가지거나 누리고자 하는 마음에서 벗어날 수 없다.

③ 도는 고정된 모습 없이 때와 형편에 따라 변화하며 영원히 존재한다.

④ 인간 사회의 흥망성쇠는 사람이 도에 따라 올바르게 행하였 는가의 여부에 좌우되는 것이다.

⑤ 도는 만물의 근원이면서 동시에 현실 사회의 개별 사물과 사건에 내재한 법칙을 포괄하는 것이다.

14. ㉠과 ㉡에 대한 이해로 가장 적절한 것은?

① ㉠은 유학 덕목의 등장을 긍정적으로 평가한 『노자』의 견해를 수용하는, ㉡은 유학 덕목에 대한 『노자』의 비판에 담긴 긍정적 의도를 밝히려는 것으로 표출되었다.

② ㉠은 유학에 유입되고 있는 주술성을 제거하는, ㉡은 노자 사상이 탐구하는 대상에 대한 이해를 근거로 노자 사상과 유학의 공통점을 제시하려는 것으로 표출되었다.

③ ㉠은 유학의 가르침을 차용한 종교가 사람들을 현혹하는 상황에 대응하는, ㉡은 『노자』를 해석한 경전들을 참고하여 유학 이론의 독창성을 밝히려는 것으로 표출되었다.

④ ㉠은 유학을 노자 사상과 연관 지어 유교적 사회 질서의 정당성을 확인하는, ㉡은 유학에서 이단으로 치부하는 사상의 진의를 밝혀 오해를 바로잡으려는 것으로 표출되었다.

⑤ ㉠은 특정 종교에서 추앙하는 사상가와 유학 이론의 관련성을 제시하는, ㉡은 유학의 사상적 우위를 입증하여 다른 학문을 통합할 수 있는 근거를 제시하려는 것으로 표출되었다.

15. (나)의 왕안석과 오징의 입장에서 다음의 ㄱ~ㄹ에 대해 판단한 것으로 가장 적절한 것은?

> ㄱ. 도는 만물을 통해 드러나는 것이지 만물에 앞서서 존재 하는 것은 아니다.
> ㄴ. 인간 사회의 규범은 이치를 내재한 근원적 존재인 도가 현실에 드러난 것이다.
> ㄷ. 도는 현상 세계의 너머에만 머물러 있지 않고 세상일과 유기적으로 관련되는 것이다.
> ㄹ. 도가 변화하듯이 현상 세계가 변하니, 현실 사회의 변화에 따라 인간 사회의 규범도 변해야 한다.

① 왕안석은 ㄱ에 동의하지 않고 ㄴ에 동의하겠군.

② 왕안석은 ㄴ과 ㄹ에 동의하겠군.

③ 왕안석은 ㄷ에 동의하고 ㄹ에 동의하지 않겠군.

④ 오징은 ㄱ과 ㄹ에 동의하지 않겠군.

⑤ 오징은 ㄴ에 동의하고 ㄷ에 동의하지 않겠군.

16. <보기>를 참고할 때, (가), (나)의 사상가에 대한 왕부지의 평가로 적절하지 <u>않은</u> 것은? [3점]

> ─── <보 기> ───
> 청나라 초기의 유학자 왕부지는 『노자』의 본래 뜻을 드러 내어 노자 사상을 비판하고자 『노자연』을 저술했다. 노자 사상의 비현실성을 드러내어 유학의 실용적 가치를 부각 하고자 했던 그는 기존의 『노자』 주석서가 노자 사상이 아닌 사상을 기준으로 삼았기 때문에 『노자』뿐만 아니라 주석자의 사상마저 왜곡했다고 비판했다. 『노자』에서 아무런 행동을 하지 않아도 천하가 다스려진다고 한 것 등을 비판한 그는, 『노자』에서처럼 단순히 인간의 이기적 욕망을 없애는 것이 아니라 사회 질서 유지를 위해 유학 규범을 활용해야 한다고 강조했다.

① 왕부지는 인간의 욕망에 대한 『노자』의 대응 방식을 부정적 으로 보았으므로, (가)의 한비자가 『노자』와 달리 사회에 대한 인위적 개입이 필요하다고 한 것에 대해서는 수긍하겠군.

② 왕부지는 『노자』에 제시된 소극적인 삶의 태도를 부정적으로 보았으므로, (나)의 왕안석이 사회 제도에 대한 『노자』의 견해를 비판하며 유학 이념의 활용을 주장한 것은 긍정하겠군.

③ 왕부지는 『노자』의 본래 뜻을 파악해야 한다고 보았으므로, (나)의 오징이 『노자』를 주석하면서 자신의 이해에 따라 원문의 구성과 내용을 수정한 것이 잘못이라고 보겠군.

④ 왕부지는 주석자가 유학을 기준으로 『노자』를 이해하면 주석자의 사상도 왜곡된다고 보았으므로, (나)의 오징이 유학의 인의 예지를 『노자』의 도가 현실화한 것으로 본 것을 비판하겠군.

⑤ 왕부지는 『노자』에 담긴 비현실성을 드러내야 한다고 보았으므로, (나)의 설혜가 기존의 『노자』 주석서들을 비판하며 드러낸 학문적 입장이 유학의 실용적 가치를 부각한다고 보겠군.

17. ⓐ와 문맥상 의미가 가장 가까운 것은?

① 과일이 접시에 예쁘게 <u>담겨</u> 있다.

② 상자에 탁구공이 가득 <u>담겨</u> 있다.

③ 시원한 계곡물에 수박이 <u>담겨</u> 있다.

④ 화폭에 봄 경치가 그대로 <u>담겨</u> 있다.

⑤ 매실이 설탕물에 한 달째 <u>담겨</u> 있다.

[20~24] 다음 글을 읽고 물음에 답하시오.

(가) 유비 논증은 두 대상이 몇 가지 점에서 유사하다는 사실이 확인된 상태에서 어떤 대상이 추가적 특성을 갖고 있음이 알려졌을 때 다른 대상도 그 추가적 특성을 가지고 있다고 추론하는 논증이다. 유비 논증은 이미 알고 있는 전제에서 새로운 정보를 결론으로 도출하게 된다는 점에서 유익하기 때문에 일상생활과 과학에서 흔하게 쓰인다. 특히 의학적인 목적에서 포유류를 대상으로 행해지는 동물 실험이 유효하다는 주장과 그에 대한 비판은 유비 논증을 잘 이해할 수 있게 해 준다.

(나) 유비 논증을 활용해 동물 실험의 유효성을 주장하는 쪽은 인간과 ⓐ실험동물이 ⓑ유사성을 보유하고 있기 때문에 신약이나 독성 물질에 대한 실험동물의 ⓒ반응 결과를 인간에게 안전하게 적용할 수 있다고 추론한다. 이를 바탕으로 이들은 동물 실험이 인간에게 명백하고 중요한 이익을 준다고 주장한다.

(다) 도출한 새로운 정보가 참일 가능성을 유비 논증의 개연성이라 한다. 개연성이 높기 위해서는 비교 대상 간의 유사성이 커야 하는데 이 유사성은 단순히 비슷하다는 점에서의 유사성이 아니고 새로운 정보와 관련 있는 유사성이어야 한다. 예를 들어 ㉠동물 실험의 유효성을 주장하는 쪽은 실험동물로 많이 쓰이는 포유류가 인간과 공유하는 유사성, 가령 비슷한 방식으로 피가 순환하며 허파로 호흡을 한다는 유사성은 실험 결과와 관련 있는 유사성으로 보기 때문에 자신들의 유비 논증은 개연성이 높다고 주장한다. 반면에 인간과 꼬리가 있는 실험동물은 꼬리의 유무에서 유사성을 갖지 않지만 그것은 실험과 관련이 없는 특성이므로 무시해도 된다고 본다.

(라) 그러나 ㉡동물 실험을 반대하는 쪽은 유효성을 주장하는 쪽을 유비 논증과 관련하여 두 가지 측면에서 비판한다. 첫째, 인간과 실험동물 사이에는 위와 같은 유사성이 있다고 말하지만 그것은 기능적 차원에서의 유사성일 뿐이라는 것이다. 인간과 실험동물의 기능이 유사하다고 해도 그 기능을 구현하는 인과적 메커니즘은 동물마다 차이가 있다는 과학적 근거가 있는데도 말이다. 둘째, 기능적 유사성에만 주목하면서도 막상 인간과 동물이 고통을 느낀다는 기능적 유사성에는 주목하지 않는다는 것이다. 인간은 자신의 고통과 달리 동물의 고통은 직접 느낄 수 없지만 무엇인가에 맞았을 때 신음 소리를 내거나 몸을 움츠리는 동물의 행동이 인간과 기능적으로 유사하다는 것을 보고 유비 논증으로 동물이 고통을 느낀다는 것을 알 수 있는데도 말이다.

(마) 요컨대 첫째 비판은 동물 실험의 유효성을 주장하는 유비 논증의 개연성이 낮다고 지적하는 반면 둘째 비판은 동물도 고통을 느낀다는 점에서 동물 실험의 윤리적 문제를 제기하는 것이다. 인간과 동물 모두 고통을 느끼는데 인간에게 고통을 ㉢끼치는 실험은 해서는 안 되고 동물에게 고통을 끼치는 실험은 해도 된다고 생각하는 것은 공평하지 않다고 생각하기 때문이다. 결국 윤리성의 문제도 일관되지 않게 쓰인 유비 논증에서 비롯된 것이다.

20. (가)~(마)에 대한 이해로 적절하지 <u>않은</u> 것은?

① (가): 유비 논증의 개념과 유용성을 소개하고 있다.
② (나): 동물 실험의 유효성 주장에 유비 논증이 활용되고 있음을 언급하고 있다.
③ (다): 동물 실험을 예로 들어 유비 논증이 높은 개연성을 갖기 위한 조건을 설명하고 있다.
④ (라): 동물 실험 유효성 주장이 유비 논증을 잘못 적용하고 있다는 비판을 소개하고 있다.
⑤ (마): 동물 실험 유효성 주장이 갖는 현실적 문제들을 유비 논증의 차원을 넘어서 살펴보고 있다.

21. 윗글을 바탕으로 추론한 내용으로 가장 적절한 것은?

① 유비 논증의 개연성은 이미 알고 있는 정보와 관련이 없는 새로운 대상이 추가될 때 높아진다.
② 인간은 자신이 고통을 느낀다는 것이나 동물이 고통을 느낀다는 것이나 모두 유비 논증에 의해 안다.
③ 인간이 꼬리가 있는 실험동물과 차이가 있다는 사실은 동물 실험의 유효성을 주장하는 논증의 개연성을 낮춘다.
④ 동물 실험이 인간에게 중대한 이익을 가져다준다는 것은 동물 실험의 유효성과 상관없이 알 수 있는 정보이다.
⑤ 동물 실험에 윤리적 문제가 있다는 주장에는 인간과 동물의 고통을 공평한 기준으로 대해야 한다는 생각이 전제되어 있다.

22. ㉠과 ㉡에 대한 설명으로 가장 적절한 것은?

① ㉠과 ㉡은 모두 인간과 동물이 기능적으로 유사하면 인과적 메커니즘도 유사하다고 생각한다.
② ㉠이 ㉡의 비판에 적절히 대응하기 위해서는 인간과 동물이 기능적으로 유사하지 않다는 것을 보여 주면 된다.
③ ㉡은 ㉠이 인간과 동물 사이의 기능적 차원의 유사성과 인과적 메커니즘의 차이점 중 전자에만 주목한다고 비판한다.
④ ㉡은 ㉠과 달리 인간과 동물이 유사하지 않으면 동물 실험 결과는 인간에게 적용할 수 없다고 생각한다.
⑤ ㉡은 ㉠과 달리 인간이 고통을 느끼는 것과 동물이 고통을 느끼는 것은 기능적으로 유사하지 않다고 생각한다.

23. 〈보기〉는 유비 논증의 하나이다. 유비 논증에 대한 윗글의
    설명을 참고할 때, ⓐ~ⓒ에 해당하는 것을 ㉮~㉱ 중에서 골라
    알맞게 짝지은 것은? [3점]

─────────── 〈보 기〉 ───────────

　　내가 알고 있는 ㉮어떤 개는 ㉯몹시 사납고 물려는 버릇
이 있다. 나는 공원에서 산책을 하다가 그 개와 ㉰비슷하게
생긴 ㉱다른 개를 만났다. 그래서 이 개도 사납고 물려는
버릇이 있을 것이라고 추측했다.

	ⓐ	ⓑ	ⓒ
①	㉮	㉯	㉱
②	㉮	㉰	㉯
③	㉱	㉮	㉰
④	㉱	㉯	㉰
⑤	㉱	㉰	㉯

24. 문맥상 ㉢과 바꿔 쓰기에 적절하지 <u>않은</u> 것은?

　① 맡기는　② 가하는　③ 주는　④ 안기는　⑤ 겪게 하는

[12~17] 다음 글을 읽고 물음에 답하시오.

(가)

심리 철학에서 동일론은 의식이 뇌의 물질적 상태와 동일하다고 ⓐ본다. 이와 달리 기능주의는 의식은 기능이며, 서로 다른 물질에서 같은 기능이 구현될 수 있다고 주장한다. 이때 기능이란 어떤 입력이 주어졌을 때 특정한 출력을 내놓는 함수적 역할로 정의되며, 함수적 역할의 일치는 입력과 출력의 쌍이 일치함을 의미한다. 실리콘 칩으로 구성된 로봇이 찔림이라는 입력에 대해 고통을 출력으로 내놓는 기능을 가진다면, 로봇과 우리는 같은 의식을 가진다는 것이다. 이처럼 기능주의는 의식을 구현하는 물질이 무엇인지는 중요하지 않다고 본다.

설(Searle)은 기능주의를 반박하는 사고 실험을 제시한다. '중국어 방' 안에 중국어를 모르는 한 사람만 있다고 하자. 그는 중국어로 된 입력이 들어오면 정해진 규칙에 따라 중국어로 된 출력을 내놓는다. 설에 의하면 방 안의 사람은 중국어 사용자와 함수적 역할이 같지만 중국어를 아는 것은 아니다. 기능이 같으면서 의식은 다른 사례가 있다는 것이다.

동일론, 기능주의, 설은 모두 의식에 대한 논의를 의식을 구현하는 몸의 내부로만 한정하고 있다. 하지만 의식의 하나인 '인지' 즉 '무언가를 알게 됨'은 몸 바깥에서 ⓑ일어나는 일과 맞물려 벌어진다. 기억나지 않는 정보를 노트북에 저장된 파일을 열람하여 확인하는 것이 한 예이다. 로랜즈의 확장 인지 이론은 이를 설명하는 이론이다.

그에 ⓒ따르면 인지 과정은 주체에게 '심적 상태'가 생겨나게 하는 과정이다. 기억이나 믿음이 심적 상태의 예이다. 심적 상태는 어떤 것에도 의존함이 없이 주체에게 의미를 나타낸다. 예를 들어, 무언가를 기억하는 사람은 자기의 기억이 무엇인지 ⓓ알아보기 위해 아무것에도 의존할 필요가 없다. 이와 달리 '파생적 상태'는 주체의 해석에 의존해서만 또는 사회적 합의에 의존해서만 의미를 나타내는 상태로 정의된다. 앞의 예에서 노트북에 저장된 정보는 전자적 신호가 나열된 상태로서 파생적 상태이다. 주체에 의해 열람된 후에도 노트북의 정보는 여전히 파생적 상태이다. 하지만 열람 후 주체에게는 기억이 생겨난다. 로랜즈에게 인지 과정은 파생적 상태가 심적 상태로 변환되는 과정이 아니라, 파생적 상태를 조작함으로써 심적 상태를 생겨나게 하는 과정이다. 심적 상태가 주체의 몸 외부로 확장되는 것이 아니라, 심적 상태를 생겨나게 하는 인지 과정이 확장되는 것이다. 이러한 ㉠확장된 인지 과정은 인지 주체의 것일 때에만, 다시 말해 환경의 변화를 탐지하고 그에 맞춰 행위를 조절하는 주체와 통합되어 있을 때에만 성립할 수 있다. 즉 로랜즈에게 주체 없는 인지란 있을 수 없다. 확장 인지 이론은 의식의 문제를 몸 안으로 한정하지 않고 바깥으로까지 넓혀 설명한다는 의의를 지닌다.

(나)

일반적으로 '지각'이란 몸의 감각 기관을 통해 사물에 대해 아는 것을 의미한다. 이러한 지각을 분석할 때 두 가지 사실에 직면한다. 첫째, 그 사물과 내 몸은 물질세계에 있다. 둘째, 그 사물에 대한 나의 의식은 물질세계가 아닌 다른 세계에 있다. 즉 몸으로서의 나는 사물과 같은 세계에 속하는 동시에 의식으로서의 나는 사물과 다른 세계에 속한다.

이에 대한 객관주의 철학의 입장은 두 가지로 나뉜다. 의식을 포함한 모든 것을 물질로 환원하여 의식은 물질에 불과하다고 주장하거나, 의식을 물질과 구분되는 독자적 실체로 규정함으로써 의식과 물질의 본질적 차이를 주장한다. 전자에 의하면 지각은 사물로부터의 감각 자극에 따른 주체의 물질적 반응으로 이해되며, 후자에 의하면 지각은 감각된 사물에 대한 주체 즉 의식의 판단으로 이해된다. 이처럼 양자 모두 주체와 대상의 분리를 전제하고 지각을 이해한다. 주체와 대상은 지각 이전에 이미 확정되어 각각 존재한다는 것이다.

하지만 지각은 주체와 대상이 각자로서 존재하기 이전에 나타나는 얽힘의 체험이다. 예를 들어 다른 사람과 손이 맞닿을 때 내가 누군가의 손을 ⓔ만지는 동시에 나의 손 역시 누군가에 의해 만져진다. 감각하는 것이 동시에 감각되는 것이 되는 얽힘의 순간에, 나는 나와 대상을 확연히 구분한다. 지각이라는 얽힘의 작용이 있어야 주체와 대상이 분리될 수 있다. 다시 말해 주체와 대상은 지각이 일어난 이후 비로소 확정된다. 따라서 ㉡지각과 감각은 서로 구분되지 않는다.

지각은 물질적 반응이나 의식의 판단이 아니라, 내 몸의 체험이다. 지각은 나의 몸에 의해 이루어지는 것이고, 지각이 이루어지게 하는 것은 모두 나의 몸이다.

---

12. 다음은 윗글을 읽은 학생이 정리한 내용이다. ㉮와 ㉯에 들어갈 말로 가장 적절한 것은?

> (가)는 기능주의를 소개한 후 ___㉮___은/는 같지 않다는 설(Searle)의 비판을 제시하고 있다. 그리고 인지 과정이 몸 바깥으로까지 확장된다고 주장하는 확장 인지 이론을 설명하고 있다. (나)는 인지 중에서도 감각 기관을 통한 인지, 즉 지각을 주제로 하고 있다. (나)는 지각에 대한 객관주의 철학의 입장을 비판하고, ___㉯___으로서의 지각을 주장하고 있다.

	㉮	㉯
①	의식과 함수적 역할	내 몸의 체험
②	의식과 함수적 역할	물질적 반응
③	의식과 뇌의 상태	의식의 판단
④	의식과 뇌의 상태	내 몸의 체험
⑤	입력과 출력	의식의 판단

13. (가)에서 알 수 있는 내용으로 적절하지 <u>않은</u> 것은?

① 동일론자들은 뇌가 존재하지 않으면 의식도 존재하지 않는다고 볼 것이다.
② 설(Searle)은 '중국어 방' 안의 사람과 중국어를 아는 사람의 의식이 다르다고 볼 것이다.
③ 로랜즈는 기억이 주체의 몸 바깥으로 확장될 수 있다고 볼 것이다.
④ 로랜즈는 인지 과정이 파생적 상태를 조작하는 과정을 포함한다고 볼 것이다.
⑤ 로랜즈는 노트북에 저장된 정보가 그 자체로는 심적 상태가 아니라고 볼 것이다.

14. (나)의 필자의 관점에서 ㉠을 평가한 내용으로 가장 적절한 것은?

① 확장된 인지 과정이 인지 주체의 것일 때에만 성립할 수 있다는 주장은, 지각 이전에 확정된 주체를 전제한 것이므로 타당하지 않다.
② 확장된 인지 과정이 인지 주체의 것일 때에만 성립할 수 있다는 주장은, 의식이 세계를 구성하는 독자적 실체라고 규정하는 것이므로 타당하다.
③ 주체와 통합된 경우에만 확장된 인지 과정이 성립할 수 있다는 주장은, 의식은 물질에 불과하다고 본 것이므로 타당하다.
④ 주체와 통합된 경우에만 확장된 인지 과정이 성립할 수 있다는 주장은, 외부 세계에 대한 지각이 이루어질 수 없다고 보는 것이므로 타당하지 않다.
⑤ 주체와 통합된 경우에만 확장된 인지 과정이 성립할 수 있다는 주장은, 주체와 대상의 분리를 통해서만 지각이 이루어질 수 있다고 보는 것이므로 타당하다.

15. ㉡의 이유로 가장 적절한 것은?

① 감각과 지각 모두 물질세계에서 이루어지기 때문에
② 감각하는 것이 동시에 감각되는 것이 되는 얽힘의 작용이 지각이기 때문에
③ 지각은 몸에 의해 이루어지지만 감각은 몸에 의해 이루어지지 않기 때문에
④ 지각은 의식으로서의 주체가 외부의 대상을 감각하여 판단한 결과이기 때문에
⑤ 주체와 대상이 분리되기 이전에 감각과 지각이 분리된 채로 존재하기 때문에

16. (가), (나)를 바탕으로 〈보기〉의 상황을 이해한 내용으로 적절하지 <u>않은</u> 것은? [3점]

> ── 〈보 기〉 ──
>
> 빛이 완전히 차단된 암실에 A와 B 두 명의 사람이 있다. A는 막대기로 주변을 더듬어 사물의 위치를 파악한다. 막대기 사용에 익숙한 A는 사물에 부딪친 막대기의 진동을 통해 사물의 위치를 파악할 수 있다. B는 초음파 센서로 탐지한 사물의 위치 정보를 '뇌-컴퓨터 인터페이스(BCI)'를 사용하여 전달받는다. 이를 통해 B는 사물의 위치를 파악할 수 있다. BCI는 사람의 뇌에 컴퓨터를 연결하여 외부 정보를 뇌에 전달할 수 있는 기술이다.

① (가)의 기능주의에 따르면, A와 B가 암실 내 동일한 사물의 위치를 묻는 질문에 동일한 대답을 내놓는 경우 이때 둘의 의식은 차이가 없겠군.
② (가)의 확장 인지 이론에 따르면, BCI로 암실 내 사물의 위치를 파악하는 것이 B의 인지 과정인 경우 B에게 사물의 위치에 대한 심적 상태가 생겨나겠군.
③ (가)의 확장 인지 이론에 따르면, 암실 내 사물에 부딪친 막대기의 진동이 A의 해석에 의존해서만 의미를 나타내는 경우 그 진동 상태는 파생적 상태가 아니겠군.
④ (나)에서 몸에 의한 지각을 주장하는 입장에 따르면, 막대기에 의해 A가 사물의 위치를 지각하는 경우 막대기는 A의 몸의 일부라고 할 수 있겠군.
⑤ (나)에서 의식을 물질로 환원하는 입장에 따르면, BCI를 통해 입력된 정보로부터 B의 지각이 일어난 경우 BCI를 통해 들어온 자극에 따른 B의 물질적 반응이 일어난 것이겠군.

17. 문맥상 ⓐ~ⓔ의 단어와 가장 가까운 의미로 쓰인 것은?

① ⓐ : 그간의 사정을 <u>봐서</u> 그를 용서해 주었다.
② ⓑ : 이사 후에 가난하던 살림살이가 <u>일어났다.</u>
③ ⓒ : 개발에 <u>따른</u> 자연 훼손 문제가 심각해졌다.
④ ⓓ : 단어의 뜻을 <u>알아보기</u> 위해 사전을 펼쳤다.
⑤ ⓔ : 그는 컴퓨터 프로그램을 제법 <u>만질</u> 줄 안다.

[Q ⇒ A형 지문]

[대원칙]

> ≫ 1문단에서 의문이 제시되었는데, 그 의문에 대한 답이 같이 제시되지 않았다면 그 의문에 대한 답을 구하는 것이 글의 핵심 정보가 될 확률이 가장 높다.
>
> ≫ "아 이 의문에 대한 답이 너무 궁금하다...너무 궁금해..궁금해 죽겠다."라고 스스로 세뇌시키며, 그 의문에 대한 답이 나오면 바로 반응해줄 준비를 하고 읽어야 한다.
>
> ≫ 의문이 나오면 Q 표시를 해주고, 그 의문에 대한 답이 나올 때 A 표시를 해주며 서로 연결해준다. 이렇게 시각적으로 표시하라는 이유는, 그래야 의식적으로 생각하면서 독해할 수 있기 때문이다.

TYPE 1 | 하나의 의문을 긴 호흡으로 해결하는 타입

보통, 지문 초반부에 답을 내야할 의문을 제기하고, 긴 호흡으로 그 질문에 답하기 위해 필요한 보조 정보들을 서술한 후, 그 보조 정보를 활용해 의문에 대한 답을 내는 경우가 많다. <u>개념편 p.42에서 제시한 그림과 같은 형태</u>다.

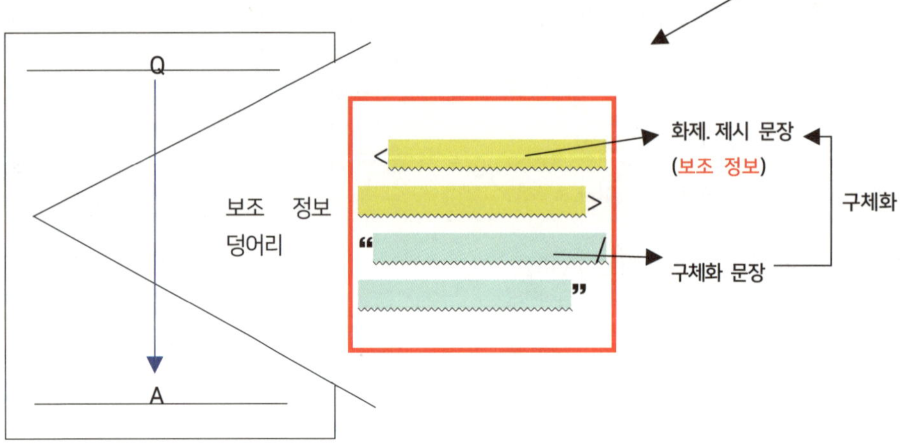

TYPE 2 | Q1⇒A1⇒Q2⇒A2⇒Q3⇒A3

이렇게 하나의 질문에서 답변이 나오고, 그 답변으로부터 또 질문이 나오고, 그게 연속적으로 제시되는 형태의 지문이 있다. 이때는 그냥 내용을 보고 저 구조를 머릿속으로 모델링하며 흐름을 따라가는 수밖에 없다.

TYPE 3 | 지문 초반부에서 Q에 대해 너무 일찍 A가 완결되어 버린 경우

이때, 그 완결된 의문과 답변에서, 그 답변이 앞으로 구체화되거나 해당 의문에 대한 또 다른 답변이 제시되는 경우가 많다. 따라서, 일단 그 Q⇒A를 잡아두고, 여기에 이어지는 정보를 붙이며 A가 어떻게 구체화되는지, 또는 질문에 대한 또 다른 답변이 나오는지 확인하며 읽으면 된다.

MEMO

[8~11] 다음 글을 읽고 물음에 답하시오.

저울은 흔히 지렛대의 원리를 이용하거나 전기 저항 변화를 측정하여 질량을 잰다. 그렇다면 초정밀 저울은 기체 분자나 DNA와 같은 미세 물질의 질량을 어떻게 잴까? 이에 답하기 위해서는 압전 효과에 대한 이해가 필요하다.

압전 효과에는 재료에 기계적 변형이 생기면 재료에 전압이 발생하는 1차 압전 효과와, 재료에 전압을 걸면 재료에 기계적 변형이 생기는 2차 압전 효과가 있다. 두 압전 효과가 모두 생기는 재료를 압전체라 하며, 수정이 주로 쓰인다.

압전체로 사용하는 수정은 특정 방향으로 절단 및 가공하여 납작한 원판 모양으로 만든다. 이후 원판의 양면에 전극을 만든 후 (+)와 (−)극이 교대로 바뀌는 전압을 가하면 수정이 진동한다. 이때 전압의 주파수*를 수정의 고유 주파수와 일치시켜 수정이 큰 폭으로 진동하도록 하여 진동을 측정하기 쉽게 만든 것이 ㉠수정 진동자이다. 고유 주파수란 어떤 물체가 갖는 고유한 진동 주파수인데, 같은 재료의 압전체라도 압전체의 모양과 크기에 따라 달라진다. 수정 진동자에 어떤 물질이 달라붙어 질량이 증가하면 고유 주파수에서 진동하던 수정 진동자의 주파수가 감소한다. 수정 진동자의 주파수는 매우 작은 질량 변화에 민감하게 변하므로 기체 분자나 DNA와 같은 미세한 물질의 질량을 측정할 수 있다. 진동자에서 질량 민감도는 주파수의 변화 정도를 측정된 질량으로 나눈 값인데, 수정 진동자의 질량 민감도는 매우 크다.

수정 진동자로 질량을 측정하는 원리를 응용하면 특정 기체의 농도를 감지할 수 있다. 수정 진동자를 특정 기체가 붙도록 처리하면, 여기에 특정 기체가 달라붙으며 질량 변화가 생겨 수정 진동자의 주파수는 감소한다. 일정 시점이 되면 수정 진동자의 주파수가 더 감소하지 않고 일정한 값을 유지한다. 이렇게 일정한 값을 유지하는 이유는 특정 기체가 일정량 이상 달라붙지 않기 때문이다. 혼합 기체에서 특정 기체의 농도가 클수록 더 작은 주파수에서 주파수가 일정하게 유지된다. 특정 기체가 얼마나 빨리 수정 진동자에 붙어서 주파수가 일정한 값이 되는가의 척도를 반응 시간이라 하는데, 반응 시간이 짧을수록 특정 기체의 농도를 더 빨리 잴 수 있다.

그런데 측정 대상이 아닌 기체가 함께 붙으면 측정하려는 대상 기체의 정확한 농도 측정이 어렵다. 또한 대상 기체만 붙더라도 그 기체의 농도를 알 수는 없다. 이 때문에 대상 기체의 농도에 따라 수정 진동자의 주파수 변화를 미리 측정해 놓아야 한다. 그 후 대상 기체의 농도를 모르는 혼합 기체에서 주파수 변화를 측정하면 대상 기체의 농도를 알 수 있다. 수정 진동자의 주파수 변화 정도를 농도로 나누면 농도에 대한 민감도를 구할 수 있다.

*주파수: 진동이 1초 동안 반복하는 횟수 또는 전압의 (+)와 (−)극이 1초 동안, 서로 바뀌고 다시 원래대로 되는 횟수.

8. 윗글에 대한 설명으로 가장 적절한 것은?

① 압전체의 제작 방법을 소개하고 제작 시 유의점을 나열하고 있다.
② 압전 효과의 개념을 정의하고 압전체의 장단점을 분석하고 있다.
③ 압전 효과의 종류를 분류하고 그 분류에 따른 압전체의 구조를 비교하고 있다.
④ 압전체의 유형을 구분하는 기준을 제시하고 초정밀 저울의 작동 과정을 단계별로 설명하고 있다.
⑤ 압전 효과에 기반한 초정밀 저울의 작동 원리를 설명하고 이 원리가 적용된 기체 농도 측정 방법을 소개하고 있다.

9. 윗글을 통해 알 수 있는 내용으로 적절하지 않은 것은?

① 수정 이외에도 압전 효과를 보이는 재료가 존재한다.
② 수정을 절단하고 가공하여 미세 질량 측정에 사용한다.
③ 전기 저항 변화를 이용하여 물체의 질량을 측정하는 경우가 있다.
④ 같은 방향으로 절단한 수정은 크기가 달라도 고유 주파수가 서로 같다.
⑤ 진동자의 주파수 변화 정도를 측정된 질량으로 나누면 질량에 대한 민감도를 구할 수 있다.

10. ㉠에 대한 이해로 적절하지 않은것은?

① ㉠에는 1차 압전 효과를 보일 수 있는 재료가 있다.
② ㉠에서는 전압에 의해 압전체의 기계적 변형이 일어난다.
③ ㉠에는 전극이 양면에 있는 원판 모양의 수정이 사용된다.
④ ㉠에서는 전극에 가하는 전압의 주파수를 수정의 고유 주파수에 맞춘다.
⑤ ㉠의 전극에 가해지는 특정 주파수의 전압은 압전체의 고유 주파수 값을 더 크게 만든다.

11. 윗글을 바탕으로 〈보기〉를 탐구한 내용으로 가장 적절한
    것은? [3점]

① A의 진동자에 있는 압전체의 고유 주파수를 알코올만 있는
   기체에서 미리 측정해 놓으면, 혼합 기체에서의 알코올의 농도를
   알 수 있겠군.
② B에 달라붙은 알코올의 양은 변하지 않고 다른 기체가 함께
   달라붙은 후 진동자의 주파수가 일정하게 유지된다면, 이때
   주파수의 값은 알코올만 붙었을 때보다 더 작겠군.
③ A와 B에서 알코올이 달라붙도록 진동자를 처리한 것은 알코올이
   달라붙음에 따라 진동자가 최대한 큰 폭으로 진동할 수 있게
   하려는 것이겠군.
④ A가 B에 비해 동일한 양의 알코올이 달라붙은 후에 생기는
   주파수 변화 정도가 크다면, A가 B보다 알코올 농도에 대한
   민감도가 더 작다고 할 수 있겠군.
⑤ B가 A보다 알코올이 일정량까지 달라붙는 시간이 더 짧더라도
   알코올이 달라붙은 양이 서로 같다면, A와 B의 반응 시간은
   서로 같겠군.

[37~42] 다음 글을 읽고 물음에 답하시오.

우리는 한 대의 자동차는 개체라고 하지만 바닷물을 개체라고 하지는 않는다. 어떤 부분들이 모여 하나의 개체를 ⓐ이룬다고 할 때 이를 개체라고 부를 수 있는 조건은 무엇일까? 일단 부분들 사이의 유사성은 개체성의 조건이 될 수 없다. 가령 일란성 쌍둥이인 두 사람은 DNA 염기 서열과 외모도 같지만 동일한 개체는 아니다. 그래서 부분들의 강한 유기적 상호작용이 그 조건으로 흔히 제시된다. 하나의 개체를 구성하는 부분들은 외부 존재가 개체에 영향을 주는 것과는 비교할 수 없이 강한 방식으로 서로 영향을 주고받는다.

상이한 시기에 존재하는 두 대상을 동일한 개체로 판단하는 조건도 물을 수 있다. 그것은 두 대상 사이의 인과성이다. 과거의 '나'와 현재의 '나'를 동일하다고 볼 수 있는 것은 강한 인과성이 존재하기 때문이다. 과거의 '나'와 현재의 '나'는 세포 분열로 세포가 교체되는 과정을 통해 인과적으로 연결되어 있다. 또 '나'가 세포 분열을 통해 새로운 개체를 생성할 때도 '나'와 '나의 후손'은 인과적으로 연결되어 있다. 비록 '나'와 '나의 후손'은 동일한 개체는 아니지만 '나'와 다른 개체들 사이에 비해 더 강한 인과성으로 연결되어 있다.

개체성에 대한 이러한 철학적 질문은 생물학에서도 중요한 연구 주제가 된다. 생명체를 구성하는 단위는 세포이다. 세포는 생명체의 고유한 유전 정보가 담긴 DNA를 가지며 이를 복제하여 증식하고 번식하는 과정을 통해 자신의 DNA를 후세에 전달한다. 세포는 사람과 같은 진핵생물의 진핵세포와, 박테리아나 고세균과 같은 원핵생물의 원핵세포로 구분된다. 진핵세포는 세포질에 막으로 둘러싸인 핵이 ⓑ있고 그 안에 DNA가 있지만, 원핵세포는 핵이 없다. 또한 진핵세포의 세포질에는 막으로 둘러싸인 여러 종류의 세포 소기관이 있으며, 그중 미토콘드리아는 세포 활동에 필요한 생체 에너지를 생산하는 기관이다. 대부분의 진핵세포는 미토콘드리아를 필수적으로 ⓒ가지고 있다.

이러한 미토콘드리아가 원래 박테리아의 한 종류인 원생미토콘드리아였다는 이론이 20세기 초에 제기되었다. 공생발생설 또는 세포 내 공생설이라고 불리는 이 이론에서는 두 원핵생물 간의 공생 관계가 지속되면서 진핵세포를 가진 진핵생물이 탄생했다고 설명한다. 공생은 서로 다른 생명체가 함께 살아가는 것을 말하며, 서로 다른 생명체를 가정하는 것은 어느 생명체의 세포 안에서 다른 생명체가 공생하는 '내부 공생'에서도 마찬가지이다. ㉠공생발생설은 한동안 생물학계로부터 인정받지 못했다. 미토콘드리아의 기능과 대략적인 구조, 그리고 생명체 간 내부 공생의 사례는 이미 알려졌지만 미토콘드리아가 과거에 독립된 생명체였다는 것을 쉽게 믿을 수 없었기 때문이었다. 그리고 한 생명체가 세대를 이어 가는 과정 중에 돌연변이와 자연선택이 일어나고, 이로 인해 종이 진화하고 분화한다고 보는 전통적인 유전학에서 두 원핵생물의 결합은 주목받지 못했다. 그러다가 전자 현미경의 등장으로 미토콘드리아의 내부까지 세밀히 관찰하게 되고, 미토콘드리아 안에는 세포핵의 DNA와는 다른 DNA가 있으며 단백질을 합성하는 자신만의 리보솜을 가지고 있다는 사실이 ⓓ밝혀지면서 공생발생설이 새롭게 부각되었다.

공생발생설에 따르면 진핵생물은 원생미토콘드리아가 고세균의 세포 안에서 내부 공생을 하다가 탄생했다고 본다. 고세균의 핵의 형성과 내부 공생의 시작 중 어느 것이 먼저인지에 대해서는 논란이 있지만, 고세균은 세포질에 핵이 생겨 진핵세포가 되고 원생미토콘드리아는 세포 소기관인 미토콘드리아가 되어 진핵생물이 탄생했다는 것이다. 미토콘드리아가 원래 박테리아의 한 종류였다는 근거는 여러 가지가 있다. 박테리아와 마찬가지로 새로운 미토콘드리아는 이미 존재하는 미토콘드리아의 '이분 분열'을 통해서만 ⓔ만들어진다. 미토콘드리아의 막에는 진핵 세포막의 수송 단백질과는 다른 종류의 수송 단백질인 포린이 존재하고 박테리아의 세포막에 있는 카디오리핀이 존재한다. 또 미토콘드리아의 리보솜은 진핵세포의 리보솜보다 박테리아의 리보솜과 더 유사하다.

미토콘드리아는 여전히 고유한 DNA를 가진 채 복제와 증식이 이루어지는데도, 미토콘드리아와 진핵세포 사이의 관계를 공생 관계로 보지 않는 이유는 무엇일까? 두 생명체가 서로 떨어져서 살 수 없더라도 각자의 개체성을 잃을 정도로 유기적 상호작용이 강하지 않다면 그 둘은 공생 관계에 있다고 보는데, 미토콘드리아와 진핵세포 간의 유기적 상호작용은 둘을 다른 개체로 볼 수 없을 만큼 매우 강하기 때문이다. 미토콘드리아가 개체성을 잃고 세포 소기관이 되었다고 보는 근거는, 진핵세포가 미토콘드리아의 증식을 조절하고, 자신을 복제하여 증식할 때 미토콘드리아도 함께 복제하여 증식시킨다는 것이다. 또한 미토콘드리아의 유전자의 많은 부분이 세포핵의 DNA로 옮겨 가 미토콘드리아의 DNA 길이가 현저히 짧아졌다는 것이다. 미토콘드리아에서 일어나는 대사 과정에 필요한 단백질은 세포핵의 DNA로부터 합성되고, 미토콘드리아의 DNA에 남은 유전자 대부분은 생체 에너지를 생산하는 역할을 한다. 예컨대 사람의 미토콘드리아는 37개의 유전자만 있을 정도로 DNA 길이가 짧다.

37. 윗글의 내용 전개 방식으로 가장 적절한 것은?

① 개체성과 관련된 예를 제시한 후 공생발생설에 대한 다양한 견해를 비교하고 있다.

② 개체에 대한 정의를 제시한 후 세포의 생물학적 개념이 확립되는 과정을 서술하고 있다.

③ 개체성의 조건을 제시한 후 세포 소기관의 개체성에 대해 공생발생설을 중심으로 설명하고 있다.

④ 개체의 유형을 분류한 후 세포의 소기관이 분화되는 과정을 공생발생설을 중심으로 설명하고 있다.

⑤ 개체와 관련된 개념들을 설명한 후 세포가 하나의 개체로 변화하는 과정을 인과적으로 서술하고 있다.

38. 윗글에 대한 이해로 적절하지 <u>않은</u> 것은?

① 유사성은 아무리 강하더라도 개체성의 조건이 될 수 없다.

② 바닷물을 개체라고 말하기 어려운 이유는 유기적 상호작용이
약하기 때문이다.

③ 새로운 미토콘드리아를 복제하기 위해서는 세포 안에 미토콘
드리아가 반드시 있어야 한다.

④ 미토콘드리아의 대사 과정에 필요한 단백질은 미토콘드리아
의 막을 통과하여 세포질로 이동해야 한다.

⑤ 진핵세포가 되기 전의 고세균이 원생미토콘드리아보다 진핵
세포와 더 강한 인과성으로 연결되어 있다.

39. 윗글을 참고할 때, ㉠의 이유로 가장 적절한 것은?

① 진핵세포가 세포 소기관을 가지고 있다는 사실을 알지 못했기
때문이다.

② 공생발생설이 당시의 유전학 이론에 어긋난다는 근거가 부족
했기 때문이다.

③ 한 생명체가 다른 생명체의 세포 속에서 살 수 있다는 근거가
부족했기 때문이다.

④ 미토콘드리아가 진핵세포의 활동에 중요한 기능을 한다는 사실을
알지 못했기 때문이다.

⑤ 미토콘드리아가 자신의 고유한 유전 정보를 전달할 수 있다는
것을 알지 못했기 때문이다.

40. 〈보기〉는 진핵세포의 세포 소기관을 연구한 결과들이다.
윗글을 바탕으로 할 때, 각각의 세포 소기관이 박테리아로부터
비롯되었다고 판단할 수 있는 것만을 〈보기〉에서 고른 것은?

<보 기>

ㄱ. 세포 소기관이 자신의 DNA를 가지고 있다는 것과 이분
분열을 한다는 것을 확인하였다.

ㄴ. 세포 소기관이 자신의 DNA를 가지고 있다는 것과 진핵
세포의 리보솜을 가지고 있다는 것을 확인하였다.

ㄷ. 세포 소기관이 막으로 둘러싸여 있다는 것과 막에는 수송
단백질이 있는 것을 확인하였다.

ㄹ. 세포 소기관이 막으로 둘러싸여 있다는 것과 막에는
다량의 카디오리핀이 있는 것을 확인하였다.
---

① ㄱ, ㄷ ② ㄱ, ㄹ ③ ㄴ, ㄷ ④ ㄴ, ㄹ ⑤ ㄷ, ㄹ

41. 윗글을 바탕으로 〈보기〉를 이해한 내용으로 적절하지 <u>않은</u>
것은? [3점]

<보 기>

○ 복어는 테트로도톡신이라는 신경 독소를 가지고 있지만
테트로도톡신을 스스로 만들지 못하고 체내에서 서식하는
미생물이 이를 생산한다. 복어는 독소를 생산하는 미생물
에게 서식처를 제공하는 대신 포식자로부터 자신을 방어할
수 있는 무기를 갖게 되었다. 만약 복어의 체내에 있는
미생물을 제거하면 복어는 독소를 가지지 못하나 생존에는
지장이 없었다.

○ 실험실의 아메바가 병원성 박테리아에 감염되어 대부분의
아메바가 죽고 일부 아메바는 생존하였다. 생존한 아메바의
세포질에서 서식하는 박테리아는 스스로 복제하여 증식할
수 있었고 더 이상 병원성을 지니지는 않았다. 아메바에
게는 무해하지만 박테리아에게는 치명적인 항생제를 아메바
에게 투여하면 박테리아와 함께 아메바도 죽었다.
---

① 병원성을 잃은 '아메바의 세포질에서 서식하는 박테리아'는
세포 소기관으로 변한 것이겠군.

② 복어의 '체내에서 서식하는 미생물'은 '복어'와의 유기적 상호
작용이 강해진다면 개체성을 잃을 수 있겠군.

③ 복어의 세포가 증식할 때 복어의 체내에서 '독소를 생산하는
미생물'의 DNA도 함께 증식하는 것은 아니겠군.

④ '아메바의 세포질에서 서식하는 박테리아'가 개체성을 잃었다면
'아메바의 세포질에서 서식하는 박테리아'의 DNA 길이는 짧아
졌겠군.

⑤ '아메바의 세포질에서 서식하는 박테리아'와 '아메바' 사이의
관계와 '복어'와 '독소를 생산하는 미생물' 사이의 관계는 모두
공생 관계이겠군.

42. 문맥상 ⓐ~ⓔ와 바꿔 쓰기에 적절하지 <u>않은</u> 것은?

① ⓐ: 구성(構成)한다고

② ⓑ: 존재(存在)하고

③ ⓒ: 보유(保有)하고

④ ⓓ: 조명(照明)되면서

⑤ ⓔ: 생성(生成)된다

[P ⇒ S형 지문]

[대원칙]

> ≫ 1문단에서 문제가 제시되었는데, 그 문제에 대한 해결책이 같이 제시되지 않았다면 그 문제에 대한 해결책을 구하는 것이 글의 핵심 정보가 될 확률이 가장 높다.
>
> ≫ "아 이 문제점을 너무 해결하고 싶다...너무 찝찝해..해결하고 싶어 죽겠다."라고 스스로 세뇌시키며, 그 문제점에 대한 해결책이 나오면 바로 반응해줄 준비를 하고 읽어야 한다.
>
> ≫ 문제를 문제라고 인식해야 한다. "이게 왜 문제지?" 라고 하면 안되고, 강제로라도 "아 이거 좀 문젠데..?" 해야 한다. 이는 예시를 통해 이해하자.
>
> ≫ 문제가 나오면 P 표시를 해주고, 그 문제에 대한 해결책이 나올 때 S 표시를 해주며 서로 연결해준다. 이렇게 시각적으로 표시하라는 이유는, 그래야 의식적으로 생각하면서 독해할 수 있기 때문이다.

TYPE 1 | 하나의 문제점을 긴 호흡으로 해결하는 타입

보통, 지문 초반부에 해결해야 할 문제를 제기하고, 긴 호흡으로 그 문제를 해결하기 위해 필요한 보조 정보들을 서술한 후, 그 보조 정보를 활용해 의문에 대한 답을 내는 경우가 많다. 개념편 p.42에서 제시한 그림과 같은 형태다.

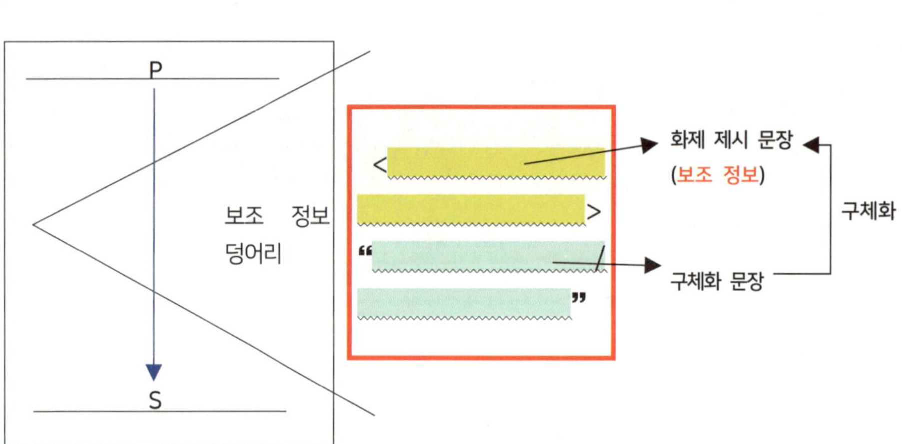

TYPE 2 | P1⇒S1⇒P2⇒S2⇒P3⇒S3

이렇게 하나의 문제가 해결되고, 그 해결책으로부터 또 문제가 발생하고, 이런 연쇄적인 과정이 연속적으로 제시되는 형태의 지문이 있다. 이때는 그냥 내용을 보고 저 구조를 머릿속으로 모델링하며 흐름을 따라가는 수밖에 없다.

TYPE 3 | 지문 초반부에서 P에 대해 너무 일찍 S가 완결되어 버린 경우

이때, 그 완결된 문제와 해결에서, 그 해결책이 앞으로 구체화되거나 해당 문제에 대한 새로운 해결책이 제시되는 경우가 많다. 따라서, 일단 그 P⇒S를 잡아두고, 여기에 이어지는 정보를 붙이며 S가 어떻게 구체화되는지, 또는 그 문제에 대한 또 다른 해결책이 나오는지 확인하며 읽으면 된다.

MEMO

[26~29] 다음 글을 읽고 물음에 답하시오.

신체의 세포, 조직, 장기가 손상되어 더 이상 제 기능을 하지 못할 때에 이를 대체하기 위해 이식을 실시한다. 이때 이식으로 옮겨 붙이는 세포, 조직, 장기를 이식편이라 한다. 자신이나 일란성 쌍둥이의 이식편을 이용할 수 없다면 다른 사람의 이식편으로 '동종 이식'을 실시한다. 그런데 우리의 몸은 자신의 것이 아닌 물질이 체내로 유입될 경우 면역 반응을 일으키므로, 유전적으로 동일하지 않은 이식편에 대해 항상 거부 반응을 일으킨다. 면역적 거부 반응은 면역 세포가 표면에 발현하는 주조직적합복합체(MHC)분자의 차이에 의해 유발된다. 개체마다 MHC에 차이가 있는데 서로 간의 유전적 거리가 멀수록 MHC에 차이가 커져 거부 반응이 강해진다. 이를 막기 위해 면역 억제제를 사용하는데, 이는 면역 반응을 억제하여 질병 감염의 위험성을 높인다.

이식에는 많은 비용이 소요될 뿐만 아니라 이식이 가능한 동종 이식편의 수가 매우 부족하기 때문에 이를 대체하는 방법이 개발되고 있다. 우선 인공 심장과 같은 '전자 기기 인공 장기'를 이용하는 방법이 있다. 하지만 이는 장기의 기능을 일시적으로 대체하는 데 사용되며, 추가 전력 공급 및 정기적 부품 교체 등이 요구되는 단점이 있고, 아직 인간의 장기를 완전히 대체할 만큼 정교한 단계에 이르지는 못했다.

다음으로는 사람의 조직 및 장기와 유사한 다른 동물의 이식편을 인간에게 이식하는 '이종 이식'이 있다. 그런데 이종 이식은 동종 이식보다 거부 반응이 훨씬 심하게 일어난다. 특히 사람이 가진 자연항체는 다른 종의 세포에서 발현되는 항원에 반응하는데, 이로 인해 이종 이식편에 대해서 초급성 거부 반응 및 급성 혈관성 거부 반응이 일어난다. 이런 거부 반응을 일으키는 유전자를 제거한 형질 전환 미니돼지에서 얻은 이식편을 이식하는 실험이 성공한 바 있다. 미니돼지는 장기의 크기가 사람의 것과 유사하고 번식력이 높아 단시간에 많은 개체를 생산할 수 있다는 장점이 있어, 이를 이용한 이종 이식편을 개발하기 위한 연구가 진행되고 있다.

이종 이식의 또 다른 문제는 ㉠내인성 레트로바이러스이다. 내인성 레트로바이러스는 생명체의 DNA의 일부분으로, 레트로바이러스로부터 유래된 것으로 여겨지는 부위들이다. 이는 바이러스의 활성을 가지지 않으며 사람을 포함한 모든 포유류에 존재한다. ㉡레트로바이러스는 자신의 유전 정보를 RNA에 담고 있고 역전사 효소를 갖고 있는 바이러스로서, 특정한 종류의 세포를 감염시킨다. 유전 정보가 담긴 DNA로부터 RNA가 생성되는 전사 과정만 일어날 수 있는 다른 생명체와는 달리, 레트로바이러스는 다른 생명체의 세포에 들어간 후 역전사 과정을 통해 자신의 RNA를 DNA로 바꾸고 그 세포의 DNA에 끼어들어 감염시킨다. 이후에는 다른 바이러스와 마찬가지로 자신이 속해 있는 생명체를 숙주로 삼아 숙주 세포의 시스템을 이용하여 복제, 증식하고 일정한 조건이 되면 숙주 세포를 파괴한다.

그런데 정자, 난자와 같은 생식 세포가 레트로바이러스에 감염되고도 살아남는 경우가 있었다. 이런 세포로부터 유래된 자손의 모든 세포가 갖게 된 것이 내인성 레트로바이러스이다. 내인성 레트로바이러스는 세대가 지나면서 돌연변이로 인해 염기 서열의 변화가 일어나며 해당 세포 안에서는 바이러스로 활동하지 않는다.

그러나 내인성 레트로바이러스를 떼어 내어 다른 종의 세포 속에 주입하면 이는 레트로바이러스로 변환되어 그 세포를 감염시키기도 한다. 따라서 미니돼지의 DNA에 포함된 내인성 레트로바이러스를 효과적으로 제거하는 기술이 개발 중에 있다.

그동안의 대체 기술과 관련된 연구 성과를 토대로 ⓐ이상적인 이식편을 개발하기 위해 많은 연구가 수행되고 있다.

26. 윗글에서 알 수 있는 내용으로 적절하지 <u>않은</u> 것은?

① 동종 간보다 이종 간이 MHC 분자의 차이가 더 크다.
② 면역 세포의 작용으로 인해 장기 이식의 거부 반응이 일어난다.
③ 이종 이식을 하는 것만으로도 바이러스 감염의 원인이 될 수 있다.
④ 포유동물은 과거에 어느 조상이 레트로바이러스에 의해 감염된 적이 있다.
⑤ 레트로바이러스는 숙주 세포의 역전사 효소를 이용하여 RNA를 DNA로 바꾼다.

27. ⓐ가 갖추어야 할 조건으로 적절하지 <u>않은</u> 것은?

① 이식편의 비용을 낮추어서 정기 교체가 용이해야 한다.
② 이식편은 대체를 하려는 장기와 크기가 유사해야 한다.
③ 이식편과 수혜자 사이의 유전적 거리를 극복해야 한다.
④ 이식편은 짧은 시간에 대량으로 생산이 가능해야 한다.
⑤ 이식편이 체내에서 거부 반응을 유발하지 않아야 한다.

28. 다음은 신문 기사의 일부이다. 윗글을 참고할 때, 기사의 ㉮에 대한 반응으로 적절하지 <u>않은</u> 것은? [3점]

> ## ○○신문
> ○○○○년 ○○월 ○○일
>
> 최근에 줄기 세포 연구와 3D 프린팅 기술이 급속도로 발전하고 있다. 줄기 세포는 인체의 모든 세포나 조직으로 분화할 수 있다. 그러므로 수혜자 자신의 줄기 세포만을 이용하여 3D 바이오 프린팅 기술로 제작한 ㉮세포 기반 인공 이식편을 만들 수 있을 것으로 전망된다. 이미 미니 폐, 미니 심장 등의 개발 성공 사례가 보고되었다.

① 전자 기기 인공 장기와 달리 전기 공급 없이도 기능을 유지할 수 있겠군.
② 동종 이식편과 달리 이식 후 면역 억제제를 사용할 필요가 없겠군.
③ 동종 이식편과 달리 내인성 레트로바이러스를 제거할 필요가 없겠군.
④ 이종 이식편과 달리 유전자를 조작하는 과정이 필요하지는 않겠군.
⑤ 이종 이식편과 달리 자연항체에 의한 초급성 거부 반응이 일어나지 않겠군.

29. ㉠과 ㉡에 대한 설명으로 가장 적절한 것은?

① ㉠은 ㉡과 달리 자신이 속해 있는 생명체의 모든 세포의
   DNA에 존재한다.
② ㉡은 ㉠과 달리 자신의 유전 정보를 DNA에 담을 수 없다.
③ ㉡은 ㉠과 달리 자신이 속해 있는 생명체에 면역 반응을 일으
   키지 않는다.
④ ㉠과 ㉡은 둘 다 자신이 속해있는 생명체의 유전 정보를 가지고
   있다.
⑤ ㉠과 ㉡은 둘 다 자신이 속해 있는 생명체의 세포를 감염시켜
   파괴한다.

[33~36] 다음 글을 읽고 물음에 답하시오.

탄수화물은 사람을 비롯한 동물이 생존하는 데 필수적인 에너지원이다. 탄수화물은 섬유소와 비섬유소로 구분된다. 사람은 체내에서 합성한 효소를 이용하여 곡류의 녹말과 같은 비섬유소를 포도당으로 분해하고 이를 소장에서 흡수하여 에너지원으로 이용한다. 반면, 사람은 풀이나 채소의 주성분인 셀룰로스와 같은 섬유소를 포도당으로 분해하는 효소를 합성하지 못하므로, 섬유소를 소장에서 이용하지 못한다. ㉠소, 양, 사슴과 같은 반추 동물도 섬유소를 분해하는 효소를 합성하지 못하는 것은 마찬가지이지만, 비섬유소와 섬유소를 모두 에너지원으로 이용하며 살아간다.

위(胃)가 넷으로 나누어진 반추 동물의 첫째 위인 반추위에는 여러 종류의 미생물이 서식하고 있다. 반추 동물의 반추위에는 산소가 없는데, 이 환경에서 왕성하게 생장하는 반추위 미생물들은 다양한 생리적 특성을 가지고 있다. 그중 ⓐ피브로박터 숙시노젠(F)은 섬유소를 분해하는 대표적인 미생물이다. 식물체에서 셀룰로스는 그것을 둘러싼 다른 물질과 복잡하게 얽혀 있는데, F가 가진 효소 복합체는 이 구조를 끊어 셀룰로스를 노출시킨 후 이를 포도당으로 분해한다. F는 이 포도당을 자신의 세포 내에서 대사 과정을 거쳐 에너지원으로 이용하여 생존을 유지하고 개체 수를 늘림으로써 생장한다. 이런 대사 과정에서 아세트산, 숙신산 등이 대사산물로 발생하고 이를 자신의 세포 외부로 배출한다. 반추위에서 미생물들이 생성한 아세트산은 반추 동물의 세포로 직접 흡수되어 생존에 필요한 에너지를 생성하는 데 주로 이용되고 체지방을 합성하는 데에도 쓰인다. 한편 반추위에서 숙신산은 프로피온산을 대사산물로 생성하는 다른 미생물의 에너지원으로 빠르게 소진된다. 이 과정에서 생성된 프로피온산은 반추 동물이 간(肝)에서 포도당을 합성하는 대사 과정에서 주요 재료로 이용된다.

반추위에는 비섬유소인 녹말을 분해하는 ⓑ스트렙토코쿠스 보비스(S)도 서식한다. 이 미생물은 반추 동물이 섭취한 녹말을 포도당으로 분해하고, 이 포도당을 자신의 세포 내에서 대사 과정을 통해 자신에게 필요한 에너지원으로 이용한다. 이때 S는 자신의 세포 내의 산성도에 따라 세포 외부로 배출하는 대사산물이 달라진다. 산성도를 알려 주는 수소 이온 농도 지수(pH)가 7.0 정도로 중성이고 생장 속도가 느린 경우에는 아세트산, 에탄올 등이 대사산물로 배출된다. 반면 산성도가 높아져 pH가 6.0 이하로 떨어지거나 녹말의 양이 충분하여 생장 속도가 빠를 때는 젖산이 대사산물로 배출된다. 반추위에서 젖산은 반추 동물의 세포로 직접 흡수되어 반추 동물에게 필요한 에너지를 생성하는 데 이용되거나 아세트산 또는 프로피온산을 대사산물로 배출하는 다른 미생물의 에너지원으로 이용된다.

그런데 S의 과도한 생장이 반추 동물에게 악영향을 끼치는 경우가 있다. 반추 동물이 짧은 시간에 과도한 양의 비섬유소를 섭취하면 S의 개체 수가 급격히 늘고 과도한 양의 젖산이 배출되어 반추위의 산성도가 높아진다. 이에 따라 산성의 환경에서 왕성히 생장하며 항상 젖산을 대사산물로 배출하는 ⓒ락토바실러스 루미니스(L)와 같은 젖산 생성 미생물들의 생장이 증가하며 다량의 젖산을 배출하기 시작한다. F를 비롯한 섬유소 분해 미생물들은 자신의 세포 내부의 pH를 중성으로 일정하게 유지하려는 특성이 있는데, 젖산 농도의 증가로 자신의 세포 외부의 pH가 낮아지면 자신의 세포 내의 항상성을 유지하기 위해 에너지를 사용하므로 생장이 감소한다. 만일 자신의 세포 외부의 pH가 5.8 이하로 떨어지면 에너지가 소진되어 생장을 멈추고 사멸하는 단계로 접어든다. 이와 달리 S와 L은 상대적으로 산성에 견디는 정도가 강해 자신의 세포 외부의 pH가 5.5 정도까지 떨어지더라도 이에 맞춰 자신의 세포 내부의 pH를 낮출 수 있어 자신의 에너지를 세포 내부의 pH를 유지하는 데 거의 사용하지 않고 생장을 지속하는 데 사용한다. 그러나 S도 자신의 세포 외부의 pH가 그 이하로 더 떨어지면 생장을 멈추고 사멸하는 단계로 접어들고, 산성에 더 강한 L을 비롯한 젖산 생성 미생물들이 반추위 미생물의 많은 부분을 차지하게 된다. 그렇게 되면 반추위의 pH가 5.0 이하가 되는 급성 반추위 산성증이 발병한다.

33. 윗글을 읽고 알 수 있는 내용으로 가장 적절한 것은?

① 섬유소는 사람의 소장에서 포도당의 공급원으로 사용된다.
② 반추 동물의 세포에서 합성한 효소는 셀룰로스를 분해한다.
③ 반추위 미생물은 산소가 없는 환경에서 생장을 멈추고 사멸한다.
④ 반추 동물의 과도한 섬유소 섭취는 급성 반추위 산성증을 유발한다.
⑤ 피브로박터 숙시노젠(F)은 자신의 세포 내에서 포도당을 에너지원으로 이용하여 생장한다.

34. 윗글로 볼 때, ⓐ~ⓒ에 대한 이해로 적절하지 <u>않은</u> 것은?

① ⓐ와 ⓑ는 모두 급성 반추위 산성증에 걸린 반추 동물의 반추위에서는 생장하지 못하겠군.
② ⓐ와 ⓑ는 모두 반추위에서 반추 동물의 체지방을 합성하는 물질을 생성할 수 있겠군.
③ 반추위의 pH가 6.0일 때, ⓐ는 ⓒ보다 자신의 세포 내의 산성도를 유지하는 데 더 많은 에너지를 쓰겠군.
④ ⓑ와 ⓒ는 모두 반추위의 산성도에 따라 다양한 종류의 대사산물을 배출하겠군.
⑤ 반추위에서 녹말의 양과 ⓑ의 생장이 증가할수록, ⓐ의 생장은 감소하고 ⓒ의 생장은 증가하겠군.

35. 윗글을 바탕으로 ㉠이 가능한 이유를 진술한다고 할 때,
〈보기〉의 ㉮, ㉯에 들어갈 말로 가장 적절한 것은? [3점]

―――――――――― 〈보 기〉 ――――――――――
　반추 동물이 섭취한 섬유소와 비섬유소는 반추위에서
(　　㉮　　),이를 이용하여 생장하는 (　　㉯　　)은
반추 동물의 에너지원으로 이용되기 때문이다.

① ┌ ㉮ : 반추위 미생물의 에너지원이 되고
　 └ ㉯ : 반추위 미생물이 대사 과정을 통해 생성한 대사산물

② ┌ ㉮ : 반추위 미생물의 에너지원이 되고
　 └ ㉯ : 반추위 미생물이 대사 과정을 통해 생성한 포도당

③ ┌ ㉮ : 반추위 미생물에 의해 합성된 포도당이 되고
　 └ ㉯ : 반추위 동물이 대사 과정을 통해 생성한 포도당

④ ┌ ㉮ : 반추위 미생물에 의해 합성된 포도당이 되고
　 └ ㉯ : 반추위 미생물이 대사 과정을 통해 생성한 대사산물

⑤ ┌ ㉮ : 반추위 미생물에 의해 합성된 포도당이 되고
　 └ ㉯ : 반추위 미생물이 대사 과정을 통해 생성한 포도당

36. 윗글로 볼 때, 반추위 미생물에서 배출되는 숙신산과 젖산에
대한 설명으로 적절하지 않은 것은?

① 숙신산이 많이 배출될수록 반추 동물의 간에서 합성되는
포도당의 양도 늘어난다.
② 젖산은 반추 동물의 세포로 직접 흡수되어 반추 동물의 에너
지원으로 이용될 수 있다.
③ 숙신산과 젖산은 반추위가 산성일 때보다 중성일 때 더 많이
배출된다.
④ 숙신산과 젖산은 반추위 미생물의 세포 내에서 대사 과정을
거쳐 생성된다.
⑤ 숙신산과 젖산은 프로피온산을 대사산물로 배출하는 다른
미생물의 에너지원으로 이용되기도 한다.

앞서 지문 초반부 독해를 학습할 때, "평가원이 리드해줘야 하는 경우"에 해당한다. 따라서 full 지문의 설명도 앞에서의 설명과 같다. 다시 한번 붙여주도록 하겠다. 훑어보고 넘어가도록 하자. 아래 내용을 정리하면, 결국 "뚜렷한 화제가 주어지지 않으면, 1문단 정보 정리해서 거기에 앞으로 누적되는 문단의 정보를 붙여라."가 전부다. 여기서 '붙여라'는, 수도 없이 얘기 했지만, < 연결되는 내용 연결하고, 구분되는 내용 구분해서 새로운 범주 만들어서 넣어주기 > 이거 하라는 얘기다.

1문단에 키워드에 대한 의문 제시, 문제 제시, 확실한 어투의 평서문이 없는 경우,
 "지문이 리드해 주겠지.." 하고 그냥 중심 정보 정리해서 끌고 내려가 다음 문단에 붙이기.

≫ 1문단에서 문제점이나 의문점같이 뚜렷한 화제가 제시되지 않았는데, "결론은 이거 말하려고 했구나."라는 생각이 들며 무조건 이거 끌고 내려가서 구체화할 것 같은 내용이 보이면, 그걸 끌고 내려가서 뒤따라오는 내용을 붙이면 된다.

≫ 이때는, 그냥 1문단의 중심 키워드 또는 내용만 가지고 나에게 실시간으로 다가오는 내용을 구분하고 연결하며 실시간으로 흐름을 잡아가는 방법밖에 없다. 1문단의 정보를 바탕으로 2문단을 읽고, 그렇게 누적된 정보를 바탕으로 3문단을 읽고... 이런식으로 말이다. 그냥 지문이 유도하는 대로 질질질 끌려가는 방법밖에 없다.

≫ 문제점이나 의문이 제시될 때처럼 '해결책을 찾자, 답변을 찾자!" 이렇게 명확한 목적을 가지고 주도적으로 독해하는 게 힘들다. 그냥 1문단은 이런 키워드에 대해 이런이런 정보를 주네. 이걸 끌고 내려가서 실시간으로 다음 내용들이 그 문장을 어떻게 구체화 하는지 처리하며 읽을 수 밖에.. 질질 끌려가는 독해를 할 수 밖에 없는 것이다. 하지만 정확히 어떤 문장에 아래 내용들을 붙여서 읽어야 하는지 명확히 인지하고 읽으면 질질 끌려가는 게 아니라 평가원이 독해를 '리드'해주는 편안한 느낌을 받을 것이다. 어떻게 느끼느냐는 독자가 읽기 나름이다.

[TIP]

≫ 더 구체적인 설명이 따라붙을 것 같은 내용을 판단하기 어렵다면, 1문단에서 해당 부분을 도출하기 위해 다른 내용들을 일종의 '빌드업'으로 붙였는지, 1문단이 미괄식이나 두괄식으로 구성되어 그 '결론' 부분에 해당 부분이 위치하는지 (시작이나 끝) 확인해 볼 필요가 있다.

≫ 특수한 경우, 예외적인 경우가 핵심 정보로 직결될 가능성이 높다.

≫ "아 결국 이게 핵심이구나. 이제 이 정보에 다음 문단부터 나오는 정보를 붙이면서 읽어야겠다." 평가원 형님 저를 리드해 주십시오. 이끌어 주시는 대로 따르겠습니다. 평가원을 믿읍시다. 끌고 내려와서 붙이기만 하면 다 해결해줍니다.

MEMO

[25~30] 다음 글을 읽고 물음에 답하시오.

'콘크리트'는 건축 재료로 다양하게 사용되고 있다. 일반적으로 콘크리트가 근대 기술의 ㉠산물로 알려져 있지만 콘크리트는 이미 고대 로마 시대에도 사용되었다. 로마 시대의 탁월한 건축미를 보여 주는 판테온은 콘크리트 구조물인데, 반구형의 지붕인 돔은 오직 콘크리트로만 이루어져 있다. 로마인들은 콘크리트의 골재 배합을 달리하면서 돔의 상부로 갈수록 두께를 점점 줄여 지붕을 가볍게 할 수 있었다. 돔 지붕이 지름 45m 남짓의 넓은 원형 내부 공간과 이어지도록 하였고, 지붕의 중앙에는 지름 9m가 넘는 ㉡원형의 천창을 내어 빛이 내부 공간을 채울 수 있도록 하였다.

콘크리트는 시멘트에 모래와 자갈 등의 골재를 섞어 물로 반죽한 혼합물이다. 콘크리트에서 결합재 역할을 하는 시멘트가 물과 만나면 ㉢점성을 띠는 상태가 되며, 시간이 지남에 따라 수화 반응이 일어나 골재, 물, 시멘트가 결합하면서 굳어진다. 콘크리트의 수화 반응은 상온에서 일어나기 때문에 작업하기에도 좋다. 반죽 상태의 콘크리트를 거푸집에 부어 경화시키면 다양한 형태와 크기의 구조물을 만들 수 있다. 콘크리트의 골재는 종류에 따라 강도 및 밀도가 다양하므로 골재의 종류와 비율을 조절하여 콘크리트의 강도와 밀도를 다양하게 변화시킬 수 있다. 그리고 골재들 간의 접촉을 높여야 강도가 높아지기 때문에, 서로 다른 크기의 골재를 배합하는 것이 효과적이다.

콘크리트가 철근 콘크리트로 발전함에 따라 건축은 구조적으로 더욱 견고해지고, 형태 면에서는 더욱 다양하고 자유로운 표현이 가능해졌다. 일반적으로 콘크리트는 누르는 힘인 압축력에는 쉽게 부서지지 않지만 당기는 힘인 인장력에는 쉽게 부서진다. 압축력이나 인장력에 재료가 부서지지 않고 그 힘에 견딜 수 있는, 단위 면적당 최대의 힘을 각각 압축 강도와 인장 강도라 한다. 콘크리트의 압축 강도는 인장 강도보다 10배 이상 높다. 또한 압축력을 가했을 때 최대한 줄어드는 길이는 인장력을 가했을 때 최대한 늘어나는 길이보다 훨씬 길다. 그런데 철근이나 철골과 같은 철재는 인장력과 압축력에 의한 변형 정도가 콘크리트보다 작은 데다가 압축 강도와 인장 강도 모두가 콘크리트보다 높다. 특히 인장 강도는 월등히 더 높다. 따라서 보강재로 철근을 콘크리트에 넣어 대부분의 인장력을 철근이 받도록 하면 인장력에 취약한 콘크리트의 단점이 크게 보완된다. 다만 철근은 무겁고 비싸기 때문에, 대개는 인장력을 많이 받는 부분을 정확히 계산하여 그 지점을 ㉣위주로 철근을 보강한다. 또한 가해진 힘의 방향에 수직인 방향으로 재료가 변형되는 점도 고려해야 하는데, 이때 필요한 것이 포아송 비이다. 철재는 콘크리트보다 포아송 비가 크며, 대체로 철재의 포아송 비는 0.3, 콘크리트는 0.15 정도이다.

강도가 높고 지지력이 좋아진 철근 콘크리트를 건축 재료로 사용하면서, 대형 공간을 축조하고 기둥의 간격도 넓힐 수 있게 되었다. 20세기에 들어서면서부터 근대 건축에서 철근 콘크리트는 예술적 ㉤영감을 줄 수 있는 재료로 인식되기 시작하였다. 기술이 예술의 가장 중요한 근원이라는 신념을 가졌던

르 코르뷔지에는 철근 콘크리트 구조의 장점을 사보아 주택에서 완벽히 구현하였다. 사보아 주택은, 벽이 건물의 무게를 지탱하는 구조로 설계된 건축물과는 달리 기둥만으로 건물 본체의 하중을 지탱하도록 설계되어 건물이 공중에 떠 있는 듯한 느낌을 준다. 2층 거실을 둘러싼 벽에는 수평으로 긴 창이 나 있고, 건축가가 '건축적 산책로'라고 이름 붙인 경사로는 지상의 출입구에서 2층의 주거 공간으로 이어지다가 다시 테라스로 나와 지붕까지 연결된다. 목욕실 지붕에 설치된 작은 천창을 통해 하늘을 바라보면 이 주택이 자신을 중심으로 펼쳐진 또 다른 소우주임을 느낄 수 있다. 평평하고 넓은 지붕에는 정원이 조성되어, 여기서 산책하다 보면 대지를 바다 삼아 항해하는 기선의 갑판에 서 있는 듯하다.

철근 콘크리트는 근대 이후 가장 중요한 건축 재료로 널리 사용되어 왔지만 철근 콘크리트의 인장 강도를 높이려는 연구가 계속되어 프리스트레스트 콘크리트가 등장하였다. 프리스트레스트 콘크리트는 다음과 같이 제작된다. 먼저, 거푸집에 철근을 넣고 철근을 당긴 상태에서 콘크리트 반죽을 붓는다. 콘크리트가 굳은 뒤에 당기는 힘을 제거하면, 철근이 줄어들면서 콘크리트에 압축력이 작용하여 외부의 인장력에 대한 저항성이 높아진 프리스트레스트 콘크리트가 만들어진다. 킴벨 미술관은 개방감을 주기 위하여 기둥 사이를 30m 이상 벌리고 내부의 전시 공간을 하나의 층으로 만들었다. 이 간격은 프리스트레스트 콘크리트 구조를 활용하였기에 구현할 수 있었고, 일반적인 철근 콘크리트로는 구현하기 어려웠다. 이 구조로 이루어진 긴 지붕의 틈새로 들어오는 빛이 넓은 실내를 환하게 채우며 철근 콘크리트로 이루어진 내부를 대리석처럼 빛나게 한다.

이처럼 건축 재료에 대한 기술적 탐구는 언제나 새로운 건축 미학의 원동력이 되어 왔다. 특히 근대 이후에는 급격한 기술의 발전으로 혁신적인 건축 작품들이 탄생할 수 있었다. 건축 재료와 건축 미학의 유기적인 관계는 앞으로도 지속될 것이다.

25. 윗글에 대한 설명으로 가장 적절한 것은?

① 건축 재료의 특성과 발전을 서술하면서 각 건축물들의 공간적 특징을 설명하고 있다.

② 건축 재료의 특성에 기초하여 건축물들의 특징에 대한 상반된 평가를 제시하고 있다.

③ 건축 재료의 기원을 검토하여 다양한 건축물들의 미학적 특성과 한계를 평가하고 있다.

④ 건축 재료의 시각적 특성을 설명하면서 각 재료와 건축물들의 경제적 가치를 탐색하고 있다.

⑤ 건축물들의 특징에 대한 평가가 시대에 따라 달라진 원인을 제시하고 건축 재료와의 관계를 설명하고 있다.

26. 윗글의 내용에 대한 이해로 적절하지 <u>않은</u> 것은?

① 판테온의 돔에서 상대적으로 더 얇은 부분은 상부 쪽이다.
② 사보아 주택의 지붕은 여유를 즐길 수 있는 공간으로도 활용
되었다.
③ 킴벨 미술관은 철근 콘크리트의 인장 강도를 높이는 방법을
이용하여 넓고 개방된 내부 공간을 확보하였다.
④ 판테온과 사보아 주택은 모두 천창을 두어 빛이 위에서 들어
올 수 있도록 하였다.
⑤ 사보아 주택과 킴벨 미술관은 모두 층을 구분하지 않도록
구성하여 개방감을 확보하였다.

27. 윗글을 바탕으로 추론한 내용으로 가장 적절한 것은?

① 당기는 힘에 대한 저항은 철근 콘크리트가 철재보다 크다.
② 일반적으로 철근을 콘크리트에 보강재로 사용할 때는 압축
력을 많이 받는 부분에 넣는다.
③ 프리스트레스트 콘크리트에서는 철근의 인장력으로 높은 강
도를 얻게 되어 수화 반응이 일어나지 않는다.
④ 프리스트레스트 콘크리트는 철근이 복원되려는 성질을 이용
하여 콘크리트에 압축력을 줌으로써 인장 강도를 높인 것이다.
⑤ 콘크리트의 강도를 높이는 데에는 크기가 다양한 자갈을 사용
하는 것보다 균일한 크기의 자갈만 사용하는 것이 효과적이다.

28. 윗글을 바탕으로 〈보기〉에 대해 탐구한 내용으로 적절하지
<u>않은</u> 것은?

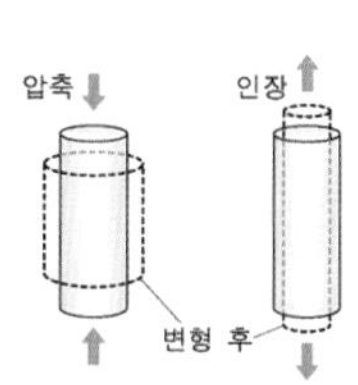

> ── 〈보 기〉 ──
> 철재만으로 제작된 원기둥 A와 콘크
> 리트만으로 제작된 원기둥 B에 힘을
> 가하며 변형을 관찰하였다. A와 B의
> 윗면과 아랫면에 수직인 방향으로 압축
> 력을 가했더니 높이가 줄어들면서 지름
> 은 늘어났다. 또, A의 윗면과 아랫면
> 에 수직인 방향으로 인장력을 가했더니 높이가 늘어나면서
> 지름이 줄어들었다. 이때 지름의 변화량의 절댓값을 높이의
> 변화량의 절댓값으로 나누어 포아송 비를 구하였더니, 일반
> 적으로 알려진 철재와 콘크리트의 포아송 비와 동일하게
> 나왔다. 그리고 A와 B의 포아송 비는 변형 정도에 상관없이
> 그 값이 변하지 않았다.
> (단, 힘을 가하기 전 A의 지름과 높이는 B와 동일하다.)

① 동일한 압축력을 가했다면 B는 A보다 높이가 더 줄어들었을
것이다.
② A에 인장력을 가했다면 높이의 변화량의 절댓값은 지름의
변화량의 절댓값보다 컸을 것이다.
③ B에 압축력을 가했다면 지름의 변화량의 절댓값은 높이의
변화량이 절댓값보다 작았을 것이다.
④ A와 B에 압축력을 가했을 때 줄어든 높이의 변화량이 같았
다면 B의 지름이 A의 지름보다 더 늘어났을 것이다.
⑤ A와 B에 압축력을 가했을 때 늘어난 지름의 변화량이 같았
다면 A의 높이가 B의 높이보다 덜 줄어들었을 것이다.

29. 윗글과 〈보기〉를 읽고 추론한 내용으로 적절하지 <u>않은</u> 것은?
[3점]

> ── 〈보 기〉 ──
> 철골은 매우 높은 강도를 지닌 건축 재료로, 규격화된 직
> 선의 형태로 제작된다. 철근 콘크리트 대신 철골을 사용하여
> 기둥을 만들면 더 가는 기둥으로도 간격을 더욱 벌려 세울
> 수 있어 훨씬 넓은 공간 구현이 가능하다. 하지만 산화되어
> 녹이 슨다는 단점이 있어 내식성 페인트를 칠하거나 콘크리
> 트를 덧입히는 등 산화 방지 조치를 하여 사용한다.
>   베를린 신국립미술관은 철골의 기술적 장점을 미학적으로
> 승화시킨 건축물이다. 거대한 평면 지붕은 여덟 개의 십자형
> 철골 기둥만이 떠받치고 있고, 지붕과 지면 사이에는 가벼운
> 유리벽이 사면을 둘러싸고 있다. 최소한의 설비 외에는 어떠
> 한 것도 천장에 닿아 있지 않고 내부 공간이 텅 비어 있어
> 지붕은 공중에 떠 있는 느낌을 준다. 미술관 내부에 들어가
> 면 넓은 공간 속에서 개방감을 느끼게 된다.

① 베를린 신국립미술관의 기둥에는 산화 방지 조치가 되어 있
겠군.
② 휘어진 곡선 모양의 기둥을 세우려 할 때는 대체로 철골을
재료로 쓰지 않겠군.
③ 베를린 신국립미술관은 철골을, 킴벨 미술관은 프리스트레스트
콘크리트를 활용하여 개방감을 구현하였겠군.
④ 가는 기둥들이 넓은 간격으로 늘어선 건물을 지을 때 기둥의
재료로는 철골보다 철근 콘크리트가 더 적합하겠군.
⑤ 베를린 신국립미술관의 지붕과 사보아 주택의 건물이 공중에
떠 있는 느낌을 주는 것은 벽이 아닌 기둥이 구조적으로 중
요한 역할을 하고 있기 때문이겠군.

30. ㉠~㉤을 사용하여 만든 문장으로 적절하지 <u>않은</u> 것은?

① ㉠ : 행복은 성실하고 꾸준한 노력의 <u>산물</u>이다.
② ㉡ : 이 건축물은 후대 미술관의 <u>원형</u>이 되었다.
③ ㉢ : 이 물질은 <u>점성</u> 때문에 끈적끈적한 느낌을 준다.
④ ㉣ : 그녀는 채소 <u>위주</u>의 식단을 유지하고 있다.
⑤ ㉤ : 그의 발명품은 형의 조언에서 <u>영감</u>을 얻은 것이다.

[35~38] 다음 글을 읽고 물음에 답하시오.

건강 상태를 진단하거나 범죄의 현장에서 혈흔을 조사하기 위해 검사용 키트가 널리 이용된다. 키트 제작에는 다양한 과학적 원리가 적용되는데, 적은 비용으로 쉽고 빠르고 정확하게 검사할 수 있는 키트를 제작하는 것이 요구된다. 이러한 필요에 따라 항원-항체 반응을 응용하여 시료에 존재하는 성분을 분석하는 다양한 형태의 키트가 개발되고 있다. 항원-항체 반응은 항원과 그 항원에만 특이적으로 반응하는 항체가 결합하는 면역 반응을 말한다. 항체 제조 기술이 발전하면서 휴대성이 높고 분석 시간이 짧은 측면유동면역분석법(LFIA)을 이용한 다양한 종류의 키트가 개발되고 있다.

LFIA 키트를 이용하면 키트에 나타나는 선을 통해, 액상의 시료에서 검출하고자 하는 목표 성분의 유무를 간편하게 확인할 수 있다. LFIA 키트는 가로로 긴 납작한 막대 모양인데, 시료 패드, 결합 패드, 반응막, 흡수 패드가 순서대로 나란히 배열된 구조로 되어 있다. 시료 패드로 흡수된 시료는 결합 패드에서 복합체와 함께 반응막을 지나 여분의 시료가 흡수되는 흡수 패드로 이동한다. 결합 패드에 있는 복합체는 금-나노 입자 또는 형광 비드 등의 표지 물질에 특정 물질이 붙어 이루어진다. 표지 물질은 발색 반응에 의해 색깔을 내는데, 이 표지 물질에 붙어 있는 특정 물질은 키트 방식에 따라 종류가 다르다. 일반적으로 한 가지 목표 성분을 검출하는 키트의 반응막에는 항체들이 띠 모양으로 두 가닥 고정되어 있는데, 그중 시료 패드와 가까운 쪽에 있는 가닥이 검사선이고 다른 가닥은 표준선이다. 표지 물질이 검사선이나 표준선에 놓이면 발색 반응에 의해 반응선이 나타난다. 검사선이 발색되어 나타나는 반응선을 통해서는 목표 성분의 유무를 판정할 수 있다. 표준선이 발색된 반응선이 나타나면 검사가 정상적으로 진행되었음을 알 수 있다.

LFIA 키트는 주로 ㉠직접 방식 또는 ㉡경쟁 방식으로 제작되는데, 방식에 따라 검사선의 발색 여부가 의미하는 바가 다르다. 직접 방식에서 복합체에 포함된 특정 물질은 목표 성분에 결합할 수 있는 항체이다. 시료에 목표 성분이 포함되어 있다면 목표 성분은 이 항체와 일차적으로 결합하고, 이후 검사선의 고정된 항체와 결합한다. 따라서 검사선이 발색되면 시료에서 목표 성분이 검출되었다고 판정한다. 한편 경쟁 방식에서 복합체에 포함된 특정 물질은 목표 성분에 대한 항체가 아니라 목표 성분 자체이다. 만약 시료에 목표 성분이 포함되어 있으면 시료의 목표 성분과 복합체의 목표 성분이 서로 검사선의 항체와 결합하려 경쟁한다. 이때 시료에 목표 성분이 충분히 많다면 시료의 목표 성분은 복합체의 목표 성분이 검사선의 항체와 결합하는 것을 방해하므로 검사선이 발색되지 않는다. 직접 방식은 세균이나 분자량이 큰 단백질 등을 검출할 때 이용하고, 경쟁 방식은 항생 물질처럼 목표 성분의 크기가 작은 경우에 이용한다.

한편, 검사용 키트는 휴대성과 신속성 외에 정확성도 중요하다. 키트의 정확성을 측정하기 위해서는 키트를 이용해 여러 번의 검사를 실시하고 그 결과를 분석한다. 키트가 시료에 목표 성분이 들어있다고 판정하면 이를 양성이라고 한다. 이때 시료에 목표 성분이 실제로 존재하면 진양성, 시료에 목표 성분이 없다면 위양성이라고 한다. 반대로 키트가 시료에 목표 성분이 들어 있지 않다고 판정하면 음성이라고 한다. 이 경우 실제로 목표 성분이 없다면 진음성, 목표 성분이 있다면 위음성이라고 한다. 현실에서 위양성이나 위음성을 배제할 수 있는 키트는 없다.

여러 번의 검사 결과를 통해 키트의 정확도를 구하는데, 정확도란 시료를 분석할 때 올바른 검사 결과를 얻을 확률이다. 정확도는 민감도와 특이도로 나뉜다. 민감도는 시료에 목표 성분이 존재하는 경우에 대해 키트가 이를 양성으로 판정한 비율이다. 특이도는 시료에 목표 성분이 없는 경우에 대해 키트가 이를 음성으로 판정한 비율이다. 민감도와 특이도가 모두 높아 정확도가 높은 키트가 가장 이상적이지만 현실에서는 그렇지 않은 경우가 많아서 상황에 따라 민감도나 특이도를 고려하여 키트를 선택해야 한다.

35. 윗글을 읽고 알 수 있는 내용으로 적절하지 <u>않은</u> 것은?

① LFIA 키트에서 시료 패드와 흡수 패드는 모두 시료를 흡수하는 역할을 한다.

② LFIA 키트를 통해 검출하려고 하는 목표 성분은 항원-항체 반응의 항원에 해당한다.

③ LFIA 키트를 사용할 때 정상적인 키트에서 검사선이 발색되지 않으면 표준선도 발색되지 않는다.

④ LFIA 키트에 표지 물질이 없다면 시료에 목표 성분이 있더라도 이를 시각적으로 확인할 수 없다.

⑤ LFIA 키트를 이용하여 검사할 때, 시료에 목표 성분이 포함되어 있지 않더라도 검사선이 발색될 수 있다.

36. ㉠과 ㉡에 대한 이해로 가장 적절한 것은?

① ㉠은 ㉡과 달리, 시료에 들어 있는 목표 성분은 검사선에 도달하기 이전에 항체와 결합을 하겠군.

② ㉠은 ㉡과 달리, 시료에서 목표 성분을 검출했다면 검사선에서 항체와 목표 성분의 결합이 존재하지 않겠군.

③ ㉡은 ㉠과 달리, 시료가 표준선에 도달하기 이전에 검사선에 먼저 도달하겠군.

④ ㉡은 ㉠과 달리, 정상적인 검사로 시료에서 목표 성분을 검출했다면 반응막에 아무런 반응선도 나타나지 않았겠군.

⑤ ㉠과 ㉡은 모두 시료에 들어 있는 목표 성분이 표지 물질과 항원-항체 반응으로 결합하겠군.

37. 윗글을 참고할 때, 〈보기〉의 A와 B에 들어갈 말을 올바르게 짝지은 것은?

	A	B
①	진양성	진음성
②	진양성	위음성
③	위양성	위음성
④	위음성	진음성
⑤	위음성	위양성

29. 윗글을 바탕으로 〈보기〉를 이해한 반응으로 적절하지 <u>않은</u> 것은? [3점]

① ⓐ를 개발하기 전에 살모넬라균과 결합하는 항체를 제조하는
기술이 개발되었겠군.

② ⓐ의 결합 패드에는 표지 물질에 살모넬라균이 붙어 있는
복합체가 들어 있겠군.

③ ⓐ를 이용하여 음식물의 살모넬라균 오염 여부를 검사하려면
시료를 액체 상태로 만들어야겠군.

④ ⓐ를 이용하여 현장에서 살모넬라균 오염 의심 시료를 선별하기
위해서는 특이도보다 민감도가 높은 것이 더 효과적이겠군.

⑤ ⓐ를 이용하여 살모넬라균이 검출되었다고 키트가 판정한 경우
에도 기존의 분석법으로는 균이 검출되지 않을 수 있겠군.

[26~30] 다음 글을 읽고 물음에 답하시오.

국가, 지방 자치 단체와 같은 행정 주체가 행정 목적을 ⓐ실현하기 위해 국민의 권리를 제한하거나 국민에게 의무를 부과하는 '행정 규제'는 국회가 제정한 법률에 근거해야 한다. 그러나 국회가 아니라, 대통령을 수반으로 하는 행정부나 지방 자치 단체와 같은 행정 기관이 제정한 법령인 행정입법에 의한 행정 규제의 비중이 커지고 있다. 드론과 관련된 행정 규제 사항들처럼, 첨단 기술과 관련되거나, 상황 변화에 즉각 대처해야 하거나, 개별적 상황을 ⓑ반영하여 규제를 달리해야 하는 행정 규제 사항들이 늘어나고 있기 때문이다. 행정 기관은 국회에 비해 이러한 사항들을 다루기에 적합하다.

행정입법의 유형에는 위임명령, 행정규칙, 조례 등이 있다. 헌법에 따르면, 국회는 행정 규제 사항에 관한 법률을 제정할 때 특정한 내용에 관한 입법을 행정부에 위임할 수 있다. 이에 따라 제정된 행정입법을 위임명령이라고 한다. 위임명령은 제정 주체에 따라 대통령령, 총리령, 부령으로 나누어진다. 이들은 모두 국민에게 적용되기 때문에 입법예고, 공포 등의 절차를 거쳐야 한다. 위임명령은 입법부인 국회가 자신의 권한의 일부를 행정부에 맡겼기 때문에 정당화될 수 있다. 그래서 특정한 행정 규제의 근거 법률이 위임명령으로 제정할 사항의 범위를 정하지 않은 채 위임하는 포괄적 위임은 헌법상 삼권 분립 원칙에 저촉된다. 위임된 행정 규제 사항의 대강을 위임 근거 법률의 내용으로부터 ⓒ예측할 수 있어야 한다는 것이다. 다만 행정 규제 사항의 첨단 기술 관련성이 클수록 위임 근거 법률이 위임할 수 있는 사항의 범위가 넓어진다. 한편, 위임명령이 법률로부터 위임받은 범위를 벗어나서 제정되거나, 위임 근거 법률이 사용한 어구의 의미를 확대하거나 축소하여 제정되어서는 안 된다. ㉠위임 명령이 이러한 제한을 위반하여 제정되면 효력이 없다.

행정규칙은 원래 행정부의 직제나 사무 처리 절차에 관한 행정입법으로서 고시(告示), 예규 등이 여기에 속한다. 일반 국민에게는 직접 적용되지 않기 때문에, 법률로부터 위임받지 않아도 유효하게 제정될 수 있고 위임명령 제정 시와 동일한 절차를 거칠 필요가 없다. 그러나 행정 규제 사항에 관하여 행정규칙이 제정되는 예외적인 경우도 있다. 위임된 사항이 첨단 기술과의 관련성이 매우 커서 위임명령으로는 ⓓ대응하기 어려워 불가피한 경우, 위임 근거 법률이 행정입법의 제정 주체만 지정하고 행정입법의 유형을 지정하지 않았다면 위임된 사항이 고시나 예규로 제정될 수 있다. 이런 경우의 행정규칙은 위임명령과 달리, 입법예고, 공포 등을 거치지 않고 제정된다.

조례는 지방 의회가 제정하는 행정입법으로 지역의 특수성을 반영하여 제정되고 지역에서 발생하는 사안에 대해 적용된다. 제정 주체가 지방 자치 단체의 기관인 지방 의회라는 점에서 행정부에서 제정하는 위임명령, 행정규칙과 ⓔ구별된다. 조례도 행정 규제 사항을 규정하려면 법률의 위임에 근거해야 한다. 또한 법률로부터 포괄적 위임을 받을 수 있지만 위임 근거 법률이 사용한 어구의 의미를 다르게 사용할 수 없다. 조례는 입법예고, 공포 등의 절차를 거쳐 제정된다.

26. 윗글의 내용과 일치하는 것은?

① 행정입법에 속하는 법령들은 제정 주체가 동일하다.
② 행정입법에 속하는 법령들은 모두 개별적 상황과 지역의 특수성을 반영한다.
③ 행정입법에 속하는 법령들은 모두 정당성을 확보하기 위하여 국회의 위임에 근거한다.
④ 행정 규제 사항에 적용되는 행정입법은 모두 포괄적 위임이 금지되어 있다.
⑤ 행정부가 국회보다 신속히 대응할 수 있는 행정 규제 사항은 행정입법의 대상으로 적합하다.

27. ㉠의 이유로 가장 적절한 것은?

① 그 위임명령이 법률의 근거 없이 행정 규제 사항을 규정했기 때문이다.
② 그 위임명령이 포괄적 위임을 받아 제정된 경우에 해당하기 때문이다.
③ 그 위임명령이 첨단 기술에 대한 내용을 정확히 반영하지 않았기 때문이다.
④ 그 위임명령이 국민의 권리를 제한하는 권한을 행정 기관에 맡겼기 때문이다.
⑤ 그 위임명령이 구체적 상황의 특성을 반영한 융통성 있는 대응을 하지 못했기 때문이다.

28. 행정규칙에 관한 설명 중 적절하지 않은 것은?

① 행정부의 직제나 사무 처리 절차를 규정하는 경우, 법률의 위임이 요구되지 않는다.
② 행정부의 직제나 사무 처리 절차를 규정하는 경우, 일반 국민에게 직접 적용되지 않는다.
③ 행정 규제 사항을 규정하는 경우, 위임명령의 제정 절차를 따르지 않는다.
④ 행정 규제 사항을 규정하는 경우, 위임 근거 법률의 위임을 받은 제정 주체에 의해 제정된다.
⑤ 행정 규제 사항을 규정하는 경우, 위임 근거 법률로부터 위임받을 수 있는 사항의 범위가 위임명령과 같다.

29. 윗글을 바탕으로 〈보기〉의 ㉮~㉰에 대해 이해한 내용으로 가장 적절한 것은? [3점]

> ─────── <보 기> ───────
>
> 갑은 새로 개업한 자신의 가게 홍보를 위해 인근 자연 공원에 현수막을 설치하려고 한다. 현수막 설치에 관한 행정 규제의 내용을 확인하기 위해 ○○시청에 문의하고 아래와 같은 회신을 받았다.
>
> ┌─────────────────────────────┐
> │ 문의하신 내용에 대해 다음과 같이 알려 드립니다. ㉮「옥외광고물 등의 관리와 옥외광고산업 진흥에 관한 법률」제3조(광고물 등의 허가 또는 신고)에 따른 허가 또는 신고 대상 광고물에 관한 사항은 대통령령인 ㉯「옥외광고물 등의 관리와 옥외광고산업 진흥에 관한 법률 시행령」제5조에 규정되어 있습니다. 이에 따르면 문의하신 규격의 현수막을 설치하시려면 설치 전에 신고하셔야 합니다.
> │ 또한 위 법률 제16조(광고물 실명제)에 의하면, 신고 번호, 표시 기간, 제작자명 등을 표시하도록 규정하고 있습니다. 표시하는 방법에 대해서는 ㉰○○시 지방 의회에서 제정한 법령에 따르셔야 합니다.
> └─────────────────────────────┘

① ㉮의 제3조의 내용에서 ㉯의 제5조의 신고 대상 광고물에 관한 사항의 구체적 내용을 확인할 수 있겠군.

② ㉯의 제5조는 ㉮의 제16조로부터 제정할 사항의 범위가 정해져 위임을 받았겠군.

③ ㉯는 ㉰와 달리 입법예고와 공포 절차를 거쳤겠군.

④ ㉯에 나오는 '광고물'의 의미와 ㉰에 나오는 '광고물'의 의미는 일치하겠군.

⑤ ㉰를 준수해야 하는 국민 중에는 ㉯를 준수하지 않아도 되는 국민이 있겠군.

30. 문맥상 ⓐ~ⓔ와 바꿔 쓰기에 가장 적절한 것은?

① ⓐ : 나타내기

② ⓑ : 드러내어

③ ⓒ : 헤아릴

④ ⓓ : 마주하기

⑤ ⓔ : 달라진다

[10~13] 다음 글을 읽고 물음에 답하시오.

법령의 조문은 대개 'A에 해당하면 B를 해야 한다.'처럼 요건과 효과로 구성된 조건문으로 규정된다. 하지만 그 요건이나 효과가 항상 일의적인 것은 아니다. 법조문에는 구체적 상황을 고려해야 그 상황에 ⓐ맞는 진정한 의미가 파악되는 불확정 개념이 사용될 수 있기 때문이다. 개인 간 법률관계를 규율하는 민법에서 불확정 개념이 사용된 예로 '손해 배상 예정액이 부당히 과다한 경우에는 법원은 적당히 감액할 수 있다.'라는 조문을 ⓑ들 수 있다. 이때 법원은 요건과 효과를 재량으로 판단할 수 있다. 손해 배상예정액은 위약금의 일종이며, 계약 위반에 대한 제재인 위약벌도 위약금에 속한다. 위약금의 성격이 둘 중 무엇인지 증명되지 못하면 손해 배상 예정액으로 다루어진다.

채무자의 잘못으로 계약 내용이 실현되지 못하여 계약 위반이 발생하면, 이로 인해 손해를 입은 채권자가 손해 액수를 증명해야 그 액수만큼 손해 배상금을 받을 수 있다. 그러나 손해 배상 예정액이 정해져 있었다면 채권자는 손해 액수를 증명하지 않아도 손해 배상 예정액만큼 손해 배상금을 받을 수 있다. 이때 손해 액수가 얼마로 증명되든 손해 배상 예정액보다 더 받을 수는 없다. 한편 위약금이 위약벌임이 증명되면 채권자는 위약벌에 해당하는 위약금을 ⓒ받을 수 있고, 손해 배상 예정액과는 달리 법원이 감액할 수 없다. 이때 채권자가 손해 액수를 증명하면 손해 배상금도 받을 수 있다.

불확정 개념은 행정 법령에도 사용된다. 행정 법령은 행정청이 구체적 사실에 대해 행하는 법 집행인 행정 작용을 규율한다. 법령상 요건이 충족되면 그 효과로서 행정청이 반드시 해야 하는 특정 내용의 행정 작용은 기속 행위이다. 반면 법령상 요건이 충족되더라도 그 효과인 행정 작용의 구체적 내용을 ⓓ고를 수 있는 재량이 행정청에 주어져 있을 때, 이러한 재량을 행사하는 행정 작용은 재량 행위이다. 법령에서 불확정 개념이 사용되면 이에 근거한 행정 작용은 대개 재량 행위이다.

행정청은 재량으로 재량 행사의 기준을 명확히 정할 수 있는데 이 기준을 ㉠재량 준칙이라 한다. 재량 준칙은 법령이 아니므로 재량 준칙대로 재량을 행사하지 않아도 근거 법령 위반은 아니다. 다만 특정 요건하에 재량 준칙대로 특정한 내용의 적법한 행정 작용이 반복되어 행정 관행이 생긴 후에는, 같은 요건이 충족되면 행정청은 동일한 내용의 행정 작용을 해야 한다. 행정청은 평등 원칙을 ⓔ지켜야 하기 때문이다.

10. 윗글의 내용과 일치하지 <u>않는</u> 것은?

① 법령의 요건과 효과에는 모두 불확정 개념이 사용될 수 있다.
② 법원은 불확정 개념이 사용된 법령을 적용할 때 재량을 행사할 수 있다.
③ 불확정 개념이 사용된 법령의 진정한 의미를 이해하려면 구체적 상황을 고려해야 한다.
④ 불확정 개념이 사용된 행정 법령에 근거한 행정 작용은 재량 행위인 경우보다 기속 행위인 경우가 많다.
⑤ 불확정 개념은 행정청이 행하는 법 집행 작용을 규율하는 법령과 개인 간의 계약 관계를 규율하는 법률에 모두 사용된다.

11. ㉠에 대한 이해로 가장 적절한 것은?

① 재량 준칙은 법령이 아니기 때문에 일의적이지 않은 개념으로 규정된다.
② 재량 준칙으로 정해진 내용대로 재량을 행사하는 행정 작용은 기속 행위이다.
③ 재량 준칙으로 규정된 재량 행사 기준은 반복되어온 적법한 행정 작용의 내용대로 정해져야 한다.
④ 재량 준칙이 정해져야 행정청은 특정 요건하에 행정 작용의 구체적 내용을 선택할 수 있는 재량을 행사할 수 있다.
⑤ 재량 준칙이 특정 요건에서 적용된 선례가 없으면 행정청은 동일한 요건이 충족되어도 행정 작용을 할 때 재량 준칙을 따르지 않을 수 있다.

12. 윗글을 바탕으로 〈보기〉를 이해한 내용으로 가장 적절한 것은? [3점]

> ──── 〈보 기〉 ────
>
> 갑은 을에게 물건을 팔고 그 대가로 100을 받기로 하는 매매 계약을 했다. 그 후 갑이 계약을 위반하여 을은 80의 손해를 입었다. 이와 관련하여 세 가지 상황이 있다고 하자.
>
> (가) 갑과 을 사이에 위약금 약정이 없었다.
> (나) 갑이 을에게 위약금 100을 약정했고, 위약금의 성격이 무엇인지 증명되지 못했다.
> (다) 갑이 을에게 위약금 100을 약정했고, 위약금의 성격이 위약벌임이 증명되었다.
>
> (단, 위의 모든 상황에서 세금, 이자 및 기타 비용은 고려하지 않음.)

① (가)에서 을의 손해가 얼마인지 증명되지 못한 경우에도, 갑이 을에게 80을 지급해야 하고 법원이 감액할 수 없다.
② (나)에서 을의 손해가 80임이 증명된 경우, 갑이 을에게 100을 지급해야 하고 법원이 감액할 수 있다.
③ (나)에서 을의 손해가 얼마인지 증명되지 못한 경우, 갑이 을에게 100을 지급해야 하고 법원이 감액할 수 없다.
④ (다)에서 을의 손해가 80임이 증명된 경우, 갑이 을에게 180을 지급해야 하고 법원이 감액할 수 있다.
⑤ (다)에서 을의 손해가 얼마인지 증명되지 못한 경우, 갑이 을에게 80을 지급해야 하고 법원이 감액할 수 없다.

13. 문맥상 ⓐ~ⓔ의 의미와 가장 가까운 것은?

① ⓐ : 이것이 네가 찾는 자료가 <u>맞는지</u> 확인해 보아라.
② ⓑ : 그 부부는 노후 대책으로 적금을 <u>들고</u> 안심했다.
③ ⓒ : 그의 파격적인 주장은 학계의 큰 주목을 <u>받았다</u>.
④ ⓓ : 형은 땀 흘려 울퉁불퉁한 땅을 평평하게 <u>골랐다</u>.
⑤ ⓔ : 그분은 우리에게 한 약속을 반드시 <u>지킬</u> 것이다.

[16~20] 다음 글을 읽고 물음에 답하시오.

사람은 살아가는 동안 여러 약속을 한다. 계약도 하나의 약속이다. 하지만 이것은 친구와 뜻이 맞아 주말에 영화 보러 가자는 약속과는 다르다. 일반적인 다른 약속처럼 계약도 서로의 의사 표시가 합치하여 성립하지만, 이때의 의사는 일정한 법률 효과의 발생을 목적으로 한다는 점에서 차이가 있다. 한 예로 매매 계약은 '팔겠다'는 일방의 의사 표시와 '사겠다'는 상대방의 의사 표시가 합치함으로써 성립하며, 매도인은 매수인에게 매매 목적물의 소유권을 이전하여야 할 의무를 짐과 동시에 매매 대금의 지급을 청구할 권리를 갖는다. 반대로 매수인은 매도인에게 매매 대금을 지급할 의무가 있고 소유권의 이전을 청구할 권리를 갖는다. 양 당사자는 서로 권리를 행사하고 서로 의무를 이행하는 관계에 놓이는 것이다.

이처럼 의사 표시를 필수적 요소로 하여 법률 효과를 발생시키는 행위들을 법률 행위라 한다. 계약은 법률 행위의 일종으로서, 당사자에게 일정한 청구권과 이행 의무를 발생시킨다. 청구권을 내용으로 하는 권리가 채권이고, 그에 따라 이행을 해야 할 의무가 채무이다. 따라서 채권과 채무는 발생한 법률 효과가 동전의 양면처럼 서로 다른 방향에서 파악되는 것이라 할 수 있다. 채무자가 채무의 내용대로 이행하여 채권을 소멸시키는 것을 변제라 한다.

갑과 을은 을이 소유한 그림 A를 갑에게 매도하는 것을 내용으로 하는 매매 계약을 체결하였다. ㉠을의 채무는 그림 A의 소유권을 갑에게 이전하는 것이다. 동산인 물건의 소유권을 이전하는 방식은 그 물건을 인도하는 것이다. 갑은 그림 A가 너무나 마음에 들었기 때문에 그것을 인도받기 전에 대금 전액을 금전으로 지급하였다. 그런데 갑이 아무리 그림 A를 넘겨달라고 청구하여도 을은 인도해 주지 않았다. 이런 경우 갑이 사적으로 물리력을 행사하여 해결하는 것은 엄격히 금지된다.

채권의 내용은 민법과 같은 실체법에서 규정하고 있고, 그것을 강제적으로 실현할 수 있도록 민사 소송법이나 민사 집행법 같은 절차법이 갖추어져 있다. 갑은 소를 제기하여 판결로써 자기가 가진 채권의 존재와 내용을 공적으로 확정받을 수 있고, 나아가 법원에 강제 집행을 신청할 수도 있다. 강제 집행은 국가가 물리적 실력을 행사하여 채무자의 의사에 구애받지 않고 채무의 내용을 실행시켜 채권이 실현되도록 하는 제도이다.

을이 그림 A를 넘겨주지 않은 까닭은 갑으로부터 매매 대금을 받은 뒤에 을의 과실로 불이 나 그림 A가 타 없어졌기 때문이다. ㉮결국 채무는 이행 불능이 되었다. 소송을 하더라도 불능의 내용을 이행하라는 판결은 ⓐ나올 수 없다. 그림 A의 소실이 계약 체결 전이었다면, 그 계약은 실현 불가능한 내용을 담고 있기 때문에 체결할 때부터 계약 자체가 무효이다. 이행 불능이 채무자의 과실 때문에 일어난 것이라면 채무자가 채무 불이행에 대한 책임을 져야 한다.

이때 채무 불이행은 갑이나 을의 의사 표시가 작용한 것이 아니라, 매매 목적물의 소실에 따른 이행 불능으로 말미암은 것이다. 이러한 사건을 통해서도 법률 효과가 발생한다. 채무 불이행에 대한 책임은 갑으로 하여금 계약을 해제할 수 있는 권리를 갖게 한다. 갑이 계약 해제권을 행사하면 그때까지 유효

했던 계약이 처음부터 효력이 없는 것으로 된다. 이때의 계약 해제는 일방의 의사 표시만으로 성립한다. 따라서 갑이 해제권을 행사하는 데에 을의 승낙은 요건이 되지 않는다. 이러한 법률 행위를 단독 행위라 한다.

갑은 계약을 해제하였다. 이로써 그 계약으로 발생한 채권과 채무는 없던 것이 된다. 당연히 계약의 양 당사자는 자신의 채무를 이행할 필요가 없다. 이미 이행된 것이 있다면 계약이 체결되기 전의 상태로 돌려놓아야 한다. 이를 청구할 수 있는 권리가 원상회복 청구권이다. 계약의 해제로 갑은 원상회복 청구권을 행사할 수 있으며, 이러한 ㉡갑의 채권은 결국 을에게 매매 대금을 반환해 달라고 청구할 수 있는 권리가 된다.

16. 윗글의 내용과 일치하지 <u>않는</u> 것은?

① 실체법에는 청구권에 관한 규정이 있다.
② 절차법에 강제 집행 제도가 마련되어 있다.
③ 법률 행위가 없으면 법률 효과가 발생하지 않는다.
④ 법원을 통하여 물리력으로 채권을 실현할 수 있다.
⑤ 실현 불가능한 것을 내용으로 하는 계약은 무효이다.

17. ㉠, ㉡에 대한 이해로 가장 적절한 것은?

① ㉠은 매도인의 청구와 매수인의 이행으로 소멸한다.
② ㉡은 채권자와 채무자의 의사 표시가 작용하여 성립한 것이다.
③ ㉠과 ㉡은 ㉠이 이행되면 그 결과로 ㉡이 소멸하는 관계이다.
④ ㉠과 ㉡은 동일한 계약의 효과를 서로 다른 측면에서 바라본 것이다.
⑤ ㉠에는 물건을 인도할 의무가 있고, ㉡에는 금전의 지급을 청구할 권리가 있다.

18. ㉮의 상황에 대한 설명으로 적절한 것은?

① '을'의 과실로 이행 불능이 되어 '갑'의 계약 해제권이 발생한다.
② '갑'은 소를 제기하여야 매매의 목적이 된 재산권을 이전받을 수 있다.
③ '갑'은 원상회복 청구권을 행사하여야 '그림 A'의 소유권을 회복할 수 있다.
④ '갑'과 '을'은 애초부터 실현 불가능한 내용의 계약을 체결하였기 때문에 이행 불능이 되었다.
⑤ '을'이 '갑'에게 '그림 A'를 인도하는 것은 불가능해졌지만 '을'은 채무 불이행에 대한 책임을 지지 않는다.

19. 윗글을 바탕으로 할 때, 〈보기〉에 대한 분석으로 적절하지
<u>않은</u> 것은? [3점]

① 증여, 유언, 매매는 모두 법률 행위로서 의사 표시를 요소로 한다.
② 증여와 유언은 법률 효과를 발생시키려는 목적이 있다는 점이
   공통된다.
③ 증여는 변제의 의무를 발생시키지 않는다는 점에서 매매와
   차이가 있다.
④ 증여는 당사자 일방만이 이행한다는 점에서 양 당사자가 서로
   이행하는 관계를 갖는 매매와 차이가 있다.
⑤ 증여는 양 당사자의 의사 표시가 서로 합치하여 성립한다는
   점에서 의사 표시의 합치가 필요 없는 유언과 차이가 있다.

20. 문맥상 의미가 ⓐ와 가장 가까운 것은?

① 오랜 연구 끝에 만족할 만한 실험 결과가 <u>나왔다</u>.
② 그 사람이 부드럽게 <u>나오니</u> 내 마음이 누그러졌다.
③ 우리 마을은 라디오가 잘 안 <u>나오는</u> 산간 지역이다.
④ 이 책에 <u>나오는</u> 옛날이야기 한 편을 함께 읽어 보자.
⑤ 그동안 우리 지역에서는 걸출한 인물들이 많이 <u>나왔다</u>.

MEMO

빠른 정답

[인문 지문]

예시 1 | 2024학년도 수능 12번 ~ 17번 < 노자의 도에 대한 한비자의 견해 / 왕안석, 오징, 설혜의 견해 >

#12. ③   #13. ①   #14. ④   #15. ④   #16. ⑤   #17. ④

예시 2 | 2017학년도 6평 20번 ~ 24번 < 유비 논증 >

#20. ⑤   #21. ⑤   #22. ③   #23. ②   #24. ①

예시 3 | 2024학년도 6평 12번 ~ 17번 < 로랜즈의 확장 인지 이론 / '지각'에 대한 객관주의 철학의 입장과 이에 대한 비판 >

#12. ①   #13. ③   #14. ①   #15. ②   #16. ③   #17. ④

[Q⇒A형 지문]

예시 1 | 2024학년도 9평 8번 ~ 11번 < 초정밀 저울 >

#8. ⑤   #9. ④   #10. ⑤   #11. ②

예시 2 | 2020학년도 6평 37번 ~ 42번 < 미토콘드리아의 개체성 문제 >

#37. ③   #38. ④   #39. ⑤   #40. ②   #41. ①   #42. ④

[P⇒S형 지문]

예시 1 | 2020학년도 수능 26번 ~ 29번 < 내인성 레트로 바이러스 >

#26. ⑤   #27. ①   #28. ③   #29. ①

예시 2 | 2017학년노 수능 33번 ~ 36번 < 반추위 미생물 >

#33. ⑤   #34. ④   #35. ①   #36. ③

[평서문으로 화제 제시되는 지문, 그런데 확실한 어투는 아닌.]

예시 1 | 2017학년도 9평 25번 ~ 30번 < 콘크리트 >

#25. ①   #26. ⑤   #27. ④   #28. ④   #29. ④   #30. ②

예시 2 | 2019학년도 6평 35번 ~ 38번 < LFIA 키트 >

#35. ③   #36. ①   #37. ④   #38. ②

예시 3 | 2021학년도 9평 26번 ~ 30번 < 행정입법의 유형 >

#26. ⑤   #27. ①   #28. ⑤   #29. ④   #30. ③

예시 4 | 2023학년도 수능 10번 ~ 13번 < 법령에서의 불확정 개념 >

#10. ④   #11. ⑤   #12. ②   #13. ⑤

예시 5 | 2019학년도 수능 16번 ~ 20번 < 약속 >

#16. ③   #17. ⑤   #18. ①   #19. ③   #20. ①

비핵화

해설편

[집필진]

[검토진]
김동원 (고려대학교 생명과학부)
김단우 (단국대학교 치과대학)
김성우 (연세대학교 의과대학)
김서윤 (충남대학교 의과대학)
서범석 (가톨릭관동대학교 의과대학)
신현식 (고려대학교 경영학과)
오동규 (단국대학교 의과대학)
윤성하 (전남대학교 의과대학)
정현수 (원광대학교 의과대학)
홍승민 (우석대학교 한의과대학)

CONTENTS

[Chapter 2]
총정리 및 예시 지문

CONTENTS

TOPIC 03. FULL 지문 학습

■ INTRO

이제 하나의 완성된 지문을 문제와 함께 학습해볼 것이다. 지금까지 배운 내용이 실제로 어떻게 적용되는지 파악하는데 집중하도록 하자. 그리고, 읽으라는 데로 제대로 잘 읽으면 문제도 자연스럽게 다 풀 수 있다는 것을 깨닳을 수 있을 것이다. **비문학은 애초에 문제의 출제 의도가 '잘 읽었는지'를 확인하는 목적이기 때문에 잘 읽었다면 잘 풀 수밖에 없다.** 여기서 <u>잘 읽었다는 것은</u> 당연히 '문장과 문장, 그리고 문단과 문단을 구분하고 연결하며 머릿속에 목차를 만들 듯이 글을 읽었다는 것을 의미할 것이다.

■ 학습 방법

STEP 1 | 먼저 지문 읽고 문제 풀어보고 [있는 그대로의 시험지] 살펴보기
STEP 2 | [이런 생각을 하며 읽어야 한다] 읽으면서 자신의 생각과 비교하기
　　　　 ≫ 지문 읽으면서 해야 하는 생각, 문제의 출제 의도 파악에 집중하기

■ CONTENTS

[인문 지문]

예시 1 | 2024학년도 수능 12번 ~ 17번 < 노자의 도에 대한 한비자의 견해 / 왕안석, 오징, 설혜의 견해 >
예시 2 | 2017학년도 6평 20번 ~ 24번 < 유비 논증 >
예시 3 | 2024학년도 6평 12번 ~ 17번 < 로랜즈의 확장 인지 이론 / '지각'에 대한 객관주의 철학의 입장과 이에 대한 비판 >

[Q⇒A형 지문]

예시 1 | 2024학년도 9평 8번 ~ 11번 < 초정밀 저울 >
예시 2 | 2020학년도 6평 37번 ~ 42번 < 미토콘드리아의 개체성 문제 >

[P⇒S형 지문]

예시 1 | 2020학년도 수능 26번 ~ 29번 < 내인성 레트로 바이러스 >
예시 2 | 2017학년도 수능 33번 ~ 36번 < 반추위 미생물 >

[평서문으로 화제 제시되는 지문, 그런데 확실한 어투는 아닌.]

예시 1 | 2017학년도 9평 25번 ~ 30번 < 콘크리트 >
예시 2 | 2019학년도 6평 35번 ~ 38번 < LFIA 키트 >
예시 3 | 2021학년도 9평 26번 ~ 30번 < 행정입법의 유형 >
예시 4 | 2023학년도 수능 10번 ~ 13번 < 법령에서의 불확정 개념 >
예시 5 | 2019학년도 수능 16번 ~ 20번 < 약속 >

TYPE 1 | 나열형 지문

인문 지문에는 크게 두 가지 타입이 있다. 하나는 특정 사상가, 학자, 학설, 이론 등의 견해를 나열하는 나열형 지문이다. 앞서 THEME 4에서 나열에 대해 학습한 적이 있는데, 거기서 이미 '인문 지문에서의 나열'을 따로 빼서 학습했었다. 그 내용을 그대로 아래 붙였다. 이를 다시 한번 읽어보면 된다.

인문 (견해 위주) 지문이 나오면, 그 특성상 그 말이 그 말같이 느껴지고, 상당히 추상적이라는 느낌을 받을 것이다. 실제로 인문 갈래를 어려워하는 이유는 보통 이것이다. 이때, 나열된 각각의 항목을 넘버링하며 추상적인 요소들을 강제로 객관적으로 항목화하는 과정이 실제로 엄청나게 도움된다. 과하게 쪼개서 넘버링 하는 것은 괜찮지만, 너무 안 끊어버리면 범주가 섞이는 문제가 발생할 수 있다.

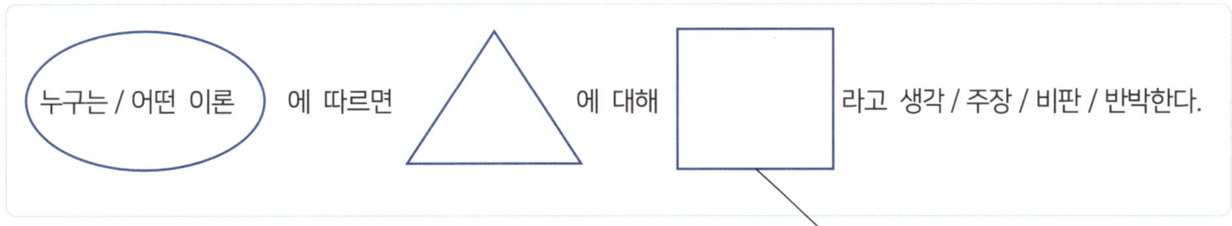

위와 같은 논리가 흔히 주장 / 견해 위주의 지문에 사용되는 논리다. 저기서 네모에 해당하는 부분이 나열되는 부분이다. 그리고, 그 나열된 것이 과연 무엇에 대한 나열인지에 해당하는 범주가 동그라미와 세모일 것이다.

(1) 저 동그라미와 세모를 확실히 확보한 상태에서, 네모에 나열되어 있는 주장들을 하나씩 끊어서 깐깐하게 강제로 라도 넘버링 해주는 것이 좋다.

(2) 그리고, 어떤 견해가 나열되면, 그 견해를 주장한 사람이나 그 견해가 비롯된 학파, 학설, 이론 등에 < >이나 동그라미 표시 등 자신만의 표식을 만들어 반드시 확보하며 표시하고 넘어가도록 하자.

(3) 또한, 같은 사항에 대해 여러 사람의 견해가 병치되면, 이를 '요소 쪼개기'로 인식하고 그 두 견해를 '공통서술 범주에 입각해서 비교·대조'해줘야 한다.

TYPE 2 | 인과와 구체화 위주의 지문

인문 지문의 두 번째 타입은 '인과와 구체화 위주의 지문'입니다. 여기서는 나열보다는 하나의 범주 내에서 특정 내용을 구체화, 재진술하거나 그 내용으로부터 인과를 통해 어떤 결론을 도출하는 것이 주된 컨텐츠가 된다.

이때는 아래와 같은 생각을 하면서 읽으면 된다.

(1) 하나의 흐름 잡아주는 문장으로부터 파생되는 구체화, 재진술 (같은 의미 다른 표현)이 많다. 따라서, 흐름 잡아주는 문장을 딱 잡아놓고, 이후 그 정보를 구체화해주거나 표현만 조금 바꿔서 재진술하면 그 정보의 첫 시작점, 흐름 잡아주는 문장에 붙이며 읽어주면 된다.

(2) 연속된 원인과 결과에 신경 쓰며 흐름을 타는 것이 중요하다. 원인에서 결과가 나오고, 그 결과가 다시 원인이 되어 결과가 나오는 논리의 연속이다.

STEP 01 | 있는 그대로의 시험지

[12~17] 다음 글을 읽고 물음에 답하시오.

(가)

『한비자』는 중국 전국 시대의 한비자가 제시한 사상이 @담긴 저작이다. 여러 나라가 패권을 다투던 혼란기를 맞아 엄격한 법치를 통해 부국강병을 꾀한 한비자는 『노자』에 대한 해석을 통해 자신의 법치 사상을 뒷받침했고, 이러한 면모는 『한비자』의 「해로」, 「유로」 등에서 확인할 수 있다.

『노자』에서 도(道)는 만물 생성의 근원으로 묘사된다. 도를 천지 만물의 존재와 본질의 근거라고 본 한비자의 이해도 이와 다르지 않다. 그는 자연과 인간 사회의 모든 현상은 도의 영향을 받지 않을 수 없다고 보고, 인간 사회의 일은 도에 따라 제대로 행했는가의 여부에 따라 그 성패가 드러나는 것이라고 이해했다.

한비자는 『노자』에 제시된 영구불변하는 도의 항상성에 대해 도가 천지와 더불어 영원히 존재한다는 것을 의미하는 것이지, 도가 모습과 이치를 일정하게 유지하는 것은 아니라고 이해했다. 그리고 도는 형체가 없을 뿐 아니라 일정하게 고정되어 있지 않기 때문에 때와 상황에 따라 유연하게 변화하는 것이라고 파악했다. 도가 가변성을 가지고 있어야 도가 일정한 곳에만 있지 않게 되고, 그래야만 도가 모든 사물의 존재와 본질의 근거가 될 수 있다고 파악한 것이다. 그는 도가 가변적이기 때문에 통치술도 고정되어서는 안 된다고 주장했다.

한편, 한비자는 도를 구체적인 사물과 사건에 내재한 개별 법칙의 통합으로 보고, 『노자』의 도에 시비 판단의 근거라는 새로운 의미를 부여했다. 항상 존재하는 도는 개별 법칙을 포괄하기 때문에 다양한 개별 사건의 시비를 판단하는 기준이 될 수 있고, 이러한 도에 근거해서 입법해야 다양한 사건을 판단할 수 있다고 본 것이다. 이러한 이해를 바탕으로 그는 만족을 모르는 인간의 욕망을 사회 혼란의 원인으로 지목한 『노자』의 견해에 동의하면서도, 『노자』에서처럼 욕망을 없애야 한다고 주장하지 않고 인간은 욕망을 필연적으로 가질 수밖에 없음을 지적하며 욕망을 제어하기 위해 법이 필요하다고 강조했다.

(나)

유학자들은 도를 인간 삶의 올바른 길을 의미하는 것이라고 보았다. 중국 송나라 이후, 유학자들은 이러한 유학의 도를 기반으로 현상 세계 너머의 근원으로서 도가의 도에 주목하여 『노자』 주석을 전개했다.

혼란기를 거친 송나라 초기에 중앙집권화가 추진된 이후 정치적 갈등이 드러나면서 개혁의 분위기가 조성됐다. 이러한 분위기 속에서 유학자이자 개혁 사상가인 왕안석은 『노자주』를 저술했다. 그는 『노자』의 도를 만물의 물질적 근원인 '기(氣)'라고 파악하고, 현상 세계에 앞서 존재하는 기의 작용에 의해 사물이 형성된다고 보았다. 그는 기가 시시각각 변화하듯 현상 세계도 변화한다고 이해했다. 인위적인 것을 제거해야만 도가 드러나고 인간 사회가 안정된다는 『노자』를 비판한 그는 자연과 달리 인간 사회의 안정을 위해서는 제도와 규범의 제정과 같은 인간의 적극적인 개입이 필요하다고 주장했다. 지혜와 덕이 뛰어난 사람이 제정한 사회 제도와 규범도 현실 사회의 변화에 따라

새롭게 해야 한다고 주장한 것이다. 『노자』의 이상 정치가 실현되려면 유학 이념이 실질적 수단으로 사용되어야 한다고 주장하는 등 왕안석은 『노자』를 유학의 실천적 측면과 결부하여 이해했다.

송 이후 원나라에 이르러 성행하던 도교는 유학과 불교 등을 받아들여 체계화되었지만 오징에게는 주술적인 종교에 불과했다. ㉠유학자의 입장에서 그는 잘못된 가르침을 펴는 도교에 사람들이 빠지는 것을 경계했다. 그는 도교의 시조로 간주된 노자의 가르침이 공자의 학문과 크게 다르지 않음을 밝히고자 『도덕진경주』를 저술했다. 그는 도와 유학 이념을 관련짓는 구절을 추가하는 등 『노자』의 일부 내용을 바꾸고 기존 구성 체제를 재편했다. 『노자』의 도를 근원적인 불변하는 도로 본 그는 모든 이치를 내재한 도가 현실화하여 천지 만물이 생성된다고 이해했다. 이런 관점에서 그는 유학의 인의예지가 도의 쇠퇴 때문에 나타난 것이라는 『노자』와 달리 도가 현실화하여 드러난 것으로 해석하고, 인간이 마땅히 따라야 할 사회 규범과 사회 질서 체계도 도가 현실화한 결과로 파악했다.

원이 쇠퇴하고 명나라가 들어선 이후 유학과 도가 등 여러 사상이 합류하는 사조가 무르익는 가운데 유학자인 설혜는 자신의 ㉡학문적 소신에 따라 『노자』를 주석한 『노자집해』를 저술했다. 그는 공자도 존중했던 스승이 노자이므로 노자 사상에 대한 오해를 불식해야 한다고 보았다. 그는 기존의 주석서가 『노자』의 진정한 의미를 제대로 밝히지 못했기 때문에 유학자들이 노자 사상을 이단으로 치부했다고 파악한 것이다. 다양한 경전을 인용하여 『노자』를 해석하면서 그는 『노자』의 도를 인간의 도덕 본성과 그것의 근거인 천명으로 이해하고, 본성과 천명의 이치를 탐구한다는 점에서 노자 사상과 유학이 다르지 않다고 보았다. 또한 그는 『노자』에서 인의 등을 비판한 것은 도덕을 근본으로 삼게 하기 위한 충고라고 파악했다.

12. (가), (나)에 대한 설명으로 가장 적절한 것은?

① (가)는 『한비자』의 철학사적 의의를 설명하고 한비자와 『노자』의 사회적 파급력을 비교하고 있다.

② (가)는 한비자가 추구한 이상적인 사회를 소개하고 그 실현을 위해 『노자』를 수용한 입장의 한계를 설명하고 있다.

③ (나)는 특정 개념을 중심으로 『노자』에 대한 여러 학자의 견해를 시간의 흐름에 따라 제시하고 있다.

④ (나)는 여러 유학자가 『노자』를 해석한 의도를 각각 제시하고 그 차이로 인해 발생한 학자 간의 이견을 절충하고 있다.

⑤ (가)와 (나)는 모두, 『노자』에 대해 다양한 시각에서 제시된 비판이 심화되는 과정을 구체적 사례와 함께 설명하고 있다.

13. (가)에 제시된 한비자의 견해로 적절하지 않은 것은?

① 사건의 전개에 따라 달라지는 도에 근거하여 법이 제정되어야
한다.

② 인간은 무엇을 가지거나 누리고자 하는 마음에서 벗어날 수
없다.

③ 도는 고정된 모습 없이 때와 형편에 따라 변화하며 영원히
존재한다.

④ 인간 사회의 흥망성쇠는 사람이 도에 따라 올바르게 행하였
는가의 여부에 좌우되는 것이다.

⑤ 도는 만물의 근원이면서 동시에 현실 사회의 개별 사물과
사건에 내재한 법칙을 포괄하는 것이다.

14. ㉠과 ㉡에 대한 이해로 가장 적절한 것은?

① ㉠은 유학 덕목의 등장을 긍정적으로 평가한 『노자』의 견해를
수용하는, ㉡은 유학 덕목에 대한 『노자』의 비판에 담긴 긍정적
의도를 밝히려는 것으로 표출되었다.

② ㉠은 유학에 내재되어 있는 주술성을 제거하는, ㉡은 노자
사상이 탐구하는 대상에 대한 이해를 근거로 노자 사상과
유학의 공통점을 제시하려는 것으로 표출되었다.

③ ㉠은 유학의 가르침을 차용한 종교가 사람들을 현혹하는
상황에 대응하는, ㉡은 『노자』를 해석한 경전들을 참고하여
유학 이론의 독창성을 밝히려는 것으로 표출되었다.

④ ㉠은 유학을 노자 사상과 연관 지어 유교적 사회 질서의
정당성을 확인하는, ㉡은 유학에서 이단으로 치부하는 사상의
진의를 밝혀 오해를 바로잡으려는 것으로 표출되었다.

⑤ ㉠은 특정 종교에서 추앙하는 사상가와 유학 이론의 관련성을
제시하는, ㉡은 유학의 사상적 우위를 입증하여 다른 학문을
통합할 수 있는 근거를 제시하려는 것으로 표출되었다.

15. (나)의 왕안석과 오징의 입장에서 다음의 ㄱ~ㄹ에 대해 판단한
것으로 가장 적절한 것은?

> ㄱ. 도는 만물을 통해 드러나는 것이지 만물에 앞서서 존재
> 하는 것은 아니다.
> ㄴ. 인간 사회의 규범은 이치를 내재한 근원적 존재인 도가
> 현실에 드러난 것이다.
> ㄷ. 도는 현상 세계의 너머에만 머물러 있지 않고 세상일과
> 유기적으로 관련되는 것이다.
> ㄹ. 도가 변화하듯이 현상 세계가 변하니, 현실 사회의 변화에
> 따라 인간 사회의 규범도 변해야 한다.

① 왕안석은 ㄱ에 동의하지 않고 ㄴ에 동의하겠군.

② 왕안석은 ㄴ과 ㄹ에 동의하겠군.

③ 왕안석은 ㄷ에 동의하고 ㄹ에 동의하지 않겠군.

④ 오징은 ㄱ과 ㄹ에 동의하지 않겠군.

⑤ 오징은 ㄴ에 동의하고 ㄷ에 동의하지 않겠군.

16. <보기>를 참고할 때, (가), (나)의 사상가에 대한 왕부지의
평가로 적절하지 않은 것은? [3점]

> ─── <보 기> ───
> 청나라 초기의 유학자 왕부지는 『노자』의 본래 뜻을 드러
> 내어 노자 사상을 비판하고자 『노자연』을 저술했다. 『노자』
> 사상의 비현실성을 드러내어 유학의 실용적 가치를 부각
> 하고자 했던 그는 기존의 『노자』 주석서가 노자 사상이 아닌
> 사상을 기준으로 삼았기 때문에 『노자』뿐만 아니라 주석자의
> 사상마저 왜곡했다고 비판했다. 『노자』에서 아무런 행동을
> 하지 않아도 천하가 다스려진다고 한 것 등을 비판한 그는
> 『노자』에서처럼 단순히 인간의 이기적 욕망을 없애는 것이
> 아니라 사회 질서 유지를 위해 유학 규범을 활용해야 한다고
> 강조했다.

① 왕부지는 인간의 욕망에 대한 『노자』의 대응 방식을 부정적
으로 보았으므로, (가)의 한비자가 『노자』와 달리 사회에 대한
인위적 개입이 필요하다고 한 것에 대해서는 수긍하겠군.

② 왕부지는 『노자』에 제시된 소극적인 삶의 태도를 부정적으로
보았으므로, (나)의 왕안석이 사회 제도에 대한 『노자』의 견해를
비판하며 유학 이념의 활용을 주장한 것은 긍정하겠군.

③ 왕부지는 『노자』의 본래 뜻을 파악해야 한다고 보았으므로,
(나)의 오징이 『노자』를 주석하면서 자신의 이해에 따라 원문의
구성과 내용을 수정한 것이 잘못이라고 보겠군.

④ 왕부지는 주석자가 유학을 기준으로 『노자』를 이해하면 주석자의
사상도 왜곡된다고 보았으므로, (나)의 오징이 유학의 인의
예지를 『노자』의 도가 현실화한 것으로 본 것을 비판하겠군.

⑤ 왕부지는 『노자』에 담긴 비현실성을 드러내야 한다고 보았으므로,
(나)의 설혜가 기존의 『노자』 주석서들을 비판하며 드러낸
학문적 입장이 유학의 실용적 가치를 부각한다고 보겠군.

17. ⓐ와 문맥상 의미가 가장 가까운 것은?

① 과일이 접시에 예쁘게 담겨 있다.

② 상자에 탁구공이 가득 담겨 있다.

③ 시원한 계곡물에 수박이 담겨 있다.

④ 화폭에 봄 경치가 그대로 담겨 있다.

⑤ 매실이 설탕물에 한 달째 담겨 있다.

한 문단 내에서의 사고 : 문장과 문장을 연결 & 구분하며 정보 누적하기

(가)

　『한비자』는 <중국 전국 시대의> 한비자가 제시한 사상이 ⓐ담긴 저작이다. <여러 나라가 패권을 다투던 혼란기를 맞아(=중국 전국 시대라는 시간적 배경을 구체화한 것이다)> 엄격한 법치를 통해 부국강병을 꾀한 한비자는 (『노자』에 대한 해석을 통해) 자신의 법치 사상(=엄격한 법치를 통해 부국강병을 꾀한 것)을 뒷받침했고, 이러한 면모는 『한비자』의 「해로」, 「유로」 등에서 확인할 수 있다.

『한비자』에 담긴 한비자가 제시한 사상이 핵심 정보인 지문이다. 구체적으로는, 한비자가 혼란기에 엄격한 법치를 통해 부국강병을 꾀했는데, 이러한 자신의 법치 사상을 『노자』에 대한 해석을 통해 어떻게 뒷받침하고 있는지가 핵심이다. 이때, 『노자』의 견해와 한비자의 견해를 헷갈리면 안 된다. 독해의 초점은 한비자의 견해에 맞춰야 한다. 한비자가 그런 『노자』의 견해를 어떻게 해석해서 자신의 법치 사상을 뒷받침하는지 파악하는 데 집중해야 한다는 것이다.

　『노자』에서 '도(道)'는 만물 생성의 근원으로 묘사된다. 2문단으로 들어와서 서술 범주 파악을 해보니, 일단 '도' 에 대한 『노자』의 견해를 제시한다. 항상 견해를 파악할 때 [A는 B에 대해 C라고 생각한다.]이런 논리 구조를 잘 파악해야 한다. 여기서는 견해 제시의 대상이 되는 B가 '도' 인 것이다. 『노자』의 이런 도에 대한 견해에 대해 한비자가 어떻게 해석하는지 파악해야겠다.

도를 천지 만물의 존재와 본질의 근거라고 본 한비자의 이해도 이와 다르지 않다. '도' 에 대한 한비자의 견해가 바로 제시된다. 『노자』의 '도' 에 대한 견해와 맥락을 같이한다는 것을 알 수 있다. 그는 자연과 인간 사회의 모든 현상은 도의 영향을 받지 않을 수 없다고 보고[1], 인간 사회의 일은 (도에 따라 제대로 행했는가의 여부에 따라) 그 성패가 드러나는 것[2]이라고 이해했다. 그리고 그런 한비자의 도에 대한 이해를 바탕으로 자신(한비자)의 생각을 나열한다. 넘버링으로 처리했나. 노를 자연과 인간 사회에 집목시킨 것이다.

　한비자는 (『노자』에 제시된 영구불변하는 도의 항상성에 대해) 도가 (천지와 더불어) 영원히 존재한다는 것을 의미[1]하는 것이지, 도가 모습과 이치를 일정하게 유지하는 것[2]은 아니라고 이해했다. (O) (X) 문단이 바뀌고 서술 범주 파악을 해보니, '도' 에 대한 한비자의 또 다른 견해가 제시된다. 항상 집중해야 하는 것은 한비자가 그걸 어떻게 해석했는지다. '항상성' 이라는 것이, 정확히 어떤 부분에서 영구불변하는 항상성이 있다는 것인지 해석한 것이다.

구체화
그리고 도는 ~~형체~~가 없을[3] 뿐 아니라 ~~일정하게 고정되어 있지 않기~~[4] 때문에 때와 상황에 따라 유연하게 변화하는 것[5]이라고 파악했다. (도가 가변성(=5) 가지고 있어야) 도가 일정한 곳에만 있지 않게 되고[6], 그래야만 도가 모든 사물의 존재와 본질의 근거가 될 수 있다고 파악한 것(=2문단에 제시된 도에 대한 한비자의 이해) 그는 (도가 가변적이기(=5) 때문에) 통치술도 고정되어서는 안 된다고 주장[7]했다. 같은 의미 다른 표현 계속 도에 대한 한비자의 견해를 이어가고 있기 때문에 각 의미 단위별로 끊으며 계속 넘버링 해주며 확보했다. 이때, 인과와 재진술을 잘 파악해야 한다.

　3, 4→5 =도의 가변성→6→도가 모든 사물의 존재와 본질의 근거가 될 수 있음.

한비자가 이해한 도는 '모든 사물의 존재와 본질의 근거' 인데, 그렇게 되려면 도가 가변성을 가지고 때와 상황에 따라 유연하게 변화해야 한다는 것이다. 추가로, 그러한 도의 가변성 때문에 통치술에 대해서도 '고정되어서는 안 된다' 는 주장을 덧붙인다. 도와 관련된 한비자의 견해이므로 이어서 7로 넘버링 해줬다. 2문단에서 읽은 내용과 붙여서 이해해보면, 인간 사회의 모든 현상은 도의 영향을 받고, 그 성패는 도에 따라 제대로 행했는가의 여부에 따라 결정된다. 따라서, 그런 인간 사회를 다스리는 기술은 통치술은 도를 따라야 하는데 그 도가 가변적이기 때문에 통치술도 가변적이어야 한다는 것이다.

문단 간의 사고 : 문단과 문단을 연결 & 구분하며 목차 만들기

HOLD

[1문단 독해]

키워드(중심 소재) : 한비자의 사상
시대적 배경 : 중국 전국 시대, 여러 나라가 패권을 다투던 혼란기
한비자의 생각 : 엄격한 법치를 통해 부국강병을 꾀함, 노자에 대한 해석을 통해 이를 뒷받침

[2문단 독해]

한비자의 노자에 대한 해석 제시

노자 : '도' 는 만물 생성의 근원에 대해,
└한비자의 해석 : 도는 천지 만물의 존재와 본질의 근거
→ 1. 자연과 인간 사회의 모든 현상이 도의 영향을 받음
　 2. 인간 사회의 일은 도에 따라 제대로 행했는가의 여부에 따라 그 성패가 드러남.

[3문단 독해]

한비자의 노자에 대한 해석 제시

노자 : 도는 영구불변함 [항상성]에 대해,
└한비자의 해석 : 도가 모습과 이치를 일정하게 유지하는 것 X, 천지와 더불어 영원히 존재한다는 것
　3. 도는 형체 X
　4. 도는 일정하게 고정 X
→ 5. 때와 상황에 따라 유연하게 변화
　 → 6. 일정한 곳에만 있지 않음
　 → 7. 통치술도 고정되어서는 안됨

<table>
<tr><td>

한 문단 내에서의 사고 :
문장과 **문장**을 **연결** & **구분**하며 정보 누적하기

</td><td>

문단 간의 사고 :
문단과 **문단**을 **연결** & **구분**하며 목차 만들기

</td></tr>
</table>

[한비자가 자신의 법치 사상을 『노자』에 대한 해석을 통해 어떻게 뒷받침하고 있는지]
이런 핵심 정보에 대해 아직 직결 포인트가 등장하지 않았다. 홀딩하고 계속 한비자의 견해를 확보해보자.

한편, 한비자는 도를 (구체적인 사물과 사건에 내재한) 개별 법칙의 통합으로 보고,⁸ /『노자』의 도에 시비 판단의 근거라는 새로운 의미를 부여했다.⁹
문단이 바뀌고, 한비자의 도에 대한 새로운 생각이 제시된다. 노자의 도에 8을 근거로 한 자신의 해석을 덧붙여 '시비 판단의 근거' 라는 새로운 의미를 부여한 것이다. 도가 개별 법칙이 통합된 것이기 때문에, 그 법칙에 따라 시비 판단을 할 수 있다는 것이다.

(항상 존재하는=3문단 1번 정보 재진술) 도는 개별 법칙을 포괄하기 때문에 [=8]/ 다양한 개별 사건의 시비를 판단하는 기준이 될 수 있고[=9], / 이러한 도에 근거해서 입법해야 다양한 사건을 판단할 수 있다고 본 것이다.¹⁰
8로부터 9가 나왔음을 재진술하고, 이로부터 '도에 근거해서 입법해야 다양한 사건을 판단할 수 있다' 는 새로운 정보를 도입한다. 이렇게 이전에 나온 적 없는 새로운 정보에 민감하게 반응해줘야 한다. 우리는 아직 이 글의 핵심 정보인 [한비자가 자신의 법치 사상을 『노자』에 대한 해석을 통해 어떻게 뒷받침하고 있는지]에 대해 직결 포인트가 나오지 않았다는 것을 기억해야 한다. 그런데 여기서 도에 대한 이해를 바탕으로 '도에 근거한 입법을 해야 한다.' 고 주장하고 있다. 그러면 이제 슬슬 법치 사상을 뒷받침하는 내용이 등장하지 않을까??

이러한 이해(= 도에 근거해서 입법해야 다양한 사건을 판단할 수 있다)를 바탕으로 그는 [만족을 모르는 인간의 욕망]을 사회 혼란의 원인으로 지목한 『노자』의 견해에 동의하면서도, / (『노자』에서처럼) 욕망을 없애야 한다고 주장하지 않고 / 인간은 욕망을 필연적으로 가질 수밖에 없음을 지적하며 / 욕망을 제어하기 위해 법이 필요하다고 강조했다.

핵심 정보와 직결되는 부분이다. 앞서 8과 9를 통해 '개별 법칙을 포괄하는 도에 근거해서 입법해야 다양한 사건을 판단할 수 있다고 본' 견해를 끌어낸 것을 바탕으로, [만족을 모르는 인간의 욕망]이 사회 혼란의 원인이라는 노자의 견해에 동의하지만 노자와 달리 욕망은 필연적으로 가질 수밖에 없는 것이기 때문에 없애야 한다고는 주장하지 않고, 그 욕망을 법으로 제어해야 한다고 주장하는 것이다.
결국, 노자의 도에 대한 해석, 그리고 노자의 욕망에 대한 견해의 해석을 바탕으로 자신의 법치 사상을 뒷받침하고 있는 것이다.

[1문단 독해]

키워드(중심 소재) : 한비자의 사상
시대적 배경 : 중국 전국 시대, 여러 나라가 패권을 다투던 혼란기
한비자의 생각 : 엄격한 법치를 통해 부국강병을 꾀함, 노자에 대한 해석을 통해 이를 뒷받침

[2문단 독해]

한비자의 노자에 대한 해석 제시

노자 : '도' 는 만물 생성의 근원에 대해,
└ 한비자의 해석 : 도는 천지 만물의 존재와 본질의 근거
→ 1. 자연과 인간 사회의 모든 현상이 도의 영향을 받음
   2. 인간 사회의 일은 도에 따라 제대로 행했는가의 여부에 따라 그 성패가 드러남.

[3문단 독해]

한비자의 노자에 대한 해석 제시

노자 : 도는 영구불변함 (항상성)에 대해,
└ 한비자의 해석 : 도가 모습과 이치를 일정하게 유지하는 것 X, 천지와 더불어 영원히 존재한다는 것
 3. 도는 형체 X
 4. 도는 일정하게 고정 X
 → 5. 때와 상황에 따라 유연하게 변화
 → 6. 일정한 곳에만 있지 않음
 → 7. 통치술도 고정되어서는 안됨

[4문단 독해]

노자에 나온 '도' 에 대한 한비자의 해석을 이어간다.
8. 구체적인 사물과 사건에 내재한 개별 법칙의 통합 → 9. 노자의 도에 '시비 판단의 근거' 라는 새로운 의미 부여
→ 10. 도에 근거해서 입법해야 다양한 사건 판단 가능
 → 노자 : 사회 혼란의 원인은 만족을 모르는 인간의 욕망에 대해, 동의
  → 이에 대해, 노자는 욕망을 없애야 한다고 했지만, 한비자는 인간이 욕망을 필연적으로 가질 수 밖에 없기 때문에 욕망을 없애는 것은 불가능하고, 그 욕망을 제어하기 위해 법이 필요하다고 주장 (핵심 정보 직결)

한비자의 생각 : 엄격한 법치를 통해 부국강병을 꾀함, 노자에 대한 해석을 통해 이를 뒷받침
결국 여기서 노자에 나온 도에 대한 해석을 통해 자신의 법치 사상을 뒷받침한 것이다.

(개)-(나)형 지문에서는, (개)를 읽고, (개)만 읽고 해결할 수 있는 문제 / 선지를 해결한 후, (나)를 독해해야 한다. 이때, (나)를 읽으면서 (개)와 연결되는 내용이 나오면 계속 (개)와 왔다 갔다 하면서 연결해줘야 한다.

(나)

같은 의미 다른 표현

〈유학자들은〉 (도를) 인간 삶의 올바른 길을 의미하는 것이라고 보았다.
시간적 배경
〈중국 송나라 이후,〉 유학자들은 (이러한 유학의 도(=인간 삶의 올바른 길)를 기반으로) [현상 세계 너머의 근원으로서 도가의 도]에 주목하여 『노자』 주석을 전개했다.

일단 (개)와 키워드가 '도' 로 겹친다. 유학자들이 생각하는 도를 '유학의 도' 로 표현하며, 유학자들이 유학의 도를 기반으로 도가의 도에 주목하여 노자 주석을 전개했다고 한다. 도가 인간 삶의 올바른 길을 의미한다는 생각을 기반으로 깔고 있는 상태에서, 현상 세계 너머의 근원으로서 도를 바라보는 '도가의 도' 에 주목했다는 것이다. 아직은 무슨 말인지 정확히 모르겠다. 유학자들의 생각이 어떤지 차근차근 파악해보며 이것이 어떻게 구체화 되는지 파악해봐야겠다. 그리고, 노자의 주석을 전개했다고 하니, 여기서도 노자에 대해 각 사상가들의 해석이 덧붙여질 것이다.

T1 〈혼란기를 거친 송나라 초기에 중앙집권화가 추진된 이후〉 정치적 갈등이 드러나면서 개혁의 분위기가 조성됐다.
일단 시간적 배경이 '송나라 초기' 로 제시된다.

(이러한 분위기하에서) 〈유학자이자 개혁 사상가인 왕안석〉은 『노자주』를 저술했다. 왕안석의 생각이 어떤지 확보해야겠다.
그는 『노자』의 도를 만물의 물질적 근원인 '기(氣)'라고 파악하고, ①

/ (현상 세계에 앞서 존재하는=현상 세계 너머의 근원으로서 도를 바라보는 도가의 도와 연관이 있는 듯 하다) 기의 작용에 의해 사물이 형성된다고 보았다. ②

/ 그는 (기가 시시각각 변화하듯=도가 가변성이 있다는 한비자의 견해와 같다.) 현상 세계도 변화한다고 이해했다. ③

/ (인위적인 것을 제거해야만 도가 드러나고 인간 사회가 안정된다는) 『노자』를 비판한 그는 (자연과 달리) 인간 사회의 안정을 위해서는 제도와 규범의 제정과 같은 인간의 적극적인 개입(=인위적인 것)이 필요하다고 주장했다. ④
노자의 견해를 제시하고, 그 노자의 견해에 대한 왕안석의 생각이 제시된다. 여기서 아래와 같은 세 가지 생각이 필요하다.
#1. 자연에서는 인위적인 것을 제거하는 것이 필요하다. [수식어를 통한 비교, 대조]
#2. 문맥상 [제도와 규범의 제정과 같은 인간의 적극적인 개입]을 '인위적인 것' 으로 볼 수 있고, 인간 사회의 안정을 위해서는 이런 것이 필요하다고 보는구나.
#3. 한비자의 견해와 연결된다! 한비자도 인간 사회의 혼란을 야기하는 욕망을 제어 하기 위해 법이 필요하다고 했는데, 여기서도 비슷한 이유로 법(제도와 규범)이 필요하다고 한다. [(개)의 한비자의 견해와 연결]

[지혜와 덕이 뛰어난 사람이 제정한 사회 제도와 규범]도 현실 사회의 변화에 따라 새롭게 해야 한다고 주장한 것이다. ⑤
③과 ④를 종합해서 ⑤가 나온 것이다. 도가 가변성이 있기 때문에 현상 세계도 변화하고, 그렇게 변화하는 사회에 따라 사회 제도와 규범도 달라져야 한다는 것이다. 이때, (개) 한비자의 견해 중 3문단 7번 정보가 떠올라야 한다. 한비자도 도가 가변적이기에 통치술도 고정되면 안된다고 했는데, 왕안석도 똑같이 주장하는 것이다.

(『노자』의 이상 정치가 실현되려면) 유학 이념이 실질적 수단으로 사용되어야 한다고 주장하는 등 왕안석은 『노자』를 유학의 실천적 측면과 결부하여 이해했다. ⑥

[1문단 독해]

키워드(중심 소재) : 도
시대적 배경 : 중국 송나라 이후
유학자들의 생각 : 인간 삶의 올바른 길을 의미
= 유학의 도
핵심 정보 : 1. 유학의 도를 기반으로,
2. [현상 세계 너머의 근원으로서의 도가의 도]에 주목하여
→ 노자 주석을 전개

[2문단 독해]

[유학자 왕안석이 전개한 노자 주석]
시대적 배경 : 송나라 초기 중앙집권화가 추진된 이후, 개혁의 분위기 조성
→ 왕안석이 노자주 저술
① 노자의 도를 [물질적 근원인 기]로 파악.
② 현상 세계에 앞서 존재하는 기의 작용에 의해 사물이 형성.
③ 기가 변화하듯 현상 세계도 변화함.
④ 노자와 달리 인간 사회의 안정을 위해서는 제도와 규범의 제정 같은 인간의 적극적인 개입 필요.
⑤ 사회 제도와 규범을 현실 세계의 변화에 따라 새롭게 해야 함.
⑥ 노자의 이상 정치가 실현되려면 유학 이념이 실질적 수단으로 사용되어야 함.

[3문단 독해]

한비자의 노자에 대한 해석 제시

노자 : 도는 영구불변함 (항상성)에 대해,
└ 한비자의 해석 : 도가 모습과 이치를 일정하게 유지하는 것 X, 천지와 더불어 영원히 존재한다는 것
3. 도는 형체 X
4. 도는 일정하게 고정 X
→ 5. 때와 상황에 따라 유연하게 변화
→ 6. 일정한 곳에만 있지 않음
→ 7. 통치술도 고정되어서는 안됨

유학자들은 (이러한 유학의 도[=인간 삶의 올바른 길]를 기반으로) [현상 세계 너머의 근원으로서 도가의 도]에 주목하여 『노자』 주석을 전개했다.

[1문단 독해]

키워드(중심 소재) : 도

시대적 배경 : 중국 송나라 이후

유학자들의 생각 : 인간 삶의 올바른 길을 의미
= 유학의 도

핵심 정보 : 1. 유학의 도를 기반으로,
2. [현상 세계 너머의 근원으로서의 도가의 도]에 주목하여
→ 노자 주석을 전개

T2〈송 이후 원나라에 이르러〉 성행하던 도교는 유학과 불교 등을 받아들여 체계화되었지만, 오징에게는 주술적인 종교에 불과했다.[1]

문단이 바뀌고 서술 범주를 확인해 보니, 일단 통시적 흐름부터 보인다. 시간이 〈송 이후 원나라〉로 이동했고, 도교가 유학과 불교 등을 받아들여 체계화된 시기로 보면 된다. 그리고, 유학자도 왕안석에서 오징으로 그 서술 대상이 바뀐다.

이제 오징의 견해를 파악해야 한다. 이때, 항상 1문단에서 제시한 핵심 정보에 입각해서 읽어야 한다. 그런데 여기서 오징은 도교가 주술적인 종교에 불과하다고 보니, 왕안석과 달리 도교를 비판적으로 바라본다. [현상 세계 너머의 근원으로서 도가의 도]에 주목에서 이 주목을 '비판적으로' 주목하는 것이다.

(㉠유학자의 입장에서) 그는 (잘못된 가르침을 펴는) 도교에 사람들이 빠지는 것을 경계했다.[2] 그는 (도교의 시조로 간주된) 노자의 가르침이 공자의 학문과 크게 다르지 않음[3]을 밝히고자 『도덕진경주』를 저술했다. 그는 (도와 유학 이념을 관련짓는 구절을 추가하는 등) 『노자』의 일부 내용을 바꾸고 기존 구성 체제를 재편했다.[4] 『노자』의 도를 (근원적인 불변하는) 도로 본[5] 그는 모든 이치를 내재한 도가 현실화하여 천지 만물이 생성된다고 이해했다.[6] 이런 관점에서 그는 (유학의 인의예지가 도의 쇠퇴 때문에 나타난 것이라는 『노자』와 달리) 도가 현실화하여 드러난 것으로 해석하고,[7] 인간이 마땅히 따라야 할 사회 규범과 사회 질서 체계도 도가 현실화한 결과[8]로 파악했다.

5를 보면, (가)의 한비자, (나)의 왕안석이 이해하는 도와는 다르다. 둘은 도가 가변적이라고 했지만, 오징은 도가 불변한다고 본다. 그리고, 도와 유학 이념을 관련지었다는 4를 '유학의 인의예지는 도가 현실화하여 드러난 것' 이라는 7로 구체화했다.

[2문단 독해]

[유학자 왕안석이 전개한 노자 주석]

시대적 배경 : 송나라 초기 중앙집권화가 추진된 이후, 개혁의 분위기 조성
→왕안석이 노자주 저술
① 노자의 도를 [물질적 근원인 기]로 파악.
② 현상 세계에 앞서 존재하는 기의 작용에 의해 사물이 형성.
③ 기가 변화하듯 현상 세계도 변화함.
④ 노자와 달리 인간 사회의 안정을 위해서는 제도와 규범의 제정 같은 인간의 적극적인 개입 필요.
⑤ 사회 제도와 규범을 현실 세계의 변화에 따라 새롭게 해야 함.
⑥ 노자의 이상 정치가 실현되려면 유학 이념이 실질적 수단으로 사용되어야 함.

> 노자의 가르침이 공자의 학문과 크게 다르지 않음을 밝히고자, 도와 유학 이념을 관련지었다고? 도는 노자의 가르침에 해당하니까 문맥상 공자의 학문이 유학 이념이었네!

T3〈원이 쇠퇴하고 명나라가 들어선 이후〉 (유학과 도가 등 여러 사상이 합류하는 사조가 무르익는 가운데,) 〈유학자인 설혜〉는 자신의 ㉡학문적 소신에 따라 『노자』를 주석한 『노자집해』를 저술했다.

문단이 바뀌고 서술 범주를 확인해 보니, 일단 통시적 흐름부터 보인다. 시간이 〈원이 쇠퇴하고 명나라가 들어선 이후〉로 이동했고, 유학과 도가 등 여러 사상이 합류하는 사조가 무르익는 시기이다. 유학자도 통시적 흐름에 따라 바뀐다. 여기서는 설혜의 생각을 잘 확보해야겠다.

그는 (공자도 존중했던 스승이 노자이므로) 노자 사상에 대한 오해를 불식해야 한다고 보았다.[1] 그는 (기존의 주석서가 『노자』의 진정한 의미를 제대로 밝히지 못했기 때문에) 유학자들이 노자 사상을 이단으로 치부했다고 파악한 것[2]이다. (다양한 경전을 인용하여 『노자』를 해석하면서) 그는 『노자』의 도를 인간의 도덕 본성과 그것의 근거인 천명으로 이해하고,[3] (본성과 천명의 이치를 탐구한다는 점에서) 노자 사상과 유학이 다르지 않다고 보았다.[4] 또한 그는 『노자』에서 인의(유학에서 인의예지의 인의) 등을 비판한 것은 도덕을 근본으로 삼게 하기 위한 충고라고 파악했다.

노자를 주석한 설혜의 생각이 크게 5개로 나열된다. 여기서, ①이 ②로 구체화 된 것으로 보면 된다. 그리고 노자 사상이 유학과 다르지 않다고 본 것은 오징의 입장과 같다.

[3문단 독해]

[유학자 오징이 전개한 노자 주석]

시대적 배경 : 송 이후 원나라, 도교가 유학과 불교 등을 받아들여 체계화됨.
→ 도교에 대한 유학자 오징의 부정적인 생각 (1,2,3) : 도교의 시조인 노자의 사상이 유학과 다르지 않음
→ 도덕진경주 저술
4. 노자의 일부 내용 바꾸고 기존 구성 체제 개편 (도와 유학 이념 관련지음)
5. 노자의 도를 근원적인 불변하는 도로 봄.
6. (모든 이치를 내재한 도가 현실화하여) 천지 만물 생성,
유학의 인의예지 드러남 (7),
사회 규범과 사회 질서 체계 만들어짐 (8)

[4문단 독해]

[유학자 설혜가 전개한 노자 주석]

시대적 배경 : 원이 쇠퇴하고 명나라가 들어섬, 유학과 도가 등 여러 사상이 합류하는 사조 무르익음
→설혜가 노자집해 저술
① → ②
③ → ④ (노자 사상과 유학이 다르지 않음)
⑤

이렇게 견해를 나열하는 지문은 범주 단위로 묶어서 넘버링하며 확보하라고 했다. STEP 02에서 설명한 대로 잘 넘버링하면서 확보했으면 쉽게 해결할 수 있다.

선지를 하나하나 읽어보면서 확실히 기억이 나면 바로 판단하면 되고, 기억이 희미하면 지문으로 다시 돌아가서 확인하며 된다. 넘버링을 잘 하면서 읽었으면 그 선지를 판단하기 위해 지문에서 어디를 봐야 할지 바로 감이 잡힐 것이다.

이때, 아래와 같이 만들어지는 선지를 주의하도록 하자.

1) 꽤 물리적인 거리가 먼 두 정보, 예를 들어 2문단의 1번과 4문단의 8번 생각을 합치는 방식으로 하나의 선지로 만든 경우

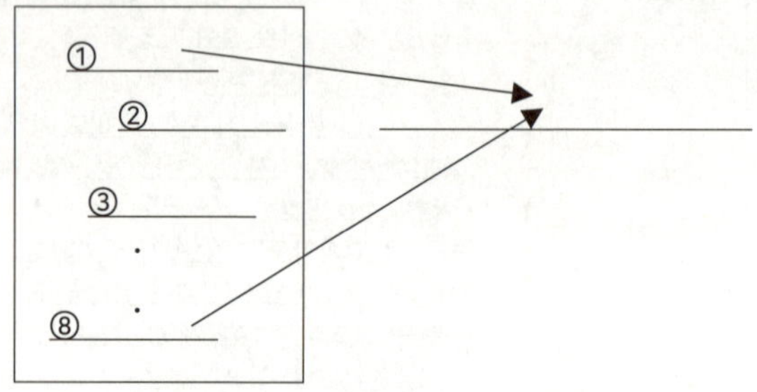

2) 지문에 나온 글자 그대로 쓰지 않고, 지문에 쓰인 내용과 의미는 같지만 표현은 좀 다르게 해서 선지를 만드는 경우

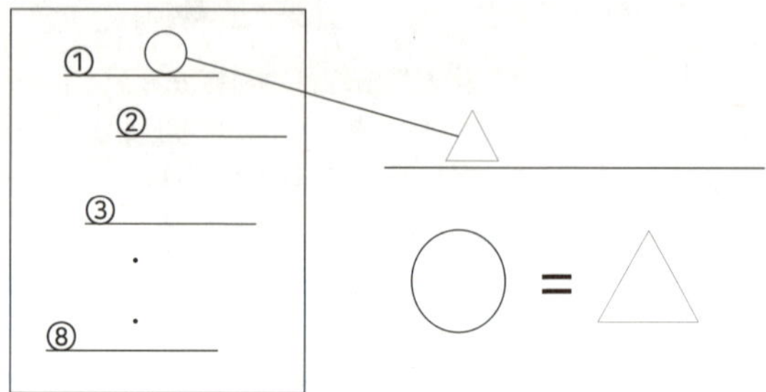

13, # 14, # 15 는 이를 다이렉트로 물어본 문제이고, # 16도 결국 <보기>의 새로운 주장과 지문에 나온 주장을 비교, 대조해야 하기 때문에 사실상 지문을 읽으면서 필요했던 생각은 동일하다.

12. 정답: ③

핵심 정보를 기준으로 목차를 짜듯이 글을 읽었다면, 쉽게 해결할 수 있었을 것이다. 선지를 읽으면서 실시간으로 글의 목차를 떠올리며 적절한지 판정하면 된다.

해설: ③ 정답 (적절한 내용)
선지 자체가 정확히 (나) 지문의 핵심 정보 흐름에 해당한다.
(나) 1문단에서 우리는 지문의 핵심 정보를 아래와 같은 문장으로 잡을 수 있었다.
"중국 송나라 이후, 유학자들은 이러한 유학의 도를 기반으로 현상 세계 너머의 근원으로서 도가의 도에 주목하여 『노자』 주석을 전개했다."
이 핵심 정보 제시 문장에 입각해서 글을 읽어보면, 통시적 흐름에 따라 이야기가 전개됨을 알 수 있었다. 송나라 이후 여러 유학자가 『노자』를 해석한 방식(왕안석 → 오징 → 설혜)을 시간 순서대로 제시하며, '도' 개념을 중심으로 논의를 전개한다.
이렇게 핵심 정보를 잘 파악했는지 확인하는 문제가 자주 출제되기 때문에, 애초에 이 책에서 알려준 방식대로 잘 읽기만 하면 아주 쉽게 해결할 수 있는 것이다.

① 오답
(가)는 『한비자』의 철학적 내용을 설명하고, 한비자가 『노자』를 어떻게 해석했는지를 다루지만, 한비자와 노자의 사회적 파급력을 비교하지는 않는다. **내용에서 OUT**

② 오답
(가)는 한비자의 법치 사상을 설명하고, 그가 『노자』를 해석한 방식을 다루지만, 한비자가 추구한 이상적인 사회나 그 실현을 위한 한계점을 분석하지 않는다. **내용에서 OUT**

④ 오답
(나)는 여러 유학자가 『노자』를 해석한 방식과 의도를 설명하지만, 이견을 절충하려는 논의는 없다. **내용에서 OUT**

⑤ 오답
(가)와 (나)는 모두 『노자』를 해석하는 다양한 관점을 다루고, 그 과정에서 『노자』를 비판하는 내용도 일부 등장하기는 한다. 하지만 다양한 비판의 내용을 각각 제시했을 뿐, 그 비판이 심화되는 과정은 설명하지 않았다. **내용에서 OUT**

13. 정답: ①

해설: ① 정답(적절하지 않은 내용)
한비자는 도가 모든 개별 법칙을 포괄한다고 보고, 이를 시비 판단의 근거로 삼았다. 시비 판단의 근거가 되어야 할 도가 시비에 따라 달라진다는 것은 논리적으로 말이 안된다.
이에 따라, 한비자는 도에 대해 "때와 상황에 따라 유연하게 변화한다."고 하긴 했으나 그 '때와 상황'이 '사건의 시비'라고 볼 수는 없는 것이다.

② 오답(적절한 내용)
'무엇을 가지거나 누리고자 하는 마음'이라는 표현을 (가)에서 직접 쓴 적은 없다. 하지만, 지문에 나왔으니까 물어봤겠지? 바로 마지막 문단에서 언급한 '욕망'이 떠올라야 한다. 이는 욕망과 **같은 의미 다른 표현**인 것이다.
(가)에서 "인간은 욕망을 필연적으로 가질 수밖에 없음을 지적하며 법이 필요하다고 강조했다."라는 부분에서 '필연적'이라는 **극단적 범주**를 잘 신경 쓰고 넘어갔다면 '벗어날 수 없다.'는 워딩을 쉽게 허용할 수 있다.

③ 오답(적절한 내용)
"도는 형체가 없을 뿐 아니라 일정하게 고정되어 있지 않기 때문에 때와 상황에 따라 유연하게 변화하는 것이라고 파악했다."라는 내용과 일치한다. 상황을 '형편'으로 바꿔 썼을 뿐이다. (**같은 의미 다른 표현**)
또한 **A, not B의 형태**로 도가 영원히 존재하는 것이라는 점을 강조했다. 이를 의식적으로 신경 쓰고 넘어갔다면 쉽게 기억날 것이다.

④ 오답(적절한 내용)
(가)에서 "인간 사회의 일은 도에 따라 제대로 행했는가의 여부에 따라 그 성패가 드러나는 것이라고 이해했다."라는 설명과 부합한다. 성패는 '성공과 실패'다. 이를 '흥망성쇠'라고 **같은 의미 다른 표현**으로 제시했을 뿐이다.

⑤ 오답(적절한 내용)
지문의 내용과 거의 똑같은 표현으로 선지를 구성하긴 했지만, **두 정보가 각각 2문단과 4문단에 나오며 꽤 거리가 있다.** 하지만, 둘 다 도에 대한 생각이기 때문에 **같은 범주로 묶어 넘버링하며** 읽었다면, 어렵지 않게 판단할 수 있었다.

14. 정답: ④

여기서는 ⊙과 ⊙에 대한 설명이 모두 일치해야 정답이다.

해설: ④ 정답
⊙에서 오징은 도교가 유학의 가르침을 차용하고 있다는 점을 강조하면서, 유학과 도교를 연관 지어 유교적 사회 질서의 정당성을 확인하려 했다.
⊙에서 설혜는 유학자들이 『노자』를 이단으로 치부한 이유가 잘못된 해석 때문이라고 보고, 노자의 진의를 밝혀 오해를 바로잡으려 했다.

① 오답
⊙은 오징이 유학자의 입장에서 도교의 주술성을 경계하는 맥락에서 사용되었으므로, 유학 덕목의 등장을 긍정적으로 평가한 『노자』의 견해를 수용했다고 보기 어렵다.
또한, ⊙에는 『노자』에서 인의 등을 비판한 것에 대해 "도덕을 근본으로 삼게 하기 위한 충고"라고 해석한 내용이 있고, 이는 "긍정적 의도를 밝히려는 것"으로 허용할 수 있다.

② 오답
⊙에서 오징은 유학에 주술적 요소가 유입되는 것을 비판한 것이 아니라, 도교라는 종교 자체를 경계한 것이다.
또한, ⊙에서 설혜의 3번과 4번 주장을 보면, 탐구하는 대상인 '도'에 대한 이해가 노자 사상에서와 유학에서 크게 다르지 않다는 점을 강조하고 있으므로 이 선지의 진술이 적절하다고 볼 수 있다.

③ 오답
⊙에서 오징은 유학의 가르침을 차용한 종교가 사람들을 현혹하는 상황(도교를 주술적 종교로 간주)을 경계한 것은 맞다.
하지만, ⊙에서 설혜는 유학 이론의 독창성을 밝히려 한 것이 아니라, 『노자』의 진의를 밝혀 유학자들이 오해를 바로잡게 하려는 의도를 가지고 있었다.

⑤ 오답
⊙에서 오징은 도교에서 추앙하는 사상가(노자)와 유학의 관계가 '크게 다르지 않음'이라고 주장했다. 따라서 관련성을 제시한 것으로 볼 수 있다.
⊙에서 설혜는 유학의 사상적 우위를 입증하려는 것이 아니라, 유학자들이 노자 사상을 이단으로 여긴 점을 바로잡으려 한 것이므로, "다른 학문을 통합할 근거를 제시하려는 것"이라는 설명은 적절하지 않다.

15. 정답: ④

사실상 선지를 ㄱ ~ ㄹ로 바꿔서 제시했을 뿐, 사고방식 자체는 13번 문제와 다를 게 없다. 두 명의 견해를 동시에 판단하게 하기 위해, 이렇게 문제 형태를 변형한 것이다. 이런 문제는, 선지로 들어가기 전에 각 항목에 대해 왕안석과 오징의 입장에 부합하는지 확인하고 이를 반영한 선지로 들어가야 한다.

해설:
왕안석의 입장
ㄱ (✕)
왕안석은 『노자』의 도를 '기(氣)'라고 이해했으며, 현상 세계보다 앞서 존재하는 기의 작용으로 사물이 형성된다고 보았다. ㄱ에서 '만물'이 곧 '현상 세계'와 같은 말이라고 볼 수 있고, 왕안석의 주장과 다르다는 것을 알 수 있다.

ㄴ (✕)
왕안석은 도가 인간 사회의 안정과 관련이 있다고 보았으나, 도가 규범으로 현실화된 것이라는 설명은 오징의 입장에 가깝다.

ㄷ (○)
왕안석은 현상 세계의 변화가 도의 작용에 의해 이루어진다고 보았다. 즉, 도가 현실과 연결된다고 보았으므로 ㄷ에 동의할 것이다.

ㄹ (○)
왕안석은 현실 사회의 변화에 따라 제도와 규범도 새롭게 해야 한다고 주장했다. 따라서 ㄹ의 주장과 일치한다.

오징의 입장
ㄱ (✕)
오징은 도교에서 말하는 도를 유학적으로 재해석하면서, 도가 근원적인 존재라고 보았다. 따라서 ㄱ의 주장에 동의하지 않는다. (같은 의미 다른 표현)

ㄴ (○)
오징은 도의 현실화를 강조하며, "인간이 마땅히 따라야 할 사회 규범과 사회 질서 체계도 도가 현실화한 결과"라고 보았다. 따라서 ㄴ에 동의한다.

ㄷ (○)
오징은 도가 현실화 된다는 점을 강조한다. 따라서 현실과 연결된다는 표현은 같은 맥락으로 허용할 수 있다. 따라서 ㄷ에 동의할 것이다.

ㄹ (✕)
1. 오징은 애초에 『노자』의 도를 '불변하는'이라고 했다. 따라서 도가 변화한다는 말 자체가 틀렸다. 따라서 그 불변하는 도가 현실화하여 나타난 사회 규범이 변해야 한다고 주장하는게 아니라, 오히려 변하면 안된다고 해야 한다.

정답 선택
④ 오징은 ㄱ과 ㄹ에 동의하지 않는다. → 정답은 ④

16. 정답: ⑤

 나열된 견해를 잘 넘버링하며 확보했나? 를 베이스로, <보기>에 제시된 왕부지의 입장을 읽을 때 (가)와 (나)에 제시된 견해와 실시간으로 공통점과 차이점을 찾을 수 있는 만큼 전부 찾고 선지로 들어가야 한다. 그때 찾아내지 못한 것은 추후 선지에서 물어보면 그때 판단해도 늦지는 않지만, 일단 읽을 때 최대한 확보할 수 있게 집중하자.

사실상 이 <보기>는 지문의 연장선이라고 봐야 한다. 유학자가 제시한 노자의 주석이므로, 사실상 (나)에 한 문단이 추가된 것과 다름이 없다. 우리가 지문을 읽을 때도 각 사상가가 『노자』의 도에 대해 생각한 방식을 비교하며 읽었듯이, 이 <보기>도 지문에 붙여서 연결하며 이해해야 한다.

실시간으로 (가), (나)의 입장과 비교하기

(가): 한비자
- 한비자는 노자의 사상을 법치 이념과 결합하여 현실 정치에 적용하려 함.
- 사회 질서를 유지하기 위해 법과 형벌을 강조하며, 노자의 사상을 현실 정치에 맞게 변형.

    왕부지의 입장과 유사한 부분:
- 왕부지도 노자의 무위 사상을 비현실적이라 비판했으므로, 한비자가 사회에 대한 인위적 개입(법치)을 강조한 점을 긍정할 가능성이 크다.

결론: (가)의 한비자와 왕부지는 사회 질서를 유지하려면 인위적인 개입(법, 규범 등)이 필요하다고 본 점에서 유사하므로, 왕부지는 한비자의 견해를 긍정적으로 평가할 것이다.

(나): 왕안석 & 오징

왕안석:
- 노자의 사상을 비판하며 유학 이념을 활용해 사회 제도를 정비해야 한다고 주장.

    왕부지는 유학의 실용성을 강조했으므로, 왕안석의 입장을 긍정할 것이다.

오징:
- 『노자』를 주석하면서 자신의 이해에 따라 원문을 수정했다.
- 왕부지는 『노자』의 본래 의미를 파악하는 것이 중요하다고 보았으므로, 오징의 방식(자신의 입장에 맞게 『노자』를 수정하는 것)에 비판적일 가능성이 크다.

    왕부지는 오징이 『노자』의 본래 뜻을 왜곡했다고 비판할 것이다.

① (O) 왕부지는 한비자의 견해에 수긍한다.

이 정도는 읽을 때부터 파악할 수 있어야 한다. 왕부지가 "『노자』에서처럼 단순히 인간의 이기적 욕망을 없애는 것이 아니라 사회 질서 유지를 위해 유학 규범을 활용해야 한다고 강조했다."이 부분을 본 순간, 바로 한비자의 주장이 떠올랐어야 한다. 한비자도 인간은 욕망을 필연적으로 가질 수 밖에 없으므로, 욕망을 제어하기 위해 법이 필요하다고 했다. 한비자는 그 욕망이 사회 혼란의 원인이라고 했으므로 "욕망을 제어한다는 것"은 곧 "사회 질서 유지를 위한 것"이라고 볼 수 있다. 사실상 같은 의견이라고 볼 수 있다.

② (O) 왕부지는 왕안석의 입장을 긍정한다.

노자에 제시된 소극적인 삶의 태도를 부정적으로 보면서, 왕부지는 유학 규범을 활용해야 한다고 했다. 이는, 왕안석이 '인위적인 것을 제거해야 한다'는 노자의 견해를 비판하며 유학 이념이 실질적 수단으로 사용되어야 한다고 했던 주장과 동일한 맥락으로 볼 수 있다.

③ (O) 왕부지는 오징의 주석 방식을 비판한다.

왕부지는 『노자』의 원뜻을 중시했으므로, 오징처럼 자신의 해석에 맞게 원문을 수정하는 방식은 잘못되었다고 볼 것이다.

④ (O) 왕부지는 오징의 유학 중심 해석을 비판한다.

왕부지는 노자 사상이 아닌 사상을 기준으로 삼아 노자의 원뜻을 왜곡하는 해석을 경계했으므로, 오징이 유학인 공자의 학문과 크게 다르지 않음을 밝히고자 하며 유학을 기준으로 노자를 해석한 것에서 도출된 결론은 비판할 가능성이 크다.

⑤ (X) 설혜의 입장이 유학의 실용성을 부각한다고 보기 어렵다.

"설혜가 기존의 『노자』 주석서를 비판하며 드러낸 학문적 입장이 유학의 실용적 가치를 부각한다고 보겠군"
→ 이 부분이 모호하다.

<보기>에 따르면, '노자 사상의 비현실성을 드러내는 것'이 충족되어야 유학의 실용적 가치가 부각 된다고 볼 수 있다. 이를 그대로 선지에 적용해보면, '설혜가 기존의 『노자』 주석서를 비판하며 드러낸 학문적 입장'이 '노자 사상의 비현실성을 드러내는 것'이어야만 이 선지가 맞다고 볼 수 있다.

하지만, 지문에서 어딜 찾아봐도 설혜가 노자 사상의 비현실성을 드러낸 부분은 없다. 따라서 정답은 ⑤!

17. 정답: ④

이렇게 마지막 문제로 문맥상 의미를 비교하는 문제가 자주 출제된다. 문맥상 의미는, 그 단어 자체의 뜻보다 그 단어 주변 맥락을 살펴보는 것이 가장 중요하다. 단어가 관계를 맺고 있는 다른 문장 요소가 어떤 성질을 가지고 있는지(예를 들어, 물리적인 상태인지 관념적인 상태인지 등) 파악하라는 것이다.

해설 :

1단계: 문장에서 ⓐ "담긴"의 의미

"『한비자』는 중국 전국 시대의 한비자가 제시한 사상이 ⓐ 담긴 저작이다."

여기서 "담긴"은 "어떤 내용이 반영되거나 포함되어 있다"는 의미로 쓰였다. 물리적인 어떤 물건이 담겨있다는 것이 아니라, 사상이라는 관념적인 내용이 포함/반영되어 있다는 뜻이다.

2단계: 선지 분석 및 의미 비교

④ "화폭에 봄 경치가 그대로 담겨있다."
그림(화폭)에 봄 경치가 표현되었다는 의미 →
사상이나 감정이 그림에 반영된다는 점에서 문제의 "담긴"과 가장 유사

① "과일이 접시에 예쁘게 담겨있다."
물리적으로 어떤 용기 안에 들어가 있는 의미 → 문맥상 의미가 다르다.

② "상자에 탁구공이 가득 담겨있다."
물리적으로 상자(공간) 안에 물건이 들어있는 상태 → 문맥상 의미가 다르다.

③ "시원한 계곡물에 수박이 담겨있다."
물리적으로 물에 잠겨 있는 상태 → 문맥상 의미가 다르다.

⑤ "매실이 설탕물에 한 달째 담겨있다."
물리적으로 액체에 잠겨 있는 상태 → 문맥상 의미가 다르다.

STEP 01 | 있는 그대로의 시험지

[20~24] 다음 글을 읽고 물음에 답하시오.

(가) 유비 논증은 두 대상이 몇 가지 점에서 유사하다는 사실이 확인된 상태에서 어떤 대상이 추가적 특성을 갖고 있음이 알려졌을 때 다른 대상도 그 추가적 특성을 가지고 있다고 추론하는 논증이다. 유비 논증은 이미 알고 있는 전제에서 새로운 정보를 결론으로 도출하게 된다는 점에서 유익하기 때문에 일상생활과 과학에서 흔하게 쓰인다. 특히 의학적인 목적에서 포유류를 대상으로 행해지는 동물 실험이 유효하다는 주장과 그에 대한 비판은 유비 논증을 잘 이해할 수 있게 해준다.

(나) 유비 논증을 활용해 동물 실험의 유효성을 주장하는 쪽은 인간과 ⓐ실험동물이 ⓑ유사성을 보유하고 있기 때문에 신약이나 독성 물질에 대한 실험동물의 ⓒ반응 결과를 인간에게 안전하게 적용할 수 있다고 추론한다. 이를 바탕으로 이들은 동물 실험이 인간에게 명백하고 중요한 이익을 준다고 주장한다.

(다) 도출한 새로운 정보가 참일 가능성을 유비 논증의 개연성이라 한다. 개연성을 높이기 위해서는 비교 대상 간의 유사성이 커야 하는데 이 유사성은 단순히 비슷하다는 점에서의 유사성이 아니고 새로운 정보와 관련 있는 유사성이어야 한다. 예를 들어 ㉠동물 실험의 유효성을 주장하는 쪽은 실험동물로 많이 쓰이는 포유류가 인간과 공유하는 유사성, 가령 비슷한 방식으로 피가 순환하며 허파로 호흡을 한다는 유사성은 실험 결과와 관련 있는 유사성으로 보기 때문에 자신들의 유비 논증은 개연성이 높다고 주장한다. 반면에 인간과 꼬리가 있는 실험동물은 꼬리의 유무에서 유사성을 갖지 않지만 그것은 실험과 관련이 없는 특성이므로 무시해도 된다고 본다.

(라) 그러나 ㉡동물 실험을 반대하는 쪽은 유효성을 주장하는 쪽을 유비 논증과 관련하여 두 가지 측면에서 비판한다. 첫째, 인간과 실험동물 사이에는 위와 같은 유사성이 있다고 말하지만 그것은 기능적 차원에서의 유사성일 뿐이라는 것이다. 인간과 실험동물의 기능이 유사하다고 해도 그 기능을 구현하는 인과적 메커니즘은 동물마다 차이가 있다는 과학적 근거가 있는데도 말이다. 둘째, 기능적 유사성에만 주목하면서도 막상 인간과 동물이 고통을 느낀다는 기능적 유사성에는 주목하지 않는다는 것이다. 인간은 자신의 고통과 달리 동물의 고통은 직접 느낄 수 없지만 무엇인가에 맞았을 때 신음 소리를 내거나 몸을 움츠리는 동물의 행동이 인간과 기능적으로 유사하다는 것을 보고 유비 논증으로 동물이 고통을 느낀다는 것을 알 수 있는데도 말이다.

(마) 요컨대 첫째 비판은 동물 실험의 유효성을 주장하는 유비 논증의 개연성이 낮다고 지적하는 반면 둘째 비판은 동물도 고통을 느낀다는 점에서 동물 실험의 윤리적 문제를 제기하는 것이다. 인간과 동물 모두 고통을 느끼는데 인간에게 고통을 ⓓ끼치는 실험은 해서는 안 되고 동물에게 고통을 끼치는 실험은 해도 된다고 생각하는 것은 공평하지 않다고 생각하기 때문이다. 결국 윤리성의 문제도 일관되지 않게 쓰인 유비 논증에서 비롯된 것이다.

20. (가)~(마)에 대한 이해로 적절하지 않은 것은?

① (가): 유비 논증의 개념과 유용성을 소개하고 있다.

② (나): 동물 실험의 유효성 주장에 유비 논증이 활용되고 있음을 언급하고 있다.

③ (다): 동물 실험을 예로 들어 유비 논증이 높은 개연성을 갖기 위한 조건을 설명하고 있다.

④ (라): 동물 실험 유효성 주장이 유비 논증을 잘못 적용하고 있다는 비판을 소개하고 있다.

⑤ (마): 동물 실험 유효성 주장이 갖는 현실적 문제들을 유비 논증의 차원을 넘어서 살펴보고 있다.

21. 윗글을 바탕으로 추론한 내용으로 가장 적절한 것은?

① 유비 논증의 개연성은 이미 알고 있는 정보와 관련이 없는 새로운 대상이 추가될 때 높아진다.

② 인간은 자신이 고통을 느낀다는 것이나 동물이 고통을 느낀다는 것이나 모두 유비 논증에 의해 안다.

③ 인간이 꼬리가 있는 실험동물과 차이가 있다는 사실은 동물 실험의 유효성을 주장하는 논증의 개연성을 높여준다.

④ 동물 실험이 인간에게 중대한 이익을 가져다준다는 것은 동물 실험의 유효성과 상관없이 알 수 있는 정보이다.

⑤ 동물 실험에 윤리적 문제가 있다는 주장에는 인간과 동물의 고통을 공평한 기준으로 대해야 한다는 생각이 전제되어 있다.

22. ㉠과 ㉡에 대한 설명으로 가장 적절한 것은?

① ㉠과 ㉡은 모두 인간과 동물이 기능적으로 유사하면 인과적 메커니즘도 유사하다고 생각한다.

② ㉠이 ㉡의 비판에 적절히 대응하기 위해서는 인간과 동물이 기능적으로 유사하지 않다는 것을 보여 주면 된다.

③ ㉡은 ㉠이 인간과 동물 사이의 기능적 차원의 유사성과 인과적 메커니즘의 차이점 중 전자에만 주목한다고 비판한다.

④ ㉡은 ㉠과 달리 인간과 동물이 유사하지 않으면 동물 실험 결과는 인간에게 적용할 수 없다고 생각한다.

⑤ ㉡은 ㉠과 달리 인간이 고통을 느끼는 것과 동물이 고통을 느끼는 것은 기능적으로 유사하지 않다고 생각한다.

23. 〈보기〉는 유비 논증의 하나이다. 유비 논증에 대한 윗글의
    설명을 참고할 때, ⓐ~ⓒ에 해당하는 것을 ㉮~㉣ 중에서 골라
    알맞게 짝지은 것은? [3점]

	ⓐ	ⓑ	ⓒ
①	㉮	㉯	㉱
②	㉮	㉰	㉯
③	㉱	㉮	㉰
④	㉱	㉯	㉰
⑤	㉱	㉰	㉯

24. 문맥상 ⓒ과 바꿔 쓰기에 적절하지 않은 것은?

① 맡기는   ② 가하는   ③ 주는   ④ 안기는   ⑤ 겪게 하는

한 문단 내에서의 사고 :
문장과 문장을 연결 & 구분하며 정보 누적하기

문단 간의 사고 :
문단과 문단을 연결 & 구분하며 목차 만들기

(가) 유비 논증은 (두 대상이 몇 가지 점에서 유사하다는 사실이 확인된 상태에서) 어떤 대상이 추가적 특성을 갖고 있음이 알려졌을 때 / 다른 대상도 그 추가적 특성을 가지고 있다고 추론하는 논증이다.

시작하자마자 유비 논증이라는 키워드를 도입하고 그 개념을 정의한다. 1문단에서의 개념 정의는 핵심 정보를 이해하기 위해 반드시 필요할 가능성이 높다. 확실히 이해하고 넘어가자.

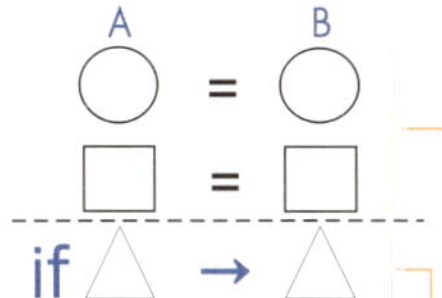

이런 이미지가 떠올랐으면 좋다. A와 B라는 두 대상이 동그라미, 네모라는 점에서 유사할 때, A가 세모라는 추가적 특성을 갖고 있다면 B도 그 추가적 특성을 가지고 있다고 추론하는 것이다. 이렇게 무언가를 이해할 때, 직관적으로 이해하기 쉬운 예시를 스스로 만들어서 납득하려고 하면 더 수월할 수 있다.

유비 논증은 이미 알고 있는 전제(두 대상이 몇 가지 점에서 유사, 동그라미와 네모)에서 새로운 정보(A가 새로운 특성을 가지면, B도 그 특성을 가짐)를 결론으로 도출하게 된다는 점에서 유익하기 때문에 / 일상생활과 과학에서 흔하게 쓰인다. 특히 [의학적인 목적에서 포유류를 대상으로 행해지는 동물 실험]이 유효하다는 주장과 그에 대한 비판은 유비 논증을 잘 이해할 수 있게 해준다.

[의학적인 목적에서 포유류를 대상으로 행해지는 동물 실험]에 대한 논의에 초점이 맞춰진다. 그 실험이 유효하다는 주장과 그에 대한 비판에 유비 논증이 어떻게 적용되어 있는지가 핵심 정보가 되는 것이다. 이어지는 문단의 내용에서 이를 확보하는 데 집중하며 독해해야겠다.

HOLD

(나) [유비 논증을 활용해 동물 실험의 유효성을 주장하는 쪽]은 인간과 ⓐ실험동물이 ⓑ유사성을 보유하고 있기 때문에 / (신약이나 독성 물질에 대한 실험동물의 ⓒ반응 결과)를 인간에게 안전하게 적용할 수 있다고 추론한다. 이를 바탕으로 이들은 동물 실험이 인간에게 명백하고 중요한 이익을 준다고 주장한다.

먼저 [실험이 유효하다는 주장]에 대한 설명이 나온다. 위 그림에서 실험 동물을 A, 인간을 B라고 바꿔서 생각하면 쉽게 이해할 수 있다. 유사성을 보유하고 있기 때문에, [신약이나 독성 물질에 대한 실험 동물의 반응 결과]라는 추가적 특성이 발견되면 그 특성을 사람도 가지고 있다고 추론하는 것이다. 자신의 주장을 펼치기 위해 유비 논증을 활용한 것이다.

(다) 도출한 새로운 정보가 참일 가능성을 유비 논증의 개연성이라 한다. (개연성이 높기 위해서는) 비교 대상 간의 유사성이 커야 하는데 / 이 유사성은 단순히 비슷하다는 점에서의 유사성이 아니고 새로운 정보와 관련 있는 유사성이어야 한다.
　　　　　　　　　　(X)　　　　　　　　　　　　(O)

신규 정보다. 유비 논증의 개연성을 정의해준다. 잠깐 동물 실험에 대한 견해를 설명하던 것을 멈추고 유비 논증에 대한 이론적인 설명을 제시하기 때문에, 1문단에서 이해했던 유비 논증 그림에 붙여서 이해해야겠다. 바로 다음 문장까지 붙여서 이해해보니, A에게서 도출된 새로운 특성을 B에 적용한다는 것은 어디까지나 추론에 불과한데, 실제로 B에 그 새로운 특성이 있을 가능성이 높으려면 A와 B의 유사성이 커야 하는 것은 납득이 가고, 애초에 그 유사성이 새로운 특성과 관련 있는 유사성이어야 한다는 정보도 주어진다. 정리하면, "도출한 새로운 정보가 참일 가능성이 높기 위해서는 비교 대상 간의 새로운 정보와 관련 있는 유사성이 커야 한다." 와 같다. 이것이 동물 실험에 대한 견해에 어떻게 적용되는지 파악해볼 필요가 있겠다.

[(가) 문단 독해]

키워드(중심 소재) : 유비 논증

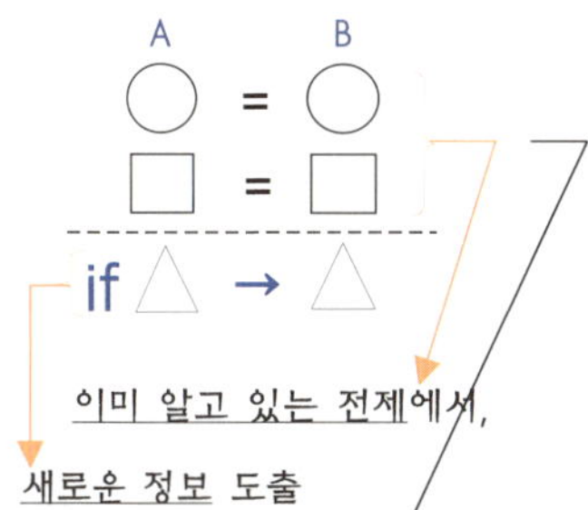

이미 알고 있는 전제에서,
새로운 정보 도출

: [의학적인 목적에서 포유류를 대상으로 행해지는 동물 실험이 유효하다는 주장] 과 [그에 대한 비판]은 유비 논증을 잘 이해할 수 있게 해준다. (핵심 정보)

[(나) 문단 독해]

[의학적인 목적에서 포유류를 대상으로 행해지는 동물 실험이 유효하다고 주장하는 쪽]
△ = 신약이나 독성 물질에 대한 실험동물의 반응 결과

위 그림에서 A를 실험 동물, B를 사람이라고 생각하면 된다. 그러면 자연스럽게 세모는 위와 같이 이해될 것이다.

이를 바탕으로 동물 실험이 인간에게 명백하고 중요한 이익을 준다고 주장

[(다) 문단 독해]
"도출한 새로운 정보가 참일 가능성이 높기 위해서는 비교 대상 간의 새로운 정보와 관련 있는 유사성이 커야 한다."

특히 [의학적인 목적에서 포유류를 대상으로 행해지는 동물 실험]이 유효하다는 주장과 그에 대한 비판은 유비 논증을 잘 이해할 수 있게 해준다.

예를 들어 [㉠동물 실험의 유효성을 주장하는 쪽]은 (실험동물로 많이 쓰이는) 포유류가 인간과 공유하는 유사성, 가령 비슷한 방식으로 피가 순환하며 허파로 호흡을 한다는 유사성은 실험 결과와 관련 있는(=새로운 정보와 관련 있는) 유사성으로 보기 때문에 /자신들의 유비 논증은 개연성이 높다고(=도출된 새로운 정보가 참일 가능성이 높다고)한다.

다시 [동물 실험의 유효성을 주장하는 쪽]에 대한 설명으로 돌아왔다. ["도출한 새로운 정보가 참일 가능성이 높기 위해서는 비교 대상 간의 새로운 정보와 관련 있는 유사성이 커야 한다."]를 바탕으로 그 주장을 구체화하는 것이다. 비슷한 방식으로 피가 순환하며 허파로 호흡을 한다는 유사성과 같이 포유류가 인간과 공유하는 유사성이 새로운 결과(실험 결과)와 관련 있는 유사성으로 보기 때문에 개연성이 높다고 주장한다.

반면에, 인간과 (꼬리가 있는 실험동물)은 꼬리의 유무에서 유사성을 갖지 않지만 / 그것은 (실험과 관련이 없는 특성이므로) 무시해도 된다고 본다.

역접으로 신규 정보가 제시된다. 실험과 관련이 없는 특성이라면, 유사성을 갖지 않아도 그것을 무시해도 된다고 본다.

(라)
그러나, [㉡동물 실험을 반대하는 쪽]은 [유효성을 주장하는 쪽]을 (유비 논증과 관련하여) 두 가지 측면에서 비판한다.

역접으로 새로운 서술 범주가 제시된다. 이제 [동물 실험을 반대하는 쪽]의 비판이 서술되기 시작한다. 두 가지 측면이 뭔지 확보하는 데 집중해야겠다.

* 비판하는 주장을 확보할 때는 정확히 상대방의 주장의 어떤 부분을 반박하는지 그 반박 대상을 정확히 파악할 필요가 있다.

첫째, 인간과 실험동물 사이에는 위와 같은 유사성(=인간과 공유하는 유사성, 가령 비슷한 방식으로 피가 순환, 허파로 호흡하는 것)이 있다고 말하지만 /그것은 기능적 차원에서의 유사성일 뿐이라는 것이다. (인간과 실험동물의 기능=비슷한 방식으로 피가 순환, 허파로 호흡)이 유사하다고 해도) [그 기능을 구현하는 인과적 메커니즘]은 동물마다 차이가 있다는 과학적 근거가 있는데도 말이다.

먼저, 인간과 실험동물 사이의 유사성에 대해 반박한다. 기능이 유사할 뿐이지, 그 기능을 구현하는 인과적 메커니즘은 동물마다 다르다는 것이다.
이를 이전 문단 내용과 엮어서 생각할 수 있어야 한다. [(개연성이 높기 위해서는) 비교 대상 간의 유사성이 커야 하는데] 이렇게 제시했었는데, 이 반박에 따르면 유사성 자체가 인과적 메커니즘의 차이로 인해 큰 타격을 입기 때문에, 새롭게 도출된 정보가 참일 가능성(유비 논증의 개연성)이 크게 저하된다.

둘째, 기능적 유사성에만 주목하면서도(=첫 번째 비판) /막상 (인간과 동물이 고통을 느낀다는) 기능적 유사성에는 주목하지 않는다는 것이다. 인간은 자신의 고통과 달리 동물의 고통은 직접 느낄 수 없지만 /[무엇인가에 맞았을 때 신음 소리를 내거나 몸을 움츠리는 동물의 행동]이 인간과 기능적으로 유사하다는 것을 보고 유비 논증으로 동물이 고통을 느낀다는 것을 알 수 있는데도 말이다.첫 번째 비판에서 기능적 유사성에만 주목한다는 점을 비판했었는데, 여기서는 그렇게 기능적 유사성에만 주목하면서 막상 고통을 느낀다는 기능적 유사성에는 주목하지 않는다는 점을 비판한다.

[(가) 문단 독해]

키워드(중심 소재) : 유비 논증

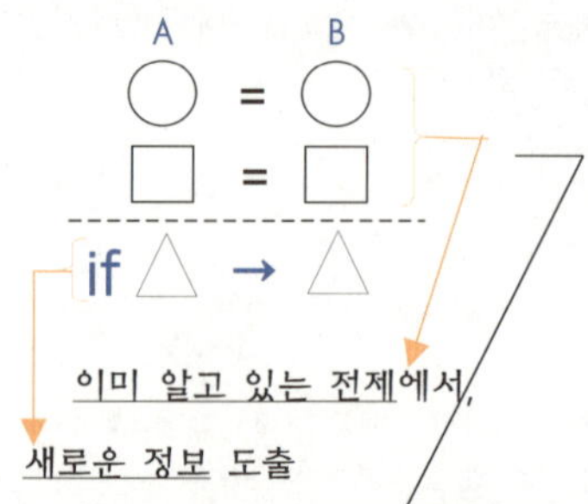

이미 알고 있는 전제에서,
새로운 정보 도출

: [의학적인 목적에서 포유류를 대상으로 행해지는 동물 실험이 유효하다는 주장]과 [그에 대한 비판]은 유비 논증을 잘 이해할 수 있게 해준다.(핵심 정보)

[(나) 문단 독해]

[의학적인 목적에서 포유류를 대상으로 행해지는 동물 실험이 유효하다고 주장하는 쪽]
△ ＝ 신약이나 독성 물질에 대한 실험동물의 반응 결과
위 그림에서 A를 실험 동물, B를 사람이라고 생각하면 된다. 그러면 자연스럽게 세모는 위와 같이 이해될 것이다.

이를 바탕으로 동물 실험이 인간에게 명백하고 중요한 이익을 준다고 주장

[(다) 문단 독해]

"도출한 새로운 정보가 참일 가능성이 높기 위해서는 비교 대상 간의 새로운 정보와 관련 있는 유사성이 커야 한다."

비슷한 방식으로 피가 순환하며 허파로 호흡을 한다는 유사성과 같이 포유류가 인간과 공유하는 유사성이 새로운 결과(실험 결과)와 관련 있는 유사성으로 보기 때문에 개연성이 높다고 주장

[(라) 문단 독해]

[동물 실험을 반대하는 쪽]
: [의학적인 목적에서 포유류를 대상으로 행해지는 동물 실험이 유효하다고 주장하는 쪽]을 두 가지 측면에서 비판

(마)
요컨대 첫째 비판은 동물 실험의 유효성을 주장하는 유비 논증의 개연성이 낮다고 지적하는 반면

이를 이전 문단 내용과 엮어서 생각할 수 있어야 한다. [(개연성이 높기 위해서는) 비교 대상 간의 유사성이 커야 하는데] 이렇게 제시했었는데, 이 반박에 따르면 유사성 자체가 인과적 메커니즘의 차이로 인해 큰 타격을 입기 때문에, 새롭게 도출된 정보가 참일 가능성(유비 논증의 개연성)이 크게 저하된다.

앞에서 이렇게 생각하고 넘어갔다면 당연하게 납득할 수 있다.

/ 둘째 비판은 (동물도 고통을 느낀다는 점에서) 동물 실험의 윤리적 문제를 제기하는 것이다.

동물의 고통은 고려하지 않은 꼴이 되므로, 윤리적 문제를 제기한다는 것을 쉽게 납득할 수 있다.

인간과 동물 모두 고통을 느끼는데 인간에게 고통을 ㉢끼치는 실험은 해서는 안 되고 동물에게 고통을 끼치는 실험은 해도 된다고 생각하는 것은 공평하지 않다고 생각하기 때문이다.

윤리적 문제 제기라는 것을 구체화해준다. 충분히 납득 가능하다.

결국 윤리성의 문제도 (일관되지 않게 쓰인) 유비 논증에서 비롯된 것이다.

[동물 실험의 유효성을 주장하는 쪽]은 기능적 유사성에만 주목하는 유비 논증을 펼침에도 불구하고, 선택적으로 동물 실험에 유리한 기능적 유사성은 활용하고, 동물 실험에 윤리적 문제를 제기할 수 있는 유사성에 대해서는 무시해버린다는 점에서 '일관되지 않게 쓰인 유비 논증' 이라고 볼 수 있다.

[(다) 문단 독해]
"도출한 새로운 정보가 참일 가능성이 높기 위해서는 비교 대상 간의 새로운 정보와 관련 있는 유사성이 커야 한다."

비슷한 방식으로 피가 순환하며 허파로 호흡을 한다는 유사성과 같이 포유류가 인간과 공유하는 유사성이 새로운 결과(실험 결과)와 관련 있는 유사성으로 보기 때문에 개연성이 높다고 주장

[(라) 문단 독해]
[동물 실험을 반대하는 쪽]
: [의학적인 목적에서 포유류를 대상으로 행해지는 동물 실험이 유효하다고 주장하는 쪽]을 두 가지 측면에서 비판

[(마) 문단 독해]
첫째 비판과 둘째 비판 재진술, 구체화
둘째 비판 : 윤리적 문제 제시, 일관되지 않게 쓰인 유비 논증 때문

20. 정답: ⑤

출제 의도 : **각 문단을 잘 읽었나?**

독해를 할 때 가장 중요한 것, 바로 "각 문단을 잘 읽고, 그 문단들 간의 관계를 파악하며 정보를 누적하기"이다. 각 문단을 읽을 때는, 흐름 잡아주는 문장을 기준으로 문장들을 서로 구분 & 연결하며 누적시키라고 했다. 20번 문제는 이것을 잘 했는지 평가하는 문제다.

해설:

⑤ **(마): 동물 실험 유효성 주장이 갖는 현실적 문제들을 유비 논증의 차원을 넘어서 살펴보고 있다.**
→ 적절하지 않음 (정답)

(마)에서는 동물 실험에 대한 윤리적 문제를 다루지만, 이는 유비 논증을 일관되지 않게 적용한 데에서 비롯되었음을 강조하고 있다. 즉, 여전히 유비 논증의 차원에서 논의가 이루어지고 있으며, 이를 초월한 현실적 문제를 논의하는 것은 아니다. 따라서 '유비 논증의 차원을 넘어서 살펴보고 있다'는 표현이 부정확하다.

① **(가): 유비 논증의 개념과 유용성을 소개하고 있다.** → 적절함

(가)에서는 유비 논증이 무엇인지 개념을 설명하고, 일상과 과학에서 흔히 사용되는 이유를 밝히고 있다. 따라서 선지의 진술과 일치한다.

② **(나): 동물 실험의 유효성 주장에 유비 논증이 활용되고 있음을 언급하고 있다.** → 적절함

(나)에서는 인간과 실험동물의 유사성을 근거로 동물 실험 결과를 인간에게 적용할 수 있다고 주장하는 측의 논리를 설명하고 있다. 즉, 유비 논증이 동물 실험의 유효성을 주장하는 데 활용되고 있음을 언급하므로 문항의 진술과 부합한다.

③ **(다): 동물 실험을 예로 들어 유비 논증이 높은 개연성을 갖기 위한 조건을 설명하고 있다.** → 적절함

(다)에서는 유비 논증의 개연성을 높이기 위해 필요한 조건을 설명하며, 실험동물과 인간의 유사성이 실험 결과와 관련 있는 유사성이어야 한다는 점을 강조하고 있다. 따라서 문항의 진술과 일치한다.

④ **(라): 동물 실험 유효성 주장이 유비 논증을 잘못 적용하고 있다는 비판을 소개하고 있다.** → 적절함

(라)에서는 동물 실험의 유효성을 주장하는 측이 유비 논증을 제대로 적용하지 못했다는 점을 비판하는 내용을 담고 있다. 첫 번째 비판은 유비 논증의 개연성이 낮다는 점을, 두 번째 비판은 유비 논증을 일관되게 적용하지 못했다는 점을 지적한다. 따라서 선지의 진술과 부합한다.

21. 정답: ⑤

출제 의도 : **지문을 바탕으로 추론할 수 있는 것은?**

절대 학생에게 거창한 추리를 하라는 것이 아니다. 보통 수능에서 출제되는 추론 문제는 "내가 이렇게 추론을 했는데, 이게 지문 내용과 부합해서 허용할 수 있는 추론이야?"를 물어보는 것이다. 추론은 내가 아니라 선지가 하는 것이고, 우리는 그 추론이 지문의 내용에 입각해서 봤을 때 허용할 수 있는지 판단만 하는 것이다. 그래서 보통 말만 추론이지 선지 구성 자체는 **내용 일치**, 좀 더 나아가면
지문의 내용과 같은 의미 다른 표현으로 허용할 수 있는지 또는 **새로운 내용**이 지문의 내용에 입각해 봤을 때 충분히 허용할 수 있는 내용인지 정도 물어본다.

해설:

① → 부적절함

(다)에서 유비 논증의 개연성을 높이려면 비교 대상 간의 유사성이 커야 한다고 설명하고 있다. 하지만 그 유사성은 단순한 유사성이 아니라 '새로운 정보와 관련 있는 유사성'이어야 한다. 즉, 관련이 없는 새로운 대상이 추가된다고 해서 개연성이 높아지는 것은 아니다. **내용 일치 OUT**

② → 부적절함

인간이 자신이 고통을 느낀다는 사실은 직접 경험을 통해 아는 것이므로 유비 논증이 필요하지 않다. 반면 동물이 고통을 느낀다는 것은 인간이 직접 경험할 수 없기 때문에, 동물의 신음 소리나 움츠리는 행동을 인간과 비교하는 유비 논증을 통해 추론하는 것이다. 따라서 두 가지 모두 유비 논증을 통해 안다고 볼 수 없다. **내용 일치 OUT**

③ → 부적절함

(다)에서 꼬리의 유무는 실험과 관련 없는 특성이므로, 이러한 차이는 유비 논증의 개연성을 낮추는 요소로 간주되지 않았다. **내용 일치 OUT**

④ → 부적절함

(나)에서 동물 실험이 인간에게 명백하고 중요한 이익을 준다고 주장하는 근거는 유비 논증을 활용한 동물 실험의 유효성이다. 즉, 유효성이 인정되지 않으면 인간에게 중대한 이익을 가져다준다는 주장도 성립하기 어렵다. 따라서 유효성과 무관하게 알 수 있는 정보라고 볼 수 없다. **내용 일치 OUT**

⑤ → 적절함 (정답)

(라)와 (마)에서 동물 실험을 반대하는 측은 인간과 동물이 고통을 느낀다는 기능적 유사성을 무시하는 것이 공평하지 않다고 주장한다. 따라서 동물 실험이 윤리적으로 문제가 된다는 논리는 인간과 동물의 고통을 동등한 기준에서 바라봐야 한다는 전제가 깔려 있어야 성립한다. **허용 가능**

22. 정답: ③

해설:

③ → 적절함 (정답)

㉡은 ㉠이 인간과 동물 사이의 기능적 유사성(예: 혈액 순환 방식, 호흡 방식)만 강조하면서도, 정작 인과적 메커니즘의 차이에는 주목하지 않는다고 비판한다. 즉, ㉠이 기능적 유사성만 고려하고 인과적 메커니즘 차이를 간과한다고 보는 것이 ㉡의 핵심 비판이다.

① → 부적절함

㉠은 인간과 동물이 기능적으로 유사하므로 실험 결과를 인간에게 적용할 수 있다고 주장하지만, ㉡은 기능적 유사성이 있다고 해도 인과적 메커니즘이 다를 수 있다고 비판한다. 즉, ㉡은 기능적 유사성이 인과적 메커니즘의 유사성을 보장하지 않는다고 주장하므로, 두 입장이 동일한 생각을 한다고 볼 수 없다.

② → 부적절함

1. 기능적 유사성은 ㉠의 핵심 논리이기 때문에 이를 부정한다는 것은 말이 안된다.
2. ㉡의 비판은 인간과 동물이 기능적으로 유사하더라도 인과적 메커니즘이 다를 수 있다는 데 초점을 맞추고 있다. 따라서 ㉠이 ㉡의 비판에 대응하기 위해서는 기능적 유사성을 부정하는 것이 아니라, 기능적 유사성이 인과적 메커니즘의 유사성과 직접적으로 연결된다는 점을 입증해야 한다.

④ → 부적절함

1. ㉠과 ㉡ 모두 유비 논증을 베이스로 주장하기 때문에 기본적으로 실험 결과와 관련된 유사성이 보장되어야 실험 결과를 인간에게 적용할 수 있다고 생각한다. 따라서 '㉠과 달리'에서 틀렸다.
2. ㉡은 인간과 동물이 유사하지 않다고 해서 동물 실험이 유효하지 않다고 주장하는 것이 아니라, 기능적 유사성이 있다고 해도 인과적 메커니즘이 다를 수 있음을 지적하며 동물 실험의 개연성을 낮다고 비판한다. 즉, ㉡의 비판 논리는 '유사성 부족'이 아니라 '유사성의 한계'에 초점을 맞추고 있는 것이다.

⑤ → 부적절함

㉡은 오히려 인간과 동물이 고통을 느끼는 것은 기능적으로 유사하다고 주장한다. ㉡은 신음 소리나 움츠리는 행동을 예로 들어 동물도 인간과 마찬가지로 고통을 느낀다고 주장하면서, ㉠이 이 점을 일관되게 적용하지 않는다고 비판한다. 따라서 ㉡이 '기능적으로 유사하지 않다'고 본다는 진술은 틀렸다.

22. 정답: ②

여기서 <보기>는 유비 논증의 또 다른 예시다. 문제에서 이를 알려주기 때문에, 바로 그 <보기>를 지문에서 이해한 유비 논증에 붙여서 읽어야 한다. 붙여서 읽는다는 것이 정확히 어떤 거냐면..

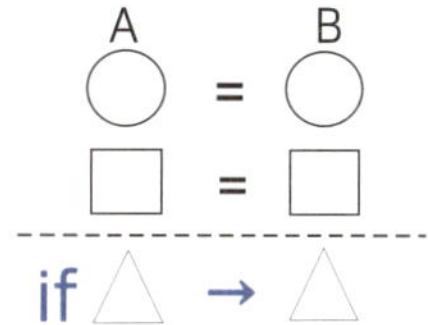

이 그림에 입각해서 유비 논증을 이해하고, 여기서 A, B, 동그라미, 네모, 세모가 각각 (나)의 예시에서 뭐에 해당하는지 매칭하며 이해했는데, 이것을 <보기>에서 한번 더 해보라는 것이다. 그러면 아래와 같이 생각해서 문제를 풀었으면 됐다.

해설:

(나)에서 유비 논증의 구조는 다음과 같다.

ⓐ 실험동물 → 비교의 기준이 되는 대상
ⓑ 유사성 → 두 대상 간의 공통적인 특징
ⓒ 반응 결과 → 유사성을 바탕으로 예측하는 새로운 정보

<보기>의 내용을 이에 맞춰 분석하면,

㉮ 어떤 개 → 비교의 기준이 되는 대상 → ⓐ 실험동물
㉯ 비슷하게 생긴 → 두 대상 간의 공통적인 특징 → ⓑ 유사성
㉰ 몹시 사납고 물리는 버릇 → 유사성을 바탕으로 예측하는 새로운 정보 → ⓒ 반응 결과
㉱ 다른 개 → 새롭게 추론하는 대상

따라서 ⓐ~ⓒ에 해당하는 것을 올바르게 짝지으면:

ⓐ = ㉮ (어떤 개)
ⓑ = ㉯ (비슷하게 생긴)
ⓒ = ㉰ (몹시 사납고 물리는 버릇)

이렇게 마지막 문제로 문맥상 의미를 비교하는 문제가 자주 출제된다. 문맥상 의미는, 그 단어 자체의 뜻보다 그 단어 주변 맥락을 살펴보는 것이 가장 중요하다. 단어가 관계를 맺고 있는 다른 문장 요소가 어떤 성질을 가지고 있는지(예를 들어, 물리적인 상태인지 관념적인 상태인지 등) 파악하라는 것이다.

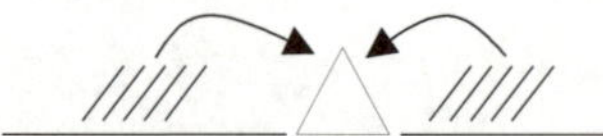

이렇게 바꿔쓸 수 있는 표현을 고르는 문제는, 각 선지를 직접 지문의 그 문장에 넣어서 주변 요소와의 연결이 원래 단어와 같이 자연스럽게 되는지 확인해 보면 된다.

해설:

(마)에서 "끼치는" 의 뜻은 '**부정적인 영향을 주다**' 또는 '**해를 입히다**'에 가깝다. 이를 바탕으로 각 선택지를 검토하면:

① <u>맡기는 → 부적절함 (정답)</u>

"맡기다"는 '책임이나 역할을 넘겨주다'의 의미를 가진다.
"고통을 맡기는"이라는 표현은 어색하며, '고통을 주는'이라는 의미와는 다르다.

② <u>가하는 → 적절함</u>

"가하다"는 '어떤 힘이나 영향을 주다'라는 의미로, "고통을 가하다"라는 표현이 가능하다.

③ <u>주는 → 적절함</u>

"고통을 주다"는 자연스러운 표현이며, "끼치는"과 의미가 유사하다.

④ <u>안기는 → 적절함</u>

"안기다"는 '어떤 일을 당하게 하다'는 뜻이 있어 "고통을 안기다"라는 표현이 가능하다.

⑤ <u>겪게 하는 → 적절함</u>

"겪게 하다"는 '어떤 경험을 하도록 만들다'는 의미이므로, "고통을 겪게 하다"라는 표현이 가능하다.

STEP 01 | 있는 그대로의 시험지

[12~17] 다음 글을 읽고 물음에 답하시오.

(가)

심리 철학에서 동일론은 의식이 뇌의 물질적 상태와 동일하다고 ⓐ본다. 이와 달리 기능주의는 의식이 기능이며, 서로 다른 물질에서 같은 기능이 구현될 수 있다고 주장한다. 이때 기능이란 어떤 입력이 주어졌을 때 특정한 출력을 내놓는 함수적 역할로 정의되며, 함수적 역할의 일치는 입력과 출력의 쌍이 일치함을 의미한다. 실리콘 칩으로 구성된 로봇이 찔림이라는 입력에 대해 고통을 출력으로 내놓는 기능을 가진다면, 로봇과 우리는 같은 의식을 가진다는 것이다. 이처럼 기능주의는 의식을 구현하는 물질이 무엇인지는 중요하지 않다고 본다.

설(Searle)은 기능주의를 반박하는 사고 실험을 제시한다. '중국어 방' 안에 중국어를 모르는 한 사람만 있다고 하자. 그는 중국어로 된 입력이 들어오면 정해진 규칙에 따라 중국어로 된 출력을 내놓는다. 설에 의하면 방 안의 사람은 중국어 사용자와 함수적 역할이 같지만 중국어를 아는 것은 아니다. 기능이 같으면서 의식은 다른 사례가 있다는 것이다.

동일론, 기능주의, 설은 모두 의식에 대한 논의를 의식을 구현하는 몸의 내부로만 한정하고 있다. 하지만 의식의 하나인 '인지', 즉 '무언가를 알게 됨'은 몸 바깥에서 ⓑ일어나는 일과 맞물려 벌어진다. 기억나지 않는 정보를 노트북에 저장된 파일을 열람하여 확인하는 것이 한 예이다. 로랜즈의 확장 인지 이론은 이를 설명하는 이론이다.

그에 ⓒ따르면 인지 과정은 주체에게 '심적 상태'가 생겨나게 하는 과정이다. 기억이나 믿음이 심적 상태의 예이다. 심적 상태는 어떤 것에도 의존함이 없이 주체에게 의미를 나타낸다. 예를 들어, 무언가를 기억하는 사람은 자기의 기억이 무엇인지 ⓓ알아보기 위해 아무것에도 의존할 필요가 없다. 이와 달리 '파생적 상태'는 주체의 해석에 의존해서만 또는 사회적 합의에 의존해서만 의미를 나타내는 상태로 정의된다. 앞의 예에서 노트북에 저장된 정보는 전자적 신호가 나열된 상태로서 파생적 상태이다. 주체에 의해 열람된 후에도 노트북의 정보는 여전히 파생적 상태이다. 하지만 열람 후 주체에게는 기억이 생겨난다. 로랜즈에게 인지 과정은 파생적 상태가 심적 상태로 변환되는 과정이 아니라, 파생적 상태를 조작함으로써 심적 상태를 생겨나게 하는 과정이다. 심적 상태가 주체의 몸 외부로 확장되는 것이 아니라, 심적 상태를 생겨나게 하는 인지 과정이 확장되는 것이다. 이러한 ㉠확장된 인지 과정은 인지 주체의 것일 때에만, 다시 말해 환경의 변화를 탐지하고 그에 맞춰 행위를 조절하는 주체와 통합되어 있을 때에만 성립할 수 있다. 즉 로랜즈에게 주체 없는 인지란 있을 수 없다. 확장 인지 이론은 의식의 문제를 몸 안으로 한정하지 않고 바깥으로까지 넓혀 설명한다는 의의를 지닌다.

(나)

일반적으로 지각이란 몸의 감각 기관을 통해 사물에 대해 아는 것을 의미한다. 이러한 지각을 분석할 때 두 가지 사실에 직면한다. 첫째, 그 사물과 내 몸은 물질세계에 있다. 둘째, 그 사물에 대한 나의 의식은 물질세계가 아닌 다른 세계에 있다. 즉 몸으로서의 나는 사물과 같은 세계에 속하는 동시에 의식으로서의 나는 사물과 다른 세계에 속한다.

이에 대한 객관주의 철학의 입장은 두 가지로 나뉜다. 의식을 포함한 모든 것을 물질로 환원하여 의식은 물질에 불과하다고 주장하거나, 의식을 물질과 구분되는 독자적 실체로 규정함으로써 의식과 물질의 본질적 차이를 주장한다. 전자에 의하면 지각은 사물로부터의 감각 자극에 따른 주체의 물질적 반응으로 이해되며, 후자에 의하면 지각은 감각된 사물에 대한 주체 즉 의식의 판단으로 이해된다. 이처럼 양자 모두 주체와 대상의 분리를 전제하고 지각을 이해한다. 주체와 대상은 지각 이전에 이미 확정되어 각각 존재한다는 것이다.

하지만 지각은 주체와 대상이 각자로서 존재하기 이전에 나타나는 얽힘의 체험이다. 예를 들어 다른 사람과 손이 맞닿을 때 내가 누군가의 손을 ⓔ만지는 동시에 나의 손 역시 누군가에 의해 만져진다. 감각하는 것이 동시에 감각되는 것이 되는 얽힘의 순간에 나는 나와 대상을 확연히 구분한다. 지각이라는 얽힘의 작용이 있어야 주체와 대상이 분리될 수 있다. 다시 말해 주체와 대상은 지각이 일어난 이후 비로소 확정된다. 따라서 ㉡지각과 감각은 서로 구분되지 않는다.

지각은 물질적 반응이나 의식의 판단이 아니라, 내 몸의 체험이다. 지각은 나의 몸에 의해 이루어지는 것이고, 지각이 이루어지게 하는 것은 모두 나의 몸이다.

---

12. 다음은 윗글을 읽은 학생이 정리한 내용이다. ㉮와 ㉯에 들어갈 말로 가장 적절한 것은?

> (가)는 기능주의를 소개한 후 ___㉮___ 은/는 같지 않다는 설(Searle)의 비판을 제시하고 있다. 그리고 인지 과정이 몸 바깥으로까지 확장된다고 주장하는 확장 인지 이론을 설명하고 있다. (나)는 인지 중에서도 감각 기관을 통한 인지, 즉 지각을 주제로 하고 있다. (나)는 지각에 대한 객관주의 철학의 입장을 비판하고, ___㉯___ 으로서의 지각을 주장하고 있다.

	㉮	㉯
①	의식과 함수적 역할	내 몸의 체험
②	의식과 함수적 역할	물질적 반응
③	의식과 뇌의 상태	의식의 판단
④	의식과 뇌의 상태	내 몸의 체험
⑤	입력과 출력	의식의 판단

13. (가)에서 알 수 있는 내용으로 적절하지 않은 것은?

① 동일론자들은 뇌가 존재하지 않으면 의식도 존재하지 않는다고 볼 것이다.

② 설(Searle)은 '중국어 방' 안의 사람과 중국어를 아는 사람의 의식이 다르다고 볼 것이다.

③ 클라크는 기억이 주체의 몸 바깥으로 확장될 수 있다고 볼 것이다.

④ 클라크는 인지 과정이 파생적 상태를 조작하는 과정을 포함한다고 볼 것이다.

⑤ 클라크는 노트북에 저장된 정보가 그 자체로는 심적 상태가 아니라고 볼 것이다.

14. (나)의 필자의 관점에서 ㉠을 평가한 내용으로 가장 적절한 것은?

① 확장된 인지 과정이 인지 주체의 것일 때에만 성립할 수 있다는 주장은, 지각 이전에 확정된 주체를 전제한 것이므로 타당하지 않다.

② 확장된 인지 과정이 인지 주체의 것일 때에만 성립할 수 있다는 주장은, 의식이 세계를 구성하는 독자적 실체라고 규정하는 것이므로 타당하다.

③ 주체와 통합된 경우에만 확장된 인지 과정이 성립할 수 있다는 주장은, 의식은 물질에 불과하다고 본 것이므로 타당하다.

④ 주체와 통합된 경우에만 확장된 인지 과정이 성립할 수 있다는 주장은, 외부 세계에 대한 지각이 이루어질 수 없다고 보는 것이므로 타당하지 않다.

⑤ 주체와 통합된 경우에만 확장된 인지 과정이 성립할 수 있다는 주장은, 주체와 대상의 분리를 통해서만 지각이 이루어질 수 있다고 보는 것이므로 타당하다.

15. ㉡의 이유로 가장 적절한 것은?

① 감각과 지각 모두 물질세계에서 이루어지기 때문에

② 감각하는 것이 동시에 감각되는 것이 되는 얽힘의 작용이 지각이기 때문에

③ 지각은 몸에 의해 이루어지지만 감각은 몸에 의해 이루어지지 않기 때문에

④ 지각은 의식으로서의 주체가 외부의 대상을 감각하여 판단한 결과이기 때문에

⑤ 주체와 대상이 분리되기 이전에 감각과 지각이 분리된 채로 존재하기 때문에

16. (가), (나)를 바탕으로 〈보기〉의 상황을 이해한 내용으로 적절하지 않은 것은? [3점]

> ─── 〈보 기〉 ───
>
> 빛이 완전히 차단된 암실에 A와 B 두 명의 사람이 있다. A는 막대기로 주변을 더듬어 사물의 위치를 파악한다. 막대기 사용에 익숙한 A는 사물에 부딪친 막대기의 진동을 통해 사물의 위치를 파악할 수 있다. B는 초음파 센서로 탐지한 사물의 위치 정보를 '뇌-컴퓨터 인터페이스(BCI)'를 사용하여 전달받는다. 이를 통해 B는 사물의 위치를 파악할 수 있다. BCI는 사람의 뇌에 컴퓨터를 연결하여 외부 정보를 뇌에 전달할 수 있는 기술이다.

① (가)의 기능주의에 따르면, A와 B가 암실 내 동일한 사물의 위치를 묻는 질문에 동일한 대답을 내놓는 경우 이때 둘의 의식은 차이가 없겠군.

② (가)의 확장 인지 이론에 따르면, BCI로 암실 내 사물의 위치를 파악하는 것이 B의 인지 과정인 경우 B에게 사물의 위치에 대한 심적 상태가 생겨나겠군.

③ (가)의 확장 인지 이론에 따르면, 암실 내 사물에 부딪친 막대기의 진동이 A의 해석에 의존해서만 의미를 나타내는 경우 그 진동 상태는 파생적 상태가 아니겠군.

④ (나)에서 몸에 의한 지각을 주장하는 입장에 따르면, 막대기에 의해 A가 사물의 위치를 지각하는 경우 막대기는 A의 몸의 일부라고 할 수 있겠군.

⑤ (나)에서 의식을 물질로 환원하는 입장에 따르면, BCI를 통해 입력된 정보로부터 B의 지각이 일어난 경우 BCI를 통해 들어온 자극에 따른 B의 물질적 반응이 일어난 것이겠군.

17. 문맥상 @~@의 단어와 가장 가까운 의미로 쓰인 것은?

① @ : 그간의 사정을 봐서 그를 용서해 주었다.

② ⓑ : 이사 후에 가난하던 살림살이가 일어났다.

③ ⓒ : 개발에 따른 자연 훼손 문제가 심각해졌다.

④ ⓓ : 단어의 뜻을 알아보기 위해 사전을 펼쳤다.

⑤ ⓔ : 그는 컴퓨터 프로그램을 제법 만질 줄 안다.

<table>
<tr><td align="center">한 문단 내에서의 사고 :
문장과 문장을 연결 & 구분하며 정보 누적하기</td><td align="center">문단 간의 사고 :
문단과 문단을 연결 & 구분하며 목차 만들기</td></tr>
</table>

(가)

　심리 철학에서 〈동일론은〉 의식≒뇌의 물질적 상태와 동일하다고 ⓐ본다. 의식에 대한 동일론의 견해다. 뇌의 물질적 상태와 의식을 동일한 것으로 본다.

/이와 달리 기능주의는 의식은 기능이며, 서로 다른 물질에서 같은 기능이 구현될 수 있다고 주장한다. 의식에 대한 기능주의의 견해다. 동일론에서의 견해와 달리, 의식은 기능이라고 한다. 그래서 기능주의인가 보다. 여기서 중요한 것은 '서로 다른 물질에서 같은 기능(=의식)이 구현될 수 있다는 것이다. 동일론에 따르면 의식은 뇌의 물질적 상태와 같은 것이기 때문에 서로 다른 물질이면 같은 의식일 수 없지만, 기능주의에서는 서로 다른 물질이어도 의식이 같을 수 있다는 것이다.

이때 기능이란 어떤 입력이 주어졌을 때 특정한 출력을 내놓는 함수적 역할로 정의되며, 함수적 역할의 일치는 입력과 출력의 쌍이 일치함을 의미한다. 기능주의의 입장에 초점을 맞춰서, 의식=기능을 구체화해주고 있다. [입력→출력]의 쌍이 함수적 역할, 곧 기능이 되는 것이다. 결국, 기능주의에 따르면, 의식=기능=함수적 역할: [입력→출력] 이렇게 다 같은 의미 다른 표현이 된다.

(실리콘 칩으로 구성된) 로봇이 찔림이라는 입력에 대해 고통을 출력으로 내놓는 기능을 가진다면, 로봇과 우리는 같은 의식을 가진다는 것이다. 기능주의의 입장에 대한 예시다. 원론적인 설명에 붙여서 이해해주면, [찔림→고통]의 쌍이 실리콘 칩으로 구성된 로봇과 우리가 동일하기 때문에, 로봇과 우리가 같은 의식을 가진다고 볼 수 있는 것이다.

이처럼 기능주의는 의식을 구현하는 물질이 무엇인지는 중요하지 않다고 본다. 지금까지의 내용을 정리해주는 말이다. 물질이 중요한 게 아니라 [입력→출력]의 쌍이 일치하는지 여부가 중요한 것이다. 1문단의 내용을 정리해보니, 기능주의에 초점이 맞춰져 있다. 확보한 내용을 가지고 그대로 이어지는 내용을 붙여보자.

　설(Searle)은 기능주의를 반박하는 사고 실험을 제시한다. 서술 범주 파악이 필요하다. 1문단에서 설명한 기능주의를 반박하는 사고 실험이 새로운 핵심 정보가 된다. 어떻게 기능주의가 반박되는지 파악하는 데 집중하며 독해해야겠다.

'중국어 방 안에 (중국어를 모르는) 한 사람만 있다고 하자. 그는 중국어로 된 입력이 들어오면 (정해진 규칙에 따라) 중국어로 된 출력을 내놓는다. 설에 의하면 방 안의 사람은 중국어 사용자와 함수적 역할이 같지만 중국어를 아는 것은 아니다. 기능이 같으면서 의식은 다른(=중국어를 아는 의식과 모르는 의식) 사례가 있다는 것이다. 글자 그대로 이해할 수 있다. 사고 실험이기 때문에 실제로 그 실험을 상상하면서 읽었어야 한다. 머릿속으로 아래와 같은 이미지가 떠올랐을 것이다.

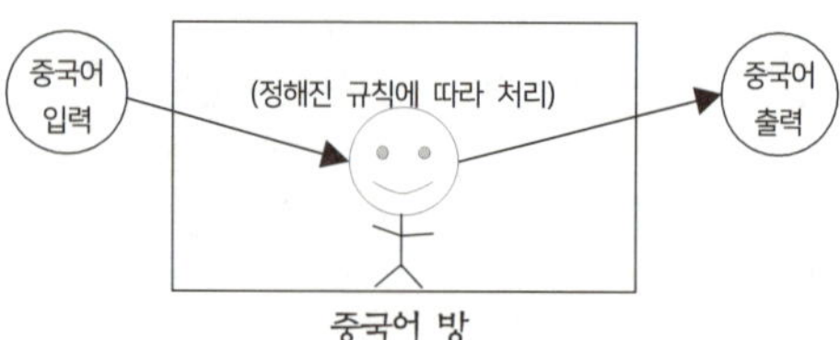

방 안의 사람은 중국어를 모르는 사람이지만, (중국어로 된 입력)에 대해 (중국어로 된 출력)을 실제 중국어를 사용하는 사람과 똑같이 내놓을 수 있는 규칙이 정해져 있는 경우를 가정한 것이다. 그 규칙에 따라 중국어로 된 출력을 내놓기만 하면 사실상 중국어 사용자와 [입력→출력]의 쌍이 같은 것이다. 하지만 그렇다고 방 안에 있는 사람이 중국어를 아는 의식인 것은 아니기 때문에 의식이 같다고는 볼 수 없는 것이다. 기능주의에 따르면 "[입력→출력]의 쌍이 같다는 말과 의식이 같다는 말은 동의어다." 하지만, 이 사고 실험을 통해 이것이 항상 성립되지는 않는 꼴이 되어버렸으므로, 기능주의가 반박된 것이다.

[1문단 독해]

키워드(중심 소재) : 의식

[동일론]
의식=뇌의 물질적 상태

[기능주의]
의식 = 기능 = 함수적 역할
: 서로 다른 물질에서 같은 기능 구현 가능
 └기능: [입력→출력] (함수적 역할)
 └[입력→출력] 쌍이 일치=의식이 일치
 └의식을 구현하는 물질이 무엇인지는 중요하지 않음

[2문단 독해]

설: 기능주의를 반박하는 사고 실험 제시
 └중국어 방 실험

동일론, 기능주의, 설은 모두 <u>의식에 대한 논의를 의식을 구현하는 몸의 내부로만</u> 한정하고 있다.

서술 범주 파악이 필요하다. 지금까지 의식에 대한 동일론, 기능주의, 설의 견해에 대해 설명했었는데, 그 모두에 대한 필자의 견해를 제시한다. 그 셋의 견해를 생각해보니 맞는 말이다. 모두 의식에 대한 논의를 의식을 구현하는 몸의 내부로만 한정하고 있다.

하지만 (의식의 하나인) '인지' 즉 '무언가를 알게 됨'은 몸 바깥에서 ⓑ<u>일</u>어나는 일과 맞물려 벌어진다. 기억나지 않는 정보를 <u>노트북에 저장된 파일을 열람하여 확인하는 것</u>(=몸 바깥에서 일어나는 일)이 한 예이다. 로랜즈의 확장 인지 이론은 이를 설명하는 이론이다.

의식의 하나인 '인지'는 몸 바깥의 일과 맞물려 일어나기 때문에, 의식에 대한 논의를 몸의 내부로만 한정하는 동일론, 기능주의, 설이 설명하지 못한다고 하고, 이를 설명할 수 있는 '로랜즈의 확장 인지 이론'에 초점이 맞춰진다. 이게 새로운 핵심 정보가 될 것 같다. 이렇게 3문단이 끝났기 때문에, 다음 문단부터 로랜즈의 확장 인지 이론이 구체화 될 것 같다.

HOLD

그(=로랜즈)에 ⓒ따르면 인지 과정은 주체에게 '심적 상태'가 생겨나게 하는 과정이다. / 기억이나 믿음이 심적 상태의 예이다. / 심적 상태는 (어떤 것에도 의존함이 없이) 주체에게 의미를 나타낸다. 예를 들어, 무언가를 기억하는 사람은 (자기의 기억이 무엇인지 ⓓ<u>알아보기</u> 위해) 아무것에도 의존할 필요가 없다.

다음 문단이 시작하자마자 로랜즈의 이론을 설명한다. 인지 과정이 주체에게 '심적 상태' 생겨나게 하는 과정이라고 정의한 후, 바로 그 '심적 상태'가 무엇인지 설명해준다. 예시를 붙여서 이해해보면, 기억이나 믿음은 일단 주체에게 생기고 나면, 주체가 어떤 것에 의존해야지 자기가 기억하고 있거나 믿고 있는 것이 무엇인지 알 수 있는 것이 아니다. 그냥 그 자체로 주체에게 의미를 나타내는 것이다.

// 이와 달리 파생적 상태는 주체의 해석에 의존해서만 또는 사회적 합의에 의존해서만 의미를 나타내는 상태로 정의된다.

파생적 상태라는 새로운 용어가 정의된다. 심적 상태와 달리 이것은 주체의 해석이나 사회적 합의에 의존해서 '만' 의미를 나타낸다고 한다.

앞의 예(3문단)에서 노트북에 저장된 정보는 (전자적 신호가 나열된 상태로서) 파생적 상태이다. 〈주체에 의해 열람된 후에도〉 노트북의 정보는 여전히 파생적 상태이다.

노트북의 정보가 파생적 상태의 예시라고 볼 수 있고, 파생적 상태의 정의에 의하면 주체의 해석에 의존해서만 의미를 나타내겠네! 그럼 주체에 의해 열람될 때만 의미를 나타내고, 그 이외에는 계속 파생적 상태겠네.

/ 하지만 열람 후 주체에게는 기억(=심적 상태)이 생겨난다.

기억은 심적 상태고, 그게 생겨나게 하는 열람은 인지 과정이겠네.

로랜즈에게 인지 과정은 파생적 상태가 심적 상태로 변환되는 과정이 아니라, (파생적 상태를 조작함으로써) 심적 상태를 생겨나게 하는 과정이다.

앞에서 설명한 정보와 붙여서 이해해보면, 열람하는 과정이 있을 때가 아니면 노트북의 정보는 여전히 파생적 상태였어. 그러면 파생적 상태 자체가 심적 상태로 변환되는 것은 아니네. 파생적 상태를 조작함으로써 심적 상태를 생겨나게 한다고 봐야 하구나. 그럼 여기서 '파생적 상태를 조작한다는 것'은 열람하는 과정에서 일어나는 것이군. 첫 문장에서 제시된 인지 과정의 정의에서, 심적 상태를 생겨나게 하는 방법이 추가되어 구체화 된 것이다.

[1문단 독해]

키워드(중심 소재) : 의식

[동일론]
<u>의식 = 뇌의 물질적 상태</u>

[기능주의]
<u>의식 = 기능 = 함수적 역할</u>
: 서로 다른 물질에서 같은 기능 구현 가능
└ 기능 : [입력 → 출력] (함수적 역할)
└ [입력 → 출력] 쌍이 일치 = 의식이 일치
└ <u>의식을 구현하는 물질이 무엇인지는 중요하지 않음</u>

[2문단 독해]

설 : 기능주의를 반박하는 사고 실험 제시
└ 중국어 방 실험

[3문단 독해]

동일론, 기능주의, 설은 모두 의식에 대한 논의를 의식을 구현하는 몸의 내부로만 한정
└ BUT 의식의 하나인 [인지 = 무언가를 알게 됨]은 몸 바깥에서 일어나는 일과 맞물려 벌어짐 : 로랜즈의 확장 인지 이론이 설명

[4문단 독해]

로랜즈의 확장 인지 이론 설명 시작
<u>인지 과정은 주체에 심적 상태가 생겨나게 하는 과정</u>

심적 상태
- ex) 기억이나 믿음
- 어떤 것에도 의존함이 없이 주체에게 의미 나타냄

파생적 상태
- 주체의 해석, 사회적 합의에 의존해서만 주체에게 의미를 나타내는 상태로 정의
- ex) 노트북에 저장된 정보 : 주체에 의해 열람된 후에도(=주체가 해석한 후에도) 여전히 파생적 상태

하지만 열람 후 주체에게는 기억(심적 상태)이 생겨난다
: 로랜즈에게 인지 과정은
    파생적 상태 → 심적 상태 (X)
    파생적 상태를 조작함으로써(=주체의 해석) 심적 상태를 생겨나게 하는 과정 (O)

심적 상태가 주체의 몸 외부로 확장되는 것이 아니라(=몸 외부의 파생적 상태인 것을 심적 상태로 변환하는 것이 아님). [심적 상태를 생겨나게 하는 인지 과정]이 (몸 외부로) 확장되는 것이다.(=파생적 상태를 조작함으로써 심적 상태를 생겨나게 하는 것이기 때문에, [파생적 상태를 조작하는 것]이 인지 과정이라고 볼 수 있다. 그런데 원래 의식을 구현하는 것은 몸 내부인데, 그 의식 중 하나인 [파생적 상태를 조작하는 것=인지 과정]이 외부로 확장된 것이다.)

not A, B

아 이래서 확장 인지 이론이라고 하는 거였구나! 몸 외부에서 일어나는 일과 맞물려서 인지 과정이 일어난다는 것을, '심적 상태를 생겨나게 하는 인지 과정'이 몸 내부에 머물지 않고 외부로 확장되는 것이라고 구체화했다.

/이러한 ㉠확장된 인지 과정은 인지 주체의 것일 때에만 다시 말해 (환경의 변화를 탐지하고 그에 맞춰 행위를 조절하는) 주체와 통합되어 있을 때에만 성립할 수 있다. 즉 로랜즈에게 주체 없는 인지란 있을 수 없다.

확장된 인지 과정이 성립될 수 있는 조건도 제시한다.
인지 주체의 것일 때에만 =
환경의 변화를 탐지하고 그에 맞춰 행위를 조절하는 주체와 통합되어 있을 때에만 이렇게 조건을 구체화하고, '주체 없는 인지'가 있을 수 없다는 말로 정리한다.

확장 인지 이론은 의식의 문제를 몸 안으로 한정하지 않고 바깥으로까지 넓혀 설명한다는 의의를 지닌다.
이후, 확장 인지 이론의 의의를 제시하고 글이 마무리된다. 의의의 내용은 확장 인지 이론을 잘 이해했다면 쉽게 납득할 수 있다.

(가).(나)형 지문에서는, (가)를 읽고, (가)만 읽고 해결할 수 있는 문제 / 선지를 해결한 후, (나)를 독해해야 한다. 이때, (나)를 읽으면서 (가)와 연결되는 내용이 나오면 계속 (가)와 왔다 갔다 하면서 연결해줘야 한다.

(나)

(일반적으로) '지각'이란 (몸의 감각 기관을 통해) 사물에 대해 아는 것을 의미한다. '지각'이라는 키워드를 도입한다. 지각을 정의하는데, 이는 일반적인 정의라는 것을 인지하고 있어야 한다. 그리고, 지각의 정의를 보니, (가)의 키워드였던 '인지'의 한 종류라고 볼 수 있겠다. 이러한 지각을 분석할 때 두 가지 사실에 직면한다. 첫째, 그 사물과 내 몸은 물질세계에 있다. 둘째, [그 사물에 대한 나의 의식]은 (물질세계가 아닌) 다른 세계에 있다. 즉 [몸으로서의 나]는 사물과 같은 세계(=물질세계)에 속하는 동시에 [의식으로서의 나]는 사물과 다른 세계에 속한다.

지각을 분석할 때 직면한다는 두 가지 사실을 이해해 보니, '나'를 [몸으로서의 나]와 [의식으로서의 나]로 쪼개고, 전자는 사물과 같이 물질세계에 존재하지만 후자는 물질세계가 아닌 다른 세계에 존재한다고 한다. 이렇게 1문단이 끝나는데, 일단 지각에 대해 제시된 이런 정보를 그대로 끌고 내려가서 이어지는 내용을 붙여봐야겠다.

HOLD

이에 대한 〈객관주의 철학의 입장〉은 두 가지로 나뉜다.
바로 흐름을 잡아준다. [지각]에 대해 제시된 1문단의 정보를 받아서, 이에 대한 객관주의 철학의 입장을 두 가지로 나눠 서술할 것임을 암시한다.

(의식을 포함한) 모든 것을 물질로 환원하여 / 의식은 물질에 불과하다고 주장(=(가)에 등장한 동일론과 같네!)하거나, / (의식을 물질과 구분되는 독자적 실체로 규정함으로써) 의식과 물질의 본질적 차이를 주장한다.

불일치

일치

의식을 물질과 구분되는 독자적 실체로 규정했냐 물질로 환원 했냐, 이렇게 두 가지로 나눠진다고 구체화 된다. 전자를 보고는, (가)에 나온 동일론이 떠올랐어야 한다. 그런데 여기서는 의식을 포함한 모든 것을 물질로 환원한다고 했는데, 동일론에서는 그런 언급은 없다. 의식을 물질에 불과한 것으로 보는 공통점 정도만 확보하고 넘어가자.

[3문단 독해]
동일론, 기능주의, 설은 모두 의식에 대한 논의를 의식을 구현하는 몸의 내부로만 한정
└ BUT 의식의 하나인 [인지=무언가를 알게 됨]은 몸 바깥에서 일어나는 일과 맞물려 벌어짐: 로랜즈의 확장 인지 이론이 설명

[4문단 독해]
로랜즈의 확장 인지 이론 설명 시작
인지 과정은 주체에게 심적 상태가 생겨나게 하는 과정

심적 상태
- ex) 기억이나 믿음
- 어떤 것에도 의존함이 없이 주체에게 의미 나타냄

파생적 상태
- 주체의 해석, 사회적 합의에 의존해서만 주체에게 의미를 나타내는 상태로 정의
- ex) 노트북에 저장된 정보: 주체에 의해 열람된 후에도(=주체가 해석한 후에도) 여전히 파생적 상태

하지만 열람 후 주체에게는 기억(심적 상태)이 생겨난다
: 로랜즈에게 인지 과정은
┌ 파생적 상태→심적 상태 (X)
  파생적 상태를 조작함으로써(=주체의 해석) 심적 상태를 생겨나게 하는 과정 (O)
▶ 심적 상태가 몸 외부로 확장 X
  심적 상태를 생겨나게 하는 인지 과정(=파생적 상태를 조작하는 행위)이 몸 외부로 확장되는 것

[확장 인지 과정이 성립될 수 있는 조건]
인지 주체의 것일 때에만 =
환경의 변화를 탐지하고 그에 맞춰 행위를 조절하는 주체와 통합되어 있을 때에만

[1문단 독해]
키워드(중심 소재) : 지각
정의 : 몸의 감각 기관을 통해 사물에 대해 아는 것
지각을 분석할 때 두 가지 사실에 직면함
1. 사물과 내 몸은 물질세계에 있다.
2. 그 사물에 대한 나의 의식은 물질세계가 아닌 다른 세계에 있다.

전자에 의하면 지각은 (사물로부터의 감각 자극에 따른) 주체의 물질적 반응으로 이해되며, 의식을 포함한 모든 것을 물질로 환원했으므로, 지각 역시 물질적 반응으로 이해되는 것이다.

후자에 의하면 지각은 (감각된 사물에 대한) 주체 즉 의식의 판단으로 이해된다. 의식을 물질과 구분되는 독자적 실체로 규정했으므로, 몸의 감각 기관을 통해 감각된 사물을 판단하는 주체로 의식을 규정한 것이다. 전자에서의 주체는 내 몸(물질)이지만, 여기서 주체는 물질과 구분되는 독자적인 의식 그 자체이다.

이처럼 양자 (모두) 주체와 대상의 분리를 전제하고 지각을 이해한다. 주체와 대상은 〈지각 이전에〉 이미 확정되어 각각 존재한다는 것이다.

주체와 대상이 분리되어 있다는 것은 앞의 내용을 잘 읽었다면 쉽게 수용할 수 있다. 이에 대해, 주체와 대상은 지각 이전에 이미 확정되어 각각 존재한다는 설명을 덧붙인다. 이는 전자와 후자 주장의 공통점에 해당한다.

+1문단의 지각에 대한 주장에 대해, 전자의 주장은 전혀 반대의 주장을 하고 있는 것이다. 1문단에서는 의식이 물질세계가 아닌 다른 세계에 존재한다고 했지만, 전자는 의식을 물질로 환원해서 생각했기 때문에, 전자의 입장에서 보면 의식이 물질세계에 있다고 볼 수 있다.

하지만 지각은 〈주체와 대상이 각자로서 존재하기 이전에 나타나는〉 얽힘의 체험이다.

역접으로 다음 문단을 시작한다. 이전 문단에서 의식을 물질로 환원해서 생각하든지 의식을 물질과 독립된 실체로 규정하든지 주체와 대상은 지각 이전에 이미 확정되어 각각 존재한다고 했었는데, 갑자기 그렇게 주체와 대상이 각자로서 존재하기 이전에 지각이 발생한다니, 뭔 소린지 도통 모르겠다 아 그러면 이 글의 필자가 객관주의 철학의 입장을 통째로 반박하고 있는거네 ! 다음 문장을 보니 예시를 바로 붙여주네 ! 예시를 통해 이게 어떻게 구체화되는지 파악해보자

예를 들어 〈다른 사람과 손이 맞닿을 때〉 내가 누군가의 손을 ⓒ만지는 동시에 나의 손 역시 누군가에 의해 만져진다. (감각하는 것이 동시에 감각되는 것이 되는) 얽힘의 순간에 [아 이게 얽힘이라는 거구나. / 나는 나(주체)와 대상(다른 사람의 손)을 확연히 구분한다. (지각이라는 얽힘의 작용이 있어야) 주체와 대상이 분리될 수 있다. 얽힘이 곧 지각이고, 얽힘의 순간이 돼서야 나와 대상을 확연히 구분할 수 있기 때문에, 얽힘의 작용이 있어야 주체와 대상이 분리될 수 있다는 것이다.

다시 말해 주체와 대상은 지각이 일어난 이후(=얽힘의 작용이 일어난 직후) 비로소 확정(=주체와 대상이 분리됨=각자로서 존재함)된다. 따라서 ⓛ지각과 감각은 서로 구분되지 않는다.(감각하는 순간이 곧 얽힘의 순간이고, 그 순간이 곧 지각의 순간이기 때문에 서로 구분되지 않는 것이다.)

지각은 물질적 반응(=객관주의 철학의 입장 중 전자)이나 의식의 판단(=객관주의 철학의 입장 중 후자)이 아니라, 내 몸의 체험이다. 지각은 (나의 몸에 의해) 이루어지는 것이고, 지각이 이루어지게 하는 것은 모두 나의 몸이다.

이 문단에서는 지각의 시점을 주체와 대상이 각자로서 존재하기 전이라는 점을 논리적으로 도출함으로써, 객관주의 철학의 두 입장을 모두 한 번에 반박한다.

[1문단 독해]

키워드(중심 소재) : 지각

정의 : 몸의 감각 기관을 통해 사물에 대해 아는 것

지각을 분석할 때 두 가지 사실에 직면함
1. 사물과 내 몸은 물질세계에 있다.
2. 그 사물에 대한 나의 의식은 물질세계가 아닌 다른 세계에 있다.

[2문단 독해]

이에 대한 객관주의 철학의 입장 두 가지

1. 의식은 물질에 불과하다. (1문단과 불일치)
 - 지각 : 사물로부터의 감각 자극에 따른 주체의 물질적 반응

2. 의식은 물질과 구분되는 독자적 실체
 - 지각 : 감각된 사물에 대한 주체=의식의 판단

모두 주체와 대상의 분리를 전제하고 지각 이해
: 주체와 대상은 지각 이전에 이미 확정되어 각각 존재
BUT. 1번은 주체가 물리적인 물질로써의 몸 그 자체이지만, 2번은 주체가 물질과 구분되는 의식이다

[3문단 독해]

범주 change : 글쓴이의 주장 전개
 - 지각 : 주체와 대상이 각자로서 존재하기 이전에 나타나는 얽힘의 체험

 - 얽힘의 순간이 지각이 일어나는 순간이고, 얽힘의 순간이 돼서야 나와 대상을 확연히 구분할 수 있기 때문에 얽힘의 작용이 있어야 주체와 대상이 분리될 수 있음

 - 감각하는 순간이 곧 얽힘의 순간이고, 그 순간이 곧 지각의 순간이기 때문에 서로 구분되지 않는 것

 - 지각은 물질적 반응, 의식의 판단 X 내 몸의 체험

12. 정답: ①

출제 의도 : 글의 핵심 정보를 잘 파악했나

이 문제는 (가)와 (나)의 핵심 정보를 파악하고, 이를 바탕으로 머릿속에 목차를 그리듯이 글을 잘 읽었다면 쉽게 해결할 수 있다.

해설:

[1] ㉮에 들어갈 말: "의식과 함수적 역할"

(가)에서는 기능주의가 의식을 함수적 역할로 본다고 설명한 후, 설(Searle)이 이를 반박하는 사고 실험(중국어 방)을 제시한다.

 - 설은 입력과 출력이 동일하다고 해서 반드시 의식이 동일한 것은 아니다고 주장한다.
 - **입력과 출력은 [함수적 역할]의 정의**이므로, "의식과 함수적 역할"이 동일하지 않다는 점을 비판하고 있는 것이다.

따라서 ㉮에 들어갈 말은 "의식과 함수적 역할"이 적절하다.

[2] ㉯에 들어갈 말: "내 몸의 체험"

(나)에서는 지각을 다루며, 기존의 객관주의 철학이 지각을 주체와 대상을 분리해서 설명하는 방식을 비판한다.

 - 지각은 나의 몸에 의해 이루어지는 체험이라는 입장을 강조한다. (지문 내용 일치)
 - 즉, 지각은 단순한 물질적 반응이나 의식의 판단이 아니라, 내 몸의 체험이라는 것이다.

따라서 ㉯에 들어갈 말은 "내 몸의 체험"이 적절하다.

13. 정답: ③

출제 의도 : 글의 핵심 정보를 잘 파악했나

이 문제는 (가)에서 설명하는 동일론, 기능주의, 설(Searle)의 비판, 그리고 로랜즈의 확장 인지 이론의 핵심 개념을 올바르게 이해하고 있는지를 평가하는 문제이다. 말 그대로 **핵심 정보에 대한 내용 일치 문제**이다.

해설:

③ 로랜즈는 기억이 주체의 몸 바깥으로 확장될 수 있다고 볼 것이다. (X, 틀림)

 -[심적 상태가 주체의 몸 외부로 확장되는 것이 아니라(=몸 외부의 파생적 상태인 것을 심적 상태로 변환하는 것이 아님), 심적 상태를 생겨나게 하는 인지 과정이 (몸 외부로) 확장되는 것이다.] 여기서 not A, B의 형태로 B를 강조하여 제시했으므로 의식적으로 확보했다면 바로 기억날 것이다. 이는 확장 인지 이론의 핵심적인 내용이기도 했다. 이렇게 선지의 판단 근거는 대부분 지문에서 핵심 내용에 해당하는 부분에서 나온다.
 - 로랜즈의 확장 인지 이론에서 중요한 것은 인지 과정의 확장이다.
 - 하지만 기억 자체가 몸 바깥으로 확장된다고 보지는 않는다.
 - 즉, 파생적 상태(외부 저장 정보)가 주체에 의해 사용될 때 인지 과정이 확장되는 것이지, 기억 자체가 외부로 확장되는 것이 아니다.

틀린 내용이므로 정답이다.

① 동일론자들은 뇌가 존재하지 않으면 의식도 존재하지 않는다고 볼 것이다. (O)

 - 동일론은 의식이 뇌의 물질적 상태와 동일하다고 본다.
 - 따라서 뇌가 없으면 의식도 존재할 수 없다고 생각할 것이다.

② 설(Searle)은 '중국어 방' 안의 사람과 중국어를 아는 사람의 의식이 다르다고 볼 것이다. (O)

 - 설은 기능주의가 입력과 출력이 같다면 의식도 같다고 본다는 점을 반박한다.
 - '중국어 방' 실험에서 방 안의 사람은 중국어를 이해하지 못하면서도 중국어를 아는 사람처럼 행동할 수 있다.
 - 즉, 입출력이 같아도 의식이 다를 수 있음을 주장한 것이다.

④ 로랜즈는 인지 과정이 파생적 상태를 조작하는 과정을 포함한다고 볼 것이다. (O)

 - 로랜즈는 인지 과정이 심적 상태가 아니라 파생적 상태를 조작해서 심적 상태를 생겨나게 하는 과정이라고 본다.

⑤ 로랜즈는 노트북에 저장된 정보가 그 자체로는 심적 상태가 아니라고 볼 것이다. (O)

 - 로랜즈는 노트북에 저장된 정보는 파생적 상태이며, 주체가 열람하기 전까지 심적 상태가 될 수 없다고 본다.
 - 심적 상태는 주체가 독립적으로 의미를 부여할 수 있는 상태여야 하는데 노트북에 저장된 정보는 그렇지 않다.

14. 정답: ①

(나)를 읽을 때 (가)와 서술 범주가 겹치는 내용이 나오면, "어? 이거 (가)에서 나온 A의 주장과 같은데? 혹은 다른데?"를 실시간으로 계속 반응하며, (가)와 왔다 갔다 비교하는 식으로 읽어 내려가야 한다.

문제는 (가)의 특정 내용에 대한 (나)의 평가를 물어보는 것이기 때문에, 선지를 하나하나 읽어보면서 허용할 수 있는지 판정하면 된다. 지문을 읽을 때 애초에 생각했으면 좋지만, 생각을 못했다면 아래와 같은 과정을 거치면 된다.

선지로 들어가기 전에 일단 머릿속으로 (나)에 ③과 서술 범주가 겹치는 내용이 있는지 생각해봐야 한다.

- ③에서 '인지 주체'를 보는 순간 (나)에서 주체에 대해 언급한 내용이 생각나야 한다.
- (나)에서는 (가)와 달리 그 주체가 지각이 일어나기 전에는 확정되어 있지 않다.
- 그럼 (나)는 주체 없는 인지란 없다고 하면서, 인지 전에 주체가 확정되어야 함을 주장하는 ③에 비판적이겠다.

해설:

① (O, 정답)

선지에 들어가기 전 했던 생각과 정확히 일치한다.

- (나)의 필자는 지각이 주체와 대상이 분리되기 이전의 얽힘 과정이라고 본다.
- 반면 (가)의 확장 인지 이론은 인지 주체가 확정되어 있어야 확장된 인지 과정이 성립한다고 주장한다.
- (나)의 입장에서 보면 이는 지각 이전에 이미 주체가 확정되어 있다고 보는 오류에 해당한다.

따라서 (나)의 입장에서 보면 ③은 타당하지 않은 주장이다. **정답이다.**

② (X)

(가)의 확장 인지 이론은 의식을 독자적 실체로 본 것이 아니다. 오히려 인지 과정이 환경과 상호작용하면서 확장될 수 있다고 본다. **틀린 내용이다.**

③ (X)

확장 인지 이론은 인지 과정이 외부 환경과 결합할 수 있다고 보지만, 의식 자체를 단순한 물질적 현상으로 환원하는 입장은 아니다. **틀린 내용이다.**

④ (X)

(가)의 확장 인지 이론은 외부 세계와의 관계를 인정하고 있으며, 오히려 인지가 환경과 상호작용한다고 본다. 따라서 확장 인지 이론이 "외부 세계에 대한 지각이 이루어질 수 없다고 본다"는 해석은 잘못된 것이다. **틀린 내용이다.**

⑤ (X)

(나)의 필자는 지각이란 주체와 대상이 분리되기 이전에 발생하는 얽힘의 과정이라고 보기 때문에, 애초에 (나)의 필자의 주장과 반하는 내용이다.

15. 정답: ②

이렇게 좌표를 찍어서 그 내용의 원인을 물어보면, 인과를 드러내는 표지어 등을 활용해 지문에서 그 원인이 명시적으로 드러난 부분이 있는지 찾아보면 된다.

해설:

ⓒ이 포함된 문단을 보면, [하지만 지각은 주체와 대상이 각자로서 존재하기 이전에 나타나는 얽힘의 체험이다.]이러한 첫 문장이 흐름 잡아주는 문장이 되어 이를 구체화한 후, "따라서" ⓒ이라고 한다. 그러므로 ⓒ이 근본적인 원인은 저 첫 문장의 정보에 해당하기 때문에 선지에서 이와 문맥상 일치하는 내용을 찾으면 된다.

② (O, 정답)

흐름 잡아주는 문장이 구체화된 것을 잘 붙여서 읽었다면, '얽힘'이 "감각하는 것이 동시에 감각되는 것이 되는 순간"으로 구체화 됨을 알 수 있다. 이를 저 흐름 잡아주는 문장에 넣으면 그대로 2번 선지가 완성된다.

"(감각하는 것이 동시에 감각되는 것이 되는) 얽힘의 작용이 지각이다." (선지) = "지각은 얽힘의 체험이다." (지문)

똑같은 말이다. 따라서 정답은 2번이다.

① (X)

(나)의 필자는 감각과 지각이 물질세계에서 이루어진다는 점을 강조하지 않는다. 오히려, 감각과 지각이 주체와 대상이 분리되기 이전의 얽힘 과정에서 발생한다고 본다.

③ (X)

(나)의 필자는 감각과 지각이 모두 몸에 의해 이루어진다고 본다. (나) 필자 주장의 핵심은 '몸의 체험'이다. 따라서 "감각은 몸에 의해 이루어지지 않는다"는 설명은 잘못되었다.

④ (X)

(나)의 필자는 지각이 의식의 판단 과정이라고 보지 않는다. 오히려, 지각이란 감각과 분리되지 않는 신체적 체험이며, 주체와 대상이 분리되기 전의 얽힘 과정이다.

⑤ (X)

(나)의 필자는 감각과 지각이 분리된 채 존재하는 것이 아니라, 얽힘의 과정에서 함께 발생한다고 본다. 따라서 감각과 지각이 처음부터 분리되어 있다는 설명은 (나)의 주장과 어긋난다.

16. 정답: ③

출제 의도 : <보기>의 사례를 지문에 기반해서 분석하기
이 문제는 (가)와 (나)의 이론을 바탕으로 <보기>의 상황을
어떻게 해석할 수 있는지를 평가하는 문제이다. <보기>에서
A와 B의 상황을 파악하면서, (가)와 (나)의 이론과 관련되는 부분
을 연결할 수 있는 만큼 연결하면 된다. 나머지는 선지에서 유도
하는 데로 생각하고 허용할 수 있는지 따져보면 된다.

> ─ <보 기> ─
>
> 빛이 완전히 차단된 암실에 A와 B 두 명의 사람이 있다.
> A는 막대기로 주변을 더듬어 사물의 위치를 파악한다. 막대기
> 사용에 익숙한 A는 사물에 부딪친 막대기의 진동을 통해
> 사물의 위치를 파악할 수 있다. B는 초음파 센서로 탐지한
> 사물의 위치 정보를 '뇌-컴퓨터 인터페이스(BCI)'를 사용하여
> 전달받는다. 이를 통해 B는 사물의 위치를 파악할 수 있다.
> BCI는 사람의 뇌에 컴퓨터를 연결하여 외부 정보를 뇌에
> 전달할 수 있는 기술이다.

<보기>는 또 하나의 지문이다. 독자적으로 읽되, 읽을 때 지문과
연결되는 포인트가 있으면 연결해주면 된다.

- <보기>에서는 사물의 위치를 인지하는 예시를 들고 있는 것 같
  은데, 암실의 사람을 A와 B로 쪼개고 각각을 서술했다. 그러면
  그 둘이 어떤 차이점, 공통점이 있는지 살펴봐야 한다.

- A와 B는 각각 사물의 위치를 인지하는 방법이 다르다. A는
  [막대기의 진동]이라는 [입력]을 받고, [사물의 위치]라는
  [출력]을 내놓는 것이고, B는 [BCI로부터 전달받은 정보]가
  [입력]이 되어, [사물의 위치]라는 [출력]이 나오는 것이다.

이제 이렇게 확보한 정보를 끌고 내려와서, 해설이 유도하는 설
명이 지문의 내용과 연결해서 허용할 수 있는지 판단하면 된다.

해설:
 # 문장 구조가 복잡하고, 길이가 긴 선지를 마주한 경우
 : 1. 의미 단위로 끊어 읽기
  2. 수식어로 조건 걸어주는 경우 주의하기
  3. 하나의 문장 요소가 길어질 경우 그 전체를 괄호로 묶어주기
이렇게 세 가지를 활용하여, 그 선지가 물어보는 바를 정확히
확보하고 나서 판단하는 것이 중요하다.
여기서 주어진 모든 선지는,
"A 이론에 따르면, B할 경우 C라고 볼 수 있나?" 의 구조를 가진다.
위 <보기>의 사례에 'B할 경우'의 조건을 붙여서, "그 경우를 가정했
을 때, A 이론은 C를 허용할 수 있나?"를 판단하라는 것이다.

① (O)
(가)의 기능주의에 따르면, / A와 B가 암실 내 동일한 사물의 위치를
묻는 질문(입력 !)에 동일한 대답 (입력에 대한 출력이 동일하니까 기능
주의에 의하면 A와 B의 의식이 같겠네!)을 내놓는 경우 / 이때 둘의
의식은 차이가 없겠군.

기능주의는 입력과 출력이 동일하면 의식도 동일하다고 본다. A와
B가 사물의 위치를 인식하는 방법이 달라도, 둘은 입력에 대한
출력이 동일하기 때문에 기능주의에 따르면 그들의 의식은 차이가
없다고 본다.

② (O)
(가)의 확장 인지 이론에 따르면, / BCI로 암실 내 사물의 위치를
파악하는 것이 B의 인지 과정인 경우 / B에게 사물의 위치에 대한
심적 상태가 생겨나겠군.

BCI를 통한 정보 입력도 B의 인지 과정에 포함된다면, B는 사물의
위치를 '기억'하는 심적 상태를 갖게 된다.

③ (X, 정답) : 정의된 개념과, 극단적 범주를 잘 파악하기
(가)의 확장 인지 이론에 따르면, / 암실 내 사물에 부딪친 막대기
의 진동이 A의 해석에 의존해서만 의미를 나타내는 경우(확장 인지
이론에 입각해서 보면, 막대기의 진동은 인지 주체의 해석에 의존해서만
의미를 나타낼 수 있기 때문에 파생적 상태겠네!) / 그 진동 상태는 파생
적 상태가 아니겠군.

- 확장 인지 이론에서 파생적 상태란 주체의 해석이나 사회적
  합의에 의존해야만 의미가 부여되는 상태를 의미한다.
- 막대기의 진동이 A의 해석에 의존해야만 의미를 가진다면, 이는
  파생적 상태에 해당한다.
- 그런데 선택지는 그 진동 상태가 파생적 상태가 아니라고 잘못
  서술하고 있다.
* 지문에서 용어의 개념이 정의되면 반드시 박스 치고 밑줄 그으
면서 세 번 정도 읽어 정확히 이해하고 넘어가라고 누누이 강조
했다. 그런데 파생적 상태의 정의에는 '만'이라는 극단적인 범주
까지 사용되었다. 따라서 더욱 꼼꼼히 확보하고 넘어갔어야 했다.
지문을 읽을 때 애초에 이 생각을 하고 읽었다면, 3번 선지 정
도는 지문으로 돌아가지 않고도 해결할 수 있었을 것이다.
적절하지 않은 내용이므로 정답이다.

④ (O)
(나)에서 몸에 의한 지각을 주장하는 입장에 따르면, / 막대기에 의해
A가 사물의 위치를 지각하는 경우 / 막대기는 A의 몸의 일부라고
할 수 있겠군.

- (나)의 필자는 지각을 몸의 체험으로 본다.
- A가 막대기를 사용해 사물의 위치를 파악하는 과정은 A의
  몸이 확장된 것으로 볼 수 있다.

따라서 막대기는 A의 몸의 일부라고 허용할 수 있다.

⑤ (O)
(나)에서 의식을 물질로 환원하는 입장에 따르면, / BCI를 통해
입력된 정보로부터 B의 지각이 일어난 경우 / BCI를 통해 들어온
자극에 따른 B의 물질적 반응이 일어난 것이겠군.

의식을 물질로 환원하는 입장에서는 지각이 외부 자극에 대한 물
질적 반응에 불과하다고 본다. 따라서 BCI를 통한 입력이 B의
물질적 반응을 유발했다고 볼 수 있다.

17. 정답: ④

이렇게 마지막 문제로 문맥상 의미를 비교하는 문제가 자주 출제된다. 문맥상 의미는, 그 단어 자체의 뜻보다 그 단어 주변 맥락을 살펴보는 것이 가장 중요하다. 단어가 관계를 맺고 있는 다른 문장 요소가 어떤 성질을 가지고 있는지(예를 들어, 물리적인 상태인지 관념적인 상태인지 등) 파악하라는 것이다.

이렇게 바꿔쓸 수 있는 표현을 고르는 문제는, 각 선지를 직접 지문의 그 문장에 넣어서 주변 요소와의 연결이 원래 단어와 같이 자연스럽게 되는지 확인해 보면 된다.

해설:

④ ⓓ: 단어의 뜻을 '알아보기' 위해 사전을 펼쳤다. (정답)
원문 : '무언가를 기억하는 사람은 자기의 기억이 무엇인지 ⓓ알아보기 위해 아무것에도 의존할 필요가 없다.'
→ 여기서 '알아보기'는 '확인하다, 살펴보다'는 의미.
선지의 '알아보기'도 같은 의미로 사용되었으므로 적절하다.
정답은 ④이다.

① ⓐ: 그간의 사정을 '봐서' 그를 용서해 주었다.
원문 : '동일론은 의식이 뇌의 물질적 상태와 동일하다고 ⓐ본다.'
→ 여기서 '본다'는 '여긴다, 간주한다'는 의미.
선지의 '봐서'는 '고려하여' 또는 '판단하여'의 의미로 차이가 있다.

② ⓑ: 이사 후에 가난하던 살림살이가 '일어났다.'
원문 : '몸 바깥에서 ⓑ일어나는 일과 맞물려 벌어진다.'
→ 여기서 '일어나는'은 '발생하는, 이루어지는'이라는 의미.
선지의 '일어났다'는 '변화하여 나아졌다'는 의미로 차이가 있다.

③ ⓒ: 개발에 '따른' 자연 훼손 문제가 심각해졌다.
원문 : '그에 ⓒ따르면 인지 과정은 주체에게 심적 상태가 생겨나게 하는 과정이다.'
→ 여기서 '따르면'은 '그(로랜즈)의 주장에 의하면'이라는 의미.
선지의 '따른'은 '개발로 인해 발생한'이라는 뜻으로, 의미 차이가 있다.

⑤ ⓔ: 그는 컴퓨터 프로그램을 제법 '만질' 줄 안다.
원문 : '내가 누군가의 손을 ⓔ만지는 동시에 나의 손 역시 누군가에 의해 만져진다.'
→ 여기서 '만지는'은 '신체적 접촉을 하는 행위'를 의미.
선지의 '만질 줄 안다'는 '다룰 줄 안다'의 의미로 차이가 있다.

[Q ⇒ A형 지문]

[대원칙]

> ≫ 1문단에서 의문이 제시되었는데, 그 의문에 대한 답이 같이 제시되지 않았다면 그 의문에 대한 답을 구하는 것이 글의 핵심 정보가 될 확률이 가장 높다.
>
> ≫ "아 이 의문에 대한 답이 너무 궁금하다...너무 궁금해..궁금해 죽겠다."라고 스스로 세뇌시키며, 그 의문에 대한 답이 나오면 바로 반응해줄 준비를 하고 읽어야 한다.
>
> ≫ 의문이 나오면 Q 표시를 해주고, 그 의문에 대한 답이 나올 때 A 표시를 해주며 서로 연결해준다. 이렇게 시각적으로 표시하라는 이유는, 그래야 의식적으로 생각하면서 독해할 수 있기 때문이다.

TYPE 1 | 하나의 의문을 긴 호흡으로 해결하는 타입

보통, 지문 초반부에 답을 내야할 의문을 제기하고, 긴 호흡으로 그 질문에 답하기 위해 필요한 보조 정보들을 서술한 후, 그 보조 정보를 활용해 의문에 대한 답을 내는 경우가 많다. 개념편 p.42에서 제시한 그림과 같은 형태다.

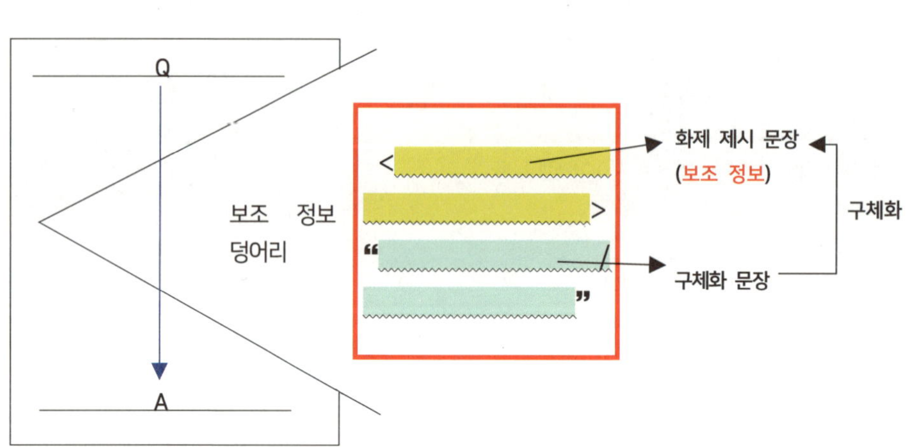

TYPE 2 | Q1⇒A1⇒Q2⇒A2⇒Q3⇒A3

이렇게 하나의 질문에서 답변이 나오고, 그 답변으로부터 또 질문이 나오고, 그게 연속적으로 제시되는 형태의 지문이 있다. 이때는 그냥 내용을 보고 저 구조를 머릿속으로 모델링하며 흐름을 따라가는 수밖에 없다.

TYPE 3 | 지문 초반부에서 Q에 대해 너무 일찍 A가 완결되어 버린 경우

이때, 그 완결된 의문과 답변에서, 그 답변이 앞으로 구체화되거나 해당 의문에 대한 또 다른 답변이 제시되는 경우가 많다. 따라서, 일단 그 Q⇒A를 잡아두고, 여기에 이어지는 정보를 붙이며 A가 어떻게 구체화되는지, 또는 질문에 대한 또 다른 답변이 나오는지 확인하며 읽으면 된다.

[8~11] 다음 글을 읽고 물음에 답하시오.

　저울은 흔히 지렛대의 원리를 이용하거나 전기 저항 변화를 측정하여 질량을 잰다. 그렇다면 초정밀 저울은 기체 분자나 DNA와 같은 미세 물질의 질량을 어떻게 잴까? 이에 답하기 위해서는 압전 효과에 대한 이해가 필요하다.

　압전 효과에는 재료에 기계적 변형이 생기면 재료에 전압이 발생하는 1차 압전 효과와, 재료에 전압을 절면 재료에 기계적 변형이 생기는 2차 압전 효과가 있다. 두 압전 효과가 모두 생기는 재료를 압전체라 하며, 수정이 주로 쓰인다.

　압전체로 사용하는 수정은 특정 방향으로 절단 및 가공하여 납작한 원판 모양으로 만든다. 이후 원판의 양면에 전극을 만든 후 (+)와 (−)극이 교대로 바뀌는 전압을 가하면 수정이 진동한다. 이때 전압의 주파수*를 수정의 고유 주파수와 일치시켜 수정이 큰 폭으로 진동하도록 하여 진동을 측정하기 쉽게 만든 것이 ㉠수정 진동자이다. 고유 주파수란 어떤 물체가 갖는 고유한 진동 주파수인데, 같은 재료의 압전체라도 압전체의 모양과 크기에 따라 달라진다. 수정 진동자에 어떤 물질이 달라붙어 질량이 증가하면 고유 주파수에서 진동하던 수정 진동자의 주파수가 감소한다. 수정 진동자의 주파수는 매우 작은 질량 변화에 민감하게 변하므로 기체 분자나 DNA와 같은 미세한 물질의 질량을 측정할 수 있다. 진동자에서 질량 민감도는 주파수의 변화 정도를 측정된 질량으로 나눈 값인데, 수정 진동자의 질량 민감도는 매우 크다.

　수정 진동자로 질량을 측정하는 원리를 응용하면 특정 기체의 농도를 감지할 수 있다. 수정 진동자를 특정 기체가 붙도록 처리하면, 여기에 특정 기체가 달라붙으며 질량 변화가 생겨 수정 진동자의 주파수는 감소한다. 일정 시점이 되면 수정 진동자의 주파수가 더 감소하지 않고 일정한 값을 유지한다. 이렇게 일정한 값을 유지하는 이유는 특정 기체가 일정량 이상 달라붙지 않기 때문이다. 혼합 기체에서 특정 기체의 농도가 클수록 더 작은 주파수에서 주파수가 일정하게 유지된다. 특정 기체가 얼마나 빨리 수정 진동자에 붙어서 주파수가 일정한 값이 되는가의 척도를 반응 시간이라 하는데, 반응 시간이 짧을수록 특정 기체의 농도를 더 빨리 잴 수 있다.

　그런데 측정 대상이 아닌 기체가 함께 붙으면 측정하려는 대상 기체의 정확한 농도 측정이 어렵다. 또한 대상 기체만 붙더라도 그 기체의 농도를 알 수는 없다. 이 때문에 대상 기체의 농도에 따라 수정 진동자의 주파수 변화를 미리 측정해 놓아야 한다. 그 후 대상 기체의 농도를 모르는 혼합 기체에서 주파수 변화를 측정하면 대상 기체의 농도를 알 수 있다. 수정 진동자의 주파수 변화 정도를 농도로 나누면 농도에 대한 민감도를 구할 수 있다.

　*주파수: 진동이 1초 동안 반복하는 횟수 또는 전압의 (+)와 (−)극이 1초 동안, 서로 바뀌고 다시 원래대로 되는 횟수.

8. 윗글에 대한 설명으로 가장 적절한 것은?

① 압전체의 제작 방법을 소개하고 제작 시 유의점을 나열하고 있다.

② 압전 효과의 개념을 정의하고 압전체의 장단점을 분석하고 있다.

③ 압전 효과의 종류를 분류하고 그 분류에 따른 압전체의 구조를 비교하고 있다.

④ 압전체의 유형을 구분하는 기준을 제시하고 초정밀 저울의 작동 과정을 단계별로 설명하고 있다.

⑤ 압전 효과에 기반한 초정밀 저울의 작동 원리를 설명하고 이 원리가 적용된 기체 농도 측정 방법을 소개하고 있다.

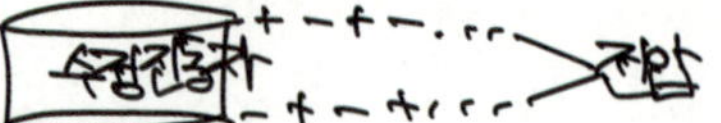

9. 윗글을 통해 알 수 있는 내용으로 적절하지 않은 것은?

① 수정 이외에도 압전 효과를 보이는 재료가 존재한다.

② 수정을 절단하고 가공하여 미세 질량 측정에 사용한다.

③ 전기 저항 변화를 이용하여 물체의 질량을 측정하는 경우가 있다.

④ 같은 방향으로 절단한 수정은 크기가 달라도 고유 주파수가 서로 같다.

⑤ 진동자의 주파수 변화 정도를 측정된 질량으로 나누면 질량에 대한 민감도를 구할 수 있다.

10. ㉠에 대한 이해로 적절하지 않은 것은?

① ㉠에는 1차 압전 효과를 보일 수 있는 재료가 있다.

② ㉠에서는 전압에 의해 압전체의 기계적 변형이 일어난다.

③ ㉠에는 전극이 양면에 있는 원판 모양의 수정이 사용된다.

④ ㉠에서는 전극에 가하는 전압의 주파수를 수정의 고유 주파수에 맞춘다.

⑤ ㉠의 전극에 가해지는 특정 주파수의 전압은 압전체의 고유 주파수 값을 더 크게 만든다.

11. 윗글을 바탕으로 〈보기〉를 탐구한 내용으로 가장 적절한
    것은? [3점]

① A의 진동자에 있는 압전체의 고유 주파수를 알코올만 있는
   기체에서 미리 측정해 놓으면, 혼합 기체에서의 알코올의 농도를
   알 수 있겠군.

② B에 달라붙은 알코올의 양은 변하지 않고 다른 기체가 함께
   달라붙은 후 진동자의 주파수가 일정하게 유지된다면, 이때
   주파수의 값은 알코올만 붙었을 때보다 더 작겠군.

③ A와 B에서 알코올이 달라붙도록 진동자를 처리한 것은 알코올이
   달라붙음에 따라 진동자가 최대한 큰 폭으로 진동할 수 있게
   하려는 것이겠군.

④ A가 B에 비해 동일한 양의 알코올이 달라붙은 후에 생기는
   주파수 변화 정도가 크다면, A가 B보다 알코올 농도에 대한
   민감도가 낮다고 할 수 있겠군.

⑤ B가 A보다 알코올이 일정량까지 달라붙는 시간이 더 짧더라도
   알코올이 달라붙은 양이 서로 같다면, A와 B의 반응 시간은
   서로 같겠군.

한 문단 내에서의 사고 :
문장과 문장을 연결 & 구분하며 정보 누적하기

1문단이다! 뭐가 키워드(중심 소재)고, 이에 대해 하고 싶은 말이 뭔지(핵심 정보 : 주제) 찾는데 집중해야 한다.

저울은 흔히 지렛대의 원리를 이용[1]하거나 전기 저항 변화를 측정하여[2] 질량을 잰다. 그렇다면 초정밀 저울은 (기체 분자나 DNA와 같은) 미세 물질의 질량을 어떻게 잴까?

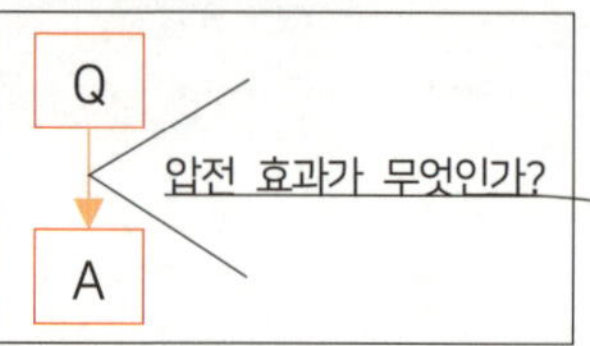

수식어로 미세 물질 구체화 : 미세 물질에는 기체 분자나 DNA가 있다.

일반적인 저울이 질량을 재는 방법을 두 가지 나열한 후, 바로 질문이 도입된다. 특수한 저울인 '초정밀 저울'에 초점을 맞춰, 기체 분자나 DNA와 같은 미세 물질의 질량을 재는 방법을 묻는다. 이게 핵심 정보겠다. Q를 홀딩하고, 초정밀 저울이 미세 물질의 질량을 재는 방법이 나오면 A로 보고 반응해줄 준비를 해야겠다.

이에 답하기 위해서는 압전 효과에 대한 이해가 필요하다.

질문에 대한 답을 내기 위해, 압전 효과라는 보조 정보를 세팅해줄 것임을 암시한다. 그러면 일단 압전 효과가 정확히 무엇인지 이해하는데 집중해야겠다.

이렇게 보조 정보 세팅을 암시해주는 문장이 나오면, Q와 A 사이에 볼륨이 큰 보조 정보 덩어리가 삽입되는 서술 방식일 가능성이 높으니, 머릿속에 아래와 같은 그림을 생각하고 2문단으로 넘어가야겠다.

```
Q
│
▼      압전 효과가 무엇인가?
A
```

압전 효과에는 (재료에 기계적 변형이 생기면 재료에 전압이 발생하는) 1차 압전 효과와, (재료에 전압을 걸면 재료에 기계적 변형이 생기는) 2차 압전 효과가 있다.

2문단에 들어오자마자 바로 압전 효과에 대한 설명을 시작한다. 이 포지션에 해당하는 정보(핵심 정보를 이해하기 위해 필요한 보조 정보 세팅)라고 인지해 두고, 압전 효과에 대한 정보를 확보하자.

압전 효과를 1차와 2차로 쪼개서 각각 정의한다. 하나의 범주에서 쪼개진 두 대상은 뭐가 다른지 반드시 파악하고 넘어가야 한다. 정의를 잘 이해했다면, 서로 인과의 방향성이 다름을 알 수 있다.

  1차 : IF 재료에 기계적 변형 → 전압 발생
  2차 : IF 재료에 전압 걸리면 → 기계적 변형 발생

이렇게 인과의 방향이 다른 것이다.

극단적인 범주 : 모두

두 압전 효과가 (모두) 생기는 재료를 압전체라 하며, 수정이 주로 쓰인다.

예시 : 압전체의 예시, 수정

그리고 1차, 2차 압전 효과가 모두 생기는 재료를 압전체라고 정의해준다. 압전체의 예시로 수정도 제시한다.

이렇게 2문단이 끝났다. 아직 Q에 대한 A는 나오지 않았고, 보조 정보인 압전 효과에 대한 정보를 세팅하고 있다.

압전체로 사용하는 수정은 (특정 방향으로 절단 및 가공하여) 납작한 원판 모양으로 만든다. 서술 범주 확인이 필요하다. 앞 문단에서 압전체의 예시로 제시한 수정을 끌고 와서 구체화하고 있다. 아직 보조 정보 덩어리가 끝나지 않았다.
+ 시각적인 형태의 정보를 글로 표현했다. 다시 시각적인 형태로 바꿔서 처리해주자.

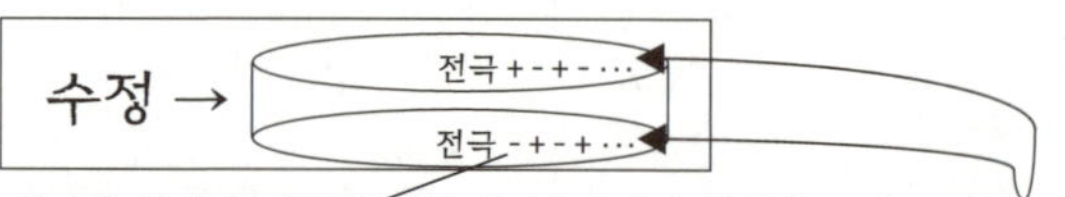

/이후 원판의 양면에 전극을 만든 후 / (+)와 (−)극이 교대로 바뀌는 전압을 가하면 수정이 진동한다.

원판으로 가공한 수정에 전압을 가한다고? 그러면 2차 압전 효과와 관련이 있겠네. 그럼 여기서 기계적 변형은 '진동하는 것'으로 볼 수 있으려나?

문단 간의 사고 :
문단과 문단을 연결 & 구분하며 목차 만들기

[1-2문단 독해]

키워드(중심 소재) : 초정밀 저울

Q : 초정밀 저울은 기체 분자나 DNA와 같은 미세 물질의 질량을 어떻게 잴까?

압전 효과
└1차 : if 기계적 변형 → 전압
└2차 : if 전압 → 기계적 변형
└압전체 : 1차, 2차 모두 생기는 재료, ex) 수정

   비핵화 – 비문학 공부의 **핵심, 그림**에 있다.

그렇다면 초정밀 저울은 (기체 분자나 DNA와 같은) 미세 물질의 질량을 어떻게 잴까?

이때 전압의 주파수*를 수정의 고유 주파수와 일치시켜 / 수정이 큰 폭으로 진동하도록 하여 / 진동을 측정하기 쉽게 만든 것이 ⊙수정 진동자이다.

각주로 제시한 주파수의 정의를 입혀서 읽어보면,
[수정 양면의 전극에 가하는 (+)와 (−)극이 교대로 바뀌는 전압에서 (+)극과 (−)극이 1초 동안 서로 바뀌고 다시 원래대로 되는 횟수를 수정의 고유 주파수와 일치 시키면,
수정이 큰 폭으로 진동하게 되고, 그러면 진동을 측정하기 쉽게 된다고 한다.
그렇게 만든 것이 수정 진동자라고 정의하고 있다. 여기서 두 가지 의문점이 들 수 있다.
#1. 고유 주파수가 뭐지? [정의되지 않은 개념을 사용함]
#2. 전압의 주파수를 수정의 고유 주파수와 일치시키면 왜 수정이 큰 폭으로 진동하게 되는 거지? [왜 그렇게 인과가 생기는지 납득하기 어려움]
여기까지 읽고 나서는, 위 두 의문에 답을 할 수 없다. 따라서, 저런 의문이 들어도 그냥 지문에서 알려주는 만큼, 글자 그대로만 파악해서 "그런가보다~" 하고 넘겨야 독해가 가능하다. 필요하면 나중에 구체적으로 설명해줄 것이다. 설명을 안 해주면 그냥 "그런가보다~" 하고 넘겨도 문제 푸는데 지장이 없을 것이다. 평가원을 믿고 차분히 이어지는 내용을 붙여보자.

고유 주파수란 어떤 물체가 갖는 고유한 진동 주파수인데,
바로 고유 주파수가 뭔지 알려준다. 각주에 정의된 주파수의 정의 중 첫 번째, [진동이 1초 동안 반복하는 횟수]에 해당하는 것이다. 그러면 수정의 고유 주파수는 "수정이 1초 동안 몇 번 진동하는가?" 에 해당하는 횟수일 것이다.

(같은 재료의 압전체라도) 압전체의 모양과 크기에 따라 달라진다.
고유 주파수에 대한 추가적인 정보를 덧붙인다. 재료가 같더라도 모양과 크기에 따라 [1초에 몇 번 진동하는지]가 달라진다고 한다. 그러면 자연스럽게 앞서 수정을 납작한 원판 모양으로 가공한 것을 떠올려야 한다. 수정을 재료로 하는 압전체라도 어떻게 가공하느냐에 따라 그 고유 주파수가 다른 것이다.

(수정 진동자에 어떤 물질이 달라붙어) 질량이 증가하면 (고유 주파수에서 진동하던) 수정 진동자의 주파수가 감소한다.
다시 수정 진동자에 대한 설명으로 복귀한다. [수정 진동자의 주파수]를 [수정 진동자가 1초 동안 진동하는 횟수]로 그 정의를 입혀서 읽으면 이해하기 쉽다. 수정 진동자에 어떤 물질이 달라붙어 질량이 증가하면, 1초 동안 진동하는 횟수가 줄어든다는 것이다. 질량이 증가하면 움직이기가 어려워지기 때문에 진동하는 횟수도 그만큼 줄어든 것이라고 직관적으로 이해할 수 있겠다.

수정 진동자의 주파수는 매우 작은 질량 변화에 민감하게 변하므로 / 기체 분자나 DNA와 같은 미세한 물질의 질량을 측정할 수 있다.
핵심 정보와 직결된다. 지금까지 설명하던 수정 진동자를 이용하면, 기체 분자나 DNA와 같은 미세 물질의 질량을 측정할 수 있다는 것이다. 앞 문장과 연결해서 이해하면, 미세 물질은 질량이 엄청 작을 것인데, 그런 작은 질량 변화에도 수정 진동자의 주파수가 민감하게 감소한다고 볼 수 있는 것이다.
+[시각적 모델링] 머릿속으로, 엄청나게 진동하고 있던 수정 진동자에 엄청 질량이 작은 DNA나 기체 분자가 살짝 묻자마자, 바로 진동 횟수가 줄어버리는 장면을 연상하면서 읽으면 BEST.

진동자에서 질량 민감도는 (주파수의 변화 정도)를 (측정된 질량)으로 나눈 값인데, 수정 진동자의 질량 민감도는 매우 크다.
질량 민감도라는 새로운 용어를 공식의 형태로 정의해준다. 미세 물질을 측정하는 것이기 때문에 당연히 (측정된 질량)은 매우 작을 것이다. 그런데 그런 작은 질량 변화에도 수정 진동자의 주파수는 민감하게 감소한다고 했다. 따라서, 분자인 (측정된 실량)은 매우 작고 분모인 (주파수의 변화 정도)는 크니, (질량 민감도) 역시 매우 크겠다.

반
응
!

A

[1-3문단 독해]

키워드(중심 소재) : 초정밀 저울

Q : 초정밀 저울은 기체 분자나 DNA와 같은 미세 물질의 질량을 어떻게 잴까?

압전 효과
└1차 : if 기계적 변형 → 전압
└2차 : if 전압 → 기계적 변형
└압전체 : 1차, 2차 모두 생기는 재료, ex) 수정

└수정 진동자 : 전압의 주파수를 수정의 고유 주파수와 일치시켜 수정이 큰 폭으로 진동하도록 하여 진동을 측정하기 쉽게 만든 것

A : 수정 진동자의 주파수는 매우 작은 질량 변화에도 민감하게 반응하는 성질을 이용해, 기체 분자나 DNA와 같은 미세 물질의 질량 측정 가능

---

*주파수 : 진동이 1초 동안 반복하는 횟수[1] 또는 전압의 (+)와 (−)극이 1초 동안, 서로 바뀌고 다시 원래대로 되는 횟수[2]

수정 진동자로 질량을 측정하는 원리를 응용하면 특정 기체의 농도를 감지할 수 있다.

서술 범주 확인이 필요하다. 앞 문단까지 설명한 [수정 진동자로 질량을 측정하는 원리]를 응용해, '특정 기체의 농도를 감지' 하는 방법에 대한 이야기를 시작한다. 새로운 핵심 정보가 설정된 것이다. 이제 특정 기체의 농도를 어떻게 감지할 수 있는지 파악하는 데 집중하며 독해를 이어가자.

(수정 진동자를 특정 기체가 붙도록 처리하면,) 여기에 특정 기체가 달라붙으며 질량 변화가 생겨(=질량 증가) 수정 진동자의 주파수는 감소한다.

앞 문단에서 설명했던 내용이다. 수정 진동자로 질량을 측정하는 원리다.

〈일정 시점이 되면〉 수정 진동자의 주파수가 더 감소하지 않고 일정한 값을 유지한다. 이렇게 일정한 값을 유지하는 이유는 특정 기체가 일정량 이상 달라붙지 않기 때문이다.

신규 정보다. 특정 기체가 일정량 이상 달라붙지 않기 때문에, 수정 진동자의 주파수가 감소하다가 일정 시점이 되면 더 이상 감소하지 않고 그 상태로 유지된다고 한다.

혼합 기체에서 (특정 기체의 농도)가 클수록 더 작은 주파수에서 주파수가 일정하게 유지된다.

드디어 농도에 대한 이야기가 시작된다. 수정 진동자로 질량을 측정하는 원리를 농도에 접목시키기 시작한 것이다. 여러 기체가 혼합된 기체에서, 특정 기체의 농도가 클수록 더 작은 주파수에서 주파수가 일정하게 유지된다고 한다. 여기까지의 내용으로 기체의 농도 측정을 어떻게 할까 생각해보면, 그 일정하게 유지되는 주파수의 크기를 비교하면 특정 기체의 농도의 크기도 비교할 수 있지 않을까? 정도 생각할 수 있다. 그런데 아직 그 농도를 정확한 수치로 어떻게 구하는지는 나오지 않았다. 계속 읽어봐야겠다.

특정 기체가 / 얼마나 빨리 수정 진동자에 붙어서 / 주파수가 일정한 값이 되는가의 척도를 반응 시간이라 하는데, 반응 시간이 짧을수록 특정 기체의 농도를 더 빨리 잴 수 있다.

반응 시간이라는 새로운 용어를 정의한 후, 반응 시간이 짧을수록 특정 기체의 농도를 더 빨리 잴 수 있다고 한다. 농도가 클수록 더 작은 주파수에서 일정하게 유지되는 원리를 활용해서 농도를 감지하는 것인데, 그러려면 주파수가 일정한 값이 되어야 특정 기체의 농도를 잴 수 있다는 말로 이해할 수 있다. 그러면 주파수가 얼마나 빨리 일정한 값이 되는가에 따라서 농도를 측정하는데 걸리는 시간이 다를 것이다.

수정 진동자로 질량을 측정하는 원리를 응용하면 특정 기체의 농도를 감지할 수 있다.
아직 특정 기체의 농도를 정확히 어떻게 측정할 수 있는지는 등장하지 않았다. 계속 홀딩 해야 한다.

그런데 (측정 대상이 아닌 기체가 함께 붙으면) 측정하려는 대상 기체의 정확한 농도 측정이 어렵다. 또한 (대상 기체만 붙더라도) 그 기체의 농도를 알 수는 없다. 이 때문에 (대상 기체의 농도에 따라) 수정 진동자의 주파수 변화를 미리 측정해 놓아야 한다. 그 후 대상 기체의 농도를 모르는 혼합 기체에서 주파수 변화를 측정하면 대상 기체의 농도를 알 수 있다.

핵심 정보 직결 포인트다. 혼합 기체에 포함되어 있는 특정 기체의 농도를 정확히 측정하기 위해서는, 그 대상 기체의 농도에 따라 수정 진동자의 주파수가 얼마나 더 작아진 상태로 일정하게 유지되는지를 미리 측정해 두어야 한다는 것이다.

그러면 [그 측정해 둔 수치]와, [실제로 특정 기체가 달라붙을 수 있는 한계치에 도달해 수정 진동자의 주파수가 일정하게 유지되는 때의 수정 진동자의 주파수를 측정한 수치를 비교하기만 하면 바로 농도를 알 수 있는 것이다.

(수정 진동자의 주파수 변화 정도)를 (농도)로 나누면(농도에 대한 민감도)를 구할 수 있다. 농도에 대한 민감도를 구하는 공식을 주고 마무리 했는데, 문제에서 쓰일 가능성이 높으니 확보해놓고 문제로 넘어가자.

[1-3문단 독해]

키워드(중심 소재) : 초정밀 저울

Q : 초정밀 저울은 기체 분자나 DNA와 같은 미세 물질의 질량을 어떻게 잴까?

압전 효과
ㄴ1차 : if 기계적 변형 → 전압
ㄴ2차 : if 전압 → 기계적 변형
ㄴ압전체 : 1차, 2차 모두 생기는 재료, ex) 수정

ㄴ수정 진동자 : 전압의 주파수를 수정의 고유 주파수와 일치시켜 수정이 큰 폭으로 진동하도록 하여 진동을 측정하기 쉽게 만든 것

A : 수정 진동자의 주파수는 매우 작은 질량 변화에도 민감하게 반응하는 성질을 이용해, 기체 분자나 DNA와 같은 미세 물질의 질량 측정 가능

[4-5문단 독해]

수정 진동자로 질량을 측정하는 원리를 응용하면 특정 기체의 농도를 감지할 수 있다.

내가 했던 생각이 그대로 지문에 등장

반응!

공식

8. 정답: ⑤

출제 의도 : 글의 전체적인 흐름을 물어보는 문제다.

핵심 정보를 기준으로 목차를 짜듯이 글을 읽었다면, 쉽게 해결할 수 있었을 것이다. 선지를 읽으면서 실시간으로 글의 내용과 그 흐름을 떠올리며 적절한지 판정하면 된다.

해설:

⑤ 압전 효과에 기반한 초정밀 저울의 작동 원리를 설명하고 이 원리가 적용된 기체 농도 측정 방법을 소개하고 있다 → 적절하다. (정답)

글의 내용은 압전 효과의 개념을 설명한 후, 초정밀 저울이 질량을 측정하는 원리를 설명하고, 이를 이용한 기체 농도 측정 방법을 소개하고 있다. 글 전체의 핵심 정보를 가장 적절하게 요약한 선지이므로 정답이다.

① 압전체의 제작 방법을 소개하고 제작 시 유의점을 나열하고 있다. → 부적절하다.

압전체의 제작 방법이 일부 언급되긴 했으나, 제작 시 유의점은 다루지 않았다.

② 압전 효과의 개념을 정의하고 압전체의 장단점을 분석하고 있다. → 부적절하다.

압전 효과의 개념(1차 압전 효과, 2차 압전 효과)이 설명되기는 하지만, 압전체의 장단점에 대한 논의는 없다.

③ 압전 효과의 종류를 분류하고 그 분류에 따른 압전체의 구조를 비교하고 있다. → 부적절하다.

압전 효과의 종류(1차, 2차 압전 효과)를 설명하지만 압전체의 구조를 비교하는 내용은 없다.

④ 압전체의 유형을 구분하는 기준을 제시하고 초정밀 저울의 작동 과정을 단계별로 설명하고 있다. → 부적절하다.

압전체의 유형을 구분하는 기준이 명확히 제시되지 않았으며, 초정밀 저울의 작동 과정이 단계별로 나열되지는 않았다.

9. 정답: ④

출제 의도 : 내용 일치 문제다.

글의 내용을 바탕으로 참인지 거짓인지 판단하는 문제이다. 주어진 문장에서 글에 직접적으로 언급된 내용인지, 논리적으로 허용 가능한지, 왜곡이 있는지를 확인해야 한다. 이런 내용 일치 유형은 보통 선지을 아무 데서나 막 들고 와서 내지는 않는다.

> 1. 핵심 정보와 직결된 내용이거나,
> 2. 조건, 포함관계, 극단적 범주 등 STEP 02에서 중요하다고 강조했던 생각들이 담긴 내용이거나,
> 3. 지문에서 계속 같은 범주로 가다가 한 번씩 은근슬쩍 다른 범주의 정보가 살포시 삽입된 경우 (보통 문단 끝 부분)

보통 이렇게 세 가지 정보들이 내용 일치 문제의 선지로 자주 출제된다. 이제 알겠나? 애초에 문제로 나오기 때문에 지문을 읽을 때부터 잘 읽으라고 한 것이다. 독해 포인트가 곧 문제 출제 포인트다.

내용 일치 문제를 풀 때, 정확하게 기억이 나지 않는다면 기억에 의존해서 풀 게 아니라 직접 찾아서 풀어야 한다.

해설:

④ 같은 방향으로 절단한 수정은 크기가 달라도 고유 주파수가 서로 같다

글에서 "같은 재료의 압전체라도 (압전체의 모양과 크기에 따라) 달라진다."라고 설명하고 있다. 즉, 같은 방향으로 절단한 수정이라도 크기가 다르면 고유 주파수가 다를 수밖에 없다.

따라서, 이 내용은 글의 설명과 반대되므로 적절하지 않다. (정답) (수식어로 붙은 조건 '압전체의 모양과 크기에 따라'를 잘 확보하고 넘어갔다면 쉽게 해결할 수 있었다.)

① 수정 이외에도 압전 효과를 보이는 재료가 존재한다.

글에서 "두 압전 효과가 모두 생기는 재료를 압전체라 하며, 수정이 주로 쓰인다."라고 언급되었다. 수정은 압전체 중 하나일 뿐, 수정 외에도 압전 효과를 보이는 다른 재료가 존재함을 의미하므로, 적절한 내용이다. (포함 관계 제대로 확인했나?)

② 수정을 절단하고 가공하여 미세 질량 측정에 사용한다.

글에서 "압전체로 사용하는 수정은 특정 방향으로 절단 및 가공하여 납작한 원판 모양으로 만든다."라고 설명했다. 그리고 결국 이를 활용해서 미세 질량 측정을 했으므로 적절한 내용이다. (글의 핵심 정보와 직결되는 내용이다.)

③ 전기 저항 변화를 이용하여 물체의 질량을 측정하는 경우가 있다.

글의 첫 문장에서 "저울은 흔히 지렛대의 원리를 이용하거나 전기 저항 변화를 측정하여 질량을 잰다."라고 언급되었다. 적절한 내용이다. (이는 글의 핵심 정보가 아니라, 화제를 도입하는 과정에서 잠깐 등장한 일반적인 저울에 관한 정보인데, 이렇게 잠깐 등장한 다른 범주의 정보도 신경쓰고 넘어갈 필요가 있다.)

⑤ 진동자의 주파수 변화 정도를 측정된 질량으로 나누면 질량에 대한 민감도를 구할 수 있다. 적절함 (공식 잘 확보했나?)

10. 정답: ⑤

출제 의도 : **내용 일치 문제다.**

이 문제는 ㉠(수정 진동자)에 대한 올바른 이해를 평가하는 문제이다. 따라서 수정 진동자가 무엇인지, 그리고 (핵심 정보에 입각해) 미세 질량 측정 과정에서 어떻게 작동하는지 정확히 파악해야 한다.

해설 :

⑤ ㉠의 전극에 가해지는 특정 주파수의 전압은 압전체의 고유 주파수 값을 더 크게 만든다.

- 고유 주파수는 압전체 자체의 물리적 특성(재료, 모양, 크기 등)에 의해 결정되며, 전압을 가한다고 고유 주파수가 증가하지 않는다.
- 글에서도 전압의 주파수를 고유 주파수에 맞춘다고 했지, 고유 주파수를 증가시킨다는 내용은 없다.

따라서, 이 내용은 부적절하다. (정답)

① ㉠에는 1차 압전 효과를 보일 수 있는 재료가 있다.

- 글에서 "두 압전 효과가 모두 생기는 재료를 압전체라 하며, 수정이 주로 쓰인다." 라고 설명했다. ㉠도 결국 수정으로 만든 것이다.
- 수정은 1차 압전 효과(기계적 변형 → 전압 발생)와 2차 압전 효과(전압 → 기계적 변형)를 모두 보인다.

따라서, 1차 압전 효과를 보일 수 있는 재료(수정)가 존재하므로 **적절하다.** (필요했던 생각 : 정의된 개념 확보, 극단적 범주 파악)

② ㉠에서는 전압에 의해 압전체의 기계적 변형이 일어난다.

글에서 "재료에 전압을 걸면 기계적 변형이 생기는 2차 압전 효과가 있다."라고 설명했다.
수정 진동자는 전압을 가하여 진동을 발생시키므로, 2차 압전 효과에 의해 기계적 변형이 일어난다.

따라서, **적절한 내용이다.**

③ ㉠에는 전극이 양면에 있는 원판 모양의 수정이 사용된다.

글에서 "압전체로 사용하는 수정은 특정 방향으로 절단 및 가공하여 납작한 원판 모양으로 만든다. 이후 원판의 양면에 전극을 만든 후 (+)와 (-)극이 교대로 바뀌는 전압을 가하면 수정이 진동한다." 라고 설명했다.

따라서, 전극이 양면에 있는 원판 모양의 수정이 사용된다는 설명은 **적절하다.**

④ ㉠에서는 전극에 가하는 전압의 주파수를 수정의 고유 주파수에 맞춘다.

글에서 "전압의 주파수를 수정의 고유 주파수와 일치시켜 수정이 큰 폭으로 진동하도록 하여 진동을 측정하기 쉽게 만든 것이 수정 진동자이다." 라고 설명했다.
즉, 수정 진동자의 주파수와 동일한 주파수의 전압을 가하는 것이 원리이므로, **적절한 내용이다.** (필요했던 생각 : 정의된 개념 파악)

11. 정답: ②

출제 의도 : **<보기>에 지문의 내용 적용하기.**

이 문제는 수정 진동자의 원리를 바탕으로 <보기> 알코올 감지기(A, B)의 측정 과정을 탐구하는 문제이다. 일단 <보기>를 읽을 때 최대한 지문 내용을 붙일 수 있을 만큼 붙여서 이해한 후, 선지에서 유도하는 방향대로 판단하며 허용할 수 있는지 확인하면 된다.

해설 :

<보 기>

알코올 감지기 A와 B를 이용하여 (어떤 밀폐된 공간에 있는) 혼합 기체의 알코올 농도를 측정하였다.(지문에서 설명했던 혼합 기체의 농도 측정의 예시로 보면 되겠네. 측정하고자 하는 대상 기체는 '알코올'이 되겠어.) 이때 A와 B는 모두 진동자에 알코올이 달라붙을 수 있도록 처리되어 있다. A와 B 모두 (시간이 흐름에 따라) 주파수가 감소하다가 / 더 이상 감소하지 않고 일정하게 유지되었다. (농도를 측정하는 원리도 지문이랑 똑같네. 재료가 수정인지는 모르겠지만 어쨌든 진동자를 활용해서 농도를 측정하는 것이 지문과 똑같다.)

(단, 측정하는 동안 밀폐된 공간의 상황은 변동 없음.)

아직은 A와 B가 다른 점이 없다. 선지에서 그 차이점을 제시해줄 것이다.

\# 문장 구조가 복잡하고, 길이가 긴 선지를 마주한 경우

: 1. 의미 단위로 끊어 읽기
  2. 수식어로 조건 걸어주는 경우 주의하기
  3. 하나의 문장 요소가 길어질 경우 그 전체를 괄호로 묶어주기

이렇게 세 가지를 활용하여, 그 선지가 물어보는 바를 정확히 확보하고 나서 판단하는 것이 중요하다.
여기서 주어진 모든 선지는,
"~라면, ~된다고 볼 수 있나?" 의 구조를 가진다. 위 <보기>의 A, B 감지기에 조건을 붙여서, "그 경우를 가정했을 때, ~를 허용할 수 있나?"를 판단하라는 것이다.

② (O, 정답)
[B에 달라붙은 알코올의 양]은 변하지 않고 / 다른 기체가 함께 달라붙은 후 진동자의 주파수가 일정하게 유지된다면, / 이때 주파수의 값은 (알코올만 붙었을 때보다) 더 작겠군.

- 지문에 따르면, 진동자의 주파수는 달라붙은 질량이 증가할수록 감소한다. (필요했던 생각 : '요소 간 관계 - 인과' 파악)
- 만약 알코올뿐만 아니라 다른 기체도 함께 달라붙었다면, 추가 질량이 증가하여 주파수는 더 감소할 것이다.

따라서, 적절한 내용이다. (정답)

오답 선택지 검토:

① (X)
[A의 진동자에 있는 압전체의 고유 주파수]를 알코올만 있는 기체에서 미리 측정해 놓으면, / 혼합 기체에서의 알코올의 농도를 알 수 있겠군.
- 알코올만 있는 기체에서의 고유 주파수를 미리 측정하는 것만으로는 혼합 기체에서 알코올 농도를 정확히 알 수 없다.
- 혼합 기체에서는 알코올뿐만 아니라 다른 기체도 진동자에 달라붙을 수 있으므로, 이를 고려해야 한다.

③ (X)
A와 B에서 알코올이 달라붙도록 진동자를 처리한 것은 알코올이 달라붙음에 따라 진동자가 최대한 큰 폭으로 진동할 수 있게 하려는 것이겠군.
- 진동자가 최대한 큰 폭으로 진동하도록 만든 것은 전압의 주파수를 수정의 고유 주파수에 맞추었을 때이다.
- 알코올이 달라붙도록 처리한 목적은 알코올에 특이적으로 반응하도록 하기 위해서이지, 진동의 크기를 키우기 위한 것은 아니다.

④ (X)
A가 (B에 비해) 동일한 양의 알코올이 달라붙은 후에 생기는 주파수 변화 정도가 크다면, / A가 B보다 알코올 농도에 대한 민감도가 더 작다고 할 수 있겠군.
- 민감도는 [주파수 변화 정도 ÷ 농도] 로 정의된다.
- 동일한 농도에서 A이 주파수 변화 정도가 B부다 크다면 A가 B보다 농도 변화에 더 민감하다는 뜻이다.
즉, 민감도가 더 크다고 해야 맞다.

⑤ (X)
B가 (A보다) 알코올이 일정량까지 달라붙는 시간이 더 짧더라도 / 알코올이 달라붙은 양이 서로 같다면, / A와 B의 반응 시간은 서로 같겠군.
- 반응 시간은 '특정 기체가 얼마나 빨리 수정 진동자에 붙어서 주파수가 일정한 값이 되는가의 척도'를 의미한다.
- 정의에 따라 생각해보면, 반응 시간은 오직 '일정량까지 달라붙는 시간'에 따라 도출된다. B가 알코올이 일정량까지 달라붙는 시간이 더 짧기 때문에 B가 A보다 반응 시간이 더 짧다.
따라서 "알코올이 달라붙은 양이 같다면 반응 시간이 같을 것"이라는 주장은 성립하지 않는다.

[37~42] 다음 글을 읽고 물음에 답하시오.

우리는 한 대의 자동차는 개체라고 하지만 바닷물을 개체라고 하지는 않는다. 어떤 부분들이 모여 하나의 개체를 ⓐ이룬다고 할 때 이를 개체라고 부를 수 있는 조건은 무엇일까? 일단 부분들 사이의 유사성은 개체성의 조건이 될 수 없다. 가령 일란성 쌍둥이인 두 사람은 DNA 염기 서열과 외모도 같지만 동일한 개체는 아니다. 그래서 부분들의 강한 유기적 상호작용이 그 조건으로 흔히 제시된다. 하나의 개체를 구성하는 부분들은 외부 존재가 개체에 영향을 주는 것과는 비교할 수 없이 강한 방식으로 서로 영향을 주고받는다.

상이한 시기에 존재하는 두 대상을 동일한 개체로 판단하는 조건도 물을 수 있다. 그것은 두 대상 사이의 인과성이다. 과거의 '나'와 현재의 '나'를 동일하다고 볼 수 있는 것은 강한 인과성이 존재하기 때문이다. 과거의 '나'와 현재의 '나'는 세포 분열로 세포가 교체되는 과정을 통해 인과적으로 연결되어 있다. 또 '나'가 세포 분열을 통해 새로운 개체를 생성할 때 '나'와 '나의 후손'은 인과적으로 연결되어 있다. 비록 '나'와 '나의 후손'은 동일한 개체는 아니지만 '나'와 다른 개체들 사이에 비해 더 강한 인과성으로 연결되어 있다.

개체성에 대한 이러한 철학적 질문은 생물학에서도 중요한 연구 주제가 된다. 생명체를 구성하는 단위는 세포이다. 세포는 생명체의 고유한 유전 정보가 담긴 DNA를 가지며 이를 복제하여 증식하고 번식하는 과정을 통해 자신의 DNA를 후세에 전달한다. 세포는 사람과 같은 진핵생물의 진핵세포와, 박테리아나 고세균과 같은 원핵생물의 원핵세포로 구분된다. 진핵세포는 세포질에 막으로 둘러싸인 핵이 ⓑ있고 그 안에 DNA가 있지만 원핵세포는 핵이 없다. 또한 진핵세포의 세포질에는 막으로 둘러싸인 여러 종류의 세포 소기관이 있으며, 그중 미토콘드리아는 세포 활동에 필요한 생체 에너지를 생산하는 기관이다. 대부분의 진핵세포는 미토콘드리아를 필수적으로 ⓒ가지고 있다.

이러한 미토콘드리아가 원래 박테리아의 한 종류인 원생미토콘드리아였다는 이론이 20세기 초에 제기되었다. 공생발생설 또는 세포 내 공생설이라고 불리는 이 이론에서는 두 원핵생물 간의 공생 관계가 지속되면서 진핵세포를 가진 진핵생물이 탄생했다고 설명한다. 공생은 서로 다른 생명체가 함께 살아가는 것을 말하며, 서로 다른 생명체를 가정하는 것은 어느 생명체의 세포 안에서 다른 생명체가 공생하는 '내부 공생'에서도 마찬가지이다. ㉠공생발생설은 한동안 생물학계로부터 인정받지 못했다. 미토콘드리아의 기능과 대략적인 구조, 그리고 생명체 간 내부 공생의 사례는 이미 알려졌지만 미토콘드리아가 과거에 독립된 생명체였다는 것을 쉽게 믿을 수 없었기 때문이었다. 그리고 한 생명체가 세대를 이어 가는 과정 중에 돌연변이와 자연선택이 일어나고 이로 인해 종이 진화하고 분화한다고 보는 전통적인 유전학에서 두 원핵생물의 결합은 주목받지 못했다. 그러다가 전자 현미경의 등장으로 미토콘드리아의 내부까지 세밀히 관찰하게 되고 미토콘드리아 안에는 세포핵의 DNA와는 다른 DNA가 있으며 단백질을 합성하는 자신만의 리보솜을 가지고 있다는 사실이 ⓓ밝혀지면서 공생발생설이 새롭게 부각

되었다.

공생발생설에 따르면 진핵생물은 원생미토콘드리아가 고세균의 세포 안에서 내부 공생을 하다가 탄생했다고 본다. 고세균의 핵의 형성과 내부 공생의 시작 중 어느 것이 먼저인지에 대해서는 논란이 있지만, 고세균은 세포질에 핵이 생겨 진핵세포가 되고 원생미토콘드리아는 세포 소기관인 미토콘드리아가 되어 진핵생물이 탄생했다는 것이다. 미토콘드리아가 원래 박테리아의 한 종류였다는 근거는 여러 가지가 있다. 박테리아와 마찬가지로 새로운 미토콘드리아는 이미 존재하는 미토콘드리아의 '이분 분열'을 통해서만 ⓔ만들어진다. 미토콘드리아의 막에는 진핵세포막의 수송 단백질과는 다른 종류의 수송 단백질인 포린이 존재하고 박테리아의 세포막에 있는 카디오리핀이 존재한다. 또 미토콘드리아의 리보솜은 진핵세포의 리보솜보다 박테리아의 리보솜과 더 유사하다.

미토콘드리아는 여전히 고유한 DNA를 가진 채 복제와 증식이 이루어지는데도 미토콘드리아와 진핵세포 사이의 관계를 공생 관계로 보지 않는 이유는 무엇일까? 두 생명체가 서로 떨어져서 살 수 없더라도 각자의 개체성을 잃을 정도로 유기적 상호작용이 강하지 않다면 그 둘은 공생 관계에 있다고 보는데, 미토콘드리아와 진핵세포 간의 유기적 상호작용은 둘을 다른 개체로 볼 수 없을 만큼 매우 강하기 때문이다. 미토콘드리아가 개체성을 잃고 세포 소기관이 되었다고 보는 근거는, 진핵세포가 미토콘드리아의 증식을 조절하고, 자신을 복제하여 증식할 때 미토콘드리아도 함께 복제하여 증식시킨다는 것이다. 또한 미토콘드리아의 유전자의 많은 부분이 세포핵의 DNA로 옮겨 가 미토콘드리아의 DNA 길이가 현저히 짧아졌다는 것이다. 미토콘드리아에서 일어나는 대사 과정에 필요한 단백질은 세포핵의 DNA로부터 합성되고, 미토콘드리아의 DNA에 남은 유전자 대부분은 생체 에너지를 생산하는 역할을 한다. 예컨대 사람의 미토콘드리아는 37개의 유전자만 있을 정도로 DNA 길이가 짧다.

37. 윗글의 내용 전개 방식으로 가장 적절한 것은?

① 개체성과 관련된 예를 제시한 후 공생발생설에 대한 다양한 견해를 비교하고 있다.
② 개체에 대한 정의를 제시한 후 세포의 생물학적 개념이 확립되는 과정을 서술하고 있다.
③ 개체성의 조건을 제시한 후 세포 소기관의 개체성에 대해 공생발생설을 중심으로 설명하고 있다.
④ 개체의 유형을 분류한 후 세포의 소기관이 분화되는 과정을 공생발생설을 중심으로 설명하고 있다.
⑤ 개체와 관련된 개념들을 설명한 후 세포가 하나의 개체로 변화하는 과정을 인과적으로 서술하고 있다.

38. 윗글에 대한 이해로 적절하지 않은 것은?

① 유사성은 아무리 강하더라도 개체성의 조건이 될 수 없다.

② 바닷물을 개체라고 말하기 어려운 이유는 유기적 상호작용이 약하기 때문이다.

③ 새로운 미토콘드리아를 복제하기 위해서는 세포 안에 미토콘드리아가 반드시 있어야 한다.

④ 미토콘드리아의 대사 과정에 필요한 단백질은 미토콘드리아의 막을 통과하여 세포질로 이동해야 한다.

⑤ 진핵세포가 되기 전의 고세균이 원생미토콘드리아보다 진핵세포와 더 강한 인과성으로 연결되어 있다.

39. 윗글을 참고할 때, ㉠의 이유로 가장 적절한 것은?

① 진핵세포가 세포 소기관을 가지고 있다는 사실을 알지 못했기 때문이다.

② 공생발생설이 당시의 유전학 이론에 어긋난다는 근거가 부족했기 때문이다.

③ 한 생명체가 다른 생명체의 세포 속에서 살 수 있다는 근거가 부족했기 때문이다.

④ 미토콘드리아가 진핵세포의 활동에 중요한 기능을 한다는 사실을 알지 못했기 때문이다.

⑤ 미토콘드리아가 자신의 고유한 유전 정보를 전달할 수 있다는 것을 알지 못했기 때문이다.

40. 〈보기〉는 진핵세포의 세포 소기관을 연구한 결과들이다. 윗글을 바탕으로 할 때, 각각의 세포 소기관이 박테리아로부터 비롯되었다고 판단할 수 있는 것만을 〈보기〉에서 고른 것은?

─── 〈보 기〉───

ㄱ. 세포 소기관이 자신의 DNA를 가지고 있다는 것과 이분 분열을 한다는 것을 확인하였다.

ㄴ. 세포 소기관이 자신의 DNA를 가지고 있다는 것과 진핵세포의 리보솜을 가지고 있다는 것을 확인하였다.

ㄷ. 세포 소기관이 막으로 둘러싸여 있다는 것과 막에는 수송 단백질이 있는 것을 확인하였다.

ㄹ. 세포 소기관이 막으로 둘러싸여 있다는 것과 막에는 다량의 카디오리핀이 있는 것을 확인하였다.

① ㄱ, ㄷ ② ㄱ, ㄹ ③ ㄴ, ㄷ ④ ㄴ, ㄹ ⑤ ㄷ, ㄹ

41. 윗글을 바탕으로 〈보기〉를 이해한 내용으로 적절하지 않은 것은? [3점]

─── 〈보 기〉───

○ 복어는 테트로도톡신이라는 신경 독소를 가지고 있지만 테트로도톡신을 스스로 만들지 못하고 체내에서 서식하는 미생물이 이를 생산한다. 복어는 독소를 생산하는 미생물에게 서식처를 제공하는 대신 포식자로부터 자신을 방어할 수 있는 무기를 갖게 되었다. 만약 복어의 체내에 있는 미생물을 제거하면 복어는 독소를 가지지 못하나 생존에는 지장이 없다.

○ 실험실의 아메바가 병원성 박테리아에 감염되어 대부분의 아메바가 죽고 일부 아메바는 생존하였다. 생존한 아메바의 세포질에서 서식하는 박테리아는 스스로 복제하여 증식할 수 있었고 더 이상 병원성을 지니지는 않았다. 아메바에게는 무해하지만 박테리아에게는 치명적인 항생제를 아메바에게 투여하면 박테리아와 함께 아메바도 죽었다.

① 병원성을 잃은 '아메바의 세포질에서 서식하는 박테리아'는 세포 소기관으로 변한 것이겠군.

② 복어의 '체내에서 서식하는 미생물'은 '복어'와의 유기적 상호작용이 강해진다면 개체성을 잃을 수 있겠군.

③ 복어의 세포가 증식할 때 복어의 체내에서 '독소를 생산하는 미생물'의 DNA도 함께 증식하는 것은 아니겠군.

④ 아메바의 세포질에서 서식하는 박테리아가 개체성을 잃었다면 '아메바의 세포질에서 서식하는 박테리아'의 DNA 길이는 짧아졌겠군.

⑤ '아메바의 세포질에서 서식하는 박테리아'와 '아메바' 사이의 관계와 '복어'와 '독소를 생산하는 미생물' 사이의 관계는 모두 공생 관계이겠군.

42. 문맥상 ⓐ~ⓔ와 바꿔 쓰기에 적절하지 않은 것은?

① ⓐ: 구성(構成)한다고
② ⓑ: 존재(存在)하고
③ ⓒ: 보유(保有)하고
④ ⓓ: 조명(照明)되면서
⑤ ⓔ: 생성(生成)된다

한 문단 내에서의 사고 : **문장과 문장을 연결 & 구분**하며 정보 누적하기	문단 간의 사고 : **문단과 문단을 연결 & 구분**하며 목차 만들기

1문단이다! 뭐가 **키워드**(중심 소재)고, 이에 대해 하고 싶은 말이 뭔지(**핵심 정보 : 주제**) 찾는데 집중해야 한다.

우리는 한 대의 자동차는 (개체)라고 하지만 바닷물을 개체라고 하지는 않는다. 어떤 부분들이 모여 하나의 개체를 @이룬다고 할 때 이를 개체라고 부를 수 있는 조건은 무엇일까? — Q

자동차와 바닷물을 예시로 들어 '개체' 라는 키워드를 도입하고, 바로 그 키워드에 대한 질문이 주어진다. 질문이 나오면, 그게 핵심 정보가 될 가능성이 크다. 특히 지문 초반부에 도입된 키워드와 관련된 질문이면 더더욱 그러하다. 질문이 나오면, 이후 그 질문에 대한 답이 나올 때 바로 반응해서 연결해줄 수 있도록 홀딩하고 있어야 한다.

일단 부분들 사이의 유사성은 개체성의 조건(= 개체라고 부를 수 있는 조건)이 될 수 없다. 가령 일란성 쌍둥이인 두 사람은 DNA 염기 서열과 외모도 같지만 동일한 개체는 아니다.

예시를 붙여서 부분들 사이의 유사성은 앞서 제시된 질문의 답인 개체성의 조건이 될 수 없다고 한다. 예시는 항상 원론적인 설명에 붙여서 이해하면 되는데, DNA 염기 서열과 외모가 '부분들' 이라고 보면 된다. 그 부분들이 같아도 일란성 쌍둥이인 두 사람이 동일한 개체는 아니다.

그래서 부분들의 강한 유기적 상호작용이 그 조건(= 개체성의 조건)으로 흔히 제시된다. 하나의 개체를 구성하는 부분들은 (외부 존재가 개체에 영향을 주는 것과는 비교할 수 없이) 강한 방식으로 서로 영향을 주고받는다. — A

부분들 사이의 강한 유기적 상호작용이 앞서 제시된 질문의 답인 개체성의 조건으로 제시된다. 이때 반응해줄 수 있었어야 한다. Q가 제시되면 항상 A를 찾는데 집중해야 한다. 그리고 이어지는 문장을 통해 '강한 유기적 상호작용' 을 '강한 방식으로 서로 영향을 주고받는다.' 로 구체화한다.

Q에 대한 A 가 주어지고 1분난이 끝났다. Q가 이 지문을 관통하는 핵심 정보인술 알았는데 1문단에서 완결되어 버렸네? 그러면 일단 확보한 [Q→A]를 끌고 내려가서 후술되는 2문단부터의 내용을 차근차근 붙이면 된다.
#1. A를 구체화
#2. Q에 대한 다른 A를 제시
이때, 이렇게 두 가지의 서술 가능성을 생각하며 2문단으로 들어가야겠다.

상이한 시기에 존재하는 두 대상을 동일한 개체로 판단하는 조건도 물을 수 있다. — Q

2문단에 들어와서 서술 범주를 파악해보니, 이전 문단과 다른 새로운 질문이 제시된다. 핵심 정보가 교체된 것이다. 이제 상이한 시기에 존재하는 두 대상을 동일한 개체로 판단하는 조건이 무엇인지 답이 나올 때 반응할 준비를 하자.

그것은 두 대상 사이의 인과성이다. — A

바로 그 질문에 대한 답이 제시된다. 근데 인과성이라는 것이 정확히 어떻게 인과로 연결되어 있다는 거지? 일단 인과성이 그 조건인가 보다~ 하고 다음 문장을 읽어보자.

과거의 '나'와 현재의 '나'를 동일하다고 볼 수 있는 것은 강한 인과성이 존재하기 때문이다. 과거의 '나'와 현재의 '나'는 (세포 분열로 세포가 교체되는 과정을 통해) 인과적으로 연결되어 있다.

'나' 를 예시로 들어 A를 구체화한다. 상이한 시기인 과거와 현재에 존재하는 '나' 가 동일한 개체인 이유는 강한 인과성이 존재하기 때문이라고 한다. 앞서 A는 그냥 두 대상 사이의 인과성이었는데, 여기서는 '강한' 인과성이라고 구체화되고, 예시를 보면 '세포 분열로 세포가 교체되는 과정을 통한' 인과적 연결은 상이한 시기에 존재하는 두 대상을 동일하다고 볼 수 있을 만큼 '강하다' 는 것을 알 수 있다.
'또는 상이한 존재에 존재하는 두 개체를 동일하다고 볼 수 있을 만큼 강한 것이구나.' 라는 느낌이다.

[1문단 독해]

키워드(중심 소재) : 개체성

Q : 어떤 부분들이 모여 하나의 개체를 이룬다고 할 때 이를 개체라고 부를 수 있는 조건은 무엇일까?

A : 부분들 사이의 유사성은 개체성의 조건 X
A : 부분들의 강한 유기적 상호작용이 개체성의 조건으로 흔히 제시됨

[2문단 독해]

키워드(중심 소재) : 개체성

Q : 상이한 시기에 존재하는 두 대상을 동일한 개체로 판단하는 조건 ?

A : 두 대상 사이의 인과성
 - ex) 과거의 '나' 와 현재의 '나' : 세포 분열로 세포가 교체되는 과정을 통해 인과적으로 연결되어 있음. : 이 정도는 동일한 개체로 판단할 수 있을 만큼 강한 인과성

---

* '강하다' 자체는 매우 주관적인 표현이다. 사람마다 강함의 기준이 다를 수 있기 때문이다. 따라서, 이런 주관적인 해석의 여지가 있는 워딩이 사용되면 지문에서 그 강함의 기준을 정하는 것이다. 특히 이렇게 예시를 통해 주어지는 경우가 많다. "아 이 정도는 상이한 존재에 존재하는 두 개체를 동일하다고 볼 수 있을 만큼 강한 것이구나." 라는 느낌으로 말이다.

[1문단 독해]

키워드(중심 소재) : 개체성

Q : 어떤 부분들이 모여 하나의 개체를 이룬다고 할 때 이를 개체라고 부를 수 있는 조건은 무엇일까?

A : 부분들 사이의 유사성은 개체성의 조건 X
A : 부분들의 강한 유기적 상호작용이 개체성의 조건으로 흔히 제시됨

[2문단 독해]

키워드(중심 소재) : 개체성

Q : 상이한 시기에 존재하는 두 대상을 동일한 개체로 판단하는 조건 ?

A : 두 대상 사이의 인과성
 - ex) 과거의 '나' 와 현재의 '나' : 세포 분열로 세포가 교체되는 과정을 통해 인과적으로 연결되어 있음 : 이 정도는 동일한 개체로 판단할 수 있을 만큼 강한 인과성
 - ex) '나' 와 '나' 의 후손 : 인과적으로 연결되어 있음. BUT 이 정도는 동일한 개체로 판단할 수 있을 만큼 강한 인과성은 아님.

[3문단 독해]

키워드(중심 소재) : 개체성

개체성에 대한 이러한 철학적 질문(1, 2문단에서 제시한 질문)은 생물학에서도 중요한 연구 주제가 됨.

세포 : 생명체를 구성하는 단위
 - 생명체의 고유한 유전 정보가 담긴 DNA를 가짐
 - DNA 복제하여 증식하고 번식_DNA를 후세에 전달
 - 진핵세포와 원핵세포로 구분

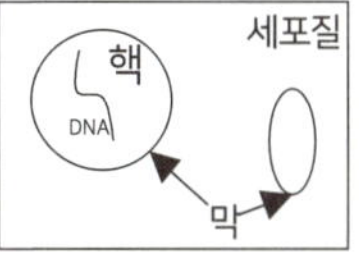

 - 진핵세포는 세포 소기관 갖고, 그 중 미토콘드리아를 필수적으로 가지고 있음.
 (미토콘드리아에 초점화됨)

/ 또 '나'가 (세포 분열을 통해) 새로운 개체를 생성할 때도 '나'와 '나의 후손'은 인과적으로 연결되어 있다. 비록 '나'와 '나의 후손'은 동일한 개체는 아니지만 / ('나와 다른 개체들 사이에 비해) 더 강한 인과성으로 연결되어 있다.

이전까지 설명하던 예시와 범주가 다른 새로운 예시가 등장하기 때문에 끊어줘야겠다. '나' 와 '나의 후손' 은 다른 개체들 사이에 비해 더 강한 인과성으로 연결되어 있기는 하지만, 동일하다고 볼 만큼의 강함은 아니라는 것이다.

[인과성의 정도에 대해 잘 생각해야 한다.]

인과성이 아무리 강해도, '서로 같은 개체라고 볼 수 있을 정도에 해당하는' 강함의 기준을 넘지 못하면 다른 개체라는 것이고, 서로 다른 개체라도 인과성이 더 강한 것과 더 약한 것이 있다는 것이다.

이렇게 2문단이 끝났다. 여기서도 새로운 질문에 대해 A가 완결되었기 때문에, 확보한 [Q→A]를 끌고 내려가서 후술되는 2문단부터의 내용을 차근차근 붙이면 된다. 여기서, 첫 번째 문단에서 확보한 [Q→A]도 같이 끌고 내려가야 한다.

개체성에 대한 이러한 철학적 질문은 생물학에서도 중요한 연구 주제가 된다. 문단이 바뀌고 서술 범주를 파악해보니, 1문단과 2문단에서 확보한 [Q→A]를 [개체성에 대한 이러한 철학적 질문]으로 묶어서, 이것이 생물학에서의 연구 주제로 이용될 수 있다는 이야기로 넘어가고 있다. 이제 이 두 가지 질문이 생물학에 어떻게 적용되는지 파악하는데 집중하며, 이어지는 문장들을 이 첫 번째 문장에 붙이며 읽어야겠다.

/ 생명체를 구성하는 단위는 (세포)이다. (= 갑자기 세포에 대한 이야기를 시작한다. 핵심 정보가 생물학 관련 이야기이기도 하니, 핵심 정보를 이해하기 위해 필요한 보조 정보일 것이다. 일단 이런 생각을 바탕으로 세포에 대한 정보를 확보하자.)

세포는 [생명체의 고유한 유전 정보가 담긴 DNA]를 가지며[2] 이를 복제하여 증식하고 번식하는 과정을 통해 자신의 DNA를 후세에 전달[3]한다.
세포는 (사람과 같은 진핵생물의) 진핵세포와, (박테리아나 고세균과 같은 원핵생물의) 원핵세포로 구분된다[4]

세포에 대한 설명을 나열하다가, 4에서 세포를 두 종류로 쪼갠다. 사람과 같은 진핵생물의 세포를 진핵세포라 하고, 박테리아나 고세균과 같은 원핵생물의 세포를 원핵세포라고 한다는데, 그 둘에 대해 각각 서술할 것 같다. 쪼개고 각각을 서술할 때는 공통점과 차이점에 신경 쓰는 것이 중요하고, 이때 공통서술범주를 고려해야 한다고 지금까지 여러 번 설명했다. 둘 다 기본적으로 세포이기 때문에 1, 2, 3의 정보는 공유하지만, 분명 다른 점이 있을 것이다.

수식어로 핵에 대한 정보 추가 : 그냥 핵이 아니라 '막으로 둘러싸인' 핵이다.

진핵세포는 세포질에 (막으로 둘러싸인) 핵이 ⓑ있고 그 안에 DNA가 있지만, / 원핵세포는 핵이 없다.

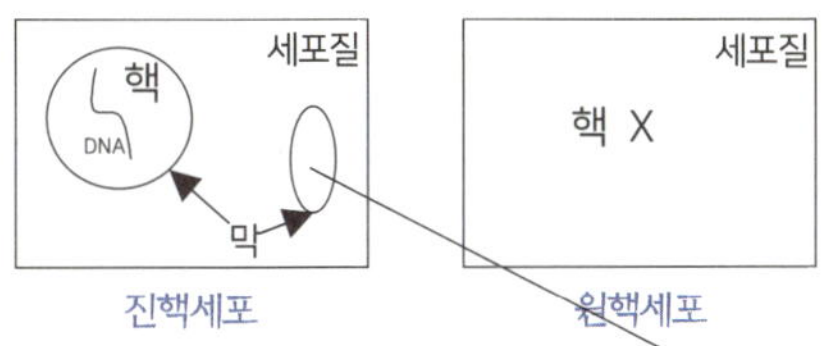

이런 시각적인 형태로 머릿속에 상상하거나 옆에 그리면서 읽는 것이 좋다. 가장 큰 차이는 핵의 유무이다. 이어지는 정보도 상상하거나 그렸던 그림에 추가되는 정보를 덧대는 방식으로 독해를 이어나가면 된다.
/ 또한 진핵세포의 세포질에는 (막으로 둘러싸인) 여러 종류의 세포 소기관이 있으며, 그중 미토콘드리아는 세포 활동에 필요한 생체 에너지를 생산하는 기관이다. 대부분의 진핵세포는 미토콘드리아를 필수적으로 ⓒ가지고 있다.

극단적인 범주 : '필수적으로'

수식어로 세포 소기관에 대한 정보 추가 : 그냥 세포 소기관이 아니라 '막으로 둘러싸인' 세포 소기관이다.

HOLD

[왼쪽]

개체성에 대한 이러한 철학적 질문은 생물학에서도 중요한 연구 주제가 된다.
이런 핵심 정보에 대해 아직 직접 포인트가 등장하지 않았다. 이전 문단에서는 저 문장을 준 이후, 끝까지 세포에 대한 기본적인 정보를 깔아줬다. 그 세포에 대한 정보는 핵심 정보를 이해하기 위한 보조적인 정보가 될 것이다. 따라서, 확보해야 하는 핵심 정보를 홀딩하고 보조적인 정보도 끌고 내려와서 이어지는 문단을 읽어보자.

T1 이러한 미토콘드리아가 원래 (박테리아의 한 종류인) 원생미토콘드리아였다는 이론이 <20세기 초>에 제기되었다.
앞 문단에서 진핵세포에 대해 설명할 때 나왔던 세포 소기관인 미토콘드리아를 끌고 와서, 그것이 원래 박테리아의 한 종류인 원생미토콘드리아였다는 이론을 제시한다. 앞에 세포에 대한 정보를 확보할 때 수식어로 구체화된 정보를 잘 확보했다면, 4번 정보가 떠오르면서 박테리아가 원핵생물이라는 것을 잘 알 수 있다. 그러면 현재는 진핵세포에 포함된 세포 소기관이, 옛날에는 하나의 독립된 생물이었다는 소리네?

(공생발생설 또는 세포 내 공생설이라고 불리는) 이 이론에서는 두 원핵생물 간의 (= 문맥상 원생미토콘드리아와 이후 미토콘드리아를 세포 소기관으로 갖는 진핵세포가 된 것의 원형을 의미하겠군) 공생 관계가 지속되면서 / 진핵세포를 가진 진핵생물이 탄생했다고 설명한다. 공생은 서로 다른 생명체가 함께 살아가는 것을 말하며, [서로 다른 생명체를 가정하는 것]은 (어느 생명체의 세포 안에서 다른 생명체가 공생하는) '내부 공생'에서도 마찬가지이다.
[이후 미토콘드리아를 세포 소기관으로 갖는 진핵세포가 된 것의 원형] 안에서 원생미토콘드리아(A)가 공생했을 것이고, [이후 미토콘드리아를 세포 소기관으로 갖는 진핵세포가 된 것의 원형] (B) 역시 원핵세포이기 때문에 어떤 원핵생물을 구성하는 단위겠구나. 그리고 그 내부 공생 관계가 이어지다 보니 [이후 미토콘드리아를 세포 소기관으로 갖는 진핵세포가 된 것의 원형을 가지고 있던 원핵생물(C)이 진핵생물이 된 것이군

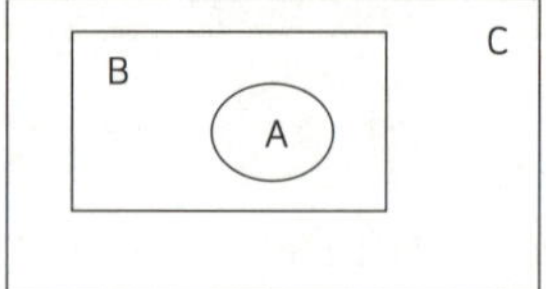

머릿속에 관계를 이렇게 그리면서 읽혔다면, 완벽하다.

T2 공생발생설은 <한동안> 생물학계로부터 인정받지 못했다.
새로운 흐름을 잡아주는 문장이다. 지문에 통시적 흐름이 존재하는 것이다. 이번 문단에서 도입된 공생발생설에 대해, 제시된 이후 한동안 생물학계로부터 인정받지 못했다는 이야기로 넘어간다.

미토콘드리아의 기능과 대략적인 구조, 그리고 생명체 간 내부 공생의 사례는 이미 알려졌지만 / 미토콘드리아가 과거에 독립된 생명체였다는 것을[1] 쉽게 믿을 수 없었기 때문이었다. / 그리고 한 생명체가 세대를 이어 가는 과정 중에 돌연변이와 자연선택이 일어나고, (이로 인해 종이 진화하고 분화한다고 보는) 전통적인 유전학에서 두 원핵생물의 결합은 주목받지 못했다[2] / 공생발생설이 제시된 후 한동안 생물학계로부터 인정받지 못했다는 것을 크게 두 가지 범주로 나눠 구체화하고 있다.

T3 <그러다가 전자 현미경의 등장으로> 미토콘드리아의 내부까지 세밀히 관찰하게 되고 / 미토콘드리아 안에는 (세포핵의 DNA와는 다른) DNA[1]가 있으며 단백질을 합성하는 자신만의 리보솜을[2] 가지고 있다는 사실이 ⓓ밝혀지면서 공생발생설이 새롭게 부각되었다.
전자 현미경의 등장이라는 그 이후의 시간적 배경이 제시되며, 공생발생설이 새롭게 부각되게 한 두 가지 요소를 나열하며 구체화하고 있다.

구
체
화

[오른쪽]

[1-3문단 독해]

키워드(중심 소재) : 개체성

Q : 어떤 부분들이 모여 하나의 개체를 이룬다고 할 때 이를 개체라고 부를 수 있는 조건은 무엇일까?

A : 부분들 사이의 유사성은 개체성의 조건 X

A : 부분들의 강한 유기적 상호작용이 개체성의 조건으로 흔히 제시됨

Q : 상이한 시기에 존재하는 두 대상을 동일한 개체로 판단하는 조건 ?

A : 두 대상 사이의 인과성

- ex) 과거의 '나' 와 현재의 '나' : 세포 분열로 세포가 교체되는 과정을 통해 인과적으로 연결되어 있음. : 이 정도는 동일한 개체로 판단할 수 있을 만큼 강한 인과성

- ex) '나' 와 '나' 의 후손 : 인과적으로 연결되어 있음. BUT 이 정도는 동일한 개체로 판단할 수 있을 만큼 강한 인과성은 아님

개체성에 대한 이러한 철학적 질문(1, 2문단에서 제시한 질문)은 생물학에서도 중요한 연구 주제가 됨.

세포 : 생명체를 구성하는 단위
- 생명체의 고유한 유전 정보가 담긴 DNA를 가짐
- DNA 복제하여 증식하고 번식_DNA를 후세에 전달
- 진핵세포와 원핵세포로 구분

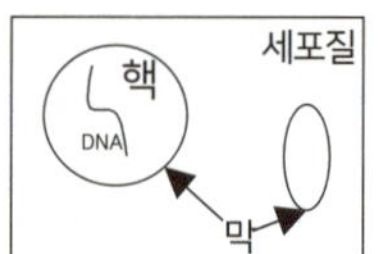

- 진핵세포는 세포 소기관 갖고, 그 중 미토콘드리아를 필수적으로 가지고 있음. (미토콘드리아에 초점화됨)

[4문단 독해]

<20세기 초>
미토콘드리아가 원래 박테리아(원핵생물)의 한 종류인 원생미토콘드리였다는 이론 제기
- 두 원핵생물 간의 내부 공생이 지속되면서 진핵세포를 가진 진핵생물이 탄생

<한동안> 생물학계로부터 인정받지 못함

<전자 현미경의 등장> 공생발생설이 새롭게 부각
by 미토콘드리아의 내부까지 세밀히 관찰
- 미토콘드리아 안에 세포핵의 DNA와는 다른 DNA 존재
- 단백질을 합성하는 자신만의 리보솜을 가짐

개체성에 대한 이러한 철학적 질문은 생물학에서도 중요한 연구 주제가 된다.
이런 핵심 정보에 대해 아직 직결 포인트가 등장하지 않았다. 이전 문단에서는 저 문장을 준 이후, 끝까지 세포에 대한 기본적인 정보를 깔아줬다. 그 세포에 대한 정보는 핵심 정보를 이해하기 위한 보조적인 정보가 될 것이다. 따라서, 확보해야 하는 핵심 정보를 홀딩하고 보조적인 정보도 끌고 내려와서 이어지는 문단을 읽어보자.

(공생발생설에 따르면) 진핵생물은 원생미토콘드리아가 고세균의 세포 안에서 내부 공생을 하다가 탄생했다고 본다.
아직 홀딩하고 있던 핵심 정보에 대해 뚜렷하게 직결 포인트가 나타나지는 않았다. 그걸 홀딩하고 이전 문단들과 연결해서 첫 문장을 읽어보면, 공생발생설을 계속 구체화하고 있는 것이다.

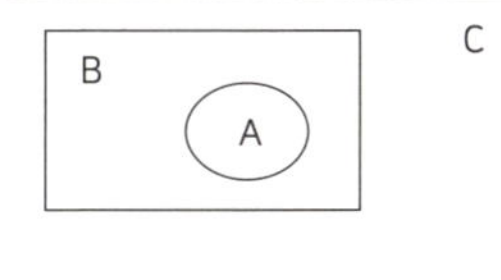

앞서 이 그림을 떠올렸었는데, 여기서 B를 고세균으로 구체화해준 것이다. 당연히 앞 문단의 내용에 따라 고세균은 원핵생물이다.

[고세균의 핵의 형성]과 [내부 공생의 시작] 중 어느 것이 먼저인지에 대해서는 논란이 있지만, / 고세균은 세포질에 핵이 생겨 진핵세포가 되고 원생미토콘드리아는 세포 소기관인 미토콘드리아가 되어 진핵생물이 탄생했다는 것이다.

<u>미토콘드리아가 원래 박테리아의 한 종류였다는 근거는 여러 가지가 있다.</u>
여전히 공생발생설에 관한 이야기이기는 하지만, 그 안에서 세부적인 범주가 '미토콘드리아가 원래 박테리아의 한 종류였다는 근거" 로 이동한다. 끊고 이 근거를 확보해야겠다.

(박테리아와 마찬가지로) 새로운 미토콘드리아는 이미 존재하는 미토콘드리아의 '이분 분열'을 통해서만 ⓔ 만들어진다.[1] (= 박테리아가 이미 존재하는 박테리아의 '이분 분열' 을 통해서만 만들어진다는 특성을 그대로 닮았다는 것을 근거로 본 것이다) / 미토콘드리아의 막에는 (진핵세포막의 수송 단백질과는 다른 종류의 수송 단백질인) 포린이 존재하고[2] / 박테리아의 세포막에 있는 카디오리핀이 존재한다.[3] / 또 미토콘드리아의 리보솜은 진핵세포의 리보솜보다 박테리아의 리보솜과 더 유사하다.[4]
근거를 이렇게 4가지로 나열하고 있다. 범주가 바뀔 때마다 끊고 각 근거를 넘버링해주면서 읽었다. 이렇게 5문단이 끝났는데, 아직까지도 공생발생설을 구체화하며 점점 견고하게 만들어가는 중이지, 핵심 정보에 대한 직결 포인트가 확인되지는 않는다. 일단 홀딩하고 다음 문단으로 넘어가 봐야겠다.

[1-4문단 독해]

키워드(중심 소재) : 개체성

Q : 어떤 부분들이 모여 하나의 개체를 이룬다고 할 때 이를 개체라고 부를 수 있는 조건은 무엇일까?
A : 부분들 사이의 유사성은 개체성의 조건 X
A : 부분들의 강한 유기적 상호작용이 개체성의 조건으로 흔히 제시됨

Q : 상이한 시기에 존재하는 두 대상을 동일한 개체로 판단하는 조건 ?
A : 두 대상 사이의 인과성

개체성에 대한 이러한 철학적 질문(1, 2문단에서 제시한 질문)은 생물학에서도 중요한 연구 주제가 됨.

세포 : 생명체를 구성하는 단위
- 생명체의 고유한 유전 정보가 담긴 DNA를 가짐
- DNA 복제하여 증식하고 번식_DNA를 후세에 전달
- 진핵세포와 원핵세포로 구분

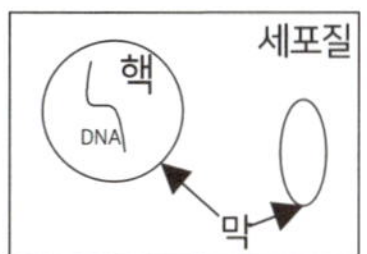

진핵세포
- 진핵세포는 세포 소기관 갖고, 그 중 미토콘드리아를 필수적으로 가지고 있음.
  (미토콘드리아에 초점화됨)

<20세기 초>
미토콘드리아가 원래 박테리아(원핵생물)의 한 종류인 원생미토콘드리아였다는 이론 제기
- 두 원핵생물 간의 내부 공생이 지속되면서 진핵세포를 가진 진핵생물이 탄생

<한동안> 생물학계로부터 인정받지 못함

<전자 현미경의 등장> 공생발생설이 새롭게 부각
by 미토콘드리아의 내부까지 세밀히 관찰
- 미토콘드리아 안에 세포핵의 DNA와는 다른 DNA 존재
- 단백질을 합성하는 자신만의 리보솜을 가짐

[5문단 독해]
- 원생 미토콘드리아가 고세균 안에서 내부 공생
- 미토콘드리아가 원래 박테리아의 한 종류였다는 근거 4가지 제시

개체성에 대한 이러한 철학적 질문은 생물학에서도 중요한 연구 주제가 된다.
이런 핵심 정보에 대해 아직 직결 포인트가 등장하지 않았다. 이전 문단까지 세포에 대한 기본 정보를 활용해서 공생발생설을 구체화하며 점점 그 정보를 견고하게 해 왔다. 마지막 문단인 6문단에서는 핵심 정보 직결 포인트가 나올 가능성이 높다. 핵심 정보를 홀딩하고 6문단에 붙여보자.

미토콘드리아는 여전히 고유한 DNA를 가진 채 복제와 증식이 이루어지는데도, 미토콘드리아와 진핵세포 사이의 관계를 공생 관계로 보지 않는 이유는 무엇일까? **[Q]**

다음 문단을 들어가 보니, 바로 질문이 하나 제시된다. 그런데 이는 개체성에 대한 내용인 것 같다. 미토콘드리아는 여전히 고유한 DNA를 가진 채 복제와 증식이 이루어지는데도 독립적인 생명체로 보지 않고 진핵세포에 포함된 하나의 구성 요소로 보는, 다시 말해 개체성을 잃은 것으로 보는 이유를 묻는 것이다.

이때, 앞서 제시된 첫 번째 [Q→A]가 떠올라야 한다. 개체성의 조건을 '부분들 사이의 강한 유기적 상호작용' 으로 본 바로 그 내용이다. 거기서 부분들이 모여 하나의 개체를 이룬다고 했는데, 여기서 미토콘드리아가 바로 하나의 개체인 진핵세포를 이루는 부분 중 하나라고 볼 수 있는 것이다.

(두 생명체가 서로 떨어져서 살 수 없더라도 각자의 개체성을 잃을 정도로 유기적 상호작용이 강하지 않다면) 그 둘은 공생 관계에 있다고 보는데, [미토콘드리아와 진핵세포 간의 유기적 상호작용]은 (둘을 다른 개체로 볼 수 없을 만큼) 매우 강하기 때문이다. **[A]**

바로 첫 문장에서 제시된 질문에 대한 답이 제시된다. 앞에서 그 질문이 개체성에 대한 질문이고, 이는 앞서 제시된 첫 번째 [Q→A]와 연관된 것이라는 생각을 하지 못했다면 이 문장을 보고 바로 그 생각을 들었으면 된다.
[미토콘드리아와 진핵세포 간의 유기적 상호작용]이 강한 정도는, "둘을 다른 개체로 볼 수 없을 만큼" 의 강함에 해당하기 때문에 미토콘드리아가 개체성을 잃었다고 본 것이다.

[미토콘드리아가 개체성을 잃고 세포 소기관이 되었다고 보는 근거]는,
이제부터 개체성을 잃은 것으로 보는 근거를 나열할 것 같다. 이때 해야하는 생각은, 바로 앞 문장과 연결해서 "아 이 근거들은 미토콘드리아와 진핵세포를 다른 개체로 볼 수 없을 만큼 강한 유기적 상호작용이 정확히 어떤 것인지 구체화한 것이군." 과 같은 생각이다.

진핵세포가 미토콘드리아의 증식을 조절하고, / 자신을 복제하여 증식할 때 미토콘드리아도 함께 복제하여 증식시킨다는 것. / 또한 미토콘드리아의 유전자의 많은 부분이 세포핵의 DNA로 옮겨 가 미토콘드리아의 DNA 길이가 현저히 짧아졌다는 것. 미토콘드리아에서 일어나는 대사 과정에 필요한 단백질은 세포핵의 DNA로부터 합성되고, (= 앞 문장과 연결해서 이해해 보면, 미토콘드리아의 유전자에서 대사과정에 필요한 단백질을 합성하는 역할을 하는 DNA가 세포핵의 DNA로 옮겨갔다고 볼 수 있겠네!) 미토콘드리아의 DNA에 남은 유전자 대부분은 생체 에너지를 생산하는 역할을 한다. 예컨대 사람의 미토콘드리아는 37개의 유전자만 있을 정도로 DNA 길이가 짧다.
3 뒤에 붙은 문장들은 모두 3을 구체화하는 내용이므로 넘버링을 이어가지 않고 3에 붙여서 이해했다. 이렇게 내용이 마무리되는데, 우리는 이 세 가지 근거를 이렇게 받아들여야 된다. "유기적 상호작용이 강해서 개체성을 잃었다고 보려면, 이 정도는 되야하구나. 이 정도는 되야 강하다고 할 수 있는 것이겠네."
결국, 강함의 기준을 제시한 것으로 볼 수 있다.

반응!
핵심
정보
직결

구
체
화

[1-5문단 독해]

키워드(중심 소재) : 개체성
Q : 어떤 부분들이 모여 하나의 개체를 이룬다고 할 때 이를 개체라고 부를 수 있는 조건은 무엇일까?
A : 부분들 사이의 유사성은 개체성의 조건 X
A : 부분들의 강한 유기적 상호작용이 개체성의 조건으로 흔히 제시됨

Q : 상이한 시기에 존재하는 두 대상을 동일한 개체로 판단하는 조건 ?
A : 두 대상 사이의 인과성

개체성에 대한 이러한 철학적 질문(1, 2문단에서 제시한 질문)은 생물학에서도 중요한 연구 주제가 됨.

세포 : 생명체를 구성하는 단위
- 생명체의 고유한 유전 정보가 담긴 DNA를 가짐
- DNA 복제하여 증식하고 번식_DNA를 후세에 전달
- 진핵세포와 원핵세포로 구분

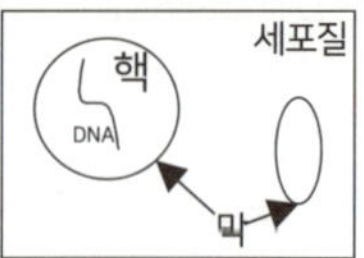

- 진핵세포는 세포 소기관 갖고, 그 중 미토콘드리아를 필수적으로 가지고 있음.
  (미토콘드리아에 초점화됨)

<20세기 초>
미토콘드리아가 원래 박테리아(원핵생물)의 한 종류인 원생미토콘드리아였다는 이론 제기
- 두 원핵생물 간의 내부 공생이 지속되면서 진핵세포를 가진 진핵생물이 탄생

<한동안> 생물학계로부터 인정받지 못함

<전자 현미경의 등장> 공생발생설이 새롭게 부각 by 미토콘드리아의 내부까지 세밀히 관찰
- 미토콘드리아 안에 세포핵의 DNA와는 다른 DNA 존재
- 단백질을 합성하는 자신만의 리보솜을 가짐

- 원생 미토콘드리아가 고세균 안에서 내부 공생
- 미토콘드리아가 원래 박테리아의 한 종류였다는 근거 4가지 제시

[6문단 독해]

Q : 미토콘드리아는 여전히 고유한 DNA 가진 채 복제, 증식하는데도 미토콘드리아와 진핵세포 사이 관계를 공생관계로 보지 않는 이유?

A : 둘 사이의 유기적 상호작용이 둘을 다른 개체로 볼 수 없을 만큼 강하기 때문, 그 근거로 1, 2, 3
: 개체성에 대한 1문단의 질문에 대한 답과 관련

37. 정답: ③

출제 의도 : 글의 전체적인 흐름을 물어보는 문제다.
핵심 정보를 기준으로 목차를 짜듯이 글을 읽었다면, 쉽게 해결할 수 있었을 것이다. 선지를 읽으면서 실시간으로 글의 내용과 그 흐름을 떠올리며 적절한지 판정하면 된다.

해설:
③ (O, 정답)
- 글의 초반부에서는 개체성의 조건(부분들의 유기적 상호작용, 인과성 등)에 대해 설명한다.
- 이후 미토콘드리아의 개체성을 논의하며, 공생발생설을 중심으로 미토콘드리아가 독립된 개체에서 세포 소기관이 되어 개체성을 잃었음을 설명한다.

□ 오답 분석

① (X)
개체성과 관련된 예(자동차, 바닷물, 일란성 쌍둥이)를 들긴 하지만, 다양한 견해를 비교하는 방식은 아니다.

② (X)
개체에 대한 정의 후 '세포의 생물학적 개념이 확립되는 과정'을 다루는 것이 아니다. 오히려 세포의 생물학적 개념은 이미 지문 초반에 '생명체를 구성하는 단위'라고 못 박았다.

④ (X)
개체의 유형을 분류하지 않으며, 세포 소기관의 '분화 과정'을 중심으로 설명하지 않았다.

⑤ (X)
세포가 '하나의 개체'로 변화하는 과정을 인과적으로 설명하는 것이 아니라, 미토콘드리아가 개체성을 잃고 세포 소기관이 되는 과정을 논의했다.

38. 정답: ④

출제 의도 : 내용 일치 문제다.
글의 내용을 바탕으로 참인지 거짓인지 판단하는 문제이다. 주어진 문장에서 글에 직접적으로 언급된 내용인지, 논리적으로 허용 가능한지, 왜곡이 있는지를 확인해야 한다. 이런 내용 일치 유형은 보통 선지을 아무 데서니 막 들고 외서 내지는 않는다.

1. 핵심 정보와 직결된 내용이거나,
2. 조건, 포함관계, 극단적 범주 등 STEP 02에서 중요하다고 강조했던 생각들이 담긴 내용이거나,
3. 지문에서 계속 같은 범주로 가다가 한 번씩 은근슬쩍 다른 범주의 정보가 살포시 삽입된 경우 (보통 문단 끝 부분)

보통 이렇게 세 가지 정보들이 내용 일치 문제의 선지로 자주 출제된다. 이제 알겠나? 애초에 문제로 나오기 때문에 지문을 읽을 때부터 잘 읽으라고 한 것이다. 독해 포인트가 곧 문제 출제 포인트다.
내용 일치 문제를 풀 때, 정확하게 기억이 나지 않는다면 기억에 의존해서 풀 게 아니라 직접 찾아서 풀어야 한다.

해설:
④ (X, 정답)
지문에 따르면, 미토콘드리아의 대사 과정에 필요한 단백질은 세포핵의 DNA에서 합성된 후 미토콘드리아로 이동한다. 이동 방향이 역전되어 있으므로 이 선지를 적절하지 않다. → 미토콘드리아에서 세포질로 이동하는 것이 아님
(지문 맨 마지막 문단의 Q에 대한 A에 해당하는 부분이 답의 근거가 되었다. 이렇게 핵심 정보와 직결된 내용이 내용 일치 문제의 선지로 활용되는 경우가 많다.)

□ 오답 분석

① (O)
유사성이 아무리 강하더라도 개체성의 조건이 될 수 없다고 언급됨. (일란성 쌍둥이 예시) : 핵심 정보 직결 정보

② (O)
바닷물이 개체라고 하지 않는 이유는 부분들 간의 유기적 상호작용이 약하기 때문임. : 핵심 정보 직결 정보

③ (O)
새로운 미토콘드리아는 기존 미토콘드리아의 이분 분열을 통해서만 생성됨 → 세포 안에 반드시 미토콘드리아가 있어야 함. : 핵심 정보 직결 정보 + 극단적 범주 '만'

⑤ (O)
글 초반부에 제시된 개체성의 조건과 연결해서 판단해야 한다. 선지 내용을 보니, 상이한 시기에 존재하는 대상을 비교해야 한다. 글 초반에, 상이한 시기에 존재하는 두 대상이라도 인과성이 강하면 서로 같은 개체라고 볼 수 있다고 했다. 이를 가지고 그대로 선지와 직결되는 내용으로 가보자.
고세균은 핵이 생겨 진핵세포가 되고, 원생미토콘드리아는 세포 소기관이 되어 진핵생물이 탄생한다고 했다. 두 사건 중 어떤 것이 먼저 일어났는지는 알 수 없다고 했지만, 어쨌든 진핵세포의 전신은 고세균이었다는 사실은 불변한다. 따라서 진핵세포는 원생미토콘드리아보다 고세균과 강한 인과성으로 연결되어 있다고 할 수 있다.
(진핵세포와 진핵생물을 헷갈리면 안된다. 둘을 같은 것으로 퉁쳐서 읽어버리면 이 선지가 헷갈릴 수밖에 없다. 이렇게 서로 워딩의 일부가 겹치며 짝을 이루는 표현은 민감하게 뭐가 다른지 확보하고 넘어가야 한다)

39. 정답: ⑤

이렇게 좌표를 찍어서 그 내용의 원인을 물어보면, 인과를 드러내는 표지어 등을 활용해 지문에서 그 원인이 명시적으로 드러난 부분이 있는지 찾아보면 된다. 선지 판단으로 들어가기 전에 선제적으로 지문에서 ㉠의 이유를 찾아놓고 들어가야 한다. 답을 정해놓고, 선지에서 그 답과 똑같거나 '같은 의미 다른 표현'인 가장 적절한 선지를 찾으면 되는 것이다.

해설:

㉠주변에서 그 이유를 찾아보니 바로 표지어 '때문이었다'가 보인다. [미토콘드리아의 기능과 대략적인 구조, 그리고 생명체 간 내부 공생의 사례는 이미 알려졌지만/미토콘드리아가 과거에 독립된 생명체였다는 것을 쉽게 믿을 수 없었기 때문이었다.] 일단 이게 첫 번째 이유이고, 바로 이어지는 [전통적인 유전학에서 두 원핵생물의 결합은 주목받지 못했다.] 이것도 이유가 될 수 있겠다.

일단 이렇게 두 가지를 가지고 선지에 들어가 보니, 일단 [미토콘드리아의 기능과 대략적인 구조, 그리고 생명체 간 내부 공생의 사례는 이미 알려졌지만]이 부분에 의해 내용 일치 차원에서 OUT인 선지가 벌써 3개다.

① 미토콘드리아에 대해 알려졌다면, 이미 진핵세포가 세포 소기관을 가지고 있다는 사실은 알았던 것이다.

③ 생명체 간 내부 공생의 사례는 이미 알려졌다고 했다.

④ 3문단을 보면, 미토콘드리아의 기능이 세포 활동에 필요한 생체 에너지를 생산하는 것이라고 했으므로 기능 그 자체가 진핵세포의 활동에 중요한 기능을 한다는 점을 알 수 있다. 이런 미토콘드리아의 기능이 알려졌다고 했으므로 4번 선지는 틀렸다.

그리고, ②번 선지는 그냥 [전통적인 유전학에서 두 원핵생물의 결합은 주목받지 못했다.]이 내용과 완전 반대다. 당시의 유전학 이론이라고 하면, 지문의 맥락에 따라 '전통적인 유전학'인데, 이에 어긋난다는 근거가 부족한 게 아니라 그냥 이에 어긋나기 때문에 생물학계로부터 인정받지 못한 것이다.

그럼 이제 선지가 하나 남는다. ⑤번이 답이겠다. 왜 답인지 살펴보면, 일단 지문 자체에서 추출한 이유와 표현이 일치하지는 않는다. 그러면 바로 왜 없지? 하는게 아니라, 그 선지에 등장한 내용이
1. 지문에 등장한 내용이 맞는지 (내용 일치 확인)
2. 그게 [내가 원래 확보했던 ㉠의 이유]가 구체화된 것으로 허용할 수 있는지
이렇게 두 가지를 판단해보면 된다.

㉠ 문단에서 공생발생설이 새롭게 부각된 이유가 제시되는데, 이는 전자 현미경의 등장이었다. 전자 현미경을 통해 이전에 밝혀지지 않았던 사실이 밝혀지면서 공생발생설이 부각된 것이다. 미토콘드리아 안에 세포핵의 DNA와는 다른 자신만의 DNA가 있음이 밝혀졌다. 이로써 미토콘드리아가 자신의 고유한 유전 정보를 가진다는 것까지는 알 수 있다.

[미토콘드리아가 과거에 독립된 생명체였다는 것]은 5문단에서 구체화 되는데, [미토콘드리아가 원래 박테리아의 한 종류였다는 근거는 여러 가지가 있다.]이 흐름 잡아주는 문장으로부터 그 근거가 도출된다. 여기서 미토콘드리아는 박테리아와 마찬가지로 이미 존재하는 미토콘드리아의 '이분 분열'을 통해서만 만들어진다고 한다. 자신이 이분 분열함으로써 DNA를 전달하는 것이다. 그 다음 문단 첫 문장에서 이를 [미토콘드리아는 여전히 고유한 DNA를 가진 채 복제와 증식이 이루어지는데도]라고 한마디로 정리해준다.

결국, ㉠의 이유는 [미토콘드리아가 과거에 독립된 생명체였다는 것을 쉽게 믿을 수 없었기 때문]이고, 그 [미토콘드리아가 과거에 독립된 생명체였다는 것을 쉽게 믿을 수 없었던] 이유가 또 ⑤번 선지 그 자체의 내용이라고 볼 수 있으므로 ⑤가 답이다.

40. 정답: ② (ㄱ, ㄹ)

출제 의도 : **변형된 내용 일치**

본질적으로 내용 일치 문제이기는 하다. 하지만, 그 형식이 좀 바뀐 것이다. 글에서는 세포 소기관 중 '미토콘드리아'가 박테리아에서 유래되었다는 증거만 제시되어 있다. 따라서, 핵심 쟁점은 이 증거를 미토콘드리아가 아닌 다른 세포 소기관들에도 적용할 수 있는지다.

결론은 "적용할 수 있다."가 맞다. 미토콘드리아가 박테리아로부터 유래되었다는 증거는 '박테리아가 가지고 있는 특징을 미토콘드리아도 가지고 있다는 점'이 핵심 논리이기 때문에, 이 특징이 다른 세포 소기관에서도 나타난다면, 그 세포 소기관은 박테리아가 가지고 있는 특징을 갖는 것이므로 박테리아로부터 비롯되었다고 할 수 있는 것이다.

이런 질문이 있을 수도 있다. "근데 그 정도 특징만 갖는다고 다 박테리아로부터 유래된 게 아닐 수도 있지 않을까요?" → 판단을 왜 너가 해? 판단은 지문에서 이미 해주는 것이다. 지문에서 그 정도 특징을 갖고 있다면 박테리아로부터 유래된 것으로 본다잖아!

해설:

진핵세포의 세포 소기관이 박테리아에서 유래되었는지를 판단하는 근거를 찾아야 한다. 윗글에서 미토콘드리아가 박테리아에서 유래되었다는 증거로 제시된 내용들을 확인하면:

미토콘드리아는 자체 DNA를 가지고 있으며, 이분 분열을 통해 증식한다.

→ 박테리아와 유사한 증식 방식.

미토콘드리아의 막에는 카디오리핀이 존재한다.

→ 박테리아의 세포막과 유사함.

이를 바탕으로 <보기>를 분석하면:

✔ ㄱ (O) "세포 소기관이 자신의 DNA를 가지고 있으며, 이분 분열을 한다."

→ 박테리아와의 유사성을 보여주는 결정적인 증거이므로 적절.

✔ ㄴ (X) "세포 소기관이 자신의 DNA를 가지고 있으며, 진핵세포의 리보솜을 가진다."

→ 미토콘드리아의 리보솜은 진핵세포의 리보솜보다 박테리아의 리보솜과 더 유사하다고 했다. 따라서 적절하지 않음.

✔ ㄷ (X) "세포 소기관이 막으로 둘러싸여 있으며, 막에는 수송 단백질이 있다."

→ 막이 있다는 사실만으로는 박테리아 기원을 확신할 수 없음.

✔ ㄹ (O) "세포 소기관이 막으로 둘러싸여 있으며, 막에는 다량의 카디오리핀이 있다."

→ 지문에서 미토콘드리아가 박테리아로부터 유래된 근거로 카디오리핀은 박테리아의 세포막에도 존재한다는 점을 제시했으므로 적절.

41. 정답: ①

지문에서 공생발생설을 중심으로 개체성이 어떻게 변하는지 설명했으므로, <보기>의 새로운 사례를 이에 적용해 적절하지 않은 내용을 찾으면 된다.

해설 : <보기> 읽기

＊개체성을 잃었는지 판단하는 기준＊

지문에 따르면, '개체성을 잃을 정도로 **강한** 유기적 상호작용이 있어야, 세포 소기관으로 변한 것이라고 허용할 수 있다. 그 '강함'이 얼마나 강해야 하나? 그 기준은 내가 정하는 것이 아니라 지문에서 이미 정해준 것이다. 맨 마지막 지문에서,

1. 진핵세포가 미토콘드리아의 증식을 조절
2. 자신을 복제하여 증식할 때 미토콘드리아도 함께 복제하여 증식
3. 미토콘드리아의 유전자의 많은 부분이 세포핵의 DNA로 옮겨 가 미토콘드리아의 DNA 길이가 현저히 짧아졌다는 것
4. 미토콘드리아에서 일어나는 대사 과정에 필요한 단백질은 세포핵의 DNA로부터 합성
5. 미토콘드리아의 DNA에 남은 유전자 대부분은 생체 에너지를 생산하는 역할

이렇게 다섯 가지를 제시했다. 이 정도는 돼야 강한 유기적 상호 작용이라고 볼 수 있는 것이다. 뭐 실제로는 이거 말고 다른 것도 있을 수 있지만, 적어도 이 지문에서만큼은 저 다섯 가지에 해당하는지가 '강함'의 판단 기준이다.
(추상적 해석의 여지가 있는 범주의 구체화)

1. 복어와 독소를 생산하는 미생물
- 복어와 미생물은 서로 이익을 주고받는 **공생 관계**이다.
- 지문에서 제기한 5가지 '강한' 유기적 상호작용이 보이지 않는다. 따라서 미생물은 개체성을 완전히 잃었다고 볼 수 없다.

2. 아메바와 세포질에서 서식하는 박테리아
- 박테리아가 처음에는 병원성이 있었지만, 이후 병원성을 잃고 아메바와 **공생 관계**를 형성했구나.
- 지문에서 제기한 5가지 '강한' 유기적 상호작용이 보이지 않는다. 따라서 박테리아는 개체성을 완전히 잃었다고 볼 수 없다.
- 오히려 박테리아는 아메바가 증식을 조절하지 않고, 스스로 복제하여 증식한다. 이는 '강한' 유기적 상호작용과 정반대이다.
- 박테리아를 제거하면 아메바도 죽는 상태가 됨 → 하지만 지문에서 제시된 조건에 따르면, 개체성을 잃는 것과 관련 있는 정보는 아니다.

해설 : 선지 분석

① (부적절함 – 정답)
- 개체성을 완전히 잃었다면 미토콘드리아처럼 세포의 통제를 받으며 증식해야 하지만, 이 박테리아는 스스로 복제하여 증식하고 있음.
- 따라서 완전한 세포 소기관이라고 볼 수 없음.
- 아메바와 그 박테리아는 서로 떨어져서 살 수 없다는 점에 혹해서 1번 선지를 적절하다고 하면 안된다. 워딩 자체는 뭔가 유기적 상호작용이 엄청 강해보여서 개체성을 잃은 것 같기는 하다. 하지만 항상 판단의 기준은 지문에 있어야 한다. 지문에서 분명히 조건을 줬다. [(두 생명체가 서로 떨어져서 살 수 없더라도) 각자의 개체성을 잃을 정도로 유기적 상호작용이 강하지 않다면 그 둘은 공생 관계에 있다고 보는데] 수식어의 형태로 분명히 '두 생명체가 서로 떨어져서 살 수 없더라도'라고 했다. 개체성을 잃었다는 것의 판단 기준에, 두 생명체가 서로 떨어져서 살 수 없는 것은 영향을 미치지 않는다는 말이다. (지문 읽을 때 조건을 꼼꼼하게 확보해야 하는 이유 : 출제 포인트이기 때문이다. 선지의 모든 판단 기준은 지문으로부터 나와야 한다.)

② (적절함)
- 미토콘드리아가 개체성을 잃고 세포 소기관이 되었듯이, 유기적 상호작용이 강해지다가, 개체성을 잃었다고 볼 수 있을 만큼 강해지면 개체성을 잃을 수 있는 것이다.

③ (적절함)
- 미생물은 복어의 일부가 아니라 독립된 개체이므로, 복어의 증식과 미생물의 증식이 직접적으로 연결되지 않는다.

④ (적절함)
→ 박테리아가 개체성을 잃었다는 조건이 깔려있기 때문에, 그런 조건이 충족되었다는 가정하에 뒤에 붙은 말을 허용할 수 있는지 판단해야 한다.
- 윗글에서 미토콘드리아의 DNA 길이가 짧아진 이유는 개체성을 잃었기 때문이라고 설명했다.
- 따라서 박테리아도 개체성을 완전히 잃으면 DNA 길이가 짧아질 가능성이 크다.

⑤ (적절함)
→ 별도의 조건이 붙지 않았기 때문에 <보기>에 나온 정보로만 판단하면 된다.
- 복어와 미생물, 아메바와 박테리아 모두 <보기>의 정보만 봐서는 개체성을 잃었다고 볼 만큼 강한 유기적 상호작용이 확인되지는 않기 때문에 공생 관계에 해당한다.

42. 정답: ④

이렇게 마지막 문제로 문맥상 의미를 비교하는 문제가 자주 출제된다. 문맥상 의미는, 그 단어 자체의 뜻보다 그 단어 주변 맥락을 살펴보는 것이 가장 중요하다. 단어가 관계를 맺고 있는 다른 문장 요소가 어떤 성질을 가지고 있는지(예를 들어, 물리적인 상태인지 관념적인 상태인지 등) 파악하라는 것이다.

이렇게 바꿔쓸 수 있는 표현을 고르는 문제는, 각 선지를 직접 지문의 그 문장에 넣어서 주변 요소와의 연결이 원래 단어와 같이 자연스럽게 되는지 확인해 보면 된다.

해설:

④ ⓓ: 조명(照明)되면서 (**부적절함, 정답!**)

원문: "미토콘드리아 안에는 세포핵의 DNA와는 다른 DNA가 있으며 단백질을 합성하는 자신만의 리보솜을 가지고 있다는 사실이 ⓓ 밝혀지면서"

→ '밝혀지다'는 어떤 새로운 사실이 드러나는 것을 의미하지만, '조명되다'는 보통 원래 있었던 어떤 사안을 집중적으로 분석하거나 논의하는 것을 의미한다. 따라서 본문에서는 '조명되면서'보다 '밝혀지면서'가 더 적절하므로, 이 선택지는 부적절하다.

① ⓐ: 구성(構成)한다고 (적절함)

원문: "어떤 부분들이 모여 하나의 개체를 ⓐ이룬다고 할 때"
→ '이루다'와 '구성하다'는 의미적으로 유사하며, 문맥상 자연스럽게 대체 가능하므로 적절하다.

② ⓑ: 존재(存在)하고 (적절함)

원문: "진핵세포는 세포질에 막으로 둘러싸인 핵이 ⓑ있고"
→ '있다'는 단순한 위치적 존재를 나타내고, '존재하다'는 때로 철학적이거나 강조된 의미를 띠기도 하지만, 문맥상 문제없이 대체 가능하므로 적절하다.

③ ⓒ: 보유(保有)하고 (적절함)

원문: "대부분의 진핵세포는 미토콘드리아를 필수적으로 ⓒ가지고 있다."
→ '가지고 있다'는 단순한 소유의 의미이며, '보유하다'는 이와 동일한 의미를 지닌 단어로 사용 가능하므로 적절하다.

⑤ ⓔ: 생성(生成)된다 (적절함)

원문: "새로운 미토콘드리아는 이미 존재하는 미토콘드리아의 '이분 분열'을 통해서만 ⓔ만들어진다."

→ '만들어지다'와 '생성되다'는 그 의미가 거의 일치한다. 사실상 '만들어지다'를 한자어로 바꾸면 '생성(生成)'이 되는 것이다. 문맥상 자연스럽게 바꿔쓸 수 있으므로 적절하다.

[P ⇒ S형 지문]

[대원칙]

TYPE 1 | 하나의 문제점을 긴 호흡으로 해결하는 타입

보통, 지문 초반부에 답을 내야할 의문을 제기하고, 긴 호흡으로 그 질문에 답하기 위해 필요한 보조 정보들을 서술한 후, 그 보조 정보를 활용해 의문에 대한 답을 내는 경우가 많다. 개념편 p.42에서 제시한 그림과 같은 형태다.

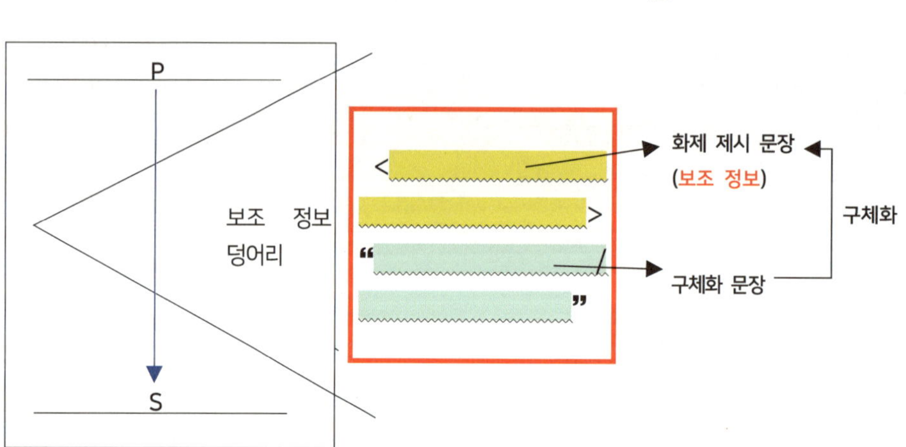

TYPE 2 | P1⇒S1⇒P2⇒S2⇒P3⇒S3

이렇게 하나의 문제가 해결되고, 그 해결책으로부터 또 문제가 발생하고, 이런 연쇄적인 과정이 연속적으로 제시되는 형태의 지문이 있다. 이때는 그냥 내용을 보고 저 구조를 머릿속으로 모델링하며 흐름을 따라가는 수밖에 없다.

TYPE 3 | 지문 초반부에서 P에 대해 너무 일찍 S가 완결되어 버린 경우

이때, 그 완결된 문제와 해결에서, 그 해결책이 앞으로 구체화되거나 해당 문제에 대한 새로운 해결책이 제시되는 경우가 많다. 따라서, 일단 그 P⇒S를 잡아두고, 여기에 이어지는 정보를 붙이며 S가 어떻게 구체화되는지, 또는 그 문제에 대한 또 다른 해결책이 나오는지 확인하며 읽으면 된다.

[26~29] 다음 글을 읽고 물음에 답하시오.

　신체의 세포, 조직, 장기가 손상되어 더 이상 제 기능을 하지 못할 때에 이를 대체하기 위해 이식을 실시한다. 이때 이식으로 옮겨 붙이는 세포, 조직, 장기를 이식편이라 한다. 자신이나 일란성 쌍둥이의 이식편을 이용할 수 없다면 다른 사람의 이식편으로 '동종 이식'을 실시한다. 그런데 우리의 몸은 자신의 것이 아닌 물질이 체내로 유입될 경우 면역 반응을 일으키므로, 유전적으로 동일하지 않은 이식편에 대해 항상 거부 반응을 일으킨다. 면역적 거부 반응은 면역 세포가 표면에 발현하는 주조직적합복합체(MHC)분자의 차이에 의해 유발된다. 개체마다 MHC에 차이가 있는데, 서로 간의 유전적 거리가 멀수록 MHC에 차이가 커져 거부 반응이 강해진다. 이를 막기 위해 면역 억제제를 사용하는데, 이는 면역 반응을 억제하여 질병 감염의 위험성을 높인다. 이식에는 많은 비용이 소요될 뿐만 아니라 이식이 가능한 동종 이식편의 수가 매우 부족하기 때문에 이를 대체하는 방법이 개발되고 있다. 우선 인공 심장과 같은 전자 기기 인공 장기를 이용하는 방법이 있다. 하지만 이는 장기의 기능을 일시적으로 대체하는 데 사용되며, 추가 전력 공급 및 정기적 부품 교체 등이 요구되는 단점이 있고, 아직 인간의 장기를 완전히 대체할 만큼 정교한 단계에 이르지는 못했다.

　다음으로는 사람의 조직 및 장기와 유사한 다른 동물의 이식편을 인간에게 이식하는 이종 이식이 있다. 그런데 이종 이식은 동종 이식보다 거부 반응이 훨씬 심하게 일어난다. 특히 사람이 가진 자연항체는 다른 종의 세포에서 발현되는 항원에 반응하는데, 이로 인해 이종 이식편에 대해서 초급성 거부 반응 및 급성 혈관성 거부 반응이 일어난다. 이런 거부 반응을 일으키는 유전자를 제거한 형질 전환 미니돼지에서 얻은 이식편을 이식하는 실험이 성공한 바 있다. 미니돼지는 장기의 크기가 사람의 것과 유사하고 번식력이 높아 단시간에 많은 개체를 생산할 수 있다는 장점이 있어, 이를 이용한 이종 이식편을 개발하기 위한 연구가 진행되고 있다.

　이종 이식의 또 다른 문제는 ㉠내인성 레트로바이러스이다. 내인성 레트로바이러스는 생명체의 DNA의 일부분으로, 레트로바이러스로부터 유래된 것으로 여겨지는 부위들이다. 이는 바이러스의 활성을 가지지 않으며 사람을 포함한 모든 포유류에 존재한다. ㉡레트로바이러스는 자신의 유전 정보를 RNA에 담고 있고 역전사 효소를 갖고 있는 바이러스로서, 특정한 종류의 세포를 감염시킨다. 유전 정보가 담긴 DNA로부터 RNA가 생성되는 전사 과정만 일어날 수 있는 다른 생명체와는 달리, 레트로바이러스는 다른 생명체의 세포에 들어간 후 역전사 과정을 통해 자신의 RNA를 DNA로 바꾸고 그 세포의 DNA에 끼어들어 감염시킨다. 이후에는 다른 바이러스와 마찬가지로 자신이 속해 있는 생명체를 숙주로 삼아 숙주 세포의 시스템을 이용하여 복제 증식하고 일정한 조건이 되면 숙주 세포를 파괴한다. 그런데 정자, 난자와 같은 생식 세포가 레트로바이러스에 감염되고도 살아남는 경우가 있었다. 이런 세포로부터 유래된 자손의 모든 세포가 갖게 된 것이 내인성 레트로바이러스이다. 내인성 레트로바이러스는 세대가 지나면서 돌연변이로 인해 염기 서열의 변화가 일어나며 해당 세포 안에서는 바이러스로 활동하지 않는다.

　그러나 내인성 레트로바이러스를 떼어 내어 다른 종의 세포 속에 주입하면 이는 레트로바이러스로 변환되어 그 세포를 감염시키기도 한다. 따라서 미니돼지의 DNA에 포함된 내인성 레트로바이러스를 효과적으로 제거하는 기술이 개발 중에 있다.

　그동안의 대체 기술과 관련된 연구 성과를 토대로 ⓐ이상적인 이식편을 개발하기 위해 많은 연구가 수행되고 있다.

26. 윗글에서 알 수 있는 내용으로 적절하지 않은 것은?

① 동종 간보다 이종 간이 MHC 분자의 차이가 더 크다.
② 면역 세포의 작용으로 인해 장기 이식의 거부 반응이 일어난다.
③ 이종 이식을 하는 것만으로도 바이러스 감염의 원인이 될 수 있다.
④ 포유동물은 과거에 어느 조상이 레트로바이러스에 의해 감염된 적이 있다.
⑤ 레트로바이러스는 숙주 세포의 역전사 효소를 이용하여 RNA를 DNA로 바꾼다.

27. ⓐ가 갖추어야 할 조건으로 적절하지 않은 것은?

① 이식편의 비용을 낮추어서 장기 교체가 쉬워야 한다.
② 이식편은 대체를 하려는 장기와 크기가 유사해야 한다.
③ 이식편과 수혜자 사이의 유전적 거리를 극복해야 한다.
④ 이식편은 짧은 시간에 대량으로 생산이 가능해야 한다.
⑤ 이식편이 체내에서 거부 반응을 유발하지 않아야 한다.

28. 다음은 신문 기사의 일부이다. 윗글을 참고할 때 기사의 ㉮에 대한 반응으로 적절하지 않은 것은? [3점]

○○신문　　　○○○○년 ○○월 ○○일

　최근에 줄기 세포 연구와 3D 프린팅 기술이 급속도로 발전하고 있다. 줄기 세포는 인체의 모든 세포나 조직으로 분화할 수 있다. 그러므로 수혜자 자신의 줄기 세포만을 이용하여 3D 바이오 프린팅 기술로 제작한 ㉮세포 기반 인공 이식편을 만들 수 있을 것으로 전망된다. 이미 미니 폐, 미니 심장 등의 개발 성공 사례가 보고되었다.

① 전자 기기 인공 장기와 달리 전기 공급 없이도 기능을 유지할 수 있겠군.
② 동종 이식편과 달리 이식 후 면역 억제제를 사용할 필요가 없겠군.
③ 동종 이식편과 달리 내인성 레트로바이러스를 제거할 필요가 없겠군.
④ 이종 이식편과 달리 유전자를 조작하는 과정이 필요하지는 않겠군.
⑤ 이종 이식편과 달리 자연항체에 의한 초급성 거부 반응이 일어나지 않겠군.

29. ㉠과 ㉡에 대한 설명으로 가장 적절한 것은?

① ㉠은 ㉡과 달리 자신이 속해 있는 생명체의 모든 세포의
   DNA에 존재한다.

② ㉡은 ㉠과 달리 자신의 유전 정보를 DNA에 담을 수 없다.

③ ㉡은 ㉠과 달리 자신이 속해 있는 생명체에 면역 반응을 일으
   키지 않는다.

④ ㉠과 ㉡은 둘 다 자신이 속해있는 생명체의 유전 정보를 가지고
   있다.

⑤ ㉠과 ㉡은 둘 다 자신이 속해 있는 생명체의 세포를 감염시켜
   파괴한다.

<table>
<tr><td>

한 문단 내에서의 사고:
문장과 문장을 연결 & 구분하며 정보 누적하기

</td><td>

문단 간의 사고:
문단과 문단을 연결 & 구분하며 목차 만들기

</td></tr>
</table>

1문단이다! 뭐가 키워드(중심 소재)고, 이에 대해 하고 싶은 말이 뭔지(핵심 정보 : 주제) 찾는데 집중해야 한다.

　(신체의 세포, 조직, 장기가 손상되어 더 이상 제 기능을 하지 못할 때에) 이를 대체하기 위해 이식을 실시한다.
한번쯤 들어봤을 내용이다. 이식이 키워드이려나?

이때 이식으로 옮겨 붙이는 세포, 조직, 장기를 이식편이라 한다. (자신이나 일란성 쌍둥이의 이식편을 이용할 수 없다면) 다른 사람의 이식편으로 '동종 이식'을 실시한다.
이식에 대한 정보를 확장하고 있다. 이식편이라는 용어부터 정의해주는데, 이는 앞으로의 정보를 이해하기 위한 기본 정보일 가능성이 높다. 앞으로 '이식편'이라는 용어가 나오면 '이식받는 세포, 조직 장기'라는 의미를 살려서 독해하며 된다. 이어서, 자신이나 일란성 쌍둥이의 세포, 조직, 장기를 이식받을 수 없다면 다른 사람의 것을 받는다고 하고, 그것을 '동종 이식'이라고 정의한다. 뭐 여기까지는 충분히 다 납득이 되는 당연한 내용이다.

그런데 우리의 몸은 (자신의 것이 아닌 물질이 체내로 유입될 경우 면역 반응을 일으키므로,) 유전적으로 동일하지 않은 이식편(=앞 문장에서 언급한 다른 사람의 이식편을 같은 의미 다른 표현으로 쓴거네. 당연히 자신이나 일란성 쌍둥이는 유전적으로 동일할 것이고, 다른 사람은 유전적으로 동일하지 않겠지)에 대해 (항상) 거부 반응을 일으킨다.
역접으로 다음 문장이 이어지는데, 읽어보니 앞 문장에서 언급한 '동종 이식'에 대해 문제점이 제시된다. [자신의 것이 아닌 물질 = 유전적으로 동일하지 않은 이식편 = 다른 사람의 이식편] 이것이 몸 안으로 들어오면 [면역 반응 = 거부 반응]을 항상 일으키기 때문에 동종 이식이 문제가 된다는 것이다. 항상 문제점이 나오면 그것을 홀딩하고 해결책을 찾는데 주력하는 독해를 해야 한다.

면역적 거부 반응은(=이걸 보는 순간, 동종 이식의 문제점인 [면역 반응 = 거부 반응]에 붙여서 독해할 생각을 해야 한다.) (면역 세포가 표면에 발현하는) 주조직적합복합체(MHC) 분자의 차이에 의해 유발된다.① / 개체마다 MHC에 차이가 있는데② / 서로 간의 유전적 거리가 멀수록 MHC에 차이가 커져 거부 반응이 강해진다.③
면역적 거부 반응에 대해 세 가지 정보로 구체화해준다. 읽다 보니 설명이 나열되고 있기 때문에, 범주가 바뀔 때마다 끊고 넘버링 해주면서 읽었다. 동종 이식의 문제점과 연결해서 계속 생각해줘야 하는데, 개체마다 MHC에 차이가 있고, 이 때문에 면역적 거부 반응이 유발되는데, 동종 이식은 당연히 이식을 받는 사람과 유전적 거리가 멀기 때문에 MHC에 차이가 커서 거부 반응이 강할 것이다.
이 부분은, 앞서 제시한 동종 이식의 문제점인 '[면역 반응 = 거부 반응]'에 대해 그 메커니즘을 더 정확히 구체화해준 것이다. 아직 문제가 해결되지는 않았기에 해결책을 찾는데 집중해야 함을 잊지 말자.

이를 막기 위해 면역 억제제를 사용하는데,(=어 해결책이다 !) 이는 면역 반응을 억제하여 질병 감염의 위험성을 높인다.
P에 대한 S가 제시되었는데, 그러고 나서 또 그 S에 대한 문제점이 제시되었다. 면역 억제제를 사용하면 다른 질병에 감염될 위험성이 높아진다는 것이다. 이렇게 1문단이 끝났다. 그러면 우리는 이어질 내용에서 핵심 정보의 흐름에 대해 아래와 같은 두 가지 생각을 바탕으로 주도적인 독해를 하면 된다.
1.[면역 억제제 사용]은 그 해결책 자체가 문제점이 있기 때문에, 면역적 거부 반응을 해결할 수 있는 다른 해결책을 찾아야 한다.
2.면역 억제제 자체의 문제점을 해결할 방법을 찾을 수도 있다.

[1문단 독해]

키워드(중심 소재) : 이식

이식편

자신이나 일란성 쌍둥이의 이식편을 이용할 수 없다면 다른 사람의 이식편으로 동종 이식 실시

P : 면역적 거부 반응 by MHC 분자

S : 면역 억제제 사용
└ P : 면역 반응 ↓ → 질병 감염 위험 ↑

1. [면역 억제제 사용]은 그 해결책 자체가 문제점이 있기 때문에, 면역적 거부 반응을 해결할 수 있는 다른 해결책을 찾아야 한다.

2. 면역 억제제 자체의 문제점을 해결할 방법을 찾을 수도 있다.

P

S!

P

핵심 정보로
홀딩

<table>
<tr><td align="center">

한 문단 내에서의 사고 :
문장과 문장을 연결 & 구분하며 정보 누적하기

</td><td align="center">

문단 간의 사고 :
문단과 문단을 연결 & 구분하며 목차 만들기

</td></tr>
</table>

왼쪽:

이식에는 많은 비용[1]이 소요될 뿐만 아니라 이식이 가능한 동종이식편의 수가 매우 부족[2]하기 때문에 이를 대체하는 방법이 개발되고 있다.

이 문단의 흐름을 잡아주는 문장이다. 이식의 두 가지 단점을 나열하고, 이를 대체하는 방법이 개발되고 있다고 한다. 많은 비용이 소모된다는 것은 처음 나온 내용이고, 이식이 가능한 동종이식편의 수가 매우 부족하다는 것은 앞서 설명했던 면역적 거부 반응이 그 원인이 될 것이라고 생각할 수 있겠다.

1문단에서 핵심 정보에 대해 흘딩했던 생각을 붙여서 관계를 파악해보면, 동종 이식이 면역적 거부 반응 때문에 문제가 되기 때문에, 애초에 그 동종 이식을 대체할 수 있는 다른 수단을 찾는 방향으로 S를 구체화한다는 뜻이다.

우선 인공 심장과 같은 '전자 기기 인공 장기'를 이용하는 방법이 있다. 하지만 이는 장기의 기능을 일시적으로 대체하는 데 사용되며, 추가 전력 공급 및 정기적 부품 교체 등이 요구되는 단점이 있고, 아직 인간의 장기를 완전히 대체할 만큼 정교한[3] 단계에 이르지는 못했다.[4]

동종 이식을 대체할 수 있는 첫 번째 방법으로 [인공 심장과 같은 '전자 기기 인공 장기' 를 이용하는 방법]이 제시되었지만, 이는 4가지 한계가 있다. 첫 번째 해결책이라는 의미를 살려서, S1 이렇게 넘버링 했다.

다음으로는 사람의 조직 및 장기와 유사한 다른 동물의 이식편을 인간에게 이식하는 '이종 이식'이 있다. S2

문단이 바뀌었지만, 서술 범주는 [동종 이식을 대체할 수 있는 방법]으로, 바뀌지 않았다. 그 두 번째 방법으로 [사람의 조직 및 장기와 유사한 다른 동물의 이식편을 인간에게 이식하는 '이종 이식' 을 제시한 것이다. 따라서, 인공 장기에 이어 S2로 넘버링 해준 것이다.

*이종 이식의 정의는 아주 쉽게 이해할 수 있다. 글자 그대로 '이' 종, 다른 종이라는 뜻이 담겨 있는 것이다. 항상 글을 읽을 때 이해할 수 있는 만큼 최대한 이해하는 것이 BEST 인데, 이렇게 글자에 담긴 뜻 그대로 이해하는 것이 도움이 될 때가 있다.

그런데 이종 이식은 동종 이식보다 거부 반응이 훨씬 심하게 일어난다. P

S2도 거부 반응이라는 문제점이 있다고 제시되고 있다. 문제점이기 때문에 P라고 메모해놓고, 그 P의 출처에 연결해두자. '동종 이식' 보다 거부 반응이 훨씬 심하게 일어난다고 했는데, 이 거부 반응은 당연히 '면역적 거부 반응' 일 것이다.

특히 사람이 가진 자연항체는 (다른 종의 세포에서 발현되는) 항원에(= 아 그러면 이종 이식편에 반응하겠구나) 반응하는데, 이로 인해 이종 이식편에 대해서 초급성 거부 반응 및 급성 혈관성 거부 반응이 일어난다.

이종 이식에서 일어나는 면역적 거부 반응을 구체화 시켜주고 있다. 문제점에 대한 구체화로 붙여서 이해해주면 된다. 거부 반응이 초급성 거부 반응과 급성 혈관성 거부 반응으로 구체화되고, 그 원인은 항원 항체 반응 (면역 반응)인 것이다. 여기서,

> #1. 아 그래서 '면역적 거부 반응' 이라고 한 것이구나.
>
> #2. 초급성 거부 반응, 급성 혈관성 거부 반응이 정확히 뭔지는 모르겠다. 지문에서 설명을 안해준 이상, 우리가 의사가 아니기 때문에 알 수가 없지 않을까..? 그냥 "항원 항체 반응이 일어나면 이런 두 가지 거부 반응이 생기나 보네. 그냥 거부 반응의 두 가지 종류나 보지 뭐~" 하고 넘기면 된다. 이해가 안되면 지문에 써진 만큼만 글자 그대로 파악하고 넘어가기.

이런 생각을 할 수 있어야 한다.

[이런 거부 반응을 일으키는 유전자]를 제거한 형질 전환 미니돼지에서 얻은 이식편을 이식하는 실험이 성공한 비 있다. 미니돼지는 장기의 크기가 사람의 것과 유사하고 번식력이 높아 단시간에 많은 개체를 생산할 수 있다는 장점이 있어, 이를 이용한 이종 이식편을 개발하기 위한 연구가 진행되고 있다. S

구체화

오른쪽:

[1문단 독해]

키워드(중심 소재) : 이식

이식편

자신이나 일란성 쌍둥이의 이식편을 이용할 수 없다면 다른 사람의 이식편으로 동종 이식 실시

P : 면역적 거부 반응 by MHC 분자

S : 면역 억제제 사용
  └ P : 면역 반응 ↓ → 질병 감염 위험 ↑

1. [면역 억제제 사용]은 그 해결책 자체가 문제점이 있기 때문에, 면역적 거부 반응을 해결할 수 있는 다른 해결책을 찾아야 한다.

2. 면역 억제제 자체의 문제점을 해결할 방법을 찾을 수도 있다.

[2문단 독해]

동종 이식을 대체할 수 있는 방법
 S1 : 전자 기기 인공 장기
  └ P : 1,2,3,4
 S2 : 이종 이식
  └ P : 동종 이식보다 거부 반응 ↑
    by 사람 자연 항체
    └ S : 이런 거부 반응을 일으키는 유전자를 제거한 형질 전환 미니돼지에서 얻은 이식편을 이식

이종 이식의 또 다른 문제는 ㉠내인성 레트로바이러스이다. P2

문단이 바뀌어서 서술 범주를 파악해보니, 앞서 동종 이식을 대체할 수 있는 해결책으로 언급되었던 이종 이식의 또 다른 문제점이 제시된다. 이미 거부 반응이라는 문제점이 하나 제시된 상황이기에, P2로 문장 옆에 메모하고 그 출처에 연결했다.

＋아직 내인성 레트로바이러스라는 것이 뭔지도 모르겠고, 그게 왜 이종 이식의 문제점이 되는지도 모르겠다. 앞으로 차근차근 설명해줄 것 같다. 이어지는 내용을 이 문장에 붙이며, "내인성 레트로바이러스가 뭐고 그게 왜 이종 이식의 문제가 되는가?"를 찾는데 집중하도록 하자. (핵심 정보)

내인성 레트로바이러스는 생명체의 DNA의 일부분으로, 레트로바이러스로부터 유래된 것으로 여겨지는 부위들이다. 이는 바이러스의 활성을 가지지 않으며 사람을 포함한 (모든) 포유류에 존재한다.

내인성 레트로바이러스가 뭔지 설명해준다. 핵심 정보인 "내인성 레트로바이러스는 왜 이종 이식의 문제가 되는가?"를 이해하기 위한 기본 정보다. 4가지 정보를 나열했는데, 특히 그 중 1번 정보의 '일부분'을 잘 처리했어야 한다.

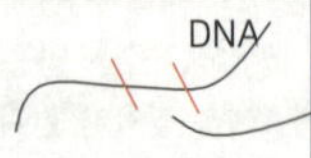

이렇게 DNA의 일부분을 내인성 레트로바이러스라고 부르는 것이다.

따라서 이는 바이러스가 아니고, 따라서 바이러스의 활성을 가지지 않으며, 모든 포유류에 존재하는 것이다.

㉡레트로바이러스는(=앞서 내인성 레트로바이러스가 레트로바이러스로부터 유래했다고 했는데, 그 레트로바이러스에 대해 설명해준다. 2와 연결해서 이해하자) 자신의 유전 정보를 RNA에 담고 있고 역전사? 효소를 갖고 있는 바이러스로서, 특정한? 종류의 세포를 감염시킨다.

레트로바이러스에 대한 이야기로 범주가 바뀌었다. 레트로바이러스는 일단 바이러스다. 그리고 그 바이러스에 대해, 세 가지 정보를 나열한다.

#1. 그 중 3번 정보에서 '특정한 종류의 세포'를 감염시킨다고 했는데, 그 특정한 종류가 정확히 뭔지는 알 수 없으므로 일단 ?를 찍어두고 이후 그 종류를 구체화해주면 반응해주도록 하자.

#2. 역전사 효소를 가지고 있다는데.. 역전사 효소가 뭔지 모르겠다.

(유전 정보가 담긴 DNA로부터 RNA가 생성되는 전사 과정(만) 일어날 수 있는 다른 생명체와는 달리,)

바이러스 외의 생명체에서는 유전 정보가 DNA에 담겨있고, DNA로부터 RNA가 생성되는게 전사구나. 그러면 앞에서 역전사 효소를 가지고 있다는게.. '역' 전사라니까... 바이러스는 RNA를 DNA로 바꿀 수 있는건가..? 바이러스는 유전 정보도 RNA에 저장하잖아!

레트로바이러스는 다른 생명체의 세포에 들어간 후 / 역전사 과정을 통해 자신의 RNA를 DNA로 바꾸고 / 그 세포의 DNA에 끼어들어 감염시킨다.

맞네! 그리고 그 역전사 과정을 통해서 다른 세포를 감염시키는구나. 그러면 앞에서 내인성 레트로바이러스가 레트로바이러스로부터 유래된, 생명체의 DNA의 일부라고 했으니.. 이 원리로 인해 내인성 레트로바이러스가 생겼으려나?

 ＊일련의 순서 과정은, 각 과정의 범주가 바뀔 때마다 끊어주는 방식으로 처리.

 ＊다른 생명체는 전사 과정만 일어날 수 있다. ＝다른 생명체는 역전사 과정이 일어날 수 없다. (반댓값 추론)

/ 이후에는 (다른 바이러스와 마찬가지로) 자신이 속해 있는 생명체를 숙주로 삼아 숙주 세포의 시스템을 이용하여 복제, 증식하고 (일정한 조건이 되면) 숙주 세포를 파괴한다.

세포를 감염시킨 이후의 과정으로 연결해준다.

핵심 정보로
홀딩

[1문단 독해]

키워드(중심 소재) : 이식

이식편

자신이나 일란성 쌍둥이의 이식편을 이용할 수 없다면 다른 사람의 이식편으로 동종 이식 실시

 P : 면역적 거부 반응 by MHC 분자

 S : 면역 억제제 사용
  └ P : 면역 반응 ↓ → 질병 감염 위험 ↑

1. [면역 억제제 사용]은 그 해결책 자체가 문제점이 있기 때문에, 면역적 거부 반응을 해결할 수 있는 다른 해결책을 찾아야 한다.

2. 면역 억제제 자체의 문제점을 해결할 방법을 찾을 수도 있다.

[2문단 독해]

동종 이식을 대체할 수 있는 방법
 S1 : 전자 기기 인공 장기
  └ P : 1,2,3,4
 S2 : 이종 이식
  └ P1 : 동종 이식보다 거부 반응 ↑
   by 사람 자연 항체
  └ S : 이런 거부 반응을 일으키는 유전자를 제거한 형질 전환 미니돼지에서 얻은 이식편을 이식

[3문단 독해]

  └ P2 : 내인성 레트로바이러스

내인성 레트로 바이러스, 레트로 바이러스

아직 왜 내인성 레트로 바이러스가 문제인지는 안나왔다. 일단 내인성 레트로바이러스, 레트로 바이러스에 대한 기본 정보 세팅중

그런데 정자, 난자와 같은 생식 세포가(!!=앞서 레트로바이러스가 감염시킨다는 특정 세포가 구체화 되었네) 레트로바이러스에 감염되고도 살아남는 경우가 있었다. 이런 세포로부터 유래된 자손의 (모든) 세포가 갖게 된 것이 내인성 레트로바이러스이다.

이전 문단의 맨 마지막 문장과 연결해보면, 원래 레트로바이러스에 감염된 세포는 파괴되어야 맞다. 하지만, 예외가 발생한 것이다. 그리고 그 예외가 내인성 레트로바이러스의 유래로 이어지는 것이다.

앞 문단에서 레트로바이러스가 세포를 감염시키는 일련의 과정을 읽을 때 아래와 같은 생각을 했었는데,
맞네! 그리고 그 역전사 과정을 통해서 다른 세포를 감염시키는구나. 그러면 앞에서 내인성 레트로바이러스가 레트로바이러스로부터 유래된, 생명체의 DNA의 일부라고 했으니.. 이 원리로 인해 내인성 레트로바이러스가 생겼으려나?
이 생각을 하고 넘어갔으면 쉽게 이해할 수 있다. 레트로바이러스가 정자, 난자와 같은 생식 세포에 들어가서, 역전사 과정을 통해 자신의 RNA를 DNA로 바꾸고, 생명체의 DNA에 끼어들어 간 것이 내인성 레트로바이러스가 된 것이다.

내인성 레트로바이러스는 세대가 지나면서 (돌연변이로 인해) 염기 서열의 변화가 일어나며 / (해당 세포 안에서는) 바이러스로 활동하지 않는다.
앞 문단에서 확보했던 내인성 레트로바이러스의 정보 중 [3. 바이러스의 활성을 가지지 않는다.]가 구체화 된다.
*수식어로 붙은 조건을 잘 파악해보면, 그냥 바이러스로 활동하지 않는게 아니라, '해당 세포 안에서는' 바이러스로 활동하지 않는다고 한다. 그럼..해당 세포 밖에서는..?? [반댓값 추론]

그러나 내인성 레트로바이러스를 떼어 내어 다른 종의 세포 속에 주입하면 이는 레트로바이러스로 변환되어 그 세포를 감염시키기도 한다.
반댓값에 대한 서술 바로 등장하네! 아 이거 핵심 정보 직결 포인트대! 이래서 내인성 레트로바이러스가 이종 이식의 문제가 되는 거구나. 그럼 이걸 어떻게 해결하지?

따라서 미니돼지의 DNA에 포함된 내인성 레트로바이러스를 효과적으로 제거하는 기술이 개발 중에 있다.
2문단에서 이종 이식의 첫 번째 문제점인 거부 반응에 대한 해결책으로 형질 전환 미니돼지를 활용한다고 했는데, 그 해결책에 이종 이식의 두 번째 문제점인 내인성 레트로 바이러스까지 적용해서 해결책을 업그레이드 했네!

그동안의 대체 기술과 관련된 연구 성과를 토대로 ⓐ이상적인 이식편을 개발하기 위해 많은 연구가 수행되고 있다.
그리고, 상투적인 글 마무리.

!
S

[1문단 독해]

키워드(중심 소재) : 이식

이식편

자신이나 일란성 쌍둥이의 이식편을 이용할 수 없다면 다른 사람의 이식편으로 동종 이식 실시

P : 면역적 거부 반응 by MHC 분자

S : 면역 억제제 사용
└ P : 면역 반응 ↓ → 질병 감염 위험 ↑

1. [면역 억제제 사용]은 그 해결책 자체가 문제점이 있기 때문에, 면역적 거부 반응을 해결할 수 있는 다른 해결책을 찾아야 한다.

2. 면역 억제제 자체의 문제점을 해결할 방법을 찾을 수도 있다.

[2문단 독해]

동종 이식을 대체할 수 있는 방법
S1 : 전자 기기 인공 장기
└ P : 1,2,3,4
S2 : 이종 이식
└ P1 : 동종 이식보다 거부 반응 ↑
by 사람 자연 항체
└ S : 이런 거부 반응을 일으키는 유전자를 제거한 형질 전환 미니돼지에서 얻은 이식편을 이식

[3문단 독해]

└ P2 : 내인성 레트로바이러스

내인성 레트로 바이러스,
레트로 바이러스

[4문단 독해]

내인성 레트로바이러스가 왜 문제인가
└ S : 미니돼지의 DNA에 포함된 내인성 레트로바이러스를 효과적으로 제거하는 기술

26. 정답: ⑤

출제 의도 : **내용 일치 문제다.**

글의 내용을 바탕으로 참인지 거짓인지 판단하는 문제이다. 주어진 문장에서 글에 직접적으로 언급된 내용인지, 논리적으로 허용 가능한지, 왜곡이 있는지를 확인해야 한다. 이런 내용 일치 유형은 보통 선지을 아무 데서나 막 들고 와서 내지는 않는다.

> 1. 핵심 정보와 직결된 내용이거나,
> 2. 조건, 포함관계, 극단적 범주 등 STEP 02에서 중요하다고 강조했던 생각들이 담긴 내용이거나,
> 3. 지문에서 계속 같은 범주로 가다가 한 번씩 은근슬쩍 다른 범주의 정보가 살포시 삽입된 경우 (보통 문단 끝 부분)

보통 이렇게 세 가지 정보들이 내용 일치 문제의 선지로 자주 출제된다. 이제 알겠? 애초에 문제로 나오기 때문에 지문을 읽을 때부터 잘 읽으라고 한 것이다. 독해 포인트가 곧 문제 출제 포인트다.
내용 일치 문제를 풀 때, 정확하게 기억이 나지 않는다면 기억에 의존해서 풀 게 아니라 직접 찾아서 풀어야 한다.

해설: ⑤ → X (정답)
레트로바이러스는 자신의 역전사 효소를 가지고 있다. 글에서 레트로바이러스에 대한 정보를 나열한 항목 중, "레트로바이러스는 자신의 유전 정보를 RNA에 담고 있고 역전사 효소를 갖고 있는 바이러스"라고 설명했다. 즉, 숙주의 것이 아니라 레트로바이러스 자체가 역전사 효소를 사용한다. (나열된 정보를 넘버링하며 잘 확보하기)

① → O
글에서 MHC 분자를 설명할 때, 인과로 주어진 요소 간 관계를 활용했다. 이를 잘 확보하고 넘어갔다면 쉽게 해결할 수 있었을 것이다.
글에서 (개체 간 유전적 거리)가 멀수록 (MHC 분자의 차이)가 커진다고 했다. 동종 이식에서도 개체 간 MHC 차이가 있지만, 이종 이식에서는 종이 달라 유전적 거리가 훨씬 멀기에, MHC 차이가 훨씬 커서 거부 반응이 강한 것이다.
(인과로 주어진 요소 간 관계 파악, 답의 출처가 P의 구체화 구간에서 나옴 - 핵심 정보 직결)

② → O
MHC 차이로 인해 면역 세포가 이식된 조직을 자신의 것이 아닌 것으로 인식하고 공격하면서 거부 반응이 발생한다.
(답의 출처가 P의 구체화 구간에서 나옴 - 핵심 정보 직결)

③ → O
이종 이식의 문제점 중 하나가 내인성 레트로바이러스이다. 미니돼지의 DNA에 포함된 내인성 레트로바이러스가 인간 세포 속에서 활성화될 가능성이 있어 감염 위험이 존재한다.
(답의 출처가 P의 구체화 구간에서 나옴 - 핵심 정보 직결)

④ → O
글에서 "포유류의 내인성 레트로바이러스는 과거 레트로바이러스 감염의 결과로 생긴 것"이라고 설명한다. 감염된 세포가 생식 세포라면 그 유전 정보가 후손에게 전달된다. 따라서 과거에 어느 조상이 레트로바이러스에 의해 감염된 적이 있을 수밖에 없다.

---

27. 정답: ①

출제 의도 : **변형된 내용 일치**

이러한 이상적인 이식편의 조건이 지문 여기 저기에 흩뿌려져 있었다. 우리는 선지를 하나하나 판단하면서 그게 지문에 나온 조건과 일치하는지 판단하면 되는 것이다.
이상적인 이식편의 조건으로 허용할 수 있는 근거는 무조건 아래와 같은 두 가지가 판단 기준이 되어야 한다.

1. 그게 지문에 언급된 내용과 같은지,
2. 또는 지문에 언급된 내용에 입각해서 봤을 때 논리적으로 허용할 수 있는 말인지

사실상 조금 변형되었을 뿐, 본질적으로 내용 일치 문제인 것.

해설: ① → X (적절하지 않음, 정답)
- 글에서 "전자 기기 인공 장기는 정기적 부품 교체가 필요해 단점이 있다"고 설명했다.
- 글에서 단점이라고 했으므로, 이는 이식편이 원래 장기처럼 정기적인 교체가 필요없이 지속적으로 사용할 수 있어야 한다는 점을 암시한다.

② → O
- 예를 들어, 미니돼지가 이종 이식 연구에서 유망한 이유 중 하나가 인간과 장기 크기가 유사하기 때문이라고 서술됨.

③ → O
- 동종 이식에서도 유전적 차이로 인해 거부 반응이 발생하는데, 이상적인 이식편은 이러한 유전적 차이를 극복할 수 있어야 한다. 지문에 나온 이식의 문제점을 극복한다는 것은, 충분히 이상적인 이식편의 조건으로 허용할 수 있다.

④ → O
- 지문에 따르면, 미니돼지는 번식력이 높아 짧은 시간 내에 많은 개체를 생산할 수 있어 연구 대상이 된다.
- 즉, 이상적인 이식편도 생산성이 좋아야 한다.

⑤ → O
- 지문에 나온 이식의 문제점을 극복한다는 것은, 충분히 이상적인 이식편의 조건으로 허용할 수 있다. 특히 거부 반응이 없는 것은 이상적인 이식편의 필수 조건이라고 할 수 있다.
- 글에서도 형질 전환 미니돼지처럼 거부 반응을 줄이는 연구가 진행됨을 언급한다.

28. 정답: ③

<보기>를 읽을 때 지문의 내용과 연결되는 부분이 있으면 최대한 연결해서 이해해주면 된다. 이때, 문제가 기사에서 언급된 ㉑에 초점을 맞추고 있으므로, 우리도 독해의 초점을 ㉑에 맞추면 된다. 지문에 붙여서 이해하되, ㉑에 대한 정보를 확보하는데 집중하자는 말이다.

해설: <보기> 읽기

기사에서 언급된 ㉑ "세포 기반 인공 이식편"을 살펴보니,

줄기 세포를 이용해 3D 바이오 프린팅 기술로 제작된 이식편이네. 지문에서 언급되지 않은 새로운 이식편이군. 이때 지문에서 제시된 이식편의 문제점이 떠올라야 한다. 항상 지문과 붙일 때는 핵심 정보를 중심으로 붙이는 것인데, 지문의 핵심은 이식의 문제점이었다. 이를 바탕으로 생각해보니,

1. 환자 자신의 줄기 세포를 사용하면 면역 거부 반응이 없겠네.
2. 이종 이식이 아니기 때문에 내인성 레트로바이러스 문제가 없겠네.

이렇게 두 가지를 생각할 수 있겠다. 이를 바탕으로 선지 판단에 들어가면 된다.

해설: 선지 분석

③ → X (적절하지 않음)

1. 내인성 레트로바이러스는 이종 이식에서 문제가 되는 요소다. 따라서 동종 이식에서는 애초에 내인성 레트로바이러스를 제거할 필요가 없다.
2. 줄기 세포 기반 이식편은 사람의 세포로 만들어지므로, 애초에 내인성 레트로바이러스 제거가 필요 없다.

① → O

전자 기기 인공 장기는 전력 공급이 필요하지만, 세포 기반 이식편은 살아 있는 조직이므로 전기가 필요 없다.

② → O

동종 이식(다른 사람의 장기 이식)은 면역 거부 반응이 발생하여 면역 억제제가 필요하지만, 세포 기반 인공 이식편은 환자 자신의 세포로 만들면 면역 거부 반응 없음

④ → O

이종 이식에서는 돼지 장기의 유전자 조작(예: 거부 반응 유발 유전자 제거)이 필요하다. 반면, 세포 기반 인공 이식편은 환자의 자신의 줄기세포를 사용하므로 면역적 거부 반응이 일어나지 않는다. 따라서 유전자 조작이 필요 없다.

⑤ → O

이종 이식에서는 인간이 본래 가지고 있는 자연항체가 돼지 장기의 항원과 반응하여 초급성 거부 반응이 발생한다. 하지만 줄기 세포 기반 이식편은 인간의 세포로 만들어지므로 초급성 거부 반응이 없다.

29. 정답: ①

지문을 읽을 때 레트로바이러스와 내인성 레트로바이러스의 관계를 정확히 파악하는 것, 그리고 각각의 정보가 나열된 것을 잘 확보하는 것이 중요했다. 결국 내용 일치다.

해설:

① ㉠은 ㉡과 달리 자신이 속해 있는 생명체의 모든 세포의 DNA에 존재한다. → O (적절함, 정답)

- 레트로바이러스는 독립적인 감염성 바이러스로서, 특정 세포만 감염시키기 때문에 생명체의 모든 세포의 DNA에 존재하지는 않는다.
- 내인성 레트로바이러스는, 레트로바이러스에 감염당한 생식 세포가 살아남아 생성된 것으로, 자손의 **모든** 세포가 갖게 되었다고 지문에 나와 있다. 생식 세포의 DNA에 포함된 일부분은, 그 자손의 모든 세포가 갖는다는 사실은 생명과학에 대한 배경지식이 있다면 당연하게 받아들일 수 있다. 하지만, 그런 배경지식이 없더라도 **지문에서 '모든' 이라는 극단적 범주에 예민하게 반응해줬다면** 1번 선지를 충분히 정답으로 고를 수 있었다.

오답 분석

② ㉡은 ㉠과 달리 자신의 유전 정보를 DNA에 담을 수 없다. → X (적절하지 않음)

레트로바이러스(㉡)는 원래 RNA를 유전 정보로 가지지만, 역전사 효소를 이용해 자신의 유전 정보를 DNA로 변환하여 숙주 세포의 DNA에 삽입할 수 있다.

③ ㉡은 ㉠과 달리 자신이 속해 있는 생명체에 면역 반응을 일으키지 않는다. → X (적절하지 않음)

레트로바이러스(㉡)는 숙주 세포를 감염시키며 면역 반응을 유발할 수 있다.

④ ㉠과 ㉡은 둘 다 자신이 속해있는 생명체의 유전 정보를 가지고 있다. → X (적절하지 않음)

레트로바이러스(㉡)는 독립된 감염성 바이러스다. 숙주의 유전 정보를 가지지 않고, 자신의 유전 정보를 RNA 형태로 보유한다.

⑤ ㉠과 ㉡은 둘 다 자신이 속해 있는 생명체의 세포를 감염시켜 파괴한다. → X (적절하지 않음)

레트로바이러스(㉡)는 숙주 세포를 감염시키고 파괴할 수 있지만, 내인성 레트로바이러스(㉠)는 바이러스 활성을 가지지 않아 감염이나 파괴를 일으키지 않는다.

[33~36] 다음 글을 읽고 물음에 답하시오.

　탄수화물은 사람을 비롯한 동물이 생존하는 데 필수적인 에너지원이다. 탄수화물은 섬유소와 비섬유소로 구분된다. 사람은 체내에서 합성한 효소를 이용하여 곡류의 녹말과 같은 비섬유소를 포도당으로 분해하고 이를 소장에서 흡수하여 에너지원으로 이용한다. 반면, 사람은 풀이나 채소의 주성분인 셀룰로스와 같은 섬유소를 포도당으로 분해하는 효소를 합성하지 못하므로, 섬유소를 소장에서 이용하지 못한다. ㉠소, 양, 사슴과 같은 반추 동물도 섬유소를 분해하는 효소를 합성하지 못하는 것은 마찬가지이지만, 비섬유소와 섬유소를 모두 에너지원으로 이용하며 살아간다.

　위(胃)가 넷으로 나누어진 반추 동물의 첫째 위인 반추위에는 여러 종류의 미생물이 서식하고 있다. 반추 동물의 반추위에는 산소가 없는데, 이 환경에서 왕성하게 생장하는 반추위 미생물들은 다양한 생리적 특성을 가지고 있다. 그중 ⓐ피브로박터 숙시노젠(F)은 섬유소를 분해하는 대표적인 미생물이다. 식물체에서 셀룰로스는 그것을 둘러싼 다른 물질과 복잡하게 얽혀 있는데, F가 가진 효소 복합체는 이 구조를 끊어 셀룰로스를 노출시킨 후 이를 포도당으로 분해한다. F는 이 포도당을 자신의 세포 내에서 대사 과정을 거쳐 에너지원으로 이용하여 생존을 유지하고 개체 수를 늘림으로써 생장한다. 이런 대사 과정에서 아세트산, 숙신산 등이 대사산물로 발생하고 이를 자신의 세포 외부로 배출한다. 반추위에서 미생물들이 생성한 아세트산은 반추 동물의 세포로 직접 흡수되어 생존에 필요한 에너지를 생성하는 데 주로 이용되고 체지방을 합성하는 데에도 쓰인다. 한편 반추위에서 숙신산은 프로피온산을 대사산물로 생성하는 다른 미생물의 에너지원으로 빠르게 소진된다. 이 과정에서 생성된 프로피온산은 반추 동물이 간(肝)에서 포도당을 합성하는 대사 과정에서 주요 재료로 이용된다.

　반추위에는 비섬유소인 녹말을 분해하는 ⓑ스트렙토코쿠스 보비스(S)도 서식한다. 이 미생물은 반추 동물이 섭취한 녹말을 포도당으로 분해하고 이 포도당을 자신의 세포 내에서 대사 과정을 통해 자신에게 필요한 에너지원으로 이용한다. 이때 S는 자신의 세포 내의 산성도에 따라 세포 외부로 배출하는 대사산물이 달라진다. 산성도를 알려 주는 수소 이온 농도 지수(pH)가 7.0 정도로 중성이고 생장 속도가 느린 경우에는 아세트산, 에탄올 등이 대사산물로 배출된다. 반면 산성도가 높아져 pH가 6.0 이하로 떨어지거나 녹말의 양이 충분하여 생장 속도가 빠를 때는 젖산이 대사산물로 배출된다. 반추위에서 젖산은 반추 동물의 세포로 직접 흡수되어 반추 동물에게 필요한 에너지를 생성하는 데 이용되거나 아세트산 또는 프로피온산을 대사산물로 배출하는 다른 미생물의 에너지원으로 이용된다.

　그런데 S의 과도한 생장이 반추 동물에게 악영향을 끼치는 경우가 있다. 반추 동물이 짧은 시간에 과도한 양의 비섬유소를 섭취하면 S의 개체 수가 급격히 늘고 과도한 양의 젖산이 배출되어 반추위의 산성도가 높아진다. 이에 따라 산성의 환경에서 왕성히 생장하며 항상 젖산을 대사산물로 배출하는 ⓒ락토바실러스 루미니스(L)와 같은 젖산 생성 미생물들의 생장이 증가하며

다량의 젖산을 배출하기 시작한다. F를 비롯한 섬유소 분해 미생물들은 자신의 세포 내부의 pH를 중성으로 일정하게 유지하려는 특성이 있는데, 젖산 농도의 증가로 자신의 세포 외부의 pH가 낮아지면 자신의 세포 내의 항상성을 유지하기 위해 에너지를 사용하므로 생장이 감소한다. 만일 자신의 세포 외부의 pH가 5.8 이하로 떨어지면 에너지가 소진되어 생장을 멈추고 사멸하는 단계로 접어든다. 이와 달리 S와 L은 상대적으로 산성에 견디는 정도가 강해 자신의 세포 외부의 pH가 5.5 정도까지 떨어지더라도 이에 맞춰 자신의 세포 내부의 pH를 낮출 수 있어 자신의 에너지를 세포 내부의 pH를 유지하는 데 거의 사용하지 않고 생장을 지속하는 데 사용한다. 그러나 S도 자신의 세포 외부의 pH가 그 이하로 더 떨어지면 생장을 멈추고 사멸하는 단계로 접어들고, 산성에 더 강한 L을 비롯한 젖산 생성 미생물들이 반추위 미생물의 많은 부분을 차지하게 된다. 그렇게 되면 반추위의 pH가 5.0 이하가 되는 급성 반추위 산성증이 발병한다.

33. 윗글을 읽고 알 수 있는 내용으로 가장 적절한 것은?
① 섬유소는 사람의 소장에서 포도당의 공급원으로 사용된다.
② 반추 동물의 세포에서 합성한 효소는 셀룰로스를 분해한다.
③ 반추위 미생물은 산소가 없는 환경에서 생장을 멈추고 사멸한다.
④ 반추 동물의 과도한 섬유소 섭취는 급성 반추위 산성증을 유발한다.
⑤ 피브로박터 숙시노젠(F)은 자신의 세포 내에서 포도당을 에너지원으로 이용하여 생장한다.

34. 윗글로 볼 때, ⓐ~ⓒ에 대한 이해로 적절하지 않은 것은?
① ⓐ와 ⓑ는 모두 급성 반추위 산성증에 걸린 반추 동물의 반추위에서는 생장하지 못하겠군.
② ⓐ와 ⓑ는 모두 반추위에서 반추 동물의 체지방을 합성하는 물질을 생성할 수 있겠군.
③ 반추위의 pH가 6.0일 때, ⓐ는 ⓒ보다 자신의 세포 내의 산성도를 유지하는 데 더 많은 에너지를 쓰겠군.
④ ⓑ와 ⓒ는 모두 반추위의 산성도에 따라 다양한 종류의 대사산물을 배출하겠군.
⑤ 반추위에서 녹말의 양과 ⓑ의 생장이 증가할수록, ⓐ의 생장은 감소하고 ⓒ의 생장은 증가하겠군.

35. 윗글을 바탕으로 ㉠이 가능한 이유를 진술한다고 할 때, <보기>의 ㉮, ㉯에 들어갈 말로 가장 적절한 것은? [3점]

<보 기>

반추 동물이 섭취한 섬유소와 비섬유소는 반추위에서 (㉮   ), 이를 이용하여 생장하는 (㉯   )은 반추 동물의 에너지원으로 이용되기 때문이다.

①
㉮ : 반추위 미생물의 에너지원이 되고
㉯ : 반추위 미생물이 대사 과정을 통해 생성한 대사산물

②
㉮ : 반추위 미생물의 에너지원이 되고
㉯ : 반추위 미생물이 대사 과정을 통해 생성한 포도당

③
㉮ : 반추위 미생물에 의해 합성된 포도당이 되고
㉯ : 반추위 동물이 대사 과정을 통해 생성한 포도당

④
㉮ : 반추위 미생물에 의해 합성된 포도당이 되고
㉯ : 반추위 미생물이 대사 과정을 통해 생성한 대사산물

⑤
㉮ : 반추위 미생물에 의해 합성된 포도당이 되고
㉯ : 반추위 미생물이 대사 과정을 통해 생성한 포도당

36. 윗글로 볼 때, 반추위 미생물에서 배출되는 숙신산과 젖산에 대한 설명으로 적절하지 않은 것은?

① 숙신산이 많이 배출될수록 반추 동물의 간에서 합성되는 포도당의 양도 늘어난다.

② 젖산은 반추 동물의 세포로 직접 흡수되어 반추 동물의 에너지원으로 이용될 수 있다.

③ 숙신산과 젖산은 반추위가 산성일 때보다 중성일 때 더 많이 배출된다.

④ 숙신산과 젖산은 반추위 미생물의 세포 내에서 대사 과정을 거쳐 생성된다.

⑤ 숙신산과 젖산은 프로피온산을 대사산물로 배출하는 다른 미생물의 에너지원으로 이용되기도 한다.

한 문단 내에서의 사고 : **문장과 문장을 연결 & 구분**하며 정보 누적하기	문단 간의 사고 : **문단과 문단을 연결 & 구분**하며 목차 만들기

1문단이다! 뭐가 키워드(중심 소재)고, 이에 대해 하고 싶은 말이 뭔지(핵심 정보 : 주제) 찾는데 집중해야 한다.

탄수화물은 사람을 비롯한 동물이 생존하는 데 (필수적인) 에너지원이다. 탄수화물은 섬유소와 비섬유소로 구분된다.

시작하자마자 탄수화물에 대한 정보를 준다. 첫 번째 정보는 익히 아는 내용일 것이고, 두 번째 정보는 생소하다. 탄수화물을 섬유소와 비섬유소라는 두 종류로 쪼갰다. 섬유소와 섬유소가 아닌 것으로 쪼갠 것인데, 아직 섬유소가 뭔지는 잘 모르겠다. 그럼 일단 키워드가 탄수화물이라고는 볼 수 있겠다.

사람은 체내에서 합성한 효소를 이용하여 / (곡류의 녹말과 같은) 비섬유소를 포도당으로 분해하고 / 이를 소장에서 흡수하여 에너지원으로 이용한다. // 반면, 사람은 (풀이나 채소의 주성분인 셀룰로스와 같은) 섬유소를 포도당으로 분해하는 효소를 합성하지 못하므로, 섬유소를 소장에서 이용하지 못한다.

탄수화물의 소화에 대한 이야기로 넘어간다. 앞서 탄수화물을 두 종류로 쪼갠 것을 그대로 서술 방식에도 적용해서, 비섬유소와 섬유소 각각의 소화에 대해 서술했다.

기본적으로 비섬유소와 섬유소 둘 다 포도당으로 분해되어야 소장에서 흡수하여 에너지원으로 이용할 수 있고, 그 분해에는 효소가 이용된다는 점을 알 수 있다.

사람은 비섬유소를 분해하는 효소는 체내에서 합성하지만, 섬유소를 분해하는 효소는 합성하지 못한다는 차이점이 있다.

서술하는 과정에서 비섬유소와 섬유소 앞에 수식어의 형태로 각각의 예시를 들어 구체화하고 있다. 앞으로 저 예시가 나오면 각각 비섬유소와 섬유소를 떠올리면 되고, 반대로 비섬유소와 섬유소라는 워딩이 나오면 각각의 예시를 떠올리면 된다.

여기서 섬유소를 소장에서 이용하지 못한다는 것을 문제로 인식해야 한다. 우리가 풀이나 채소를 안 먹는게 아닌데.. 체내에서 그걸 분해하는 효소를 합성하지 못하면 풀이나 채소는 에너지원으로 아예 사용할 수 없는건가..?

㉠ (소, 양, 사슴과 같은) 반추 동물도 섬유소를 분해하는 효소를 합성하지 못하는 것은 마찬가지이지만, / 비섬유소와 섬유소를 모두 에너지원으로 이용하며 살아간다.

서술 대상이 사람이 아니라 반추 동물로 바뀐다. 반추라는 말이 정확히 뭔지는 모르겠지만 그 종류에 소, 양, 사슴같은 것들이 있구나~ 하고 일단 글자 그대로 확보해준다. 반추 동물로 초점이 맞춰지고, 섬유소를 분해하는 효소를 합성하지 못하지만 섬유소를 에너지원으로 이용하며 살아간다고 한다. 여기서 엥? 하는 생각이 든다. 분명 사람의 경우, 효소가 합성되지 않기 때문에 섬유소를 소장에서 이용할 수 없다고 했다. 반추 동물도 효소가 합성되지 않으면 섬유소를 포도당으로 분해하는 것 자체가 불가능한데 그걸 어떻게 에너지원으로 이용한다는 거지??

"섬유소를 분해하는 효소를 합성하지 못하는 문제점을 어떻게 해결해서 섬유소를 에너지원으로 이용하며 살아가는지?" 를 확보하는 것이 바로 핵심 정보가 되는 것이다. 앞으로 2문단부터의 독해는 이걸 홀딩하고 끌고 내려와 언제 이거에 관한 설명이 나오나 눈에 불을 키고 찾는 것이다.

+ 비섬유소를 에너지원으로 이용하는 방법은 사람과 같을까 다를까?

[1문단 독해]

키워드(중심 소재) : 탄수화물

- 동물이 생존하는 데 필수적인 에너지원
- 섬유소 (셀룰로스)와 비섬유소(곡류의 녹말)로 구분됨
- 탄수화물의 소화

[사람]

비섬유소 : 체내에서 합성한 효소를 이용하여 포도당으로 분해, 소장에서 흡수하여 에너지원으로 이용

섬유소 : 포도당으로 분해하는 효소 합성 불가, 소장에서 이용 불가

[반추 동물]

비섬유소 : 에너지원으로 이용 (어떻게 ?)

섬유소 : 포도당으로 분해하는 효소 합성 불가(P), BUT 에너지원으로 이용 (어떻게 ?)

"섬유소를 분해하는 효소를 합성하지 못하는 문제점을 어떻게 해결해서 섬유소를 에너지원으로 이용하며 살아가는지?
비섬유소를 에너지원으로 이용하는 방법은 사람과 같을까 다를까?

위(胃)가 넷으로 나누어진 반추 동물의 (첫째 위인) 반추위에는 여러 종류의 미생물이 서식하고 있다.

시각적인 형태의 정보를 글로 표현한 것이 바로 느껴진다. 이런 경우에는 항상 시각적 모델링을 해놓고 거기에 이어지는 내용을 붙이며 그림을 덧대는 식으로 독해를 이어나가라고 했다.

반추 동물의 반추위에는 ~~산소~~가 없는데, (이 환경에서 왕성하게 생장하는) 반추위 미생물들은 다양한 생리적 특성을 가지고 있다.

반추위에는 산소가 없다는 정보를 주고, 거기에 서식하는 미생물에 대한 설명을 시작한다.

그중 ⓐ피브로박터 숙시노젠(F)은 섬유소를 분해하는 대표적인 미생물이다.

반추위에 서식하는 미생물 중 피브로박터 숙시노젠(F)에 초점을 맞춘다. 그런데 여기서 섬유소를 분해한다는 정보가 나온다. 그러면 바로 반응이 와야 한다.
"반추위의 미생물인 F가 섬유소를 분해하여 에너지원으로 이용할 수 있게 해주는 키인가? 일단 후술되는 문장들을 붙이면서 맞는지 확인해 보자."

/ 식물체에서 셀룰로스(=앞 문단의 예시에서 섬유소라고 했다.)는 그것을 둘러싼 다른 물질과 복잡하게 얽혀 있는데,(=셀룰로스가 안에 있고, 그 밖을 다른 물질들이 감싸고 있는 구조를 머릿속에 떠올렸으면 어땠을까? 이것도 시각적인 형태의 정보를 글로 표현해놓은 것이기에, 다시 시각적인 형태로 바꿀 필요가 있다.) / [F가 가진 효소 복합체]는 이 구조를 끊어 셀룰로스를 노출시킨 후 / 이를 포도당으로 분해한다.

F가 섬유소인 셀룰로스를 분해하기까지의 일련의 과정을 제시했다. 각 과정 단위로 끊어주며 읽어야 했다. 그런데 이렇게 섬유소가 포도당으로 분해되는 장소는 소장이 아니라 위인데. 그걸 어떻게 에너지원으로 이용할까?

/ F는 이 포도당을 (자신의 세포 내에서) 대사 과정을 거쳐 (에너지원으로 이용하여 생존을 유지하고 개체 수를 늘림으로써) 생장한다. [잘 생각해야 한다. 반추 동물의 에너지원으로 이용된다는 것이 아니라 F의 에너지원으로 이용된다는 것이다. 아직 반추 동물의 에너지원으로는 어떻게 쓰인다는 것인지 안 나왔다.] 이런 대사 과정에서 아세트산, 숙신산 등이 대사산물로 발생하고 / 이를 자신의 세포 외부로 배출한다. / [반추위에서 미생물들이 생성한 아세트산]은 반추 동물의 세포로 직접 흡수되어 / 생존에 필요한 에너지를 생성하는 데 주로 이용되고 체지방을 합성하는 데에도 쓰인다.

반응! 일련의 순서, 과정을 차분히 범주 단위로 끊어가며 읽다 보니, 이 섬유소가 결과적으로 반추 동물의 에너지원으로 쓰이는 단계에 도달했다. 1문단에서 설정했던 핵심 정보에 직결되는 부분이기 때문에, 반응해줘야 한다.

그런데 여기서는 위에서 섬유소가 포도당으로 분해되면 그게 바로 에너지원으로 이용되는 것이 아니라, 일단 그 포도당이 F의 에너지원으로 이용된 후, 그 과정에서 나온 대사산물 중 아세트산이 F의 세포 외부로 방출되면 반추 동물의 세포로 흡수되어 에너지원으로 이용된다.

// 한편 (반추위에서) 숙신산은 (프로피온산을 대사산물로 생성하는) 다른 미생물의 에너지원으로 빠르게 소진된다. [이 과정에서 생성된 프로피온산]은 [반추 동물이 간(肝)에서 포도당을 합성하는 대사 과정]에서 주요 재료로 이용된다.

반추위 미생물의 대사산물 중 숙신산에 대한 설명으로 범주가 바뀌기 때문에, 끊어주고 독해를 이어간다. 숙신산은 반추 동물의 에너지원이 아니라, 반추위에 서식하는 다른 미생물의 에너지원으로 이용된다고 하고, 그 과정에서 프로피온산이 생성된

분해 과정
구체화

일련의
순서, 과정

키워드(중심 소재) : 탄수화물
 - 동물이 생존하는 데 필수적인 에너지원
 - 섬유소(셀룰로스)와 비섬유소(곡류의 녹말)로 구분됨
 - 탄수화물의 소화

[사람]
비섬유소 : 체내에서 합성한 효소를 이용하여 포도당으로 분해, 소장에서 흡수하여 에너지원으로 이용
섬유소 : 포도당으로 분해하는 효소 합성 불가, 소장에서 이용 불가

[반추 동물]
비섬유소 : 에너지원으로 이용 (어떻게?)
섬유소 : 포도당으로 분해하는 효소 합성 불가[P], BUT 에너지원으로 이용 (어떻게?)

[2문단 독해]

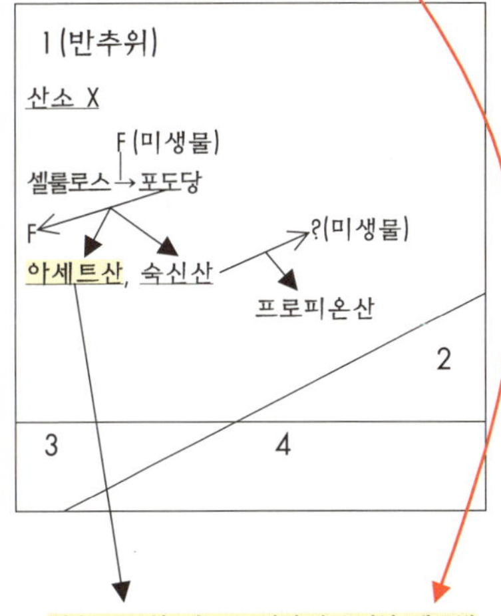

1. 반추 동물의 세포로 직접 흡수되어 생존에 필요한 에너지를 생성하는 데 주로 이용
2. 체지방 합성하는 데 쓰임

다는 정보까지 준다. 그런데 이 프로피온산은 반추 동물이 간에서 포도당을 합성하는 대사 과정의 주요 재료로 이용된다고 한다. 간에서 합성된 포도당도 이 반추 동물의 에너지원으로 쓰인다면, 결국 숙신산도 에너지원의 역할을 하는 것이겠다.
그런데 아직 간에서 합성되는 포도당이 에너지원으로 사용된다는 말이 없으므로, 에너지원으로 확정 지을 수는 없다.

"섬유소를 분해하는 효소를 합성하지 못하는 문제점을 어떻게 해결해서 섬유소를 에너지원으로 살아가는지? (CLEAR)
비섬유소를 에너지원으로 이용하는 방법은 사람과 같을까 다를까?

반추위에는 (비섬유소인 녹말을 분해하는) ⓑ스트렙토코쿠스보비스(S)도 서식한다.

문단이 바뀌고, 서술 범주를 확인해보니 비섬유소인 녹말을 분해하는 미생물로 서술 범주가 이동했다. 반추위에 서식하는 미생물 중 스트렙토코쿠스보비스(S)에 초점을 맞춘 것이다. 여기서 반추위에서는 미생물이 비섬유소를 분해한다는 정보를 보고, 바로 반응이 와야 한다. 사람이 비섬유소를 에너지원으로 이용하는 방법과 다른 것이다.

"반추위의 미생물인 S가 비섬유소를 분해하여 에너지원으로 이용할 수 있게 해주는 키인가? 일단 후술되는 문장들을 붙이면서 맞는지 확인해 보자."

"사람은 비섬유소를 소장에서 분해해서 에너지원으로 이용하는데, 그럼 반추 동물은 비섬유소를 에너지원으로 이용하는 방식이 사람과 다를 수도 있겠다."

이 미생물은 반추 동물이 섭취한 녹말을 포도당으로 분해하고, / 이 포도당을 자신의 세포 내에서 (대사 과정을 통해) 자신에게 필요한 에너지원으로 이용한다. (= 이 경우도 비섬유소를 분해하는 F와 같이 일단 분해해서 만들어진 포도당이 바로 반추 동물의 에너지원으로 사용되지 않고 S 자신의 에너지원으로 이용되는구나) / 이때 S는 (자신의 세포 내의 산성도에 따라) 세포 외부로 배출하는 대사산물이 달라진다. (= 산성도가 달라질 때 마다 끊어주며 각각의 조건에서 배출되는 대사산물을 확보해야겠다. 그리고 그 과정에서, 에너지원으로 사용되는 대사산물이 나올 때 반응할 준비를 하자.)

(산성도를 알려 주는 수소 이온 농도 지수(pH)가 7.0 정도로 중성[1]이고 생장 속도가 느린[2]경우에는) 아세트산, 에탄올 등이 대사산물로 배출된다. / 반면 (산성도가 높아져 pH가 6.0 이하로 떨어지거나 / 녹말의 양이 충분하여 생장 속도가 빠를 때는) 젖산이 대사산물로 배출된다.

여기서 중성인 경우와 산성도가 높아진 경우를 확보할 때 주의할 점이 있다. 생장 속도라는 새로운 요소가 추가된 것이다. 그걸 잘 생각했다면 여기서 케이스는 2개가 아니라 3개로 나눠진 것이다.
1.중성인 경우에는, [pH가 7.0 정도로 중성 + 생장 속도 느림] 이 두 가지 조건이 모두 맞춰져야 아세트산, 에탄올 등이 대사산물로 배출되는 것
2.산성도가 높아져 pH가 6.0 이하로 떨어지는 경우: 젖산
3.녹말의 양이 충분하여 생장 속도가 빠를 때: 젖산
이렇게 3가지 케이스로 분류한 것이다.

반추위에서 젖산은 반추 동물의 세포로 직접 흡수되어 반추 동물에게 필요한 에너지를 생성하는 데 이용되거나[1]

그리고 그 중 젖산이 반추 동물의 에너지원으로 이용된다. 핵심 정보 직결 포인트이기 때문에 반응 !

(아세트산 또는 프로피온산을 대사산물로 배출하는) 다른 미생물의 에너지원으로 이용된다.[2]

그리고 젖산의 다른 용도도 서술된다. 젖산의 용도가 두 개 나열된 것이기 때문에, 넘버링 해주고, 1번이 핵심 정보에 직결된 것이기 때문에 더 초점을 맞춰주면 된다.

[1문단 독해]

키워드(중심 소재) : 탄수화물
- 동물이 생존하는 데 필수적인 에너지원
- 섬유소(셀룰로스)와 비섬유소(곡류의 녹말)로 구분됨
- 탄수화물의 소화

[사람]
비섬유소 : 체내에서 합성한 효소를 이용하여 포도당으로 분해, 소장에서 흡수하여 에너지원으로 이용
섬유소 : 포도당으로 분해하는 효소 합성 불가, 소장에서 이용 불가

[반추 동물]
비섬유소 : 에너지원으로 이용 (어떻게?)
섬유소 : 포도당으로 분해하는 효소 합성 불가(P), BUT 에너지원으로 이용 (어떻게?)

[2-3문단 독해]

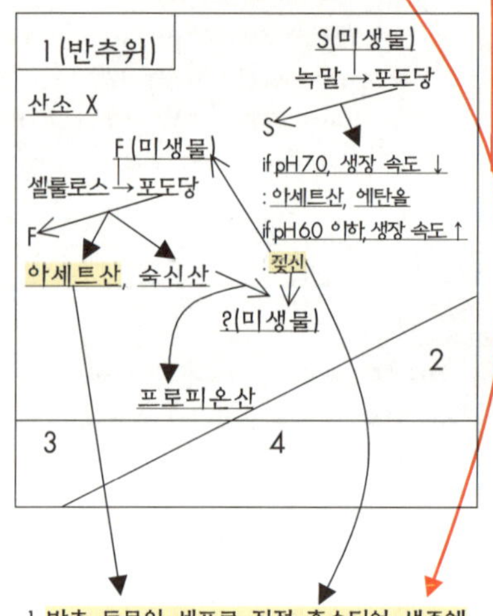

1. 반추 동물의 세포로 직접 흡수되어 생존에 필요한 에너지를 생성하는 데 주로 이용 (F는 섬유소를 분해, S는 비섬유소를 분해)
2. 체지방 합성하는 데 쓰임

그런데 S의 과도한 생장이 반추 동물에게 악영향을 끼치는 경우가 있다.
문단이 바뀌고, 서술 범주를 확인해 보니 새로운 문제점이 도입되었다. 반추 동물에서
비섬유소와 섬유소가 어떻게 에너지원으로 사용될 수 있는지에 대한 범주가 완결되고,
이제 S의 과도한 생장이 야기하는 문제점으로 핵심 정보가 변경된 것이다. **이제 우리는
이런 생각을 홀딩하고 내려가서 그 직결 포인트가 나오면 반응해줘야 한다.**
#1. S의 과도한 생장이 왜 반추 동물에게 악영향을 끼친다는 거지? (P 구체화)
#2. 그 문제점을 어떻게 해결해야 하지? (S 찾기)

반추 동물이 <짧은 시간에> 과도한 양의 비섬유소를 섭취하면 / S의 개체 수↑
가 급격히 늘고(=S의 과도한 생장) / 과도한 양의 젖산이↑배출되어 / 반추위의 산
성도가↑높아진다. 이에 따라 (산성의 환경에서 왕성히 생장하며 항상 젖산을
대사산물로 배출하는 ⓒ 락토바실러스 루미니스(L)와 같은) 젖산 생성
미생물들의 생장이 증가하며 다량의 젖산을 배출하기 시작한다.
반추 동물이 '짧은 시간에' '과도한 양의' 비섬유소를 섭취한 경우 몸에서 일어나는
변화를 일련의 인과로 제시한다. 위에 표시한 것처럼 증/감을 시각적으로 방향키로
나타내고 각 요소 단위 단위로 끊어가며 천천히 이해하면 된다. 결과적으로 짧은 시간
에 과도한 양의 비섬유소를 섭취한 것이 젖산 농도의 증가로 이어지고 있다.

/ [F를 비롯한 섬유소 분해 미생물]들은 자신의 세포 내부의 pH를 중성
으로 일정하게 유지하려는 특성이 있는데, / 젖산 농도의 증가로 자신의 세포
외부의 pH가 낮아지면 / 자신의 세포 내의 항상성을 유지하기 위해 에너
지를 사용하므로 생장이 감소한다. (만일 자신의 세포 외부의 pH가 5.8 이하
로 떨어지면) 에너지가 소진되어 생장을 멈추고 사멸하는 단계로 접어든다.
앞서 젖산 농도가 증가해서 반추위의 산성도가 높아진 것이 F에 미치는 영향을 일련
의 인과를 통해 서술하고 있다. 세포 내의 항상성을 유지하기 위해 에너지를 사용하여
생장이 감소하다가, 반추위 산성도가 pH 5.8 이하로 떨어지면 사멸한다고 한다.

// 이와 달리 S와 L은 상대적으로 산성에 견디는 정도가 강해 / 자신의
세포 외부의 pH가 5.5 정도까지 떨어지더라도 이에 맞춰 자신의 세포
내부의 pH를 낮출 수 있어(=항상성 유지 가능) / 자신의 에너지를 세포 내부
의 pH를 유지하는 데 거의 사용하지 않고(=그래도 에너지를 쓰긴 한다는 것을
주의해야 한다) 생장을 지속하는 데 사용한다.
범주를 바꿔 앞서 젖산 농도가 증가해서 반추위의 산성도가 높아진 것이 S와 L에 미
치는 영향도 서술한다. pH 5.5까지는 버티면서 생장을 지속할 수 있다고 한다.

/ 그러나 S도 자신의 세포 외부의 pH가 그 이하(=pH 5.5 이하)로 더 떨어지
면 생장을 멈추고 사멸하는 단계로 접어들고, / (산성에 더 강한) L을 비롯
한 젖산 생성 미생물들이 반추위 미생물의 많은 부분을 차지하게 된다.
S와 L중 S에 초점을 맞춰, pH 5.5 이하로 떨어지면 사멸한다고 하고, 그게 원인이 되어,
그렇게 되면 반추위의 pH가 5.0 이하가 되는 급성 반추위 산성증이 발
병한다.
반추위의 젖산 생성 미생물들이 더 왕성하게 서식해서 젖산 농도가 높아지고, 그러다가
pH가 5.0 이하가 되면 급성 반추위 산성증이 발병한다고 한다. 이때 반응해주면 된다.
S의 과도한 생장이 야기하는 문제점이 구체화된 것이다.

HOLD

[1문단 독해]

키워드(중심 소재) : 탄수화물
- 동물이 생존하는 데 필수적인 에너지원
- 섬유소(셀룰로스)와 비섬유소(곡류의 녹말)
  로 구분됨
- 탄수화물의 소화

[사람]
비섬유소 : 체내에서 합성한 효소를 이용하여
　　　　　포도당으로 분해, 소장에서 흡수하여
　　　　　에너지원으로 이용
섬유소 : 포도당으로 분해하는 효소 합성 불가,
　　　　소장에서 이용 불가

[반추 동물]
비섬유소 : 에너지원으로 이용 (어떻게 ?)
섬유소 : 포도당으로 분해하는 효소 합성 불가(P),
　　　　BUT 에너지원으로 이용 (어떻게 ?)

[2-3문단 독해]

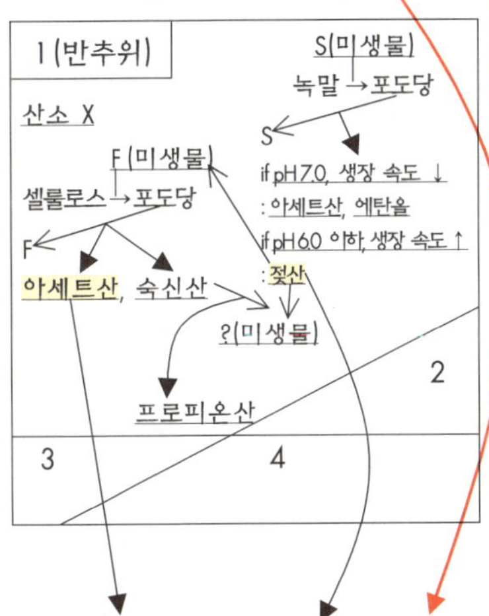

1. 반추 동물의 세포로 직접 흡수되어 생존에
　필요한 에너지를 생성하는 데 주로 이용
　(F는 섬유소를 분해, S는 비섬유소를 분해)
2. 체지방 합성하는 데 쓰임

[4문단 독해]

S를 끌고 와서 문제점 제시
P : S의 과도한 생장이 반추 동물에 악영향을
　　끼치는 경우가 있다.
- 짧은 시간에 과도한 양의 비섬유소 섭취
→ S 개체수 ↑ → 젖산 ↑ → 반추위 산성도 ↑ → L ↑
→ 젖산 농도 ↑

- [F를 비롯한 섬유소 분해 미생물]
　반추위 pH가 5.8 이하 되면 사멸

- [S, L 미생물]
　반추위 pH가 5.5까지 버틸 수 있음
　반추위 pH가 5.5 이하로 떨어지면 S 사멸,
　산성에 더 강한 L을 비롯한 젖산 생성 미생물
　들이 반추위 미생물의 많은 부분 차지
→ 반추위 pH가 5.0 이하가 되는 급성 반추위 산성증
　발병

33. 정답: ⑤

출제 의도 : **내용 일치 문제다.**

이 문제는 주어진 글을 바탕으로 가장 적절한 내용을 찾는 유형이다. 선택지마다 본문과 비교하여 사실 여부를 확인해야 한다.

해설:

⑤ 피브로박터 숙시노젠(F)은 자신의 세포 내에서 포도당을 에너지원으로 이용하여 생장한다. → **적절함, 정답 !**

✔ 본문에서 "F는 이 포도당을 자신의 세포 내에서 대사 과정을 거쳐 에너지원으로 이용하여 생존을 유지하고 개체 수를 늘림으로써 생장한다."라고 명확히 설명하고 있다.

① 섬유소는 사람의 소장에서 포도당의 공급원으로 사용된다.
- 오답 이유: 사람은 섬유소를 소장에서 이용할 수 없다.

✔ 본문에서 "사람은 풀이나 채소의 주성분인 셀룰로스를 포도당으로 분해하는 효소를 합성하지 못하므로, 섬유소를 소장에서 이용하지 못한다."라고 명확히 설명하고 있다.

② 반추 동물의 세포에서 합성한 효소는 셀룰로스를 분해한다.
- 오답 이유: 반추 동물의 세포가 아니라 반추위의 미생물이 셀룰로스를 분해한다.

✔ 본문에서 "반추 동물도 섬유소를 분해하는 효소를 합성하지 못하는 것은 마찬가지이다."라고 서술되어 있다. (핵심 정보 제시 문장이 답의 근거로 활용되었다)

③ 반추위 미생물은 산소가 없는 환경에서 생장을 멈추고 사멸한다.
- 오답 이유: 반추위는 무산소 환경이며, 미생물들은 이 환경에서 활발히 생장한다.

✔ 본문에서 "반추 동물의 반추위에는 산소가 없는데, 이 환경에서 왕성하게 생장하는 반추위 미생물들은 다양한 생리적 특성을 가지고 있다."라고 설명하고 있다. (수식어로 구체화되는 정보를 잘 확보했어야 한다)

④ 반추 동물의 과도한 섬유소 섭취는 급성 반추위 산성증을 유발한다.
오답 이유: 섬유소가 아니라 비섬유소(녹말)의 과도한 섭취가 문제를 일으킨다.

✔ 본문에서 급성 반추위 산성증의 원인은 비섬유소(녹말) 과다 섭취라고 나와 있다. (원인과 결과를 잘 파악해야 한다)

34. 정답: ④

출제 의도 : **변형된 내용 일치 문제다.**

이 문제는 주어진 글을 바탕으로 가장 적절한 내용을 찾는 유형이다. 특별히 이 문제는 '반추위 미생물'에 대한 이야기로 그 범위를 한정했다. 각 미생물을 범주에 따라 잘 구분하며 읽었다면 쉽게 해결할 수 있는 문제다.

해설:

이 문제는 반추위 미생물(ⓐ~ⓒ)에 대한 이해도를 묻고 있으며, 적절하지 않은 선택지를 찾는 문제다. 각 미생물의 특성과 역할을 정확히 파악해야 한다.

ⓐ 피브로박터 숙시노젠(F) → 섬유소 분해 미생물
ⓑ 스트렙토코쿠스 보비스(S) → 녹말 분해 미생물
ⓒ 락토바실러스 루미니스(L) → 젖산 생성 미생물

□ 선택지 검토

④ ⓑ와 ⓒ는 모두 반추위의 산성도에 따라 다양한 종류의 대사 산물을 배출하겠군. → **적절하지 않음, 정답 !**

✔ 본문에서 S(ⓑ)는 pH가 중성일 때 아세트산, 에탄올을 배출하지만, pH 6.0 이하일 때 젖산을 배출한다고 설명한다.

✔ L(ⓒ)는 항상 젖산을 생성하지만, 산성 환경에서 더욱 활발하게 젖산을 배출한다고 되어 있다. 대사산물로 젖산만 배출한다는 말이다.

✔ 즉, ⓒ와 달리 ⓑ는 산성도에 따라 대사산물이 달라진다.

따라서, 이 선택지는 적절하지 않다.

① ⓐ와 ⓑ는 모두 급성 반추위 산성증에 걸린 반추 동물의 반추위에서는 생장하지 못하겠군. → 적절함

✔ 본문에서, F(ⓐ)는 pH가 5.8 이하로 떨어지면 생장이 멈추고 사멸한다고 했다.

✔ 또한, S(ⓑ)도 pH가 5.5 이하로 떨어지면 생장이 멈추고 사멸한다고 나와 있다.

✔ 급성 반추위 산성증(pH 5.0 이하)에서는 ⓒ(L, 젖산 생성 미생물)만 생존하고, ⓐ와 ⓑ는 생장하지 못한다.

따라서, 이 선택지는 적절하다. (지문을 읽을 때, 조건인 pH에 따른 각 미생물의 반응을 잘 묶어서 확보했어야 한다)

② ⓐ와 ⓑ는 모두 반추위에서 반추 동물의 체지방을 합성하는 물질을 생성할 수 있겠군. → 적절함

✔ 본문에서, F(ⓐ)는 섬유소를 분해하여 아세트산을 생성하며,

✔ S(ⓑ)도 pH가 7.0일 때 아세트산을 대사산물로 배출한다고 나와 있다.

✔ 아세트산은 반추 동물의 체지방 합성에 쓰이는 물질이므로, 둘 다 체지방 합성에 기여할 수 있다.

따라서, 이 선택지는 적절하다. (지문을 읽을 때 반추위 미생물 간 공통서술범주에 입각한 비교, 대조를 하며 읽었어야 한다)

③ 반추위의 pH가 6.0일 때, ⓐ는 ⓒ보다 자신의 세포 내의
산성도를 유지하는 데 더 많은 에너지를 쓰겠군. → 적절함

✔ 본문에서 F(ⓐ)는 자신의 세포 내부의 pH를 중성으로
유지하려는 특성이 있다고 나와 있다.

✔ 젖산 농도의 증가로 자신의 세포 외부의 pH가 낮아지면 자신의
세포 내의 항상성을 유지하기 위해 에너지를 사용하므로 생장이
감소한다.

✔ 반면, L(ⓒ)는 산성 환경(pH 5.5 정도)에서도 생장이
가능하며, 세포 내부 pH를 유지하는 데 많은 에너지를
사용하지 않는다고 한다. 따라서 L(ⓒ)은 pH 6.0에서도 세
포 내부 pH를 유지하는 데 많은 에너지를 사용하지 않
는다고 볼 수 있다.

➡ 종합해보면, F(ⓐ)는 자신의 세포 내의 산성도를 유지
하는데 많은 에너지를 사용해야 하지만, L(ⓒ)는 pH
5.5 정도까지는 그 에너지를 거의 사용하지 않으므로
ⓐ는 ⓒ보다 자신의 세포 내의 산성도를 유지하는 데 더
많은 에너지를 쓴다고 볼 수 있다.

⑤ 반추위에서 녹말의 양과 ⓑ의 생장이 증가할수록, ⓐ의
생장은 감소하고 ⓒ의 생장은 증가하겠군. → 적절함

✔ 반추위에서 녹말의 양이 많아지면 S(ⓑ)의 생장이 증가
하고 젖산을 많이 배출한다.
✔ 젖산이 많아지면 반추위의 pH가 낮아지므로, F(ⓐ)의
생장은 감소한다.
✔ 또한, 산성이 강해지면 L(ⓒ)의 생장이 증가한다.

따라서, 이 선택지는 적절하다.

---

35. 정답: ①

출제 의도 : **변형된 내용 일치 문제다.**
이 문제는 핵심 정보를 잘 파악했는지를 물어보는 문제다. 에
대한 이야기로 그 범위를 한정했다. 각 미생물을 범주에 따라
잘 구분하며 읽었다면 쉽게 해결할 수 있는 문제다.

["섬유소를 분해하는 효소를 합성하지 못하는 문제점을 어떻게 해결해서
섬유소를 에너지원으로 이용하며 살아가는지?" 를 확보하는 것이 바로 핵심
정보가 되는 것이다. 앞으로 2문단부터의 독해는 이걸 홀딩하고 끌고 내려와
언제 이거에 관한 설명이 나오나 눈에 불을 키고 찾는 것이다.

+ 비섬유소를 에너지원으로 이용하는 방법은 사람과 같을까 다를까?]이
생각에 대한 답을 그대로 반영하는 선지를 하나하나 대입
해보며 찾으면 된다.

해설:
① ㉮: 반추위 미생물의 에너지원이 되고
　　㉯: 반추위 미생물이 대사 과정을 통해 생성한 대사산물
✔ 섬유소와 비섬유소는 반추위 미생물의 에너지원으로 이용됨 → 적절
✔ 미생물은 대사 과정을 통해 아세트산, 프로피온산 등을 생성
하며, 이는 반추 동물의 에너지원이 됨 → 적절
➡ **적절함, 정답!**

② ㉮: 반추위 미생물의 에너지원이 되고
　　㉯: 반추위 미생물이 대사 과정을 통해 생성한 포도당
✔ 섬유소와 비섬유소가 미생물의 에너지원이 된다는 것은 맞음
하지만 반추위 미생물은 포도당을 직접 생성하지 않음!
반추위 미생물은 주로 아세트산, 프로피온산을 생성하며,
포도당은 반추 동물의 간에서 프로피온산을 이용해 생성됨.
➡ 틀린 선택지!

③ ㉮: 반추위 미생물에 의해 합성된 포도당이 되고
　　㉯: 반추위 동물이 대사 과정을 통해 생성한 포도당
✔ 반추위 미생물은 포도당을 직접 합성하지 않음. 반추 동물은
미생물이 생성한 프로피온산을 간에서 포도당으로 전환함.
➡ 틀린 선택지!

④ ㉮: 반추위 미생물에 의해 합성된 포도당이 되고
　　㉯: 반추위 미생물이 대사 과정을 통해 생성한 대사산물
✔ 반추위 미생물은 포도당을 합성하지 않음 → 오답
✔ 하지만 미생물이 생성한 대사산물이 반추 동물의 에너지원이
된다는 것은 맞음.
➡ 부분적으로 맞지만, ㉮가 틀려서 정답이 될 수 없음!

⑤ ㉮: 반추위 미생물에 의해 합성된 포도당이 되고
　　㉯: 반추위 미생물이 대사 과정을 통해 생성한 포도당
✔ 반추위 미생물은 포도당을 식섭 생성하지 않음 → 오답
✔ 미생물은 휘발성 지방산을 생성하며, 포도당은 반추 동물의
간에서 생성됨.
➡ 틀린 선택지!

36. 정답: ③

출제 의도 : **변형된 내용 일치 문제다.**

이 문제는 주어진 글을 바탕으로 가장 적절한 내용을 찾는 유형이다. 특별히 이 문제는 '숙신산과 젖산'에 대한 이야기로 그 범위를 한정했다.

해설:

이 문제는 반추위 미생물에서 배출되는 숙신산과 젖산에 대한 설명을 평가하는 문제입니다. 선택지마다 본문과 비교하여 사실 여부를 확인해야 합니다.

숙신산 : F(피브로박터 숙시노젠)이 섬유소를 분해할 때 생성됨. 프로피온산을 생성하는 미생물의 에너지원으로 사용됨.

젖산 : S(스트렙토코쿠스 보비스)와 L(락토바실러스 루미니스)이 생성하며, 산성 환경에서 많이 생성됨. 반추 동물의 에너지원으로 직접 이용되거나 다른 미생물의 에너지원이 될 수 있음.

□ 선택지 검토

③ 숙신산과 젖산은 반추위가 산성일 때보다 중성일 때 더 많이 배출된다. → **적절하지 않음, 정답!**

✔ 본문에서
- 숙신산은 중성(pH 7.0 정도)에서 생성되며, 프로피온산 생성 미생물의 에너지원으로 빠르게 소진됨.
- 젖산은 산성이 높아질수록(pH 6.0 이하) 더 많이 생성됨. 특히, S(ⓑ)와 L(ⓒ)가 증가하면 젖산이 다량 배출됨.
✔ 즉, 숙신산은 중성일 때 생성되지만, 젖산은 산성일 때 더 많이 생성됨.
➡ 따라서, "숙신산과 젖산이 모두 중성에서 많이 배출된다"는 틀린 설명이다.

① 숙신산이 많이 배출될수록 반추 동물의 간에서 합성되는 포도당의 양도 늘어난다. → 적절함

✔ 본문에서 "숙신산은 프로피온산을 대사산물로 생성하는 다른 미생물의 에너지원으로 빠르게 소진된다."
✔ 프로피온산은 반추 동물의 간에서 포도당을 합성하는 과정에서 주요 재료로 이용된다.
✔ 즉, 숙신산이 많으면 프로피온산이 많아지고, 그 결과 반추 동물의 간에서 포도당 합성량이 증가한다.
➡ 따라서, 이 선택지는 적절하다.

② 젖산은 반추 동물의 세포로 직접 흡수되어 반추 동물의 에너지원으로 이용될 수 있다. → 적절함

✔ 본문에서 "반추위에서 젖산은 반추 동물의 세포로 직접 흡수되어 반추 동물에게 필요한 에너지를 생성하는 데 이용된다."라고 명확히 서술되어 있다.
➡ 따라서, 이 선택지는 적절하다.

④ 숙신산과 젖산은 반추위 미생물의 세포 내에서 대사 과정을 거쳐 생성된다.

✔ 본문에서 "F(ⓐ)는 포도당을 대사하여 숙신산을 생성하고, S(ⓑ)는 포도당을 대사하여 젖산을 생성한다."라고 명확히 설명됨.
✔ 즉, 반추위 미생물들은 포도당을 대사하여 숙신산과 젖산을 배출함.
➡ 따라서, 이 선택지는 적절하다.

⑤ 숙신산과 젖산은 프로피온산을 대사산물로 배출하는 다른 미생물의 에너지원으로 이용되기도 한다.

✔ 본문에서 "숙신산은 프로피온산을 생성하는 미생물의 에너지원으로 빠르게 소진된다."
✔ "반추위에서 젖산은 아세트산 또는 프로피온산을 대사산물로 배출하는 다른 미생물의 에너지원으로 이용된다."
➡ 따라서, 이 선택지는 적절하다.

[평서문으로 화제가 제시되는 지문, 그런데 확실한 어투는 아닌.]

앞서 지문 초반부 독해를 학습할 때, "평가원이 리드해줘야 하는 경우"에 해당한다. 따라서 full 지문의 설명도 앞에서의 설명과 같다. 다시 한번 붙여주도록 하겠다. 훑어보고 넘어가도록 하자. 아래 내용을 정리하면, 결국 "뚜렷한 화제가 주어지지 않으면, 1문단 정보 정리해서 거기에 앞으로 누적되는 문단의 정보를 붙여라."가 전부다. 여기서 '붙여라'는, 수도 없이 얘기 했지만, < 연결되는 내용 연결하고, 구분되는 내용 구분해서 새로운 범주 만들어서 넣어주기 > 이거 하라는 얘기다.

1문단에 키워드에 대한 의문 제시, 문제 제시, 확실한 어투의 평서문이 없는 경우,
"지문이 리드해 주겠지.." 하고 그냥 중심 정보 정리해서 끌고 내려가 다음 문단에 붙이기.

≫ 1문단에서 문제점이나 의문점같이 뚜렷한 화제가 제시되지 않았는데, "결론은 이거 말하려고 했구나."라는 생각이 들며 무조건 이거 끌고 내려가서 구체화할 것 같은 내용이 보이면, 그걸 끌고 내려가서 뒤따라오는 내용을 붙이면 된다.

≫ 이때는, 그냥 1문단의 중심 키워드 또는 내용만 가지고 나에게 실시간으로 다가오는 내용을 구분하고 연결하며 실시간으로 흐름을 잡아가는 방법밖에 없다. 1문단의 정보를 바탕으로 2문단을 읽고, 그렇게 누적된 정보를 바탕으로 3문단을 읽고... 이런식으로 말이다. 그냥 지문이 유도하는 대로 질질질 끌려가는 방법밖에 없다.

≫ 문제점이나 의문이 제시될 때처럼 '해결책을 찾자, 답변을 찾자!' 이렇게 **명확한 목적을 가지고 주도적으로 독해하는 게 힘들다.** 그냥 1문단은 이런 키워드에 대해 이런이런 정보를 주네. 이걸 끌고 내려가서 실시간으로 다음 내용들이 그 문장을 어떻게 구체화 하는지 처리하며 읽을 수 밖에.. 질질 끌려가는 독해를 할 수 밖에 없는 것이다. 하지만 정확히 어떤 문장에 아래 내용들을 붙여서 읽어야 하는지 명확히 인지하고 읽으면 질질 끌려가는 게 아니라 평가원이 독해를 '리드'해주는 편안한 느낌을 받을 것이다. 어떻게 느끼느냐는 독자가 읽기 나름이다.

[TIP]

≫ 더 구체적인 설명이 따라붙을 것 같은 내용을 판단하기 어렵다면, 1문단에서 해당 부분을 도출하기 위해 다른 내용들을 일종의 '빌드업'으로 붙였는지, 1문단이 미괄식이나 두괄식으로 구성되어 그 '결론' 부분에 해당 부분이 위치하는지 (시작이나 끝) 확인해 볼 필요가 있다.

≫ 특수한 경우, 예외적인 경우가 핵심 정보로 직결될 가능성이 높다.

≫ "아 결국 이게 핵심이구나. 이제 이 정보에 다음 문단부터 나오는 정보를 붙이면서 읽어야겠다." 평가원 형님 저를 리드해 주십시오. 이끌어 주시는 대로 따르겠습니다. 평가원을 믿읍시다. 끌고 내려와서 붙이기만 하면 다 해결해줍니다.

[25~30] 다음 글을 읽고 물음에 답하시오.

'콘크리트'는 건축 재료로 다양하게 사용되고 있다. 일반적으로 콘크리트가 근대 기술의 ㉠산물로 알려져 있지만 콘크리트는 이미 고대 로마 시대에도 사용되었다. 로마 시대의 탁월한 건축미를 보여 주는 판테온은 콘크리트 구조물인데, 반구형의 지붕인 돔은 오직 콘크리트로만 이루어져 있다. 로마인들은 콘크리트의 골재 배합을 달리하면서 돔의 상부로 갈수록 두께를 점점 줄여 지붕을 가볍게 할 수 있었다. 돔 지붕이 지름 45 m 남짓의 넓은 원형 내부 공간과 이어지도록 하였고, 지붕의 중앙에는 지름 9 m가 넘는 ㉡원형의 천창을 내어 빛이 내부 공간을 채울 수 있도록 하였다.

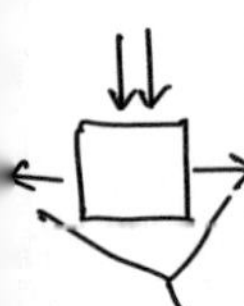

콘크리트는 시멘트에 모래와 자갈 등의 골재를 섞어 물로 반죽한 혼합물이다. 콘크리트에서 결합재 역할을 하는 시멘트가 물과 만나면 ㉢점성을 띠는 상태가 되며, 시간이 지남에 따라 수화 반응이 일어나 골재, 물, 시멘트가 결합하면서 굳어진다. 콘크리트의 수화 반응은 상온에서 일어나기 때문에 작업하기에도 좋다. 반죽 상태의 콘크리트를 거푸집에 부어 경화시키면 다양한 형태와 크기의 구조물을 만들 수 있다. 콘크리트의 골재는 종류에 따라 강도와 밀도가 다양하므로 골재의 종류와 비율을 조절하여 콘크리트의 강도와 밀도를 다양하게 변화시킬 수 있다. 그리고 골재들 간의 접촉을 높여야 강도가 높아지기 때문에, 서로 다른 크기의 골재를 배합하는 것이 효과적이다.

콘크리트가 철근 콘크리트로 발전함에 따라 건축은 구조적으로 더욱 견고해지고, 형태 면에서는 더욱 다양하고 자유로운 표현이 가능해졌다. 일반적으로 콘크리트는 누르는 힘인 압축력에는 쉽게 부서지지 않지만 당기는 힘인 인장력에는 쉽게 부서진다. 압축력이나 인장력에 재료가 부서지지 않고 그 힘에 견딜 수 있는, 단위 면적당 최대의 힘을 각각 압축 강도와 인장 강도라 한다. 콘크리트의 압축 강도는 인장 강도보다 10배 이상 높다. 또한 압축력을 가했을 때 최대한 줄어드는 길이가 인장력을 가했을 때 최대한 늘어나는 길이보다 훨씬 길다. 그러나 철근이나 철골과 같은 철재는 인장력과 압축력에 의한 변형 정도가 콘크리트보다 작은 데다가 압축 강도와 인장 강도 모두가 콘크리트보다 높다. 특히 인장 강도는 월등히 더 높다. 따라서 보강재로 철근을 콘크리트에 넣어 대부분의 인장력을 철근이 받도록 하면 인장력에 취약한 콘크리트의 단점이 크게 보완된다. 다만 철근은 무겁고 비싸기 때문에, 대개는 인장력을 많이 받는 부분을 정확히 계산하여 그 지점을 ㉣위주로 철근을 보강한다. 또한 가해진 힘의 방향에 수직인 방향으로 재료가 변형되는 점도 고려해야 하는데, 이때 필요한 것이 포아송 비이다. 철재는 콘크리트보다 포아송 비가 크며, 대체로 철재의 포아송 비는 0.3, 콘크리트는 0.15 정도이다.

강도가 높고 지지력이 좋아진 철근 콘크리트를 건축 재료로 사용하면서 대형 공간을 축조하고 기둥의 간격도 넓힐 수 있게 되었다. 20세기에 들어서면서부터 근대 건축에서 철근 콘크리트는 예술적 ㉤영감을 줄 수 있는 재료로 인식되기 시작하였다. 기술이 예술의 가장 중요한 근원이라는 신념을 가졌던

르 코르뷔지에는 철근 콘크리트 구조의 장점을 사보아 주택에서 완벽히 구현하였다. 사보아 주택은 벽이 건물의 무게를 지탱하는 구조로 설계된 건축물과는 달리 기둥만으로 건물 본체의 하중을 지탱하도록 설계되어 건물이 공중에 떠 있는 듯한 느낌을 준다. 2층 거실을 둘러싼 벽에는 수평으로 긴 창이 나 있고, 건축가가 '건축적 산책로'라고 이름 붙인 경사로는 지상의 출입구에서 2층의 주거 공간으로 이어지다가 다시 테라스로 나와 지붕까지 연결된다. 목욕실 지붕에 설치된 작은 천창을 통해 하늘을 바라보면 이 주택이 자신을 중심으로 펼쳐진 또 다른 소우주임을 느낄 수 있다. 평평하고 넓은 지붕에는 정원이 조성되어, 여기서 산책하다 보면 대지를 바다 삼아 항해하는 기선의 갑판에 서 있는 듯하다.

철근 콘크리트는 근대 이후 가장 중요한 건축 재료로 널리 사용되어 왔지만 철근 콘크리트의 인장 강도를 높이려는 연구가 계속되어 프리스트레스트 콘크리트가 등장하였다. 프리스트레스트 콘크리트는 다음과 같이 제작된다. 먼저, 거푸집에 철근을 넣고 철근을 당긴 상태에서 콘크리트 반죽을 붓는다. 콘크리트가 굳은 뒤에 당기는 힘을 제거하면, 철근이 줄어들면서 콘크리트에 압축력이 작용하여 외부의 인장력에 대한 저항성이 높아진 프리스트레스트 콘크리트가 만들어진다. 킴벨 미술관은 개방감을 주기 위하여 기둥 사이를 30m 이상 벌리고 내부의 전시 공간을 하나의 층으로 만들었다. 이 간격은 프리스트레스트 콘크리트 구조를 활용하였기에 구현할 수 있었고, 일반적인 철근 콘크리트로는 구현하기 어려웠다. 이 구조로 이루어진 긴 지붕의 틈새로 들어오는 빛이 넓은 실내를 환하게 채우며 철근 콘크리트로 이루어진 내부를 대리석처럼 빛나게 한다.

이처럼 건축 재료에 대한 기술적 탐구는 언제나 새로운 건축 미학의 원동력이 되어 왔다. 특히 근대 이후에는 급격한 기술의 발전으로 혁신적인 건축 작품들이 탄생할 수 있었다. 건축 재료와 건축 미학의 유기적인 관계는 앞으로도 지속될 것이다.

25. 윗글에 대한 설명으로 가장 적절한 것은?

① 건축 재료의 특성과 발전을 서술하면서 각 건축물들의 공간적 특징을 설명하고 있다.

② 건축 재료의 특성에 기초하여 건축물들의 특징에 대한 상반된 평가를 제시하고 있다.

③ 건축 재료의 기원을 검토하여 다양한 건축물들의 미학적 특성과 한계를 평가하고 있다.

④ 건축 재료의 시각적 특성을 설명하면서 각 재료와 건축물들의 경제적 가치를 탐색하고 있다.

⑤ 건축물들의 특징에 대한 평가가 시대에 따라 달라진 원인을 제시하고 건축 재료와의 관계를 설명하고 있다.

26. 윗글의 내용에 대한 이해로 적절하지 <u>않은</u> 것은?

① 판테온의 돔에서 상대적으로 더 얇은 부분은 상부 쪽이다.
② 사보아 주택의 지붕은 여유를 즐길 수 있는 공간으로도 활용되었다.
③ 킴벨 미술관은 철근 콘크리트의 인장 강도를 높이는 방법을 이용하여 넓고 개방된 내부 공간을 확보하였다.
④ 판테온과 사보아 주택은 모두 천창을 두어 빛이 위에서 들어올 수 있도록 하였다.
⑤ 사보아 주택과 킴벨 미술관은 모두 층을 구분하지 않도록 구성하여 개방감을 확보하였다.

27. 윗글을 바탕으로 추론한 내용으로 가장 적절한 것은?

① 당기는 힘에 대한 저항은 철근 콘크리트가 철재보다 크다.
② 일반적으로 철근을 콘크리트에 보강재로 사용할 때는 압축력을 많이 받는 부분에 넣는다.
③ 프리스트레스트 콘크리트에서는 철근의 인장력으로 높은 강도를 얻게 되어 수화 반응이 일어나지 않는다.
④ 프리스트레스트 콘크리트는 철근이 복원되려는 성질을 이용하여 콘크리트에 압축력을 줌으로써 인장 강도를 높인 것이다.
⑤ 콘크리트의 강도를 높이는 데에는 크기가 다양한 자갈을 사용하는 것보다 균일한 크기의 자갈만 사용하는 것이 효과적이다.

28. 윗글을 바탕으로 〈보기〉에 대해 탐구한 내용으로 적절하지 <u>않은</u> 것은?

<보 기>

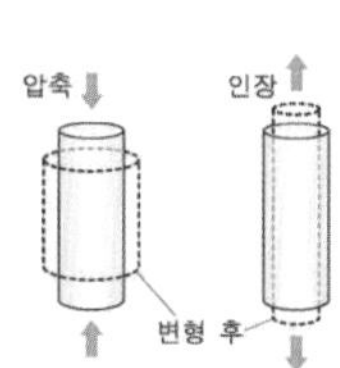

철재만으로 제작된 원기둥 A와 콘크리트만으로 제작된 원기둥 B에 힘을 가하며 변형을 관찰하였다. A와 B의 윗면과 아랫면에 수직인 방향으로 압축력을 가했더니 높이가 줄어들면서 지름은 늘어났다. 또, A의 윗면과 아랫면에 수직인 방향으로 인장력을 가했더니 높이가 늘어나면서 지름이 줄어들었다. 이때 지름의 변화량의 절댓값을 높이의 변화량의 절댓값으로 나누어 포아송 비를 구하였더니, 일반적으로 알려진 철재와 콘크리트의 포아송 비와 동일하게 나왔다. 그리고 A와 B의 포아송 비는 변형 정도에 상관없이 그 값이 변하지 않았다.
(단, 힘을 가하기 전 A의 지름과 높이는 B와 동일하다.)

① 동일한 압축력을 가했다면 B는 A보다 높이가 더 줄어들었을 것이다.
② A에 인장력을 가했다면 높이의 변화량의 절댓값은 지름의 변화량의 절댓값보다 컸을 것이다.
③ B에 압축력을 가했다면 지름의 변화량의 절댓값은 높이의 변화량의 절댓값보다 작았을 것이다.
④ A와 B에 압축력을 가했을 때 줄어든 높이의 변화량이 같았다면 B의 지름이 A의 지름보다 더 늘어났을 것이다.
⑤ A와 B에 압축력을 가했을 때 늘어난 지름의 변화량이 같았다면 A의 높이가 B의 높이보다 덜 줄어들었을 것이다.

29. 윗글과 〈보기〉를 읽고 추론한 내용으로 적절하지 <u>않은</u> 것은? [3점]

<보 기>

철골은 매우 높은 강도를 지닌 건축 재료로, 규격화된 직선의 형태로 제작된다. 철근 콘크리트 대신 철골을 사용하여 기둥을 만들면 더 가는 기둥으로도 간격을 더욱 벌려 세울 수 있어 훨씬 넓은 공간 구현이 가능하다. 하지만 산화되어 녹이 슨다는 단점이 있어 내식성 페인트를 칠하거나 콘크리트를 덧입히는 등 산화 방지 조치를 하여 사용한다. 베를린 신국립미술관은 철골의 기술적 장점을 미학적으로 승화시킨 건축물이다. 거대한 평면 지붕은 여덟 개의 십자형 철골 기둥만이 떠받치고 있고, 지붕과 지면 사이에는 가벼운 유리벽이 사면을 둘러싸고 있다. 최소한의 설비 외에는 어떠한 것도 천장에 닿아 있지 않고 내부 공간이 텅 비어 있어 지붕은 공중에 떠 있는 느낌을 준다. 미술관 내부에 들어가면 넓은 공간 속에서 개방감을 느끼게 된다.

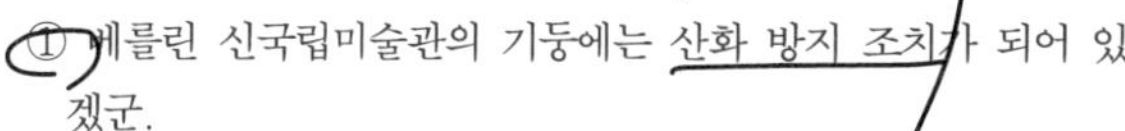

① 베를린 신국립미술관의 기둥에는 산화 방지 조치가 되어 있겠군.
② 휘어진 곡선 모양의 기둥을 세우려 할 때는 대체로 철골을 재료로 쓰지 않겠군.
③ 베를린 신국립미술관은 철골을, 킴벨 미술관은 프리스트레스트 콘크리트를 활용하여 개방감을 구현하였겠군.
④ 가는 기둥들이 넓은 간격으로 늘어선 건물을 지을 때 기둥의 재료로는 철골보다 철근 콘크리트가 더 적합하겠군.
⑤ 베를린 신국립미술관의 지붕과 사보아 주택의 건물이 공중에 떠 있는 느낌을 주는 것은 벽이 아닌 기둥이 구조적으로 중요한 역할을 하고 있기 때문이겠군.

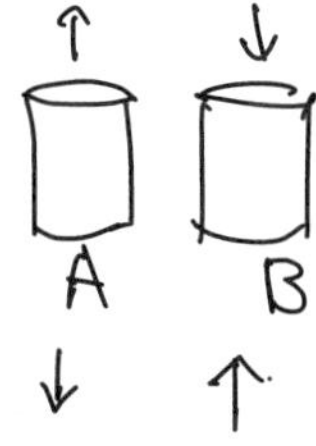

30. ㉠~㉤을 사용하여 만든 문장으로 적절하지 <u>않은</u> 것은?

① ㉠ : 행복은 성실하고 꾸준한 노력의 <u>산물</u>이다.
② ㉡ : 이 건축물은 후대 미술관의 <u>원형</u>이 되었다.
③ ㉢ : 이 물질은 <u>점성</u> 때문에 끈적끈적한 느낌을 준다.
④ ㉣ : 그녀는 채소 <u>위주</u>의 식단을 유지하고 있다.
⑤ ㉤ : 그의 발명품은 형의 조언에서 <u>영감</u>을 얻은 것이다.

<table>
<tr><td>

한 문단 내에서의 사고 :
문장과 문장을 연결 & 구분하며 정보 누적하기

'콘크리트'는 건축 재료로 다양하게 사용되고 있다.

지문 초반부에서는 [이 글은 어떤 키워드에 대해 뭘 말하려고 하는가?]를 찾는데 집중해야 한다. 첫 문장을 보니 일단 콘크리트가 중심 소재로 쓰일 것 같긴 한데, 너무 당연한 소리를 하고 있다. 일단 다음 문장을 붙이며 차근차근 내용을 확장해 나가자.

일반적으로 콘크리트가 근대 기술의 ㉠산물로 알려져 있지만 콘크리트는 이미 고대 로마 시대에도 사용되었다.

[근대, 고대 로마 시대]와 같이 시기를 알려주는 표현은 반드시 확보해야 한다. [콘크리트]라는 키워드에 대해 알려진 바와 다르게 이미 고대 로마 시대에도 사용되었다고 한다. 그럼 첫 문장과 붙여보면, 고대 로마 시대 건축에서 콘크리트의 활용에 대해 서술하려나?? 다음 문장으로 넘어가 보자.

로마 시대의 탁월한 건축미를 보여 주는 판테온은 콘크리트 구조물인데, 반구형의 지붕인 돔은 오직 콘크리트로만 이루어져 있다. 로마인들은 콘크리트의 골재 배합을 달리하면서 돔의 상부로 갈수록 두께를 점점 줄여 지붕을 가볍게 할 수 있었다. 돔 지붕이 지름 45m 남짓의 넓은 원형 내부 공간과 이어지도록 하였고, 지붕의 중앙에는 지름 9m가 넘는 ㉡원형의 천창을 내어 빛이 내부 공간을 채울 수 있도록 하였다.

그러네! 콘크리트를 활용한 건축물의 예시인 판테온을 설명하고 있어. 그런데 원래 시각적인 형태의 정보인 건축물의 구조를 글의 형태로 바꿔서 전달해주는거 느껴져? 이럴 때는 바로 머릿속에서 시각적인 형태로 다시 바꿔주면 돼. 대충 아래와 같은 모양 아닐까? 완벽하게 그 건축물과 똑같을 필요가 없잖아. 그냥 지문의 내용을 그대로 반영하는 정도면 돼. 그러면 대충 아래와 같이 상상할 수 있지 않을까..?

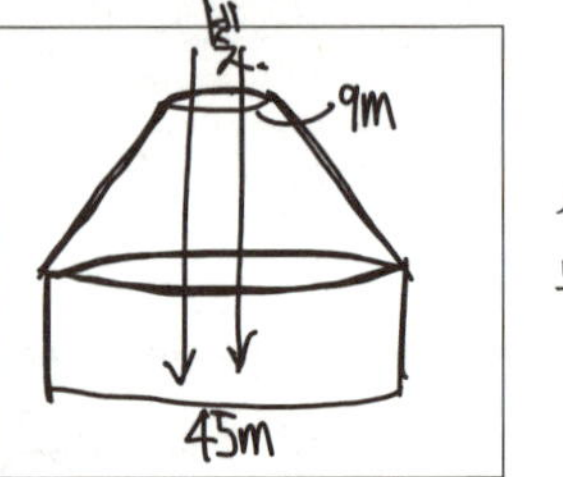

시각적
모델링

그런데 이러고 1문단이 끝나버렸네..? 키워드는 확실히 콘크리트이긴 한데 그거에 대해서 어떤 정보를 끌고 내려가서 구체화할지는 확실하게 써주지 않아서 알 수 없어. 그러면 그냥 1문단에서 콘크리트에 대해 말한 내용을 그대로 끌고 내려와서 2문단에 붙이는 수 밖에 없겠다.

</td><td>

문단 간의 사고 :
문단과 문단을 연결 & 구분하며 목차 만들기

[1문단 독해]

키워드(중심 소재) : 콘크리트

콘크리트에 대해,
　건축 재료로 다양하게 활용
　　└ 고대 로마 시대에도 사용됨
　　　└ ex) 판테온

문장과 문장의 관계를 잘 파악하며 읽었다면, 정보가 저렇게 정리될 것이다. 콘크리트에 대해 뚜렷하게 뭐가 구체화 될지 화제 제시된 것이 없으니 머릿속에 저렇게 정리된 정보를 그대로 홀딩하고 거기에 2문단의 내용을 붙여야겠다.

</td></tr>
</table>

예시를
통한
구체화
(연결)

예시의
활용

콘크리트는 시멘트에 (모래와 자갈 등의) 골재를 섞어 물로 반죽한 혼합물이다.
콘크리트의 정의를 준다. 수식어에 주의하며 정의를 확보하자.

① 시멘트 + 골재 ⇒ 물로 반죽 : 콘크리트
+ 자연스럽게 [부속품 관계]로 인식해야 한다. 시멘트와 골재가 콘크리트의 부속품이 되는 것이다.

② 골재에는 모래와 자갈 등이 있다.
이렇게 두 가지 정보를 확보했으면 된다. 일단 1문단에서 콘크리트에 대해 하던 얘기를 계속하는 것 같지는 않고, 콘크리트 그 자체에 대해 설명해줄 것 같다. 일단 이 첫 문장에 이어지는 정보를 붙여봐야겠다.

구체화 (연결)

콘크리트에서 (결합재 역할을 하는) 시멘트가 물과 만나면 ⓒ점성을 띠는 상태가 되며, 〈시간이 지남에 따라〉 수화 반응이 일어나 골재, 물, 시멘트가 결합하면서 굳어진다.
앞 문장에서 언급한 콘크리트 만드는 과정을 구체화한다.
일단 여기서는 그냥 시멘트가 아니라 '결합재 역할을 하는' 시멘트라네? 앞에 수식어가 붙어 시멘트부터 구체화 되었음을 알 수 있다. 계속 읽어보니 물과 만나면 점성을 띠는 상태가 된다니까. 끈적 끈적한 일종의 접착제 역할을 할 수 있겠구나. 그런 맥락에서 결합재 역할이라고 표현한 것이겠네. 정도 생각할 수 있었으면 BEST

연결

근데 반죽 상태로 계속 있는 게 아니라, 〈시간이 지남에 따라〉 '수화 반응' 이라는 것이 일어나며 그 혼합물이 굳어진대? 굳어짐으로써 콘크리트가 완성된다는 거구나
+ 여기서 중요했던 점은 시간을 나타내는 표현이 나오면 항상 의식적으로 체크해야 한다는 기본 원칙이다. 시멘트, 물, 골재를 섞으면 바로 굳는 것이 아니라, 시간이 지남에 따라 서서히 굳어가는 것이다. 이런 디테일한 부분까지 확보하고 넘어갔어야 했다.
+ [수화 반응]이 뭐지? 하는 생각이 들 수 있다. 지문에서 설명하지 않았기 때문에 모를 수 밖에..! 그냥 그런 반응이 일어나서 굳어지나 보다~ 이렇게 글자 그대로 받아들이면 된다. 여기서 [수화 반응]에 매몰되서 애초에 이해가 불가능한 것을 이해하려고 안간힘을 쓰는 순간 독해를 이어 나가지 못해 큰일 날 수 있다.

콘크리트의 수화 반응은 (상온에서 일어나기 때문에) 작업하기에도 좋다.
앞 문장에서 언급한 수화 반응을 끌고 와서 추가적인 정보를 덧붙인다. 연결해서 이해해보면, "콘크리트 반죽이 굳는 과정이 상온에서 일어나구나." 까지 생각이 도달했으면 된다.

(반죽 상태의 콘크리트를 거푸집에 부어 경화시키면) 다양한 형태와 크기의 구조물을 만들 수 있다.
콘크리트 만드는 과정에 대한 구체화가 아닌 새로운 이야기다. (구분) 경화? 그게 뭐지? 싶어도 앞 문장의 정보를 잘 누적하며 읽었다면, 반죽 상태의 콘크리트를 거푸집에 넣어서 X시키면 다양한 형태와 크기의 구조물이 된다? 당연히 반죽이 굳어야 구조물이 되겠지 그럼 X는 대충 굳힌다는 의미겠네. 경화는 실제로 딱딱하게 만든다는 뜻이다.

(콘크리트의 골재는 종류에 따라 강도와 밀도가 다양하므로) ①골재의 종류와 비율을 조절하여 콘크리트의 강도 및 밀도를 다양하게 변화시킬 수 있다. 그리고 (골재들 간의 접촉을 높여야 강도가 높아지기 때문에,) ②서로 다른 크기의 골재를 배합하는 것이 효과적이다.
콘크리트의 골재와 관련된 정보로 범주가 바뀌었다. 골재와 [콘크리트의 강도와 밀도]의 관계를 두 가지 나열했다.

왼쪽 여백: 연결

오른쪽 여백 라벨:
- 용어의 개념 정의
- 수식어로 골재의 예시 제시
- 수식어로 시멘트 구체화 (역할 제시)
- 수식어로 주어지는 인과
- 수식어로 주어지는 인과
- 수식어로 주어지는 인과

[1문단 독해]

키워드(중심 소재) : 콘크리트

콘크리트에 대해,
건축 재료로 다양하게 활용
└ 고대 로마 시대에도 사용됨
　└ ex) 판테온

문장과 문장의 관계를 잘 파악하며 읽었다면, 정보가 저렇게 정리될 것이다. 콘크리트에 대해 뚜렷하게 뭐가 구체화 될지 화제 제시된 것이 없으니 머릿속에 저렇게 정리된 정보를 그대로 홀딩하고 거기에 2문단의 내용을 붙여야겠다

[2문단 독해]

키워드(중심 소재) : 콘크리트

콘크리트에 대해,
1. 정의(시멘트 생성 과정)
　└ 수화 반응은 상온에서
2. 거푸집에 부어 경화시키면 다양한 형태와 크기의 구조물 생성
3. 골재와 콘크리트의 강도, 밀도의 관계

문장과 문장의 관계를 잘 파악하며 읽었다면, 정보가 저렇게 정리될 것이다. 읽을 때 혹시 1문단에서 콘크리트에 대해 전달한 정보와 붙는 내용이 있나 신경을 곤두세우고 읽었지만, 1문단의 내용을 끌고 내려와서 구체화한 것은 딱히 없었다. 그냥 키워드인 콘크리트만 끌고 내려와서 그 정의를 준 후, 그 정의로부터 2번을 파생시키고, 정의에서 나온 요소인 골재와 관련지어 콘크리트의 강도와 밀도에 관한 정보인 3번까지 준 것이다.

[왼쪽 여백]

수식어로 주어지는 인과

'일반적인' [무조건 체크] 특수한 콘크리트의 존재 가능성 (여기서 특수한 콘크리트는 철근 콘크리트)

'각각'에 주의해서 정의 파악

수식어로 철재 구체화

수식어로 주어지는 원인

[본문 (왼쪽)]

(콘크리트가 철근 콘크리트로 발전함에 따라) 건축은 구조적으로 더욱 견고해지고, (형태 면에서는) 더욱 다양하고 자유로운 표현이 가능해졌다. 철근 콘크리트라는 새로운 정보를 도입하고, 그 효과를 두 가지 나열했다. 아직 철근 콘크리트가 콘크리트의 일종인거 같기는 한데 정확히 뭔지는 모르겠다. 필요하면 나중에 설명해주겠지.

(일반적으로) 콘크리트는 (누르는 힘인) 압축력에는 쉽게 부서지지 않지만 (당기는 힘인) 인장력에는 쉽게 부서진다. ①
앞 문장에서 철근 콘크리트를 도입했었는데, 갑자기 일반적인 콘크리트 이야기로 다시 돌아간다. 일단 일반적인 콘크리트에 대한 정보로 소속시키며 확보해주자.
이때, 압축력과 인장력의 정의가 수식어의 형태로 제시되었는데, 앞으로 이 용어가 나오면 '누르는 힘', '당기는 힘'이라는 뜻을 살려서 독해해야겠다는 생각도 필요하다.

압축력이나 인장력에 재료가 부서지지 않고 그 힘에 견딜 수 있는, 단위 면적당 최대의 힘을 (각각) 압축 강도와 인장 강도라 한다. 콘크리트의 압축 강도는 인장 강도보다 10배 이상 높다. 또한 [압축력을 가했을 때 최대한 줄어드는 길이]는 [인장력을 가했을 때 최대한 늘어나는 길이]보다 훨씬 길다. ④
앞 문장에서 압축력과 인장력을 끌고 와서 새로운 용어인 압축 강도, 인장 강도를 정의한다. 어떤 재료에서 똑같은 단위 면적에 누르는 힘과 당기는 힘이 주어진다고 할 때, 재료가 견딜 수 있는 힘의 최대치를 수치로 나타낸 것이라고 이해할 수 있겠다. 앞으로 이 용어가 나오면 이렇게 이해한 정의를 입혀서 읽으면 된다.
그리고 이를 활용해서 일반적인 콘크리트에 대한 정보를 준다. 앞서 콘크리트에 대해 두 정보가 나열되었었는데, 거기에 추가로 넘버링해서 3번과 4번으로 확보해주면 된다. 그리고 3번은 1번과 2번을 구체화한 표현이라는 것을 알 수 있다.

그런데 (철근이나 철골과 같은) 철재는 [인장력과 압축력에 의한 변형 정도]가 콘크리트보다 작은 데다가 압축 강도와 인장 강도 모두가 콘크리트보다 높다. 특히 인장 강도는 월등히 더 높다. 따라서 (보강재로 철근을 콘크리트에 넣어 대부분의 인장력을 철근이 받도록 하면) [인장력에 취약한 콘크리트의 단점]이 크게 보완된다. 아 이게 바로 철근 콘크리트구나! 반응하기
역접으로 철재를 도입한다. 범주가 바뀌었네? '철근이나 철골과 같은 철재'를 보는 순간, 철근 콘크리트가 떠올라야 한다. 철근 콘크리트는 첫 문장에서 도입해놓고 아직까지 뭔지 안 알려줬는데. 이제 알려줄라나?
읽어보면, 앞서 설명했던 인장력, 압축력, 압축 강도, 인장 강도의 개념을 활용해 콘크리트와 비교한 철재의 특성을 세 가지 나열하고, 특히 인장 강도가 월등히 더 높다는 특성으로부터 콘크리트에 철근을 보강재로 넣어 인장력이 약하다는 단점을 보완할 수 있음을 제시한다. 아 이게 바로 철근 콘크리트구나! (연결)

다만 (철근은 무겁고 비싸기 때문에,) 대개는 인장력을 많이 받는 부분을 정확히 계산하여 그 지점을 ㉣위주로 철근을 보강한다.
철근 콘크리트에 대한 정보로 소속시켜주면 된다. (첫 문장에 이어서 넘버링)

또한 가해진 힘의 방향에 수직인 방향으로 재료가 변형되는 점도 고려해야 하는데, 이때 필요한 것이 포아송 비이다. 철재는 콘크리트보다 포아송 비가 크며, 대체로 철재의 포아송 비는 0.3, 콘크리트는 0.15 정도이다.
이 또한 철근 콘크리트에 대한 정보로 소속시켜주면 된다. (이어서 넘버링)

[가운데 주석]

①, ②를 구체화한 것이다. 쉽게 부서진다는 것을 구체적으로 압축 강도 인장 강도를 활용해 표현한 것.

너무 긴 문장 요소 묶어주기

어! 앞에서 봤던 정보

[오른쪽]

[1-2문단 독해]

키워드(중심 소재) : 콘크리트

콘크리트에 대해,
 건축 재료로 다양하게 활용
  └ 고대 로마 시대에도 사용됨
   └ ex) 판테온

1. 정의(시멘트 생성 과정)
  └ 수화 반응은 상온에서
2. 거푸집에 부어 경화시키면 다양한 형태와 크기의 구조물 생성
3. 골재와 콘크리트의 강도, 밀도의 관계

[3문단 독해]

키워드(중심 소재) : 콘크리트, 철근 콘크리트

1-2문단까지의 정보에 비해, 철근 콘크리트라는 새로운 키워드가 도입되었고, 1-2문단과 연결되는 내용은 딱히 없다.

철근 콘크리트 도입 (1,2)

 [보조 정보]
 *압축력, 인장력 (수식어의 형태로 삽입)
 *압축 강도, 인장 강도 (문장으로 개념 정의)

이에 대한, 콘크리트와 철근의 특성을 제시하고, (①②③④ / 1,2,3)
그 특성의 차이를 활용해 일반적인 콘크리트의 단점을 보완할 수 있는 철근 콘크리트를 만든다는 정보를 준다.

그리고, 철근 콘크리트에 대한 추가적인 정보 2개 (3,4) 주며 마무리된다.

[이해가 불가능하면 '그런가보다~' 글자 그대로 처리]

그리고, 포아송 비를 고려해야 한다고 이를 구체화하는데, 포아송 비가 뭔지는 정확히 모르겠다. 일단 철재와 콘크리트의 포아송 비에 대한 정보를 글자 그대로 확보해 두고, 그냥 이런 거를 고려해야 되구나~ 하고 넘기면 된다. 아직 포아송 비의 수치가 뭘 의미하는 지도 모르겠고 수치가 크고 작은게 가해진 힘의 수직인 방향으로 작용하는 힘을 고려하는데 어떤 영향을 미치는지 알 수 없기 때문이다.

수식어로 철근 콘크리트 구체화 & 인과 제시

{(강도가 높고 지지력이 좋아진) 철근 콘크리트를 건축 재료로 사용하면서,} 대형 공간을 축조하고 기둥의 간격도 넓힐 수 있게 되었다. <20세기에 들어서면서부터> 근대 건축에서 철근 콘크리트는 예술적 ⓜ영감을 줄 수 있는 재료로 인식되기 시작하였다.

시간 드러내는 표현 확보 / 나열

첫 문단에서 썼던 콘크리트의 '건축 재료' 로의 활용이 생각나야 한다. 앞서 도입됐던 '철근 콘크리트' 라는 키워드에 대해, 건축 재료로서의 활용이라는 새로운 범주가 만들어진 것이다. 건축 재료로서의 철근 콘크리트에 대해 세 개의 정보를 나열했다 넘버링해서 확보해야 한다.

흐름 잡아주는 문장

수식어로 르 코르뷔지에의 생각 제시

극단적 범주

(기술이 예술의 가장 중요한 근원이라는 신념을 가졌던) 르 코르뷔지에 는 철근 콘크리트 구조의 장점을 사보아 주택에서 완벽히 구현하였다. 사 보아 주택은, (벽이 건물의 무게를 지탱하는 구조로 설계된 건축물과는 달 리) 기둥만으로 건물 본체의 하중을 지탱하도록 설계되어 건물이 공중에 떠 있는 듯한 느낌을 준다. 2층 거실을 둘러싼 벽에는 수평으로 긴 창이 나 있고, (건축가가 '건축적 산책로'라고 이름 붙인) 경사로는 지상의 출입 구에서 2층의 주거 공간으로 이어지다가 다시 테라스로 나와 지붕까지 연 결된다. (목욕실 지붕에 설치된 작은 천창을 통해 하늘을 바라보면) 이 주 택이 자신을 중심으로 펼쳐진 또 다른 소우주임을 느낄 수 있다. 평평하 고 넓은 지붕에는 정원이 조성되어, 여기서 산책하다 보면 대지를 바다 삼 아 항해하는 기선의 갑판에 서 있는 듯하다.

수식어로 제시된 비교, 대조 / 수식어로 경사로 구체화 / 수식어로 제시된 조건

앞 문장에서 철근 콘크리트와 건축을 연관지어 나열하던 정보 중 3번째 정보 를 구체화하는 것 같다. 수식어로 제시된 르 코르뷔지에의 견해를 보면 이를 바로 눈치챌 수 있다. 결국, 근대 건축에서 예술적 영감을 줄 수 있는 재료로써 의 철근 콘크리트를 바라본 구체적인 예시를 '르 코르뷔지에의 사보아 주택' 으로 준 것이다. 이제 이 예시를 읽을 때 '철근 콘크리트의 장점이 어떻게 구현 되어 있는지, 예술적 영감을 주는 부분이 어떤 것이 있는지' 확보하는데 집중해야 한다. 왜 그래야만 하냐고? 그 범주에 대한 예시이기 때문이다. 당연히 이는 (근대 건축에서 철근 콘크리트는 예술적 ⓜ영감을 줄 수 있는 재료로 인식되기 시 작하였다.)에 대한 예시고, 실제로 예시를 시작할 때 이를 확실하게 언급해줬기 때문이다. 이렇게 독해를 할 때, 예시를 통해 구체화가 되면 원론적인 이야기가 예 시에 어떻게 적용되었는지 파악하는데 집중해야 주도적인 독해가 가능하다.

+ 철근 콘크리트의 장점을 구현했다고 했으니까. 그 장점은 앞 문장에서 언급한 1번과 2번이겠네! (연결)

원론적인 이야기가 예시에 실제로 어떻게 반영되어 있는지 확보하는데 집중하기

그리고, 이어지는 내용에서 이전 건축물과 달리 기둥만으로 건물 본체의 하중을 지탱하도록 만든다고 한 부분을 볼 때, 이전에 언급된 철근 콘크리트의 장점 중 [강도가 높고 지지력이 좋아진 / 기둥의 간격도 넓힐 수 있게 되었다.] 이것이 떠올라야 한다. 연결해주자.

그리고, 이어지는 내용을 보니 사보아 주택의 구조에 대해 나열한다. 그 구조의 범주에 따라 끊으가며 나열된 것을 하나씩 넘버링 해줬다. 이 중에서 [넓은 지 붕]을 읽을 때, 이전에 언급된 철근 콘크리트의 장점 중 [대형 공간을 축조하고] 이것이 떠올라야 한다. 연결해주자. 그리고 이로부터, [정원이 조성되어, 여기서 산책하다 보면 대지를 바다 삼아 항해하는 기선의 갑판에 서 있는 듯]하다고 한 부분에서, 그렇게 철근 콘크리트의 장점이 반영된 건축물에 [예술적 영감을 주는 부분이 어떤 것이 있는지]에 대한 답으로 연결할 수 있는 것이다.

[1 - 3문단 독해]

키워드(중심 소재) : 콘크리트

콘크리트에 대해,
　건축 재료로 다양하게 활용
　ㄴ 고대 로마 시대에도 사용됨
　　ㄴ ex) 판테온

1. 정의(시멘트 생성 과정)
　ㄴ 수화 반응은 상온에서
2. 거푸집에 부어 경화시키면 다양한 형태와 크기의 구조물 생성
3. 골재와 콘크리트의 강도, 밀도의 관계

철근 콘크리트 도입 (1,2)
키워드(중심 소재) : 철근 콘크리트
　　[보조 정보]
　　*압축력, 인장력
　　(수식어의 형태로 삽입)
　　*압축 강도, 인장 강도
　　(문장으로 개념 정의)

이에 대한, 콘크리트와 철근의 특성을 제시하고, (①,②,③,④ / 1,2,3)
그 특성의 차이를 활용해 일반적인 콘크리트의 단점을 보완할 수 있는 철근 콘크리트를 만든다는 정보를 준다.

[4문단 독해]

키워드(중심 소재) : 철근 콘크리트

바로 앞 문단에서 도입했던 철근 콘크리트를 끌고 와서, 그 철근 콘크리트가 건축 재료로 활용됨에 따른 세 가지 정보를 제시하고, 그 예시로 르 코르뷔지에의 사보아 주택을 설명한다.

시간 드러내는 표현 확보

수식어로 제시된 인과

철근 콘크리트는 〈근대 이후〉 가장 중요한 건축 재료로 널리 사용되어 왔지만 / (철근 콘크리트의 인장 강도를 높이려는 연구가 계속되어) 프리스트레스트 콘크리트가 등장하였다. 프리스트레스트 콘크리트는 다음과 같이 제작된다.

철근 콘크리트에 대한 앞 문단의 내용을 구체화하지는 않고, 시간적으로 그 이후의 상황을 제시한다. 이후, 새로운 키워드인 '프리스트레스트 콘크리트' 를 도입하고, [프리스트레스트 콘크리트는 다음과 같이 제작된다.] 이 문장이 앞으로 그 키워드에 대해 '제작 과정' 을 설명할 것이라고 흐름을 잡아준다. 그럼 이제 프리스트레스트 콘크리트의 제작 과정을 확보하는데 초점을 맞춰 글을 읽어야겠다.

어? 앞에서 봤던 그거다! 반응

수식어로 제시된 조건

수식어로 제시된 인과

먼저, 거푸집에 철근을 넣고 / (철근을 당긴 상태에서) 콘크리트 반죽을 붓는다² / (콘크리트가 굳은 뒤에 당기는 힘을 제거하면,) 철근이 줄어들면서 콘크리트에 압축력이 작용하여 (외부의 인장력에 대한 저항성이 높아진) 프리스트레스트 콘크리트가 만들어진다.

수식어로 프리스트레스트 콘크리트 구체화

인장강도와 같은 의미 다른 표현

앞서 2문단에서 콘크리트 만드는 방법을 설명한 적이 있다. 프리스트레스트 콘크리트도 결국 콘크리트의 한 종류이기 때문에, 그 부분을 잘 이해하고 넘어갔다면 이 부분도 쉽게 이해할 수 있었을 것이다.

일련의 순서가 제시되기 때문에 과정마다 끊어가며 넘버링하는 방식으로 그 순서의 흐름을 따라가며 이해에 집중하면 된다. 철근 콘크리트와 다르게, 철근을 당긴 상태에서 콘크리트 반죽을 붓는 방식으로 만든 콘크리트가 바로 프리스트레스트 콘크리트인 것이다.

그리고, 3번 과정 이후 일련의 인과를 통해 '인장 강도' 가 높아지는 과정을 제시한다. (첫 번째 문장에서 수식어 형태로 제시된 프.콘의 제작 배경이 구체화되는 것이다. : 연결)

수식어로 제시된 의도 (원인)

킴벨 미술관은 (개방감을 주기 위하여) 기둥 사이를 30m 이상 벌리고 내부의 전시 공간을 하나의 층으로 만들었다. 이 간격은 프리스트레스트 콘크리트 구조를 활용하였기에 구현할 수 있었고, (일반적인) 철근 콘크리트로는 구현하기 어려웠다. 이 구조로 이루어진 긴 지붕의 틈새로 들어오는 빛이 넓은 실내를 환하게 채우며 (철근 콘크리트로 이루어진) 내부를 대리석처럼 빛나게 한다.

'일반적' — 특수한 형태는 프리스트레스트 콘크리트

프리스트레스트 콘크리트가 활용된 예시를 보여준다. 근데 [기둥 사이를 30m 이상 벌리고]여기서 이전 문단의 내용이 떠오르나? 앞서 여기서 철근 콘크리트를 활용하면 기둥의 간격을 넓힐 수 있다고 했는데, 그 간격을 30m 이상 벌리는 것은 특수한 형태의 철근 콘크리트인 프리스트레스트 콘크리트로만 가능하다는 것을 알 수 있다.

이게 바로 공통서술범주에 입각한 비교 대조다. [기둥 사이를 30m 이상 벌리고] 여기를 보는 순간 바로 아! 이거 앞에서 일반적인 철근 콘크리트의 정보를 줄 때 썼던 내용인데? 돌아가서 프리스트레스트 콘크리트랑 뭐가 다른지 비교해줘야 하는 것이다.

**그리고, [콘크리트, 철근 콘크리트, 프리스트레스트 콘크리트] 이런 순서로 지금까지 키워드가 도입되었는데, 지문을 잘 읽어 왔다면, 그 관계는 머릿속에 이렇게 그려졌어야 한다.

[1-4문단 독해]

키워드(중심 소재) : 콘크리트
콘크리트에 대해,
　건축 재료로 다양하게 활용
　　└ 고대 로마 시대에도 사용됨
　　　└ ex) 판테온

1. 정의(시멘트 생성 과정)
　└ 수화 반응은 상온에서
2. 거푸집에 부어 경화시키면 다양한 형태와 크기의 구조물 생성
3. 골재와 콘크리트의 강도, 밀도의 관계

철근 콘크리트 도입 (1,2)
키워드(중심 소재) : 철근 콘크리트
　　[보조 정보]
　　*압축력, 인장력
　　 (수식어의 형태로 삽입)
　　*압축 강도, 인장 강도
　　 (문장으로 개념 정의)

이에 대한, 콘크리트와 철근의 특성을 제시하고, (①②③④ / 1,2,3)
그 특성의 차이를 활용해 일반적인 콘크리트의 단점을 보완할 수 있는 철근 콘크리트를 만든다는 정보를 준다

그 철근 콘크리트가 건축 재료로 활용됨에 따른 세 가지 정보를 제시
그 예시로 르 코르뷔지에의 사보아 주택을 설명

[5문단 독해]

키워드(중심 소재) : 프리스트레스트 콘크리트
인장강도를 높인 철근 콘크리트
프.콘의 제작 과정
프.콘이 활용된 예시 : 킴벨 미술관

[1 - 5문단 독해]

키워드(중심 소재) : 콘크리트
콘크리트에 대해,
　건축 재료로 다양하게 활용
　└ 고대 로마 시대에도 사용됨
　　└ ex) 판테온

　1. 정의(시멘트 생성 과정)
　　└ 수화 반응은 상온에서
　2. 거푸집에 부어 경화시키면 다양한
　　형태와 크기의 구조물 생성
　3. 골재와 콘크리트의 강도, 밀도의
　　관계

철근 콘크리트 도입 (1,2)
키워드(중심 소재) : 철근 콘크리트
　　　[보조 정보]
　　*압축력, 인장력
　　(수식어의 형태로 삽입)
　　*압축 강도, 인장 강도
　　(문장으로 개념 정의)

이에 대한, 콘크리트와 철근의 특성을
제시하고, (①,②,③,④ / 1, 2, 3)
그 특성의 차이를 활용해 일반적인
콘크리트의 단점을 보완할 수 있는
철근 콘크리트를 만든다는 정보를 준다.

그 철근 콘크리트가 건축 재료로 활용
됨에 따른 세 가지 정보를 제시
그 예시로 르 코르뷔지에의 사보아
주택을 설명

키워드(중심 소재) : 프리스트레스트
　　　　　　　　콘크리트
　인장강도를 높인 철근 콘크리트
　프.콘의 제작 과정
　프.콘이 활용된 예시 : 킴벨 미술관

[6문단 독해]
　의의 제시

이처럼 건축 재료에 대한 기술적 탐구는 언제나 새로운 건축 미학의
원동력이 되어 왔다. 특히 근대 이후에는 급격한 기술의 발전으로 혁신적
인 건축 작품들이 탄생할 수 있었다. 건축 재료와 건축 미학의 유기적인
관계는 앞으로도 지속될 것이다.

개념편에서 설명한 적이 있던 [전형적인 글의 마무리]이다. 지금까
지의 글의 내용을 '건축 재료에 대한 기술적 탐구' 라는 워딩으로
정리한 다음, 그 의의를 제시하며 글이 마무리된다. 가볍게 읽고
바로 문제로 넘어가면 되겠다.

25. 정답: ①

출제 의도 : 글의 전체적인 흐름을 물어보는 문제다.

핵심 정보를 기준으로 목차를 짜듯이 글을 읽었다면, 쉽게 해결할 수 있었을 것이다. 선지를 읽으면서 실시간으로 글의 내용과 그 흐름을 떠올리며 적절한지 판정하면 된다.

해설: ① → (적절함, 정답!)

윗글은 콘크리트와 철근 콘크리트의 특성과 발전 과정을 설명하면서, 이를 활용한 다양한 건축물의 공간적 특징을 함께 제시하고 있다. 이것이 글의 핵심 정보였다.

건축 재료의 특성과 발전

콘크리트는 고대 로마 시대부터 사용되었으며, 철근 콘크리트가 등장하면서 건축의 구조적 안정성과 디자인의 자유도가 증가했다. 이후 철근 콘크리트의 단점을 보완한 프리스트레스트 콘크리트가 등장하며 건축 기술이 더욱 발전했다.

건축물들의 공간적 특징

판테온: 돔 구조와 천창을 이용하여 빛이 내부로 들어오도록 설계됨.

사보아 주택: 기둥만으로 건물을 지탱하여 마치 건물이 공중에 떠 있는 듯한 느낌을 줌.

킴벨 미술관: 프리스트레스트 콘크리트를 이용해 넓은 내부 공간을 확보하고 자연광을 활용한 조명을 구현.

이처럼 건축 재료의 특성을 설명하면서, 이를 적용한 건축물들의 공간적 특징을 함께 제시하고 있기 때문에, ①번 선택지가 가장 적절한 설명이다.

오답 분석

② (건축물들의 특징에 대한 상반된 평가를 제시하고 있다)

- 지문에서는 특정 건축물에 대해 긍정적이거나 부정적인 평가를 내리지 않고, 건축 재료와 그에 따른 구조적 특성을 설명하는 데 초점을 맞추고 있다.

③ (건축 재료의 기원을 검토하여 다양한 건축물들의 미학적 특성과 한계를 평가하고 있다)

- 글에서 콘크리트의 기원(고대 로마 시대 사용)과 관련된 내용은 있지만, 건축물의 미학적 특성과 한계를 평가하는 내용은 없다.

④ (건축 재료의 시각적 특성을 설명하면서 각 재료와 건축물들의 경제적 가치를 탐색하고 있다)

- 지문에서 경제적 가치에 대한 설명은 거의 없으며, 건축 재료의 기능과 구조적 특징을 중심으로 설명하고 있다.

⑤ (건축물들의 특징에 대한 평가가 시대에 따라 달라진 원인을 제시하고 건축 재료와의 관계를 설명하고 있다)

- 시대에 따른 평가의 변화를 설명하는 것이 아니라, 건축 재료의 발전 과정과 그로 인한 건축의 변화를 설명하는 글이므로 적절하지 않다.

26. 정답: ⑤

출제 의도 : 내용 일치 문제다.

여기서 내용 일치 선지의 근거는 지문에서 활용된 예시에서 나온다. 지문에서 활용된 예시라는 것은 곧, 각 콘크리트가 활용된 건축물을 의미한다.

해설: ⑤ → (적절하지 않음, 정답!)

- 사보아 주택은 여러 층으로 구성되어 있다.

　→ 2층에 거실이 있고, 경사로를 통해 테라스를 지나 지붕까지 연결되는 구조이다.

- 킴벨 미술관은 하나의 층으로 구성되어 있다.

　→ "내부의 전시 공간을 하나의 층으로 만들었다."

즉, 킴벨 미술관은 층 구분이 없는 것이 맞지만, 사보아 주택은 여러 층이 분명히 구분되는 구조이므로, 선택지의 내용이 틀렸다.

오답 분석

① → (적절함)

지문에서 "로마인들은 콘크리트의 골재 배합을 달리하면서 돔의 상부로 갈수록 두께를 점점 줄여 지붕을 가볍게 할 수 있었다."라고 설명하고 있다. 즉, 돔의 상부 쪽이 상대적으로 더 얇다는 내용이 맞다.

② → (적절함)

사보아 주택의 지붕은 정원으로 조성되어 산책할 수 있는 공간으로 활용되었다고 설명되어 있다.

"평평하고 넓은 지붕에는 정원이 조성되어, 여기서 산책하다 보면 대지를 바다 삼아 항해하는 기선의 갑판에 서 있는 듯하다." : '여유를 즐길 수 있는 공간'으로 허용할 수 있다.

③ → (적절함)

킴벨 미술관은 프리스트레스트 콘크리트를 활용하여 기둥 사이의 거리를 30m 이상으로 넓혀 개방감을 확보했다.

"프리스트레스트 콘크리트 구조를 활용하였기에 구현할 수 있었고, 일반적인 철근 콘크리트로는 구현하기 어려웠다."

프리스트레스트 콘크리트는 철근에 미리 압축력을 가해 인장 강도를 높이는 방법이므로, 선택지의 내용이 적절하다.

④ → (적절함)

판테온: "지붕의 중앙에는 지름 9m가 넘는 원형의 천창을 내어 빛이 내부 공간을 채울 수 있도록 하였다."

사보아 주택: "목욕실 지붕에 설치된 작은 천창을 통해 하늘을 바라보면 이 주택이 자신을 중심으로 펼쳐진 또 다른 소우주임을 느낄 수 있다."

판테온은 글자 그대로 '빛이 내부 공간을 채운다'고 했고, 사보아 주택도 천창을 통해 하늘을 바라본다는 내용이 있으므로 위에서 빛이 들어온다는 점을 충분히 허용할 수 있다. 즉, 둘 다 천창이 있어 위에서 빛이 들어오도록 설계된 것으로 볼 수 있다.

27. 정답: ④

절대 학생에게 거창한 추리를 하라는 것이 아니다. 보통 수능에서 출제되는 추론 문제는 "내가 이렇게 추론을 했는데, 이게 지문 내용과 부합해서 허용할 수 있는 추론이야?"를 물어보는 것이다. 추론은 내가 아니라 선지가 하는 것이고, 우리는 그 추론이 지문의 내용에 입각해서 봤을 때 허용할 수 있는지 판단만 하는 것이다. 그래서 보통 말만 추론이지 선지 구성 자체는 **내용 일치**, 좀 더 나아가면
지문의 내용과 **같은 의미 다른 표현**으로 허용할 수 있는지 또는 **새로운 내용**이 지문의 내용에 입각해 봤을 때 충분히 허용할 수 있는 내용인지 정도 물어본다.

해설: ④ → (적절함, 정답!)

지문에서 프리스트레스트 콘크리트의 제작 방법을 설명하며,

"먼저, 거푸집에 철근을 넣고 철근을 당긴 상태에서 콘크리트 반죽을 붓는다.": 인장력을 가한 상태

"콘크리트가 굳은 뒤에 당기는 힘을 제거하면, 철근이 줄어들면서 콘크리트에 압축력이 작용하여 외부의 인장력에 대한 저항성이 높아진다." : 당겨진 콘크리트는 다시 줄어들려는 특성이 있음을 알 수 있다. 즉, 지문에서 직접적으로 이 단어를 쓰지는 않았지만, 선지에 나온 대로 이를 '철근이 복원되려는 성질'이라고 볼 수 있다. 당겨졌으니까 원상 복구되려고 다시 줄어드는 것이다.

즉, 철근이 원래 상태로 돌아오려는 성질(복원력)이 인장력과는 반대되는 힘이므로, 이는 곧 콘크리트에 작용하는 압축력이 되는 것이다. 콘크리트 자체가 계속해서 줄어들려는 힘 (압축력)을 받고 있는 상태이기 때문에, 외부에서 당기는 힘이 작용하더라도 일반적인 철근 콘크리트에 비해 그 당기는 힘에 저항하는 '인장 강도'가 높아지는 것이다. 이를 통해 인장 강도를 보완하는 것이 프리스트레스트 콘크리트의 핵심 원리이다. (지문에 나온 내용에 '복원되려는 성질'이라는 새로운 표현을 넣어서 만든 같은 의미 다른 표현이므로, 지문의 내용과 붙여서 이해하면 충분히 허용할 수 있다.)

① → (부적절함)

철재(철근이나 철골)의 인장 강도는 철근 콘크리트보다 높을 수밖에 없다.

일단 지문에서 철재는 일반적인 콘크리트보다 인장력에 대한 저항이 월등히 더 높다고 했다. 그럼 생각해보자. 일반적인 몬크리트는 철재보다 인장 강도가 한없이 낮다. 그 철재가 콘크리트 속으로 들어가면, 원래 철재가 자신이 인장력을 버티는 데 쓸 수 있는 힘을 약한 콘크리트를 커버해주는데 분산해서 사용해야 하므로 원래 힘을 100% 다 자신이 인장력을 버티는 데에 사용할 수가 없다.

따라서, 철근 콘크리트보다는 철재 자체가 당기는 힘(인장력)에 더 잘 견딘다.

② → (부적절함)

철근은 주로 인장력을 많이 받는 부분에 보강재로 사용된다. 지문에서도 "대개는 인장력을 많이 받는 부분을 정확히 계산하여 그 지점을 위주로 철근을 보강한다."라고 설명하고 있다.

즉, 철근은 압축력을 받는 부분이 아니라, 인장력이 작용하는 부분에 넣는 것이 일반적이다.

③ → (부적절함)

프리스트레스트 콘크리트에서도 수화 반응이 일어난다.

수화 반응이란 시멘트가 물과 반응하여 경화되는 과정을 의미하며, 이는 **모든** 콘크리트에서 필수적으로 발생하는 과정이다. 철근 콘크리트, 프리스트레스트 콘크리트 모두 근본적으로 콘크리트이기 때문에 수화 반응이 일어나야지만 만들어질 수 있는 것이다.

⑤ → (부적절함)

지문에서 "골재들 간의 접촉을 높여야 강도가 높아지기 때문에, 서로 다른 크기의 골재를 배합하는 것이 효과적이다."라고 설명하고 있다.

즉, 다양한 크기의 골재를 섞어야 강도가 높아지며, 균일한 크기의 자갈만 사용할 경우 강도가 오히려 떨어질 수 있다.

28. 정답: ④

앞서 학습했던 '미토콘드리아의 개체성 문제' 지문의 41번 문제와 비슷한 사고가 활용된다. **지문의 내용과 <보기>의 내용을 종합해서 판단해야** 선지의 옳고 그름을 판단할 수 있는 문제다. <보기>는 지문의 연장선상에 있는 글이라고 볼 수 있기 때문에, 지문과 연결되는 포인트를 최대한 붙여서 읽어야 한다.

해설 : <보기> 읽기

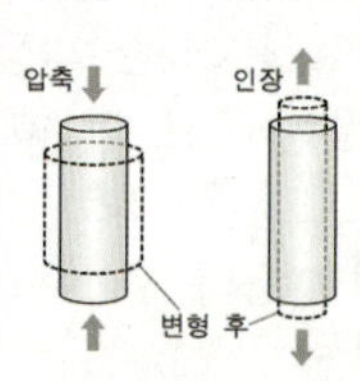

— < 보 기 > —

철재만으로 제작된 원기둥 A와 콘크리트만으로 제작된 원기둥 B에 힘을 가하며 변형을 관찰하였다. A와 B의 윗면과 아랫면에 수직인 방향으로 압축력을 가했더니 높이가 줄어들면서 지름은 늘어났다. 또, A의 윗면과 아랫면에 수직인 방향으로 인장력을 가했더니 높이가 늘어나면서 지름이 줄어들었다. 이때 지름의 변화량의 절댓값을 높이의 변화량의 절댓값으로 나누어 포아송 비를 구하였더니, 일반적으로 알려진 철재와 콘크리트의 포아송 비와 동일하게 나왔다. / 그리고 A와 B의 포아송 비는 변형 정도에 상관없이 그 값이 변하지 않았다.

(단, 힘을 가하기 전 A의 지름과 높이는 B와 동일하다.)

A는 철재, B는 콘크리트고 각각을 원기둥 모양으로 만든 상황을 가정한다. 압축력과 인장력을 가했을 때 각각 원기둥의 지름과 높이가 변하는 방향성은 저 그림을 통해 이해하면 충분히 납득할 수 있을 것이다.

그리고, 지문에서는 포아송 비가 무엇인지 알려주지 않고 그냥 철재의 포아송 비는 0.3, 콘크리트는 0.15 정도라는 수치만 알려주었다. 이 정보를 들고 와서 붙여야 한다. 여기서 그 포아송 비가 정확히 무엇인지 정의해준 것이다.

이 포아송 비는 말 그대로 '비율' 그 자체로 받아들여야 한다. 윗면과 아랫면에 수직인 방향으로 인장력이나 압축력을 아무리 계속 줘서 지름과 높이가 변한다고 해도, '지름이 얼마나 변할 때, 높이는 얼마나 변한다.'에 해당하는 변화량의 비율은 변하지 않는다는 것이다.

인장력을 가했을 때, |지름의 감소량|÷|높이의 증가량|이 각각 0.3, 0.15 도출된 것으로 이해할 수 있다. 인장력은 당기는 힘이기 때문에 높이의 증가량이 더 클 수 밖에 없고, 그렇기에 이때 포아송 비는 1 이하의 소수로 도출된 것이다. 분모를 통일해보면, 철재는 높이가 100 증가할 때 지름이 30 감소하는 것이고, 콘크리트는 높이가 100 증가할 때 지름이 15 감소하는 것이다.

→ 즉, 같은 힘을 받으면 철재(A)는 콘크리트(B)보다 가로 방향(지름)으로 더 많이 변형되고, 콘크리트(B)는 철재(A)보다 세로로 더 많이 줄어든다고 생각할 수 있다.

해설 : 선지 분석

④ → (적절하지 않음, 정답!)

같은 높이 감소량이라면, 포아송 비가 큰 철재(A)의 지름이 더 많이 늘어난다. B의 포아송 비가 더 작으므로, B의 지름 변화량은 A보다 작아야 한다는 것이다. 따라서 B의 지름이 A보다 더 늘어났다는 표현은 틀렸다.

① → (적절함)

콘크리트(B)는 철재(A)보다 포아송 비가 작고, 압축력을 받을 때 세로 방향으로 더 많이 줄어든다. 따라서 B의 높이 감소량이 A보다 클 것이다.

② → (적절함)

지문에 따르면 철재(A)의 포아송 비 = 0.30이고 이를 공식에 적용해보면,

| 지름 변화량 | =0.3 × | 높이 변화량 |

즉, 높이 변화량이 지름 변화량보다 크다고 볼 수 있다.

③ → (적절함)

지문에 따르면 콘크리트(B)의 포아송 비 = 0.15이고 이를 공식에 적용해보면,

| 지름 변화량 | =0.15 × | 높이 변화량 |

즉, 지름 변화량이 높이 변화량보다 작다고 볼 수 있다.

⑤ → (적절함)

같은 지름 증가량을 가졌다면, 포아송 비가 작은 콘크리트(B)의 세로 감소량이 더 클 것이다. 즉, A의 높이 감소량이 B보다 작아야 한다.

29. 정답: ④

출제 의도 : <u><보기>에 지문의 내용 적용하기 + 옳은 추론인지 판단하기</u>

일단 <보기>를 읽을 때는 여느 <보기> 문제와 같이, 내용 파악에 집중하되, 지문과 연관되는 포인트가 있으면 최대한 붙여서 생각하며 읽으면 된다. 이 <보기> 문제에 추론형 문제가 결합된 것인데, 선지가 모두 <보기>와 지문을 엮어서 만든 추론일 것이다. 이 추론이 지문의 내용에 입각해서 생각해 봤을 때 충분히 허용할 수 있는 추론인지 판단하는 것이 이 문제의 관건이다.

해설 : <보기> 읽기

이 지문에서는 건축 재료로 콘크리트만 제시했는데, 여기서는 그 콘크리트와 다른 건축 재료인 '철골'에 대해 서술한 것이다. 그냥 새로운 지문이라고 보고, 하나의 작은 비문학 지문을 읽는다고 생각하면 된다.

서술 방식은 동일하다. 철골 그 자체에 대해 설명하고, 이 철골이 활용된 건축물의 예시를 준다. 여기서는 베를린 신국립미술관이 철골 구조를 활용하여 개방감을 극대화한 예시로 제시되었다.

해설 : 선지 분석

④ → (적절하지 않음, 정답!)

- 철골이 철근 콘크리트보다 더 강도가 높기 때문에, 같은 강도를 유지하면서도 더 얇은 기둥을 사용할 수 있다.
- <보기>에서도 "철근 콘크리트 대신 철골을 사용하면 더 가는 기둥으로 간격을 더욱 벌려 세울 수 있다."라고 설명되었다.

즉, 가는 기둥을 넓게 배치할 때는 철근 콘크리트보다 철골이 더 적합하다. 따라서 이 선택지는 틀린 내용이다.

① → (적절함)

- 철골은 산화(녹스는 것)가 단점이므로, 내식성 페인트를 칠하거나 콘크리트를 덧입히는 등 보호 조치가 필수적이다.
→ 따라서 베를린 신국립미술관에서도 산화 방지 처리가 되어 있을 가능성이 높다.
<보기> 내용에 입각해 봤을 때 허용할 수 있는 추론이다.

② → (적절함)

- <보기>에서 "철골은 규격화된 직선 형태로 제작된다." 라고 명시됨.
→ 즉, 휘어진 곡선 기둥을 만들려면 철골보다는 다른 재료 (철근 콘크리트 등)가 더 적합하다.

③ → (적절함)

- 이는 지문에서 킴벨 미술관의 설명, <보기>에서 베를린 신국립 미술관의 설명과 정확히 일치하는 내용이다.

⑤ → (적절함)

베를린 신국립미술관:

얇은 철골 기둥만이 거대한 지붕을 지탱 → 공중에 떠 있는 느낌

사보아 주택:

필로티 구조(기둥이 하중을 담당하는 구조)로 1층이 띄워져 있음 → 마찬가지로 건물이 떠 있는 듯한 효과

<u>두 건물 모두 "벽"이 아니라 "기둥"이 중요한 구조적 요소다.</u>

---

30. 정답: ②

출제 의도 : <u>문맥상 의미 파악하기</u>

해설:

각 단어의 뜻을 사용된 문맥에 맞게 판단해보면, 아래와 같이 생각할 수 있다.

㉠ 산물 → 어떤 원인이나 작용으로 생겨난 것
㉡ 원형(原形) → 본디의 형상, 또는 어떤 것의 기본이 되는 형태
㉢ 점성 → 끈적끈적한 성질
㉣ 위주 → 무엇을 주된 요소로 삼음
㉤ 영감 → 창조적 활동의 계기가 되는 자극이나 떠오른 생각

□ 선택지 검토

② ㉡: 이 건축물은 후대 미술관의 원형이 되었다. (X)

- 지문에서의 원형은 동그란 모양을 의미하는 '원'형이었다.
- 하지만 이 선지에서 쓰인 원형은

 <u>원형(原形) → 본디의 형상, 또는 어떤 것의 기본이 되는 형태</u>

이런 뜻이다. 동음이의어인 것이다. 따라서, 이 문장은 "이 건축물이 후대 미술관의 기본적인 형태가 되었다"는 의미로 사용된 것이기 때문에 적절하지 않은 선지다.

① ㉠: 행복은 성실하고 꾸준한 노력의 산물이다. (O)

- 노력이라는 원인에서 행복이라는 결과가 나왔다는 의미 → 적절

③ ㉢: 이 물질은 점성 때문에 끈적끈적한 느낌을 준다. (O)

- "점성" = 끈적거리는 성질
 → 점성이 있어서 끈적거린다는 문장은 적절

④ ㉣: 그녀는 채소 위주의 식단을 유지하고 있다. (O)

- "위주" = 무엇을 주된 요소로 삼음
 → 채소를 주로 먹는 식단이라는 의미로 적절

⑤ ㉤: 그의 발명품은 형의 조언에서 영감을 얻은 것이다. (O)

- "그의 발명품은 형의 조언에서 착안한 것이다."와 같은 의미로 사용된 것이기 때문에, 지문에서 쓰인 영감과 그 문맥적 의미가 동일하다. 어떤 생각의 계기가 된 자극이 '형의 조언'이라는 의미다.

[35~38] 다음 글을 읽고 물음에 답하시오.

　건강 상태를 진단하거나 범죄의 현장에서 혈흔을 조사하기 위해 검사용 키트가 널리 이용된다. 키트 제작에는 다양한 과학적 원리가 적용되는데, 적은 비용으로 쉽고 빠르고 정확하게 검사할 수 있는 키트를 제작하는 것이 요구된다. 이러한 필요에 따라 항원-항체 반응을 응용하여 시료에 존재하는 성분을 분석하는 다양한 형태의 키트가 개발되고 있다. 항원-항체 반응은 항원과 그 항원에만 특이적으로 반응하는 항체가 결합하는 면역 반응을 말한다. 항체 제조 기술이 발전하면서 휴대성이 높고 분석 시간이 짧은 측면유동면역분석법(LFIA)을 이용한 다양한 종류의 키트가 개발되고 있다.

　LFIA 키트를 이용하면 키트에 나타나는 선을 통해 액상의 시료에서 검출하고자 하는 목표 성분의 유무를 간편하게 확인할 수 있다. LFIA 키트는 가로로 긴 납작한 막대 모양인데, 시료 패드, 결합 패드, 반응막, 흡수 패드가 순서대로 나란히 배열된 구조로 되어 있다. 시료 패드로 흡수된 시료는 결합 패드에서 복합체와 함께 반응막을 지나 여분의 시료가 흡수되는 흡수 패드로 이동한다. 결합 패드에 있는 복합체는 금-나노 입자 또는 형광 비드 등의 표지 물질에 특정 물질이 붙어 이루어진다. 표지 물질은 발색 반응에 의해 색깔을 내는데, 이 표지 물질에 붙어 있는 특정 물질은 키트 방식에 따라 종류가 다르다. 일반적으로 한 가지 목표 성분을 검출하는 키트의 반응막에는 항체들이 띠 모양으로 두 가닥 고정되어 있는데, 그중 시료 패드와 가까운 쪽에 있는 가닥이 검사선이고 다른 가닥은 표준선이다. 표지 물질이 검사선이나 표준선에 놓이면 발색 반응에 의해 반응선이 나타난다. 검사선이 발색되어 나타나는 반응선을 통해서는 목표 성분의 유무를 판정할 수 있고, 표준선이 발색된 반응선이 나타나면 검사가 정상적으로 진행되었음을 알 수 있다.

　LFIA 키트는 주로 ㉠직접 방식 또는 ㉡경쟁 방식으로 제작되는데, 방식에 따라 검사선의 발색 여부가 의미하는 바가 다르다. 직접 방식에서 복합체에 포함된 특정 물질은 목표 성분에 결합할 수 있는 항체이다. 시료에 목표 성분이 포함되어 있다면 목표 성분은 이 항체와 일차적으로 결합하고, 이후 검사선의 고정된 항체와 결합한다. 따라서 검사선이 발색되면 시료에서 목표 성분이 검출되었다고 판정한다. 한편 경쟁 방식에서 복합체에 포함된 특정 물질은 목표 성분에 대한 항체가 아니라 목표 성분 자체이다. 만약 시료에 목표 성분이 포함되어 있으면 시료의 목표 성분과 복합체의 목표 성분이 서로 검사선의 항체와 결합하려 경쟁한다. 이때 시료에 목표 성분이 충분히 많다면 시료의 목표 성분은 복합체의 목표 성분이 검사선의 항체와 결합하는 것을 방해하므로 검사선이 발색되지 않는다. 직접 방식은 세균이나 분자량이 큰 단백질 등을 검출할 때 이용하고, 경쟁 방식은 항생 물질처럼 목표 성분의 크기가 작은 경우에 이용한다.

　한편, 검사용 키트는 휴대성과 신속성 외에 정확성도 중요하다. 키트의 정확성을 측정하기 위해서는 키트를 이용해 여러 번의 검사를 실시하고 그 결과를 분석한다. 키트가 시료에 목표 성분이 들어있다고 판정하면 이를 양성이라고 한다. 이때 시료에 목표 성분이 실제로 존재하면 진양성, 시료에 목표 성분이 없다면 위양성이라고 한다. 한편 키트가 시료에 목표 성분이 들어 있지 않다고 판정하면 음성이라고 한다. 이 경우 실제로

목표 성분이 없다면 진음성, 목표 성분이 있다면 위음성이라고 한다. 현실에서 위양성이나 위음성을 배제할 수 있는 키트는 없다.

　여러 번의 검사 결과를 통해 키트의 정확도를 구하는데, 정확도란 시료를 분석할 때 올바른 검사 결과를 얻을 확률이다. 정확도는 민감도와 특이도로 나뉜다. 민감도는 시료에 목표 성분이 존재하는 경우에 대해 키트가 이를 양성으로 판정한 비율이다. 특이도는 시료에 목표 성분이 없는 경우에 대해 키트가 이를 음성으로 판정한 비율이다. 민감도와 특이도가 모두 높아 정확도가 높은 키트가 가장 이상적이지만 현실에서는 그렇지 않은 경우가 많아서 상황에 따라 민감도나 특이도를 고려하여 키트를 선택해야 한다.

---

35. 윗글을 읽고 알 수 있는 내용으로 적절하지 않은 것은?

① LFIA 키트에서 시료 패드와 흡수 패드는 모두 시료를 흡수하는 역할을 한다.

② LFIA 키트를 통해 검출하려고 하는 목표 성분은 항원-항체 반응의 항원에 해당한다.

③ LFIA 키트를 사용할 때 정상적인 키트에서 검사선이 발색되지 않으면 표준선도 발색되지 않는다.

④ LFIA 키트에 표지 물질이 없다면 시료에 목표 성분이 있더라도 이를 시각적으로 확인할 수 없다.

⑤ LFIA 키트를 이용하여 검사할 때, 시료에 목표 성분이 포함되어 있지 않더라도 검사선이 발색될 수 있다.

36. ㉠과 ㉡에 대한 이해로 가장 적절한 것은?

① ㉠은 ㉡과 달리, 시료에 들어 있는 목표 성분은 검사선에 도달하기 이전에 항체와 결합을 하겠군.

② ㉠은 ㉡과 달리, 시료에서 목표 성분을 검출했다면 검사선에서 항체와 목표 성분의 결합이 존재하지 않겠군.

③ ㉡은 ㉠과 달리, 시료가 표준선에 도달하기 이전에 검사선에 먼저 도달하겠군.

④ ㉡은 ㉠과 달리, 정상적인 검사로 시료에서 목표 성분을 검출했다면 반응막에 아무런 반응선도 나타나지 않았겠군.

⑤ ㉠과 ㉡은 모두 시료에 들어 있는 목표 성분이 표지 물질과 항원-항체 반응으로 결합하겠군.

37. 윗글을 참고할 때, 〈보기〉의 A와 B에 들어갈 말을 올바르게
 짝지은 것은?

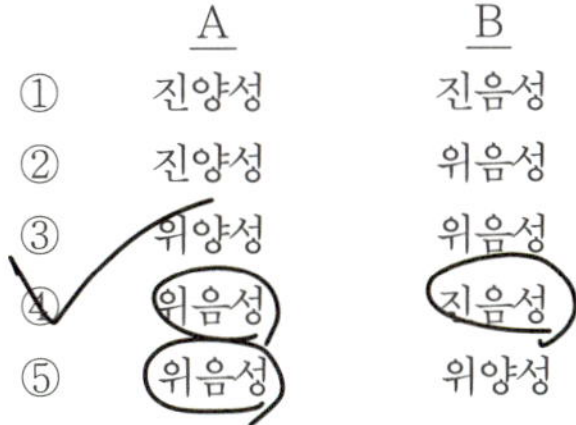

> ─────── 〈보 기〉 ───────
>
> 검사용 키트를 가지고 여러 번의 검사를 실시하여 키트의
> 정확성을 측정하였을 때, 검사 결과 (A   )인 경우가 적을
> 수록 민감도는 높고, (B   )인 경우가 많을수록 특이도는
> 높다.

          <u>A</u>   <u>B</u>

① 진양성　　　진음성
② 진양성　　　위음성
③ 위양성　　　위음성
④ 위음성　　　진음성
⑤ 위음성　　　위양성

38. 윗글을 바탕으로 〈보기〉를 이해한 반응으로 적절하지 않은
 것은? [3점]

> ─────── 〈보 기〉 ───────
>
> 살모넬라균은 집단 식중독을 일으키는 대표적인 병원성
> 세균이다. 기존의 살모넬라균 분석법은 정확도는 높으나 3~
> 5일의 시간이 소요되어 질병 발생 시 신속한 진단 및 예방에
> 어려움이 있었다. 살모넬라균은 감염 속도가 빠르므로 다량의
> 시료 중 오염이 의심되는 시료부터 신속하게 골라낸 후에
> 이 시료만을 대상으로 더 정확한 방법으로 분석하여 오염
> 여부를 확정 짓는 것이 효과적이다. 최근에 기존 방법보다
> 정확도는 낮으나 저렴한 비용으로 살모넬라균만을 신속하게
> 검출할 수 있는 ⓐLFIA 방식의 새로운 키트가 개발되었다고
> 한다.

① ⓐ를 개발하기 전에 살모넬라균과 결합하는 항체를 제조하는
 기술이 개발되었겠군.

② ⓐ의 결합 패드에는 표지 물질에 살모넬라균이 붙어 있는
 복합체가 들어 있겠군.

③ ⓐ를 이용하여 음식물의 살모넬라균 오염 여부를 검사하려면
 시료를 액체 상태로 만들어야겠군.

④ ⓐ를 이용하여 현장에서 살모넬라균 오염 의심 시료를 선별하기
 위해서는 특이도보다 민감도가 높은 것이 더 효과적이겠군.

⑤ ⓐ를 이용하여 살모넬라균이 검출되었다고 키트가 판정한 경우
 에도 기존의 분석법으로는 균이 검출되지 않을 수 있겠군.

한 문단 내에서의 사고 : **문장과 문장을 연결 & 구분하며 정보 누적하기**	문단 간의 사고 : **문단과 문단을 연결 & 구분하며 목차 만들기**

1문단이다! 뭐가 키워드(중심 소재)고, 이에 대해 하고 싶은 말이 뭔지(핵심 정보 : 주제) 찾는데 집중해야 한다.

왼쪽:

　건강 상태를 진단하거나 범죄의 현장에서 혈흔을 조사하기 위해 검사용 키트가 널리 이용된다.
검사용 키트라는 키워드를 도입하네. 검사용 키트에 대해 무슨 이야기를 하는지 확보해봐야겠어.

키트 제작에는 다양한 과학적 원리가 적용되는데, 적은 비용으로^1 쉽고^2 빠르고^3 정확하게^4 검사할 수 있는 키트를 제작하는 것이 요구된다. 〔**나열**〕 이러한 필요에 따라 항원-항체 반응을 응용하여(=앞 문장에서 말한 다양한 과학적 원리 중 하나겠구나.) (시료에 존재하는 성분을 분석하는) 다양한 형태의 키트가 개발되고 있다.
두 문장은 순접, 더 정확히는 인과로 연결되어 있다. 따라서 마치 한 문장을 읽는 것처럼 붙여서 확보해야 한다. 검사용 키트에 대해 무슨 말을 하는지 보니, '적은 비용으로 / 쉽고 / 빠르고 / 정확하게'의 4가지 특성을 요구했다. 이에 따라, 항원항체 반응을 응용한 키트가 개발된다고 한다. 키워드가 그냥 [검사용 키트]중에서, [항원-항체 반응을 응용한 키트]로 그 범위가 좁혀지며 초점화되고 있는 것이다. 앞으로 이것에 대해 어떤 정보를 주는지 확보하며 붙여주면 된다.

항원-항체 반응은 (항원)과 (그 항원에만 특이적으로 반응하는 항체)가 결합하는 면역 반응을 말한다.
극단적 범주: 항원은 그 항원의 목표가 되는 특정 항체에만 결합한다는 것을 잘 이해하고 넘어가야 한다.
앞 문장에서 나온 항원-항체 반응이 뭔지 정의해주네. 확실히 이해를 하고 넘어가야겠다. 항원항체 반응이 뭔지 배경지식이 있었다면 쉽게 이해할 수 있지만, 그걸 모른다고 가정했을 때는, 그냥 "항원이라는 물질과 항체라는 물질이 있는데, 그게 결합되면 면역 반응이 일어나는구나..! 왜 면역하고 연관이 있는지는 모르겠지만 일단 뭐 글에서 그렇다니까 그런가보지 뭐~." 하고 넘어가면 된다.

일단 핵심 흐름이 [항원-항체 반응을 응용한 키트]라는 점을 항상 인지하고 있었다면, 이것은 그걸 이해시키기 위한 기본 정보라는 점을 쉽게 알 수 있다. 따라서, 우리가 집중해야 하는 포인트는 바로 이거다. "근데 이게 항원-항체 반응이라는 것은 알겠는데, 이게 시료에 존재하는 성분을 분석하는 키트에 어떻게 응용된다는 거지..?" 이런 생각이 자연스럽게 들어야 한다.

항체 제조 기술이 발전하면서 휴대성이 높고 분석 시간이 짧은 측면유동면역분석법(LFIA)을 이용한 다양한 종류의 키트가 개발되고 있다. 　**핵심 키워드 홀딩**
[검사용 키트] ⇒ [항원 항체 반응을 응용하여 시료에 존재하는 성분을 분석하는 키트] ⇒ [그 중 LFIA를 이용한 키트로 점점 키워드가 구체화 되었네! 이렇게 1문단이 끝났군. 그러면 이제 이 [LFIA를 이용한 키트]에 대해 설명할 것 같으니, 이어지는 2문단부터의 정보를 차근차근 이 키워드에 붙이며 이해해봐야겠다.

\+ 그리고 그 과정에서 "근데 이게 항원-항체 반응이라는 것은 알겠는데, 이게 시료에 존재하는 성분을 분석하는 키트에 어떻게 응용된다는 거지..?" 이 생각은 항상 홀딩하고 있다가, 나올 때 반응해줘야 한다. 1문단에서 추상적으로 설명해서 이해가 어려운 내용은 앞으로 구체화될 가능성이 높다. 　**키워드에 대한 ? 모먼트 홀딩**

\+ 그리고 앞서 언급된 검사용 키트의 요구사항에 의하면, '적은 비용으로 / 쉽고 / 빠르고 / 정확하게'의 4가지 특성을 요구했다. 하지만 여기서 LFIA 키트에 대한 설명에서는 [휴대성이 높음]=[쉽게] / [분석 시간이 짧음]=[빠르게] 이렇게 두 가지 요구사항만 반영되어 있다. 따라서, 나머지 사항이 LFIA 키트에 반영되어 있는지는 앞으로 읽으면서 확인해야 할 포인트다. 　**키워드에 대한 미해결 모먼트 홀딩**

오른쪽:

[1문단 독해]

[검사용 키트]
- 다양한 과학적 원리 적용
- 적은 비용, 쉽고^2, 빠르고^3, 정확하게^{4}의 네 가지 요구 사항

[항원-항체 반응을 응용해서 시료에 존재하는 성분을 분석하는 키트] 개발

항원-항체 반응의 개념

휴대성이 높고(쉽고^2), **분석 시간이 짧은**(빠르고^3) **[LFIA 기술을 이용한 키트] 개발** (초점화됨)

\+ "근데 이게 항원-항체 반응이라는 것은 알겠는데, 이게 시료에 존재하는 성분을 분석하는 키트에 어떻게 응용된다는 거지..?"

\+ LFIA 키트에 대한 설명에서는
　[휴대성이 높고]=[쉽게] /
　[분석 시간이 짧음]=[빠르게]
이렇게 두 가지 요구사항만 반영되어 있다. 따라서, 나머지 사항이 LFIA 키트에 반영되어 있는지는 앞으로 읽으면서 확인해야 할 포인트다.

＊ 항원-항체 반응의 정의에 따라, 항상 항체가 나오면 그 항체가 특이적으로 결합하는 항원을 짝지어줄 생각을 해야 한다.

왼쪽

수식어로 조건 제시: 시료 중에서도 '액상' 상태의 시료에서만 목표 성분의 유무를 확인할 수 있다는 것이다.

LFIA 키트를 이용하면 [키트에 나타나는 선을 통해,] [액상의] 시료에서 검출하고자 하는 목표 성분의 유무를 간편하게(= 쉽고²) 확인할 수 있다.

서술 범주 확인이 필요하다. 앞 문단에서 언급된 LFIA 기술을 이용한 키트를 받아서 구체화하려고 한다. 미완의 정보를 끌고 내려와서 설명이을 붙여 완성시켜주는 것이 구체화다. 따라서, 앞에서 설명한 내용과 비교해 추가된 내용에 집중해야 한다. LFIA 키트는 항원-항체 반응을 응용해서 시료에 존재하는 성분을 분석하는 키트라고 했는데, [시료에 존재하는 성분을 분석하는] 이 부분이 [키트에 나타나는 선을 통해 / '액상의' 시료에서 검출하고자 하는 목표 성분의 유무를 확인] 이렇게 구체화 된다.

일단 키트에 나타나는 선으로 목표 성분 유무를 확인한다는 것을 어떻게 하는지도 잘 모르겠고, 그 과정에서 항원-항체 반응이 어떻게 활용되는지도 모르겠다. 하지만 이것이 현재 이 글의 핵심 정보이기 때문에, 이어지는 문장들을 차근차근 첫 번째 문장에 붙이면서 핵심 정보 직결 포인트가 나오면 반응해주자.

LFIA 키트는 가로로 긴 납작한 막대 모양인데, 시료 패드, 결합 패드, 반응막, 흡수 패드가 순서대로 나란히 배열된 구조로 되어 있다.

LFIA 키트의 구조를 설명한다. 그런데 원래 시각적인 형태의 정보, 그러니까 눈에 보이는 물리적인 형체의 정보를 글 형태의 정보로 바꿔서 설명했다는 것, 바로 느껴지겠지? 이럴 때는 시각적 모델링을 해놓자. 보통 구조를 주면 그 구조에 입각해서 다음 설명이 이어지는데, 그 설명을 정확히 이해하기 위해서는 LFIA 키트의 구조가 명확하게 그려져 있어야 한다.

#그리고 항상 기억할 것, 우리는 과학자가 아님. 지문에서 나온 설명을 그대로 반영하는 정도의 그림이면 됨.

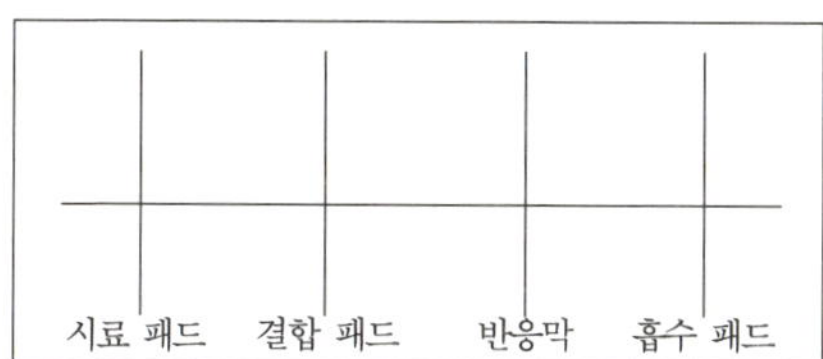

시료 패드로 흡수된 시료는 / 결합 패드에서 복합체와 함께 반응막을 지나 / (여분의 시료가 흡수되는) 흡수 패드로 이동한다.(= 시료가 이동하는 일련의 과정을 제시한 후,) / 결합 패드에 있는 복합체는 (금-나노 입자 또는 형광 비드 등의 표지 물질)에(특정 물질)이 붙어 이루어진다.(= 그 과정에서 활용되는 복합체를 구체화한다.) / 표지 물질은 발색 반응에 의해 색깔을 내는데,(= 복합체를 구성하는 요소 중 표지 물질에 붙여준다.) / 이 표지 물질에 붙어 있는 특정 물질은 (키트 방식에 따라) 종류가 다르다.(= 복합체를 구성하는 요소 중 특정 물질에 붙여준다.) /

수식어로 조건 제시: LFIA 키트 중에서도 '한 가지 목표 성분을 검출하는 키트'에 한정된 설명이다. 키워드의 범위가 더 좁혀진 것이다.

일반적으로 [한 가지 목표 성분을 검출하는] 키트의 반응막에는 항체들이 띠 모양으로 두 가닥 고정되어 있는데,(=아 항원항체 기술에서의 그 항체가 여기서 쓰는구나) 그중 시료 패드와 가까운 쪽에 있는 가닥이 검사선이고 다른 가닥은 표준선이다.

LFIA 키트 중 '한 가지 목표 성분을 검출하는' 키트에 대해, 그 구조 중 반응막을 끌고 와서 구체화하고 있다. 수식어로 주어진 조건에 해당하는 키트에 대해서만 해당하는 이야기라는 점을 인지하고, LFIA 키트의 구조를 시각적 모델링 해놓은 것에 추가하자.

표지 물질이 검사선이나 표준선에 놓이면 (발색 반응에 의해) 반응선이 나타난다. [검사선이 발색되어 나타나는 반응선]을 통해서는 목표 성분의 유무를 판정할 수 있다.(= 핵심 정보!!!! 아 키트에 나타나는 선으로 목표 성분의 유무를 파악한다는 것이 바로 이거구나) [표준선이 발색된 반응선]이 나타나면 검사가 정상적으로 진행되었음을 알 수 있다.

앞서 표지 물질은 발색 반응에 의해 색깔을 낸다고 했던 것이 떠오른다. 그 발색 반응이

오른쪽

[1문단 독해]

[검사용 키트]
- 다양한 과학적 원리 적용
- 적은 비용, 쉽고², 빠르고³, 정확하게⁴의 네 가지 요구 사항

[항원-항체 반응을 응용해서 시료에 존재하는 성분을 분석하는 키트] 개발

항원-항체 반응의 개념

휴대성이 높고(쉽고²), 분석 시간이 짧은(빠르고³) [LFIA 기술을 이용한 키트] 개발 (초점화됨)

+ "근데 이게 항원항체 반응이라는 것은 알겠는데 이게 시료에 존재하는 성분을 분석하는 키트에 어떻게 응용된다는 거지..?"

+ LFIA 키트에 대한 설명에서는
[휴대성이 높고]=[쉽게²] /
[분석 시간이 짧은]=[빠르게³]
이렇게 두 가지 요구사항만 반영되어 있다. 따라서, 나머지 사항이 LFIA 키트에 반영되어 있는지는 앞으로 읽으면서 확인해야 할 포인트다

[2문단 독해]

[LFIA 키트]
- 키트에 나타나는 선을 통해,
- 액상의 시료에서,
- 목표 성분의 유무를 간편하게 확인할 수 있다

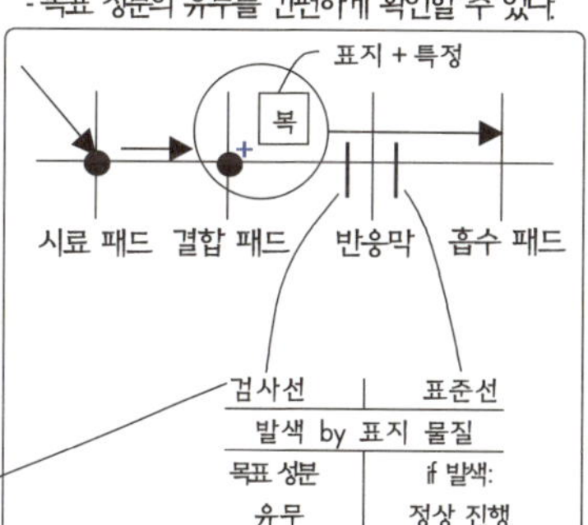

처음에 구조를 정확히 모델링 해놓고, 이어지는 내용을 읽으면서 그 구조 위에 계속 덧대서 그림을 완성하는 느낌으로 읽어 나가면 된다 위와 같은 느낌으로 시각적 모델링할 수 있다 저렇게 시각적 모델링을 해놓고, 각 요소에 대한 추가적인 정보는 그때 그때 저 그림에서 해당 부분에 연결만 시켜 놓으면 된다

그럼 그 항체들이 결합하는 항원은 뭘까

정확히 어디서 일어나는 것인지 구체화 된다. 이때, 검사선과 표준선을 구분하고, 각 선에서의 발색 반응이 의미하는 바도 구분해서 각각 연결해줘야 한다. 그리고, 그 중 검사선이 발색되어 나타나는 반응선이 핵심 정보에 직결된다.

LFIA 키트는 주로 ㉠직접 방식 또는 ㉡경쟁 방식으로 제작되는데, 방식에 따라 검사선의 발색 여부가 의미하는 바가 다르다.

문단이 바뀌었으니, 서술 범주 확인이 필요하다. LFIA 키트를 두 방식으로 쪼개고, 방식에 따라 검사선의 발색 여부가 의미하는 바가 다르다고 한다. 이때 자연스럽게 앞 문단과 연결해 아래와 같은 생각이 들어야 한다.

#1 생각해보니, 검사선의 반응선을 통해 목표 성분의 유무를 알 수 있다고만 했지, 반응선이 나타날 때와 나타나지 않을 때가 각각 어떤 의미인지는 설명해주지 않았어. 이것을 구체화할 것 같은데 각 방식을 구분해서 따로따로 확인해봐야겠네.

#2 [이 표지 물질에 붙어 있는 특정 물질은 (키트 방식에 따라) 종류가 다르다.] 이 부분이 떠올라야 한다. 연결해서 생각해보면, 특정 물질이 발색 반응을 일으키는 주체니까, 직접 방식과 경쟁 방식은 특정 물질에 있어 차이가 있을 것이고, 그 차이가 검사선 발색 여부가 의미하는 바의 차이까지 유도하겠구나!

그리고 위 두 생각을 바탕으로, 쪼개진 두 방식을 공통서술범주에 입각해서 비교·대조하며 읽기 위해 옆에 그려놓은 판떼기를 머릿속에 그려놓고 다음 내용으로 들어갔으면 좋다.

직접 방식에서 복합체에 포함된 특정 물질은 목표 성분에 결합할 수 있는 항체이다.(=아 항원항체 기술에서의 그 항체가 여기서 쓰이는구나 목표 성분이 항원 역할을 하는 거네) (시료에 목표 성분이 포함되어 있다면) 목표 성분은 이 항체와 일차적으로 결합하고, 이후 검사선의 고정된 항체와 결합(=맞다 검사선, 표준선도 항체였지? 그럼 그 검사선에 고정된 항체도 목표 성분과 결합할 수 있는 항체네)한다. 따라서 검사선이 발색되면 시료에서 목표 성분이 검출되었다고 판정한다. /한편 경쟁 방식에서 복합체에 포함된 특정 물질은 목표 성분에 대한 항체가 아니라 목표 성분 자체이다. (만약 시료에 목표 성분이 포함되어 있으면) 시료의 목표 성분과 복합체의 목표 성분이 서로 검사선의 항체와 결합하려 경쟁한다.(=그래서 경쟁 방식이구나) [이때 시료에 목표 성분이 충분히 많다면] 시료의 목표 성분은 복합체의 목표 성분이 검사선의 항체와 결합하는 것을 방해하므로 검사선이 발색되지 않는다. /직접 방식은 세균이나 분자량이 큰 단백질 등을 검출할 때 이용하고, /경쟁 방식은 항생물질처럼 목표 성분의 크기가 작은 경우에 이용한다.

수식어로 인과 제시

수식어로 조건 제시

두 방식 모두 서술 방식이 같다 [특정 물질은 이거다⇒작동 방식⇒그래서 검사선 발색 여부가 의미하는 바는 이거다.] 이런 방식이다. 위에서 공통서술범주에 입각한 비교·대조를 하기 위한 준비를 하고, [LFIA 키트는 주로 ㉠직접 방식 또는 ㉡경쟁 방식으로 제작되는데, 방식에 따라 검사선의 발색 여부가 의미하는 바가 다르다.]이런 핵심 흐름에 해당하는 정보를 확보하는데 집중했다면, 머릿속에서 정보가 저렇게 정리될 것이다.

	직접 방식	경쟁 방식
특정 물질		
검사선 발색 여부 의미		

	직접 방식	경쟁 방식
특정 물질	목표 성분에 결합할 수 있는 항체	목표 성분 자체
검사선 발색 여부 의미	if 발색 : 시료에서 목표 성분 검출되었다고 판정	if 발색 : 시료에 목표 성분이 충분히 많지 않다고 판정

* 항원-항체 반응의 정의에 따라, 항상 항체가 나오면 그 항체가 특이적으로 결합하는 항원을 짝지어줄 생각을 해야 한다.

[왼쪽]

한편, 검사용 키트는 휴대성과 신속성 외에 정확성도 중요하다.

서술 범주가 바뀐다. 1문단에서 나열됐던 검사용 키트의 4가지 요구 사항 중 '정확성'에 대한 설명이 시작된다. 항상 독해의 방향을 핵심 정보에 맞춰놓고 그걸 파악하는데 집중하며 읽어야지 내가 주도적으로 글을 읽을 수 있다. 이 문단에서는 검사용 키트가 어떻게 정확성을 확보할 수 있는지 확보하는데 집중하며 글을 읽어야 한다

키트의 정확성을 측정하기 위해서는 키트를 이용해 여러 번의 검사를 실시하고 그 결과를 분석한다.

여러 번의 검사를 실시하고 그 결과를 분석하는 방식으로 정확성을 측정하는 구나

키트가 시료에 목표 성분이 들어있다고 판정하면 이를 양성이라고 한다. 이때 시료에 목표 성분이 실제로 존재하면 진양성, 시료에 목표 성분이 없다면 위양성이라고 한다. 반대로 키트가 시료에 목표 성분이 들어 있지 않다고 판정하면 음성이라고 한다. 이 경우 실제로 목표 성분이 없다면 진음성, 목표 성분이 있다면 위음성이라고 한다.

검사용 키트가 어떻게 정확성을 측정할 수 있는지에 대한 서술에서 잠깐 벗어나서, 여러 가지 용어를 세팅해준다. 핵심 정보를 서술하기 위한 보조 정보일 가능성이 크다. 일단 해당 내용이 끝날 때까지 정보를 확보해야 한다

현실에서 [위양성이나 위음성을 배제할 수 있는 키트]는 없다.

그렇구나. 그러면 100% 정확한 키트는 존재할 수 없겠네. 이렇게 극단적인 범주는 의식적으로 신경 써두고 넘어가자. 본인은 이렇게 극단적인 범주가 특정 용어로 나타나지는 않지만 워딩 자체가 '전혀 없다'는 의도로 말한 것이면, 그 부분에 저렇게 체크 표시를 크게 해두고 넘어간다.

그런데, 정확도를 어떻게 측정할 수 있는지에 대해 '여러 번의 검사를 실시하고 결과를 분석한다' 고만 하고, 그 이후에는 쭉 보조 정보를 세팅한다. 뭔가 이야기가 확실하게 끝맺음 지어지지 않은 느낌이다. 일단 핵심 정보를 홀딩하고 다음 문단과 연결해보자.

여러 번의 검사 결과를 통해 키트의 정확도를 구하는데, 정확도란 시료를 분석할 때 올바른 검사 결과를 얻을 확률이다.

이제 진짜로 키트의 정확도에 대해 구체적으로 설명하는 것 같다. 정확도가 무엇인지 정확히 정의해줬다. .

정확도는 민감도와 특이도로 나뉜다. (=정확도에 대한 설명이 이어진다. 정확도에 붙여서 확보하자. 정확도를 둘로 쪼개고 각각을 서술할 것 같다) 민감도는 (시료에 목표 성분이 존재하는 경우에 대해) 키트가 이를 양성으로 판정한 비율이다. 특이도는 (시료에 목표 성분이 없는 경우에 대해) 키트가 이를 음성으로 판정한 비율이다.

각 정의를 잘 이해해보면

시료에 목표 성분이 존재하는 경우의 실험 N 번 진행, 그 중 양성이라고 판정한 CASE를 비율로 계산 : 민감도

시료에 목표 성분이 없는 경우의 실험 N 번 진행, 그 중 음성이라고 판정한 CASE를 비율로 계산 : 특이도

이렇게 이해할 수 있는 것이다.

민감도와 특이도가 모두 높아 정확도가 높은 키트가 가장 이상적이지만 현실에서는 그렇지 않은 경우가 많아서 상황에 따라 민감도나 특이도를 고려하여 키트를 선택해야 한다.

구체적으로 언제 민감도와 특이도를 각각 어떻게 고려해야 하는지는 서술해주지 않고 글이 마무리 된다. 필요하면 문제에서 <보기>를 통해서라도 서술해줄 것이다. 그냥 상황에 따라 선택해야 하는 거구나~ 하고 문제로 넘어가면 된다.

[오른쪽]

[1문단 독해]

[검사용 키트]
- 다양한 과학적 원리 적용
- 적은 비용, 쉽고, 빠르고, 정확하게 의 네 가지 요구 사항

[항원-항체 반응을 응용해서 시료에 존재하는 성분을 분석하는 키트] 개발

항원-항체 반응의 개념

휴대성이 높고(쉽고), 분석 시간이 짧은(빠르고) [LFIA 기술을 이용한 키트] 개발 (초점화됨)

+ "근데 이게 항원·항체 반응이라는 것은 알겠는데. 이게 시료에 존재하는 성분을 분석하는 키트에 어떻게 응용된다는 거지..?"

+ LFIA 키트에 대한 설명에서는
[휴대성이 높고]=[쉽게] /
[분석 시간이 짧음]=[빠르게]
이렇게 두 가지 요구사항만 반영되어 있다. 따라서, 나머지 사항이 LFIA 키트에 반영되어 있는지는 앞으로 읽으면서 확인해야 할 포인트다.

[4-5문단 독해]

- 검사용 키트는 정확성도 중요
- 검사용 키트는 검사를 여러 번 실시해 결과를 분석해서 정확도를 구함

　　양성 - 진양성 / 위양성
　　음성 - 진음성 / 위음성
　위양성이나 위음성 배제할 수 있는 키트는 X

- 시료에 목표 성분이 존재하는 경우의 실험 N 번 진행, 그 중 양성이라고 판정한 CASE를 비율로 계산 : 민감도

- 시료에 목표 성분이 없는 경우의 실험 N 번 진행, 그 중 음성이라고 판정한 CASE를 비율로 계산 : 특이도

- 민감도와 특이도 모두 높은 경우는 거의 없음. 따라서, 상황에 따라 키트 종류 선택해야 함

35. 정답: ③

출제 의도 : **내용 일치 문제다.**

해설 :

③ → **부적절함, 정답 !**

표준선은 검사 과정이 정상적으로 진행되었는지를 확인하는 역할을 한다. 검사선이 발색되지 않더라도 표준선은 정상적으로 발색되어야 한다. 만약 표준선도 발색되지 않는다면 키트가 정상적으로 작동하지 않은 것이다.

① → 적절함

시료 패드는 시료를 흡수하여 키트 내부로 이동시키는 역할을 하고, 흡수 패드는 반응이 끝난 후 여분의 시료를 흡수하는 역할을 한다. 따라서 두 패드 모두 시료를 흡수하는 역할을 한다는 내용이 맞다.

② → 적절함

LFIA 키트에서는 목표 성분이 항원으로 작용하고, 이를 검출하기 위해 특정 항체가 이용된다고 했다.

④ → 적절함

표지 물질(금 나노 입자, 형광 비드 등)은 발색 반응을 일으켜 목표 성분을 시각적으로 확인할 수 있게 해준다.
표지 물질이 없디면 발색 빈응이 일어나지 않으므로 목표 성분이 있어도 확인할 수 없다.

⑤ → 적절함

위양성(실제로 목표 성분이 없지만 키트가 양성으로 판정하는 경우)이 발생할 수 있다. 따라서 시료에 목표 성분이 없더라도 검사선이 발색될 가능성이 있다.

36. 정답: ①

출제 의도 : **내용 일치 문제 - 쪼개고 각각을 서술 : 공통서술 범주에 입각한 비교, 대조**

: 지문에서 LFIA 키트의 방식을 둘로 쪼개서 서술했다. LFIA 키트라는 서술범주 하에서 방식을 둘로 쪼갰기 때문에, 공통적인 키트 구조하에서 어떤 차이점이 있는지, 서술 범주가 겹칠 때마다 파악하는 데 집중하며 읽었다면 쉽게 해결할 수 있을 것이다. 읽으면서 그런 생각을 해야 한다는 것은 이렇게 문제로 출제되기 때문이다.

해설:

① → **적절함, 정답 !**

직접 방식(㉠): 시료에 목표 성분이 포함되어 있으면 결합 패드에서 항체(표지 물질 포함)와 먼저 결합한 후 검사선에 도달한다.

경쟁 방식(㉡): 시료에 목표 성분이 있다면 검사선에서 복합체(표지 물질+목표 성분)와 경쟁을 한다.

→ 따라서 직접 방식(㉠)에서는 시료에 있는 목표 성분이 검사선에 도달하기 전에 항체와 결합한다는 내용이 맞다.

② → 부적절함

직접 방식(㉠): 검사선에서 항체와 목표 성분이 결합하여 발색된다.

경쟁 방식(㉡): 시료에 목표 성분이 많으면 검사선에서 결합이 방해되므로 검사선이 발색되지 않는다.

→ 직접 방식(㉠)에서는 검사선에서 항체와 목표 성분이 결합하므로, "존재하지 않겠군"이라는 표현이 틀렸다.

③ → 부적절함

모든 LFIA 키트에서 시료는 검사선과 표준선을 거쳐 흡수 패드로 이동하므로, 검사선이든 표준선이든 순서는 일정하다.

→ 경쟁 방식(㉡)이든 직접 방식(㉠)이든 검사선과 표준선의 도달 순서는 동일하다.

*쪼개진 대상을 공통서술범주에 입각해서 비교, 대조할 때는, 공통점을 파악하는 데에도 집중해야 한다. 특별한 차이점이 언급되는 범주가 아닌 것에 대해서는, 그 두 대상이 속한 상위 범주와 동일한 특징을 갖는 것이다.

④ → 부적절함

경쟁 방식(㉡)에서 시료에 목표 성분이 많으면 검사선이 발색되지 않는다. 하지만 표준선은 정상적인 검사라면 반드시 발색된다.

→ 따라서 "아무런 반응선도 나타나지 않았다"는 틀린 표현이다.

⑤ → 부적절함

직접 방식(㉠): 목표 성분이 항체(표지 물질 포함)와 결합한다.
경쟁 방식(㉡): 목표 성분은 표지 물질과 직접 결합하지 않는다. 대신, 검사선에서 경쟁을 한다. 따라서 두 방식 모두 표지 물질과 항원-항체 반응으로 결합한다고 볼 수 없다.

37. 정답: ④

<u>출제 의도</u> : <u>**정의된 개념을 잘 이해했는가?**</u>

: 지문에서 제시된 민감도와 특이도, 위음성 / 위양성 / 진음성
/ 진양성의 정의를 잘 이해했어야 해결할 수 있는 문제이다.

해설:

문제에서 A와 B가 각각 어떤 검사 결과를 의미하는지 분석
해야 한다.

① 민감도와 관련된 A

민감도는 "시료에 목표 성분이 실제로 존재할 때, 이를 양성
으로 판정하는 비율"이다. 이를 정확히 이해해보면, 아래와
같이 분수로 바꿔서 표현해보면 된다.

$$\frac{진양성}{진양성 + 위음성}$$

즉, 민감도가 높다는 것은 목표 성분이 있음에도 이를 음성
으로 오판(위음성)하는 경우가 적다는 뜻이다.
따라서 A는 '위음성'이 적을수록이 됩니다.

② 특이도와 관련된 B

특이도는 "시료에 목표 성분이 존재하지 않을 때, 이를 음성
으로 판정하는 비율"이다. 이를 정확히 이해해보면, 아래와 같이
분수로 바꿔서 표현해보면 된다.

$$\frac{진음성}{위양성 + 진음성}$$

즉, 특이도가 높다는 것은 목표 성분이 없을 때 이를 음성
(진음성)으로 잘 판정하는 경우가 많다는 뜻이다.
따라서 B는 '진음성'이 많을수록이 된다.

정답 선택

위 분석에 따르면,

    A = 위음성 (적을수록 민감도가 높음)

    B = 진음성 (많을수록 특이도가 높음)

따라서 정답은 ④번 !

정답: ④ (A: 위음성, B: 진음성)

38. 정답: ②

<u>출제 의도</u> : <u>**<보기>에 지문의 내용 적용하기**</u>

<보기>를 읽을 때 지문의 내용과 연결되는 부분이 있으면 최대한
연결해서 이해해주면 된다.

해설 : <보기> 읽기

<보 기>

  살모넬라균은 집단 식중독을 일으키는 대표적인 병원성
세균이다. 기존의 살모넬라균 분석법은 정확도는 높으나 3~
5일의 시간이 소요되어 질병 발생 시 신속한 진단 및 예방에
어려움이 있었다. 살모넬라균은 감염 속도가 빠르므로 다량의
시료 중 오염이 의심되는 시료부터 신속하게 골라낸 후에
이 시료만을 대상으로 더 정확한 방법으로 분석하여 오염
여부를 확정 짓는 것이 효과적이다. 최근에 기존 방법보다
정확도는 낮으나 저렴한 비용으로 살모넬라균만을 신속하게
검출할 수 있는 ⓐLFIA 방식의 새로운 키트가 개발되었다고
한다. (이를 검출하기 위해서는 직접 방식의 LFIA 키트를 사용해야겠어)

해설 : 선지 판단

② → **부적절함, 정답 !**

살모넬라균을 검출하는 LFIA 키트는 직접 방식을 따른다.
이 경우 복합체에 포함된 특정 물질은 목표 성분에 결합
할 수 있는 항체이다. 선지의 설명은 경쟁 방식을 따른
LFIA 키트에 대한 설명이므로, 적절하지 않다.

① → 적절함

LFIA 키트는 항원-항체 반응을 이용하여 특정 성분을 검출
하는 방식이다. 특히 그 중에서도 살모넬라균을 검출하는
LFIA 키트는 직접 방식을 따르는데, 이 경우 복합체에 포함된
특정 물질은 살모넬라균에 결합할 수 있는 항체이다.
따라서 살모넬라균을 검출하기 위해서는 살모넬라균과 결합
하는 항체가 필요하며, 항체 제조 기술이 선행되어야 한다.

③ → 적절함

LFIA 키트는 액체 상태의 시료를 흡수하여 검사하는 방식
이다. 따라서 음식물 시료도 액체 상태로 만들어 검사해야
한다.

④ → 적절함

현장에서 오염 가능성이 있는 시료를 빠르게 선별하는 것이
목적이라면, 위음성을 줄여(민감도를 높여) 오염된 시료를
놓치지 않는 것이 중요하다.
즉, 특이도(위양성을 줄이는 비율)보다는 민감도(위음성을
줄이는 비율)가 높은 것이 더 효과적이다.

⑤ → 적절함

LFIA 키트는 신속 검사용 도구이므로 정확도가 낮을 수
있다고 했다. 즉, 키트가 양성(살모넬라균 검출)으로 판정
했더라도 위양성일 가능성이 있다. 따라서 기존 분석법(정
확도가 높은 방식)으로 다시 검사하면 균이 검출되지 않을
수도 있는 것이다.

[26~30] 다음 글을 읽고 물음에 답하시오.

　국가, 지방 자치 단체와 같은 행정 주체가 행정 목적을 ⓐ실현하기 위해 국민의 권리를 제한하거나 국민에게 의무를 부과하는 행정 규제는 국회가 제정한 법률에 근거해야 한다. 그러나 법률이 아니라, 대통령을 수반으로 하는 행정부나 지방 자치 단체와 같은 행정 기관이 제정한 법령인 행정입법에 의한 행정 규제의 비중이 커지고 있다. 여론과 관련된 행정 규제 사항들처럼, 첨단 기술과 관련되거나, 상황 변화에 즉각 대처해야 하거나, 개별적 상황을 ⓑ반영하여 규제를 달리해야 하는 행정 규제 사항들이 늘어나고 있기 때문이다. 행정 기관은 국회에 비해 이러한 사항들을 다루기에 적합하다.

　행정입법의 유형에는 위임명령, 행정규칙, 조례 등이 있다. 헌법에 따르면 국회는 행정 규제 사항에 관한 법률을 제정할 때 특정한 내용에 관한 입법을 행정부에 위임할 수 있다. 이에 따라 제정된 행정입법을 위임명령이라고 한다. 위임명령은 제정 주체에 따라 대통령령, 총리령, 부령으로 나누어진다. 이들은 모두 국민에게 적용되기 때문에 입법예고, 공포 등의 절차를 거쳐야 한다. 위임명령은 입법부인 국회가 자신의 권한의 일부를 행정부에 맡겼기 때문에 정당화될 수 있다. 그래서 특정한 행정 규제의 근거 법률이 위임명령으로 제정할 사항의 범위를 정하지 않은 채 위임하는 포괄적 위임은 헌법상 삼권 분립 원칙에 저촉된다. 위임된 행정 규제 사항의 대강을 위임 근거 법률의 내용으로부터 ⓒ예측할 수 있어야 한다는 것이다. 행정 규제 사항의 첨단 기술 관련성이 클수록 위임 근거 법률이 위임할 수 있는 사항의 범위가 넓어진다. 한편 위임명령이 법률로부터 위임받은 범위를 벗어나서 제정되거나, 위임 근거 법률이 사용한 어구의 의미를 확대하거나 축소하여 제정되어서는 안 된다. ㉠위임명령이 이러한 제한을 위반하여 제정되면 효력이 없다.

　행정규칙은 원래 행정부의 직제나 사무 처리 절차에 관한 행정입법으로서 고시(告示), 예규 등이 여기에 속한다. 일반 국민에게는 직접 적용되지 않기 때문에, 법률로부터 위임받지 않더라도 유효하게 제정될 수 있고 위임명령 제정 시와 동일한 절차를 거칠 필요가 없다. 그러나 행정 규제 사항에 관하여 행정규칙이 제정되는 예외적인 경우도 있다. 위임된 사항이 첨단 기술과의 관련성이 매우 커서 위임명령으로는 ⓓ대응하기 어려워 불가피한 경우, 위임 근거 법률이 행정입법의 제정 주체만 지정하고 행정입법의 유형을 지정하지 않았다면 위임된 사항이 고시나 예규로 제정될 수 있다. 이런 경우의 행정규칙은 위임명령과 달리 입법예고, 공포 등을 거치지 않고 제정된다.

　조례는 지방 의회가 제정하는 행정입법으로 지역의 특수성을 반영하여 제정되고 지역에서 발생하는 사안에 대해 적용된다. 제정 주체가 지방 자치 단체의 기관인 지방 의회라는 점에서 행정부에서 제정하는 위임명령, 행정규칙과 ⓔ구별된다. 조례도 행정 규제 사항을 규정하려면 법률의 위임에 근거해야 한다. 또한 법률로부터 포괄적 위임을 받을 수 있지만 위임 근거 법률이 사용한 어구의 의미를 다르게 사용할 수 없다. 조례는 입법예고, 공포 등의 절차를 거쳐 제정된다.

---

26. 윗글의 내용과 일치하는 것은?

① 행정입법에 속하는 법령들은 제정 주체가 동일하다.

② 행정입법에 속하는 법령들은 모두 개별적 상황과 지역의 특수성을 반영한다.

③ 행정입법에 속하는 법령들은 모두 정당성을 확보하기 위하여 국회의 위임에 근거한다.

④ 행정 규제 사항에 적용되는 행정입법은 모두 포괄적 위임이 금지되어 있다.

⑤ 행정부가 국회보다 신속히 대응할 수 있는 행정 규제 사항은 행정입법의 대상으로 적합하다.

27. ㉠의 이유로 가장 적절한 것은?

① 그 위임명령이 법률의 근거 없이 행정 규제 사항을 규정했기 때문이다.

② 그 위임명령이 포괄적 위임을 받아 제정된 경우에 해당하기 때문이다.

③ 그 위임명령이 첨단 기술에 대한 내용을 정확히 반영하지 않았기 때문이다.

④ 그 위임명령이 국민의 권리를 제한하는 권한을 행정 기관에 맡겼기 때문이다.

⑤ 그 위임명령이 구체적 상황의 특성을 반영한 융통성 있는 대응을 하지 못했기 때문이다.

28. 행정규칙에 관한 설명 중 적절하지 않은 것은?

① 행정부의 직제나 사무 처리 절차를 규정하는 경우, 법률의 위임이 요구되지 않는다.

② 행정부의 직제나 사무 처리 절차를 규정하는 경우, 일반 국민에게 직접 적용되지 않는다.

③ 행정 규제 사항을 규정하는 경우, 위임명령의 제정 절차를 따르지 않는다.

④ 행정 규제 사항을 규정하는 경우, 위임 근거 법률의 위임을 받은 제정 주체에 의해 제정된다.

⑤ 행정 규제 사항을 규정하는 경우, 위임 근거 법률로부터 위임받을 수 있는 사항의 범위가 위임명령과 같다.

29. 윗글을 바탕으로 〈보기〉의 ㉮~㉰에 대해 이해한 내용으로
   가장 적절한 것은? [3점]

─────── 보 기 ───────

   갑은 새로 개업한 자신의 가게 홍보를 위해 인근 자연
공원에 현수막을 설치하려고 한다. 현수막 설치에 관한 행정
규제의 내용을 확인하기 위해 ○○시청에 문의하고 아래와
같은 회신을 받았다.

┌─────────────────────────────────┐
│   문의하신 내용에 대해 다음과 같이 알려 드립니다.   │
│ ㉮「옥외광고물 등의 관리와 옥외광고산업 진흥에 관한   │
│ 법률」제3조(광고물 등의 허가 또는 신고)에 따른 허가   │
│ 또는 신고 대상 광고물에 관한 사항은 대통령령인 ㉯「옥외   │
│ 광고물 등의 관리와 옥외광고산업 진흥에 관한 법률 시행령」 │
│ 제5조에 규정되어 있습니다. 이에 따르면 문의하신 규격의   │
│ 현수막을 설치하시려면 설치 전에 신고하셔야 합니다.   │
│   또한 위 법률 제16조(광고물 실명제)에 의하면, 신고 번호, │
│ 표시 기간, 제작자명 등을 표시하도록 규정하고 있습니다.   │
│ 표시하는 방법에 대해서는 ㉰○○시 지방 의회에서 제정한   │
│ 법령에 따르셔야 합니다.   │
└─────────────────────────────────┘

① ㉮의 제3조의 내용에서 ㉯의 제5조의 신고 대상 광고물에 관한
   사항의 구체적 내용을 확인할 수 있겠군.
② ㉯의 제5조는 ㉮의 제16조로부터 제정할 사항의 범위가 정해져
   위임을 받았겠군.
③ ㉯는 ㉰와 달리 입법예고와 공포 절차를 거쳤겠군.
④ ㉯에 나오는 '광고물'의 의미와 ㉰에 나오는 '광고물'의 의미는
   일치하겠군.
⑤ ㉰를 준수해야 하는 국민 중에는 ㉯를 준수하지 않아도 되는
   국민이 있겠군.

30. 문맥상 ⓐ~ⓔ와 바꿔 쓰기에 가장 적절한 것은?

① ⓐ : 나타내기
② ⓑ : 드러내어
③ ⓒ : 헤아릴
④ ⓓ : 마주하기
⑤ ⓔ : 달라진다

<table>
<tr><td>

한 문단 내에서의 사고 :
문장과 문장을 연결 & 구분하며 정보 누적하기

</td><td>

문단 간의 사고 :
문단과 문단을 연결 & 구분하며 목차 만들기

</td></tr>
</table>

1문단이다! 뭐가 키워드(중심 소재)고, 이에 대해 하고 싶은 말이 뭔지(핵심 정보 : 주제) 찾는데 집중해야 한다.

(국가, 지방 자치 단체와 같은) 행정 주체가 / (행정 목적을 ⓐ실현하기 위해) / 국민의 권리를 제한하거나 국민에게 의무를 부과하는 '행정 규제'는 국회가 제정한 법률에 근거해야 한다.

시작하자마자 수식어 형태로 행정 규제의 개념을 정의한다. 지문 초반부에 정의된 개념을 잘 파악하는 것은 지문 전체에 대한 이해에 있어 매우 중요하다. 그런데 정의를 제시한 문장 구조가 길고 복잡하다. 이때, 수식어를 잘 묶고 의미 단위로 끊어 읽는 것이 중요하다.

> 주체 : (국가, 지방 자치 단체와 같은) 행정 주체
> 목적 : 행정 목적을 실현하기 위해
> 내용 : 1. 국민의 권리를 제한 / 2. 국민에게 의무 부과

이게 행정 규제의 정의고, 그 행정 규제는 '국회가 제정한 법률에 근거해야 한다' 는 정보를 주고 있다.

그러나 국회가 아니라, ((대통령을 수반으로 하는 행정부나 지방 자치 단체와 같은) 행정 기관이 제정한 법령인 행정입법에 의한) 행정 규제의 비중이 커지고 있다.
수식어로 정의된 개념 확보

행정 규제를 둘로 쪼갠 것이다. 앞에서는 국회가 제정한 법률에 근거해야 한다고 했는데, 여기서는 행정입법에 의한 행정 규제를 이야기한다. Not A, B의 형태로 B를 강조하는 서술로 도입하고, 그 비중이 커지고 있다고 했으니 앞으로 이 [행정입법에 의한 행정 규제]에 초점을 맞춰 내용이 전개될 것 같다.

(드론과 관련된 행정 규제 사항들처럼, 첨단 기술과 관련되거나, 상황 변화에 즉각 대처해야 하거나, 개별적 상황을 ⓑ반영하여 규제를 달리해야 하는) 행정 규제 사항들이 늘어나고 있기 때문이다. 행정 기관은 국회에 비해 이러한 사항들을 다루기에 적합하다.

행정입법에 의한 행정 규제의 비중이 커지고 있다고 서술한 것에 붙어, 그 이유를 제시한다. 행정 규제 사항들 중,

> 1. 첨단 기술과 관련되거나
> 2. 상황 변화에 즉각 대처해야 하거나
> 3. 개별적 상황을 반영하여 규제를 달리해야 하는

이 세 가지 경우에 대해서는 국회에 비해 행정 기관이 다루기 적합하므로 이런 경우에 대해서는 '행정입법에 의한' 행정 규제를 해야 한다는 것이다.

이렇게 1문단이 끝나는데,
행정입법에 의한 행정 규제 가 키워드(중심 소재)다. 2문단부터 제시되는 정보를 이 키워드에 차근차근 붙여 나가면 되겠다.

[1문단 독해]

국회가 제정한 법률에 근거한 행정 규제

⇅

행정부나 지자체와 같은 행정기관이 제정한 행정입법에 의한 <u>행정 규제</u>

초점화

1. 첨단 기술과 관련되거나
2. 상황 변화에 즉각 대처해야 하거나
3. 개별적 상황을 반영하여 규제를 달리 해야 하는

행정 규제 사항이 늘고 있는데, 이에 대처하기는 행정기관이 더 적합함.

행정입법에 의한 행정 규제 가 키워드(중심 소재)다. 2문단부터 제시되는 정보를 이 중심 소재에 차근차근 붙여 나가면 되겠다.

[1문단 독해]

행정입법의 유형에는 위임명령, 행정규칙, 조례 등이 있다.

흐름 잡아주는 문장이다. 행정입법에 의한 행정 규제에서, 일단 행정입법의 유형을 세 가지로 쪼개서 제시했다. 쪼개고 각각을 서술할 가능성을 염두해두고, 세 유형을 공통서술범주에 입각해 비교·대조를 할 준비를 해야겠다.

(헌법에 따르면,) 국회는 (행정 규제 사항에 관한 법률을 제정할 때) 특정한 내용에 관한 입법을 행정부에 위임할 수 있다. 이에 따라 제정된 행정입법을 위임명령이라고 한다.

위임명령의 개념을 정의해준다. 행정부가 국회가 위임한 특정한 내용에 관해 입법하는 것이다. 행정입법의 세 가지 유형 중 위임명령부터 설명하기 시작한다.

위임명령은 (제정 주체에 따라) 대통령령, 총리령, 부령으로 나누어진다.[1] / (이들은 모두 국민에게 적용되기 때문에) 입법예고, 공포 등의 절차를 거쳐야 한다. / 위임명령은 입법부인 국회가 자신의 권한의 일부를 행정부에 맡기기 때문에 정당화(위임명령의 정의와 연결해서 이해)될 수 있다. 그래서 (특정한 행정 규제의 근거 법률에 위임명령으로 제정할 사항의 범위를 정하지 않은 채 위임하는) 포괄적 위임은 헌법상 삼권 분립 원칙에 저촉된다. 위임된 행정 규제 사항의 대강을 위임 근거 법률의 내용으로부터 ⓒ예측할 수 있어야 한다는 것이다. / 다만 [행정 규제 사항의 첨단 기술 관련성]이 클수록 [위임 근거 법률이 위임할 수 있는 사항의 범위]가 넓어진다. / 한편, 위임명령이 법률로부터 위임받은 범위를 벗어나서 제정되거나, 위임 근거 법률이 사용한 어구의 의미를 확대하거나 축소하여 제정되어서는 안 된다. / ㉠위임명령이 이러한 제한을 위반하여 제정되면 효력이 없다.

위임명령의 개념을 정의한 후, 위임명령에 대한 정보를 나열한다. 정보의 범주가 바뀔 때마다 끊어주면서 하나씩 넘버링해서 확보해준다. 이때, 각 정보 간 관계가 있을 경우 잘 파악해야 한다

(1) 2번 정보가 이유가 되어 3번 정보에 나온 절차가 필요하다는 내용이 도출된 것이고,

(2) 4번 정보가 이유가 되어 포괄적 위임은 허용되지 않는다는 5번 정보가 나온 것이고,

(3) 7번과 8번 정보는 위임명령이 제정될 때 제한되는 사항을 제시했는데 9번에서 그 두 사항을 묶어 '이러한 제한을 위반하여 제정되면 효력이 없다'는 부가적인 정보를 제시한다.

[1문단 독해]

행정부나 지자체와 같은 행정기관이 제정한 행정입법에 의한 행정 규제

행정입법에 의한 행정 규제가 키워드(중심 소재)다. 2문단부터 제시되는 정보를 이 중심 소재에 차근차근 붙여 나가면 되겠다.

항상 독해할 때, 질질 끌려가는 독해가 아니라 주도적인 독해를 해야 한다. 그걸 어떻게 하냐고? 항상 핵심 정보에 초점을 맞추고 글을 읽어야 한다는 것이다. 여기서는 이제 행정입법에 대해 서술할 것이라고 흐름을 잡아주는데, 우리는 이를 보고 각 행정입법의 유형에서 행정 규제가 어떻게 일어나는지 찾는데 집중해야 한다. 의식적으로 이 생각을 하고 읽어야 주도적인 독해가 가능하다.

[2문단 독해]

행정입법
위임명령   행정규칙   조례

이 중, 위임명령을 설명함.
- 개념 : 국회가 특정 내용에 관한 입법을 행정부에 위임하여 제정된 행정입법
- 제정 주체 : 행정부
- 종류 : 대통령령, 총리령, 부령 (1)
- 적용 대상 : 국민 (2)
- 절차 O : 입법 예고, 공포 등 (3)
- 4 ⇒ 포괄적 위임 불가 (5)
- 6
- 국회로부터 위임받은 범위 벗어나면 X (7)
- 위임 근거 법률이 사용한 어구의 의미 확대, 축소하여 제정하면 X (8)
- 7, 8 어기면 효력 X (9)

한 문단 내에서의 사고 :
문장과 문장을 연결 & 구분하며 정보 누적하기

행정규칙은 원래 (행정부의 직제나 사무 처리 절차에 관한) 행정입법으로서 고시(告示), 예규 등이 여기에 속한다.1

문단이 바뀌고 범주도 바뀌었다. 행정입법의 세 가지 유형 중 두 번째, 행정규칙을 설명하기 시작한다.
읽다가 앞에서 설명했던 행정입법의 첫 번째 유형인 위임명령과 서술 범주가 겹치는 내용이 나오면, 바로바로 왔다 갔다 하면서 어떻게 같고 어떻게 다른지 비교 · 대조할 준비를 하고 있어야 한다.
이 문장에서는 '원래' 에 집중했어야 한다. THEME 4에서, 원칙적 / 일반적인 경우를 서술하면 의식적으로 예외 / 특수한 경우가 등장할 수 있기 때문에 확보해두라고 했다. 여기서는 일반적인 경우의 행정 규칙을 제시하고 있는 것이다. 뒤에 정보를 읽어봐도, 이 글의 핵심 정보가 '행정입법에 의한 행정 규제' 라는 점에 입각해서 생각해볼 때, 이게 왜 여기에..? 라는 생각이 든다. 그러면 자연스럽게 행정규칙의 특수한 경우가 행정 규제에 활용되는 경우이지 않을까? 하는 생각을 가지고 다음 문장으로 넘어갈 수 있다.

/ (일반 국민에게는 직접 적용되지 않기 때문에,)2 법률로부터 위임받지 않아도 유효하게 제정3될 수 있고 위임명령 제정 시와 동일한 절차를 거칠 필요4가 없다.
(X)

앞 문장에서 행정규칙의 종류에 대한 정보를 주는 부분부터 나열이 시작된다. 정보의 범주가 바뀔 때마다 끊어주면서 하나씩 넘버링해서 확보해준다. 이때, 각 정보 간 관계가 있을 경우 잘 파악해야 한다. 적용 대상에 대한 설명인 2번으로부터 3번과 4번의 정보가 나온 것이다.

그리고, 이 부분을 읽을 때 위임명령과 서술 범주가 겹친다는 것을 바로 인지할 수 있어야 한다. 위임명령에 대한 설명에서도 [적용 대상⇒입법예고, 공포 등의 절차]이렇게 서술되었었는데, 여기서도 똑같다. 인과가 쌍으로 공통서술범주가 되어 서로 반대임을 알 수 있다. 위임명령과 달리 국민에게 직접 적용X, 위임X여도 유효하게 제정, 절차 X 이다.

/ 그러나 행정 규제 사항에 관하여 행정규칙이 제정되는 예외적인 경우도 있다.
첫 문장을 읽을 때 '원래' 를 의식적으로 확보하고 그에 따라 필요한 생각을 했다면, 이 내용이 나올 것이라고 예상하고 있었을 것이다. 예외가 나왔으니 일반적인 이야기와 짝을 지어 구분해주면 된다. 또한, 지금 이 글의 핵심 정보는 '행정입법에 의한 행정 규제' 이기 때문에, 이 부분이 핵심 정보 직결 포인트라는 점도 인지해야 한다.

(위임된 사항이 첨단 기술과의 관련성이 매우 커서 위임명령으로는 ⓓ 대응하기 어려워 불가피한 경우1,) (위임 근거 법률이 행정입법의 제정 주체만 지정하고 행정입법의 유형을 지정하지 않았다면)2 위임된 사항이 고시나 예규로 제정될 수 있다. 이런 경우의 행정규칙은 (위임명령과 달리,) 입법예고, 공포 등을 거치지 않고 제정된다.

1문단에 제시된 행정입법의 정의에서, 행정 기관이라고 했음

행정 규제 사항에 관하여 행정규칙이 제정되는 예외적인 경우를 구체화한다. 여기서 수식어의 형태로 제시된 조건을 잘 확보해야 한다. 1번과 2번의 두 가지 조건을 만족할 경우에, 위임된 사항이 고시나 예규(행정규칙)으로 제정될 수 있다는 것이다.
그리고, 이런 예외적인 경우 역시 일반적인 경우와 같이 입법예고, 공포 등의 절차를 거칠 필요가 없다. 이렇게 원칙과 예외 사이에서도 서술 범주가 겹치면 공통점과 차이점을 모두 확보해줄 필요가 있다.

문단 간의 사고 :
문단과 문단을 연결 & 구분하며 목차 만들기

[1문단 독해]

행정부나 지자체와 같은 행정기관이 제정한 행정입법에 의한 행정 규제

행정입법에 의한 행정 규제가 키워드(중심 소재)다. 2문단부터 제시되는 정보를 이 중심 소재에 차근차근 붙여 나가면 되겠다.

항상 독해할 때, 질질 끌려가는 독해가 아니라 주도적인 독해를 해야 한다.
그걸 어떻게 하냐고?
항상 핵심 정보에 초점을 맞추고 글을 읽어야 한다는 것이다. 여기서는 이제 행정입법에 대해 서술할 것이라고 흐름을 잡아주는데, 우리는 이를 보고 각 행정입법의 유형에서 행정 규제가 어떻게 일어나는지 찾는데 집중해야 한다. 의식적으로 이 생각을 하고 읽어야 주도적인 독해가 가능하다.

[2-3문단 독해]

행정입법
위임명령 행정규칙 조례

이 중, 위임명령을 설명함.
- 개념: 국회가 특정 내용에 관한 입법을 행정부에 위임하여 제정된 행정입법
- 종류: 대통령령, 총리령, 부령 (1)
- 적용 대상: 국민 (2)
- 절차 O : 입법 예고, 공포 등 (3)
- 4 ⇒ 포괄적 위임 불가 (5)
- 6
- 국회로부터 위임받은 범위 벗어나면 X (7)
- 위임 근거 법률이 사용한 어구의 의미 확대, 축소하여 제정하면 X (8)
- 7, 8 어기면 효력 X (9)

이 중, 행정규칙을 설명함.
[원래]
- 개념: 행정부의 직제나 사무 처리 절차에 관한 행정입법
- 제정 주체 : 행정부
- 종류: 고시, 예규 등 (1)
- 적용 대상: 일반 국민에게 적용 X (2)
- 법률로부터 위임 X여도 유효하게 제정 (3)
- 절차 X : 입법 예고, 공포 등 X (4)

[예외]
- 행정 규제 사항에 관하여 제정 가능
- 1, 2의 조건 충족할 때, 고시나 예규로 제정
- 입법 예고, 공포 등의 절차 X

조례는 지방 의회가 제정하는 행정입법으로 / 지역의 특수성을 반영하여 제정되고 지역에서 발생하는 사안에 대해 적용된다.

문단이 바뀌고 범주도 바뀌었다. 행정입법의 세 가지 유형 중 세 번째, 조례를 설명하기 시작한다.

읽다가 앞에서 설명했던 행정입법의 첫 번째, 두 번째 유형인 위임명령, 행정규칙과 서술 범주가 겹치는 내용이 나오면, 바로바로 왔다 갔다 하면서 어떻게 같고 어떻게 다른지 공통서술범주에 입각해서 비교·대조할 준비를 하고 있어야 한다.

/ (제정 주체가 지방 자치 단체의 기관인 지방 의회라는 점에서) 행정부에서 제정하는 위임명령, 행정규칙과 ⓒ 구별된다.

조례에 대한 정보를 나열하고 있으므로 정보의 범주가 바뀔 때마다 끊어주면서 하나씩 넘버링해서 확보해준다. 이 문장에서는 대놓고 공통서술범주를 주고, 비교·대조도 유도한다. 조례는 제정 주체가 지방 의회 ⟷ 위임명령과 행정규칙은 제정 주체가 행정부

/ 조례도 (행정 규제 사항을 규정하려면) 법률의 위임에 근거해야 한다. /
위임명령과 같이 법률의 위임에 근거해야 행정 규제 사항을 규정할 수 있다.

또한 법률로부터 포괄적 위임을 받을 수 있지만 / 위임 근거 법률이 사용한 어구의 의미를 다르게 사용할 수 없다.
위임명령과는 달리, 포괄적 위임이 가능하다.
위임명령과 같이 법률이 사용한 어구의 의미를 다르게 사용(위임명령에서의 설명에 따르면 어구의 의미를 확대, 축소하는 것)하면 안된다.

/ 조례는 입법예고, 공포 등의 절차를 거쳐 제정된다.
위임명령과 같이, 행정규칙과는 달리, 입법예고/공포 등의 절차를 거쳐야 한다.

[1문단 독해]

행정부나 지자체와 같은 행정기관이 제정한 행정입법에 의한 행정 규제

행정입법에 의한 행정 규제가 키워드(중심 소재)다. 2문단부터 제시되는 정보를 이 중심 소재에 차근차근 붙여 나가면 되겠다.

항상 독해할 때, 질질 끌려가는 독해가 아니라 주도적인 독해를 해야 한다. 그걸 어떻게 하냐고?
항상 핵심 정보에 초점을 맞추고 글을 읽어야 한다는 것이다. 여기서는 이제 행정입법에 대해 서술할 것이라고 흐름을 잡아주는데, 우리는 이를 보고 각 행정입법의 유형에서 행정 규제가 어떻게 일어나는지 찾는데 집중해야 한다. 의식적으로 이 생각을 하고 읽어야 주도적인 독해가 가능하다.

[2-4문단 독해]

행정입법

위임명령 행정규칙 조례

이 중, 조례를 설명함.
- 개념 : 지방 의회가 제정 하는 행정 입법
- 지역의 특수성 반영, 지역에서 발생하는 사안에 대해 적용 (1)
- 제정 주체 : 지방 의회 (2)
- 법률의 위임에 근거해야 함 (3)
- 포괄적 위임 가능 (4)
- 위임 근거 법률의 어구 의미 다르게 사용 X (5)
- 입법예고, 공포 등의 절차 O (6)

위임명령, 행정규칙과 서술범주가 겹치는 대상에 대해 비교·대조가 필요했다.

26. 정답: ⑤

출제 의도 : **내용 일치 문제 – 쪼개고 각각을 서술 : 공통서술 범주에 입각한 비교, 대조**

: 지문에서 행정입법의 유형을 셋(위임명령, 행정규칙, 조례)으로 쪼개서 서술했다. 서로 서술 범주가 겹칠 때마다, 비교·대조 해주면서 읽었어야 한다. 이를 잘했나 평가하는 내용 일치 문제다. 지문 초반부에 제시된 행정입법의 일반적인 설명은 이 세 행정입법이 공유하는 공통점이라고 할 수 있다.

해설:

⑤ → **(적절함, 정답 !)**

원칙적으로는 행정 규제가 국회가 제정한 법률에 근거해야 하지만, "첨단 기술과 관련되거나, 상황 변화에 즉각 대처해야 하는 행정 규제 사항들"에 대해서는, 행정기관이 더 다루기 적합하다고 한다.

국회는 법률을 제정하는 데 시간이 걸리지만, 행정입법은 신속한 대응이 가능하다는 것이다. 따라서 이러한 행정 규제 사항은 행정입법의 대상으로 적합하다.

□ 오답 선지 분석

① 행정입법에 속하는 법령들은 제정 주체가 동일하다.

'제정 주체'라는 공통서술범주에 대해 판단해야 한다. 지문에 따르면 위임명령, 행정규칙, 조례는 제정 주체가 다르다.

> 위임명령: 행정부(대통령, 국무총리, 부처 장관)
> 행정규칙: 행정부 내 각 기관
> 조례: 지방 의회

따라서 제정 주체가 동일하지 않으므로 적절치 않다.

② → 부적절함

'개별적 상황과 지역의 특수성의 반영 여부'라는 공통서술 범주에 대해 판단해야 한다. 지문에 따르면

> 행정입법 중 조례는 지역 특수성을 반영하지만,
> 위임명령과 행정규칙은 전국적으로 적용되는 규제이다.

모든 행정입법이 개별적 상황이나 지역 특수성을 반영하는 것은 아니므로 적절치 않다.

③ → 부적절함

'국회의 위임'이라는 공통서술범주에 대해 판단해야 한다. 지문에 따르면

> 위임명령과 조례는 법률의 위임을 받아야 하지만,
> 행정규칙(고시, 예규 등)은 국회의 위임 없이도 유효하게 제정될 수 있다.

즉, 모든 행정입법이 국회의 위임을 필요로 하는 것은 아니므로 적절치 않다.

④ → 부적절함

'포괄적 위임'이라는 공통서술범주에 대해 판단해야 한다. 지문에 따르면

> 위임명령은 포괄적 위임이 금지된다.
> 하지만 조례는 포괄적 위임을 받을 수 있다.

즉, 모든 행정입법에서 포괄적 위임이 금지된 것은 아니므로 적절치 않다.

---

27. 정답: ①

출제 의도 : **인과 파악 – 원인과 결과를 정확히 매칭하기**

이렇게 좌표를 찍어서 그 내용의 원인을 물어보면, 인과를 드러내는 표지어나 주변 맥락을 활용해 지문에서 그 원인이 명시적으로 드러난 부분이 있는지 찾아보면 된다.

해설:

㉠이 포함된 문단을 보면, "위임명령은 입법부인 국회가 자신의 권한의 일부를 행정부에 맡겼기 때문에 정당화될 수 있다."라고 한다. 행정 규제 사항의 첨단 기술 관련성이 클수록 위임 근거 법률이 위임할 수 있는 사항의 범위가 넓어지기는 하지만, 절대 그 범위를 정하지 않은 채 위임하는 포괄적 위임은 금지되는 것이다.

한편, ㉠에서 '이러한 제한'은 바로 앞 문장에 나온 "법률로부터 위임받은 범위를 벗어나서 제정 X, 위임 근거 법률이 사용한 어구의 의미를 확대하거나 축소하여 제정 X."에 해당한다. 이러한 제한을 어긴다는 것은 사실상 위임 근거 법률을 따르지 않고 행정 규제 사항을 정했다는 말이기 때문에 위임 명령이 정당화될 수 없는 것이고, 이에 따라 효력이 없는 것이다. 이와 가장 비슷하거나 똑같은 말을 선지에서 찾아보니,

① 그 위임명령이 법률의 근거 없이 행정 규제 사항을 규정했기 때문이다.

이 선지가 가장 적합하다. "위임 근거 법률을 따르지 않고 (=법률의 근거 없이) 행정 규제 사항을 정했다.(=규정했다)" 이렇게 같은 의미 다른 표현으로 허용할 수 있기 때문이다.

28. 정답: ⑤

<u>출제 의도</u> : <u>내용 일치 문제 - 쪼개진 경우 비교</u>

: 행정규제 사항에 직결되는 내용은 행정 규칙의 예외적인 사항에 해당되었다. 이것이 그대로 내용 일치 문제로 출제되었다.

<u>일반적인 경우</u>, 그러니까 직제나 사무 처리 절차를 규정하는 경우에 대한 선지와,

<u>예외적인 경우</u>, 그러니까 행정 규제 사항을 규정하는 경우

이렇게 둘로 선지가 쪼개진다. 일반적인 경우와 예외를 잘 비교하며 읽었다면 쉽게 해결할 수 있었을 것이다.

해설:

⑤ → (적절하지 않음, 정답 !)
- 위임명령은 법률로부터 보다 광범위한 사항을 위임받아 제정할 수 있음.
- 하지만 행정규칙은 원칙적으로 법률의 위임 없이 제정되며, 예외적으로 위임을 받아 규제 사항을 규정할 때도 위임명령보다 위임 범위가 좁다.
→ 즉, 행정규칙이 위임명령과 동일한 수준의 법적 권한을 가질 수 없으므로 적절하지 않다.
('위임 범위'라는 공통서술범주에 입각한 비교)

① → 적절함
지문에서 "행정규칙은 원래 행정부의 직제나 사무 처리 절차에 관한 행정입법"이라고 명시되어 있다.
이러한 행정규칙은 법률의 위임 없이도 유효하게 제정될 수 있다.

② → 적절함
행정규칙은 행정부 내부의 행정 절차를 규율하는 것이므로 국민에게 직접 적용되지 않는다.

③ → 적절함
행정규칙이 행정 규제 사항을 규정하는 경우도 있지만, 이때도 위임명령처럼 입법예고, 공포 등의 절차를 거칠 필요 없다.
('제정 절차'라는 공통서술범주에 입각한 비교)

④ → 적절함
행정규칙이 행정 규제 사항을 규정할 경우, 법률이 지정한 제정 주체(대통령, 장관 등)에 의해 제정된다.
즉, 법률이 "이 기관이 행정입법을 제정하라"라고 하면 그 기관이 행정규칙을 만들 수 있다.

29. 정답: ④

<u>출제 의도</u> : <u><보기>에 지문의 내용 적용하기</u>

<보기>는 지문의 연장선 상에 있는 글이라고 보고, 지문에 나온 일반적인 설명을 <보기>의 사례에 붙이며 연결되는 포인트를 최대한 확보하며 읽어야 한다.

해설: <보기> 읽기

─── < 보 기 > ───

갑은 새로 개업한 자신의 가게 홍보를 위해 인근 자연공원에 현수막을 설치하려고 한다. 현수막 설치에 관한 행정규제의 내용을 확인하기 위해 ○○시청에 문의하고 아래와 같은 회신을 받았다.

문의하신 내용에 대해 다음과 같이 알려 드립니다. ㉮「옥외광고물 등의 관리와 옥외광고산업 진흥에 관한 법률」(법률이니까 국회가 제정했을 것이고, 이는 곧 위임의 근거 법률이 되겠군) 제3조(광고물 등의 허가 또는 신고)에 따른 허가 또는 신고 대상 광고물에 관한 사항(법률에서 규정한 행정 규제 사항 중 행정부에 위임한 특정 내용이네)은 대통령령인 ㉯「옥외광고물 등의 관리와 옥외광고산업 진흥에 관한 법률 시행령」 제5조에 규정되어 있습니다.(행정 입법 중 위임명령, 그중에서도 대통령령으로 위임되었구나) 이에 따르면 문의하신 규격의 현수막을 설치하시려면 설치 전에 신고하셔야 합니다.

또한 위 법률(국회의 법률) 제16조(광고물 실명제)에 의하면, 신고 번호, 표시 기간, 제작자명 등을 표시하도록 규정하고 있습니다.(법률의 이러한 특정 사항에 대해) 표시하는 방법에 대해서는 ㉰○○시 지방 의회에서 제정한 법령에 따르셔야 합니다.(조례로 위임했구나.)

해설: 선지 판단

④ → 적절함, 정답 !

㉯와 ㉰ 모두 위임 근거 법률이 ㉮「옥외광고물 등의 관리와 옥외광고산업 진흥에 관한 법률」로 같다. 같은 법률 안에서 서로 위임 근거가 되는 조항만 다를 뿐이다. 따라서, ㉯와 ㉰에 나오는 '광고물'은 '옥외광고물'로 그 의미가 일치한다고 볼 수 있다.

□ 오답 선지 분석

① → 적절하지 않음
㉯의 제5조의 신고 대상 광고물에 관한 사항의 구체적 내용은 ㉯의 제5조 그 자체에 들어있다. 구체적 내용을 정할 수 있도록 ㉮법률로부디 위임받아 제정된 위임명령이 ㉯이기 때문이다.

② → 적절히지 않음
㉯의 제5조는 ㉮의 제16조가 아니라 제3조에서 제정할 사항의 범위가 정해져 위임을 받았다.

③ → 적절하지 않음

㉯는 위임명령이고, ㉰는 조례다. 지문의 내용에 따르면, 위임명령뿐만 아니라 조례도 입법예고, 공포 등의 절차를 거쳐 제정된다고 언급되었다. 따라서 '㉰와 달리'라는 표현은 적절치 않다.

⑤ → 적절하지 않음

㉰는 조례이기 때문에, 그 특성상 그 조례를 제정한 지방 의회가 속한 지역에 한정되어 적용된다. 한편, ㉯는 나라 전체를 담당하는 행정부가 제정하는 것이기 때문에, 모든 국민에게 적용되는 행정입법이다. 따라서 "㉯를 준수해야 하는 국민 중에는 ㉰를 준수하지 않아도 되는 국민이 있겠군." 이렇게 표현해야 그 적용 범위를 정확히 반영한 선지가 된다.

30. 정답: ③

이렇게 마지막 문제로 문맥상 의미를 비교하는 문제가 자주 출제된다. 문맥상 의미는, 그 단어 자체의 뜻보다 그 단어 주변 맥락을 살펴보는 것이 가장 중요하다. 단어가 관계를 맺고 있는 다른 문장 요소가 어떤 성질을 가지고 있는지(예를 들어, 물리적인 상태인지 관념적인 상태인지 등) 파악하라는 것이다.

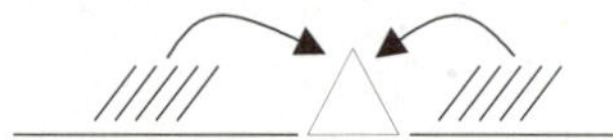

이러한 '바꿔 쓰기' 문제는, 선지에 나온 대체 단어를 직접 지문의 ⓐ~ⓔ에 각각 넣어서 문맥상 의미가 바뀌지 않는지 확인해 보면 된다.

해설:

ⓐ 실현하기
- 문장에서 "행정 목적을 실현하기 위해"라는 표현이 사용됨.
- '실현하다'는 여기서 어떤 목표나 이상을 실제로 이루거나 구현하는 것을 의미한다.
- ① '나타내기'는 '드러내 보인다'는 뜻이므로 '실현하기'와는 의미 차이가 있다.
- 적절한 대체어: '이루기', '구현하기' 등이 적절함.

ⓑ 반영하여
- "개별적 상황을 반영하여 규제를 달리해야 하는.."이라는 문맥에서 사용됨.
- '반영하다'는 어떤 사항을 고려하여 내용을 적용하거나 조정하는 것.
- ② '드러내어'는 '겉으로 나타내 보이다'는 뜻이므로, '반영하여'의 의미와 차이가 있음.
- 적절한 대체어: '고려하여', '적용하여' 등이 적절함.

ⓒ 예측할
- "위임된 행정 규제 사항의 대강을 위임 근거 법률의 내용으로부터 예측할 수 있어야 한다."
- '예측하다'는 미래의 일이나 상황을 미리 짐작하는 것.
- ③ 헤아릴은 '짐작하다'라는 의미가 있어 적절함.
: **정답 !**

ⓓ 대응하기
- "위임명령으로는 대응하기 어려워 불가피한 경우"라는 문맥에서 사용됨.
- '대응하다'는 어떤 사태나 상황에 맞추어 적절한 조치를 취하는 것.
- ④ 마주하기는 '직접 맞닥뜨리다'는 의미로, '대응하기'의 의미와 다름.
- 적절한 대체어: '처리하기', '대처하기' 등이 적절함.

ⓔ 구별된다
- "조례는 행정부에서 제정하는 위임명령, 행정규칙과 구별된다."
- '구별되다'는 차이점을 기준으로 분류되거나 나뉘는 것을 의미.
- ⑤ 달라진다는 단순히 차이가 있다는 뜻으로, '구별된다'의 의미와 차이가 있음.
- 적절한 대체어: '차이가 있다', '다른 점이 있다' 등이 적절함.

[10~13] 다음 글을 읽고 물음에 답하시오.

　법령의 조문은 대개 'A에 해당하면 B를 해야 한다.'처럼 요건과 효과로 구성된 조건문으로 규정된다. 하지만 그 요건이나 효과가 항상 일의적인 것은 아니다. 법조문에는 구체적 상황을 고려해야 그 상황에 ⓐ맞는 진정한 의미가 파악되는 불확정 개념이 사용될 수 있기 때문이다. 개인 간 법률관계를 규율하는 민법에서 불확정 개념이 사용된 예로 '손해 배상 예정액이 부당히 과다한 경우에는 법원은 적당히 감액할 수 있다.'는 조문을 ⓑ들 수 있다. 이때 법원은 요건과 효과를 재량으로 판단할 수 있다. 손해 배상예정액은 위약금의 일종이며, 계약 위반에 대한 제재인 위약벌도 위약금에 속한다. 위약금의 성격이 둘 중 무엇인지 증명되지 못하면 손해 배상 예정액으로 다루어진다.

　채무자의 잘못으로 계약 내용이 실현되지 못하여 계약 위반이 발생하면, 이로 인해 손해를 입은 채권자가 손해 액수를 증명해야 그 액수만큼 손해 배상금을 받을 수 있다. 그런데 손해 배상 예정액이 정해져 있었다면, 채권자는 손해 액수를 증명하지 않아도 손해 배상 예정액만큼 손해 배상금을 받을 수 있다. 이때 손해 액수가 얼마로 증명되든 손해 배상 예정액보다 더 받을 수는 없다. 한편 위약금이 위약벌임이 증명되면 채권자는 위약벌에 해당하는 위약금을 ⓒ받을 수 있고, 손해 배상 예정액과는 달리 법원이 감액할 수 없다. 이때 채권자가 손해 액수를 증명하면 손해 배상금도 받을 수 있다.

　불확정 개념은 행정 법령에도 사용된다. 행정 법령은 행정청이 구체적 사실에 대해 행하는 법 집행인 행정 작용을 규율한다. 법령상 요건이 충족되면 그 효과로서 행정청이 반드시 해야 하는 특정 내용의 행정 작용은 기속 행위이다. 반면 법령상 요건이 충족되더라도 그 효과인 행정 작용의 구체적 내용을 ⓓ고를 수 있는 재량이 행정청에 주어져 있을 때, 이러한 재량을 행사하는 행정 작용은 재량 행위이다. 법령에서 불확정 개념이 사용되면 이에 근거한 행정 작용은 대개 재량 행위이다.

　행정청은 재량으로 재량 행사의 기준을 명확히 정할 수 있는데, 이 기준을 ㉠재량 준칙이라 한다. 재량 준칙은 법령이 아니므로 재량 준칙대로 재량을 행사하지 않아도 근거 법령 위반은 아니다. 다만 특정 요건하에 재량 준칙대로 특정한 내용의 적법한 행정 작용이 반복되어 행정 관행이 생긴 후에는, 같은 요건이 충족되면 행정청은 동일한 내용의 행정 작용을 해야 한다. 행정청은 평등 원칙을 ⓔ지켜야 하기 때문이다.

10. 윗글의 내용과 일치하지 않는 것은?

① 법령의 요건과 효과에는 모두 불확정 개념이 사용될 수 있다.

② 법원은 불확정 개념이 사용된 법령을 적용할 때 재량을 행사할 수 있다.

③ 불확정 개념이 사용된 법령의 진정한 의미를 이해하려면 구체적 상황을 고려해야 한다.

④ 불확정 개념이 사용된 행정 법령에 근거한 행정 작용은 재량 행위인 경우보다 기속 행위인 경우가 많다.

⑤ 불확정 개념은 행정청이 행하는 법 집행 작용을 규율하는 법령과 개인 간의 계약 관계를 규율하는 법률에 모두 사용된다.

11. ㉠에 대한 이해로 가장 적절한 것은?

① 재량 준칙은 법령이 아니기 때문에 일의적이지 않은 개념으로 규정된다.

② 재량 준칙으로 정해진 내용대로 재량을 행사하는 행정 작용은 기속 행위이다.

③ 재량 준칙으로 규정된 재량 행사 기준은 반복되어 온 적법한 행정 작용의 내용대로 정해져야 한다.

④ 재량 준칙이 정해져야 행정청은 특정 요건하에 행정 작용의 구체적 내용을 선택할 수 있는 재량을 행사할 수 있다.

⑤ 재량 준칙이 특정 요건에서 적용된 선례가 없으면 행정청은 동일한 요건이 충족되어도 행정 작용을 할 때 재량 준칙을 따르지 않을 수 있다.

12. 윗글을 바탕으로 〈보기〉를 이해한 내용으로 가장 적절한 것은? [3점]

<보 기>

　갑은 을에게 물건을 팔고 그 대가로 100을 받기로 하는 매매 계약을 했다. 그 후 갑이 계약을 위반하여 을은 80의 손해를 입었다. 이와 관련하여 세 가지 상황이 있다고 하자.

　(가) 갑과 을 사이에 위약금 약정이 없었다.

　(나) 갑이 을에게 위약금 100을 약정했고, 위약금의 성격이 무엇인지 증명되지 못했다.

　(다) 갑이 을에게 위약금 100을 약정했고, 위약금의 성격이 위약벌임이 증명되었다.

　(단, 위의 모든 상황에서 세금, 이자 및 기타 비용은 고려하지 않음.)

① (가)에서 을의 손해가 얼마인지 증명되지 못한 경우에도, 갑이 을에게 80을 지급해야 하고 법원이 감액할 수 없다.

② (나)에서 을의 손해가 80임이 증명된 경우, 갑이 을에게 100을 지급해야 하고 법원이 감액할 수 있다.

③ (나)에서 을의 손해가 얼마인지 증명되지 못한 경우, 갑이 을에게 100을 지급해야 하고 법원이 감액할 수 없다.

④ (다)에서 을의 손해가 80임이 증명된 경우, 갑이 을에게 180을 지급해야 하고 법원이 감액할 수 있다.

⑤ (다)에서 을의 손해가 얼마인지 증명되지 못한 경우, 갑이 을에게 80을 지급해야 하고 법원이 감액할 수 없다.

13. 문맥상 ⓐ~ⓔ의 의미와 가장 가까운 것은?

① ⓐ: 이것이 네가 찾는 자료가 맞는지 확인해 보아라.

② ⓑ: 그 부부는 노후 대책으로 적금을 들고 안심했다.

③ ⓒ: 그의 파격적인 주장은 학계의 큰 주목을 받았다.

④ ⓓ: 형은 땀 흘려 울퉁불퉁한 땅을 평평하게 골랐다.

⑤ ⓔ: 그분은 우리에게 한 약속을 반드시 지킬 것이다.

<table>
<tr><td>

한 문단 내에서의 사고 :
문장과 문장을 연결 & 구분하며 정보 누적하기

</td><td>

문단 간의 사고 :
문단과 문단을 연결 & 구분하며 목차 만들기

</td></tr>
</table>

1문단이다! 뭐가 키워드(중심 소재)고, 이에 대해 하고 싶은 말이 뭔지(핵심 정보 : 주제) 찾는데 집중해야 한다.

법령의 조문은 대개 'A에 해당하면 B를 해야 한다.'처럼 요건과 효과로 구성된 조건문으로 규정된다.
아무래도 법이니까 [A →B]이렇게 생겼겠지? 여기서 A를 요건, B를 효과라고 하는구나. 일단 법 조문 얘기를 하고 있기는 한데 주제가 뚜렷하지 않네.

하지만 그 요건이나 효과가 항상 일의적인 것은 아니다. 법조문에는 (구체적 상황을 고려해야 그 상황에 ⓐ맞는 진정한 의미가 파악되는) 불확정 개념이 사용될 수 있기 때문이다.
엥 일의적이지 않다고? 아 뒤에 이유를 주네. 불확정 개념 때문에 예외가 생기는구나. 인과를 붙여서 잘 이해해보면, 구체적 상황에 따라서 요건이나 효과의 의미를 다양하게 해석할 수 있다는 정도로 이해되는데?

(개인 간 법률관계를 규율하는) 민법에서 불확정 개념이 사용된 예로 '손해 배상 예정액이 부당히 과다한 경우에는 법원은 적당히 감액할 수 있다.'라는 조문을 ⓑ들 수 있다. 이때 법원은 요건과 효과를 재량으로 판단할 수 있다.
예시를 주네. 앞 문장과 붙여서 원론적인 설명이 어떻게 구체화 되었는지 파악해야겠어. 저 조문에서 [손해 배상 예정액이 부당히 과다한 경우]가 요건, [법원은 적당히 감액할 수 있다.]가 효과인데, 여기서 '부당히 과다하다.' 와 '그에 따른 적당한 감액량' 은 일의적으로 해석되지 않는다. 따라서, 이를 법원이 구체적 상황을 고려해서 재량으로 판단한다는 것으로 이해할 수 있겠다!

손해배상예정액은 위약금의 일종이며, (계약 위반에 대한 제재인) 위약벌도 위약금에 속한다. (위약금의 성격이 둘 중 무엇인지 증명되지 못하면) 손해 배상 예정액으로 다루어진다.
불확정 개념 이야기하다가 갑자기 앞의 예시에서 등장한 손해배상예정액을 끌고 와서 위약금에 대한 정보를 주네. 앞으로의 서술에 필요한 보조 정보일 가능성이 높으니 일단 확보해두자.

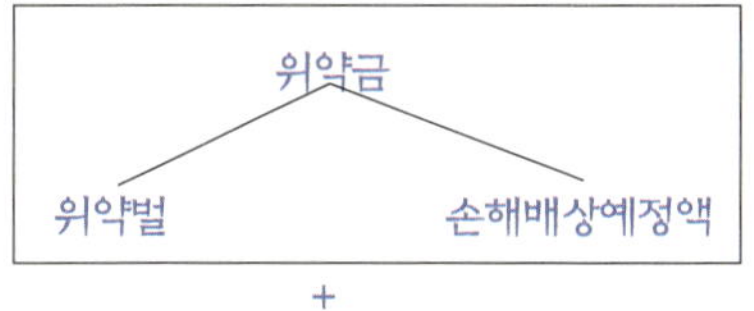

첫 문장에서 포함관계를 잘 파악하고, 두 번째 문장에서 수식어로 주어진 조건을 잘 확보해서 붙여줬으면 정보가 위와 같이 정리될 것이다.

1문단의 정보는 결국,
법령에서 불확정 개념이 활용될 수 있어서 요건과 효과가 항상 일의적이지는 않다
└ EX) 민법에서 불확정 개념이 활용된 예시
└ 위약금에 대한 정보 (보조 정보)
이렇게 정리될 수 있다. 딱히 이게 주제다! 하는 부분은 보이지 않는구나. 그냥 저렇게 정보를 정리해서 이어지는 정보를 차근차근 붙여 나가야겠다.

[1문단 독해]

키워드(중심 소재) : 불확정 개념
법령에서 불확정 개념이 활용될 수 있어서 요건과 효과가 항상 일의적이지는 않다
└ EX) 민법에서 불확정 개념이 활용된 예시
└ 위약금에 대한 정보 (보조 정보)

문장과 문장의 관계를 잘 파악하며 읽었다면, 정보가 저렇게 정리될 것이다.

(채무자의 잘못으로 계약 내용이 실현되지 못하여 계약 위반이 발생하면,) (손해배상예정액이 정해져 있지 않았다면) [이로 인해 손해를 입은 채권자]가 손해 액수를 증명해야 (그 액수만큼) 손해 배상금을 받을 수 있다. (일단 저 파란색은 없다고 생각하고 읽자) 갑자기 (채무자의 잘못으로 계약 내용이 실현되지 못하여 계약 위반이 발생하면,) 이렇게 특정 사례를 제시하네? 일단 개인 간의 계약 관계에 대한 사례이기 때문에 민법의 영역이고, 손해 배상금이 나오는 것을 보니 차근차근 정보를 확보하다 보면 1문단과 연결되는 포인트가 있을 것이다.

/그러나 (손해배상예정액이 정해져 있었다면) 채권자는 손해 액수를 증명하지 않아도 (손해배상예정액만큼) 손해 배상금을 받을 수 있다.
이것을 읽는 순간 앞 문장으로 쏙 돌아가고 싶어야 한다. 앞 문장은 손해배상예정액이 정해지지 않은 경우에 해당하는 것이다. 그러면 저렇게 앞 문장에서 생략된 정보를 되살릴 수 있을 것이다.
사실 글쓴이는 (채무자의 잘못으로 계약 내용이 실현되지 못하여 계약 위반이 발생하면,) 이런 상황에 대해, [손해배상예정액이 정해지지 않은 경우]와 [정해진 경우]로 case를 쪼갠 것이다. 쪼갠 경우, 공통서술범주가 등장할 때마다 왔다 갔다 하며 각각이 어떻게 다른지 비교, 대조 해줘야 한다.
서로 손해 배상금을 받을 수 있는 방법(손해 액수 증명해야 / 증명 필요 X), 그리고 그에 따른 손해 배상금의 액수(손해 액수 만큼 / 손해배상예정액 만큼)가 다른 것이다.

> *1문단과의 연결*
> 손해배상예정액을 보는 순간, 아 손해배상예정액이 정해진 경우에 대해서는 법원이 부당히 과다하다고 판단하면 적당히 감액할 수 있겠네! 생각하고 넘어갈 수 있어야 한다.

이때 (손해 액수가 얼마로 증명되든) 손해 배상 예정액보다 더 받을 수는 없다. [손해배상예정액이 정해진 경우]에 붙여준다.

/한편 (위약금이 위약벌임이 증명되면) 채권자는 [위약벌에 해당하는 위약금]을 ⓒ받을 수 있고, (손해 배상 예정액과는 달리) 법원이 감액할 수 없다. 이때 (채권자가 손해 액수를 증명하면) 손해 배상금도 받을 수 있다.
case가 하나 더 생긴다. 1문단에서 위약금에 대한 정보를 잘 확보했다면 위약벌을 알고 있을 것이다. [위약금이 위약벌임이 증명된 경우]에 대해서는,

1. 위약벌은 법원이 감액 불가
   remind. [손해배정예정액이 정해진 경우]에는 1문단에서도 확보했듯이 불확정 개념이 적용되어 법원이 적당히 감액할 수 있다.

2. 채권자가 손해 액수를 증명하면 손해 배상금도 받을 수 있다.
   이걸 보는 순간 [손해배상예정액이 정해지지 않은 경우]와의 공통점이라고 인식하고 넘어갔으면 된다. 쪼개진 case끼리는 서술 범주가 겹치면 바로바로 왔다 갔다 하며 공통점과 차이점을 명확히 찾고 넘어가자.

이렇게 두 정보를 준 것이다. 각각을 읽을 때 파란색 글씨로 쓴 생각을 할 수 있었어야 한다.

[1문단 독해]

키워드(중심 소재) : 불확정 개념
법령에서 불확정 개념이 활용될 수 있어서 요건과 효과가 항상 일의적이지는 않다
  └ EX) 민법에서 불확정 개념이 활용된 예시
   └ 위약금에 대한 정보 (보조 정보)

문장과 문장의 관계를 잘 파악하며 읽었다면, 정보가 저렇게 정리될 것이다.

[2문단 독해]

채무자의 잘못으로 계약 내용이 실현되지 못하여 계약 위반이 발생하면, (민법이 적용되는 예시)
  └ CASE 1
   손해배상예정액이 정해져 있지 않은 경우
  └ CASE 2
   손해배상예정액이 정해져 있었던 경우
  └ CASE 3
   위약금이 위약벌임이 증명된 경우

저 파란색 부분이 1문단과 연결되는 부분이다.
손해배상예정액이 등장할 때, 1문단에서의 예시 법조문과 연결
1문단에서의 위약금, 위약벌, 손해배상예정액의 보조 정보에 대한 이해를 바탕으로 독해
이 두 가지 연결의 태도가 필요했다.

왼쪽 칸

불확정 개념은 행정 법령에도 사용된다.

앞서 계속해서 불확정 개념이 적용되는 법을 민법만 바라보다가, 범주가 행정 법령으로 바뀌고 있다. 구분해야 한다.

+ 불확정 개념의 정의를 살려서 읽어야 한다.

(구체적 상황을 고려해야 그 상황에 ⓐ맞는 진정한 의미가 파악되는)것이 행정 법령에서도 사용될 수 있다고 한다. 이것이 범주의 흐름을 잡아주는 문장이다. 앞으로 이 문단의 정보를 여기에 붙여서 어떻게 구체화 되는지 파악하자.

행정 법령은 (행정청이 구체적 사실에 대해 행하는 법 집행인) 행정 작용을 규율한다. (법령상 요건이 충족되면) 그 효과로서 행정청이 반드시 해야 하는 특정 내용의 행정 작용은 기속 행위이다. 반면 (법령상 요건이 충족되더라도) 그 효과인 행정 작용의 구체적 내용을 ⓓ고를 수 있는 재량이 행정청에 주어져 있을 때, 이러한 재량을 행사하는 행정 작용은 재량 행위이다.

행정 법령이 행정 작용을 규율한다고 한다. 여기서 1문단에서 봤던 법 조문이 떠올라야 한다. 그걸 적용해서 이해해보면,

[요건] : 구체적 사실 [효과] : 법 집행 = 행정 작용

이렇게 그 의미가 같은 것이라고 이해할 수 있다.

이후, 행정 작용을 [강제성의 여부를 기준으로] 기속 행위와 재량 행위로 쪼갠다. 각각의 정의를 잘 이해했다면, 재량 행위에서 '아 이거 핵심 정보에 직결된다!' 와 같이 반응할 수 있어야 한다. 행정 작용의 구체적 내용을 재량으로 고를 수 있어야 불확정 개념의 정의가 성립될 수 있기 때문이다.

법령에서 불확정 개념이 사용되면 이에 근거한 행정 작용은 대개 재량 행위이다.

당연하다.

행정청은 (재량으로) 재량 행사의 기준을 명확히 정할 수 있는데 이 기준을 ㉠재량 준칙이라 한다. (재량 준칙은 법령이 아니므로) 재량 준칙대로 재량을 행사하지 않아도 근거 법령 위반은 아니다.

앞 문단의 정보와 연결된다. 재량 행위에서 재량을 행사하는 기준을 행정청 재량으로 정할 수 있다는 말이다. 그리고 그 기준을 '재량 준칙' 이라고 정의해주고 있다. 그리고 그 재량 준칙에 대해,

1. 법령이 아니다 ─── 정의된 개념 입혀 읽기

2. 그러므로 재량 행사의 기준 (재량 준칙)대로 재량을 행사하지 않아도 근거 법령 위반 아니다.

이렇게 두 가지 정보를 제시한다. 이렇게 정보가 흩뿌려지면, 비록 그 정보가 인과로 연결되어 있더라도 하나씩 넘버링해서 나열로 처리하면 편하다.

다만 (특정 요건하에 재량 준칙대로 [특정한 내용의 적법한 행정 작용]이 반복되어 행정 관행이 생긴 후에는,) (같은 요건이 충족되면) 행정청은 동일한 내용의 행정 작용을 해야 한다. 행정청은 평등 원칙을 ㉢지켜야 하기 때문이다.

앞 문장과 연결해서 이해해보면, [재량 준칙내로 새량을 행사하지 않아도 근거 법령 위반은 아니다.]에 대한 예외가 제시된 것이다. [특정 요건하]에서 요건은 재량 행위가 적용되는 요건일 것이다.

오른쪽 칸

[1-2문단 독해]

키워드(중심 소재) : 불확정 개념

법령에서 불확정 개념이 활용될 수 있어서 요건과 효과가 항상 일의적이지는 않다

└ EX) 민법에서 불확정 개념이 활용된 예시

└ 위약금에 대한 정보 (보조 정보)

채무자의 잘못으로 계약 내용이 실현되지 못하여 계약 위반이 발생하면 (민법이 적용되는 예시)

└ CASE 1
손해배상예정액이 정해져 있지 않은 경우

└ CASE 2
손해배상예정액이 정해져 있었던 경우

└ CASE 3
위약금이 위약벌임이 증명된 경우

[3-4문단 독해]

키워드(중심 소재) : 불확정 개념

행정 법령에서의 불확정 개념 사용

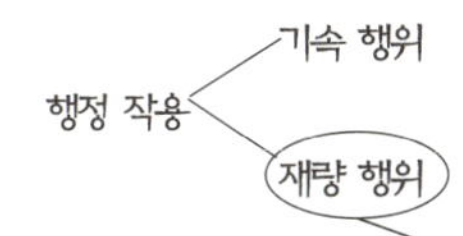

법령에서 불확정 개념 사용은 대개 재량 행위 재량으로 재량 행사의 기준 명확히 정할 수 있음 : 재량 준칙

┌ 원칙 : 법령X ⇒ 안 지켜도 법 위반X

└ 예외 : 행정 관행 생기면
⇒ 계속 재량 준칙대로
행정 작용 해야함

재량 준칙대로 재량을 행사할 수도 있고, 굳이 재량 준칙대로 안 할 수도 있지만, 꾸준하게 계속 재량 준칙대로 새량이 행사되어 행정 관행이 생긴 경우에는 앞으로도 재량 준칙대로만 재량을 행사해야 한다는 것이다.

10. 정답: ④

출제 의도 : **내용 일치 문제**

해설:

④ → (적절하지 않음, 정답 !)

"법령에서 불확정 개념이 사용되면 이에 근거한 행정 작용은 대개 재량 행위이다." 라고 명확히 언급되었다. 따라서, "기속 행위인 경우가 많다"는 틀린 진술이다.

① → 적절함

글에서 "법조문에는 불확정 개념이 사용될 수 있다, 그 요건이나 효과가 항상 일의적이지는 않다."라고 명확히 언급되었다. 요건과 효과 모두에서 불확정 개념이 사용되는 것이다.

② → 적절함

1문단에서 "법원이 재량으로 판단할 수 있다."라고 명확히 언급되어 있고, 민법의 "손해 배상 예정액이 부당히 과다한 경우 감액할 수 있다"라는 조항을 사례로 제시했다. 이는 법원이 불확정 개념을 판단할 때 재량을 행사할 수 있음을 의미한다.

③ → 적절함

"불확정 개념이 사용될 수 있기 때문이다."라는 문장에서, 구체적 상황을 고려해야 한다고 명시했다. 조건을 잘 파악했어야 된다.

⑤ → 적절함

민법(개인 간 관계)과 행정 법령(행정청의 법 집행)에서 모두 사용된다고 명시되었다.

11. 정답: ⑤

출제 의도 : **내용 일치 문제**
: 특이하게 좌표를 찍어서 그 키워드에 대한 내용 일치로 한정한다.

해설:

⑤ → (적절함, 정답 !)

"재량 준칙은 법령이 아니므로 재량 준칙대로 재량을 행사하지 않아도 근거 법령 위반은 아니다."라고 명시되어 있다. 따라서 '특정 요건에서 재량 준칙을 적용하는 선례'가 반복되어 행정 관행이 생기지 않는 한, 그 동일한 요건이 충족되더라도 행정청이 무조건 재량 준칙을 따를 필요는 없다.

① → 적절하지 않음

재량 준칙이 법령이 아닌 것은 맞다. 하지만 그렇다고 일의적이지 않은 개념으로 규정되는 것은 아니다. 재량 준칙은 행정청이 재량 행사의 기준을 명확히 정한 것이다. 따라서, 특정 요건이 충족되었을 때 '어떻게 재량 행사를 하겠다.'고 기준을 명확히 정해놓은 것이기 때문에 '일의적이지 않은 개념'으로 규정되지 않는다. 오히려 일의적인 개념으로 규정되어야 하는 것이다.

② → 적절하지 않음

기속 행위의 정의에서 OUT이다. 법령상 요건이 충족되면 그 효과로서 행정청이 반드시 해야 하는 특정 내용의 행정 작용이 기속 행위인 것이다. 재량 준칙이 재량 행사의 '기준'을 정한 것이기에, 언뜻 보면 기속 행위처럼 보일 수 있지만, 이는 근본적으로 '재량 행위'를 일관적으로 적용하는 기준을 정한 것이기 때문에 그 범주가 다르다.
* 느낌상 비슷하다고 뭉개서 읽어버리면 이 선지를 골라버릴 수도 있다. 하지만 이미 지문에서 행정 작용을 기속 행위와 재량 행위로 쪼갰고, 거기서 재량 행위에 포커싱해서 마지막 문단을 쓴 것이기 때문에 범주 파악을 확실히 했다면 쉽게 틀렸다고 판단할 수 있는 선지다.

③ → 적절하지 않음

재량 준칙으로 규정된 재량 행사 기준은 '재량으로' 정한다고 했다. '반복되어온 적법한 행정 작용의 내용'은 그 문단에서 행정 관행이 생기는 경우에 대해 설명할 때 나온 정보인데, 서로 범주가 다른 정보를 섞어 하나의 문장으로 만든 적절하지 않은 선지다.

④ → 적절하지 않음

재량 준칙이 정해져야 재량을 행사할 수 있다는 것은 적절하지 않다. 선후 관계가 잘못되었다. 재량을 행사할 수 있기 때문에 재량 준칙도 정할 수 있는 것이다. 원래 행정청은 특정 내용의 행정 작용에 대해 재량이 주어지고 이것을 재량 행위라고 하는데, 이 재량 행위에 대해, 그 재량 행사 기준을 명확히 정한 것이 바로 재량 준칙인 것이다.

12. 정답: ②

출제 의도: <보기>에 지문의 내용 적용하기

<보기>는 지문의 연장선 상에 있는 글이라고 보고, 지문에 나온 일반적인 설명을 <보기>의 사례에 붙이며 연결되는 포인트를 최대한 확보하며 읽어야 한다.

이 문제는 1문단에 보조 정보로 삽입된 위약금의 개념을 잘 확보하고 넘어갔다면 쉽게 해결할 수 있었다.

해설: <보기> 읽기

> ─── <보 기> ───
>
> 갑은 을에게 물건을 팔고 그 대가로 100을 받기로 하는 매매 계약을 했다. 그 후 갑이 계약을 위반하여 을은 80의 손해를 입었다. 이와 관련하여 세 가지 상황이 있다고 하자.
>
> (가) 갑과 을 사이에 위약금 약정이 없었다.
>
> (나) 갑이 을에게 위약금 100을 약정했고, 위약금의 성격이 무엇인지 증명되지 못했다.
>
> (다) 갑이 을에게 위약금 100을 약정했고, 위약금의 성격이 위약벌임이 증명되었다.
>
> (단, 위의 모든 상황에서 세금, 이자 및 기타 비용은 고려하지 않음.)

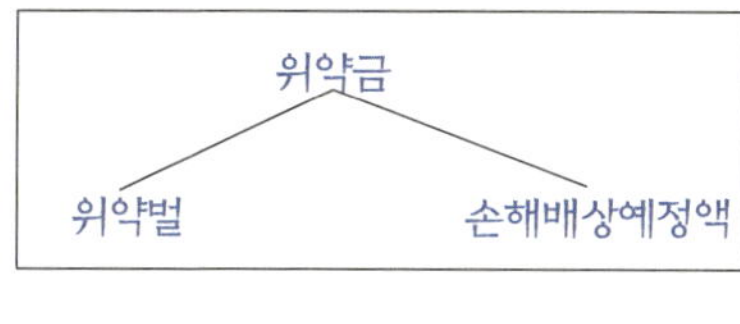

+

<u>위약금이 둘 중 무엇인지 증명되지 못하면, 손해배상예정액으로</u>

- <u>손해 배상 예정액</u>: 계약 위반 시 미리 정해놓은 손해 배상액. 손해를 증명하지 않아도 지급해야 함. 법원이 감액 가능.

- <u>위약벌</u>: 계약 위반에 대한 제재. 손해 배상 예정액과 다르게 법원이 감액할 수 없음.

- <u>손해 배상금</u>: 실제로 입은 손해를 증명하면 받을 수 있는 금액.

<u>지문에서 확보한 위 내용을 바탕으로 지문의 상황을 살펴보면, 아래와 같이 생각할 수 있다.</u>

(가) 위약금 약정 없음 → 일반적인 손해 배상 규정 적용
을은 입은 손해(80)를 증명해야만 80을 받을 수 있음.

(나) 위약금 100 약정 → 손해 배상 예정액으로 처리,
손해 증명이 없어도 100 지급, 법원이 감액 가능.

(다) 위약금 100 약정 → 위약벌로 확정
손해 배상 예정액이 아니므로 법원이 감액 불가.
손해를 증명하면 위약금(100) + 손해 배상금(80) = 180 지급.

해설: 선지 판단

② → **적절함, 정답!**
(나)에서 을의 손해가 80임이 증명된 경우, 갑이 을에게 100을 지급해야 하고 법원이 감액할 수 있다.
- 정답: 손해 배상 예정액(100)이 정해져 있으므로 손해 증명과 무관하게 100 지급. 법원이 감액 가능.

① → 적절하지 않음
(가)에서 을의 손해가 얼마인지 증명되지 못한 경우에도, 갑이 을에게 80을 지급해야 하고 법원이 감액할 수 없다.
- 오답: 손해를 증명하지 못하면 손해 배상을 받을 수 없음.

③ → 적절하지 않음
(나)에서 을의 손해가 얼마인지 증명되지 못한 경우, 갑이 을에게 100을 지급해야 하고 법원이 감액할 수 없다.
- 오답: 법원이 감액할 수 있음.

④ → 적절하지 않음
(다)에서 을의 손해가 80임이 증명된 경우, 갑이 을에게 180을 지급해야 하고 법원이 감액할 수 있다.
- 오답: 180 지급은 맞지만, 위약벌은 감액할 수 없음.

⑤ → 적절하지 않음
(다)에서 을의 손해가 얼마인지 증명되지 못한 경우, 갑이 을에게 80을 지급해야 하고 법원이 감액할 수 없다.
- 오답: 위약금이 100이므로 80이 아니라 100을 지급해야 함.

13. 정답: ⑤

이렇게 마지막 문제로 문맥상 의미를 비교하는 문제가 자주 출제된다. 문맥상 의미는, 그 단어 자체의 뜻보다 그 단어 주변 맥락을 살펴보는 것이 가장 중요하다. 단어가 관계를 맺고 있는 다른 문장 요소가 어떤 성질을 가지고 있는지(예를 들어, 물리적인 상태인지 관념적인 상태인지 등) 파악하라는 것이다.

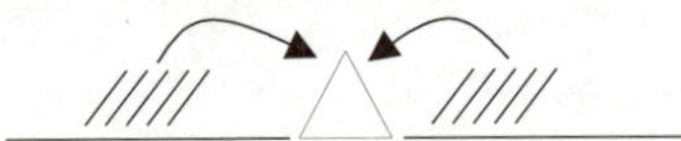

해설:

ⓔ 지켜야

- 지문에서 "행정청은 평등 원칙을 지켜야 하기 때문이다." 라고 썼였다.

→ 여기서 문맥상 '지키다'는 '규칙이나 원칙을 따르다'라는 의미로 쓰였다고 볼 수 있다.

- ⑤ '그분은 우리에게 한 약속을 반드시 지킬 것이다.'

→ 여기서 '지킬'은 '약속을 어기지 않다'의 의미로, 지문에서의 문맥과 유사하다. 따라서 적절한 선지다.

ⓐ 맞는

- 지문에서 "구체적 상황을 고려해야 그 상황에 맞는 진정한 의미가 파악되는"이라고 썼였다.

→ 여기서 문맥상 '맞는'은 '적합한, 알맞은'이라는 의미로 쓰였다고 볼 수 있다.

- ① '이것이 네가 찾는 자료가 맞는지 확인해 보아라.'

→ 여기서 '맞는지'는 물리적으로 '일치하는지'의 의미이므로 지문에서 쓰인 '맞는'과 그 맥락이 서로 다르다.

ⓑ 들

- 지문에서 "불확정 개념이 사용된 예로 ~ 조문을 들 수 있다."라고 썼였다.

→ 여기서 문맥상 '들다'는 '예를 들다, 사례로 제시하다.'라는 의미로 쓰였다고 볼 수 있다.

- ② '그 부부는 노후 대책으로 적금을 들고 안심했다.

→ 여기서 '들고'는 '적금을 가입하다'라는 의미이므로 지문에서의 문맥과 맞지 않다.

ⓒ 받을

- 지문에서 "채권자는 위약벌에 해당하는 위약금을 받을 수 있다."라고 썼였다.

→ 여기서 문맥상 '받다'는 '물리적인 대상을 실제로 받는다'는 의미로 쓰였다고 볼 수 있다.

- ③ '그의 파격적인 주장은 학계의 큰 주목을 받았다.'

→ 여기서 '받았다'는 '영향을 입다'라는 의미로, 지문에서 쓰인 '받다'와 그 맥락이 서로 다르다.

ⓓ 고를

- 지문에서 "행정 작용의 구체적 내용을 고를 수 있는 재량"이라고 썼였다.

→ 여기서 문맥상 '고르다'는 '선택하다'라는 의미로 쓰였다고 볼 수 있다.

- ④ '형은 땀 흘려 울퉁불퉁한 땅을 평평하게 골랐다.'

→ 여기서 '골랐다'는 '땅을 평평하게 다듬다'의 의미로 지문에서 쓰인 문맥과 다르다.

[16~20] 다음 글을 읽고 물음에 답하시오.

사람은 살아가는 동안 여러 약속을 한다. 계약도 하나의 약속이다. 하지만 이것은 친구와 뜻이 맞아 주말에 영화 보러 가자는 약속과는 다르다. 일반적인 다른 약속처럼 계약도 서로의 의사 표시가 합치하여 성립하지만, 이때의 의사는 일정한 법률 효과의 발생을 목적으로 한다는 점에서 차이가 있다. 한 예로 매매 계약은 '팔겠다'는 일방의 의사 표시와 '사겠다'는 상대방의 의사 표시가 합치함으로써 성립하며, 매도인은 매수인에게 매매 목적물의 소유권을 이전하여야 할 의무를 짐과 동시에 매매 대금의 지급을 청구할 권리를 갖는다. 반대로 매수인은 매도인에게 매매 대금을 지급할 의무가 있고 소유권의 이전을 청구할 권리를 갖는다. 양 당사자는 서로 권리를 행사하고 서로 의무를 이행하는 관계에 놓이는 것이다.

이처럼 의사 표시를 필수적 요소로 하여 법률 효과를 발생시키는 행위들을 법률 행위라 한다. 계약은 법률 행위의 일종으로서, 당사자에게 일정한 청구권과 이행 의무를 발생시킨다. 청구권을 내용으로 하는 권리가 채권이고, 그에 따른 이행을 해야 할 의무가 채무이다. 따라서 채권과 채무는 발생한 법률 효과가 동전의 양면처럼 서로 다른 방향에서 파악되는 것이라 할 수 있다. 채무자가 채무의 내용대로 이행하여 채권을 소멸시키는 것을 변제라 한다.

갑과 을은 을이 소유한 그림 A를 갑에게 매도하는 것을 내용으로 하는 매매 계약을 체결하였다. ⊙을의 채무는 그림 A의 소유권을 갑에게 이전하는 것이다. 동산인 물건의 소유권을 이전하는 방식은 그 물건을 인도하는 것이다. 갑은 그림 A가 너무나 마음에 들었기 때문에 그것을 인도받기 전에 대금 전액을 금전으로 지급하였다. 그런데 갑이 아무리 그림 A를 넘겨달라고 청구하여도 을은 인도해 주지 않았다. 이런 경우 갑이 사적으로 물리력을 행사하여 해결하는 것은 엄격히 금지된다.

채권의 내용은 민법과 같은 실체법에서 규정하고 있고 그것을 강제적으로 실현할 수 있도록 민사 소송법이나 민사 집행법 같은 절차법이 갖추어져 있다. 갑은 소를 제기하여 판결로써 자기가 가진 채권의 존재와 내용을 공적으로 확정받을 수 있고, 나아가 법원에 강제 집행을 신청할 수도 있다. 강제 집행은 국가가 물리적 실력을 행사하여 채무자의 의사에 구애받지 않고 채무의 내용을 실행시켜 채권이 실현되도록 하는 제도이다.

을이 그림 A를 넘겨주지 않은 까닭은 갑으로부터 매매 대금을 받은 뒤에 을의 과실로 불이 나 그림 A가 타 없어졌기 때문이다. ㉮결국 채무는 이행 불능이 되었다. 소송을 하더라도 불능의 내용을 이행하라는 판결은 ⓐ나올 수 없다. 그림 A의 소실이 계약 체결 전이었다면, 그 계약은 실현 불가능한 내용을 담고 있기 때문에 체결할 때부터 계약 자체가 무효이다. 이행 불능이 채무자의 과실 때문에 일어난 것이라면 채무자가 채무 불이행에 대한 책임을 져야 한다.

이때 채무 불이행은 갑이나 을의 의사 표시가 작용한 것이 아니라, 매매 목적물의 소실에 따른 이행 불능으로 말미암은 것이다. 이러한 사건을 통해서도 법률 효과가 발생한다. 채무 불이행에 대한 책임은 갑으로 하여금 계약을 해제할 수 있는 권리를 갖게 한다. 갑이 계약 해제권을 행사하면 그때까지 유효

했던 계약이 처음부터 효력이 없는 것으로 된다. 이때의 계약 해제는 일방의 의사 표시만으로 성립한다. 따라서 갑이 해제권을 행사하는 데에 을의 승낙은 요건이 되지 않는다. 이러한 법률 행위를 단독 행위라 한다.

갑은 계약을 해제하였다. 이로써 그 계약으로 발생한 채권과 채무는 없던 것이 된다. 당연히 계약의 양 당사자는 자신의 채무를 이행할 필요가 없다. 이미 이행된 것이 있다면 계약이 체결되기 전의 상태로 돌려놓아야 한다. 이를 청구할 수 있는 권리가 원상회복 청구권이다. 계약의 해제로 갑은 원상회복 청구권을 행사할 수 있으며, 이러한 ⓛ갑의 채권은 결국 을에게 매매 대금을 반환해 달라고 청구할 수 있는 권리가 된다.

16. 윗글의 내용과 일치하지 않는 것은?

① 실체법에는 청구권에 관한 규정이 있다.
② 절차법에 강제 집행 제도가 마련되어 있다.
③ 법률 행위가 없으면 법률 효과가 발생하지 않는다.
④ 법원을 통하여 물리력으로 채권을 실현할 수 있다.
⑤ 실현 불가능한 것을 내용으로 하는 계약은 무효이다.

17. ⊙, ⓛ에 대한 이해로 가장 적절한 것은?

① ⊙은 매도인의 청구와 매수인의 이행으로 소멸한다.
② ⓛ은 채권자와 채무자의 의사 표시가 작용하여 성립한 것이다.
③ ⊙과 ⓛ은 ⊙이 이행되면 그 결과로 ⓛ이 소멸하는 관계이다.
④ ⊙과 ⓛ은 동일한 계약의 효과를 서로 다른 측면에서 바라본 것이다.
⑤ ⊙에는 물건을 인도할 의무가 있고, ⓛ에는 금전의 지급을 청구할 권리가 있다.

18. ㉮의 상황에 대한 설명으로 적절한 것은?

① '을'의 과실로 이행 불능이 되어 '갑'의 계약 해제권이 발생한다.
② '갑'은 소를 제기하여야 매매의 목적이 된 재산권을 이전받을 수 있다.
③ '갑'은 원상회복 청구권을 행사하여야 '그림 A'의 소유권을 회복할 수 있다.
④ '갑'과 '을'은 애초부터 실현 불가능한 내용의 계약을 체결하였기 때문에 이행 불능이 되었다.
⑤ '을'이 '갑'에게 '그림 A'를 인도하는 것은 불가능해졌지만 '을'은 채무 불이행에 대한 책임을 지지 않는다.

19. 윗글을 바탕으로 할 때, 〈보기〉에 대한 분석으로 적절하지 않은 것은? [3점]

<보 기>

증여는 당사자의 일방이 자기의 재산을 무상으로 상대방에게 줄 의사를 표시하고 상대방이 이를 승낙함으로써 성립하는 계약이다. 증여자만 이행 의무를 진다는 점이 특징이다. 유언은 유언자의 사망과 동시에 일정한 법률 효과를 발생시키려는 것을 목적으로 하는데, 유언자의 의사 표시만으로 유효하게 성립하고 의사 표시의 상대방이 필요 없다는 점에서 증여와 차이가 있다.

① 증여, 유언, 매매는 모두 법률 행위로서 의사 표시를 요소로 한다.

② 증여와 유언은 법률 효과를 발생시키려는 목적이 있다는 점이 공통된다.

③ 증여는 변제의 의무를 발생시키지 않는다는 점에서 매매와 차이가 있다.

④ 증여는 당사자 일방만이 이행한다는 점에서 양 당사자가 서로 이행하는 관계를 갖는 매매와 차이가 있다.

⑤ 증여는 양 당사자의 의사 표시가 서로 합치하여 성립한다는 점에서 의사 표시의 합치가 필요 없는 유언과 차이가 있다.

20. 문맥상 의미가 ⓐ와 가장 가까운 것은?

① 오랜 연구 끝에 만족할 만한 실험 결과가 나왔다.
② 그 사람이 부드럽게 나오니 내 마음이 누그러졌다.
③ 우리 마을은 라디오가 잘 안 나오는 산간 지역이다.
④ 이 책에 나오는 옛날이야기 한 편을 함께 읽어 보자.
⑤ 그동안 우리 지역에서는 걸출한 인물들이 많이 나왔다.

한 문단 내에서의 사고 :
문장과 문장을 연결 & 구분하며 정보 누적하기

문단 간의 사고 :
문단과 문단을 연결 & 구분하며 목차 만들기

사람은 살아가는 동안 여러 약속을 한다. 계약도 하나의 약속이다. 하지만 이것은 [친구와 뜻이 맞아 주말에 영화 보러 가자는 약속]과는 다르다.
계약이 약속의 일종이구나! 근데 이게 [친구와 뜻이 맞아 주말에 영화 보러 가자는 약속]하고 다르다네? 약속을 그렇게 두 가지로 쪼개서, 비교·대조를 할 거 같다.

(일반적인 다른 약속처럼=이전 문장과 붙여보면, [친구와 뜻이 맞아 주말에 영화 보러 가자는 약속]과 같은 의미대. 그리고 항상 [일반적인]이 나오면 의식적으로 체크해 주자고 했는데, 이를 살펴보면 계약은 [특수한] 약속이 되겠네) 계약도 서로의 의사 표시가 합치하여 성립하지만,(=아 이게 공통점이구나! 근데 서로의 의사 표시가 합치한다는 것이 정확히 무슨 말인지는 모르겠어.. 일단 글자 그대로 처리하고 넘어가자! 필요하면 뒤에서 구체적으로 설명해주겠지.) / 이때의 의사는 (일정한 법률 효과의 발생을 목적으로 한다는 점에서) 차이가 있다. (=이게 차이점이네!! 근데 법률 효과가 뭔지는 모르겠다. 일단 글자 그대로 처리하고 넘어가자! 필요하면 뒤에서 구체적으로 설명해주겠지.)

지금까지의 내용을 보면, 약속의 두 가지 종류 중 특수한 경우인 계약에 초점을 맞춰 이를 구체화하고 있음을 알 수 있다.

/ 한 예로 매매 계약은 ['팔겠다'는 일방의 의사 표시]와 ['사겠다'는 상대방의 의사 표시]가 합치함으로써 성립(=아 이게 이전 문장에서 말한 그 [의사 표시의 합치]구나!)하며, 매도인은 매수인에게 [매매 목적물의 소유권을 이전하여야 할 의무]를 짐과 동시에 [매매 대금의 지급을 청구할 권리]를 갖는다. 반대로 매수인은 매도인에게 [매매대금을 지급할 의무]가 있고 [소유권의 이전을 청구할 권리]를 갖는다. 양 당사자는 서로 권리를 행사하고 서로 의무를 이행하는 관계에 놓이는 것이다. (=매도인은 물건을 파는 사람, 매수인은 물건을 사는 사람으로 이해하면 되고, 각각에게 서로 내용이 다른 권리와 의무가 주어지는구나. 아 이게 이전 문장에서 말한 법률 효과의 발생이구나!)

매매 계약을 예시로 들어 이전의 원론적인 설명을 구체화하고 있다. 계약에 대한 이전 문장의 설명을 붙여서 이해해주면, 앞서 글자 그대로 처리하고 넘어갔던 정보 두 개가 확보된다. 이제 1문단에서 계약에 대해 확보한 정보에 이어지는 내용을 붙여 봐야겠다.

이처럼 (의사 표시를 필수적 요소로 하여) 법률 효과를 발생시키는 행위들을 법률 행위라 한다.
'이처럼'이라는 순접의 표지어를 활용해, 1문단의 계약에 대한 설명을 받아서 구체화해준다. 이때, 이전 내용이 구체화 되는 과정에서 새롭게 추가되는 표현에 민감하게 반응해줘야 한다. '의사 표시를 필수적 요소로 하여 법률 효과를 발생시키는 행위' 까지는 이전에 확보했던 계약에 대한 설명의 재진술인데, 그게 법률 행위라고 새로운 키워드를 도입하고 있다. 그러면 계약이 곧 법률 행위겠다.

계약은 법률 행위의 일종으로서, 당사자에게 일정한 청구권과 이행 의무를 발생시킨다. (=이것도 다 앞에서 설명했던 내용의 재진술이다.)
[청구권을 내용으로 하는] 권리가 채권이고, [그에 따라 이행을 해야 함] 의무가 채무이다. 따라서 채권과 채무는 발생한 법률 효과가 동전의 양면처럼 서로 다른 방향에서 파악되는 것이라 할 수 있다. 채무자가 채무의 내용대로 이행하여 채권을 소멸시키는 것을 변제라 한다.
계약에 대한 기본적인 정보를 설명한다. 1문단에 붙여서 이해하자. [청구권을 내용으로 하는 권리], [그에 따라 이행을 해야 함] 의무 이 두 가지를 보는 순간 1문단의 내용이 떠올라야 한다. 구체적인 용어들을 정의해주는데, 법률 효과에 대해 1문단에서는 [청구할 권리], [이행해야 할 의무]라고만 설명했던 것을 채권, 채무라고 정확한 용어로 정의

[1문단 독해]

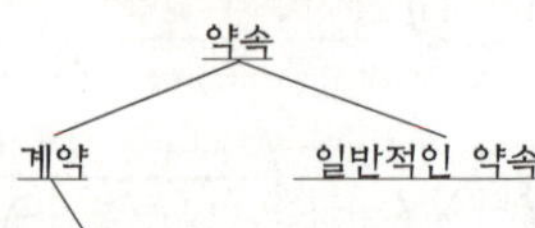

키워드(중심 소재) : 계약
- 일반적인 약속과 같이 의사 표시가 합치(?) 하여 성립
- 일반적인 약속과 달리 계약에서의 의사는 일정한 법률 효과(?)의 발생을 목적으로 함

ex) 매매 계약
- [팔겠다는 일방의 의사 표시]와 [사겠다는 상대방의 의사 표시]가 합치함으로써 성립 (!)
- 매도인(파는 사람), 매수인(사는 사람)은 각각 권리와 의무를 가짐 : 법률 효과 (!)

[2문단 독해]

의사 표시를 필수적 요소로 하여 법률 효과를 발생시키는 행위 : 법률 행위
- 계약도 법률 행위
- 청구권을 내용으로 하는 권리 : 채권
- 그에 따라 이행을 해야 할 의무 : 채무
- 채무자가 채무 이행하여 채권 소멸시키는 것 : 변제

해주고, 변제의 개념도 정의해준다 연결해서 "아 그때 그게 채권이고, 이건 채무구나 !" 그리고 해야 할 의무를 이행해서 청구할 권리가 소멸되는 것은 변제라고 하네

2문단의 내용은 계속해서 계약에 대해 기본적인 정보를 말해주는 구간이라고 볼 수 있겠다. 그럼 1문단과 2문단을 붙여서 확보한 계약에 대한 내용을 홀딩해서 이어지는 내용에 붙여보자

갑과 을은 을이 소유한 그림 A를 갑에게 매도하는 것을 내용으로 하는 매매 계약을 체결하였다.

갑과 을이 체결한 매매 계약을 예시로 들고 있다. 이전까지 확보한 계약에 대한 정보가 실제 상황에서 어떻게 적용되는지 매칭하며 읽을 준비를 해야 한다. 그러면 이 문장을 보면서, 1문단에서 활용됐던 매매 계약 예시가 떠올라야 한다. 그러면 자연스럽게 아 여기서 갑은 매수인, 을은 매도인임을 알 수 있다.

㉠을의 채무는 그림 A의 소유권을 갑에게 이전하는 것이다.

이것도 이전 문단에서 다 설명했던 내용이다. 당연하게 받아들일 수 있어야 한다.

(동산인) 물건의 소유권을 이전하는 방식은 그 물건을 인도하는 것이다.

어? 이건 신규 정보다. 앞서 정보가 구체화 될 때 새로운 정보가 추가되는 것을 민감하게 확보하라고 했다. 여기서도 예시를 통한 구체화에서 '소유권 이전'에 대해 그 방식을 설명하는 신규 정보가 제공되었으니 의식적으로 신경 써서 읽어주자.
+수식어로 물건의 범위를 한정해준다. '동산인' 물건에 한해서 이런 방식이라는 것이다.

갑은 그림 A가 너무나 마음에 들었기 때문에 그것을 인도받기 전에 대금 전액을 금전으로 지급하였다. 그런데 갑이 아무리 그림 A를 넘겨달라고 청구하여도 을은 인도해 주지 않았다. (=매매 계약이 체결된 상황에서, 특정한 경우를 예시로 든 것이다. 그런데 그 특정한 경우가 문제 상황이다. 우리가 문제점이 제시되면 독해를 어떻게 하라고 배웠는지 기억나는지? "이 문제를 너무 해결하고 싶네..해결을 어떻게 해야 되려나?" 의 생각을 강제로라도 가지면서 이 문제에 대한 해결책이 나올 때 반응할 수 있게 의식적으로 준비를 하고 있어야 한다.) 이런 경우 갑이 사적으로 물리력을 행사하여 해결하는 것은 엄격히 금지된다. (= '이런 경우' 라는 순접의 표지어를 활용해, 예시에서 설정한 특정한 경우에 대해, 하면 안되는 조치를 언급한다.) ——— P

채권의 내용은 (민법과 같은) 실체법에서 규정하고 있고, 그것을 강제적으로 실현할 수 있도록 (민사 소송법이나 민사 집행법 같은) 절차법이 갖추어져 있다.

문단이 바뀌고, 갑자기 실체법, 절차법에 대한 정보가 주어진다. 문제를 해결해야 하는 흐름에서 멀어진 것 같다. 일단 다음에 이어질 정보를 이해하기 위한 기본 정보일 가능성이 높으니 정보를 확보해준다.
+이전 문단에서 주어진 예시의 문제점이 아직 해결되지 않았다. 이 문제점에 대해 계속 의식하고 있었다면, [그것을 강제적으로 실현할 수 있도록] 이 부분을 보고, 절차법이 문제점을 해결할 수 있는 수단이 될 거 같은데? 하는 생각이 들었으면 좋다.

갑은 소를 제기하여 판결로써 자기가 가진 채권의 존재와 내용을 공적으로 확정받을 수 있고,(=이전 문장과 연결해서 이해해야 한다. 채권의 존재와 내용을 공적으로 확정받는 것은 실체법을 그 근거로 하겠네? 라는 생각.) 나아가 법원에 강제 집행을 신청할 수도 있다.(=이전 문장과 연결해서 이해해야 한다. 이것은 절차법을 그 근거로 하겠군.) 강제 집행은 국가가 물리적 실력을 행사하여 / (채무자의 의사에 ——— S? 구애받지 않고) 채무의 내용을 실행시켜 / 채권이 실현되도록 하는 제도이다.

강제 집행을 정확하게 정의해준다. 의미 단위로 끊어서 그 정의를 확보해보면
　집행 주체 : 국가
　수단 : 물리적 실력을 행사
　내용 : 채무자의 의사에 구애받지 않고 채무의 내용 실행
　효과 : 채권이 실현
이 정도로 정리된다.
+이때, '채무자의 의사에 구애받지 않는다' 로 강제 집행의 '강제' 가 실현되는 것이다. 여기서 앞의 문제점이 떠올라야 한다. 매수인인 갑이 대금 전액을 지불했지만 매도인인 을이 그림을 넘겨주지 않고 있기 때문에, 이 강제 집행의 정의를 보고 '아 이게 해결책이 될 수 있겠네 !' 하는 생각이 들며, P에 대한 S?로 연결해줄 수 있어야 한다.

[1문단 독해]

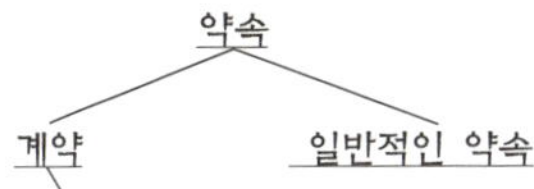

키워드(중심 소재) : 계약
- 일반적인 약속과 같이 의사 표시가 합치(?) 하여 성립
- 일반적인 약속과 달리 계약에서의 의사는 일정한 법률 효과(?)의 발생을 목적으로 함

ex) 매매 계약
- [팔겠다는 일방의 의사 표시]와 [사겠다는 상대방의 의사 표시]가 합치함으로써 성립 ◀(!)
- 매도인(파는 사람), 매수인(사는 사람)은 각각 권리와 의무를 가짐 : 법률 효과(!)

[2문단 독해]

의사 표시를 필수적 요소로 하여 법률 효과를 발생시키는 행위 : 법률 행위
- 계약도 법률 행위
- 청구권을 내용으로 하는 권리 : 채권
- 그에 따라 이행을 해야 할 의무 : 채무
- 채무자가 채무 이행하여 채권 소멸시키는 것 : 변제

[3문단 독해]

EX) 갑과 을은 을이 소유한 그림 A를 갑에게 매도하는 것을 내용으로 하는 매매 계약 체결
- 갑 : 매수인 / 을 : 매도인
- 을의 채무 : 그림 A의 소유권을 갑에게 이전하는 것
　동산인 물건의 소유권을 이전하는 방식 : 인도

- 갑은 그림 인도받기 전에 대금 전액을 을에게 금전으로 지급함.

BUT 갑이 아무리 그림 A를 넘겨달라고 청구해도 을은 인도해 주지 않음 (P)
- 갑이 사적으로 물리력 행사하여 해결은 금지

　채권의 내용은 실체법에서 규정
- ex) 민법
- 갑은 소를 제기하여 판결로써 채권의 존재와 내용을 공적으로 확정받을 수 있음.

　그것을 강제적으로 실현할 수 있도록 절차법
- ex) 민사 소송법, 민사 집행법
- 갑은 법원에 강제 집행 신청 가능 (S?)

[을이 그림 A를 넘겨주지 않은 까닭]은 <갑으로부터 매매 대금을 받은 뒤에>/ — 경우 1
을의 과실로 불이 나 그림 A가 타 없어졌기 때문이다. ㉮결국 채무는 이행 불능이 되었다. 소송을 하더라도 불능의 내용을 이행하라는 판결은 ⓐ나올 수 없다.

문단이 바뀌고, 갑과 을의 매매 계약에서 발생한 문제점에 [을이 그림 A를 넘겨주지 않은 까닭]이라는 추가적인 조건을 덧붙이고 있다. 예시를 점점 구체화하고 있는 것이다.

1. <갑으로부터 매매 대금을 받은 뒤에> : 이렇게 시점을 드러내는 워딩은 의식적으로 확보해주라고 했다.

2 을의 과실로
불이 나서 A가 타 없어진 경우다.

이전에 제시된 문제점에 붙여서 이해해야겠다. 이 경우, 당연히 그림 A가 소실되었기 때문에 채무는 이행 불능의 상태가 된다.

(그림 A의 소실이 <계약 체결 전>이었다면,) (그 계약은 실현 불가능한 내용을 담고 있기 때문에) 체결할 때부터 계약 자체가 무효이다. — 경우 2

또 새로운 경우다. 범주가 바뀌기 때문에 끊어주자. 앞에서 제시된 경우와는 그 시점에서 차이가 있는 것이다. 앞은 그림 A의 소실이 계약 체결 후, 을이 갑으로부터 매매 대금을 받은 뒤이고 지금 이 경우는 그림 A가 애초에 계약 체결 전부터 소실된 상태다. 시점을 드러내는 워딩을 의식적으로 체크하고 넘어가야 하는 기본 원칙을 잘 지켰으면 이를 쉽게 알 수 있다.

+하나의 예시로부터 경우를 둘로 쪼갠 것이다. 이 문장을 보는 순간, 앞의 경우와 다르다는 점을 인지하고, 공통서술범주인 '그림 A의 소실 시점' 을 기준으로 어떻게 다른지 정확히 파악해야 한다.

(이행 불능이 채무자의 과실 때문에 일어난 것이라면) 채무자가 채무 불이행에 대한 책임을 져야 한다. — 경우 1 + 조건

또 새로운 경우다. 그런데 여기서는 채무가 이행 불능이 된 경우 1에 '그 이행 불능이 채무자의 과실 때문에 일어난 것' 이라는 추가적인 조건을 덧붙인 것이다. 따라서 경우 1에 붙여서 이해해주면 된다.

+글자 그대로 이해하면, 당연하다. 그림 A가 채무자의 과실로 불에 타 없어졌다면, 채무자가 채무 불이행에 대한 책임을 지는 것이 당연하다.)

+추가적으로, 반댓값 추론에 대한 생각도 조금 했으면 어땠을까? "이행 불능이 채무자의 과실로 일어난 것이 아니라면, 뭐 예를 들어 자연재해 같은 것이겠지? 그때는 어떤 효과가 발생할까?" 와 같은 생각.

이때 채무 불이행은 갑이나 을의 의사 표시가 작용한 것이 아니라, [매매 목적물의 소실에 따른 이행 불능]으로 말미암은 것이다. (X) (O)

문단이 바뀌었지만 [이때 채무 불이행]을 보면 알 수 있듯이, 이전 문단의 바로 앞 문장에서 설명하던 내용(경우1+조건)을 받아서 그 내용의 구체화를 이어간다는 사실을 알 수 있다. 계속 앞 문단과 하나라고 생각하고 붙여서 이해해야겠다!

이 문장은 그냥 당연한 소리다.

+NOT A, B의 형태로 서술했다. B를 강조하는 표현이므로 B에 집중하는 것이 좋다.

[1문단 독해]

약속
├ 계약
└ 일반적인 약속

키워드(중심 소재) : 계약
- 일반적인 약속과 같이 의사 표시가 합치(?)하여 성립
- 일반적인 약속과 달리 계약에서의 의사는 일정한 법률 효과(?)의 발생을 목적으로 함

ex) 매매 계약
- [팔겠다는 일방의 의사 표시] 와 [사겠다는 상대방의 의사 표시]가 합치함으로써 성립
- 매도인(파는 사람), 매수인(사는 사람)은 각각 권리와 의무를 가짐: 법률 효과(!)

[2문단 독해]

의사 표시를 필수적 요소로 하여 법률 효과를 발생시키는 행위 : 법률 행위
- 계약도 법률 행위
- 청구권을 내용으로 하는 권리 : 채권
- 그에 따라 이행을 해야 할 의무 : 채무
- 채무자가 채무 이행하여 채권 소멸시키는 것 : 변제

[3문단 독해]

EX) 갑과 을은 을이 소유한 그림 A를 갑에게 매도하는 것을 내용으로 하는 매매 계약 체결
- 갑 : 매수인 / 을 : 매도인
- 을의 채무 : 그림 A의 소유권을 갑에게 이전하는 것
  동산인 물건의 소유권을 이전하는 방식 : 인도

- 갑은 그림 인도받기 전에 대금 전액을 을에게 금전으로 지급함.

BUT 갑이 아무리 그림 A를 넘겨달라고 청구해도 을은 인도해 주지 않음 (P)
- 갑이 사적으로 물리력 행사하여 해결은 금지

  채권의 내용은 실체법에서 규정
- ex) 민법
- 갑은 소를 제기하여 판결로써 채권의 존재와 내용을 공적으로 확정받을 수 있음.

  그것을 강제적으로 실현할 수 있도록 절차법
- ex) 민사 소송법, 민사 집행법
- 갑은 법원에 강제 집행 신청 가능 (S?)

[4문단 독해]

경우 1 : 갑으로부터 매매대금을 받은 뒤에 불이 나 그림 A 소실 → 채무가 이행 불능이 됨

경우 2 : 그림 A 소실이 계약 체결 전 → 계약 자체가 무효

경우 3 (경우1 + 조건) : 경우 1에서 그림 A가 채무자의 과실 때문에 소실 → 채무 불이행을 채무자가 책임져야 함

구체화

[3-4 문단 독해]

EX) 갑과 을은 을이 소유한 그림 A를 갑에게 매도하는 것을 내용으로 하는 매매 계약 체결

BUT 갑이 아무리 그림 A를 넘겨달라고 청구해도 을은 인도해 주지 않음 (P)

구체화

경우 1 : 갑으로부터 매매대금을 받은 뒤에 불이나 그림 A 소실 → 채무가 이행 불능이 됨

경우 2 : 그림 A 소실이 계약 체결 전 → 계약 자체가 무효

경우 3 (경우 1 + 조건) : 경우 1에서 그림 A가 채무자의 과실 때문에 소실 → 채무 불이행을 채무자가 책임져야 함

[5문단 독해 (경우 3 구체화)]

- 경우 3에서 채무 불이행은 의사 표시 작용 X, 매매 목적물 (그림 A)의 소실에 따른 이행 불능에 의한 것
- 이러한 사건에 의해서도 법률 효과 발생
  → 채무 불이행에 대한 책임은 갑의 계약 해제권 생성 : 갑의 일방의 의사 표시로 계약 해제
    → 법률 행위 (단독 행위)

[6문단 독해 (경우 3 구체화)]

갑이 계약 해제권을 행사해서 계약을 해제함

- 그 계약으로 발생한 채권과 채무는 없던 것이 된다
- 이미 이행된 채무가 있다면 원상회복 청구권 행사 가능 : 갑은 이것을 통해 매매 대금을 반환받을 수 있음 (S)

이러한 사건을 통해서도 법률 효과가 발생한다. 이를, 채무 불이행에 대한 책임은 갑으로 하여금 계약을 해제할 수 있는 권리를 갖게 한다. (갑이 계약 해제권(=바로 앞의 계약을 해제할 수 있는 권리를 표현만 좀 바꿔서 쓴 것)을 행사하면) (그때까지 유효했던) 계약이 처음부터 효력이 없는 것으로 된다. 이때의 계약 해제는 일방의 의사 표시만으로 성립한다. 따라서 갑이 해제권을 행사하는 데에 을의 승낙은 요건이 되지 않는다. 이러한 법률 행위를 단독 행위라 한다. 이렇게 구체화한다.
이러한 사건, 그러니까 앞 문단의 경우 1에 '그 그림의 소실이 채무자의 과실 때문이라는' 조건이 붙어 만들어진 사건을 통해서도 법률 효과가 발생한다고 하고, 이어지는 문장에서 이를 구체화하고 있다.
법률 효과의 개념을 글 초반에서 설명할 때 잘 납득하고 넘어갔다면,
[채무 불이행에 대한 책임]-[계약 해제권] 이렇게 각각 [채무]-[채권]으로 법률 효과가 발생함을 아주 쉽게 알 수 있다.
+그런데 글 초반에서 설명한 법률 행위인 '계약'과는 좀 차이점이 있다. 계약은 양측의 의사 표시가 합치해야만 성립하는데, 여기서는 일방의 의사 표시만으로 계약 해제라는 법률 효과가 성립하는 것이다. 이런 법률 행위를 단독 행위라고 정의까지 해주고 있다. 이렇게 읽다가 앞 내용과 큰 맥락에서의 범주가 겹치는데 그 안에서 세부적으로 쪼개지며 조금씩 다른 것이 느껴지면, 앞의 내용과 왔다 갔다 하며 차이점을 인지해주고 넘어가는 것이 중요하다.

갑은 계약을 해제하였다. 이로써 그 계약으로 발생한 채권과 채무는 없던 것이 된다.(=바로 앞 문단에서 설명한 내용을 붙여서 이해하면, 당연하다. 그때까지 유효했던 계약이 처음부터 효력이 없는 것으로 된다는 말과 같은 의미 다른 표현이다.) 당연히 계약의 양 당사자는 자신의 채무를 이행할 필요가 없다.
경우 1에 그림 A의 소실이 을의 과실 때문이라는 조건이 붙은 경우에 대한 설명의 연속이다. 이로써, 갑이 그림 A를 받지 못하는 문제가 해결된 것이다. 해결책으로 연결해준다.
(이미 이행된 것이 있다면) 계약이 체결되기 전의 상태로 돌려놓아야 한다. 이를 청구할 수 있는 권리가 원상회복 청구권이다. (계약의 해제로) 갑은 원상회복 청구권을 행사할 수 있으며, 이러한 ⓛ갑의 채권은 결국 을에게 매매 대금을 반환해 달라고 청구할 수 있는 권리가 된다.
추가적으로, 계약이 처음부터 효력이 없는 것으로 되기 전에 이행된 채무가 있다면 그것을 체결되기 전의 상태로 돌려놓을 수 있는 권리가 있다는 내용도 서술하고 있다. 그것은 원상회복 청구권으로 정의되고, 이를 통해 갑이 이미 그림을 받기 전에 지불해버린 그림 값을 돌려받을 수 있다는 내용으로 글이 마무리되고 있다. 이것으로써 앞에서 갑이 처하게 된 문제가 확실하게 해결된 것이다. 해결책으로 연결해준다.

S

16. 정답: ③

출제 의도 : <u>내용 일치 문제</u>

해설:

③ 법률 행위가 없으면 법률 효과가 발생하지 않는다. →
(적절하지 않음, 정답!)
본문에서 "이때 채무 불이행은 갑이나 을의 의사 표시가
작용한 것이 아니라, 매매 목적물의 소실에 따른 이행 불능
으로 말미암은 것이다. 이러한 사건을 통해서도 법률 효과가
발생한다."라고 설명했다. 지문을 읽을 때 이전에 읽었던 일반
적인 법률 효과와는 다름을 느끼고 차이점을 인지해줬다면,
쉽게 기억할 수 있었을 것이다.
<u>즉, 법률 행위 없이도 법률 효과가 발생할 수 있기 때문에
이 선택지는 본문과 불일치</u>!

① 실체법에는 청구권에 관한 규정이 있다. → 적절함
지문에서 "채권의 내용은 민법과 같은 실체법에서 규정하고
있다."라고 설명했다. 따라서 실체법에 청구권에 대한 규정이
있다는 내용과 일치한다.

② 절차법에 강제 집행 제도가 마련되어 있다. → 적절함
지문에서 "채권을 강제적으로 실현할 수 있도록 민사 소
송법이나 민사 집행법 같은 절차법이 갖추어져 있다."라고
설명했다. 절차법에 강제 집행 제도가 포함되어 있음이 명
확히 언급된 것이다.

④ 법원을 통하여 물리력으로 채권을 실현할 수 있다. → 적절함
본문에서 "강제 집행은 국가가 물리적 실력을 행사하여
채무자의 의사에 구애받지 않고 채무의 내용을 실행시켜
채권이 실현되도록 하는 제도이다."라고 설명했다.
법원을 통해 채권을 강제로 실현할 수 있다는 점과 일치
하므로 적절하다.

⑤ 실현 불가능한 것을 내용으로 하는 계약은 무효이다. → 적절함
본문에서 "그림 A의 소실이 계약 체결 전이었다면, 그 계약
은 실현 불가능한 내용을 담고 있기 때문에 체결할 때부터
계약 자체가 무효이다."라고 명시했다.
따라서 실현 불가능한 내용을 담은 계약이 무효라는 내용과
일치한다.

17. 정답: ⑤

출제 의도 : <u>예시를 원론적인 설명에 붙여서 잘 확보했는가?</u>
: 이 지문은 예시의 비중이 높았다. 이 예시에 원론적인
설명을 붙여서 잘 이해했는지를 판단하는 문제다.

해설:

주어진 지문에서 ⊙은 '을의 채무'로, 그림 A의 소유권을
갑에게 이전하는 의무를 의미합니다. ⓒ은 '갑의 채권'으로,
계약 해제 후 갑이 을에게 매매 대금 반환을 청구할 권리를
뜻합니다. 문제의 보기 중에서 가장 적절한 것을 선택해야
합니다.

선택지 분석
⑤ ⊙에는 물건을 인도할 의무가 있고, ⓒ에는 금전의 지
급을 청구할 권리가 있다.-> 적절함
⊙은 물건(그림 A)의 인도 의무를 의미하고, ⓒ은 계약 해제
이후 갑이 을에게 매매 대금을 반환 청구할 수 있는 권리를
의미한다. 매매 대금은 곧 '금전'이라고 볼 수 있으므로, 이
를 "금전의 지급 청구권"이라고 표현하는 것은 적절하다.

① ⊙은 매도인의 청구와 매수인의 이행으로 소멸한다.->
적절하지 않음
채무는 채무자의 이행으로 소멸하는 것이지, 채권자의 청
구만으로 소멸하지 않습니다. 또한 ⊙은 매도인(을)의 채
무인데, 여기서 "매도인의 청구"라고 표현된 것은 잘못되
었습니다.

② ⓒ은 채권자와 채무자의 의사 표시가 작용하여 성립한
것이다.-> 적절하지 않음
ⓒ은 계약이 해제됨으로써 발생한 원상회복 청구권이며,
이는 일방의 의사 표시(계약 해제)로 성립하는 것이므로
양 당사자의 의사 표시가 필요하지 않습니다.

③ ⊙과 ⓒ은 ⊙이 이행되면 그 결과로 ⓒ이 소멸하는 관
계이다.-> 적절하지 않음
⊙(을의 채무)이 이행되면 계약이 정상적으로 이행된 것이
되며, ⓒ(갑의 채권)은 계약 해제 후 발생하는 것이므로
서로 직접적인 소멸 관계에 있지 않습니다.

④ ⊙과 ⓒ은 동일한 계약의 효과를 서로 다른 측면에서
바라본 것이다.-> 적절하지 않음
⊙은 계약 체결로 인해 을이 부담하게 된 채무이고, ⓒ은
계약 해제로 인해 갑이 가지게 된 채권입니다. 두 개념은
동일한 계약에서 발생한 법률 효과를 다른 시점과 관점에
서 본 것입니다.

18. 정답: ①

<u>출제 의도 : **예시를 원론적인 설명에 붙여서 잘 확보했는가?**</u>
: 이 지문은 예시의 비중이 높았다. 이 예시에 원론적인 설명을 붙여서 잘 이해했는지를 판단하는 문제다. 이 지문은 법 지문인 만큼, 예시에 나온 각 조건들 ('요건->효과'에서 요건)을 잘 확보했어야 한다.

해설 :
㉮의 내용은 "결국 채무는 이행 불능이 되었다."이다. 이는 을의 과실로 인해 그림 A가 소실되어 을이 더 이상 계약을 이행할 수 없음을 의미한다. 따라서 이행 불능의 원인이 누구의 책임인지, 그리고 그로 인해 발생하는 법적 효과가 무엇인지를 분석해야 한다.

선택지 분석
① '을'의 과실로 이행 불능이 되어 '갑'의 계약 해제권이 발생한다. → **적절함, 정답!**
지문에서 그림 A가 을의 과실로 소실되었으므로, 이는 채무자의 과실에 의한 이행 불능이다. 이 경우 채무 불이행 책임이 을에게 있으며, 갑은 계약 해제권을 행사할 수 있다.

② '갑'은 소를 제기하여야 매매의 목적이 된 재산권을 이전받을 수 있다. → 적절하지 않음
그림 A가 소실되어 더 이상 존재하지 않으므로, 소를 제기한다고 해도 그림 A의 소유권을 이전받을 수 없다. 따라서 이 선택지는 적절하지 않다.

③ '갑'은 원상회복 청구권을 행사하여야 '그림 A'의 소유권을 회복할 수 있다. → 적절하지 않음
원상회복 청구권은 계약 해제 후 계약 체결 이전 상태로 돌리는 것을 의미하지만, 여기서 그림 A는 소실되어 존재하지 않는다. 따라서 원상회복 청구권으로 그림 A의 소유권을 회복하는 것은 애초에 불가능하다.

④ '갑'과 '을'은 애초부터 실현 불가능한 내용의 계약을 체결하였기 때문에 이행 불능이 되었다. → 적절하지 않음
계약 체결 당시에는 이행이 가능했지만, 이후 을의 과실로 인해 이행이 불가능해진 것이므로 애초부터 실현 불가능한 계약은 아니다.

⑤ '을'이 '갑'에게 '그림 A'를 인도하는 것은 불가능해졌지만 '을'은 채무 불이행에 대한 책임을 지지 않는다. → 적절하지 않음
을의 과실로 인해 이행 불능이 발생하였으므로 을은 채무 불이행에 대한 책임을 져야 한다.

19. 정답: ③

<u>출제 의도 : **<보기>에 지문의 내용 적용하기: 공통서술범주에 입각한 비교·대조**</u>
앞서 학습했던 '미토콘드리아의 개체성 문제' 지문의 41번 문제와 비슷한 사고가 활용된다. **지문의 내용과 <보기>의 내용을 종합해서 판단해야** 선지의 옳고 그름을 판단할 수 있는 문제다. <보기>는 지문의 연장선상에 있는 글이라고 볼 수 있기 때문에, 지문과 연결되는 포인트를 최대한 붙여서 읽어야 한다.

해설 : <보기> 읽기

> ─────── < 보 기 > ───────
>
> 증여는 당사자의 일방이 자기의 재산을 무상으로 상대방에게 줄 의사를 표시하고 상대방이 이를 승낙함으로써 성립하는 계약(의사 표시와 승낙으로 이루어지는 증여는 법률 행위구나. 그 중에서도 계약이라고 하니, 지문에 예로 등장한 매매 계약과 상위 범주가 겹치므로 공통서술범주가 나오면 비교하며 읽어야겠다)이다. 증여자만 이행 의무를 진다는 점이 특징(당사자 중 한 명만 이행 의무를 가진다는 점에서 매매와는 다르네)이다.
> 유언은 유언자의 사망과 동시에 일정한 법률 효과를 발생시키려는 것을 목적으로 하는데(서술 범주가 유언으로 이동했다. 유언도 법률 행위구나), 유언자의 의사 표시만으로 유효하게 성립하고 의사 표시의 상대방이 필요 없다는 점에서 증여와 차이가 있다.(매매 계약, 증여와는 달리 / 그리고 지문에서의 계약 해제권과는 같이, 일방의 의사 표시만으로 성립하는 특수한 법률 행위구나)

<보기>에서 증여와 유언은 법률 행위이며, 법률 효과를 발생시키려는 의사 표시가 존재한다는 점에서 공통점을 가지지만, 성립 방식에서 차이가 있다. 이를 지문에 나온 매매와 '공통서술범주에 입각한 비교·대조'를 하면서 읽어야 한다.

해설 : 선지 판단

선택지 분석
③ 증여는 변제의 의무를 발생시키지 않는다는 점에서 매매와 차이가 있다. → **적절하지 않다, 정답!**

지문에서 '변제'는 이미 정의했다. 이를 입혀서 읽어야 한다. 증여도 의사 표시의 합치가 이루어지면 증여자의 이행 의무가 발생한다. 증여자는 자신의 재산을 무상으로 넘겨주어야 한다는 채무를 이행하여 상대방의 채권을 소멸시켜야 하는 '변제의 의무'를 발생시킨다.

① 증여, 유언, 매매는 모두 법률 행위로서 의사 표시를 요소로 한다. → 적절함
세 행위 모두 의사 표시를 필수 요소로 하는 법률 행위이다.

② 증여와 유언은 법률 효과를 발생시키려는 목적이 있다는 점이 공통된다. → 적절함

증여는 재산 이전의 법률 효과를 발생시키고, 유언도 사망 후 법률 효과를 발생시키는 것을 목적으로 한다.

④ 증여는 당사자 일방만이 이행한다는 점에서 양 당사자가 서로 이행하는 관계를 갖는 매매와 차이가 있다. → 적절함

[증여자만 이행 의무를 진다는 점이 특징(당사자 중 한 명만 이행 의무를 가진다는 점에서 매매와는 다르네)이다.]

<보기>를 읽을 때 이렇게 공통서술범주에 입각한 비교·대조를 꼼꼼하게 해주었다면 쉽게 해결할 수 있는 선지다.

⑤ 증여는 양 당사자의 의사 표시가 서로 합치하여 성립한다는 점에서 의사 표시의 합치가 필요 없는 유언과 차이가 있다. → 적절함

[유언자의 의사 표시만으로 유효하게 성립하고 의사 표시의 상대방이 필요 없다는 점에서 증여와 차이가 있다.(매매 계약, 증여와는 달리 / 그리고 지문에서의 계약 해제권과는 같이, 일방의 의사 표시만으로 성립하는 특수한 법률 행위구나)]

<보기>를 읽을 때 이렇게 공통서술범주에 입각한 비교·대조를 꼼꼼하게 해주었다면 쉽게 해결할 수 있는 선지다.

증여는 계약이므로 상대방의 승낙이 필요하지만, 유언은 일방적 의사 표시만으로 성립한다.

20. 정답: ①

이렇게 마지막 문제로 문맥상 의미를 비교하는 문제가 자주 출제된다. 문맥상 의미는, 그 단어 자체의 뜻보다 그 단어 주변 맥락을 살펴보는 것이 가장 중요하다. 단어가 관계를 맺고 있는 다른 문장 요소가 어떤 성질을 가지고 있는지(예를 들어, 물리적인 상태인지 관념적인 상태인지 등) 파악하라는 것이다.

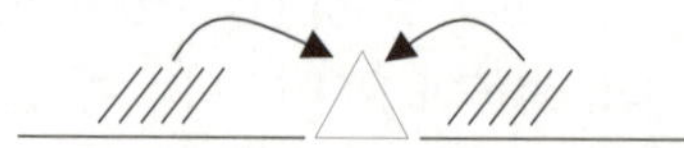

해설 :

ⓐ는 "나올 수 없다."로 사용되었으며, 문맥상 "판결이 성립할 수 없다"라는 의미를 지닌다. 즉, 특정한 결과가 발생하지 않는다는 의미로 쓰였다.

선택지 분석
① 오랜 연구 끝에 만족할 만한 실험 결과가 '나왔다'.
→ 적절함, 정답!
여기서 "나왔다"는 특정한 결과가 발생했다는 의미로, 지문에서 "판결이 나올 수 없다"라는 문맥과 유사한 의미를 가진다.

② 그 사람이 부드럽게 '나오니' 내 마음이 누그러졌다.
→ 적절하지 않음
여기서 "나오니"는 태도나 성격이 드러나는 의미로 사용되었으며, 지문과 문맥상 의미가 다르다.

③ 우리 마을은 라디오가 잘 안 '나오는' 산간 지역이다.
→ 적절하지 않음
여기서 "나오는"은 전파 수신이 잘되지 않는다는 의미로, 지문과 문맥상 의미가 다르다.

④ 이 책에 '나오는' 옛날이야기 한 편을 함께 읽어 보자.
→ 적절하지 않음
여기서 "나오는"은 책에 등장한다는 의미로, 지문과 문맥상 의미가 다르다.

⑤ 그동안 우리 지역에서는 걸출한 인물들이 많이 '나왔다'.
→ 적절하지 않음
여기서 "나왔다"는 특정한 인물이 배출되었다는 의미로, 지문과 문맥상 의미가 다르다.

 비핵화 – 비문학 공부의 **핵심, 그림**에 있다.

빠른 정답